国家社科基金
GUOJIA SHEKE JIJIN HOUQI ZIZHU XIANGMU
后期资助项目

数字政府治理研究

王少泉 著

SPM
南方传媒

广东人民出版社
·广州·

图书在版编目（CIP）数据

数字政府治理研究 / 王少泉著. —广州：广东人民出版社，2024.5
ISBN 978-7-218-17398-6

Ⅰ.①数…　Ⅱ.①王…　Ⅲ.①电子政务—研究—中国
Ⅳ.①D63-39

中国国家版本馆CIP数据核字（2024）第043655号

SHUZI ZHENGFU ZHILI YANJIU
数字政府治理研究

王少泉　著

出 版 人：肖风华

责任编辑：钱　丰　罗凯欣
责任技编：吴彦斌

出版发行：广东人民出版社
地　　址：广州市越秀区大沙头四马路 10 号（邮政编码：510199）
电　　话：（020）85716809（总编室）
传　　真：（020）83289585
网　　址：http://www.gdpph.com
印　　刷：珠海市豪迈实业有限公司
开　　本：787 毫米 ×1092 毫米　1/16
印　　张：36　　字　　数：640 千
版　　次：2024 年 5 月第 1 版
印　　次：2024 年 5 月第 1 次印刷
定　　价：79.00 元

如发现印装质量问题，影响阅读，请与出版社（020-87712513）联系调换。
售书热线：020-87717307

国家社科基金后期资助项目
出版说明

　　后期资助项目是国家社科基金设立的一类重要项目，旨在鼓励广大社科研究者潜心治学，支持基础研究多出优秀成果。它是经过严格评审，从接近完成的科研成果中遴选立项的。为扩大后期资助项目的影响，更好地推动学术发展，促进成果转化，全国哲学社会科学工作办公室按照"统一设计、统一标识、统一版式、形成系列"的总体要求，组织出版国家社科基金后期资助项目成果。

全国哲学社会科学工作办公室

序言

当前数字政府进入了第二阶段，在作为第一阶段的电子政府的基础上，大规模的数字化转型已经开始发生，并且可以预见地将继续在整个社会中发生，因此也不可避免地发生在政府中。政府既是这一转变的推动者，也是实践者和受益者。在瞬息万变的数字环境中，国家必须与公众建立一个复杂的沟通和反馈周期系统。然而，政府和公众的数字世界仍然相对分离：国家可能落后于当前数字技术发展的趋势，社会可能低估保护数字主权的问题。在云计算、大数据和社交媒体时代，数字政府模式正在建立，其中数字技术在公共行政中占据中心地位，并将把在互联网信息技术的影响下形成的政府领域之外的组织文化带入政府领域之中。然而，在世界范围内相比于迅速发展的数字政府实践，对数字政府的研究显得不相称，试图了解数字政府在公共行政理论和实践中的意义和作用的研究更是数量有限。

在国内学界对数字政府治理的现有研究中，理论与实践的结合度有待进一步提升。有些相关研究成果缺乏理论支撑；优质刊物更倾向于刊发有大量数据的论文。在这些因素为主的诸多因素影响下，我国学界尚未全面展开数字政府治理的理论创新。就此而言，本书作者所构建的数字时代治理"第三波浪潮"理论是有一定价值的，值得肯定。由此，作者该研究成果迈上了又一个高度。作为国家社科基金后期资助项目，作者申请时尚没有明确提出新理论。成果提交专家评审时，包含了基于数字政府治理研究生成的非均衡治理理论。在作者与我讨论如何按照专家评审意见修改时，提出了数字时代治理"第三波浪潮"理论。

这本《数字政府治理研究》不是该领域的第一本著作，但特色明显：作者有效规避现有研究"理论基础不清晰、就事论事、数据堆砌、缺乏理论创新"等问题，以习近平总书记关于网络强国的重要思想为基础，对我国数字政府治理的主体、实践、问题及途径等展开研究；基于重要思想并扬弃数字时代治理理论，大胆提出数字时代治理"第三波浪潮"理论。作者指出我国数字政府治理取得了明显成效，但存在不平衡等问题，这些问题由多种因素催生。西方国家在数字政府治理方面有一些可供我国借鉴的经验，但不可直接照搬照抄，借鉴相关经验面临一些困难。为此，作者提出了我国数字政府治理的推进途径：优化治理环境与基础；强化整体协同；强化治理主体能力；强化客体参与度。

本书不仅可以作为与本领域的研究者、研究生和本科生展开有意义的对话和交流的媒介，而且面向数字政府的实践者和一般读者，无论在理论探讨和实务借鉴方面都是有用的专业书和参考书。这也是我愿意为本书作序的理由。

中国社会科学院研究员、博导　董礼胜

2024年1月6日

目　录

绪论

2000年10月，在时任福建省省长的习近平同志领导下，"数字福建"建设正式启动，标志着我国开启了数字政府治理进程。21世纪初，习近平同志先后在福建省、浙江省、上海市担任领导，在他的有力领导下，数字政府治理逐渐在这些省市铺开。中共十八大之后，在以习近平同志为核心的党中央领导下，我国开始全面推进数字政府治理进程，这一举措具有重大意义。国务院于2022年6月23日发布的《国务院关于加强数字政府建设的指导意见》显示：推进数字政府建设进程能够为基本实现社会主义现代化提供有力支撑。整体而言，我国数字政府治理进程的开启及快速推进，归功于习近平总书记的有力领导。数字政府治理具有特定背景、特定内涵、能力基础、原则、目标与特征，对这些内容展开分析，能够为研究数字政府治理奠定坚实基础。

一、数字政府治理的理论背景

数字政府治理最重要的理论背景是：公共行政理论的现代化。这一现代化是中国式现代化的内容之一——中国式现代化包含的内容十分丰富。[①]从工业时代到数字时代，是世界现代化的重要演进。一些国家在工业时代基于现代化创造极强的现代性拥有极为完备的各类制度、机制、法律法规及管理理论等，这些制度、机制、法律法规及管理理论等在数字时代逐渐实现革新，催生了数字政府治理实践，并在同一时期助力生成数字时代的公共行政理论。

从理论层面来看，伍德罗·威尔逊于1887年发表《行政学之研究》一文标志着公共行政理论正式出现，[②]其后130余年中，公共行政理论随着所处环境的变化而不断演进，这种演进从本质上来看是公共行政理论随所处环境的现代化而不断现代化的表现。近几十年以来，国内外诸多学者对公共行政理论的演进历程加以阐述、展开分析，取得很多有价值的研究成果。仅从国内学界来看，竺乾威、董礼胜、丁煌、唐兴霖等学者在这一领

---

① 曹冬英、王少泉：《比较视角下中国式现代化的解析》，《黎明职业大学学报》2023年第1期。

② Woodrow Wilson. "The Study of Administration." *Political Science Quarterly*, 1887 (2): 197-222.

域做出了突出贡献，助推公共行政理论相关研究在我国的全面展开。值得注意的是：这些学者并未从现代化这一视角对公共行政理论的演进展开分析，因而留下一个值得开拓的研究空间。

宏观上来看，公共行政理论的现代化历经工业时代、工业时代向数字时代过渡时期、数字时代初期这三个阶段，这一理论的现代性在130余年的现代化过程中持续强化。在阐释公共行政理论现代化与现代性的基础上，运用马克思主义哲学中的"变是唯一的不变""质量互变""对立统一"观、进化论中的"物竞天择"观等对公共行政理论的现代化历程展开分析，能够发现公共行政理论现代化的主要动因。在这一基础上预判公共行政理论的现代化趋向，能够助力我国公共行政理论相关研究的进一步深化及数字政府治理进程。

（一）公共行政理论的现代化与现代性

1. 公共行政理论现代化的内涵。这是指公共行政理论随着环境的变化而构建新的理论框架、塑造新的理论观点等，以有效解决环境中的各种问题。公共行政理论现代化程度高低的最重要的判断标准是这一理论与环境的相适应程度高低，尤其是运用这一理论能否有效解决现实中的问题。在某一历史时期现代化程度很高的公共行政理论，极有可能在下一个历史时期出现现代化程度相对下降这一情况。这一情况具体表现为：环境的变化导致原本与环境相适应的公共行政理论的适应程度下降，运用这一理论已经较难有效解决现实中存在的问题。

2. 公共行政理论现代性的内涵。这是指公共行政理论在现代化过程中实现工具理性与价值理性的良好融合，运用于实践过程中极少呈现出负面效应。公共行政理论现代性强弱的判断标准是：融合工具理性与价值理性的程度高低；公共行政理论运用于实践过程中呈现出的负面效应大小。

3. 公共行政理论演进过程中现代化与现代性的变化。人类社会进入工业时代之后出现了一些含金量极高的管理/治理理论。仅从公共行政学界来看，一些公共行政理论随着工业时代的推进而陆续出现，如：传统公共行政理论、新公共行政理论、民营化理论、民主行政理论、新公共管理理论和新公共服务理论。这六种理论随着工业时代的演进而不断取代前一种理论在公共行政学界的主导地位，表明公共行政理论在不断现代化。[①]从时代属性上来看，这六者都是工业时代的公共行政理论。[②]这些公共行

---

① 王少泉：《数字时代治理理论的问题与属性》，《中国社会科学报》，2019-05-22（007）。
② 王少泉、刘伟：《欧美公共行政学界分化现象研究》，《福建行政学院学报》2016年第4期。

政理论在公共行政学界先后占据主导地位，在这一过程中实现整个公共行政理论体系的演进。

工业时代向数字时代过渡时期，公共行政学界出现两种新理论：公共价值管理理论和整体性治理理论。从时间点来看，这两种公共行政理论均出现于20世纪末，并于21世纪初在公共行政学界呈现并驾齐驱态势，助推了整个公共行政理论体系的继续演进。①数字时代全面来临之后，中西方出现具有数字时代属性的两种公共行政理论：第一种是习近平总书记关于网络强国的重要思想、数字时代治理理论；第二种是数字时代治理理论。目前，这两种公共行政理论尚未取代公共价值管理理论和整体性治理理论在公共行政学界的主导地位，但从发展趋向来看主导地位的更替必将出现，②这一情况的出现能够助推整个公共行政理论体系的进一步演进。

工业时代六种公共行政理论不断演进是公共行政理论现代化、现代性不断强化的重要表现。工业时代向数字时代过渡时期两种公共行政理论在不同国家公共行政学界占据主导地位，公共行政理论在这一时期继续演进的重要表现，③也是公共行政理论现代化、现代性继续强化的重要表现，这一情况为公共行政理论的现代化、现代性进一步增强奠定了基础。

（二）公共行政理论的现代化历程

从时代归属来看，公共行政理论的现代化历经三个阶段，即工业时代、工业时代向数字时代过渡时期、数字时代初期，这三个阶段公共行政理论的现代化历程如下：

1. 工业时代公共行政理论的现代化。传统公共行政理论是公共行政领域的开创性理论。与工业时代初期的（私营部门）管理理论相比，传统公共行政理论是一种全新的管理理论，这一理论运用于实践中曾大幅度提升诸多国家的行政效率，表明传统公共行政理论在当时的现代化程度较高。工业时代持续演进之后，工具理性色彩非常浓厚的传统公共行政理论逐渐由新理论沦落为旧理论，这一情况具体表现为：20世纪60年代，传统公共行政理论过度关注效率、过分忽视公平（即工具理性色彩太过明显）的弊端完全凸显，已经难以有效助推诸多国家的行政效率进一步上升，④表明传统公共行政理论的现代化程度已经因环境的变化而降低。这种情况

---

① 王少泉、刘伟：《欧美公共行政学界分化现象研究》，《福建行政学院学报》2016年第4期。
② 王少泉、刘伟：《欧美公共行政学界分化现象研究》，《福建行政学院学报》2016年第4期。
③ 王少泉、刘伟：《欧美公共行政学界分化现象研究》，《福建行政学院学报》2016年第4期。
④ 〔美〕查尔斯·J. 福克斯、〔美〕休·T. 米勒：《后现代公共行政——话语指向》，北京：中国人民大学出版社，2002年，第19页。

下，实践界逐渐产生构建新的公共行政理论的诉求，一些研究者注意到这种新诉求并开始构建新的公共行政理论。

1968年，首届明诺布鲁克会议在雪城大学（锡拉丘兹大学）召开，①标志着新公共行政理论的产生，这一公共行政理论十分关注公平，是公共行政理论中价值理性谱系的开山理论。与传统公共行政理论相比，新公共行政理论是一种新理论，它的产生符合时代需求，也是工业时代演进的必然结果，表明公共行政理论在新的阶段实现了新一轮现代化。但是新公共行政理论并未长期扮演新理论角色，20世纪70年代末，现实环境变化使新公共行政理论在实践过程中的效能明显下降，其现代化程度随之相对下降，在公共行政学界的主导地位开始受到日益兴起的民营化理论挑战。

20世纪70年代，西方国家在工业化进程中遇到较难解决的"滞胀"问题，解决这一问题的需求在较大程度上催生了关注效率、工具理性色彩明显的民营化理论，②这一公共行政理论的出现意味着公共行政理论在新的历史阶段再次现代化。撒切尔政府（1979年）和里根政府（1981年）在英美两国上台之后大力推进民营化运动，助推民营化理论在公共行政学界取代新公共行政理论的主导地位。与民营化理论相比，③新公共行政理论在工业时代演进过程中已经由新理论沦落为旧理论。

20世纪70年代末、80年代初，诸多西方国家曾较为有效地运用民营化理论暂时解决了西方国家面临的某些经济问题。但20世纪80年代后期，以英国为主的一些西方国家的失业率再次明显上升，表明运用民营化理论无法全面、彻底地解决西方国家工业化进程中的全部问题，也表明民营化理论的现代化程度已经因现实环境的变化而降低。20世纪80年代后期，民营化理论在公共行政学界的主导地位被公共行政理论中价值理性谱系的民主行政理论取代，民主行政理论由三个"派系"组成：④第二次明诺布鲁克会议的成员（即新公共行政学的"新生"派系）、重建行政学派（即弗吉尼亚工学院学派）⑤和奥斯特罗姆为代表的民主行政学者。与民营化理论

① Frank Marini. *Toward a New Public Administration: The Minnowbrook Perspective.* San Francisco: Chandler Publishing Company. 1971: 7.
② 〔美〕E. S. 萨瓦斯：《民营化与公私部门的伙伴关系》，周志忍等译，北京：中国人民大学出版社，2002年，第14页。
③ 王少泉、刘伟：《欧美公共行政学界分化现象研究》，《福建行政学院学报》2016年第4期。
④ 王少泉、刘伟：《欧美公共行政学界分化现象研究》，《福建行政学院学报》2016年第4期。
⑤ 段钢：《重建公共行政的思考——〈黑堡宣言〉首席作者万斯莱教授访谈录》，《中国行政管理》2002年第2期。

相比，民主行政理论是一种新理论，是公共行政理论在这一时期继续现代化的最新成果。

为了夺回所倡导理论在公共行政领域的主导地位，民营化理论的研究者开始展开理论变革，并在20世纪90年代以新公共管理理论这一全新面貌出现，在当时成为公共行政理论现代化的最新成果、公共行政理论中的主导理论。[①]同一时期，英美德法等西方国家的一些领导人全力推进新公共管理运动，但是好景不长，20世纪90年代中后期，新公共管理运动的弊端不断显现，"逆民营化"举措持续增多。这种态势之下，公共行政学界注意到新公共管理理论的现代化程度已经因环境变化而相对下降，一些研究者开始反思过度重视效率、过度偏重工具理性的弊端，助推新公共服务理论（归属于价值理性谱系）取代新公共管理理论（归属于工具理性谱系）在公共行政学界的主导地位。[②]

20世纪90年代后期，关注公平、公正的新公共服务理论[③]以新理论面貌出现于工业时代演进过程中，成为公共行政理论在这一时期的最新现代化成果，在公共行政理论中取代新公共管理理论的主导地位。与新公共服务理论相比，新公共管理理论在工业时代演进过程中已经由新理论沦落为旧理论，但新公共服务理论在公共行政理论中的主导地位同样未能维持太久——21世纪初，工业时代已经明显向数字时代过渡，新公共服务理论的现代化程度相对下降，其主导地位被整体性治理理论（以英国公共行政学界为代表）和公共价值管理理论（以美国公共行政学界为代表）取代。[④]

2. 工业时代向数字时代过渡时期公共行政理论的现代化。21世纪初，工业时代向数字时代过渡的态势已经十分明朗，不同国家对这一变化做出的应对举措存在一些差异，这种差异显现在公共行政学领域即欧美公共行政学界出现"分野"：在美国，价值理性谱系的公共价值管理理论取代工具理性谱系的新公共管理理论在公共行政学界中的主导地位；在欧洲尤其是英国，工具理性谱系的整体性治理理论取代同样属于工具理性谱系的新公共管理理论在公共行政学界中的主导地位。

---

① Hughes, Owen E. *Public administration: an introduction*. New York: Palgrave Macmillan. 2003: 10-14.

② 王少泉、刘伟：《欧美公共行政学界分化现象研究》，《福建行政学院学报》2016年第4期。

③ 〔美〕珍妮特·V. 登哈特、〔美〕罗伯特·B. 登哈特：《新公共服务：服务，而不是掌舵》，北京：中国人民大学出版社，2004年，第2页。

④ 王少泉、刘伟：《欧美公共行政学界分化现象研究》，《福建行政学院学报》2016年第4期。

公共价值管理理论在一定程度上可以视为工业时代向数字时代过渡时期新公共服务理论进行变革之后的产物。这种变革产生了一个明显具有数字时代特征理论主张：基于网络治理实现公共价值的创造、维护和增加。整体而言，公共价值管理理论倡导公共治理主体在实体和虚拟空间中创造、维护和增加公共价值，[①]是公共行政理论在工业时代向数字时代过渡时期的现代化成果之一。

整体性治理理论致力于解决新公共管理运动催生的碎片化问题，这一公共行政理论的治理导向是公众需求，关注数字技术的使用及协调与整合。[②]与公共价值管理理论一样：整体性治理理论也是公共行政理论在工业时代向数字时代过渡时期的现代化成果之一。值得注意的是：尽管整体性治理理论对新公共管理理论进行了批判，但这两种公共行政理论都归属于工具理性谱系。

与新公共服务理论和新公共管理理论相比，公共价值管理理论和整体性治理理论都是新理论，能够适应工业时代向数字时代过渡时期的新环境，能够有效解决时代变迁过程中出现的诸多问题。[③]因此，在工业时代向数字时代过渡时期，这两种公共行政理论的现代化程度明显高于此前的公共行政理论。

工业时代向数字时代过渡时期，公共行政理论的现代性明显强化——公共行政理论历经百余年的现代化进程之后，终于以公共价值管理理论和整体性治理理论较好地实现工具理性与价值理性的良好融合，彻底改变此前公共行政理论工具理性色彩或价值理性色彩太强这一情况，这是这两种公共行政理论在实践过程中负面效应很小的重要原因。与这两种公共行政理论相比，传统公共行政理论、民营化理论和新公共管理理论的工具理性色彩太强；新公共行政理论、民主行政理论和新公共服务理论的价值理性色彩太强。公共价值管理理论以价值理性为主导，有效吸纳了工具理性谱系公共行政理论的诸多观点；整体性治理理论则以工具理性为主导，有效吸纳了价值理性谱系公共行政理论的诸多观点。[④]

3．数字时代公共行政理论的现代化。近年，数字时代全面来临，新环境尤其是新问题的出现催生对新的公共行政理论的需求，这种需求在中

---

① Moore, Mark H. . *Recognizing Public Value*. Cambridge: Harvard University Press. 2012: 10.
② Leat, Diana, Kimberly Seltzer, and Gerry Stoker. "Towards holistic governance: the new reform agenda." *Basingstoke*. 2002 (10): 978-1.
③ 王少泉、刘伟：《欧美公共行政学界分化现象研究》，《福建行政学院学报》2016年第4期。
④ 董礼胜、王少泉：《穆尔的公共价值管理理论述评》，《青海社会科学》2014年第3期。

国催生习近平总书记关于网络强国的重要思想，在西方国家则催生数字时代治理理论。①习近平总书记关于网络强国的重要思想基于中国的数字政府治理实践生成，②且有效地作用于中国的数字政府治理实践，③助推中国从工业时代全面向数字时代演进，是公共行政理论在中国的首个本土化成果，有效推进公共行政理论在数字时代的现代化进程。数字时代治理理论的代表人物是英国学者帕特里克·邓利维（Patrick Dunleavy），④这一公共行政理论主要对欧美国家的数字政府治理情况展开研究，实现了公共行政理论在数字时代的现代化，⑤也助推了欧美国家在数字时代的现代化进程。

与此前的公共行政理论相比，习近平总书记关于网络强国的重要思想与数字时代治理理论是新理论，⑥生成于数字时代的大环境之中，能够助推数字时代的演进，⑦这两种公共行政理论与中西方国家的数字政府治理的实践相互作用，实现了理论与实践的良性互动，实质上实现了理论现代化与实践现代化的相互推动。更为重要的是：与此前的公共行政理论相比，这两种公共行政理论的现代性最强。具体表现为：习近平总书记关于网络强国的重要思想的具体内容与中国共产党的根本宗旨（全心全意为人民服务）完全相符，展现了价值理性色彩，由此可以看出这一理论明显是以价值理性为根基的；另外，这一重要思想倡导在治理过程中有效运用数字技术，展现了工具理性色彩。表明这一重要思想在价值理性的基础上实现与工具理性的良好融合，是公共行政理论"工具—价值理性谱系"的开山理论之一。数字时代治理理论由整体性治理理论衍生出来，可以视为整体性治理理论在数字时代的运用，但在运用过程中有效吸纳价值理性谱系理论的观点，⑧以工具理性为主导实现了工具理性与价值理性的融合，是公共行政理论"工具—价值理性谱系"的另一个开山理论。工具理性与价

---

① 曹冬英：《深刻理解习近平关于网络强国的重要思想　积极推进数字中国建设》，《海峡通讯》2021年第1期。
② 曹冬英、王少泉：《习近平总书记关于数字治理的重要论述研究》，《中共福建省委党校学报》2019年第4期。
③ 曹冬英、王少泉：《习近平总书记关于数字治理的重要论述研究》，《中共福建省委党校学报》2019年第4期。
④ 王少泉：《数字时代治理理论：背景、内容与简评》，《国外社会科学》2019年第2期。
⑤ 王少泉：《数字时代治理理论：背景、内容与简评》，《国外社会科学》2019年第2期。
⑥ 曹冬英：《深刻理解习近平关于网络强国的重要思想　积极推进数字中国建设》，《海峡通讯》2021年第1期。
⑦ 王少泉：《数字时代治理理论的问题与属性》，《中国社会科学报》，2019-05-22（007）。
⑧ 王少泉：《数字时代治理理论的问题与属性》，《中国社会科学报》，2019-05-22（007）。

值理性的有效融合，为这两种公共行政理论在实践过程中负面作用极小奠定了坚实基础，这是生成于数字时代的这两种公共行政理论（目前）现代性很强的重要原因。

（三）公共行政理论现代化的动因

运用马克思主义哲学中的"变是唯一的不变""新旧事物""质量互变""对立统一"观、进化论中的"物竞天择"观等对公共行政理论的现代化展开分析，能够发现公共行政理论现代化的动因存在于以下四个方面：公共行政理论的"变是唯一的不变"与"质量互变"、公共行政理论的"对立统一"、公共行政理论的"物竞天择"、公共行政理论中新旧理论更替。分述如下：

1. 公共行政理论的"变是唯一的不变"与"质量互变"。尽管不同时期的现代化要求不同，但公共行政理论从出现到现在一直处于现代化过程中，这是马克思主义"变是唯一的不变"哲学观在公共行政理论演进过程中的具体表现。这种现代化的公共行政理论与所处环境相互作用，而且与进化论的某些观点相符：公共行政理论的"变异、遗传和自然选择"会改变其对环境的适应性。此处的变异是指公共行政理论根据环境的变化展开变革；遗传是指公共行政理论在变革过程中并非全盘否定原有公共行政理论，而是传承着原有公共行政理论的一些精髓（表现为一些理念和规则等）；自然选择是指不适应环境的公共行政理论被"自然"淘汰，留存下来的公共行政理论必然对环境具有较高甚至极高适应性。从本质上来看，公共行政理论"变异、遗传和自然选择"的存在，是马克思主义"变是唯一的不变"哲学观的呈现。

值得注意的是：运用进化论中的一些观点实际上与马克思主义"质量互变"哲学观相符，如进化过程中会出现突变或生命大爆发等情况。运用这些观点能够在一定程度上解释公共行政理论现代化过程中的某些现象，其中最为重要的现象是：与生命演进过程中出现的"寒武纪生命大爆发"相似，公共行政理论现代化过程中也存在"大爆发"这种情况，即某一些全新公共行政理论在短时间内出现，其中一种或者数种公共行政理论甚至会成为公共行政领域新的主导理论。20世纪60年代，西方学界出现诸多公共行政理论，如：X-Y理论、行政生态理论和系统权变组织理论等，尤其是新公共行政理论这一对传统公共行政理论而言具有颠覆性的公共行政理论在短时间内出现，并在公共行政领域迅速取代传统公共行政理论成为主导理论。这种"大爆发"可以按照所处领域被命名为"公共行政理论大爆发"。

这种"大爆发"有一些必须具备的条件,如:公共行政理论已经获得较为充分的发展,为"大爆发"提供了良好的理论基奠;与"理论空间"相对的现实空间之中出现诸多变化,尤其是此前处于主导地位群体的主导地位受到反对者的严峻挑战,主导群体已经不再具备压倒性优势,即群体间态势由"独霸"状态向"二元"甚至"多元"状态演变。当这些条件均具备之时,公共行政理论现代化过程中极有可能出现"大爆发"。这种"大爆发"是一种质变,在这种"大爆发"出现之前和之后是公共行政理论现代化过程中长期存在的、幅度较小的变化,即一种量变,这种量变是在为之后的"大爆发"创造条件、积淀力量。

整体而言,从马克思主义哲学的视角来看,"公共行政理论大爆发"所需条件的积累是公共行政理论现代化过程中量变的表现,"大爆发"是公共行政理论现代化过程中出现质变的表现。这种质变只是阶段性地出现于公共行政理论的现代化过程中,量变则长期存在于公共行政理论的现代化过程中。这两种变化的存在意味着变化一直存在于公共行政理论现代化过程中,是马克思主义"变是唯一的不变"哲学观的具体呈现。

2. 公共行政理论的"对立统一"。公共行政理论现代化过程中工具理性谱系和价值理性谱系这两者是对立统一关系,[①]"工具—价值理性谱系"则同时与工具理性谱系和价值理性谱系这两者存在对立统一关系。这三大谱系内部的诸多理论在一定程度上也存在对立统一关系,这些对立统一关系助推着公共行政理论不断推进现代化进程。

不同理论谱系的公共行政理论尤其是这些理论的倡导者,会因为要扩大各自(理论研究者自身及理论本身)的影响力,争夺在公共行政学界的主导地位而产生对立。公共行政理论研究者会致力于不断健全自己所倡导理论的体系、充实自己所倡导理论的内容等,与这一过程相伴的是审视其他公共行政理论尤其是学术观点对立的公共行政理论,尽力找出其他公共行政理论的漏洞,并基于这些漏洞对其他公共行政理论展开批判、反其道而行之完善自己所倡导的公共行政理论,以此削弱其他公共行政理论的影响力,提升自己所倡导公共行政理论的影响力,这种此消彼长情况能够助推这些研究者所倡导的公共行政理论在公共行政学界取得主导地位,这些情况实际上均助推了公共行政理论的现代化进程。

值得注意的是:(1)不同公共行政理论之间的"争斗"不仅存在于

---

① 王少泉、刘伟:《欧美公共行政学界分化现象研究》,《福建行政学院学报》2016年第4期。

归属于不同理论谱系的公共行政理论之间，也存在于归属于同一个理论谱系的公共行政理论之间，区别在于：前一种情况不同公共行政理论之间的"争斗"烈度通常高于后一种情况同一公共行政理论之间的"争斗"烈度。（2）各种公共行政理论共同组成整个公共行政理论体系，因此不同公共行政理论之间的"争斗"不仅助推了各种公共行政理论各自的发展，也助推了整个公共行政理论体系的发展，即公共行政理论的现代化是马克思主义"对立统一"哲学观的直观展现。公共行政理论的现代化正是在各种公共行政理论持续展开这种"争斗"的过程中得以实现。

3. 公共行政理论的"物竞天择"。进化论的基本内容是：种群是生物进化的基本单位，突变为生物进化提供材料，自然选择主导着进化的方向，隔离是物种形成的必要条件。将这些观点用于分析公共行政理论的现代化能够发现：

（1）公共行政理论的现代化并非仅仅是某一个具体理论的单一行为，而是由某一个或者多个具体理论的现代化为代表，形成公共行政理论的整体现代化。换言之，公共行政理论的整体现代化进程，是一个由每一个公共行政理论的单独现代化进程共同组成的整体。

（2）公共行政理论现代化并非一直以某种较为恒定的速度向前推进，而是在某些阶段会出现突变，如20世纪60年代突然出现多种公共行政理论，尤其是首次出现价值理性谱系的新公共行政理论，如果将这一时间范围放宽为"20世纪中期"（20世纪40—60年代），所囊括的公共行政理论则更多，这种突变现象就更加明显。

（3）现代化过程中的现实需求选择主导着公共行政理论的现代化方向。19世纪后期，西方国家快速推进现代化进程，具体表现为由第二次工业革命快速推进的工业化进程。这一时期的现代化过程中，诸多主体非常关注对效率的追求，由此催生了明显倡导工具理性的传统公共行政理论。20世纪中期，西方国家经过较长时间的工业化拥有较高的现代化水平，长期对效率的关注已经显著"做大了蛋糕"，但现代化收益的分配不均日益引起普通公众不满。基于此，新公共行政理论这一倡导价值理性的公共行政理论开始生成，[①]这一理论在这一时期现实需求的支撑下迅速成为公共行政领域的主导理论，助推了公共行政理论在这一时期的现代化进程。

---

① Rosemary O'Leary, David M. Van Slyke, and Soonhee Kim, eds. *The Future of Public Administration around the World: The Minnowbrook Perspective*. Washington, DC: Georgetown University Press. 2010: 6-7.

（4）相对隔离是新的公共行政理论形成的必要条件。公共行政理论现代化过程中，如果仅对原有公共行政理论进行修补，那么极难催生新的公共行政理论。由此可见：新的公共行政理论的产生，要求存在与原有公共行政理论相对隔离的环境，这种环境在现实情况及学者塑造的基础上形成，在这种环境中催生诸多与原有公共行政理论明显不同的学术观点，基于此形成新的公共行政理论，助推公共行政理论的现代化进程。

4. 公共行政理论中新旧理论更替。环境呈现出明显现代化之后，某些公共行政理论能够随之实现现代化进程（某些情况下公共行政理论的现代化早于环境的现代化），这一情况的出现意味着公共行政理论的现代化得到推进。值得注意的是：每一种公共行政理论都因环境现代化产生的需求而出现，这些理论出现之初都是新理论，环境继续现代化、现实需求变化之后，这些理论的现代化速度会逐渐慢于环境现代化速度，从而由新理论沦为旧理论。由此出现一个值得思考的问题：某一种或某一些公共行政理论是否可以不断推进自身的现代化进程从而长期居于公共行政领域的主导地位？这实质上是某一种或某一些公共行政理论的完善速度等于甚至快于环境现代化速度的表现。这种情况在一定时期内能够实现，但绝不可能长期存在，主要原因是：某一种或某一些公共行政理论可以基于环境现代化实现自身的完善，如民营化理论演进为新公共管理理论，但是每一种公共行政理论都有其本质属性，即都归属于公共行政领域的工具理性谱系、价值理性谱系或"工具—价值"理性谱系，[1]环境现代化会在不同时期催生对不同谱系的公共行政理论的需求，如20世纪60年代后期，现实所需的不再是工具理性谱系的公共行政理论，转而需要借助价值理性谱系的公共行政理论解决现实中存在的诸多问题，[2]这种情况下，工具理性谱系的传统公共行政理论不可能因为试图满足现实需求，继续在公共行政领域占据主导地位而整体变更理论谱系，因而其主导地位必然被价值理性谱系的公共行政理论（当时是新公共行政理论）取代；20世纪70年代末，解决现实问题有赖于工具理性谱系公共行政理论的指导，这种情况下，当时在公共行政领域占据主导地位的新公共行政学不可能因为现实需求的变化而变更为价值理性谱系的公共行政理论，因而其主导地位必然被价值工具理性谱系的公共行政理论（当时是民营化理论）取代。当某一种公共行政理

---

[1] 王少泉、刘伟：《欧美公共行政学界分化现象研究》，《福建行政学院学报》2016年第4期。

[2] 王少泉、刘伟：《欧美公共行政学界分化现象研究》，《福建行政学院学报》2016年第4期。

论无法实现这种转变或完善时，这种公共行政理论必然由新理论沦为旧理论。

（四）公共行政理论的现代化趋向

群体分化视角下，随着数字时代的持续发展，不同群体之间的分化有可能得到逐渐弥合，由此催生新的公共行政理论。新旧理论更替视角下，现今处于主导地位的公共行政理论，会被新的公共行政理论取代，但新的公共行政理论有可能是当前主导理论的演进形态。

1. 群体分化视角下的现代化趋向。传统公共行政理论创立之初，政治领域依然明显呈现出精英统治状态，受精英领导、持工具理性观的群体力量强大，与精英及其领导下的群体相比，普通公众之中持不同观点（主张价值理性）群体的力量十分弱小，这是传统公共行政理论能够长时间占据主导地位而且其他理论生成速度较慢的重要原因。20世纪中期出现民权运动、普选权的扩张等情况，普通公众之中持价值理性观群体的力量显著增强，这是新公共行政理论迅速崛起并成为主导理论的重要原因之一。其后数十年中，两类群体交替占据优势，没有任何一个群体能够长期拥有压倒性优势，这种交替情况对公共行政理论主导理论的不断更替产生了显著影响。

21世纪初，数字时代全面来临，普通公众的分化最初表现为网民与非网民的分化，这是"传统型数字鸿沟"的具体表现，这种分化对公共行政理论主导理论的更替没有产生显著影响，但是当非网民日益变更为网民之后，"传统型数字鸿沟"将被"新型数字鸿沟"取代，即网民与非网民之间的分化被网民内部的分化取代，网民由此分化为两大类别：有效利用智能设备完成高层次工作及高水平教育等的少数精英；简单地运用智能设备完成低层次工作及低水平教育的大部分普通公众。前一个群体在诸多领域处于主导地位，再次出现工业时代初期的精英统治状态，与工业时代不同的是：此时的精英，不再像工业时代初期的精英那样过分关注效率，而是同时关注效率、公正和公平等，而且"新型数字鸿沟"中的"大部分普通公众"在短时间之内不会出现明显分化。这些情况都对数字时代公共行政理论的现代化进程具有不可忽视的影响。

从本质属性来看，数字时代初期产生的习近平总书记关于网络强国的重要思想和数字时代理论都属于公共行政理论中的"工具—价值理性谱系"，①较好地融合了工具理性和价值理性②。近年，诸多国家在数字治理领域构建了诸多制度、规则和理念等，完成这些任务之后，需要完成的下一个任务是"做大蛋糕"，③也就是扩大能够提供的公共服务（尤其是数字公共服务）数量，为绝大部分群体提供所需的公共服务。受这一情况影响，这两种公共行政理论运用过程中会比较关注效率。

简言之：普通网民短期内不会显著分化；习近平总书记关于网络强国的重要思想和数字时代治理理论都属于"工具—价值理性谱系"；需要完成的下一个任务是"做大蛋糕"。这三种情况共同催生了一些情况：这两种公共行政理论将在较长时间内处于公共行政领域的主导地位，短期内出现新的、有实力更替主导地位的公共行政理论的可能性较小；在未来一段时间内，两种公共行政理论运行过程中的工具理性色彩会有所强化。

2. 新旧理论更替视角下的现代化趋向。当前，人类社会由工业时代向数字时代全面演进这一态势已经明朗，工业时代的现代化逐渐变更为数字时代的现代化，推进数字时代现代化进程有赖于新法律、新制度及新观念等支撑，形成于工业时代的法律、制度和观念等难以提供这种支撑，④成为数字时代公共行政理论现代化的阻滞因素。借鉴马克思主义哲学中变化观、进化论等对这种情况进行分析能够发现：工业时代的高度现代化会催生一些与这一时代的治理需求相对于新的理论，这些新理论会对时代演进过程中的实体以及非物质形态（如制度和观念等）事物产生影响。⑤当前，数字时代已经全面来临，形成于工业时代的法律、制度和观念等已经显现出陈旧色彩，推进数字时代现代化进程需要新理论支撑。

形成于工业时代的旧制度、旧机制等会对数字时代公共行政理论现代化进程形成阻滞，如果某一种或某几种公共行政理论未能随着环境的现代化而实现理论现代化，⑥那么这些公共行政理论将沦为旧理论。从公共行政理论的情况来看，一方面，传统公共行政理论、新公共行政理论、民营化理论、民主行政理论、新公共管理理论和新公共服务理论这六个曾在

---

① 曹冬英：《深刻理解习近平关于网络强国的重要思想　积极推进数字中国建设》，《海峡通讯》2021年第1期。
② 王少泉、李墨洋：《习近平的网络强国思想研究——基于公共行政理论本土化视角》，《天中学刊》2022年第1期。
③ 王少泉、李墨洋：《习近平的网络强国思想研究——基于公共行政理论本土化视角》，《天中学刊》2022年第1期。
④ 王少泉：《数字时代治理理论的问题与属性》，《中国社会科学报》，2019-05-22（007）。
⑤ 王少泉：《数字时代治理理论的问题与属性》，《中国社会科学报》，2019-05-22（007）。
⑥ 王少泉：《数字时代治理理论的问题与属性》，《中国社会科学报》，2019-05-22（007）。

公共行政领域占据主导地位的公共行政理论，早已沦为旧理论；①另一方面，公共价值管理理论和整体性治理理论在公共行政领域的主导地位，正逐渐被习近平总书记关于网络强国的重要思想和数字时代治理理论取代，②公共行政理论的新一轮现代化进程正在快速推进。

习近平总书记关于网络强国的重要思想和数字时代治理理论在公共行政领域取得主导地位之后，短期内这两者的主导地位不会被其他公共行政理论取代，主要原因是：这两种公共行政理论是数字时代的开创性公共行政理论，依照工业时代开创性公共行政理论（传统公共行政理论）的经验来看，开创性公共行政理论能够在公共行政领域长时间占据主导地位；这两种公共行政理论有效融合了工具理性与价值理性，是公共行政理论中"工具—价值理性谱系"的开山理论，③是效能良好的新理论，具有很强的现代性，遇到问题时能够及时、有效地进行自我调适——运用理论内部的工具理性或价值理性内容解决问题，有效防止这两者在公共行政领域的主导地位被其他理论取代。

但必须注意到：公共行政学已经是一个成熟学科，归属于不同谱系的新理论的出现速度明显快于工业时代初期，不会再次出现公共行政理论创立初期那样某一理论长时间占据主导地位的状态。这意味着：习近平总书记关于网络强国的重要思想和数字时代治理理论不可能永远在公共行政领域占据主导地位，④其主导地位会被新的公共行政理论取代。目前看来，最有可能的情况是：这两种公共行政理论进一步演进成为新的公共行政理论，以新的公共行政理论的形态占据主导地位——这一情况与"民营化理论演进为新公共管理理论""基于新公共行政理论生成民主行政理论"相似。这种新出现的公共行政理论，有可能是在借鉴数字时代治理理论可取之处的基础上，基于习近平总书记关于网络强国的重要思想中与数字政府治理相关内容生成的数字时代治理"第三波浪潮"理论。

二、数字政府治理的现实背景

从宏观上来看，人类社会演进至数字时代，是数字政府治理的时代背景。在数字时代，多元主客体对数字政府治理发挥着影响，但影响力最

---

① 王少泉：《数字时代治理理论的问题与属性》，《中国社会科学报》，2019-05-22（007）。
② 曹冬英：《深刻理解习近平关于网络强国的重要思想 积极推进数字中国建设》，《海峡通讯》2021年第1期。
③ 王少泉、刘伟：《欧美公共行政学界分化现象研究》，《福建行政学院学报》2016年第4期。
④ 曹冬英：《深刻理解习近平关于网络强国的重要思想 积极推进数字中国建设》，《海峡通讯》2021年第1期。

大、最直接的主体是政府。政府在战略管理、组织协调、财政管理、公共政策及法律体系等方面对数字政府治理发挥影响。从根本上来看，数字政府治理的根本原则是法治，价值规范是民主，重要原则是公众需求导向，重要目标是服务均等化，特征是个性化和网络性。基于此可以看出，数字政府治理重要的现实背景是政府借助以下途径对数字政府治理发挥影响：变革电子政务，构筑数字政府治理的根本基础；推进多维协同，优化数字政府治理的系统基础；提升财政管理能力，夯实数字政府治理的财政基础；强化公共政策能力，优化数字政府治理政策基础；优化法律体系，夯实数字政府治理的法制基础。分述如下：

（一）变革电子政务，构筑数字政府治理的根本基础

这一途径倡导以战略管理能力为基础的政府主导，确立数字政府治理的发展方向。推进数字政府治理并非易事，需要多元主客体的有效合作，涉及相当复杂的关系网络和知识结构。因此，必须有强有力的领导能力和战略管理能力作为支撑，才能构建起系统完善的数字政府治理系统，并确保这一系统协调、稳定运行。

在演进为数字政府治理之前，电子政务已经经历较长时间的发展，取得一定的成就、累积一定的经验。然而电子政务建设是以政府为中心，着眼于提高政府工作效率：主要集中于基础性建设和功能性建设方面，很少涉及公众服务的领域，具有一定的局限性。针对这一情况，我国于21世纪初开始采取诸多举措全力推进数字政府治理进程（尽管这一时期的大量文件中尚未出现"数字政府治理"这一名词，通常以"电子政务"作为核心词汇。为叙述便捷，下文阐释以"电子政务"为名的诸多文件、政策或命令等之时，均以"数字政府治理"为"电子政务"的替代词），借助数字政府治理提升我国在数字时代的现代化速度，如：《2006—2020年国家信息化发展战略》（2005年11月通过）提出国家信息化发展的战略方针。在数字政府治理过程中，《2006—2020年国家信息化发展战略》明确规定要逐步建立这样一种公共服务体系：服务对象是公众以及私营部门，依托的基础是互联网，在借助数字技术展开公共服务的过程中实现中央政府与地方政府之间的良好配合，并实现多种技术手段的良好结合，充分重视数字公共服务向最基层的延伸。逐步优化数字公共服务的供给，推动服务型政府建设。

政府的战略管理能力为数字政府治理设定目标、原则和步骤及建设标准，是数字政府治理的前提条件和保障。数字政府治理是一项需要进行大量资金投入、影响范围十分广泛、对技术要求很高、所需建设时间较长的工程。①在展开数字政府治理的过程中，政府通过战略规划不断地修改和完善数字政府治理的目标、内容和指导原则，主导着数字政府治理的发展方向。

2006年下发的《国家电子政务总体框架》（名称尚未演进为数字政府治理）为加快我国数字政府治理进程打下重要基础。《国家电子政务总体框架》将数字政府治理划分为五个部分，其内容涵盖服务、应用、信息资源开发与利用、基础设施建设、法律法规及标准化体系。《国家电子政务总体框架》将供给数字公共服务作为数字政府治理的社会使命，明确数字政府治理的主要宗旨是供给数字公共服务，数字政府治理客体主要是：（广义的）政府部门、公益部门、私营部门及公众，其中特别强调指出要使基本公共服务覆盖全民。数字政府治理的服务定位凸显服务型政府的发展理念，进一步明确数字政府治理未来的推进方向。此后，国家又进一步出台相关文件，指导数字政府治理进程的推进。2008年9月，我国政府颁布《国家发展改革委关于进一步加强国家电子政务工程建设项目管理工作的通知》；2011年11月制定《国家电子政务"十二五"规划》，在这一规划中，深化电子政务应用的提法多次出现，突出强调数字政府治理的数字公共服务能力和社会管理能力，这是服务型政府进一步发展的必然要求，也是我国数字政府治理必须始终坚持的方向。2015年以来，我国陆续发布助推网络中国建设的通知和意见等，这些通知、意见在宏观上为我国的数字政府治理进程的推进提供有效指导，各地对这些通知、意见的贯彻落实有力地助推了我国数字政府治理的发展。在服务型政府下，政府战略管理和规划能力为数字政府治理进程的推进提供宏观指导，有力地促进我国的数字政府治理进程。

（二）推进多维协同，优化数字政府治理的系统基础

这一途径倡导通过制度和组织协调，对数字政府治理展开统筹管理，实现数字政府治理平衡发展。数字政府治理进程的推进具有明显的复杂性和艰巨性，这一进程的推进要求决策部门必须具备足够的权力进行指挥和协调工作，一个强有力的决策部门能够在数字政府治理过程中发挥非常重要的作用。我国数字政府治理进程由中央政府引导和推动，中央政府建立数字政府治理的发展战略和规划，并督促各级地方政府加以实施和运行。我国于2001年8月建立由中共中央、国务院组成的国家信息领导小组，小组领导人由时任国务院总理的温家宝担任。这一小组的主要工作是

---

① 王谦：《电子政务：发展中的问题和对策》，成都：西南交通大学出版社，2010年，第35页。

审议国家信息化战略、规划、规章及政策等，并对国家信息化领域的工作展开综合协调。2008年3月，中央启动大部制改革，国家信息化领导小组的具体任务交由工业和信息化部承担。正是在中央政府的领导下，我国政府制定一系列战略规划，明确数字政府治理的目标和步骤，为我国数字政府治理进程的推进提供强有力的组织领导。

我国推进数字政府治理的过程中，在建立有力的组织支持基础上，还必须能够实现纵向的从中央到地方和横向的部门的联系和协调。这实际上包含两个方面的内容：一方面是来自高层管理理念和价值取向的引导作用；另一方面则是实际工作中诸多协调问题。政策制定与执行的质量和效果很大程度上取决于政策制定者和执行者的管理理念和价值取向，领导机构所倡导的价值观对下属机构或人员起着示范引领作用，有助于在整个系统内部树立起特定的价值取向，促使政府工作人员为实现目标而努力。在国家治理现代化的过程中，我国政府始终倡导服务的价值理念，这决定了我国数字政府治理将为数字政府治理客体提供数字公共服务作为重心。其次，数字政府治理涉及大量的组织结构、人事制度、权力分配、责任结构等方面的重新配置和安排，这一治理进程的推进势必遇到诸多问题，这些问题的存在对政府的协调能力提出更高的要求。在我国数字政府治理过程中，尤其是在信息资源的纵向整合过程中，政府已经取得较为突出的成绩，但是随着纵向部门整合的开展，横向部门之间的整合问题也变得越来越突出。这一问题如果未得到有效解决，势必阻滞我国数字政府治理进程的快速、稳步推进，在宏观上出现制度完善速度慢于现代化速度这一问题，对数字时代我国的现代化进程产生负面影响。

（三）提升财政管理能力，夯实数字政府治理的财政基础

财政管理能力途径主张：财政投入为数字政府治理奠定坚实的经济基础，未能有效供给足备资金是数字政府治理较难首先快速推进的重要成因。从微观上来看，数字政府治理进程的展开需要大量软硬件投入，即需要政府在财政上给予大力支持才得以实现。因此，较高的财政投入是确保数字政府治理进程全面展开的经济前提条件。除此之外，政府还可以通过多种融资和合作渠道，为数字政府治理提供充足的资金保障。从宏观上来看，数字政府治理是我国在数字时代推进国家现代化进程的重要举措，基于足额财政支持展开的数字政府治理及相关制度的构建，能够保障"制度完善速度跟上现代化速度"，从而有效减少现代化过程中因"制度完善速度慢于现代化速度"引致的各种不稳定现象。具体而言，财政管理能力途径从两个方面对数字政府治理产生影响：

1. 财政投入是数字政府治理的经济条件。数字政府治理过程中，国家必须投入大量的资金确保数字政府治理基础设施完备、相关技术开发研究顺利展开，这些投入可以划分为软件投入和硬件投入两大类别。当前，我国数字政府治理进程快速推进，这与国家较大的财政投入密切相关。据统计，2001年至2018年，我国与数字政府治理相关的投入增速一直保持在15%以上，表明自2001年以来我国数字政府治理领域的投入规模不断扩大，这意味着国家对数字政府治理一直十分重视，政府决定在财政方面不断给予支持以推进数字政府治理的全面开展。

随着我国数字政府治理进程的稳步推进，政府在这一领域的投入已经逐渐由偏重硬件投入慢慢转向偏重软件投入和IT服务投入。当前，我国数字政府治理的硬件设施已基本能够满足开展业务的需要，这一领域投入所占比例开始下降。与此同时，数字政府治理的展开需要大量的应用技术和安全技术等软件支撑，这种支撑的出现有赖于大量投入的存在，且这部分投入对数字政府治理所发挥的作用越来越重要。我国政府在目前数字政府治理的基础上，顺应宏观态势变化而及时地做出投资结构的调整，有助于数字政府治理的整体优化。

2. 多元融资模式有助于提升数字政府治理的经济支持力。单纯地采用政府财政拨款的方式已经不能满足当前数字政府治理的需要，而且基于成本收益分析的数字政府治理也需要发挥项目融资能力以减轻政府的负担。国外拓展融资项目渠道的方法主要分为两类：一类是通过各种方法壮大政府的财政能力，另一类是引入社会资本和市场机制加强基础设施建设和运营管理。[①]在实践过程中，我国各地政府均按照自身特征展开各种探索，在数字政府治理过程中呈现出不同融资和投资模式，为各地有效推进数字政府治理进程创造了有利条件。

（四）强化公共政策能力，优化数字政府治理政策基础

公共政策能力途径主张：政策执行力影响数字政府治理领域诸多政策的最终落实及其效果。事实证明，一项规划或政策最终的实施效果很大程度上取决于执行机关的执行力强弱。"上有政策、下有对策"这一现象存在于大量供给的数字政府治理过程中，上级机关对不同执行机关的监督程度会存在不同，而且衡量政策目标过程中存在模糊性和复杂性，极有可能催生政策失灵现象。政策执行力是理论、实践问题。在政策实施过程中，

---

① 王谦：《电子政务：发展中的问题和对策》，成都：西南交通大学出版社，2010年，第186页。

常常出现这样的情况：政策确定了很好的战略目标和步骤，但最终实施的效果却不尽如人意。这一情况很大程度上归因于政策执行机关的政策执行力较弱。数字政府治理过程中，必须深刻认识到政府执行力的重要性并采取有效措施加以提升，使数字政府治理领域的各项政策真正得到实施，将数字政府治理真正运用于实践过程之中，助推数字时代我国的现代化进程。政策执行力表现为：政府对政策目标和实施方案的认知和理解能力、能否有效整合和利用各种资源的能力以及在执行过程中的行动能力和评估纠错能力。阐释如下：

1. 执行机构对战略目标的认知能力。政策执行者对目标的准确认知关系着政策执行的方向和效果。目前，我国正在全力推进数字政府治理进程，各级政府在这一过程中制定了多样化的规划方案，对我国数字政府治理进程的推进发挥着宏观指导作用。各部门、各地区政府管理者只有清楚认知数字政府治理的定位及其对政府创新和改革的重要作用，才能更好地贯彻落实国家的数字政府治理政策规划。

2. 资源整合利用能力。数字政府治理进程的有效推进，有赖于大量的人力、财力及物力等的持续投入，其中一些资源具有分散性、稀缺性等特征，这一情况的存在对政府的整合利用能力提出了较高要求，因此，如何有效地整合利用各种资源助推数字政府治理进程成为执行机构面临的现实问题。我国行政系统善于对资源展开有效整合，在治理过程中实现多主体之间的有效合作。数字政府治理是一种全新的治理方式，是治理领域新的发展趋势。数字政府治理的成功实现有赖于政府的大力推进，因此，整合资源信息、革新事物、聚集人力、财力及物力等成为政府的重要目标。推进数字政府治理的过程中，政府必须在诸多方面有效作为：有效运用命令、法规等实现部门之间的整合、信息的有效流通、组织业务流程的重组；通过有针对性的财政支出，为数字政府治理进程的推进提供足够的资金支持；对公务员展开培训和教育，为数字政府治理进程的推进提供有效的人力、智力支持；支持和鼓励数字技术发展，为数字政府治理的全面展开提供有效的技术支持。

3. 行动能力及评估能力。政策执行机构的政策执行力具体表现为其基于宏观规划制定和实施具体计划的能力。在数字政府治理过程中，宏观规划发挥指导作用，无法直接运用于差异十分明显的不同地方、不同领域之中，各地、各领域展开数字政府治理的过程中，必须基于自身实际情况将数字政府治理的宏观规划加以细化，在细化过程中制定数字政府治理的具体方案/计划，切实做到因地制宜、量力而为，一切从实际出发。除此之外，各级政府在执行数字政府治理政策的过程中还必须关注效率和效果。在数字政府治理过程中，某些地方政府并未十分重视数字政府治理平台的建设，数字公共服务的覆盖面及供给量较小，数字政府治理效能较低。为了有效规避这些问题，政府有必要对数字政府治理成效展开准确评估，以及时、全面地把握数字政府治理过程中存在的问题，不断优化数字政府治理状态。由此可见：数字政府治理的展开对政府执行机构的评估能力也提出了一定的要求，这些机构必须有效强化这种能力，才能确保数字政府治理得到快速展开。

（五）优化法律体系，夯实数字政府治理的法制基础

法律体系能力途径主张：法律体系建设是数字政府治理的制度保障。数字政府治理是随着互联网的发展而兴起的，依托于信息技术的进步和发展。数字政府治理作为一个新兴的事物，面临着复杂的运行环境。为了引导和规范数字政府治理的发展，需要制定一系列相关的法律法规，为数字政府治理提供法律支持。因此，政府制定和完善数字政府治理法律体系的能力决定着数字政府治理的发展状况。世界各国都非常重视数字政府治理领域的立法工作，其立法大致有以下几种形式：制定专门的法律；制定相关法规；制定或修改相关程序法；制定或修改其他法律；使用其他政策工具。[①]立法的范围大致包含数字政府治理领域的法律法规。

经过十多年的发展，我国数字政府治理领域的立法工作已经取得了不少成果，制定了十几部相关的法律法规，但是还缺乏专门的数字政府治理法，与数字政府治理有关的法律法规分散在其他法律法规中。法律法规的制定是制度化的根基，数字时代我国现代化进程的推进，必须保障制度完善速度跟上现代化速度，也就必须加快法律法规的制定、完善速度。目前，我国在这一方面已经取得一些成绩，但尚存在某些不足，具体表现为：上述法律的建立为数字政府治理的发展提供一定的法律支持，然而由于缺乏具有统领性的法律，其他法律辅助体系也不完整，数字政府治理中仍存在一些问题。

数字政府治理进程的推进既要建立起实施基础性法律法规，又要建立起实施数字政府治理的核心性法律法规，如数字政府治理法、数据保护法等；还要建立起具体电子政务活动的运行性法律法规，如电子签名法、网上采购法、电子交易法等，最终构筑起数字政府治理的法律框架和体系。有了以上法律法规的支持才能使数字政府治理在法律保障下安全有效

---

① 王立华主编：《电子政务概论》，西安：西安交通大学出版社，2011年，第219页。

展开。

三、国内外研究综述与简评

（一）国内研究综述

我国数字政府治理的理论基础是习近平总书记关于网络强国的重要思想而非数字时代治理理论。整体而言，习近平总书记在约20年（21世纪的最初20年）时间里创立了这一重要思想，其内容涉及数字政府、数字经济和数字社会等领域。近年，国内学界对这一重要思想展开了研究，探究其渊源、核心要义和特征等，极少数研究者重点研究这一重要思想中的数字经济内容，但尚无研究者专门分析这一重要思想的数字政府方面内容。可见，对这一重要思想的研究有待进一步深化。"习近平总书记关于网络强国的重要思想"的研究综述置于本书第一章中，除这部分之外，我国学界对数字政府治理的主要研究成果分属以下九个方面：

1. 数字政府治理的内涵与特征。从数字政府治理的内涵来看，这一领域的研究成果可以细分为：（1）由多个部分共同组成的数字政府治理。一些研究者从数字政府治理由多个部分共同组成这一角度界定数字政府治理，如：黄璜认为特定历史时期的政策目标、任务和手段可以用"数字政府""电子政务"来概括与总结，反映了不同的政策内容，核心目标、顶层设计、政策议题、业务架构以及技术基础五个方面是政策演变的特征的总结[1]。周文彰认为，数字政府包含信息化政府、管理网络化政府、办公自动化政府、政务公开化政府、运行程序优化的政府。[2]黎军认为，数字政府治理就是用数据对话、用数据决策、用数据服务、用数据创新。[3]

（2）根据数字政府治理目标作出的界定。一些研究者以数字政府治理的目标为基础，探究数字政府治理的内涵，如：刘淑春认为数字政府治理涉及经济调节、市场监管、公共服务、社会管理、环境治理、政府运行等多个"父母"，试图建立政务高效化、服务线上化、治理精准化的新型政务运行模式[4]。韦彬等人认为，数字政府治理依托"全面驱动型""内

---

① 黄璜：《中国"数字政府"的政策演变——兼论"数字政府"与"电子政务"的关系》，《行政论坛》2020年第3期。

② 周文彰：《数字政府和国家治理现代化》，《行政管理改革》2020年第2期。

③ 黎军：《以"数字政府"建设为抓手，推进政府治理现代化》，《团结》2020年第1期。

④ 刘淑春：《数字政府战略意蕴、技术构架与路径设计——基于浙江改革的实践与探索》，《中国行政管理》2018年第9期。

力驱动型"和"战略导向型"这三种类型提升政府数字治理绩效。[①]陈伟认为,数字政府治理致力于推动国家治理体系和治理能力的现代化,实现了政务服务的创新。[②]叶战备等认为,数字政府和数据治理是在全面提升政府职能的基础上,加强部门间的协同,彻底地重塑行政的作业单元。[③]卢晓蕊认为,形态、目标、管理、业务、数据、技术、交互等是数字政府的内涵,建设数字政府是党中央、国务院作出的重要决策部署。[④]卢晓蕊认为,数字政府建设是党中央、国务院作出的重要决策部署,数字政府的内涵应当从多方面进行把握。[⑤]戈晶晶认为,数字政府治理致力于构建法治政府、廉洁政府、服务型政府,把满足人民对美好生活的向往作为治理的出发点和落脚点。[⑥]

（3）比较视角下的界定。一些研究者基于比较视角界定数字政府治理,如:鲍静等在对数字政府进行概念界定与辨析比较的基础上,勾勒出数字政府治理在物理形态和价值形态上的基本特征。[⑦]翟云认为数字政府是电子政务发展的继承和升华,两者将长期共存于推进国家治理现代化的历史进程中。[⑧]

从数字政府治理的特征来看,一些研究者在研究成果中阐述了数字政府治理的特征,如:张涛认为,数量大、种类多、速度快是大数据所具有的特性,政府数据治理组织性方法的具体实践是政府首席数据官制度,契合"联合式治理"的基本特征。[⑨]梁木生认为,技术规制是"数字政府"因其智能化属性而衍生出一种全新的规制手段,技术规制具有科学性、客观性、程序性、确定性等特点。[⑩]王益民认为,政府即平台、创新公共价值、用户驱动的服务设计和数据治理与协同是数字政府的四个显著特

① 韦彬、陈永洲:《什么促进了政府数字治理绩效?——基于复杂因果视角的QCA方法》,《科学与管理》2022年第3期。
② 陈伟:《建设数字政府推进网络理政》,《先锋》2017年第2期。
③ 叶战备、王璐、田昊:《政府职责体系建设视角中的数字政府和数据治理》,《中国行政管理》2018年第7期。
④ 卢晓蕊:《数字政府建设:概念、框架及实践》,《行政科学论坛》2020年第12期。
⑤ 卢晓蕊:《数字政府建设:概念、框架及实践》,《行政科学论坛》2020年第12期。
⑥ 戈晶晶:《人民需要的数字政府该如何建》,《中国信息界》2022年第3期。
⑦ 鲍静、范梓腾、贾开:《数字政府治理形态研究:概念辨析与层次框架》,《电子政务》2020年第11期。
⑧ 翟云:《数字政府替代电子政务了吗?——基于政务信息化与治理现代化的分野》,《中国行政管理》2022年第2期。
⑨ 张涛:《数据治理的组织法构造:以政府首席数据官制度为视角》,《电子政务》2021年第9期。
⑩ 梁木生:《论"数字政府"运行的法律调控》,《中国行政管理》2002年第4期。

征。①

2. 数字政府治理的意义。这一领域的研究成果可以细分为：（1）宏观视角下的意义。主要是指诸多研究者认为数字政府治理有助于推进时代演进、国家改革等。代表性观点有：①数字政府治理对时代发展的影响。戴长征、鲍静认为农业社会、工业社会和信息社会是人类社会发展的历史，经济基础决定上层建筑，社会形态决定治理模式，数字政府治理体系的建构既是社会发展的内在需求，也与全球体制变革紧密相连②。张成福等认为，随着时代的发展，人类进入数字时代，数字政府转型也成了迫在眉睫的任务与责任。③王春晖认为加快数字化发展，建设数字中国是时代发展的需求。④汪玉凯认为，在5G发展时代，我国的数字政府建设也将呈现出新的发展态势，助推时代发展。⑤刘银喜等人认为推进数字政府治理能够增加公共价值。⑥

②数字政府治理对国家建设的影响。一些研究者指出，数字政府治理能够助推国家建设进程，如：翟云认为，实施数字政府战略是全面建设社会主义国家的历史性、全局性、战略性任务，亦为数字政府战略顶层设计和实施进路提供了有益的学理观照。⑦陈子韬、李哲、吴建南认为，数字政府建设是支撑"数字中国"建设的重要内容。⑧范海勤等人认为，我国已经总结得出一套具有中国特色的数字政府建设推进策略，助推了我国的改革进程。⑨王钦敏认为，创新电子政务建设与发展模式是加快建设"数字中国"的重要组成部分。⑩关保英等人认为，建设数字政府是为了实现行政权的数字化转型，是数字政府与法治政府融合的产物。⑪朱剑平等人

---

① 王益民：《数字政府整体架构与评估体系》，《中国领导科学》2020年第1期。
② 戴长征、鲍静：《数字政府治理——基于社会形态演变进程的考察》，《中国行政管理》2017年第9期。
③ 张成福、谢侃侃：《数字化时代的政府转型与数字政府》，《行政论坛》2020年第6期。
④ 王春晖：《加快数字化发展，建设数字中国》，《经营管理者》2021年第5期。
⑤ 汪玉凯：《5G时代数字政府发展十大趋势》，《中国信息安全》2019年第9期。
⑥ 刘银喜、赵淼：《公共价值创造：数字政府治理研究新视角——理论框架与路径选择》，《电子政务》2022年第2期。
⑦ 翟云：《中国数字政府建设的理论前沿问题》，《行政管理改革》2022年第2期。
⑧ 陈子韬、李哲、吴建南：《作为组合式创新的数字政府建设——基于上海"一网通办"的案例分析》，《经济社会体制比较》2022年第2期。
⑨ 范海勤、崔雪峰：《我国数字政府建设情况与推进策略研究》，《现代工业经济和信息化》2020年第7期。
⑩ 王钦敏：《创新电子政务发展模式加快推动"数字中国"建设——在2018（第十三届）中国电子政务论坛上的讲话》，《行政管理改革》2019年第2期。
⑪ 关保英、汪骏良：《基于合作治理的数字法治政府建设》，《福建论坛（人文社会科学版）》2022年第5期。

认为，在智能化大背景下，我国当前党和国家基础设施建设的重要事项之一是数字政府。[①]陈畴镛认为，数字化改革具有重大历史意义，数字化改革具有与时俱进、塑造变革的特性，数字化改革的思维方法是系统集成、多跨协同，数字化改革的推进策略是平台为基、应用牵引。[②]

③数字政府治理对国家治理现代化的影响。一些研究者认为，数字政府治理能够助推国家治理现代化进程，如：黄璜认为数字政府与电子政务是两个不同的阶段，数字政府更能有效地推进国家治理的现代化革命。[③]王伟玲在《数字政府：开辟国家治理现代化新境界》一书中指出数字政府治理能够开辟国家治理现代化新境界。[④]李月和曹海军认为，数字治理对于推进国家治理体系与治理能力现代化具有积极作用，分析数字治理有助于推进政府数字治理建设。[⑤]姚倩钰等人认为，国家治理体系和治理能力现代化的深厚基础是加快数字化发展，推动政府治理数字化，提高数字政府建设水平。[⑥]陈振明认为，数字化、网络化、智能化对政府治理现代化产生深刻的影响，发挥大数据的重要作用，确保国家治理体系和治理能力现代化沿着正确的方向前进。[⑦]韩雪莹认为，地方政府数字化转型是实现国家治理体系和治理能力现代化的重要途径。[⑧]祁志伟认为，数字政府体现了以人民为中心的价值意蕴，数字政府是数字中国建设的核心要义。[⑨]崔树红等人认为，推进政府治理体系和治理能力现代化离不开数字政府的飞速发展。[⑩]蔡德发等人认为，数字政府是推进数字经济发展，推进国家治理现代化的重要途径。[⑪]张爱英认为数字政府治理是实现农业农村现代

① 朱剑平、李少良：《数字政府建设现状及发展研究》，《计算机产品与流通》2020年第10期。
② 陈畴镛：《数字化改革的时代价值与推进机理》，《治理研究》2022年第4期。
③ 黄璜：《数字政府：政策、特征与概念》，《治理研究》2020年第3期。
④ 王伟玲：《数字政府：开辟国家治理现代化新境界》，北京：人民邮电出版社，2022，第1页。
⑤ 李月、曹海军：《省级政府数字治理影响因素与实施路径——基于30省健康码应用的定性比较分析》，《电子政务》2020年第10期。
⑥ 姚倩钰、范丽莉：《政府数字治理研究进程与热点分析》，《数字图书馆论坛》2022年第1期。
⑦ 陈振明：《实现治理数字化和智能化转型》，《国家治理》2020年第3期。
⑧ 韩雪莹：《我国地方政府的数字化转型：理论发展与实践逻辑》，《现代商贸工业》2021年第16期。
⑨ 祁志伟：《数字政府建设的价值意蕴、治理机制与发展理路》，《理论月刊》2021年第10期。
⑩ 崔树红、刘全力、唐立庭：《数据时代背景下"数字政府"技术架构研究与应用分析》，《信息系统工程》2019年第7期。
⑪ 蔡德发、李青：《黑龙江省数字政府建设的问题与对策研究》，《商业经济》2020年第12期。

化和乡村振兴的有效途径。①刘淑春认为，数字政府治理助推了治理现代化这场深刻变革。②陈桂龙认为数字政府3.0是"十四五"时期我国数字政府新的发展阶段，也是实现社会主义现代化的远景目标。③曾百添等人认为，建设数字中国、智慧社会是加快实现我国现代化的重要手段。④

（2）中观视角下的意义。主要是指一些研究者认为数字政府治理有助于优化对市场和社会等领域的建设，代表性观点如：①数字政府治理对"政府—经济—社会"的总影响。一些研究者指出，数字政府治理能够助推"政府—经济—社会"结构的优化，如：孟天广认为第四次工业革命后，政府数字化成为全球核心议题，政府数字化转型的基础是获取、共享和分析数据，机制是面向、基于和经由数据的治理，等等。这些都重构着政府、市场和社会关系。⑤周文彰认为，数字政府治理作用于国家治理现代化的作用和意义主要体现在：它使政府决策科学化、社会治理精准化、公共服务高效化、政府治理民主化，还在许多方面使腐败失去了条件。⑥毕马威认为，数字政府治理扩充了传统意义上的数据治理的内涵。⑦王晨认为，提升政府政务服务，开展城市治理数字化，丰富数字时代的治理理论内涵，能够推动数字赋能城市治理。⑧朱锐勋认为，全球公共治理和公共服务发展趋势是政府数字化转型，政府数字化转型体现了以人民为中心的发展思想。⑨明承瀚等人认为，在数字政府建设中，信息基础设施的安全显得至关重要，一旦出现问题，就会严重威胁国家安全和公共利益。⑩李广乾认为数字政府治理推进了数字经济、数字政府、数字社会和数字生态的发展。⑪

②数字政府治理对市场的影响。一些研究者指出，数字政府治理对

---

① 张爱英：《山西省数字乡村建设的发展困境及优化策略》，《经济师》2022年第5期。
② 刘淑春：《以数字政府建设推进政府治理现代化》，《审计观察》2020年第12期。
③ 陈桂龙：《数字政府3.0》，《中国建设信息化》2020年第23期。
④ 曾百添、王梓铃、练雨铃等：《"数字政府"背景下广东省掌上政务普及现状及发展对策——以"粤省事"小程序广州市使用情况为例》，《青年与社会》2020年第18期。
⑤ 孟天广：《政府数字化转型的要素、机制与路径——兼论"技术赋能"与"技术赋权"的双向驱动》，《治理研究》2021年第1期。
⑥ 周文彰：《数字政府和国家治理现代化》，《行政管理改革》2020年第2期。
⑦ 毕马威、杨有韦：《数据大治理》，《大数据时代》2020年第9期。
⑧ 王晨：《基于公共价值的城市数字治理：理论阐释与实践路径》，《理论学刊》2022年第4期。
⑨ 朱锐勋：《政府数字化转型演进趋势与展望》，《云南科技管理》2019年第5期。
⑩ 明承瀚、徐晓林、张梓妍：《数字政府信息基础设施安全风险的特征研究》，《行政论坛》2022年第3期。
⑪ 李广乾：《全面开创数字政府建设新局面》，《经济》2022年第9期。

市场的运行具有重要影响，尤其是能够助推市场发展，如：胡雅南认为，建设人民满意的数字化服务型政府既是推动经济社会高质量发展、塑造营商环境优势的重要抓手和重要引擎，也是促进国家治理能力现代化的必由之路①。徐梦周和吕铁认为，数字政府是我国深化改革赋能数字经济发展的关键举措。②何枭吟认为，在新的历史时期，建设服务型数字政府，平衡数字资源，能够提升我国的数字经济国际竞争力。③郑磊认为，全面推进城市数字化转型需注重数字化转型给市民带来的实际体验和感受，助推数字经济发展。④杜莉娜等人认为，数字政府治理能够助推互联网企业参与。⑤姜奇平认为数字革命已经到来，数字政府成为联接我国数字政府与数字社会的重要纽带。⑥栾群认为，着力提高关键数字领域创新能力，坚持研发、应用、治理三位一体，为经济发展注入新动能。⑦信集提出：抓住数字经济的发展新机遇是一项重大战略工程。⑧金震宇认为，"互联网+"开始重构企业的组织体系、生产模式及业务流程，数字政府2.0的生态图谱与模式重构正在发生。⑨任晓刚认为，发展是解决一切问题的基础，数字政府治理能够助推高质量发展。⑩邓石军等认为，数字政府建设与产业结构相辅相成，数字政府建设可以更好地发挥产业结构优化效应。⑪高杰认为，数字政府治理能够助推数字经济的发展，带来政府经济职能的转变，也给国民带来前所未有的便利。⑫

③数字政府治理对社会的影响。一些研究者指出，数字政府治理能够助推社会发展，如：鲁金萍等人认为，数字技术在数字政府建设中起着至关重要的作用，如何让新技术较好地应用到数字政府建设之中，让创新更多惠及全社会，对于推进政府治理水平和治理能力现代化意义重

① 胡雅南：《建设人民满意的数字化服务型政府》，《中国领导科学》2019年第6期。
② 徐梦周、吕铁：《赋能数字经济发展的数字政府建设：内在逻辑与创新路径》，《学习与探索》2020年第3期。
③ 何枭吟：《数字经济发展趋势及我国的战略抉择》，《现代经济探讨》2013年第3期。
④ 郑磊：《城市数字化转型的内容、路径与方向》，《探索与争鸣》2021年第4期。
⑤ 杜莉娜、车丽萍：《数字政府建设中互联网企业参与现状及问题研究》，《科技和产业》2022年第1期。
⑥ 姜奇平：《智慧城市联接数字政府与数字社会》，《互联网周刊》2020年第23期。
⑦ 栾群：《研发、应用、治理三位一体打造数字经济新优势》，《国家治理》2021年第18期。
⑧ 信集：《福建：数字经济成为新动能主引擎》，《信息化建设》2021年第7期。
⑨ 金震宇：《"互联网+"驱动数字政府2.0模式重构》，《中国信息界》2020年第4期。
⑩ 任晓刚：《数字经济是实现经济高质量发展的关键》，《科技智囊》2022年第6期。
⑪ 邓石军、陈晓霞、张卿：《数字政府建设与产业结构升级：来自中国城市的经验证据》，《中国发展》2022年第4期。
⑫ 高杰：《数字经济视阈下政府经济职能研究》，《现代经济信息》2018年第7期。

大①。马亮认为，数字政府建设旨在实现网上办事不求人，数字政府建设有利于推动政民互动模式转型，进而促进社会关系重塑。②马颜昕认为，"数字政府"是政府适应信息时代治理和服务需求的自我改革和创新，能够助推社会发展。③张林轩等人认为，大数据时代推进政府数据开放是我国政府进行数字政府建设和实现大数据驱动公共治理的基础，能够优化政府和社会的关系。④韩雪莹认为，地方政府数字化转型，能够满足公众和企业需求、实现政府价值。⑤刘祺认为，数字政府的治理将打破传统治理边界，数字政府跨界创新的治理协同推进社会发展。⑥陈畴镛认为，数字政府治理能够优化党政机关、数字政府、数字法治、数字经济和数字社会的运行。⑦

（3）微观视角下的意义。主要是指一些研究者认为数字政府治理有助于优化治理理念、提升政府效能等，代表性观点有：①优化治理理念。一些研究者指出，数字政府治理能够优化治理理念，如：杨国栋认为，数字政府治理是数字政府构建，体现了公共部门信息技术应用的概念与实践的认识深化与演进⑧。韩啸、汤志伟认为，数字政府最重要的目标是实现公共价值，技术同化的深度和广度是影响公共价值的关键变量，数字政府能力在技术同化与公共价值间发挥中介作用。⑨陆留生认为，在开放管理、治理协同、运行高效等方面数字政府建设具有较大的优势，能够有效优化治理理念。⑩姚敏认为，建设数字政府是一场深刻政府治理革命，有助于革新治理理念。⑪

②提升政府效能。一些研究者指出，数字政府治理能够提升政府效

---

① 鲁金萍、许旭、王蕤：《新技术在数字政府建设中的应用：成效、瓶颈与对策》，《网络安全和信息化》2021年第8期。
② 马亮：《网上办事不求人：政府数字化转型与社会关系重塑》，《电子政务》2022年第5期。
③ 马颜昕：《数字政府：变革与法治》，《教学与研究》2021年第3期。
④ 张林轩、储节旺、蔡翔等：《我国地市级政府数据开放发展现状及对策探析——以安徽省为例》，《情报工程》2021年第4期。
⑤ 韩雪莹：《我国地方政府的数字化转型：理论发展与实践逻辑》，《现代商贸工业》2021年第16期。
⑥ 刘祺：《从数智赋能到跨界创新：数字政府的治理逻辑与路径》，《新视野》2022年第3期。
⑦ 陈畴镛：《聚焦数字化改革的着力点》，《浙江经济》2021年第3期。
⑧ 杨国栋：《数字政府治理的理论逻辑与实践路径》，《长白学刊》2018年第6期。
⑨ 韩啸、汤志伟：《数字政府创造公共价值的驱动因素与作用机制研究》，《电子政务》2022年第2期。
⑩ 陆留生：《以数字政府建设提升行政效能》，《群众》2019年第21期。
⑪ 姚敏：《江苏政府数字化转型思路探讨》，《中国信息化》2020年第5期。

能，如：张丽、陈宇认为，国家治理体系和治理能力现代化的新型政府形态是数字政府，数字政府绩效评估以公共价值为基础，体现了新型政府形态的内在规律性[①]。王灿友等人认为，数字政府治理有助于提升政府运行效能。[②]贾海薇等人认为，大数据时代"数字政府"的系统建构有利于推进数据资源的整合利用，提高决策的科学性和有效性。[③]刘昱婷等认为，随着大数据的广泛应用，"数字政府"建设逐步迈入以数据建设为中心的阶段，显著提升了政府运行效能。[④]王伟玲认为，理清数字政府治理过程中政府数据开放与运营的不同含义及区别，有助于加快推动政府数据授权运营。[⑤]郑磊等人认为，"电子治理的未来"国际研讨会总结了数字政府发展实践中的三个教训，有助于提升政府治理效能。[⑥]杨国栋认为，由目标、体系和结构三重维度共同组成的数字政府治理，有助于提升领导力。[⑦]赵明认为，数字政府治理着力解决"信息孤岛"问题，能够提升政府治理效能。[⑧]宋君、张国平认为，数字政府治理过程中，官僚制政府和数字政府相互融合，能够提升治理效能。[⑨]罗岑弘认为数字政府治理过程中推进数字化办公，能够强化公共管理创新。[⑩]张欣亮等人认为，推进数字政府治理能够提升政府运行效能，其中的重要举措是加快实现数字化转型的技术支撑。[⑪]王璐认为，数字政府治理过程中有效运用大数据技术，改善了政府治理能力。[⑫]左小兵认为，云计算、大数据、AI等数字技术成为此次疫情防控中的最亮眼举措，标志着政府数字化服务能力的显著

① 张丽、陈宇：《基于公共价值的数字政府绩效评估：理论综述与概念框架》，《电子政务》2021年第7期。
② 王灿友、姜韩：《基于政策工具与LDA模型的我国省级数字政府建设政策文本分析》，《科学与管理》2022年第1期。
③ 贾海薇、刘志明、张小娟：《大数据时代"数字政府"的系统建构——基于IGR法则的讨论》，《行政论坛》2022年第3期。
④ 刘昱婷、吴畏：《关于推进"数字政府"建设的若干建议》，《信息通信技术与政策》2018年第7期。
⑤ 王伟玲：《政府数据授权运营：实践动态、价值网络与推进路径》，《电子政务》2022年第10期。
⑥ Theresa A. Pardo、郑磊、包琳达等：《共享研究与实践知识——对"电子治理的未来"国际研讨会及全球数字政府学术共同体建设的评论》，《电子政务》2014年第1期。
⑦ 杨国栋：《政府数字领导力建构的三重维度》，《领导科学》2021年第11期。
⑧ 赵明：《建设数字政府提升治理效能》，《群众》2021年第6期。
⑨ 宋君、张国平：《官僚制政府和数字政府：竞争、替代还是融合？》，《理论导刊》2022年第8期。
⑩ 罗岑弘：《数字政府公共管理模式创新研究》，《决策探索（下）》2019年第10期。
⑪ 张欣亮、王茜、吕冉等：《省域数字化转型标准体系研究及其构建——以数字山东标准体系为例》，《标准科学》2022年第4期。
⑫ 王璐：《论大数据对改善数字政府治理能力的作用及带来的挑战》，《内蒙古科技与经济》2021年第11期。

提高。①章贵桥等人认为，人工智能技术可以有效拓展政府会计功能结构的维度和边界，并对我国政府会计功能应用的广度与深度产生巨大的影响。②

③优化公共服务。一些研究者指出，数字政府治理能够优化公共服务，如：周静等人认为，政府治理能力现代化是把新时代改革开放推向前进的根本条件，推进政府治理能力现代化有利于优化政府职能高效转变、改善公共服务质量③。张建锋认为，数字政府能够重构政府数字架构体系，进而提升公共服务水平。④王学军和陈友倩认为，通过公共价值视角下的定性比较分析，数字政府治理的核心价值在于切实提高公众的获得感和满意度。⑤吴克昌和闫心瑶认为，当前我国公共服务领域存在的主要问题是供给与需求不匹配，数字政府的建设全面提升了政府的治理能力。⑥高秦伟认为，数字政府提升了各级政府的服务水准，同时数字政府本身的建设模式也需符合民主法治的要求。⑦高杰认为，"数字化"时代背景下，我国数字政府建设将西方公共服务理论去粗取精，形成一个全新的服务型数字政府。⑧于君博认为，数字政府治理助力推进"放管服"改革，让"放管服"真正实现"前台单点受理，后台并联审批"的政府内部服务流程再造。⑨

④优化政府结构和环境。一些研究者指出，数字政府治理能够优化政府结构和环境，如：刘银喜、赵淼从公共价值创造角度重新审视数字政府治理的构成维度，公共价值创造是政府的关键目标之一⑩。欧阳航、杨立华认为，数字政府治理的意义有：构建行动型组织间网络，采取领导型网络治理结构，精细化管理网络中的责任、冲突、承诺与合法性，促使技术

① 左小兵：《数字政府成为抗疫中坚力量》，《北京观察》2022年第6期。
② 章贵桥、陈志斌、徐宗宇：《人工智能发展、政府会计功能拓展与数字政府治理体制的完善》，《中国行政管理》2022年第1期。
③ 周静、樊佳琳：《新时代推进政府治理能力现代化路径探析》，《现代商贸工业》2022年第10期。
④ 张建锋：《数字政府2.0：数据智能助力治理现代化》，北京：中信出版社，2019，第2页。
⑤ 王学军，陈友倩：《数字政府治理绩效生成路径：公共价值视角下的定性比较分析》，《电子政务》2021年第8期。
⑥ 吴克昌，闫心瑶：《数字治理驱动与公共服务供给模式变革——基于广东省的实践》，《电子政务》2020年第1期。
⑦ 高秦伟：《数字政府背景下行政法治的发展及其课题》，《东方法学》2022年第2期。
⑧ 高杰：《数字时代视域下政府服务转型研究》，《学理论》2018年第8期。
⑨ 于君博：《数字政府治理助力"放管服"》，《审计观察》2017年第3期。
⑩ 刘银喜、赵淼：《公共价值创造：数字政府治理研究新视角——理论框架与路径选择》，《电子政务》2022年第2期。

与组织在网络结构下展开有序互构，精准识别、有效化解网络中存在的内生性问题。①姜德峰认为，加强数字政府基础理论研究，总结国内外经验与面临的挑战，确立数字政府内涵与边界，才能为"互联网+政务服务"创造良好环境。②杨姝琴认为，在经济社会高速发展的具体情况下，数字政府建设成为响应国家号召、顺应时代发展的重要抓手。③王晨光认为，"互联网+政务服务"建设为构建数字政府提出了新的要求，能够有效优化政府所处环境。④梁思琪认为，从电子政务到数字政府治理是政府治理模式在历史的演进过程中的转变，能够不断拓展数字政府治理的应用场景。⑤

3. 数字政府治理主体的研究。这一领域的研究主要关注党组织、政府、公益部门、私营部门和公众等主体在数字政府治理过程中的作用及角色等。从对数字政府治理过程中党组织的研究来看，一些研究者探究了基于数字党建提升党组织在数字政府治理过程中的作用。从数字政府治理过程中政府、公益部门、私营部门和公众的研究来看，很少有学者对数字政府治理过程中公益部门、私营部门和公众的角色及作用展开深入研究，专门针对数字政府治理中公益部门、私营部门参与机制的研究成果则更少，对数字政府治理过程中公众尤其是非网民情况的研究也很少。政府是数字政府治理的重要主体，对政府的研究分散于诸多领域，因而不在此部分叙述，对其他主体的研究分述如下：

（1）从数字政府治理过程中的党组织来看，一些研究者指出，党组织在数字政府治理中扮演重要角色，如：王绪等人认为，通过对A县级市"最多跑一次"改革的个案分析发现：党的全面领导与数字政府建设的双向塑造才能推动国家治理体系和治理能力的现代化的实现，进而激发了党的领导优势更好地转化为治理效能。⑥具体从数字党建的研究来看，中国知网中题目里直接包含数字党建一词的学术论文十余篇：①数字党建

---

① 欧阳航、杨立华：《数字政府建设如何促进整体性政府实现？——基于网络式互构框架的分析》，《电子政务》2021年第11期。
② 姜德峰：《数字政府内涵体系与推进策略》，《领导决策信息》2019年第5期。
③ 杨姝琴：《广州建设数字政府和优化营商环境的对策建议》，《探求》2021年第2期。
④ 王晨光：《推进"互联网+政务服务"建设积极构建数字政府》，《北方经济》2018年第Z1期。
⑤ 梁思琪：《基层数字政府治理的契机、时代价值与地区经验——基于台州地区的探索与实践》，《智库时代》2020年第10期。
⑥ 王绪、王敏：《技术嵌入与组织吸纳：党的全面领导与数字政府建设的双向塑造——基于A县级市"最多跑一次"改革的分析》，《理论月刊》2022年第6期。

的源起与意义。王少泉认为数字治理理论是数字党建的行政学渊源。[1]苑晓杰与王大庆探究了数字党建的产生及优化途径。[2]李锋认为数字党建能够引领社会治理现代化。[3]孙虹认为数字党建对我国非公有制经济和数字经济的发展意义重大。[4]孙乐等认为数字党建能够推进党支部标准化规范化建设。[5]②数字党建过程中的问题。孙林认为主要问题是数字技术对党建"既增强又削弱""既建构又解构"。[6]刘锋认为存在嵌入组织化、过程协同化、整合集约化、共生融合化困境。[7]③数字党建的推进途径。邝菁和陈琪分析了高校数字党建工作系统平台的设计与实现。[8]马赫和汪雷认为应该推动党建工作手段升级、模式变革、效能倍增。[9]黄淑惠认为应该加快数字党建机制的建设速度，使其跟上环境的现代化速度。[10]

（2）从数字政府治理过程中公益部门的研究来看，一些研究者指出，公益部门是数字政府治理的重要参与主体，如：陶勇认为，采用政府与非政府机构之间互动的协同治理模式有利于提高政府行政效率，提升政务服务水平，增进公共服务利用率[11]。徐顽强等人认为，非政府组织的参与对于提升数字政府治理品质具有重要功用。[12]徐顽强等人还认为，外锁契机和内嵌契机是政府主导下非政府组织参与契机的两种类型，它们都有对应的参与模式。[13]王守文等人认为，非政府组织在数字政府建设中存在

① 王少泉：《数字党建：理论渊源与现实推进》，《湖北行政学院学报》2019年第6期。
② 苑晓杰、王大庆：《党的建设科学化视域下的数字党建》，《党政干部学刊》2011年第4期。
③ 李锋：《政治引领与技术赋能：以数字党建推动社会治理现代化》，《贵州社会科学》2022年第7期。
④ 孙虹：《新时代非公企业发展数字党建：价值，困境及路径》，《未来与发展》2022年第3期。
⑤ 孙乐、章稷修、邸小建：《数字党建推进党支部标准化规范化建设研究》，《改革与开放》2021年第15期。
⑥ 孙林：《数字党建中的数字化困境及其破解路径》，《中国井冈山干部学院学报》2022年第4期。
⑦ 刘锋：《数字党建助推基层党组织高质量发展的路径探讨》，《领导科学》2022年第3期。
⑧ 邝菁、陈琪：《高校数字党建工作系统平台的设计与实现》，《经贸实践》2015年第13期。
⑨ 马赫、汪雷：《新时代国有企业加强"数字党建"的重要意义及对策建议》，《企业改革与管理》2022年第15期。
⑩ 黄淑惠：《数字党建：党建现代化的分水岭》，《理论观察》2020年第10期。
⑪ 陶勇：《协同治理推进数字政府建设——〈2018年联合国电子政务调查报告〉解读之六》，《行政管理改革》2019年第6期。
⑫ 徐顽强、庄杰、李华君：《数字政府治理中非政府组织参与机制研究》，《电子政务》2012年第9期。
⑬ 徐顽强、王守文、段萱：《非政府组织参与数字政府治理：契机、价值与模式创新》，《电子政务》2012年第9期。

一定的问题，只有对非政府组织功能体系进行制度化再造，才是实现非政府组织参与数字政府治理的关键所在。①

（3）从数字政府治理过程中私营部门的研究来看，一些研究者指出，私营部门在数字政府治理中扮演重要角色，如：王张华、周梦婷、颜佳华认为，互联网企业在数字政府建设进程中扮演着不可或缺的重要角色。②史晨、马亮认为，互联网企业引入的三个核心要素有助于理解和预测数字政府建设走向，丰富对数字政府理论体系的认识，并为推动政务服务创新提供政策启示。③廖福崇认为，顶层设计机制、政企合作机制和数据驱动机制是地方政府推进数字治理体系建设探索出的三种典型模式。④王张华等人认为，互联网企业成为政府数字化转型的现实要求，随着数字技术与经济社会的发展，"政企合作"成为了数字政府建设的主要模式。⑤

（4）从数字政府治理过程中公众的研究来看。一些研究者指出，公众是数字政府治理的重要参与者，如：王皓月等人认为，推进公共服务均等化发展，加强数据整合，强化政民互动和公众参与，促进服务型政府建设是当前数字政府背景下地方政府公共服务建设的目标⑥。詹绍文等人认为，协调处理公众与政府关系，整合多部门资源与多样化需求是双层治理界面的核心，双层界面治理体系在城市治理变革中发挥了突出成效。⑦兰红平认为，强化数字政府治理过程中的公众参与才能适应信息技术发展，也是提高政府社会服务能力和管治能力、激发创新活力的重要举措。⑧

（5）从数字政府治理过程中的多元参与来看，一些研究者指出，多类主体参与数字政府治理进程，能够提升治理效能，如：王少泉认为，数

① 王守文、徐顽强：《非政府组织参与数字政府治理：角色定位与制度安排》，《理论界》2013年第8期。

② 王张华、周梦婷、颜佳华：《互联网企业参与数字政府建设：角色定位与制度安排——基于角色理论的分析》，《电子政务》2021年第11期。

③ 史晨、马亮：《互联网企业助推数字政府建设——基于健康码与"浙政钉"的案例研究》，《学习论坛》2020年第8期。

④ 廖福崇：《数字治理体系建设：要素、特征与生成机制》，《行政管理改革》2022年第7期。

⑤ 王张华、张轲鑫：《互联网企业参与数字政府建设的动力分析：理论框架与释放路径》，《学习论坛》2022年第3期。

⑥ 王皓月、路玉兵：《数字政府背景下地方政府公共服务建设成效、问题及策略研究》，《中国管理信息化》2021年第16期。

⑦ 詹绍文、刘鹏：《数字政府双层一体化治理界面的建构思维与实践研究》，《领导科学》2022年第1期。

⑧ 兰红平：《建立数字政府 提升社会服务能力》，《特区实践与理论》2016年第1期。

字政府治理的主体部门包括党组织、政府部门、公益部门、私营部门和公众，它们之间有待进一步强化协同效能，组织与外部环境之间有待进一步提高交流效能[①]。王学军等人认为，数字政府的公共价值体现为治理的不同主体和要素在数字政府场域赋能公共价值管理，立足全周期价值链视角是数字政府公共价值创造的动态循环分析框架和未来研究问题。[②]翟云等人认为，构建职责明确、依法行政的政府治理体系的主线是坚持和完善中国特色社会主义行政体制，未来的数字政府需谋划宏观方略与微观实操深度融合的顶层框架和行进方略。[③]刘晓红等人认为，数字政府建设是多部门统筹协作、共同建设的整体性、系统性工程。[④]

4. 数字政府治理影响因素的研究。从数字政府治理影响因素的研究来看，诸多因素对数字政府治理水平高低存在影响。不同研究者在这一方面所持观点存在一定差异，现有研究成果可以细分为：

（1）多元因素对数字政府治理具有影响。阮霁阳认为数字政府治理问题受技术、组织和环境三个要素（包含10个次级因素）影响，[⑤]李月和曹海军也认为这三个要素共同催生数字政府治理问题，尤其是数字政府治理必然存在于环境中，因此环境定然是治理问题的成因之一，环境因素可以分为外部环境因素和内部环境因素，外部环境因素关注组织外部的资源和竞争等。[⑥]郭高晶、胡广伟认为，以我国31个省级政府为案例样本研究发现：省级数字政府建设受到多种复杂因素影响，其中技术管理能力是最关键的影响因素。[⑦]范梓腾认为，省级数字政府议题界定的时空演进特征及其影响因素：历时变化上现出"全景式综合理性"的政策取向，空间分布上呈现出明显的对立差异，形成机制上是对其所处外部情境的适应性回

---

① 王少泉：《系统权变视域下数字政府治理结构演进分析》，《中共福建省委党校学报》2018年第1期。

② 王学军、陈友倩：《数字政府的公共价值创造：路径与研究进路》，《公共管理评论》2022年第3期。

③ 翟云、程主：《论数字政府的"大问题"：理论辨析、逻辑建构和践行路向》，《党政研究》2022年第1期。

④ 刘晓红、王旭、王子文：《江苏数字政府建设的现状分析与对策建议》，《现代工业经济和信息化》2020年第11期。

⑤ 阮霁阳：《数字政府建设影响因素研究——基于127份政策文件的大数据分析》，《西南民族大学学报（人文社会科学版）》2022年第4期。

⑥ 李月、曹海军：《省级政府数字治理影响因素与实施路径——基于30省健康码应用的定性比较分析》，《电子政务》2020年第10期。

⑦ 郭高晶、胡广伟：《我国数字政府建设绩效的影响因素与生成路径——基于31省案例的模糊集定性比较分析》，《重庆社会科学》2022年第3期。

应。①王少泉认为，"数字政府"改革意义重大且受到诸多因素影响，必须加大宣传力度，建立数字治理队伍，完善规章制度，强化多元参与。②覃慧认为，数字技术与其他一些因素介入到行政活动中引发了行政活动多方面的变化，带来了数字政府治理。③林荣全认为，从责任结构、街头官僚的责任应对行为以及相关影响因素三个维度出发，为理解和分析数字化时代街头官僚的责任性问题提供理论借鉴。④段尧清等人认为，数字基础、数据治理、数据服务、数字产业和数字文化是我国数字政府构成要素，明确数字政府建设构成要素及其关系，为地方政府进行数字政府建设实践提供理论依据。⑤冯锋认为，我国运用大数据推进数字政府建设，但却受到主体认识不到位、技术支撑不足、数据人才缺乏、保障设施不健全等一系列因素制约。⑥曹亮亮认为，管理机构与数字服务、数字经济与产业体系、互惠利益与人才建设、法律与制度保障体系等方面的关系，对数字政府治理具有重要影响。⑦张艺馨认为，多种因素对数字政府建设具有显著影响。⑧杨汝洪认为，政府、公众、企业等都属于数字政府建设的对象，基础设施、人才、思维等无形方面是数字政府建设的内容。⑨刘鹏等人认为，当代政府建设的核心议题是服务型政府建设，西安市数字政府的建设成效从基础设施建设指数、安全与保障指数、服务指数、应用指数、数据指数五个维度来测评，这些因素对数字政府治理具有重要影响。⑩陈言樑认为，资金保障、数据共享、评估机制是数字政府治理过程中的重要影响因素。⑪

（2）政府本身的影响。①整体基础建设情况、政策的影响。郑磊等认为基础性因素对数字政府治理水平高低具有重要影响，这一因素主要是

---

① 范梓腾：《数字政府建设的议题界定：时空演进与影响因素——基于省级党委机关报的大数据分析》，《中国行政管理》2021年第1期。
② 王少泉：《新时代"数字政府"改革的机理及趋向——基于广东的实践》，《地方治理研究》2020年第3期。
③ 覃慧：《数字政府建设中的行政程序：变化与回应》，《行政法学研究》2022年第4期。
④ 林荣全：《数字化时代街头官僚的责任性：分析框架与研究展望》，《电子政务》2021年第10期。
⑤ 段尧清、姚兰、杨少飞：《基于扎根理论的数字政府建设构成要素抽取研究》，《情报科学》2021年第7期。
⑥ 冯锋：《大数据时代我国数字政府建设的路径探析》，《山东社会科学》2022年第5期。
⑦ 曹亮亮：《数字政府升级和重塑的四个路径》，《人民论坛》2019年第23期。
⑧ 张艺馨：《我国数字政府的发展现状分析》，《河南科技》2022年第11期。
⑨ 杨汝洪：《国家治理现代化呼唤数字政府》，《互联网周刊》2022年第11期。
⑩ 刘鹏、詹绍文：《西安市数字政府建设成效评价》，《经营与管理》2021年第10期。
⑪ 陈言樑：《基于数字政府建设思路》，《数字技术与应用》2022年第10期。

指法律基础、数字基础以及不同主客体供给和获得数字公共服务的能力基础等。[1]后向东认为，政府有效施政的基础性环节是政策发布，政策发布数字化转型应当逐步推进、分级分类实施，对数字政府治理具有重要影响。[2]孟子龙认为，主动借助政策势能，积极平衡治理任务与社会需要之间的张力是数字政府治理必须遵循的路径，对数字政府治理具有重要影响。[3]②基础设施建设、政府投入的影响。郭蕾和黄郑恺认为数字基础设施和政府投入力度是治理问题的最重要影响因素。[4]郭蕾、黄郑恺认为，中国数字政府建设影响因素是数字基础设施和政府投入力度，数字技术人才、财政资源水平、数字产业发展、经济开放程度、公众参与水平对数字政府建设具有一定的正向影响。[5]③政府改革的影响。孟庆国等认为，基于第八次机构改革的对比分析：政府大数据管理机构对国家数据治理体系的有效运行起到至关重要的作用。[6]吴磊认为，影响广东省政府治理模式改革进程的是建设理念指导、服务模式调整、数据载体更新等方面，数字治理是推进国家治理体系和治理能力现代化的必然要求。[7]夏义堃认为，通过分析基层政府数据治理特点与要求得出：基层政府数据治理模式的选择具有不可替代的重要作用。[8]高翔认为，党的十九届五中全会提出了"加快数字化发展"的新要求，多个地区率先启动了数字化转型或数字化改革的新议程，推动了从政府数字化转型向全局数字化发展的跃迁。[9]逯峰认为，从机制上打破条块分工带来的碎片化建设模式，推进"数字政府"改革的实践，是化解政府数字化转型困局的积极探索。[10]陈潭认为，

① 郑磊、吕文增：《地方政府开放数据的评估框架与发现》，《图书情报工作》2018年第22期。
② 后向东：《政策发布数字化转型：机遇、挑战与现实路径》，《中国行政管理》2021年第12期。
③ 孟子龙：《超大城市数字政府建设的演进路径与变迁逻辑》，《城市问题》2022年第6期。
④ 郭蕾、黄郑恺：《中国数字政府建设影响因素的实证研究》，《湖南社会科学》2021年第6期。
⑤ 郭蕾、黄郑恺：《中国数字政府建设影响因素的实证研究》，《湖南社会科学》2021年第6期。
⑥ 孟庆国、林彤、乔元波等：《中国地方政府大数据管理机构建设与演变——基于第八次机构改革的对比分析》，《电子政务》2020年第10期。
⑦ 吴磊：《政府治理数字化转型的探索与创新——以广东数字政府建设为例》，《学术研究》2020年第11期。
⑧ 夏义堃：《试论基层政府数据治理模式的选择：吴中模式的建构与启示》，《电子政务》2019年第2期。
⑨ 高翔：《建立适应数字时代的政府治理新形态》，《探索与争鸣》2021年第4期。
⑩ 逯峰：《整体政府理念下的"数字政府"》，《中国领导科学》2019年第6期。

中国数字政府建设包括组织界面、技术界面、行动界面三方面，从这三方面看中国数字政府建设就是"党建+""技术+""服务+"的过程。[1]忻超认为，加快建设"数字中国"对数字政府治理具有重要影响。[2]武媛媛认为加强顶层设计、促进数据互联互通、完善法律法规、提升公务员信息素养等，对数字政府治理具有重要影响。[3]齐砚伟等人认为，政府数据治理服务模式能够助力数字政府治理进程。[4]李育晖认为，建立基于关键绩效指标理论的数字化城市评价体系能够很好地反映当地数字化建设水平，具有较高的准确性、通用性和可比性。[5]张培勇等人认为，数字政府建设的快速发展需要有综合管理部门来统筹推进，这个部门如何在数字政府建设中发挥应有作用，是各地无法回避的课题。[6]陈佳璇等人认为，只有转变社区治理理念，才能适应社会的发展需要，助推数字政府治理进程。[7]罗强强认为，在国家治理体系与治理能力现代化大业面前，"数字政府"改革对数字政府治理具有重要影响。[8]文宏认为，基层政府数字化转型才能更好地提升治理效能，为企业服务、为群众办事，从而助推数字政府治理进程。[9]高天鹏等人认为，政府数字化转型影响因素是政府数字化转型战略规划。[10]

（3）数字技术的影响。一些研究者指出数字技术对数字政府治理具有重要影响，如：王葳等人认为，实现政务数据"聚、通、用"的有效途径和重要手段是推进数字政府建设，而其中数据共享又是重中之重，因此必须破除数据孤岛，才能有效推进数字政府建设。[11]高国伟等人认为，数

① 陈潭：《党建引领、数据赋能与信息惠民——理解中国数字政府建设的三重界面》，《行政论坛》2022第5期。

② 忻超：《以"数字治理"推动政务资源共享》，《群众》2019年第7期。

③ 武媛媛：《我国数字政府的核心要义及实践路径研究》，《数字通信世界》2020年第5期。

④ 齐砚伟、张兆勇、杨春蕾：《政府数据治理服务模式探索》，《信息通信技术与政策》2022年第2期。

⑤ 李育晖：《基于关键绩效指标理论的数字化城市评价体系研究》，《中国工程咨询》2021年第1期。

⑥ 张培勇、王旭、刘晓红：《在数字政府建设中发挥大数据管理部门作用研究——以江苏省为例》，《江苏科技信息》2021年第14期。

⑦ 陈佳璇、杨艺星、李志行：《数字政府背景下的我国社区治理现代化实践路径探索》，《中阿科技论坛（中英文）》2022年第7期。

⑧ 罗强强：《地方"数字政府"改革的内在机理与优化路径——基于中国省级"第一梯队"政策文本分析》，《地方治理研究》2021年第1期。

⑨ 文宏：《基层政府数字化转型的趋势与挑战》，《国家治理》2020年第38期。

⑩ 高天鹏、于婷：《政府数字化转型影响因素分析》，《行政与法》2022年第1期。

⑪ 王葳、张妮：《西部数字政府建设中政务数据共享问题及对策——以甘肃省兰州市为例》，《开发研究》2021年第1期。

据策展构建了面向政府大数据管理机构的"数据即服务"（DaaS）体系模型，对数字政府治理具有重要影响。[1]金江军认为，高质量的数字政府信息和服务、适应新的数字世界、改进政务服务的质量是美国数字政府的三大战略目标，对数字政府治理具有重要影响。[2]吴新星认为，基层治理是国家治理的基石，在数据时代大背景下，技术革新对数字政府治理具有重要影响。[3]周丽莎等人认为，区块链在数字政府建设过程中已经应用于多个行业领域，是彻底改变业务乃至组织运作方式的重大突破性技术。[4]彭帝球认为，网络信息技术的应用推进了政府部门全新发展模式。[5]孙弼朝认为：区块链、大数据以及人工智能在数字政府治理过程中发挥着越来越重大的作用。[6]宋建恒认为数据建设是数字政府治理的重要影响因素。[7]洪伟达认为，加强政府数据协同治理，坚定不移建设制造强国、质量强国、网络强国、数字中国，对数字政府治理具有重要影响。[8]王丽丽等人认为，数字技术和数字资源能有效提高政府数字治理能力。[9]张立认为，数据赋能对数字政府治理具有重要影响。[10]

（4）经济性因素的影响。一些研究者指出经济性因素对数字政府治理具有重要影响，如：谭海波认为经济性因素对数字政府治理水平高低具有重要影响，这一因素主要是指经济发展水平尤其是数字经济发展水平，以及不同群体的经济条件。[11]内部环境因素主要是指数字政府治理主体的观念以及数据共享情况等因素。万相昱、蔡跃洲、张晨认为，数字化建设能够有效提高政府治理水平，政府数字化建设的治理效应受到经济发展水平和自身治理水平的影响。[12]孙源等人认为，数字营商环境对数字政府治

① 高国伟、竺沐雨、段佳琪：《基于数据策展的政府大数据服务规范化体系研究》，《电子政务》2020年第12期。
② 金江军：《美国数字政府战略及启示》，《信息化建设》2012年第8期。
③ 吴新星：《以数字化助力高效能基层治理》，《中国报业》2021年第2期。
④ 周丽莎、孔勇平、陆钢：《区块链在数字政府的应用探讨》，《广东通信技术》2018年第10期。
⑤ 彭帝球：《"数字政府"与政府管理体制的改革路径探索》，《中国市场》2021年第27期。
⑥ 孙弼朝：《论突发公共卫生事件中的数字政府治理》，《新闻传播》2020年第20期。
⑦ 宋建恒：《关于推进"数字政府"建设的几点思考》，《数字通信世界》2018年第12期。
⑧ 洪伟达：《政府数据协同治理存在的问题及应对》，《审计观察》2021年第4期。
⑨ 王丽丽、安晖：《关于提高政府数字治理能力的几点建议》，《科技中国》2020年第3期。
⑩ 张立：《数字化引领政府治理现代化》，《软件和集成电路》2021年第5期。
⑪ 谭海波、范梓腾、杜运周：《技术管理能力，注意力分配与地方政府网站建设——一项基于TOE框架的组态分析》，《管理世界》2019年第9期。
⑫ 万相昱、蔡跃洲、张晨：《数字化建设能够提高政府治理水平吗》，《学术研究》2021年第10期。

理的情况具有重要影响。①孙明贵等人认为，政府数字化转型赋能营商环境，营商环境的优化助推数字政府治理进程。②马亮认为，政商关系对数字政府建设起着极大的影响作用，是影响数字政府建设水平的最重要因素之一。③黄文金等人认为，数字经济催生了政府向"数字政府"转变，对数字政府治理具有重要影响。④李倩等人认为，海南经济高质量发展离不开数字经济的发展，数字经济驱动海南的数字政府治理进程。⑤魏琪嘉提出：经济治理是政府职能的重要组成部分，对数字政府治理具有重要影响。⑥王婧媛等人认为，要想解放生产力、提升竞争力就必须大力促进优化营商环境，这对数字政府治理具有重要影响。⑦

（5）风险因素的影响。一些研究者认为风险因素对数字政府治理具有重要影响，可以细分为：①安全风险。任晓刚认为，安全风险对数字政府治理具有重要影响，安全风险包括技术风险、政府数据安全治理问题以及社会治理有效性等问题，安全风险的治理策略是加快提升信息安全技术水平，构筑数据安全规范体系，健全政府治理模式与运行机制，提升社会公众数字安全素养水平等四个方面。⑧高尚省等人认为，随着全球电子政务整体发展水平不断提升，数字政府转型也得到了极其快速的推进，网络安全面临的风险和挑战不断增加，对数字政府治理具有重要影响。⑨王广辉、郭文博认为，数字政府建设面临技术风险、管理风险、数据风险、安全风险等，只有有效地规避这些风险，才能提升数字政府服务能力，优化数字政府生态环境，提升数字政府建设主体素养。⑩周丽娟认为，安全问题成为制约数字政府建设全面发展的重要因素，但却只能从数字政府建

---

① 孙源、章昌平、商容轩等：《数字营商环境：从世界银行评价标准到中国方案》，《学海》2021年第4期。

② 孙明贵、吴棋：《政府数字化转型赋能营商环境优化的内在逻辑及路径》，《中国经贸导刊（中）》2021年第11期。

③ 马亮：《政商关系对数字政府建设的影响机制与理论进路》，《党政研究》2022年第3期。

④ 黄文金、张海峰：《数字经济影响下的数字政府公共服务模式研究》，《中国工程咨询》2020年第1期。

⑤ 李倩、林晓梅、马志坚等：《数字经济驱动海南经济高质量发展的作用机制研究》，《中国商论》2021年第20期。

⑥ 魏琪嘉：《推动数字政府建设更好服务经济治理》，《信息安全研究》2022年第7期。

⑦ 王婧媛、张佳宁、陈才：《数字政府建设助推营商环境优化》，《中国信息化》2020年第7期。

⑧ 任晓刚：《数字政府建设进程中的安全风险及其治理策略》，《求索》2022年第1期。

⑨ 高尚省、郭勇、高智伟等：《广东省数字政府网络安全评估体系与实践》，《大数据》2021年第2期。

⑩ 王广辉、郭文博：《数字政府建设面临的多重风险及其规避策略》，《改革》2022年第3期。

设本身寻找更好的解决方案。①袁文艺等人认为，互联网时代，数字政府的兴起，为网上政治文化入侵提供了可乘之机，阻滞了数字政府治理进程。②②不均衡风险。李汉卿等人认为，在过程监管、完善规则、流程再造及细化算法等方面进行风险防控，才能达到数字治理与社会公众需求的有效平衡，才可能发挥其最大效能，进而实现数字善治。③曾盛聪等人认为，随着中国数字治理的发展，老年群体被挤出成为数字鸿沟新形态，对数字政府治理具有重要影响。④③数字技术催生的风险。王华梅认为，大数据技术对数字政府治理具有重要影响，如果未能合理使用数字技术，会给数字政府治理带来显著风险。⑤傅荣校认为，数字政府与数字经济的建设与发展已经取得了巨大的成就，数字技术对于组织机制与制度重塑，对数字政府治理具有重要影响，必须有效降低使用数字技术过程中的风险。⑥宋灵恩认为，随着新一代信息通信技术发展，国家治理也翻开了新的篇章，新一代信息通信必将成为国家治理现代化的有力支撑，这一过程中必须有效化解风险。⑦

（6）环境性因素。这是指数字政府治理所处的狭义环境。刘密霞认为，推进国家治理现代化必须形成一个完整的数字生态系统，对数字政府治理产生显著影响。⑧蔡聪裕等人认为，制度关系差序格局是中国数字政府建设中将企业吸纳其中并加以塑造的混合型组织，它既保障政治使命，又能体现企业利润，同时兼顾社会生态，对数字政府治理具有重要影响。⑨

5．数字政府治理的国别研究。与国外学者相比，国内学者在数字政府治理领域的国别研究有待进一步深化——大多限于介绍建设情况、分析经验借鉴，并未深入探究其他国家数字政府治理过程中存在的问题及其成因等。这一领域的研究可以细分为：（1）对发达国家的整体研究。一些

①　周丽娟：《无缝化与边界化：数字政府建设的安全悖论与超越》，《求索》2022年第3期。
②　袁文艺、毛彦洁：《数字政府与网上政治文化入侵》，《社会主义研究》2003年第2期。
③　李汉卿、孟子龙：《城市数字治理的生成及其风险防控：以上海市M区"一网统管"为例》，《当代经济管理》2022年第9期。
④　曾盛聪、董沁昕：《"赋能"与"挤出"双效应下数字治理的"补丁"策略——基于代际发展权的分析框架》，《人文杂志》2022年第6期。
⑤　王华梅：《大数据推动地方政府治理创新研究》，《经济师》2020年第1期。
⑥　傅荣校：《基层数字治理的"智治"逻辑》，《小康》2021年第24期。
⑦　宋灵恩：《以数字治理助推国家治理现代化》，《信息通信技术与政策》2021年第8期。
⑧　刘密霞：《数字化转型推进国家治理现代化研究——以数字中国建设为例》，《行政管理改革》2022年第9期。
⑨　蔡聪裕、邓雪：《制度关系差序格局：混合型组织在中国地方数字政府建设中何以可为？——基于广东省W公司的案例分析》，《湖北社会科学》2021年第8期。

研究者以发达国家为整体，阐述了这些国家数字政府治理的基本情况、问题和成因等，如：胡税根、杨竞楠认为，发达国家数字政府建设的经验有：统筹推进"政府即平台"的数字政府发展模式、建立公众需求导向的政府数据开放与共享机制、重视运用现代信息技术提升数字政府智能化水平、注重数据安全与隐私风险防范等，这些经验都值得我国数字政府建设实践借鉴[①]。章燕华、王力平认为，国外政府数字化转型战略内容总体上大同小异：数字政府建设进入深水区，但他们也从多方面为我国的数字政府建设提供了有益经验。[②]黄未等人认为，洞悉世界各国尤其是发达国家数字政府发展趋势，深入了解我国数字政府建设情况能加快推进政府数字化转型，提升国家治理体系和治理能力现代化水平。[③]

（2）对欧美国家的研究。张晓、鲍静认为英国持续推进政府数字化转型战略的理念是基于"数字政府即平台"，英国数字政府转型建设的基本经验为我国数字政府建设的发展路径提出了政策建议。[④]马颜昕在《数字政府：变革与法治》一书中阐述了英国、美国、欧盟、日本和韩国的数字政府治理情况。[⑤]严谨则在《数字政府（从数字到智慧的升级路径）》一书中阐述了英国、美国的数字政府治理情况。[⑥]詹国彬认为，考察英国数字政府转型的缘起及其动因，作为全球数字政府建设的先驱，英国在数字政府建设与数字化转型方面成效显著。[⑦]闫德利认为，英国是欧洲数字之都，政务发展、政府数据开放水平排名全球第一。[⑧]林梦瑶等认为，通过对英国25年来数字政府政策系统的变迁与进展研究发现：英国数字政府建设长期处于世界领先水平，英国经验可以为中国数字政府建设提供借鉴与参考。[⑨]姚水琼、齐胤植认为，美国数字政府建设经历了四个时期，

---

① 胡税根、杨竞楠：《发达国家数字政府建设的探索与经验借鉴》，《探索》2021年第1期。
② 章燕华、王力平：《国外政府数字化转型战略研究及启示》，《电子政务》2020年第11期。
③ 黄未、陈加友：《创新行政管理和服务方式 推进数字政府建设》，《贵州社会科学》2019年第11期。
④ 张晓、鲍静：《数字政府即平台：英国政府数字化转型战略研究及其启示》，《中国行政管理》2018年第3期。
⑤ 马颜昕等：《数字政府：变革与法治》，北京：中国人民大学出版社，2021，第52—92页。
⑥ 严谨：《数字政府：从数字到智慧的升级路径》，北京：九州出版社，2021，目录。
⑦ 詹国彬：《英国数字政府转型：价值理念，技术工具与制度保障》，《行政论坛》2021年第6期。
⑧ 闫德利：《数字英国：打造世界数字之都》，《新经济导刊》2018年第10期。
⑨ 林梦瑶、李重照、黄璜：《英国数字政府：战略、工具与治理结构》，《电子政务》2019年第8期。

美国政府正在通过数字政府建设来改善公众生活，美国数字政府治理理念及经验对我国的数字政府建设有借鉴意义。①王少泉认为，借鉴美国数字政府治理经验有助于推进我国的数字政府治理进程；②借鉴德国的数字治理经验能够助推我国的国家治理现代化进程。③吴沈括、黄诗亮认为，依据美国智库"新美国"（NEW AMERICA）发布报告《数字政府建设路径》（*The Digital Government Mapping Project*），为政府和相关的利益者就如何加快政府数字化转型提出了建议。④何枭吟通过透视美国数字政府得出：工业社会向信息社会过渡的必然要求就是建设数字政府。⑤林塬犇分析了美国的数字经济发展制度的两个层面：如何以行政力量应对数字时代的新挑战；如何运用经济、法律等手段培育和扶持有关数字经济的产业。⑥

（3）对日本、韩国和新加坡数字政府治理的研究。一些研究者阐述了这些国家数字政府治理的基本情况、问题和成因等，如：薛朝晖阐述了日本数字政府治理初期的情况⑦；姚国章和林萍在日本数字政府治理取得明显成绩后展现了这一情况；⑧海群和乌日娜撰文介绍了日本数字政府治理过程中实施的"i-Japan战略2015"；⑨陈骞介绍了日本数字政府治理过程中的超智能社会（社会5.0）战略；⑩沈大风及刘红芹等在一些著述中部分述及日本数字政府治理的情况。⑪田正认为，日本存在劳动力人口减少、人口老龄化等问题，新冠疫情的暴发暴露出政府数字化程度低、企业数字化转型不足等问题，推动日本政府数字化，提高日本社会数字化水平

① 姚水琼、齐胤植：《美国数字政府建设的实践研究与经验借鉴》，《治理研究》2019年第6期。
② 王少泉：《美国数字政府治理经验在我国的应用分析》，《天中学刊》2018年第5期。
③ 王少泉：《德国数字治理镜鉴下的中国国家治理现代化》，《重庆行政》2019年第6期。
④ 吴沈括、黄诗亮：《美国政府数字化转型的路径框架研究——基于NEW AMERICA智库报告的分析》，《信息安全研究》2021年第2期。
⑤ 何枭吟：《美国数字政府透视》，《边疆经济与文化》2006年第5期。
⑥ 林塬犇：《美国数字经济发展制度保障述评》，《现代工业经济和信息化》2022年第1期。
⑦ 薛朝晖：《日本电子政府发展进程评述》，《高等职业教育（天津职业大学学报）》2005年第5期。
⑧ 姚国章、林萍：《日本电子政务规划部署与电子政务发展》，《电子政务》2009年第12期。
⑨ 海群、乌日娜：《日本"i-Japan战略2015"中的电子政务战略》，《办公室业务》2010年第4期。
⑩ 陈骞：《日本启动"超智能社会"建设》，《上海信息化》2016年第10期。
⑪ 沈大风主编：《电子政务发展前沿（2013）》，北京：中国经济出版社，2013，序言。刘红芹、汤志伟、崔茜等：《中国建设智慧社会的国外经验借鉴》，《电子政务》2019年第4期。

成为推动日本设立"数字厅"的主要动力。①陈畴镛认为，韩国的数字政府建设已成为全球最佳实践典范之一，在全球10个数字化政府表现领先的国家中排名第四，"政府主导"模式是韩国数字政府建设的核心。②胡税根、杨竞楠认为，从新加坡数字政府建设的实践可以获得的经验：构建数字政府建设的政策法规体系，建立高效完备的数字政府管理机制，注重数据资源开放共享与政府透明度的提升，提高政府网络政务的服务质量以及加强数字政府建设的底层技术支撑。③

（4）对其他国家的研究。一些研究者阐述了上述国家之外的国家数字政府治理的基本情况、问题和成因等，如：李思艺认为，基于加拿大数字政府建设的启示：推动社会迈向技术与信任相融合的数字时代，政府需要通过有效的治理来寻求技术与信任之间的平衡④。谭溪以加拿大数字政府治理改革为例，数字政府治理改革实现了政府运行方式及其与公众互动方式的改变。⑤刘丹认为，数字政府是数字中国建设的主要内容之一，推动着数字中国的发展，国内外数字政府的建设实践和理论研究为我国数字政府的建设提供参考和借鉴。⑥王钦敏认为，为顺应时代潮流，建设数字政府已经成为世界各国的必选题，发展中国家要促进经济增长就必须通过数字化转型。⑦郭广龙认为，错综复杂的国际环境带来了新的矛盾和新的挑战，催促数字政府建设才能应对复杂多变的国际环境。⑧胡税根、杨竞楠认为，政府决策智能化、权力运行透明化、公共服务精准化、绩效评估科学化、流程再造高效化等是发达国家在数字政府建设过程中注重实现的目标。⑨张建光、李卫忠分析了简·芳汀（Jane E.Fountain）的观点，指出世界诸多国家正在全面推进数字政府治理进程。⑩孟天广认为，第四次科

① 田正：《日本数字经济发展动因与趋势分析》，《东北亚学刊》2022年第2期。
② 陈畴镛：《韩国数字政府建设及其启示》，《信息化建设》2018年第6期。
③ 胡税根、杨竞楠：《新加坡数字政府建设的实践与经验借鉴》，《治理研究》2019年第6期。
④ 李思艺：《迈入技术与信任相融合的数字治理时代：加拿大数字政府建设的启示》，《情报理论与实践》2022年第1期。
⑤ 谭溪：《加拿大数字政府治理改革实践及反思》，《中国行政管理》2021年第7期。
⑥ 刘丹：《国内外数字政府研究现状及启示》，《江苏商论》2021年第10期。
⑦ 王钦敏：《统筹协调共建共享推进数字政府信息化系统建设》，《中国行政管理》2020年第11期。
⑧ 郭广龙：《数字政府与一体化政务服务平台建设研究》，《产业与科技论坛》2021年第24期。
⑨ 胡税根、杨竞楠：《发达国家数字政府建设的探索与经验借鉴》，《探索》2021年第1期。
⑩ 张建光、李卫忠：《发挥政府引领作用　推进智慧城市建设——专访美国麻省州立大学国家数字政府研究中心简·芳汀教授》，《中国信息界》2014年第9期。

技革命在全球范围内掀起了一场数字政府改革的"社会实验"。^①半夏认为，爱沙尼亚成为全球政府数字化转型的标杆，世界各地的城市和国家也在数字化中不断升级与创新。^②

6. 数字政府治理的实例研究。（1）国家战略、政策的研究。一些研究者分析了数字政府治理过程中的国家战略和政策，如：高阳等人认为，党的十九届四中全会、五中全会是加快数字化发展的重要指向，数字科技发展对治理现代化的支撑和推动作用已成为共识^③。杨冬梅等人认为，"十四五"时期的重要布局把数字政府建设作为实现国家治理体系和治理能力现代化的战略支撑，推动政府数字化转型，驱动公共治理精细化和筑牢技术制度基础，营造良好的数字生态。^④洪伟达认为，党的十九届五中全会提出，坚定不移建设网络强国、数字中国，加快数字化发展。数字政府发展已进入国家层面推动方面。^⑤沈国麟等人认为，网络理政是政府与我国7亿多网民沟通的主要渠道和平台。^⑥金成波等人认为，《法治政府建设实施纲要（2021—2025年）》提出"全面建设数字法治政府"，包容治理、整体治理、智慧治理和风险治理共同构筑起数字时代法治政府的新图景。^⑦王钦敏认为，"十四五"规划纲要部署"加快数字化发展建设数字中国"，并对"提高数字政府建设水平"作出了安排，我国数字政府建设成效显著。^⑧吕小刚认为，"十四五"时期提出的国家信息化发展为持续深化政务公开工作提供技术保障。^⑨邵景均认为，《国务院关于加强数字政府建设的指导意见》的发展思想是以人民为中心，是推进国家治理体系和治理能力现代化的重要举措。^⑩邵景均认为，党的十九届四中全会强调"建立健全运用互联网、大数据、人工智能等技术手段进行行政管理的

①　孟天广：《数字治理生态：数字政府的理论迭代与模型演化》，《政治学研究》2022年第5期。

②　半夏：《数字政府转型与智慧城市进化》，《中国质量》2020年第10期。

③　高阳、李晓宇、周卓琪：《数字技术支撑现代社会治理体系的底层逻辑与实现路径》，《行政管理改革》2022年第4期。

④　杨冬梅、单希政、陈红：《数字政府建设的三重向度》，《行政论坛》2021年第6期。

⑤　洪伟达：《以数字政府建设推动龙江治理体系和治理能力现代化》，《奋斗》2020年第22期。

⑥　沈国麟、李良荣：《政府应善于进行网络理政》，《理论导报》2016年第7期。

⑦　金成波、王敬文：《数字法治政府的时代图景：治理任务、理念与模式创新》，《电子政务》2022年第8期。

⑧　王钦敏：《推动数字政府高质量发展不断完善国家行政体系》，《中国行政管理》2021年第12期。

⑨　吕小刚：《数字化转型视角下政务公开的基本问题探析》，《党政干部学刊》2021年第3期。

⑩　邵景均：《以人民为中心加强数字政府建设》，《中国行政管理》2022年第7期。

制度规则"，"推进数字政府建设"，是各级政府的一项紧迫任务，务必认真对待，取得成效。①

（2）以全国为实例的研究。某些研究者以全国为研究对象，分析全国的数字政府治理情况，如：杨述明认为，数字政府治理是数字政府应时而生的客观选择，我国数字政府建设历经了办公自动化、电子政务和数字政府整体转型三个阶段，开启了数字政府建设新时代②。王少泉探究经济发展水平对数字政府治理的影响。③王莉娜、胡广伟认为，融合、创新与重构是"政府服务数字化治理评估体系"的应然框架。④郭高晶认为，公共价值创造和数字政府建设两者之间存在高度的耦合性，公共价值创造对政府数字化转型具有内在规定性，数字政府的技术赋能可以有效地创造公共价值。⑤周玄认为，通过对数字政府和智慧政务的发展背景分析发现：二者有共通点，相互影响、相互促进，不断提升政务服务的智能化、高效化。⑥刘密霞认为，推进数字政府建设需要革新理念、统筹规划、强化创新、稳步推进。⑦陈娟阐述数字政府治理的内在逻辑与路径构建。⑧翟云，蒋敏娟，王伟玲认为，中国数字化转型的一体四翼是数字经济、数字政府、数字社会、数字生态，我国的政治、经济、文化、社会、生态文明建设被数字化转型赋予了高度中国实践特色的概念。⑨李垭卓认为数字政府是公共管理的一种创新，发展线上线下公共服务一体化，数据政务，资源整合，简政放权，构建国家治理水平现代化。⑩何炜等人认为，新媒体能力（digital literacies）在发达国家备受社会的关注，新媒体在发达国家更多地被应用在数字政府、公共文化服务、医疗军事和文化教育等方

① 邵景均：《扎实推进数字政府建设》，《中国行政管理》2020年第10期。
② 杨述明：《数字政府治理：智能社会背景下政府再造的必然选择》，《社会科学动态》2020年第11期。
③ 王少泉：《大数据发展水平的影响因素与我国区域差异化发展》，《东南学术》2020年第6期。
④ 王莉娜、胡广伟：《我国政府服务数字化治理评估体系的多维审思》，《中国行政管理》2022年第6期。
⑤ 郭高晶：《面向公共价值创造的数字政府建设：耦合性分析与实践逻辑》，《广西社会科学》2022年第7期。
⑥ 周玄：《论"智慧政务"与"数字政府"的互动关系》，《中国管理信息化》2021年第19期。
⑦ 刘密霞：《推进数字政府建设的思路与对策》，《中国领导科学》2020年第2期。
⑧ 陈娟：《数字政府建设的内在逻辑与路径构建研究》，《国外社会科学》2021年第2期。
⑨ 翟云、蒋敏娟、王伟玲：《中国数字化转型的理论阐释与运行机制》，《电子政务》2021年第6期。
⑩ 李垭卓：《浅析数字政府职责体系与运行机制》，《辽宁经济》2018年第4期。

面。①汪玉凯认为，现代化离不开数字化，治理能力体系现代化建设离不开数字政府的建设。②姜奇平认为数字政府建设的脉动是：把自上而下的指导，与自下而上的实践，结合在了一起。③马红丽等人认为，发展网上政务服务，建立数字政府就是大力发展"互联网+政务服务"。④黄钰婷认为，我国目前的数字政府建设主要存在多管齐下引领型、核心要素主导型、优势组合推进型3种模式。⑤

（3）省级实例的研究。某些研究者以省为研究对象，分析各省市区的数字政府治理情况，如：周桂贤在《数字政府治理的理论解读与实施方法探讨》一书中以贵州省为实例分析数字政府治理的实施方法。⑥王益民在《数字政府》一书中介绍了广东、福建、浙江、上海、湖北和贵州等省市的数字政府治理情况。⑦许峰认为浙江是政务改革的先行省份之一，浙江省政府数字化转型经历了基础建设、体系建设、高水平建设、"一体化"标准建设四个改革探索阶段，有其内在的功能逻辑及建构机理，他提出的地方政府数字化转型理念、方案和目标，为地方政府治理能力现代化探索"先行"发展路径。⑧马亮以北京市"接诉即办"为例，阐述数字政府治理的现状与优化途径。⑨寿志勤等以安徽省为例分析电子政务服务整体绩效评估转型情况。⑩谭必勇、刘芮认为，通过分析上海市的一网通办，能为我国其他地区数字政府建设提供参考，数字政府是数据时代政府治理发展的方向，是助力智慧城市、建设数字中国的途径，是数据时代政府治理发展的方向。⑪陈水生认为，政府数字化治理的新模式、技术治理现代

① 何炜、何云：《发达国家数字战略及新媒体在文化教育上的应用》，《现代教育技术》2012年第4期。
② 汪玉凯：《影响数字政府发展的四因八趋》，《信息化建设》2020年第11期。
③ 姜奇平：《把握数字政府建设的脉动》，《互联网周刊》2020年第23期。
④ 马红丽：《王益民：发展网上政务服务，建立数字政府》，《中国信息界》2018年第6期。
⑤ 黄钰婷：《基于定性比较的创新数字政府建设组合路径研究》，《技术与创新管理》2021年第5期。
⑥ 周桂贤：《数字政府治理的理论解读与实施方法探讨》，北京：中国社会科学出版社，2019，第131页。
⑦ 王益民：《数字政府》，北京：中共中央党校出版社，2020，第200页。
⑧ 许峰：《地方政府数字化转型机理阐释——基于政务改革"浙江经验"的分析》，《电子政务》2020年第10期。
⑨ 马亮：《数据驱动与以民为本的政府绩效管理——基于北京市"接诉即办"的案例研究》，《新视野》2021年第2期。
⑩ 寿志勤、黄学华、郭亚光等：《电子政务服务整体绩效评估转型研究——安徽模式的问题检视与重构》，《电子政务》2019年第10期。
⑪ 谭必勇、刘芮：《数字政府建设的理论逻辑与结构要素——基于上海市"一网通办"的实践与探索》，《电子政务》2020年第8期。

化的产物就是平台治理，以上海"一网统管"为例：技术治理和政府数字
化治理转型都离不开平台治理的实践指引。[①]骆婉玲认为，广东省政府联
合企业开发的"粤省事"信息服务平台为公众办事提供了便利条件。[②]李
哲等人认为，以广东推进"数字政府"改革建设为例，"数字政府"改革
建设离不开制度规则的保障。[③]逯峰认为，广东通过政府数字化转型推动
经济高质量发展，找到营商环境新优势的着力点和突破口，为广东经济社
会发展提供有力支撑。[④]龚艺巍、谢诗文、施肖洁认为，基于浙江省政务
改革的分析：政府数字化转型是创新行政方式，提高行政效能，建设服务
型政府的重要手段。[⑤]王剑侯等人认为，2017年以来，浙江实施"最多跑
一次"改革，并以此为契机进一步推动民政部门履职的数字化转型，对如
何构建全国一体的"互联网+民政"体系提出了若干思考。[⑥]

（4）地级市实例的研究。某些研究者以地级市为研究对象，分析地
级市的数字政府治理情况，如：梅炀分析了济南市推进数字政府建设过
程中的政务信息共享问题[⑦]胡金强以淄博市为例探究了数字中国建设过
程中存在的问题；[⑧]吕宇蓝认为，以"苏周到"（苏州市人民政府正式发
布的以自然人为对象的城市生活服务总入口App）为例，数字政府就是塑
造数字政府服务的创新实践。[⑨]詹雨鑫等人研究了广东省江门市数字政府
情况得出：新时代社会治理体系呈现出新趋势、新特征。[⑩]储节旺等人认
为，安徽省合肥市政府数据开放平台利用平台数据发布主体、平台数据资
源建设、平台服务特色、平台数据4个方面推动地方数据治理的进程。[⑪]

---

① 陈水生：《数字时代平台治理的运作逻辑：以上海"一网统管"为例》，《电子政务》
2021年第8期。

② 骆婉玲：《数字政府背景下"粤省事"信息服务平台发展现状研究》，《江苏科技信息》
2022年第19期。

③ 李哲、石小兵：《推进"数字政府"改革建设的广东探索》，《中国财政》2020年第12期。

④ 逯峰：《广东"数字政府"的实践与探索》，《行政管理改革》2018年第11期。

⑤ 龚艺巍、谢诗文、施肖洁：《云技术赋能的政府数字化转型阶段模型研究——基于浙江省
政务改革的分析》，《现代情报》2020年第6期。

⑥ 王剑侯、汪锦军、李洁等：《以"最多跑一次"改革推动民政数字化转型——浙江"互联
网+民政"的创新实践与启示》，《社会政策研究》2018年第4期。

⑦ 梅炀：《数字政府背景下济南市政务信息共享问题研究》，山东大学，2020。

⑧ 胡金强：《推进数字中国建设问题研究——以淄博为例》，《现代交际》2019年第24期。

⑨ 吕宇蓝：《融媒时代数字政府引领公共服务创新的"苏州路径"——以"苏周到"为
例》，《视听界》2021年第4期。

⑩ 詹雨鑫、沈文金：《社会治理视域下政媒协同新型关系的构建与实践——以广东省江门市
数字政府观察团为例》，《传媒》2021年第11期。

⑪ 储节旺、张林轩、宫雨晨等：《合肥市政府数据开放平台建设及发展路径研究》，《数字
图书馆论坛》2021年第2期。

（5）多元实例的研究。一些研究者对大量实例展开研究，取得一些有价值的研究成果，如：郑跃平等认为，以全国79个城市的政务热线部门实证研究为例：数字化转型已经成为我国地方政府各部门应对新技术带来的变革以及推进治理现代化建设的重要手段①。顾荣华认为，地方政府建设运用过程中逐步实现了数字化治理模式，当前我国地方政府利用数字化技术逐步实现了以公共服务为核心的治理模式。②吕美璇认为，数字政府治理是传统的政府治理模式同数字技术相结合的最新发展，是实现共商共治共享的治理模式。③梁木生认为，为规避"数字政府"整体上的人为操作必须把"数字政府"的运行整体纳入法律调控的范畴。④

（6）针对民族地区数字政府治理的研究。从民族地区数字政府治理的研究来看，国内一些研究者推介数字时代治理理论并探究数字时代治理理论在我国的适用性等，取得一些有价值的研究成果，但并未专门针对民族地区的数字政府治理展开深入研究，目前这一领域能够查到的中文文献较少，如：杨晶晶在展现广东民族地区的数字治理现状与经验的基础上提出提升数字治理水平的途径⑤。郝宗民和张惠萍撰文呈现出宁夏基于政银合作推进数字政府治理的情况。⑥石彦龙认为内蒙古数字政府治理过程中存在体制机制不顺畅、建构模式的创新程度较低等问题，并针对这些问题提出推进建构进程的途径。⑦钟春云撰文呈现了广西打造协同高效的数字政府的情况。⑧

7. 数字政府治理的问题研究。（1）多元问题及成因。一些研究者指出，数字政府治理过程中存在很多问题，这些问题归因于多个方面，如：王伟玲认为，通过分析阻碍数字政府形态演进的瓶颈因素，提出应对之策，加快我国数字政府发展进程⑨。刘松认为，数字技术助力治理现代

① 郑跃平、梁灿鑫、连雨璐等：《地方政府部门数字化转型的现状与问题——基于城市层面政务热线的实证研究》，《电子政务》2021年第2期。
② 顾荣华：《数字政府背景下地方政府治理效能研究》，《黑龙江人力资源和社会保障》2022年第14期。
③ 吕美璇：《中国数字政府治理困境与解决路径研究》，《改革与开放》2020年第16期。
④ 梁木生：《论"数字政府"运行的法律调控》，《中国行政管理》2002年第4期。
⑤ 杨晶晶：《数字治理：广东民族地区高质量发展新途径》，《中国民族报》，2020-01-04（06）。
⑥ 郝宗民、张惠萍：《把脉城市温度，助力政银"深情握手"金融科技赋能，加快建构"数字政府"——"我的宁夏"政务移动端构建智慧政务"新生态"》，《中国金融电脑》2020年第11期。
⑦ 石彦龙：《内蒙古数字政府建设研究》，《信息通信技术与政策》2019年第12期。
⑧ 钟春云：《打造协同高效的数字政府》，《当代广西》2018年第20期。
⑨ 王伟玲：《中国数字政府形态演进和发展瓶颈》，《行政管理改革》2022年第5期。

化，助推数字政府建设。[1]王雅玲认为，理念更新滞后、统筹能力较弱、部门利益左右、转型动力不足、多元人才匮乏、激励监督不力是数字政府高质量发展的障碍因子，要全方位加以防治。[2]吴志刚、崔雪峰、周亮认为，我国数字政府建设已进入全面提升阶段，但也发现数字政府建设过程中还存在一些需要引起关注的问题。[3]梁华认为，顶层设计有待进一步优化、地方学习竞争的动力不足、数据安全有待强化是数字政府治理的重要问题。[4]王少泉认为，我国数字政府治理建设持续推进面临诸多问题，数字政府治理的流程整合与重塑，治理水平的提升；促进治理资源在空间上的均衡分配，培育公务员的"信息素养"；治理主体能力的强化，公众参与的增加等这些举措有助于数字政府治理过程的推进。[5]曹冬英运用非均衡治理理论展开研究后指出数字政府治理面临僵化官僚制的阻滞，这一问题的宏观成因是官僚制变革速度慢于现代化速度，微观成因是官僚制的"运行惯性"导致体制僵化、观念守旧；公务员群体自我革新意识较弱；部门之间沟通、合作不良。[6]廖福崇认为，开放数据的程度不高、制度创设架构有待优化、公众参与有待强化是数字政府治理的重要问题。[7]陈德全等人认为，我国数字政府建设存在数据孤岛、运行保障机制不健全及业务系统未能互联互通等问题。[8]王丽丽等人认为存在协调推进不力、资源碎片化严重、评估机制滞后和人力资源支撑不足等问题。[9]

（2）治理理念问题及成因。一些研究者重点关注数字政府治理过程中的治理理念问题及成因，认为治理理念存在问题阻滞了数字政府治理进程，如：赵金旭等认为，数字政府理论建构滞后于人类社会的数字化演

① 刘松：《数字技术助力治理现代化》，《社会治理》2019年第11期。
② 王雅玲：《数字政府高质量发展的障碍因子及其防治之策》，《特区经济》2021年第11期。
③ 吴志刚、崔雪峰、周亮：《我国数字政府建设现状及发展趋势探析》，《现代工业经济和信息化》2020年第7期。
④ 梁华：《整体性精准治理的数字政府建设：发展趋势、现实困境与路径优化》，《贵州社会科学》2021年第8期。
⑤ 王少泉：《我国数字政府治理的现状、问题及推进途径》，《重庆三峡学院学报》2018年第6期。
⑥ 曹冬英：《僵化官僚制阻滞数字政府治理的成因及活化途径——基于非均衡治理视角》，《中国治理评论》2023年第1期。
⑦ 廖福崇：《基于"制度-行为"框架的数字治理能力生成模式研究》，《湖湘论坛》2022年第2期。
⑧ 陈德全、王力、郑玉妹：《面向数字政府高效运行的治理体系研究》，《信息通信技术与政策》2020年第10期。
⑨ 王丽丽、安晖：《关于提高政府数字治理能力的几点建议》，《科技中国》2020年第3期。

进，对我国数字政府发展水平进行系统性实证评估更鲜有研究①。赵玉林等认为，治理理念不当引致的指尖上的形式主义是数字治理在基层实践中衍生出的，它的出现有着深层的制度性原因。②周伟认为，数字政府建设的重要内容是构建数字营商环境体系，但目前数字政府建设依然存在短板，如治理理念有待优化。③匡亚林认为，政府数字化转型须依托政策变迁的"路径依赖"理论，但一些地方尚未构建这一理念。④

（3）治理举措问题及成因。一些研究者认为数字政府治理过程中的一些举措不当，阻碍了治理水平提升。代表性观点如：罗岑弘等人认为，解决当前数字政府治理中仍然存在的困境是政府治理中改革的方向。⑤王伟玲认为，对数字政府开展的各类评估无法从整体上反映数字政府发展样貌，数字政府绩效评估是监测数字政府发展水平和存在不足、明确未来发展方向的重要抓手。⑥王伟玲还认为，我国新的建设模式和新一轮数字政府建设热潮息息相关，但数字政府建设也遇到了现实瓶颈，只有在现实困境面前找到破解路径，才能加快推动数字政府健康有序发展。⑦马亮考察数字政府通过何种途径和在什么情况下会降低行政负担，以及数字政府为何导致行政负担不减反增。⑧

（4）协同问题及成因。一些研究者重点关注数字政府治理过程中的协同问题，认为协同程度低阻滞了数字政府治理进程，如：李阳认为，数字政府标准化建设过程中还存在一些问题：业务系统不互通、数据孤岛、资源利用水平低等，只有资源整合、统一标准，才能对数字化政府标准化建设有所裨益⑨。徐晓林等认为数据共享是"互联网+"的最大阻力，因此，打破数据孤岛、数据烟囱等现象才能提升政府治理能力。⑩从数字政

---

① 赵金旭、赵娟、孟天广：《数字政府发展的理论框架与评估体系研究——基于31个省级行政单位和101个大中城市的实证分析》，《中国行政管理》2022年第6期。
② 赵玉林、任莹、周悦：《指尖上的形式主义：压力型体制下的基层数字治理——基于30个案例的经验分析》，《电子政务》2020年第3期。
③ 周伟：《数据赋能：数字营商环境建设的理论逻辑与优化路径》，《求实》2022年第4期。
④ 匡亚林：《"思维–技术–规则"框架下超越数字政府技术治理路径依赖的优化方略》，《青海社会科学》2021年第2期。
⑤ 罗岑弘、郑凯：《数字政府治理模式研究——以杭州市下城区为例》，《商业文化》2020年第27期。
⑥ 王伟玲：《中国数字政府绩效评估：理论与实践》，《电子政务》2022年第4期。
⑦ 王伟玲：《加快实施数字政府战略：现实困境与破解路径》，《电子政务》2019年第12期。
⑧ 马亮：《数字政府如何降低行政负担？》，《行政管理改革》2022年第9期。
⑨ 李阳：《标准化视角下数字政府建设的研究》，《电子产品可靠性与环境试验》2020年第2期。
⑩ 徐晓林、明承瀚、陈涛：《数字政府环境下政务服务数据共享研究》，《行政论坛》2018年第1期。

府治理的问题来看，李慧龙等认为数字政府治理亟须走出的两个回应性陷阱：裁断型回应的思维桎梏与粗放型回应的行为惯性。[①] 王少泉认为，多元主体之间协同水平较低阻滞了我国的数字政府治理进程。[②] 谢思淼等人认为，不少地方政府在建设过程中仍存在亟需各地结合地方实际情况解决的问题。[③] 徐顽强等人认为，非政府组织参与不足是数字政府治理中的重要问题。[④] 刘祺认为，各地省级数字政府改革中都存在或多或少的问题，普遍存在协同程度有待提升这一问题。[⑤] 徐玉德等人认为，数字政务建设三位一体的整体性治理模式要求充分发挥政务系统的整体效应。[⑥] 黄建伟等人认为，分散的政务服务、异向的政务数据、失衡的供给能力等这些都是数字政府建设中政务服务效能提升的瓶颈。[⑦] 屈晓东认为，数字政府建设的重点领域和薄弱环节是网上行政审批，不同部门之间的协同程度有待提升。[⑧] 马颜昕等人认为，政企合作是数字政府建设的重要保障，目前一些地方的政企合作有待强化。[⑨]

（5）外部挑战及成因。一些研究者重点关注数字政府治理过程中的外部挑战，认为外部挑战阻滞了数字政府治理进程，如：张腾、蒋伏心认为，数字时代为政府治理现代化提出更为严苛的要求与标准[⑩]。陈睿等人认为，"双循环"新发展格局下数字化转型存在的风险与挑战制约着政府数字化转型推进进程。[⑪] 陈小华等人认为，外部挑战是数字政府治理过程中必须重视的问题。[⑫] 刘道学等人认为，营商环境不良阻滞了数字政府治

① 李慧龙、于君博：《数字政府治理的回应性陷阱——基于东三省"地方领导留言板"的考察》，《电子政务》2019年第3期。
② 王少泉：《我国数字政府治理：现实与前景》，《贵州省党校学报》2019年第3期。
③ 谢思淼、董超：《我国地方数字政府建设存在问题及对策建议》，《财经界》2021年第34期。
④ 徐顽强、徐玉婷、兰兰：《数字社会中非政府组织参与政府治理的研究综述》，《电子政务》2012年第9期。
⑤ 刘祺：《省级数字政府改革的内在逻辑与推进路径》，《学习论坛》2022年第3期。
⑥ 徐玉德、董木欣：《数字政务建设整体性治理模式、架构分析与路径选择》，《财会月刊》2021年第16期。
⑦ 黄建伟、陈东强：《数字政府建设中的政务服务》，《行政与法》2022年第2期。
⑧ 屈晓东：《数字政府视角下网上行政审批的特点、困境与突破策略》，《理论导刊》2018年第12期。
⑨ 马颜昕、谢煌凯：《数字政府建设下政企合作责任承担机制研究》，《学习论坛》2022年第2期。
⑩ 张腾、蒋伏心：《数字时代的政府治理现代化：现实困境、转换机制与践行路径》，《当代经济管理》2022年第1期。
⑪ 陈睿、刘大椿：《"双循环"新发展格局下政府数字化转型的创新路径研究》，《经济体制改革》2022年第1期。
⑫ 陈小华、潘宇航：《数字政府：演进阶段、整体形态与治理意蕴》，《观察与思考》2021年第1期。

理进程。[1]

（6）安全问题及成因。一些研究者认为安全问题阻滞了数字政府治理进程，如：郑跃平等认为，公众对数字政府建设的技术认知尚不充分，个人信息安全保障有待提升，对更加开放、廉洁的数字政府有更多期待，公众对数字政府的满意度是提升数字政府建设动力和发展效能的重要因素[2]。宋雪莹认为，"信息孤岛"会造成数据相互联通不充分，抑制信息共享，由此催生的安全问题阻碍数字政府治理水平的提高。[3]葛天任等人认为，数字政府治理过程中必须重视数据安全风险。[4]杨阳认为，我国政府治理数字化仍存在新的风险与差异。[5]

（7）非均衡/不平衡问题及成因。王少泉认为，存在不同地区的数字政府治理建设水平、数字政府治理与经济发展、不同群体受益程度不平衡等问题。这些问题主要归因于：某些地方数字政府治理基础相对薄弱，尚未有效借助数字政府治理全面助推经济转型，或者非网民未能较快转变为网民。[6]除这些问题之外，数字政府治理过程中还存在"强—弱政府均衡"问题，这一问题主要归因于不同发展阶段的任务重叠、数字政府治理主体发展非均衡以及治理主体试图在工具理性与价值理性之间实现相对均衡。[7]曹冬英认为，数字政府治理过程中存在非均衡问题：不同地区、不同领域的建设水平非均衡，建设水平与经济发展水平非均衡，多元参与主体之间、工具理性与价值理性之间的非均衡程度有待进一步降低。这些非均衡问题归因于数字政府治理基础非均衡、经济发展水平非均衡和环境差异明显等方面。[8]

8. 数字政府治理的推进途径研究。（1）一些研究者认为应该基于

---

[1] 刘道学、董碧晨、卢瑶：《企业码：双循环格局下政府数字化服务企业的新探索》，《电子政务》2021年第2期。

[2] 郑跃平、孔楚利、邓羽茜等：《需求导向下的数字政府建设图景：认知、使用和评价》，《电子政务》2022年第6期。

[3] 宋雪莹：《大数据时代公共管理中信息资源共享问题及对策——数字政府治理中信息孤岛问题研究》，《职业》2019年第15期。

[4] 葛天任、溥雨欣：《新兴技术能否破解"共同体困境"——数字政府，智慧社区与敏捷治理》，《社会治理》2020年第2期。

[5] 杨阳：《政府治理数字化的时代课题探讨》，《理论探索》2022年第1期。

[6] 王少泉、曹冬英：《我国数字政府治理的不平衡问题及其解决策略》，《三晋基层治理》2023年第2期。

[7] 王少泉：《数字政府治理"强—弱政府均衡"的生成与优化途径——基于非均衡治理理论》，《中国治理评论》2022年第2期。

[8] 曹冬英、王少泉：《四川省数字政府治理的问题与优化途径——基于间断—非均衡治理视角》，《重庆三峡学院学报》2023年第1期。

国家战略推进治理进程，如：孙友晋、高乐认为，数字政府治理过程中，必须深入贯彻落实党的十九大和十九届四中、五中全会精神，加强数字政府建设，推进国家治理现代化①。王欢明认为，"互联网+政务服务"是我国"十四五"发展规划和2035年远景目标纲要的重要拼图，"一网通办"改革获得了国家和各地的认可和采纳。②康伟等人认为，《中共中央关于坚持和完善中国特色社会主义制度、推进国家治理体系和治理能力现代化若干重大问题的决定》明确提出推进数字政府建设，以数字政府为核心的数字化建设及治理问题受到了大家的广泛关注。③陈蒋辉认为，"十四五"时期数字化战略的发展机遇和数字化浪潮已开始全方位重塑全球经济。④边哲认为，党的十九大报告以及习近平总书记在2018年全国网络安全和信息化工作会议中强调：推进政务公开、党务公开，加快推进电子政务，构建全流程一体化在线服务平台，才能更好地解决企业和群众反映强烈的办事难、办事慢、办事繁的问题。⑤马兴瑞认为，以习近平同志为核心的党中央高度重视数字化发展，党的十九届五中全会通过的《建议》中明确提出要"加快数字化发展"，加快数字化发展是建设社会主义现代化强国作出的重大战略决策。⑥卢向东认为，根据党中央、国务院决策部署，准确把握数字化转型趋势，加快推进数字政府建设。⑦王伟玲认为，数字政府建设对未来政府具有深远影响，必须基于国家战略完善我国数字政府顶层设计方法，推动国内数字政府顶层设计进入科学合理的运行轨道。⑧戈晶晶认为，"十四五"时期是推进数字政府建设的重要时期，必须在国家战略指导下不断提高决策科学性和服务效率。⑨

（2）多元举措并举。一些研究者认为应该实施多元举措助推数字政

① 孙友晋、高乐：《加强数字政府建设推进国家治理现代化——中国行政管理学会2020年会会议综述》，《中国行政管理》2020年第11期。
② 王欢明：《"一网通办"撬动城市治理现代化——评〈"一网通办"：新时代的城市治理创新〉》，《中国行政管理》2021年第7期。
③ 康伟、姜宝、华小方：《我国数字政府研究热点演化分析——主题、方法与趋势》，《电子产品可靠性与环境试验》2022年第1期。
④ 陈蒋辉：《"十四五"时期数字化战略的发展机遇》，《金融博览》2021年第6期。
⑤ 边哲：《提升数字政府治理水平助推"最多跑一次"改革继续深化》，《政策瞭望》2018年第5期。
⑥ 马兴瑞：《加快数字化发展》，《智慧中国》2021年第Z1期。
⑦ 卢向东：《准确把握数字化转型趋势加快推进数字政府建设——从"数字战疫"到数字政府建设的实践与思考》，《中国行政管理》2020年第11期。
⑧ 王伟玲：《我国数字政府顶层设计的理念辨析与实践指向》，《行政管理改革》2021年第6期。
⑨ 戈晶晶：《数字政府进入加速期》，《中国信息界》2021年第6期。

府治理进程，如：蒋敏娟认为，通过对广东、浙江、贵州三个省级地方政府的数字政府建设模式比较分析，未来的数字政府建设需要从价值、组织、制度、技术等方面系统推进①。胡逸认为，数字政府的三个维度是以人民为中心，挖掘数据价值，提升政府的治理能力。②姚迈新通过分析广州市数字化技术推动社会治理的创新实践经验得出：城市数字化社会治理体系构建包括提高社会治理数据集成度，理顺治理主体之间的关系，促进政府数据进一步开放，完善数据立法，培养数字技术相关人才等。③林志明、宋君认为，政府治理能力的四维度价值导向培养了政府治理能力，"资源整合、协同共商、数字技术、总揽全局"就是他的体现。④丁干认为，数字政府治理过程中必须：强化信息基础设施支撑能力、政务数据资源共享建设，提升电子政务信息化服务水平，筑牢电子政务安全保障屏障。⑤罗东玲等人结合江苏数字政府建设面临的基础条件和主要问题，对数字政府建设提出了体制机制创新、信息基础设施建设、政务信息资源共享、政务服务能力四个方面的对策建议。⑥祁志伟认为，数字中国建设的核心要义是数字政府，未来数字政府建设主要聚焦三个发展理念：数字政府基础平台与战略规划、技术支撑与治理协同以及数据安全与隐私保护。⑦曹海军、侯甜甜认为，加强政府数字化转型的顶层设计、提升政府区块链技术的应用能力、构建以数据为中心的数据治理体系、推动多主体共创良好的服务生态是区块链技术赋能政府数字化转型的优化路径。⑧邓崧等认为，我国数字政府建设创新扩散路径应从制度赋权、模式创新、技术赋能三个方面共同发力。⑨周亮等人认为，数字政府战略过程中必须

①　蒋敏娟：《地方数字政府建设模式比较——以广东、浙江、贵州三省为例》，《行政管理改革》2021年第6期。
②　胡逸：《数字政府的三个维度》，《中国信息界》2020年第6期。
③　姚迈新：《构建城市数字化社会治理体系的实践与对策——基于广东省广州市的分析》，《党政干部学刊》2020年第10期。
④　林志明、宋君：《数字治理助推政府治理能力现代化的路径探索》，《大连干部学刊》2022年第8期。
⑤　丁干：《政府数字化转型的若干问题与建议——以临安区为例》，《浙江经济》2019年第8期。
⑥　罗东玲、刘瑛：《加快推进江苏数字政府建设的对策研究》，《江苏科技信息》2019年第26期。
⑦　祁志伟：《数字政府建设的价值意蕴、治理机制与发展理路》，《理论月刊》2021年第10期。
⑧　曹海军、侯甜甜：《区块链技术如何赋能政府数字化转型：一个新的理论分析框架》，《理论探讨》2021年第6期。
⑨　邓崧、巴松竹玛、李晓昀：《府际关系视域下我国数字政府建设创新扩散路径——基于"试验-认可-推广"模型的多案例研究》，《电子政务》2021年第11期。

强化信息公开及时性、回应关切权威性、对外服务便捷性。①焦佳凌等认为，数字政府战略过程中必须强化流程重塑、平台服务与公众参与。②雷瑞萍认为，制度、人才以及技术三个层面能够推进数字政府建设。③仲瑜从加强顶层设计、深化大数据共享融合、构筑统一政府业务大平台大系统、保障数据安全等方面对我国政府数字化转型提出对策建议。④王华梅认为，"十四五"时期应该在数字政府治理过程中构建：共建共享新格局、优化精细治理新环境、提升智慧服务新体验、探索数据决策新方式、打造创新发展新动能。⑤郭真等人提出"四横一纵"的数字政府总体架构，即一张网、一朵云、一中台、N应用。⑥

（3）革新治理理念。一些研究者认为革新治理理念能够有效助推数字政府治理进程，如：薛晓源、刘兴华认为，随着数字全球化进程不断加速，数字风险和危机日益凸显，只有树立全球意识、时间意识、总体意识、创新意识、前瞻意识，才能维护国家数字利益⑦。曾志敏等人认为，系统化思维构建政府数字治理体系对推进国家治理体系和治理能力现代化具有重要支撑作用。⑧冉秋静通过对海南数字政府治理研究得出：创新思维和科学技术是海南数字政府治理创新的核心动力。⑨黄恒学等人认为，数字政府治理过程中必须基于理念革新来消除新型的电子官僚主义。⑩王芳认为，知识复用是实现数字政府智能化治理的前提，大力促进政府知识复用，提高政府知识复用意识，才能促进数字政府效能提升。⑪熊竞等人认为，须以"人民城市"重要理念为指引。⑫张世璟等人认为，应该树

---

① 周亮、崔雪峰、王庆蒙：《数字政府助力打赢疫情防控阻击战》，《网络安全和信息化》2020年第3期。
② 焦佳凌、陶书毅、方云波：《试析数字政府建设视野下的政府治理能力重塑——以全国残疾人两项补贴政策实施为例》，《残疾人研究》2021年第2期。
③ 雷瑞萍：《推进数字政府建设提升政府治理现代化水平》，《行政科学论坛》2020年第10期。
④ 仲瑜：《关于加快推进政府数字化转型的对策建议》，《智库时代》2019年第2期。
⑤ 王华梅：《"十四五"加快数字政府建设的路径思考》，《经济师》2021年第7期。
⑥ 郭真、白喆、郭中梅等：《"十四五"时期数字政府研究与思考》，《邮电设计技术》2022年第5期。
⑦ 薛晓源、刘兴华：《数字全球化、数字风险与全球数字治理》，《东北亚论坛》2022年第3期。
⑧ 曾志敏、薛永业：《以系统化思维构建政府数字治理体系——基于深圳龙华区的实践》，《科技智囊》2022年第7期。
⑨ 冉秋静：《海南数字政府治理创新研究》，《现代交际》2021年第20期。
⑩ 黄恒学、冯向阳：《新技术时代要警惕电子官僚主义》，《国家治理》2020年第3期。
⑪ 王芳：《以知识复用促数字政府效能提升》，《人民论坛·学术前沿》2021年第Z1期。
⑫ 熊竞、吴金鹏、刘旭：《上海加快打造数字政府提升政府治理能力的战略构想与保障机制》，《科学发展》2022年第9期。

立政府治理现代化理念，助推数字政府建设进程。[①]潘志安等人认为，革新治理理念是我国数字政府建设的重要路径。[②]

（4）推进政府改革。一些研究者认为推进政府改革能够有效助推数字政府治理进程，具体可以划分为：①推进制度、机制的变革[③]。鲍静、贾开认为，国家治理体系和治理能力现代化建设的题中之义是推进数字治理体系和治理能力，但数字治理体系和治理能力现代化建设更加注重数字社会形态下生产关系本身的转型。[④]王钦敏认为，促进国家治理现代化推进数字政府建设需要以数字政府改革建设为引领。[⑤]王伟玲指出：创新推进体制机制能够提升数字政府治理效能。[⑥]罗强强认为，地方数字政府改革的重点在于推动地方政府职能数字化转型。[⑦]王孟嘉认为，推进国家治理体系和治理能力现代化的必然要求是推进数字政府建设，而地方数字政府建设创新能力不足则是困境，未来应当强化顶层设计，构建跨层级统筹建设管理体制与整体联动机制。[⑧]邱诗懿等人认为，数字时代加强数字政府建设是创新政府治理理念和方式的重要举措，必须推进相关机制的改革。[⑨]张守美认为，深化新一轮机构改革首要任务是推进数字政府建设。[⑩]宗相伕认为，"最多跑一次"与政府数字化转型相互促进。[⑪]潘毅刚认为，数字政府既是一次全方位、系统性、重塑性变革，又是推动经济社会全面数字化转型的新型政府运行模式，数字政府的关键词不是"数字"而是"政府"。[⑫]江文路、张小劲认为，数字政府建设的有效改革路径是突围科层制政府治理局限、突破条块分割治理结构、弥补科层

① 张世璟、张严：《数字政府在政府治理现代化中的理论内涵》，《领导科学论坛》2021年第3期。
② 潘志安、陶明、邬丹华：《国外数字政府建设经验及对我国的启示与建议》，《科技广场》2019年第3期。
③ 李小妹：《技术赋能数字政府构建动态能力的机理与实施效果探析》，《领导科学》2021年第20期。
④ 鲍静、贾开：《数字治理体系和治理能力现代化研究：原则、框架与要素》，《政治学研究》2019年第3期。
⑤ 王钦敏：《全面建设数字政府统筹推进数字化发展》，《行政管理改革》2022年第1期。
⑥ 王伟玲：《我国数字政府顶层设计的理念辨析与实践指向》，《行政管理改革》2021年第6期。
⑦ 罗强强：《地方"数字政府"改革的内在机理与优化路径——基于中国省级"第一梯队"政策文本分析》，《地方治理研究》2021年第1期。
⑧ 王孟嘉：《数字政府建设的价值、困境与出路》，《改革》2021年第4期。
⑨ 邱诗懿、冉昊：《数字时代政府治理的变革、挑战与展望》，《团结》2022年第3期。
⑩ 张守美：《高质量推进"十四五"数字政府建设》，《中国信息界》2021年第1期。
⑪ 宗相伕：《"最多跑一次"背景下金华市政府数字化转型策略研究》，《现代营销（下旬刊）》2020年第10期。
⑫ 潘毅刚：《数字政府建设"十标准"》，《浙江经济》2020年第10期。

治理漏洞。①戴祥玉、卜凡帅认为，在促进数字政府战略落地中发挥重要作用的是地方政府数字化转型。②朱玲认为，我国数字政府治理面临着现实困境，应通过建构与完善数字政府治理机制来推进我国数字政府治理进程。③江小涓认为，有必要从推进国家治理体系与治理能力现代化全局出发同步推进"放管服"改革与数字政府建设。④黄海阳认为，统计数字化转型必须与政府的数字化转型相适应。⑤张鸣认为，以浙江构建数字政府为例，数字化转型相对成功离不开完善的数字政府建设推进机制。⑥王维佳等人认为，"数字中国"的建设进程需要通过全面数字化转型、重组才能有效提升。⑦习志武等人认为，快速抢占数字化转型的风口成了全新的数字政府建设新局面。⑧

②提升公共服务效能。朱锐勋认为，结合上海、浙江和云南的政务服务实践，再加上移动网民数量和结构的变化，加快推进互联网+政务服务转型升级，才能不断满足人民群众日益增长的美好生活需要。⑨郑磊认为，推进数字政府改革，把握好数字治理的效度、温度和尺度将直接影响人民群众在数字时代的获得感、幸福感和安全感。⑩徐恩庆等人认为，提升公共服务效能以提高数字政府建设水平。⑪路清琳等人认为，解决碎片化问题以提升公共服务效能，助推数字政府治理进程。⑫陶明等人认为，

---

① 江文路、张小劲：《以数字政府突围科层制政府——比较视野下的数字政府建设与演化图景》，《经济社会体制比较》2021年第6期。

② 戴祥玉、卜凡帅：《地方政府数字化转型的治理信息与创新路径——基于信息赋能的视角》，《电子政务》2020年第5期。

③ 朱玲：《我国数字政府治理的现实困境与突破路径》，《人民论坛》2019年第32期。

④ 江小涓：《加强顶层设计解决突出问题协调推进数字政府建设与行政体制改革》，《中国行政管理》2021年第12期。

⑤ 张鸣：《从行政主导到制度化协同推进——政府数字化转型推进机制构建的浙江实践与经验》，《治理研究》2020年第3期。

⑥ 黄海阳：《数字政府背景下，统计数字化转型的方向和内容研究》，《统计理论与实践》2021年第9期。

⑦ 王维佳、何彦晖：《"数字中国"背景下的政务传播体系：模式、效果与问题》，《编辑之友》2022年第10期。

⑧ 习志武、何杰：《以数字政府建设推动政府治理能力现代化》，《中国新通信》2022年第13期。

⑨ 朱锐勋：《政府数字化转型与电子政务深化发展面临的挑战与对策》，《行政管理改革》2022年第2期。

⑩ 郑磊：《数字治理的效度、温度和尺度》，《治理研究》2021年第2期。

⑪ 徐恩庆、张琳琳、孙宗哲：《把握数字政府建设的关键使能要素》，《通信世界》2021年第17期。

⑫ 路清琳、满雪：《数字政府治理碎片化问题研究》，《商业文化》2021年第1期。

网络时代下，数字政府治理过程中必须提升服务效能。[1]宋昭君认为，提高公共服务效能是政府数字化转型的重要手段。[2]冯子妍认为，互联网+政务服务是时代发展的必然选择，政务新媒体是互联网+政务服务的重要载体。[3]

③优化治理政策。姜景等通过对我国地方政府发布的45份数字政府政策文本进行量化分析发现：从平衡政策工具结构比例、提升政策工具可操作性以及加大政策工具创新力度三个方面持续提升政策工具的精度，优化我国数字政府的政策供给。俞小蕾认为，"互联网+政务服务"相关政策支撑我国数字政府建设。[4]余凌云认为，数字建设要求政府发布一系列规范性政策，以此来支撑数字政府建设。[5]赵培云等人认为，优化相关法律，为数字政府治理政策的优化创造条件。[6]舒洁等人认为，数字政府建设过程中必须优化治理政策。[7]谭俊提出基于信息技术革新数字政府治理政策。[8]

（5）提升协同效能。一些研究者认为强化协同能够有效助推数字政府治理进程，具体可以划分为：①多主体协同。朱美宁等人认为，数字化时代政府组织变革的必然趋势是从"有界"走向"跨界"。[9]戈晶晶认为，数字时代需要数字政府，企业在加速向数字化转型，政府更需要推进自身的数字化变革。[10]马金慧认为，数字政府战略过程中必须强化多元主体之间具有相辅相成的作用。[11]罗靖之认为，数字政府多种信息沟通交流渠道的开通并没有完全调动起公众参与公共事务的热情态度。[12]②多领域协同。黄文金、张海峰认为，在数字经济的影响下，数字政府建设发展尤

① 陶明、潘志安、陶波等：《浅谈国内外数字政府建设发展》，《网络安全和信息化》2021年第1期。
② 宋昭君：《政府数字化转型内涵和对策研究》，《中国建设信息化》2020年第20期。
③ 冯子妍：《政务新媒体：构建数字政府的重要力量》，《新疆社科论坛》2021年第6期。
④ 俞小蕾：《数字政府建设背景下"互联网+政务服务"相关政策分析》，《中国工程咨询》2021年第1期。
⑤ 余凌云：《数字政府的法治建构》，《社会科学文摘》2022年第7期。
⑥ 赵培云、郑淑荣：《信息时代"数字政府"信息如何公开》，《山东图书馆季刊》2003年第2期。
⑦ 舒洁、石建莹：《深化数字政府建设推动城市治理现代化》，《区域治理》2019年第33期。
⑧ 谭俊：《数字政府背景下政务服务数据共享研究》，《现代信息科技》2020年第1期。
⑨ 朱美宁、石慧荣：《从有界到跨界：数字时代政府组织变革新趋向》，《学海》2022年第3期。
⑩ 戈晶晶：《数字时代需要数字政府》，《中国信息界》2020年第6期。
⑪ 马金慧：《数字政府背景下新时代人才发展治理体系构建问题研究》，《大陆桥视野》2021年第10期。
⑫ 罗靖之：《数字政府背景下公民参与问题研究》，《中国管理信息化》2020年第15期。

为迅速，公共服务作为服务型政府建设的核心必然受到数字经济的全面影响。①刘祺认为，数字政府的治理路径是将政府自我革命和跨界协同治理结合起来。②李旻认为，应该优化数字政府数字治理与智慧社会服务之间的协同。③刘伟认为，以数字化引领经济社会转型升级，对经济社会发展和政府治理能力提升的叠加效应。④魏琪嘉认为，推进数字政府建设，完善宏观经济治理，找准数字政府建设与提升宏观经济治理效能的完美结合点，是推进数字政府建设的必经途径。⑤寇佳丽认为数字政府建设与法治国家、法治政府、法治社会是一个整体，缺一不可。⑥江小涓认为，"放管服"改革与数字政府建设协同并重，加快推进数字政府建设作出一系列重大部署。⑦陶勇认为，数字政府治理过程中必须推动政府改革、社会经济发展、优化营商环境。⑧刘佳晨认为，数字深圳建设就是打造数字政府、数字经济和数字市民三位一体。⑨刘学涛认为，数字经济的发展加速推进了数字政府的发展，在数字经济的驱使下发展数字政府，推进数字政府建设转型正当其时。⑩③多地协同。向颖羿认为，"中国·贵州"政府门户网站在省级政府网站评估中位于全国前十行列，贵州数字政府的经验值得各地各级政府学习和借鉴。⑪纪霞认为，新时期数字政府信息资源的多地共建共享对现代化数字政府建设意义重大。⑫杨国栋认为，只有打破不同地方之间的数据割据和数据孤岛才能加速构建国家数字政府治理。⑬刘珂言等人认为，重庆市数字政府治理的一些经验可以运用于其他地方。⑭单斐等人认为，可以在各地有效构建"五横三纵"这一构建数字

---

① 黄文金、张海峰：《数字经济将全面影响政府公共服务》，《中国电信业》2019年第12期。
② 刘祺：《从数智赋能到跨界创新：数字政府的治理逻辑与路径》，《社会科学文摘》2022年第7期。
③ 李旻：《智慧政府数字治理水平与城市可持续发展能力相关性应用》，《数字技术与应用》2022年第3期。
④ 刘伟：《以数字化改革统领市域治理现代化》，《唯实》2022年第1期。
⑤ 魏琪嘉：《推动数字政府建设更好服务经济治理》，《信息安全研究》2022年第7期。
⑥ 寇佳丽：《数字政府建设不能缺失法治》，《经济》2022年第9期。
⑦ 江小涓：《聚焦突出问题协调推进数字政府建设》，《中国机关后勤》2022年第1期。
⑧ 陶勇：《如何打造"数字政府"》，《小康》2018年第24期。
⑨ 刘佳晨：《数字政府引领三位一体的数字深圳》，《中国领导科学》2021年第1期。
⑩ 刘学涛：《数字经济视野下数字政府发展与实践图景》，《南海法学》2022年第2期。
⑪ 向颖羿：《数字政府的"贵州经验"》，《当代贵州》2020年第1期。
⑫ 纪霞：《新时期数字政府信息资源共建共享对策研究》，《商业经济》2013年第20期。
⑬ 杨国栋：《数字政府治理的实践路径》，《领导科学》2018年第36期。
⑭ 刘珂言、闫建、姜申未：《数字政府建设的重庆实践及启示》，《科技智囊》2022年第5期。

政府的基本架构。① 姚志璟、陈炳通过梳理国内外数字政府发展情况，认为我国可以借鉴某些经验。②

（6）有效运用数字技术。一些研究者认为有效运用数字技术能够有效助推数字政府治理进程，具体可以划分为：①强化数字技术的整体效能。聂爱云等人认为，数字技术在政府回应和在提升政府信任方面发挥了关键作用。③ 夏义堃认为，有效推进和实施数字化政府建设的重要前提是把握数据治理的本质与关键问题。④ 陈娟认为，以信息技术创新驱动政府数字化运行模式变革和治理理念更新，实现更加精准有效的治理，增强政府整体性治理效能是数字政府在数字化时代的政府发展新形态。⑤ 张蒲生认为数字政府战略过程中必须用0和1两位数字编码来表达和传输一切信息。⑥ 陈笑语等人认为，互联网、大数据、人工智能等技术手段为各级政府数字化转型提供了根本依据。⑦ 潘锋认为，在数字政府建设过程中，数据更多的是作为手段来应用，必须提升数字技术运用效能。⑧ 任海柔等人认为，有必要重视人工智能、大数据、互联网等对数字政府的影响。⑨ 桓德铭等人认为，信息系统不兼容，数据定义规范不一致，数据使用不畅通，数据业务不协同等方面的问题成为信息技术发展的最大阻力。⑩ 韩晓丽认为，促进政府的信息化转型是政务云促进数字政府建设的现存问题提出针对性的解决策略。⑪ 王玉芝认为，数字政府建设过程中需要注重数字政府建设的底层技术支撑系统。⑫ 才让东知认为，人类正经历新信息时代的转型，政府借助新兴信息技术提升治理现代化水平就变成了必然

① 单斐、孙亮、郭中梅：《数字政府建设研究与思考》，《邮电设计技术》2020年第2期。
② 姚志璟、陈炳：《国际经验对浙江省数字政府建设的启示》，《中国工程咨询》2021年第11期。
③ 聂爱云、靳云云：《数字政府回应提升政府信任的动力机制研究——以江西省政务服务"好差评"制度为例》，《行政与法》2022年第10期。
④ 夏义堃：《政府数据治理的维度解析与路径优化》，《电子政务》2020年第7期。
⑤ 陈娟：《数字政府建设的内在逻辑与路径构建研究》，《国外社会科学》2021年第2期。
⑥ 张蒲生：《数字政府与政府数字化管理》，《Internet信息世界》2001年第7期。
⑦ 陈笑语、王晓灵：《政府数字化转型：逻辑进路与关键问题》，《新疆社科论坛》2022年第2期。
⑧ 潘锋：《数字政府亟须完善数据治理体系》，《审计观察》2021年第3期。
⑨ 任海柔、崔逊田：《数字政府面临的困境及应对》，《通信管理与技术》2022年第1期。
⑩ 桓德铭、王春艳、张欣亮等：《标准化引领地方政府数字化建设路径研究——以数字山东建设为例》，《中国标准化》2020年第9期。
⑪ 韩晓丽：《政务云促进数字政府建设的策略研究》，《中国管理信息化》2021年第16期。
⑫ 王玉芝：《大数据时代数字政府建设的创新与实践——以新加坡政府为例》，《智能建筑与智慧城市》2021年第11期。

趋势。[1]江文路、张小劲认为，新兴互联网技术是数字政府建设过程中最强有力的信息技术支撑，是提升政府行政效率与决策科学性的新型政府运行模式。[2]周晓琳认为，数字政府治理过程中有必要重视数字化、网络化、智能化。[3]李灿强等人认为，有必要借助人工智能技术提升数字政府的决策效能。[4]邵晓红等人认为，可以强化数字技术的运用以助推政府网站持续健康发展。[5]②有效运用区块链技术。张雯认为，区块链技术广泛应用于数字政府治理中，把相关理论切实落实到政府治理中。[6]丁邡等人认为，区块链技术在"数字政府"中可助力数字政府的安全性提高工作效率，应从制度建设、技术研发、应用环境优化和人才队伍建设等方面加快区块链技术的推广应用。[7]③强化数据共享。张敏认为，推进数字政府建设，加强数据有序共享，依法保护个人信息，为政府治理现代化提出了制度规则。[8]敖道恒提出：强大的网络空间安全治理及保障能力搭建在能够实现数据共享的政务云平台上，让政府工作开展得更加快捷、高效。[9]罗兰等认为，现在最迫在眉睫的任务就是制定前瞻性政策与修正法律规章，提升数据共享效能。[10]翁雪梅认为，如何有效安全地将数据共享共建共治是政府数字化转型的必经之路。[11]④有效运用大数据。李东洪认为，要运用大数据提升数字政府治理水平。[12]吕璐等人认为，"大数据""云计算""区块链""人工智能"和"5G"等信息技术是部分国家数字政府建设实践带给我国数字政府建设的启示。[13]徐曼认为，大数据技术应用于舆情监测、政府事务、公共服务、治安管理、医疗卫生等社会治理的方方

①　才让东知：《数字政府：基于数据的治理与对数据治理的视角》，《西藏发展论坛》2020年第5期。
②　江文路、张小劲：《以数字政府突围科层制政府》，《社会科学文摘》2022年第1期。
③　周晓琳：《数字政府建设现状与原则》，《中国管理信息化》2021年第14期。
④　李灿强、夏志方、丁邡：《基于人工智能技术的"数字政府"研究》，《中国经贸导刊（中）》2019年第5期。
⑤　邵晓红、李旭：《"数字政府"背景下领先政府网站的发展趋势》，《通信与信息技术》2020年第4期。
⑥　张雯：《基于区块链的数字政府治理创新研究》，《数字通信世界》2022年第5期。
⑦　丁邡、焦迪：《区块链技术在"数字政府"中的应用》，《中国经贸导刊（中）》2020年第3期。
⑧　张敏：《加快数字政府建设推进政府治理现代化》，《学习月刊》2020年第3期。
⑨　敖道恒：《基于网络空间安全保障下"数字政府"政务云建设研究分析》，《网络安全技术与应用》2021年第4期。
⑩　罗兰、范炜烽、金晶：《数字政府建设中数据传播问题与治理策略》，《领导科学》2021年第12期。
⑪　翁雪梅：《数据要素化推动政府数字化转型路径研究》，《轻工科技》2022年第4期。
⑫　李东洪：《加强数字政府建设提升政府治理能力》，《前进》2022年第8期。
⑬　吕璐、陈翔：《部分国家数字政府建设实践及对我国的启示》，《中国统计》2022年第3期。

面面。① 顾平安认为，数据治理是一套技术与管理相结合的制度体系，政务数据治理要以"数据确权"为基础，以"数据安全"为底线。②

（7）有效消除安全风险。一些研究者认为消除安全风险能够有效助推数字政府治理进程，如：赵蜀蓉等人认为，在数字资源保存过程中存在各种技术风险，必须构建风险规避机制，助力政府数字化改革，以期实现政府"数字遗产"的长期保存目标。③ 于江认为，"数字鸿沟""数字内卷""数字偏差""数字悬浮"是数字政府建设过程中存在的治理风险，只有规避这些风险，才能构建"服务高效、治理精准、决策科学和数字适宜"的现代政府。④ 彭邕认为，数字政府治理过程中必须消除地区之间发展态势不平衡引致的风险。⑤ 陈宏等人认为，在信息化时代大背景下，有必要解决网络安全问题。⑥ 郑语晨认为，数字政府建设下基层治理中的"留痕式"太过于形式主义，严重时甚至会造成工作失败和效果的碎片化，必须注意消除这种风险。⑦ 杨信磊认为，数字政府建设工作过程中的关注重点随着数据开放共享的安全问题转到了法律体系的建设完善。⑧ 王蕴辉等人认为，数字政府网络安全防护工作不容忽视。⑨ 林崇责认为，数字政府建设过程中必须消除安全风险。⑩

9. 数字政府治理及研究的趋向。不同研究者基于不同角度探究了数字政府治理的发展趋向，可以细分为：（1）宏观上来看数字政府治理将获得进一步发展，如：李军鹏认为，2035年我国将建成世界一流数字政府，数字政府建设应覆盖政府权力运行的全过程与全流程⑪。黄璜认为，

① 徐曼：《大数据技术在社会治理领域的典型应用分析》，《数字技术与应用》2020年第11期。
② 顾平安：《数据治理赋能数字政府建设》，《社会治理》2021年第4期。
③ 赵蜀蓉、匡亚林、王昆莉等：《政府数字资源长期保存：技术风险及其治理》，《中国行政管理》2021年第12期。
④ 于江：《数字政府建设中的治理风险及纾解》，《行政与法》2022年第5期。
⑤ 彭邕：《国内外数字政府建设中大数据应用的经验与启示》，《国土资源导刊》2022年第3期。
⑥ 陈宏、丛凯、苏征：《浅谈基于"数字政府"背景下的电子政务网络安全研究》，《数字通信世界》2020年第8期。
⑦ 郑语晨：《数字政府建设下基层治理中的"留痕式"形式主义探讨》，《现代商贸工业》2022年第12期。
⑧ 杨信磊：《数字政府建设背景下的数据安全治理体系构建》，《通信世界》2022年第8期。
⑨ 王蕴辉、张浏骅、刘丕群等：《以网络安全指数为抓手，赋能数字政府高质量发展》，《网络安全技术与应用》2022年第9期。
⑩ 林崇责：《政府数字化转型之"数"和"术"》，《浙江经济》2018年第23期。
⑪ 李军鹏：《面向基本现代化的数字政府建设方略》，《改革》2020年第12期。

中国政府正在加快建设数字中国，数字政府治理将获得进一步发展。① 刘飞、王欣亮认为，政府数字化转型存在可持续性、东强西弱的不均衡区位特征，但整体而言治理水平将获得进一步提升。② 江小涓认为，以数字政府建设支撑高水平数字中国建设是重要的发展趋向。③ 张晨认为，全球数字政府建设的非均衡性正在逐渐降低，差距不断缩小，中国数字政府建设取得了显著成效。④ 贾开等人认为，近年来我国数字政府建设在取得巨大成绩的同时也进入了新的发展阶段。⑤ 张斌等人认为，数字政府治理将进一步推进国家治理体系和治理能力的现代化。⑥ 何花认为，数字政府治理能够助推现代政府治理转型和角色创新。⑦ 张世璟等人认为，数字政府将日益成为治理现代化过程中的重要环节。⑧ 高志华等人认为，数字政府治理将助推政府向人民满意的服务型政府转型。⑨ 胡炳福等人认为，数字政府治理将提升包容性，提升政府未来解决公民关切的能力。⑩ 吉喆等人认为，数字政府治理将持续深化"放管服"改革。⑪ 蔡旭东等人认为，数字政府治理将构建人民群众满意的服务型政府。⑫

（2）数字政府治理的各组成部分将获得进一步发展，如：黄建伟和陈玲玲认为，我国数字治理理论研究取得了一定的成果，但研究方法和对象单一、研究内容趋同，未来数字治理研究的重要内容是推动数字治理的实证理论研究、公众的互动参与、基层数字治理的研究⑬。李文钊认为，

① 黄璜：《数字政府的概念结构：信息能力，数据流动与知识应用——兼论DIKW模型与IDK原则》，《学海》2018年第4期。
② 刘飞、王欣亮：《政府数字化转型与地方治理绩效：治理环境作用下的异质性分析》，《中国行政管理》2021年第11期。
③ 江小涓：《以数字政府建设支撑高水平数字中国建设》，《中国行政管理》2020年第11期。
④ 张晨：《全球数字政府建设现状及非均衡分析》，《数量经济技术经济研究》2022年第3期。
⑤ 贾开、高乐、曾宇航：《数字政府建设与国家治理现代化——2021中国国际大数据产业博览会专业论坛及第五届数字政府治理高峰论坛会议综述》，《中国行政管理》2021年第9期。
⑥ 张斌、杨文：《数字时代我国政务信息资源治理体系优化研究》，《图书情报工作》2020年第11期。
⑦ 何花：《数字政府建设：发展历程、建设内容与创新路径——基于浙江省数字政府建设的分析》，《攀登》2021年第6期。
⑧ 张世璟、张严：《数字政府在社会治理现代化中的作用》，《老区建设》2021年第8期。
⑨ 高志华、谢标：《数字政府视域下优化政务服务路径研究》，《党政干部学刊》2021年第11期。
⑩ 胡炳福、王兵：《数字化：促进政府转型与治理现代化》，《中国建设信息化》2020年第18期。
⑪ 吉喆、王海蕴、律星光：《全力推动"数字政府"建设营造公平透明法治化营商环境》，《财经界》2021年第7期。
⑫ 蔡旭东、王丽芬：《数字政府发展基础、趋势与对策》，《通信企业管理》2022年第4期。
⑬ 黄建伟、陈玲玲：《国内数字治理研究进展与未来展望》，《理论与改革》2019年第1期。

让城市治理更智慧，让市民生活更美好，这是城市治理数字化转型的终极追求。①汪玉凯认为，四大建设，一个驱动，三大变革是"十四五"时期数字中国的发展目标，数字政府将在未来五年出现五大新的发展趋势。②蒋敏娟认为，政府首席数据官制度有助于推动政府的数字化转型，是政府治理现代化的必然要求。③杨达、林丽认为，"绿色联动"旨在实现数字社会革新并布设国家可持续发展的长远大局，我国数字政府转型从战略平台、战略理念、战略单元、战略节点出发形成更广义的战略思考。④臧超等人认为，数字化时代推动了政府领导力建设，在宏观向度上、中观向度上、微观向度上提升政府网络领导力。⑤苏玉娟认为，大数据背景有助于提高乡村自治能力，实现产业、生态建设和公众生活数字化。⑥甄晓宇等认为，数字政府治理将进一步助推村治建设、农业生产、经济发展、文化生态建设等。⑦周民认为，未来将在政务服务、营商环境、诚信体系、政务数据开发利用四方面提升数字政府智能化水平。⑧

（3）数字政府治理过程中的协同将得到进一步强化，如：黄璜等认为，数字政府建设的下一步行动是对于协同的数字化支持，要提升我国的治理现代化水平，就必须加强数字政府建设⑨。沈费伟，诸靖文认为，数字政府存在的问题是部门需求响应慢、数据孤岛现象多、服务协同性差、业务一致性弱，未来能够实现从信息化普及到智能化应用、从数据孤岛到数据流通共享、从职能驱动到社会需求驱动、从单向决策到共商共建共享。⑩黄建伟等人认为，"O2O（Online To Offline）普惠型数字政府"其价值在于使群众普遍受惠、企业普遍受益、政府自身获益，惠及数字优势

① 李文钊：《双层嵌套治理界面建构：城市治理数字化转型的方向与路径》，《电子政务》2020年第7期。
② 汪玉凯：《"十四五"时期数字中国发展趋势分析》，《党政研究》2021年第4期。
③ 蒋敏娟：《迈向数据驱动的政府：大数据时代的首席数据官——内涵、价值与推进策略》，《行政管理改革》2022年第5期。
④ 杨达、林丽：《"绿色联动"日本数字政府转型的战略透视》，《中国行政管理》2021年第11期。
⑤ 臧超、徐嘉：《数字化时代推进政府领导力的三重向度》，《领导科学》2020年第20期。
⑥ 苏玉娟：《大数据背景下的乡村数字治理路径》，《三晋基层治理》2020年第1期。
⑦ 甄晓宇、薛可莹、宋宣江：《数字乡村发展的文献研究和新疆案例分析》，《农业与技术》2021年第8期。
⑧ 周民：《关于加快推进数字政府建设的若干思考》，《信息安全研究》2020年第11期。
⑨ 黄璜、谢思娴、姚清等：《数字化赋能治理协同：数字政府建设的"下一步行动"》，《电子政务》2022年第4期。
⑩ 沈费伟、诸靖文：《数据赋能：数字政府治理的运作机理与创新路径》，《政治学研究》2021年第1期。

群体和数字弱势群体，是当前数字政府建设的时代呼唤和现实需要。①丁元竹认为，过去以机构为中心的基本公共服务供给模式转向以市民为中心的供给模式是电子政府到数字政府的根本性转变。②毛丰付等人认为，制约数字政府建设发展的内部部门协同问题将得到解决。③马颜昕等人认为，数字政府治理过程中，政企合作将进一步丰富行为约束机制。④陈戈认为，数字政府将与数字经济进一步融合、相辅相成。⑤司海平等人认为，数字政府治理将助推南北区域经济协同。⑥管志利认为，数字政府治理将推进合作治理。⑦

（4）数字技术的运用将获得进一步强化。具体分为：①整体数字技术的运用将进一步强化。于君博认为，数字政府治理运动的核心是"技术—组织—权威"的基本策略，数字技术的作用将进一步强化。⑧李颖认为，数字政府治理将更加关注新技术应用与网络安全。⑨陆易涵等人认为，政府数字化转型过程中将不断地完善、更新与政府有关的数字技术运用。⑩李韬等人认为，数字技术将全面渗透到数字政府治理过程中，产生广泛而深刻的影响。⑪夏娟等人认为，数字技术的广泛运用将推动数字政府高质量发展。⑫张权等人认为，未来的数字政府建设应充分发挥信息技术的功能，并在尊重政府组织（组织）和公务人员（行动者）的需求之间寻求平衡。⑬刘密霞等人认为，新型政府运行模式遵循"业务数据化，

① 黄建伟、叶琳：《O2O普惠型数字政府：概念、价值与重心》，《湖南社会科学》2022年第1期。
② 丁元竹：《由电子政府到数字政府的根本性转变》，《人民论坛》2013年第34期。
③ 毛丰付、周玉芳：《什么是好的数字政府——数字政府质量研究述评》，《工信财经科技》2022年第2期。
④ 马颜昕、袁强：《多元共治语境下的数字政府政企合作法律路径探索》，《岭南学刊》2020年第5期。
⑤ 陈戈：《数字政府赋能数字经济》，《中国信息界》2021年第6期。
⑥ 司海平、刘梦：《我国数字化转型的南北差距：现状特征与原因探析》，《科学与管理》2022年第5期。
⑦ 管志利：《政府数字化转型的总体性分析及合作治理之道》，《行政与法》2022年第10期。
⑧ 于君博：《后真相时代与数字政府治理的祛魅》，《行政论坛》2018年第3期。
⑨ 李颖：《网信技术提升政府治理能力效果显著——"数字政府服务与治理能力提升暨新技术新应用与网络安全"专题报告发布》，《中国质量万里行》2022年第1期。
⑩ 陆易涵、曹斌：《论政府数字化转型过程中存在的问题》，《互联网周刊》2022年第10期。
⑪ 李韬、冯贺霞：《数字治理的多维视角，科学内涵与基本要素》，《社会科学文摘》2022年第7期。
⑫ 夏娟、刘佼、秦震宇等：《基于"数源"建设与应用的数字政府治理新生态研究》，《领导科学》2022年第10期。
⑬ 张权、熊锦：《中国数字政府建设：基于组织与行动者的类型学分析》，《学习论坛》2021年第3期。

数据业务化"，全球范围内政府数字化转型的步伐正在加快。[1]褚尔康认为，数字政府建设呈现出数据赋能条件下政务活动的发展新动向。[2]张雪帆等人认为，信息技术的发展将继续推动数字政府的建设。[3]②具体数字技术李韶驰等人认为，数字技术的有效运用能推动数字政府纵深发展。[4]②具体数字技术的运用将进一步强化。向东认为，人工智能、大数据、云计算、区块链、物联网已经为我们做好政务公开提供了重要的技术支撑。[5]吴琦等人认为，常态化疫情防控背景下，数字政府建设面临一系列新趋势："健康码+公共服务"等便携式政务需求快速增长，移动政务办公需求激增，数字技术的作用进一步强化。[6]吴新叶认为，数字政府建设技术赋能将进入2.0时代，应用标志是算法营造的场景聚焦于公共服务的供给与实现。[7]王莉莉认为，5G技术的运用将推进数字政府建设领域的发展。[8]

（5）各地的数字政府治理水平能够获得进一步提升，如：张冬梅等人认为，随着数字时代数字经济的快速发展，政府数字化转型就成为了地方各级政府迫在眉睫的发展战略之一[9]。一些研究者认为，党中央、国务院高度重视数字政府建设，要实现国家治理体系和治理能力现代化，各地将进一步提升数字政府建设水平。[10]卜淼认为，数字时代的到来推进了政府数字化转型，数字包容成为各地在数字时代的重要战略和举措。[11]周春晓认为，"数字政府"是推动"数字中国"建设和"智慧社会"建设的重要抓手，广东"数字政府"改革建设将强化协同治理。[12]郑语晨认为，地

① 刘密霞、朱锐勋：《数字政府演化进路及其驱动模式分析》，《行政与法》2019年第10期。
② 褚尔康：《数字政府建设顶层设计的底层逻辑体系构筑与运行特征研究》，《领导科学》2021年第24期。
③ 张雪帆、蒋忠楠：《公共行政的数字阴影：数字政府建设中的伦理冲突》，《公共行政评论》2022年第5期。
④ 李韶驰、郑佳斯：《政府数字化转型中的个人数字身份运用：机理阐释及优化路径》，《学习与实践》2022年第9期。
⑤ 向东：《在数字政府建设中深化政务公开 助力推动国家治理体系和治理能力现代化》，《中国行政管理》2020年第11期。
⑥ 吴琦、任大明、杨敏婕：《常态化疫情防控下我国数字政府建设进展及展望》，《中国国情国力》2021年第12期。
⑦ 吴新叶：《算法赋能的场景议题与应用框架——以数字政府建设为对象》，《人文杂志》2022年第6期。
⑧ 王莉莉：《5G+数字政府为城市赋能》，《中国对外贸易》2019年第8期。
⑨ 张冬梅、闫利光：《加速地方政府数字化转型的对策研究》，《北方经贸》2021年第9期。
⑩ 本刊首席时政观察员：《用数据说话、用数据决策、用数据管理、用数据创新加快数字化转型打造智能化政府》，《领导决策信息》2019年第4期。
⑪ 卜淼：《国外数字包容政策与实践进展研究——以英国、新加坡、新西兰为例》，《数字图书馆论坛》2022年第7期。
⑫ 周春晓：《"广东推进数字化发展"专题（2）协同治理：广东"数字政府"改革建设的关键》，《广东经济》2021年第4期。

方政府将通过"互联网+政务服务""数字政府""电子政务""最多跑一次"等进一步推进数字化转型。① 郭克强等人认为，各地将借助数字政府建设加快落实"放管服"改革。②

（6）治理理念和治理结构将进一步优化，如：沈费伟等人认为，我国数字政府建设运行逻辑体现为在社会经济保障上以供给优质服务为宗旨，尽管取得了重要成就但还存在政府社会治理水平不高等困境，未来需要优化政府治理理念最终促进数字政府实现高质量发展。③ 覃梅等人认为，数字政府治理将助推治理理念的优化。④ 黄春林等人认为，数字政府建设将催生新理念、新思路和新架构。⑤ 荆玲玲等人认为，数字政府治理将冲击传统政府行政文化中的行政伦理性、官本位思想、封闭性、排他性。⑥ 王长征等人认为，地方政务中心经历了从"窗口"到"端口"的数字治理过程，"以用户为中心"的数字时代对管理结构的扁平化重塑产生了积极的影响。⑦ 许开轶等人认为，数字政府治理过程将优化数字政府内部的治理结构。⑧ 刘义豪等人认为，未来将从顶层设计入手，优化数字政府治理结构，提升为人民服务水平。⑨

（7）从数字政府治理研究的趋向来看，很多研究者认为数字政府治理的研究有待进一步深化、细化，如：韩兆柱、赵洁认为，我国公共管理学术界对数字政府的相关研究与日俱增，但在数字政府研究的历程、现状及其趋势等方面还存在争议，未来对数字政府研究的关注点将是数字政府治理实践、数字政府建设中数据共享、信息公开与公众满意度、数字政府建设影响因素、国外数字政府经验研究以及数字政府建设评估六大关键议

① 郑语晨：《政府数字化转型的现状及热点趋势探究——基于2004年~2020年数据可视化分析》，《就业与保障》2021年第2期。
② 郭克强、程锋：《深层次推进政务数字化高质量 打造数字化政府》，《通信企业管理》2020年第2期。
③ 沈费伟、曹子薇：《社会质量视角下数字政府发展的现实困境与优化路径》，《电子政务》2022年第7期。
④ 覃梅、苏涛：《"数字政府"下的行政文化变迁》，《理论月刊》2004年第9期。
⑤ 黄春林、杨乐、黄阳江豪：《数字政府建设框架与治理能力提升》，《通信企业管理》2021年第11期。
⑥ 荆玲玲、邓鸿飞：《论数字政府行政文化对传统政府行政文化的改良——以地摊经济为例》，《边疆经济与文化》2021年第2期。
⑦ 王长征、彭小兵：《从"窗口"到"端口"：地方政务中心的数字治理逻辑——基于S市的动态跟踪调查》，《电子政务》2021年第10期。
⑧ 许开轶、谢程远：《数字政府的技术资本侵蚀问题论析》，《政治学研究》2022年第2期。
⑨ 刘义豪、席健评：《我国数字化政府建设现存问题与改善路径》，《公关世界》2022年第15期。

题①。汪玉凯认为，5G时代，我国智慧政务将迎来新的发展：数字政府的到来与智慧政务发展新趋势。②马亮认为，关于数字政府建设的文献述评和研究展望是越来越多，但仍然存在一些关键不足。③刘祺认为，应该强化跨学科研究，跨界治理理论与数字政府建设在价值理念、治理工具、治理结构等方面具有一致性。④王洛忠等认为，国内数字治理研究内容主要集中在数字治理的概念等五个方面，并对数字治理研究的发展趋势做出判断。⑤

（二）国外研究综述

西方国家的数字政府治理的理论基础是数字时代治理理论，整体而言，以邓利维为代表人物的一些研究者共同构建了数字时代治理理论，其核心内涵呈现于"第一波浪潮"和"第二波浪潮"的叙述中，"第一波浪潮"是电子政务向数字政府治理演进的时间点（大部分国家是在20世纪末），"第二波浪潮"是将大数据和云计算等技术运用于数字政府治理过程中的时间点（大部分国家在2010年前后）。这一理论创立之后备受国内外学界关注，但须注意到：邓利维创立数字时代治理理论的时间点是2006年，提出"第二波浪潮"的时间点是2010年，⑥此后十余年中，并未出现"第三波浪潮"并形成相应的理论，表明这一理论的演进速度有所变慢。数字时代治理理论的研究置于本书第二章中，其他领域的研究分述如下：

1. 数字政府治理的内涵研究。整体而言，国外学者对数字政府治理的内涵展开了深入研究，形成一定共识，主要的研究集中于两个方面：（1）基于与电子政务的比较对数字政府治理进行界定。安提若括（Anttiroiko A.V.）等在《数字政府百科全书》（*Encyclopedia of Digital Government*）中对比了电子政务和数字政府的概念，认为数字政府的范围比电子政务更广，关注供给数字公共服务。⑦阿列克谢·帕夫利切夫（Alexei Pavlichev）等认为，与电子政务相比，数字政府治理更加关注

① 韩兆柱、赵洁：《数字政府研究的历程、现状和趋势》，《学习论坛》2022年第1期。
② 汪玉凯：《数字政府的到来与智慧政务发展新趋势——5G时代政务信息化前瞻》，《人民论坛》2019年第11期。
③ 马亮：《数字政府建设：文献述评与研究展望》，《党政研究》2021年第3期。
④ 刘祺：《跨界治理理论与数字政府建设》，《理论与改革》2020年第4期。
⑤ 王洛忠、闫倩倩、陈宇：《数字治理研究十五年：从概念体系到治理实践——基于CiteSpace的可视化分析》，《电子政务》2018年第4期。
⑥ Patrick Dunleavy, Helen Margetts. "The Second Wave of Digital Era Governance." *APSA 2010 Annual Meeting Paper*. Washington, America. 2010: 2.
⑦ Anttiroiko A.V., M MäLKiä, "Encycloopedia of Digital Government." *IGI Publishing*, 2006.

运用数字技术有效地向治理客体供给公共服务。①麦基弗（W.J. Mciver）等对与数字政府系统的设计、规划和部署相关的技术和政策层面进行了调查，认为与电子政务相比，数字政府治理的范围更为广阔，包括提供卫生和人类服务、能源信息管理、多机构整合和刑事司法应用等。②（2）基于数字政府治理目标做出的界定。迪亚斯·费多罗维奇（Dias Fedorovich）认为，数字政府以信息技术为中心，旨在改善政府内部的访问或流程。③凯特森斯（M. Katsonis）等认为，数字政府治理致力于提高政府机构的效率和生产力，试图实现公民随时随地与政府进行交易、深化民主进程，增强公民参与政策制定的能力。④图鲁伊（S. Turuy）等认为数字政府治理关注公民有权访问政府提供的开放和数据服务、信息和实践。⑤

2. 数字政府治理过程中政府、公益部门、私营部门和公众的研究。大量研究者分别以数字政府治理过程中政府、公益部门、私营部门和公众为对象展开研究，如：（1）关于政府部门的研究。从国内外现有研究成果来看，一些学者在某些论著中述及现代化过程中政府在现实空间中边界（角色）的演变情况，但极少有学者对虚拟空间中政府边界演变情况展开研究，仅有的成果如：数字时代治理理论代表人物邓利维在《数字时代治理第二波》（*The Second Wave of Digital Era Governance*）中述及电子政务时期、数字时代治理第一波期间和第二波期间政府边界的演变情况。⑥科迪莉亚等（A. Cordella）对官僚机构在（虚拟）公共服务提供方面的作用展开重新评估。⑦戈特沙尔克（P. Gottschalk）认为，应用五级模型来确定政府部门的当前成熟度和未来改进互操作性的方向，能够发现政府部门之

---

① Pavlichev A., Garson, G. D.. "The promise of digital government." in *Digital government: Principles and best practices.* IGI Global. 2004.

② Mciver W. J., Elmagarmid A. K.. *Advances in digital government : technology, human factors, and policy.* Kluwer Academic Publishers. 2002: 93-98.

③ Fedorowicz, Jane, and Martin A.. Dias. "A decade of design in digital government research." *Government Information Quarterly*, 2010 (27.1): 1-8.

④ Katsonis M., Botros A.."Digital Government: A Primer and Professional Perspectives". *Australian Journal of Public Administration*, 2015 (74.1): 42-52.

⑤ Turuy S., Arief A., Wahab I.."Evaluating of Open and One Data in Digital Government Services Implementation: A Literature Study". *IOP Conference Series: Materials Science and Engineering*, 2021 (1125.1).

⑥ Patrick Dunleavy, Helen Margetts."The Second Wave of Digital Era Governance". *APSA 2010 Annual Meeting Paper*. Washington, America. 2010: 2.

⑦ Cordella A., Tempini N.. "E-government and organizational change: Reappraising the role of ICT and bureaucracy in public service delivery". *Government Information Quarterly*, 2015, 32 (3): 279-286.

间的关系有待进一步改进。①安提若括等在《数字政府百科全书》对数字政府（或电子政府）的问题、概念、趋势和技术进行了最全面的阐述，这套三卷的书包含250多篇文章，其中指出：政府部门和公益部门通过使用新兴技术实现更有效的政府过程中，面临协同效能较差、政府强度过高等问题。②阿列克谢·帕夫利切夫等认为，在政治上大多数国家距离"数字政府"还很远，许多国家的政府制定并实施了数字化的战略，尽管这些战略在预期成果和"数字"一词的定义上存在很大差异。③约翰·科斯特（John Kost）认为，要成功实现数字政府转型就必须创造新型的政府、物和公民业务模式。④

（2）关于多元参与的研究。多元参与主要是指公益部门、私营部门和公众等主体的参与，这一领域的研究可以细分为：①参与阶段的研究。雅诺夫斯基（T. Janowski）认为，数字政府经历了数字化、转型、参与和情境化阶段，参与阶段得名于：在这一阶段，公益部门、私营部门和公民开始大规模参与数字政府治理进程，助推了治理水平上升。⑤②参与的意义研究。费多罗维奇认为，私营部门参与数字政府治理过程中存在一些问题，但整体而言有助于提升治理水平。⑥拉玛克里希南（S. Ramakrishnan）等认为私营部门参与数字政府治理，能够基于组织智能（OI）提升数字政府治理水平。⑦③参与的影响因素研究。耶夫瓦（Y. Yavwa）等对赞比亚401家参与数字政府治理的中小企业展开研究，结果表明，非洲土著文化精神对社会影响力和使用数字政府服务的意愿之间的关系具有显著的负相关性。⑧④参与的问题研究。博尔迪雷瓦（L.B. Boldyreva）认为，数字政府治理过程中，私营部门与政府部门的沟通存

① Gottschalk P.. "Maturity levels for interoperability in digital government". *Government Information Quarterly*, 2009 (26.1): 75-81.

② Anttiroiko A. V., M MäLkiä. "Encyclopedia of Digital Government". *IGI Publishing*, 2006.

③ Pavlichev A., Garson, G. D.. "The promise of digital government." in *Digital government: Principles and best practices*. IGI Global. 2004.

④ John Kost：《如何成功实现数字政府的转型?》，《软件和集成电路》2015年第12期。

⑤ Janowski T."Digital government evolution: From transformation to contextualization."*Government Information Quarterly*, 2015 (32.3): 221-236.

⑥ Fedorowicz, Jane, and Martin A. Dias. "A decade of design in digital government research." *Government Information Quarterly*, 2010 (27.1): 1-8.

⑦ Ramakrishnan S., Wong M. S., Chit M. M., et al."A conceptual model of the relationship between organisational intelligence traits and digital government service quality: the role of occupational stress."*International Journal of Quality & Reliability Management*, 2022 (6): 39.

⑧ Yavwa Y., Twinomurinzi H.. "The moderating effect of spirituality on digital government in low-income countries: a case of SMEs in Zambia." (*Proceedings of the 12th Annual Pre-ICIS SIG GlobDev Workshop*. 2019, 2020).

在一些问题。①沙胡德（G. Shahoodh）等基于对伊拉克的研究指出，参与数字政府治理进程的公民是数字服务的爱好者，他们对政府的国家政策以及实施数字政府原则所分配的财政资源不太满意。②佩迪戈（F. Pethig）等认为，许多欧洲国家实施的政府服务默认数字政策可能会对"边缘化"公民（如残疾人）带来挑战。残疾人可能怀疑政府提供新服务只是为了降低成本，而忘记了进行更有意义的社会变革的必要性。在残疾人中，数字政府服务的利用率极低，这需要采取一种全面的方法，解决与技术相关的问题以及与耻辱相关的问题。③

3. 数字政府治理问题的研究。诸多研究者分析了数字政府治理过程中存在的问题，这一领域的研究可以细分为：（1）不平衡问题。很多研究者关注数字政府治理过程中的不平衡问题：乔希（J. Joshi）等认为，数字政府是异构信息系统的混合体，这些系统在政府机构以及从事政府业务的公共和私营部门交换大量信息，数字技术为政府将其职能转变至数字领域提供了巨大的机会，但是数字政府的多域环境设计安全系统运行过程中，会面临提供便捷访问与监控权限之间的不平衡问题。④《数字政府百科全书》一书中的一些文章指出，数字政府治理过程中，除变革制度阻力重重之外，某些群体未能平等获益是一个大问题。⑤布格泰亚（A. Bouguettaya）等认为数字政府治理过程中为老年人提供及时和定制的服务面临困难。⑥麦克卢格林（I. Mcloughlin）等认为，数字政府治理过程中常常出现信息不对称问题。⑦阿格博佐（E. Agbozo）指出，俄罗斯联邦提供数字公共服务十分关注年轻人的需求，导致对老年人的关注度相对较低。⑧雅各布（D.W. Jacob）认为，地区不平衡是印度尼西亚数字政府治

① Boldyreva L. B.. "Communication between government and business entities and challenges of creation of 'digital government'."*E-Management*, 2020 (3.1): 75-85.

② Shahoodh G., Al-Salman O., Mustafina J.. "Towards a Context-Aware Digital Government in Iraq: A Public Sector Employees' Perspective." (2020 13th International Conference on Developments in eSystems Engineering. 2020).

③ Pethig F., Kroenung J., Noeltner M.."A stigma power perspective on digital government service avoidance."*Government Information Quarterly*, 2021 (1): 101545.

④ Joshi J., Ghafoor A., Aref W. G., et al."Digital Government Security Infrastructure Design Challenges."*Computer*, 2001 (34.2): 66-72.

⑤ Anttiroiko A. V., M. MäLkiä. "Encyclopedia of Digital Government." *IGI Publishing*, 2006.

⑥ Bouguettaya A., Qi Y., Liu X., et al."Service-Centric Framework for a Digital Government Application."*IEEE Transactions on Services Computing*, 2011 (4.1): 3-16.

⑦ Mcloughlin I., Wilson R., Martin M.."Digital Government at Work: A Social Informatics Perspective."*Studies in Community Policy*, 2013 (4): 3-12.

⑧ Agbozo E.."Applying Apriori Rules Mining in Evaluating Digital Government Services Patronization by a Younger Generation of Users in Russia."*TEM Journal*, 2019 (8.4): 1207-1212.

理过程中的重要问题。[①]

（2）安全问题。一些研究者认为安全问题是数字政府治理过程中的重要问题。阿列克谢·帕夫利切夫等认为数字政府治理促进公民服务、成本节约和增长，但数字政府治理会导致安全问题、对劳动力市场的影响和变革管理的困难。[②]麦基弗等认为数字政府治理涉及的技术问题包括数据库和本体集成、分布式体系结构、可扩展性以及安全和隐私等。[③]谢（T.C. Hsieh）等认为数字政府治理过程中，在构建适当的治理结构、整合各种数据源、管理数字隐私和安全风险、获取大数据人才和工具方面面临挑战。[④]萨维奇（N. Savage）认为，数字政府治理过程中，一些地方未能妥善存储个人数据，引发安全问题。[⑤]

（3）其他问题。除不平衡问题和安全问题之外，一些研究者关注数字政府治理过程中的其他问题，如：乌塔·鲁斯曼·马库斯（Uta Russmann Markus）认为，奥地利在数字政府治理过程中缺乏监管框架来监管社交媒体的税收使用。[⑥]穆尼约卡（W. Munyoka）认为使用成本较高阻碍了数字政府治理进程。[⑦]博尔迪雷瓦认为，私营部门与政府部门的沟通不畅阻碍了数字政府治理水平提升。[⑧]哈根（L. Hagen）认为数字政府治理过程中尚未有效使用大数据方法，阻滞了治理水平的提升。[⑨]哈里森（T.M. Harrison）等认为，数字政府治理过程中，人工智能挑战了传统的政府决策过程，并威胁到了其框架内的民主价值观。[⑩]

[①] Jacob D. W.. "Examining Digital Government (DG) Adoption in Indonesia through UTAUT Framework."*International Journal of Advanced Trends in Computer Science and Engineering*, 2019, 8 (1.3):115-120.

[②] Pavlichev A., Garson, G. D.. "The promise of digital government." in *Digital government: Principles and best practices*. IGI Global. 2004.

[③] Mciver W J, Elmagarmid A K. *Advances in digital government : technology, human factors, and policy*. Kluwer Academic Publishers, 2002: 93-98.

[④] Chen Y. C., Hsieh T. C.. "Big Data for Digital Government: Opportunities, Challenges, and Strategies."*International Journal of Public Administration in the Digital Age*, 2014 (1.1): 1-14.

[⑤] Savage N.. "Making digital government a better government."*Nature*, 2018 (563.7733):S136-S137.

[⑥] Uta, et al."Tax-funded digital government communication in Austria: Members of the government on Facebook."*European Journal of Communication*, 2019 (35.2): 140-164.

[⑦] Munyoka W.. "Factors influencing digital government adoption in Zimbabwe" (2019 Open Innovations. 2019).

[⑧] Boldyreva L. B.. "Communication between government and business entities and challenges of creation of 'digital government'."*E-Management*, 2020 (3.1): 75-85.

[⑨] Hagen L., Harrison T. M.,"Falling M. Contributions of Data Science to Digital Government Research: Contributions of Data Science to Digital Government Research" (DG.O'21: The 22nd Annual International Conference on Digital Government Research. 2021).

[⑩] Harrison T. M., Luna-Reyes L. F.."Cultivating Trustworthy Artificial Intelligence in Digital Government."*Social Science Computer Review*, 2022 (40.2): 494-511.

4. 数字政府治理影响因素的研究。国外学界十分关注数字政府治理影响因素的研究，这一领域的研究可以细分为：（1）基础因素的影响。数字政府治理必然基于一定的基础展开，因此基础性因素对数字政府治理具有重要影响，这一领域的见解如：克里斯托弗（Cristóvam）等探究巴西基于数字政府提供公共服务过程中的影响因素，认为基础性因素对治理水平高低具有重要影响。[1]埃尔马格拉米（A.K. Elmagarmid）等认为电子政务时期的具体情况会对数字政府治理时期的情况产生影响。[2]阿劳霍（G.R. Araujo）对巴西的数字政府转型展开研究，发现领土广阔对巴西的数字政府转型具有重要影响。[3]

（2）多元主体的影响。一些研究者认为数字政府治理效能如何受到一些主体的影响：戈特沙尔克认为，改善政府部门之间以及政府部门和私营部门之间的互操作性对于使数字政府更加成功至关重要[4]。麦基弗等认为数字政府治理受到人为因素影响，这种因素强调遵守残疾人准入标准，政策文章既包含开发数字政府系统的概念模型，也包含部署数字政府系统时的实际管理经验和结果。[5]拉玛克里希南等认为公共服务提供商的组织智能特征和职业压力等对数字政府治理水平具有重要影响。[6]简森（M. Janssen）认为多种因素对数字政府治理过程中"公民对政府的信任程度"具有影响。[7]穆尼约卡基于对津巴布韦的研究指出，预期努力、获取成本和信息质量对公民使用数字政府系统的意向有积极的显著影响，使用意图

[1] J.S.D.S. Cristóvam, Saikali L. B., Sousa T.. "Digital Government in the Implementation of Public Services for the Realization of Social Rights in Brazil."*Seqüência Estudos Jurídicos e Políticos*, 2020 (84):209-242.

[2] Elmagarmid A. K., Mciver W. J.. "The ongoing march toward digital government."*Computer*, 2001 (34.2): 32-38.

[3] Araujo G. R., Avila T., Lanza B..."Impacts of an articulation group for the development of the Digital Government in the Brazilian Subnational Government." (DG.O'21: The 22nd Annual International Conference on Digital Government Research. 2021).

[4] Gottschalk P.. "Maturity levels for interoperability in digital government."*Government Information Quarterly*, 2009 (26.1): 75-81.

[5] Mciver W. J., Elmagarmid A. K.. *Advances in digital government : technology, human factors, and policy.* Kluwer Academic Publishers. 2002: 93-98.

[6] Ramakrishnan S., Wong M. S., Chit M. M., et al."A conceptual model of the relationship between organisational intelligence traits and digital government service quality: the role of occupational stress."*International Journal of Quality & Reliability Management*, 2022 (6): 39.

[7] Janssen M., Rana N. P., Slade E. L., et al."Trustworthiness of digital government services: deriving a comprehensive theory through interpretive structural modelling."*Public management review*, 2018 (20):647-671.

对使用行为有积极影响。①博尔迪雷瓦认为，私营部门与政府部门的沟通情况对数字政府治理具有重要影响。②

（3）环境因素的影响。此处的环境因素是广义上的环境因素，包含经济因素在内，代表性观点如：唐戈（L. Tangi）等的研究表明，数字政府转型受到多种不同因素的影响，包括紧迫感、变革的必要性和合作环境的创建③。耶夫瓦等对赞比亚数字政府治理实践展开研究发现：非洲土著文化精神对社会影响力和使用数字政府服务的意愿之间的关系具有显著的负相关性。④《数字政府百科全书》一书中的一些文章指出，经济发展水平对数字政府治理水平高低具有重要影响。⑤

（4）数字技术的影响。数字政府治理基于数字技术展开，因此数字技术必然对数字政府治理效能高低具有重要影响，代表性研究如：金（Y. Kim）等认为新兴技术、智能技术、大数据和计算建模等对数字政府治理具有重要影响⑥。吉门尼斯–戈麦斯（C.E. Jimenez-Gomez）对数字政府治理情况的研究发现，是否有效使用和开放数据，对治理水平高低具有重要影响。⑦格伦（S. Green）认为能否有效运用数字技术对数字政府治理水平高低具有重要影响。⑧库利萨基斯（I. Koulizakis）等认为数字政府治理过程中使用区块链技术，被大多数人誉为确保安全、透明的数据共享和记录保存的一种新的革命性手段，使用这种技术的情况如何，对数字政府治理

① Munyoka W..“Factors influencing digital government adoption in Zimbabwe.” (2019 Open Innovations. 2019).
② Boldyreva L. B..“Communication between government and business entities and challenges of creation of 'digital government'.”*E-Management*, 2020 (3.1): 75-85.
③ Tangi L., Janssen M., Benedetti M., et al.“Digital government transformation: A structural equation modelling analysis of driving and impeding factors.”*International Journal of Information Management*, 2021 (60.1): 102356.
④ Yavwa Y., Twinomurinzi H..“The moderating effect of spirituality on digital government in low-income countries: a case of SMEs in Zambia.” (Proceedings of the 12th Annual Pre-ICIS SIG GlobDev Workshop. 2019, 2020).
⑤ Anttiroiko A. V., M. MäLkiä. “Encyclopedia of Digital Government.” *IGI Publishing*, 2006.
⑥ Kim Y., Zhang J..“Digital government and wicked problems.”*Government Information Quarterly*, 2016 (33.4): 1-7.
⑦ Jimenez-Gomez C. E..“Following OCDE recommendations on digital government: open innovation and data science: digital government editor's introduction.”*ACM SIGCAS Computers and Society*, 2018 (47.4): 5-6.
⑧ Green S..“A Digital Start-up Project-CARM Tool as an Innovative Approach to Digital Government Transformation.”*International journal of computer systems science & engineering*, 2020 (4): 35.

水平高低具有影响。[1]肖尔（H.J. Scholl）等认为物联网发展水平对数字政府治理的情况具有一定影响。[2]利瓦（G. Liva）等认为使用数字技术会对变革公共服务、公共决策和公共治理产生影响，进而对数字政府治理全过程产生影响。[3]

5. 数字政府治理的国别研究。国内外学界对诸多国家尤其是英国、美国、中国等的数字政府治理实践展开研究，少数研究者分析了其他一些国家的数字政府治理实践，这些研究成果可以细分为：（1）对欧美发达国家数字政府治理实践的研究。乔希等指出，一些美国政府机构采用了信息技术，并在寻求改善服务和决策过程方面发挥了带头作用，这些机构旨在使政府分散的以服务为中心的信息基础设施现代化。不断积累的证据表明，以电子方式改进信息流和决策过程可以提高效率，简化功能，更有效地利用政府资源。[4]阿列克谢·帕夫利切夫等对美国、英国和欧洲其他几个国家和地区的不同数字治理方法进行了比较和分类。[5]《数字政府百科全书》一书分析了欧美一些国家的数字政府治理实例，通过比较研究展现不同国家数字政府治理的特征和共性，如均重视借助数字技术提升数字政府治理水平。[6]唐戈等通过结构方程模型收集和分析491份对意大利政府调查的答案，探究数字政府转型的影响因素。[7]

（2）对其他发达国家数字政府治理实践的研究。此处的其他发达国家是指欧美国家之外的发达国家，如日本、澳大利亚、韩国等国家。重要研究成果如：朴正勋于2004年撰文分析日本电子政务的发展趋向[8]；酒

---

[1] Koulizakis I., Loukis E. N.."A development framework for blockchain technologies in digital government." (ICEGOV 2020: 13th International Conference on Theory and Practice of Electronic Governance. 2020).

[2] Scholl H. J., Loukis E. N., Bertot J.."Introduction to the Minitrack on Digital Government and the Internet of Things (IoT)." (Hawaii International Conference on System Sciences. 2020).

[3] Liva G., Codagnone C., Misuraca G., et al."Exploring digital government transformation: a literature review." (ICEGOV 2020: 13th International Conference on Theory and Practice of Electronic Governance. 2020.)

[4] Joshi J., Ghafoor A., Aref W. G., et al."Digital Government Security Infrastructure Design Challenges."*Computer*, 2001 (34.2): 66-72.

[5] Pavlichev A., Garson, G. D.. "The promise of digital government." in *Digital government: Principles and best practices*. IGI Global. 2004.

[6] Anttiroiko A. V., M. MäLkiä. "Encyclopedia of Digital Government". *IGI Publishing*, 2006.

[7] Tangi L., Janssen M., Benedetti M., et al."Digital government transformation: A structural equation modelling analysis of driving and impeding factors."*International Journal of Information Management*, 2021 (60.1): 102356.

[8] 박정훈.「日本의 電子政府推進動向에 관한 檢討」.『공법학연구』, 2004: 605-651.

井寿纪基于自身体验探究日本电子政务建设的现状与问题；[①]须藤修阐述了日本电子政务的发展历程及趋向；[②]森田胜弘分析了日本电子政务政策的发展与问题；[③]古谷知之介绍了日本数字政府治理过程中的超智能社会（社会5.0）战略。[④]凯特森斯等对澳大利亚维多利亚州和新南威尔士州的数字政府治理情况展开研究，发现两地的数字政府治理存在一些差异，这两个州都位于澳大利亚东南部，但新南威尔士州的面积约为维多利亚州的三倍，使得新南威尔士州数字政府治理过程中的区域不平衡问题更为明显。[⑤]丘（J S. Cho）阐述了韩国从电子政务到数字政府的变革阶段、战略、努力和例子，提出了指导方针，并讨论了未来的发展方向。[⑥]

（3）对发展中国家的研究。从国家总数量来看，发展中国家的数量明显大于发达国家的数量，这一情况在很大程度上导致发展中国家数字政府治理的研究成果比发达国家数字政府治理研究成果更为常见。对发展中国家数字政府治理情况的研究成果主要有：①对中东欧国家的研究。乌塔·鲁斯曼·马库斯基于对奥地利的研究指出，奥地利政府官员在数字政府治理过程中一直在使用脸书（Facebook）与公众和大众媒体接触。[⑦]阿格博佐指出，俄罗斯联邦一直在逐步利用其戈苏斯鲁吉（Gosuslugi）平台改善数字公共服务提供。[⑧]里任诺克（A. Ryzhenok）等分析应对新冠疫情过程中数字政府强化俄罗斯国家与社会互动的情况。[⑨]②对中国数字政府治理的研究。从西方学界对我国数字政府治理的研究来看，以英国学者邓利维为主的一些研究者于2006年出版《数字时代治理》一书，[⑩]标志

[①] 酒井寿纪.「これでいいのか？日本の電子政府」.『技術総合誌』，2007（6）:85.

[②] 須藤修.「日本に電子政府をどう定着させるか（特集電子政府・自治体のゆくえ）」.『都市問題』，2010：48-56.

[③] 森田勝弘.「日本の電子政府政策の歩みと問題提起（電子政府・電子自治体）」.『日本情報経営学会誌』，2014：90-103.

[④] 〔日〕古谷知之.《日本超智能社会的公共管理范式》，《上海质量》2019年第7期。

[⑤] Katsonis M., Botros A..“Digital Government: A Primer and Professional Perspectives.”*Australian Journal of Public Administration*, 2015 (74.1): 42-52.

[⑥] Cho J. S.. “Evolution to Digital Government through Intelligent Government in Korea.”*Archives of Business Research*, 2021 (8.12):98-109.

[⑦] Uta, et al.“Tax-funded digital government communication in Austria: Members of the government on Facebook.”*European Journal of Communication*, 2019 (35.2): 140-164.

[⑧] Agbozo E..“Applying Apriori Rules Mining in Evaluating Digital Government Services Patronization by a Younger Generation of Users in Russia.”*TEM Journal*, 2019 (8.4): 1207-1212.

[⑨] Ryzhenok A., Shangaraev R..“Digital government: dynamics of interaction between state and russian society in the heat of covid-19.”*Russian Journal of Management*, 2021 (8.4): 111-115.

[⑩] Dunleavy, P., et al. *Digital Era Governance: IT Corporations, the State, and e-Government*. Oxford University Press. 2006.

着数字时代治理理论的诞生，一些研究者基于此展开数字政府治理的实证研究，取得一些有价值的研究成果，但是西方学界极少对我国的数字政府治理情况展开分析，现有外文文献中对我国数字政府治理的研究，作者绝大部分是我国研究者。仅有的如：达雷尔·韦斯特（Darrell West）对17000多个政府网站的内容分析、公众和官僚意见调查数据、电子邮件响应测试、预算数据和总体分析，①其中一些实例源自我国。③对亚洲其他国家数字政府治理情况的研究。加萨勒（M.A. Ghazaleh）指出，阿联酋展开数字政府治理的目标是：提高政府效率和生产力，并改造公共服务，满足公民对数字体验的期望，满足阿联酋联邦电子政府标准。②雅各布（D.W. Jacob）对印度尼西亚的数字政府治理情况展开研究，指出不同地区的差异较为明显。③阿米纳（S. Aminah）分析印度尼西亚电子政务的发展现状及其实施障碍，并提出如何从电子政务转变为数字政府的建议。④塔姆吉罗恩波恩（P. Thamjaroenporn）等分析了泰国政府范围内的数字化转型过程，标准化了基础设施架构、文化和工业变革以及人力资源开发、数据管理和数据治理，以及可信和受监管环境中的数据交换协议。⑤普拉卡什（S.P. Prakash）等基于对印度的研究指出，数字印度是印度政府的一项旗舰计划，旨在将印度转变为一个数字赋能的社会和知识经济，对印度各州数字政府发展和转型进展情况的监测分为两个层面——战略层面由印度政府的国防采购委员会进行，业务层面由各自的邦级国防采购委员会负责。⑥沙胡德（G. Shahoodh）等考察了伊拉克公共部门员工的信息和通信技术意识水平，以及他们能够在多大程度上支持政府公共事务的数字化转型。⑦④对拉丁美洲和非洲国家数字政府治理情况的研究。阿劳霍对巴西的数字

---

① Westdarrell M.. *Digital Government*. Princeton: Princeton University Press, 2011.

② Ghazaleh M. A., Ahmad S. Z..“Ajman Digital Government: *the way forward to digest digitalization.*”*Emerald Emerging Markets Case Studies*, 2018 (8.2): 1-20.

③ Jacob D. W.. “Examining Digital Government (DG) Adoption in Indonesia through UTAUT Framework.”*International Journal of Advanced Trends in Computer Science and Engineering*, 2019 (8.1.3):115-120.

④ Shahoodh G., Al-Salman O., Mustafina J..“Towards a Context-Aware Digital Government in Iraq: A Public Sector Employees'Perspective.” (2020 13th International Conference on Developments in eSystems Engineering. 2020).

⑤ Thamjaroenporn P., Achalakul T..“Big Data Analytics Framework for Digital Government.” (2020 1st International Conference on Big Data Analytics and Practices. 2020).

⑥ Prakash S., Gunalan I..“An empirical framework for digital government assessment.” (ICEGOV 2020: 13th International Conference on Theory and Practice of Electronic Governance. 2020).

⑦ Aminah S., Saksono H..“Digital Transformation of the Government: A Case Study in Indonesia.”*Jurnal Komunikasi: Malaysian Journal of Communication*, 2021 (37.2): 272-288.

政府转型展开研究，发现数字政府转型对于那些希望提高效率并为公民提供更好的服务的政府来说已经势在必行。[①]耶夫瓦等对赞比亚数字政府治理实践展开研究发现：非洲土著文化精神对中小企业使用数字政府服务有影响。[②]

6. 数字政府治理的优化途径研究。国外一些研究者在分析数字政府治理影响因素、存在等问题的基础上，提出了数字政府治理的优化途径，这些研究成果可以细分为：（1）夯实数字政府治理的基础。一些研究者指出，夯实数字政府战略的基础能够助推治理进程，如：埃尔马格拉米（Elmagarmid）等认为夯实数字政府治理的基础有助于提升治理水平。[③]《数字政府百科全书》一书中的一些文章认为，数字政府治理过程中必须进一步有效运用数字技术，除此之外，变革相关制度是推进数字政府治理进程的重要途径。[④]哈里森等认为，数字政府治理过程中，必须进一步优化流程和治理结构，以提供对人工智能的信任。[⑤]

（2）有效使用数字技术。一些研究者认为，强化数字技术的运用能够助推治理进程，如：苏平约（C. Supinyo）等阐述使用区块链智能合约展开数字政府转型的具体途径[⑥]谢等认为数字政府治理过程中，必须构建适当的治理结构、整合各种数据源、管理数字隐私和安全风险、获取大数据人才和工具。[⑦]金等认为数字政府治理过程中应该强化对新兴技术、智能技术、大数据和计算机建模等的运用。[⑧]格伦认为必须进一步提升数

① Araujo G. R., Avila T., Lanza B.."Impacts of an articulation group for the development of the Digital Government in the Brazilian Subnational Government." (DG.O'21: The 22nd Annual International Conference on Digital Government Research. 2021).

② Yavwa Y., Twinomurinzi H.."The moderating effect of spirituality on digital government in low-income countries: a case of SMEs in Zambia." (Proceedings of the 12th Annual Pre-ICIS SIG GlobDev Workshop, 2019, 2020).

③ Elmagarmid A. K., Mciver W. J.."The ongoing march toward digital government."*Computer*, 2001 (34.2): 32-38.

④ Anttiroiko A. V., M. MäLkiä. Encyclopedia of Digital Government. *IGI Publishing*, 2006.

⑤ Harrison T. M., Luna-Reyes L. F.."Cultivating Trustworthy Artificial Intelligence in Digital Government."*Social Science Computer Review*, 2022 (40.2): 494-511.

⑥ Supinyo C., Settasompop P., Jandaeng P., et al."Ten Simple Rules for Digital Government Transformation with Blockchain Smart Contracts."*International Journal of Computer Theory and Engineering*, 2020 (12.5): 128-132.

⑦ Chen Y. C., Hsieh T. C.."Big Data for Digital Government: Opportunities, Challenges, and Strategies."*International Journal of Public Administration in the Digital Age*, 2014 (1.1): 1-14.

⑧ Kim Y., Zhang J.."Digital government and wicked problems."*Government Information Quarterly*, 2016 (33.4): 1-7.

字技术运用效能，助推数字政府转型。[1]

（3）强化多元主体能力，优化治理环境。一些研究者认为，强化多元主体能力并优化治理环境能够助推治理进程，如：布格泰亚等认为数字政府治理过程中政府机构之间必须实现无缝合作，为老年人提供及时和定制的服务[2]。麦克卢格林等认为，数字政府治理过程中必须及时、全面地提供信息以解决信息不对称问题。[3]雅诺夫斯基认为，必须变革相关制度以推进数字政府治理进程，以实现可持续发展目标。[4]博尔迪雷瓦认为，必须提升私营部门与政府部门的沟通效能，助推数字政府治理进程。[5]库利萨基斯等认为应该在数字政府治理过程中提升公务员使用区块链技术的技能。[6]普拉卡什等认为决策者需要在业务层面上获得关于数字治理环境关键方面的近实时、详细的关键数据，以帮助他们确定数字政府转型的优先领域。[7]唐戈等认为，必须将公共管理人员纳入当前关于数字政府转型的辩论过程中。[8]阿劳霍认为不同级别的政府之间采取联合一致的行动，能够有效助推数字政府治理进程。[9]雅诺夫斯基认为，数字政府治理进程中，必须探究普适性经验并加以推广。[10]

（三）国内外研究简评

1. 国外研究简评。国外学者近十几年对数字政府治理展开深入研

---

[1] Green S..“A Digital Start-up Project-CARM Tool as an Innovative Approach to Digital Government Transformation.”*International journal of computer systems science & engineering*, 2020 (4): 35.

[2] Bouguettaya A., Qi Y., Liu X., et al.“Service-Centric Framework for a Digital Government Application.”*IEEE Transactions on Services Computing*, 2011 (4.1): 3-16.

[3] Mcloughlin I., Wilson R., Martin M..“Digital Government at Work: A Social Informatics Perspective.”*Studies in Community Policy*, 2013 (4): 3-12.

[4] Janowski T..“Implementing Sustainable Development Goals with Digital Government-Aspiration-capacity gap.”*Government Information Quarterly*, 2016 (33.4): 603-613.

[5] Boldyreva L. B..“Communication between government and business entities and challenges of creation of ‘digital government’.”*E-Management*, 2020 (3.1): 75-85.

[6] Koulizakis I., Loukis E. N..“A development framework for blockchain technologies in digital government.” (ICEGOV 2020: 13th International Conference on Theory and Practice of Electronic Governance. 2020).

[7] Prakash S., Gunalan I..“An empirical framework for digital government assessment.” (ICEGOV 2020: 13th International Conference on Theory and Practice of Electronic Governance. 2020).

[8] Tangi L., Janssen M., Benedetti M., et al.“Digital government transformation: A structural equation modelling analysis of driving and impeding factors.”*International Journal of Information Management*, 2021 (60,1): 102356.

[9] Araujo G. R., Avila T., Lanza B..“Impacts of an articulation group for the development of the Digital Government in the Brazilian Subnational Government.” (DG.O’21: The 22nd Annual International Conference on Digital Government Research. 2021).

[10] Janowski T..“Digital government evolution: From transformation to contextualization.” *Government Information Quarterly*, 2015 (32.3): 221-236.

究，从成果数量来看，论文数量明显大于专著，实证性研究的数量明显大于理论性研究。从实证性研究成果来看，国外学界对数字政府治理的研究主要集中于：数字政府治理的内涵；数字政府治理过程中政府、公益部门、私营部门和公众的研究；数字政府治理过程中存在的问题、影响因素；数字政府治理的国别研究；数字政府治理的推进途径研究。宏观上来看，这些研究成果具有一定学术价值，能够为我国数字政府治理研究提供启示、借鉴，但也存在一些不足之处，分述如下：

（1）对数字政府治理内涵的研究。国外学者对数字政府治理的内涵展开了深入研究，形成一定共识，主要的研究集中于两个方面：基于与电子政务的比较对数字政府治理进行界定；基于数字政府治理目标做出的界定。基于与电子政务的比较，自然能够更为直观地展现数字政府治理的特征，但须注意到：数字政府治理的某些特征，并非基于与电子政务的对比就能展现，而需要与数字政府建设展开比较以及针对数字政府治理本身展开深入分析才能寻获，在这一基础上才能准确呈现数字政府治理的内涵。

（2）针对数字政府治理过程中各主体的研究。大量研究者分别以数字政府治理过程中政府、公益部门、私营部门和公众为对象展开研究，如：①关于政府部门的研究。从国内外现有研究成果来看，一些学者在某些论著中述及现代化过程中政府在现实空间中边界（角色）的演变情况，但极少有学者对虚拟空间中政府边界演变情况展开研究。②关于多元参与的研究。多元参与主要是指公益部门、私营部门和公众等主体的参与。尚未深入研究数字政府治理过程中公益部门和私营部门的参与情况，以及公众中的非网民在数字政府治理过程中的情况等。③缺少了对执政党的研究，这是一个明显的不足之处：大部分国家的数字政府治理实际上在执政党主导下展开；不同国家的执政党在数字政府治理过程中的表现存在差异。

（3）数字政府治理过程中存在问题的研究。诸多研究者分析了数字政府治理过程中存在的问题，这一领域的研究可以细分为：不平衡问题、安全问题的研究。除不平衡问题和安全问题之外，一些研究者关注数字政府治理过程中的其他问题。这些研究成果能够为本研究提供一些借鉴，但须注意到：一些研究成果涉及不平衡问题，但并未专注于这一问题的研究；其他研究成果所述问题存在于数字政府治理的多个领域中，较难统一展开研究。

（4）影响因素的研究。现有研究成果显示，数字政府治理主要受到基础因素、多元主体、环境因素、数字技术、经济因素的影响。这些因素大致涵盖数字政府治理过程中的影响因素：数字政府治理必然基于一定的基础展开，因此基础性因素对数字政府治理具有重要影响；数字政府治理必须依托多元主体才能展开，因此治理效能受到一些主体的影响；数字政府治理处于某种环境中，必然受到环境因素（包含经济因素在内）影响；数字政府治理基于数字技术展开，因此数字技术必然对数字政府治理效能高低具有重要影响。这些研究成果能够为本研究提供借鉴，但须注意到经济因素的研究成果数量很少。

（5）数字政府治理的国别研究。国外学界分别研究了欧美发达国家、其他发达国家、其他国家（包括转型国家在内的发展中国家）的数字政府治理情况。研究者所研究的国家通常就是自己的祖国，这一情况是必然的：绝大部分研究者对自己祖国的情况更为熟悉。但是须注意到：极少有研究者展开国别比较研究，分析国外经验在本国适用性的研究成果更为少见。这一点是研究数字政府治理过程中必须注意的。

（6）数字政府治理的推进途径研究。国外学界通常在分析数字政府治理问题及其影响因素/成因的基础上提出推进途径，这是研究过程中的常见做法，其中一些推进途径获得广泛认可：夯实数字政府治理的基础；有效使用数字技术；强化多元主体能力，优化治理环境。但是受前述"数字政府治理问题研究"不足之处的影响，这些推进途径并未针对不平衡问题，显得五花八门。本书主要为我国数字政府治理情况的研究，兼及一些西方国家数字政府治理情况的研究，弥补以上提到的不足之处。

从理论性研究成果来看，西方学界尚未对习近平总书记关于网络强国的重要思想展开研究，与此明显不同的是：大量研究者分析了数字时代治理理论的内涵、用于实践过程中面临的问题等。一些研究者重点关注数字时代治理"第一波浪潮"和"第二波浪潮"，但现有研究成果尚未关注"第三波浪潮"。这一情况与数字时代治理理论及西方国家数字政府治理的特征直接相关：数字时代治理理论重点关注基于技术创新助推数字政府治理进程，并不强调遵照稳定的总路线稳步推进治理进程，也不强调解决治理问题尤其是控制不平衡问题的烈度，以稳步提升治理水平。数字时代治理理论的这些特征与西方国家的数字政府治理实践相符：①西方国家推进数字政府治理进程，只能重点依靠技术创新驱动而非制度变革驱动——制度变革会招致在野党反对，在复合制国家中联邦政府展开的制度变革还会招致地方和基层政府抵制。从数字技术的发展情况来看，在大数据、云计算等数字技术尚未完全发挥其效能，短期内很难出现全新的数字技术。

②两党制或多党制的国家中，执政党或领导人频繁更换使得数字政府治理过程中极难产生稳定的总路线。③极少数西方国家（如澳大利亚）在数字政府治理过程中注意降低不同地区之间的不平衡程度，但这一属于公平领域的问题并未被西方国家广泛关注，相对而言，西方国家推进数字政府治理过程中对效率的重视程度高于对公平公正的重视程度，呈现出明显的工具理性色彩而非价值理性色彩。因此，明显偏向于技术创新驱动，并不强调遵照稳定的总路线稳步推进治理进程，也不强调解决治理问题尤其是控制不平衡问题的烈度以稳步提升治理水平的西方国家数字政府治理，很难进一步催生数字时代治理"第三波浪潮"及其理论。

整体而言，国外学界对数字政府治理理论、内涵、主体、问题、影响因素、国别、推进途径的研究，具有学术价值，能够为我国数字政府治理研究提供启示、借鉴，但也存在一些不足之处，尤其是：①未研究我国数字政府治理的理论基础——习近平总书记关于网络强国的重要思想。②未深入研究我国的数字政府治理。③未深入分析数字政府治理过程中的不平衡问题。④未基于比较视角展开国别研究。⑤未尝试构建数字时代治理"第三波浪潮"理论。

本研究试图弥补以上不足之处，做出如下创新：①明晰并努力研究我国数字政府治理的理论基础——习近平总书记关于网络强国的重要思想。②基于重要思想中关于数字政府治理的内容研究我国的数字政府治理，尤其是数字政府治理的主体、实践、问题及途径等。③深入分析数字政府治理过程中的不平衡问题。④展开国别研究时做出比较分析。⑤在扬弃数字时代治理理论的基础上，提炼"习近平总书记关于网络强国的重要思想"中关于数字政府治理的内容，构建数字时代治理"第三波浪潮"理论。

2. 国内研究简评。近年，国内学界对数字政府治理的研究快速深化，重要表现是这一领域的研究成果（尤其是论文）快速增多，整体而言：以论文形式展现的学术成果数量明显大于专著——目前能够查到的这一领域专著约为十部，表明有待以专著形式呈现这一领域的研究成果。国内学界对数字政府治理的研究主要集中于以下方面：数字政府治理的内涵、特征与意义；数字政府治理主体与影响因素；数字政府治理的国别与实践研究；数字政府治理的问题与推进途径；数字政府治理及研究的趋向。简评如下：

（1）数字政府治理内涵与特征的研究。从数字政府治理的内涵来看，这一领域的研究成果可以细分为：一些研究者基于数字政府治理的组成部分对其进行界定；一些研究者以数字政府治理的目标为基础，探究数字政府治理的内涵；一些研究者基于比较视角界定数字政府治理；一些研究者在研究成果中阐述了数字政府治理的特征。这些研究均具有一定学术价值，夯实了数字政府治理研究的基础，助推了我国的数字政府治理研究，但须注意到：这些研究绝大部分基于对我国数字政府治理实践的研究产生，而非基于"理论—实践—理论"这一路径生成，即并非在运用理论分析实践的基础上再升华到理论层面，导致这些研究成果显得理论支撑不足，这一点是本研究试图弥补的不足之处。

（2）数字政府治理意义的研究。这一领域的研究成果明晰了数字政府治理的意义，助力了相关研究的展开。这一领域的研究可以细分为：①宏观视角下的意义。主要是指诸多研究者认为数字政府治理有助于推进时代演进、国家改革等。一些研究者指出，数字政府治理对时代发展具有明显影响；数字政府治理能够助推国家建设进程；数字政府治理对国家治理现代化的影响。②中观视角下的意义。主要是指一些研究者认为数字政府治理有助于优化对市场和社会等领域的建设，一些研究者指出，数字政府治理能够助推"政府—经济—社会"结构的优化；数字政府治理对市场的运行具有重要影响，尤其是能够助推市场发展；数字政府治理能够助推社会发展。③微观视角下的意义。主要是指一些研究者认为数字政府治理有助于优化治理理念、提升政府效能、优化公共服务、优化政府结构和环境。

（3）数字政府治理主体的研究。这一领域的研究主要关注党组织、政府、公益部门、私营部门和公众等主体在数字政府治理过程中的作用及角色等，大量研究者认为这些主体在数字政府治理过程中发挥着重要作用、扮演着重要角色，多类主体参与数字政府治理进程，能够提升数字政府治理效能。从对数字政府治理过程中党组织的研究来看，一些研究者探究了基于数字党建提升党组织在数字政府治理过程中的作用，尤其是极少数研究者已经将数字党建的报道"升级"为学术论文，这一演进具有重要意义，但这些研究成果尚不够深入，如：未注意到数字党建随着我国数字治理进程的不断推进而持续演进，未探究数字党建的发展趋向及助推这一趋向的途径等。整体而言最明显的问题是未将数字党建置于数字治理中展开研究，由此可见数字党建领域的研究有待深入展开。

从数字政府治理过程中政府、公益部门、私营部门和公众的研究来看，对前三个主体展开的研究较多，对公众尤其是非网民展开的研究则明显较少。尽管对数字政府治理过程中政府角色和作用的研究较多，但在关于数字政府治理过程中政府边界的研究中，研究者未对电子政务演进至数字政府治理这一过程中政府边界的演变情况展开深入分析。从实践层面来看，政府边界在虚拟空间的变化情况对数字政府治理进程的推进具有重要影响，这种影响的表现如：政府边界的扩张会"挤压"数字政府治理过程中其他治理主体的"存在空间"，使这些主体难以参与数字政府治理进程，政府边界的收缩则会催生完全相反的结果。

（4）数字政府治理影响因素和国别的研究。从数字政府治理影响因素的研究来看，诸多因素对数字政府治理水平高低存在影响。不同研究者在这一方面所持观点存在一定差异，但研究者普遍认为以下因素对数字政府治理具有重要影响：政府的举措、数字技术、经济性因素、风险因素、环境性因素。从数字政府治理的国别研究来看，一些研究者介绍了其他国家的数字政府治理情况并总结相关经验，尤其是数字政府治理领域的专著大多呈现了一些发达国家的数字政府治理情况。这一领域的研究可以细分为：对发达国家的整体研究；对欧美国家的研究；对日本、韩国和新加坡数字政府治理的研究；对其他国家的研究。这些研究大多是在阐述一些国家尤其是西方国家数字政府治理情况、经验的基础上，分析这些经验在我国数字政府治理过程中的适用性。与国外学者相比，国内学者在数字政府治理领域的国别研究有待进一步深化——对适用性的研究不够深入、对不同国家数字政府治理情况展开比较研究的成果极少，分析这些国家数字政府治理不足之处的研究成果也很少。

（5）数字政府治理的实例研究。一些研究者分析了数字政府治理过程中的国家战略和政策。另一些研究者则分别研究全国实例、省级实例、地级市实例和多元实例的现状、问题及成因和对策，尤其是数字政府治理领域的专著大多介绍了广东、浙江、上海和贵州等省市的数字政府治理情况，少量研究者针对民族地区数字政府治理展开研究。这些研究成果均具有一定学术价值，但尚未在明晰我国数字政府治理理论基础的前提下深入分析数字政府治理过程中存在的不平衡问题。

（6）数字政府治理的问题与推进途径研究。从问题方面来看，大量研究者探究了数字政府治理过程中的问题，指出数字政府治理主要存在以下问题：治理理念问题、治理举措问题、协同问题、外部挑战和安全问题，这些问题归因于多个方面。从数字政府治理的推进途径来看，一些研究者认为应该基于国家战略推进治理进程，其他研究者则认为，应该多元举措并举；革新治理理念；推进政府改革；提升协同效能；有效运用数字技术；有效消除安全风险。这些研究见仁见智，某些建议被一些地方政府采纳，助推了这些地方的数字政府治理进程。

（7）数字政府治理及研究的趋向。一些研究者基于不同角度探究了数字政府治理的发展趋向，主要观点是：宏观上来看数字政府治理将获得进一步发展；数字政府治理的各组成部分将获得进一步发展；数字政府治理过程中的协同将得到进一步强化；数字技术的运用将获得进一步强化；各地的数字政府治理水平能够获得进一步提升；治理理念和治理结构将进一步优化；数字政府治理的研究有待进一步深化、细化。从这些研究成果可以看出：不同研究者的见解尽管存在一些差异，但都认为我国的数字政府治理水平将得到进一步提升。这些研究成果均具有一定的价值，但极少基于我国数字政府治理的指导理论（习近平总书记关于网络强国的重要思想）展开研究，也就难以在有正确理论支持的基础上精准地从宏观上把握我国数字政府治理的发展趋向，也就更加难以做出理论创新。

整体而言，国内学界对数字政府治理的研究成果数量极大、分属多个次级领域，尤其是大量研究成果以广东省、浙江省、上海市和贵州省等省市的数字政府治理为实例，呈现了我国一些省市的数字政府治理情况，本书初稿中也在数章中介绍并研究了我国一些省区的数字政府治理情况，但考虑到这是与现有研究成果做了相似甚至相同的研究，因此在终稿中删除了这些专述一些省市数字政府做了情况的章节，仅在一些实例放入我国数字政府治理各主体现状的章节中。现有研究有力助推了我国的数字政府治理进程，为本研究的展开提供了良好借鉴，但现有研究存在一些不足之处，如：①对数字政府治理的界定并非在运用理论分析实践的基础上再升华到理论层面，导致现有很多研究成果的理论支撑有待进一步强化。②对数字政府治理过程中政府边界、非网民等的研究极少。③对国外数字政府治理情况的介绍并不少，但展开的比较研究较少，也较少阐述国外数字政府治理的不足之处，对我国借鉴国外经验过程中面临的困难及途径的研究不够深入。④对数字政府治理实例、问题及成因、推进途径和发展趋向的研究，极少基于我国数字政府治理的指导理论（习近平总书记关于网络强国的重要思想）展开。⑤尚未尝试展开理论创新。

本研究试图弥补以上不足之处、做出如下创新：①指出我国数字政府治理的直接指导是"习近平总书记关于网络强国的重要思想"中关于数字政府治理的内容，而非数字时代治理理论，明晰我国数字政府治理的理论基础，运用这些重要思想界定数字政府治理、展开整个研究，强化整个研究的理论支撑。②研究数字政府治理的结构及各主体，尤其是研究数字政府治理过程中的政府边界、非网民等。③对国外数字政府治理情况展开比较研究较少，本书述及国外数字政府治理的不足之处，深入分析我国借鉴国外经验过程中面临的困难及途径。④指出我国数字政府治理的总问题是不平衡并探究这一问题主要表现及成因。⑤在扬弃数字时代治理理论的基础上，提炼"习近平总书记关于网络强国的重要思想"中关于数字政府治理的内容，构建数字时代治理"第三波浪潮"理论。

四、比较视角下数字政府治理的定义

与以往的大部分治理相比，数字政府治理的最明显特征是：这是一种同时存在于实体空间和虚拟空间中的治理，而非一种仅存在于实体空间中的治理。其他特征如：数字政府治理重视治理主体内部的协同以及与治理客体之间的协同，而且十分关注法治、民主、客体的治理需求、服务均等化等。整体而言，数字政府治理是一种与数字时代相符的、高层次的治理方式。这种治理，与电子政务和数字政府建设拥有很多共同点但也存在一些差异，在阐述这些异同点的基础上，能够准确界定数字政府治理。

（一）电子政务与数字政府治理的比较

1. 电子政务。电子政务偏重运用数字技术治理政府内部，是数字政府治理的先声。经济合作与发展组织将电子政务定义为：为提升政府运行效能而有效使用互联网技术。①欧盟认为电子政务是指：公共行政系统抑或机构在运作过程中充分运用信息与通信技术，推进组织变革，以提升公共服务效能和民主程度，强化公共政策的受支持程度。世界银行认为电子政务是指：政府部门充分运用信息技术有效实现政府内部及政府与治理客体（私营部门和公众等）之间关系的优化。太平洋国际政策协会认为电子政务是指：政府在运作过程中充分运用信息技术来提升效能。美国政府在2002年给出了对电子政务的界定：政府在运作过程中充分运用互联网以及其他信息技术，强化政府与其他机构、私营部门及公众之间的沟通效能，以改进政府的运作情况。②这些定义尽管角度不同、侧重点不一、详略各异，但是均在一定程度上对电子政务做了较好的描述与概括，基本包括电子政务的使用主体、客体、方向、手段等要素，为数字政府治理的界定提供了有益经验。

2. 数字政府治理。与电子政务明显不同的是，数字政府治理倡导运行数字技术同时治理政府内部和外部（指政府治理客体）。电子政务时期

---

① Torres, Lourdes, V. Pina, and B. Acerete."E-government developments on delivering public services among EU cities."*Government Information Quarterly*, 2005 (22.2):217-238.

② 曾伟、蒲明强主编：《公共部门电子政务理论与实践》，武汉：中国地质大学出版社，2008，第15—16页。

的一些制度和原则等在数字政府治理时期被沿用，但数字政府治理毕竟是电子政务演进之后的阶段，与电子政务时期相比：所处时期不同，数字政府治理出现了更多的制度和原则等，所采用的数字技术也更为先进，参与其中的主体更多，能够在其中受益的客体数量也更大。数字政府治理的出现、展开是互联网信息化兴起的产物，其前身是电子政务。作为数字政府治理前身的电子政务提出和建设时间较早，最初主要以提高政府效率为目标，而对于提供数字公共服务重视程度相对较低。随着我国国家治理现代化进程的稳步推进，服务型理念为电子政务提供了发展方向，逐渐形成具有中国特色的服务型电子政务，基于此，电子政务逐渐演进为数字政府治理。由此可见：电子政务偏重政府内部的治理，对供给数字公共服务的重视程度稍低；数字政府治理同时关注政府内部的治理及数字公共服务的供给，还关注政府之外的其他治理事项。这是电子政务和数字政府治理的最明显差异。

（二）从电子政务向数字政府治理的演进

从不同国家当前的情况来看，某些国家依然处于电子政务时期，但另一些国家已经进入数字政府治理时期：20世纪90年代，诸多西方国家开始全面展开电子政务建设，但是大量发展中国家并未及时展开电子政务建设，在这一领域呈现出"后发"状态，导致这样一种情况的出现：世界主要国家进入数字时代之时，在一些国家和地区，与虚拟空间治理相关的法律、制度及政策等尚不完善，但数字政府治理的诸多治理主体的参与需求已经较强（政府与其他治理主体发展不平衡的表现），这意味着这些国家和地区必须在数字政府治理时期"补电子政务时期的课"，助推电子政务演进为数字政府治理。

从理论层面来看，首先，习近平总书记关于网络强国的重要思想中，早期曾存在电子政务这一名词，但这一名词在近年的相关文献中越来越多地被数字政府治理取代，表明电子政务已经实现全面向数字政府治理演进。而且20世纪末、21世纪初习近平总书记也曾在多个场合强调助推电子政务演进为数字政府治理的重要性。其次，数字时代治理理论阐述的"第一波浪潮"，实际上就是电子政务时期向数字政府治理时期的演进。邓利维指出，"整合政府服务"的出现使得电子政务必然演进为数字政府治理：政府运用数字技术，不再仅关注提升内部系统运行能力，开始同时关注更加有效地向客体供给公共服务尤其是数字公共服务；整合政府服务意味着公共服务的供给主体不再局限于政府，公益部门、私营部门甚至公众都参与其中，使得电子政务稳步向数字政府治理演进。运用多学科的一些理论能够阐释电子政务向数字政府治理演进的必然性：

1. 马克思主义哲学视角下电子政务向数字政府治理演进的必然性。马克思主义哲学认为：变是唯一的不变。20世纪末、21世纪初，一些变化使得电子政务所处环境出现明显变化，如：数字技术得到有效革新；多元主体参与治理过程逐渐成为一种宏观态势。电子政务领域的一些制度、机制、政策及理念等不再适用于已经变化的环境，革新这些制度成为一种必须，由此，电子政务向数字政府治理演进成为一种必然。

2. 进化论视角下电子政务向数字政府治理演进的必然性。"物竞天择"是进化论中的重要观点，将这一观点用于分析电子政务向数字政府治理演进能够发现：治理领域的制度、机制、政策及理念等的"变异、遗传和自然选择"①会改变其对环境的适应性。此处的变异是指电子政务领域的制度、机制、政策及理念等根据环境的变化展开变革，逐渐演进为数字政府治理领域的制度、机制、政策及理念等；遗传是指与电子政务、数字政府治理相关的制度、机制、政策及理念等在变革过程中并非全盘否定原有状态，而是传承着原有的一些精髓（表现为一些理念和规则等）；自然选择是指电子政务领域的制度、机制、政策及理念等因环境的变化而逐渐变得陈旧，因而被所处环境淘汰，留存下来的制度、机制、政策及理念等逐渐演进为数字政府治理领域的制度等，对环境具有较高甚至极高适应性。整体而言，电子政务所处的环境一直在变化，这种变化使得电子政务领域的一些制度、机制、政策及理念等逐渐变得与环境不适应，这些制度都面临两种选择：或因与环境不适应而被环境淘汰；或展开变革以适应新环境。通常情况下，绝大部分国家和地区会选择革新这些制度等，从而将电子政务领域的制度等演进为数字政府治理领域的制度等。

3. 现代化视角下电子政务向数字政府治理演进的必然性。现代化理论认为，英美法德等国家的现代化是第一代现代化，即工业时代的现代化。将这一观点用于分析亚非拉诸多国家当前的现代化，可以将此定义为数字时代的现代化。运用最新的数字技术提升治理效能，有效革新制度等并整合多元主客体合力助推治理进程，是数字时代现代化的重要内容。具体到电子政务向数字政府治理的演进来看：一国或者一个地区如若未能在电子政务领域有效运用最新的数字技术、有效革新制度等、有效整合多元主客体合力，将难以推进数字时代的现代化进程，从而在国际竞争中处于

---

① Williams, and C.. George ."Pleiotropy, Natural Selection, and the Evolution of Senescence." *Evolution*, 1957 (11.4):398-411.

劣势地位，实施这些举措则必然助推电子政务演进为数字政府治理。

（三）数字政府建设与数字政府治理的比较

数字政府建设与数字政府治理是两个相互关联但有一定差异的概念。

1. 国家政策中的"数字政府建设"。国务院于2022年6月23日发布了《国务院关于加强数字政府建设的指导意见》，其中的指导思想、基本原则、主要目标和具体政策等呈现了前述习近平总书记关于网络强国的重要思想中与数字政府治理直接相关的三方面内容。基本原则是：坚持党的全面领导、坚持以人民为中心、坚持改革引领、坚持数据赋能、坚持整体协同、坚持安全可控。具体政策是：（1）构建协同高效的政府数字化履职能力体系：强化经济运行大数据监测分析，提升经济调节能力、大力推行智慧监管，提升市场监管能力、积极推动数字化治理模式创新，提升社会管理能力、持续优化利企便民数字化服务，提升公共服务能力、强化动态感知和立体防控，提升生态环境保护能力、加快推进数字机关建设，提升政务运行效能、推进公开平台智能集约发展，提升政务公开水平。（2）构建数字政府全方位安全保障体系：强化安全管理责任、落实安全制度要求、提升安全保障能力、提高自主可控水平。（3）构建科学规范的数字政府建设制度规则体系：以数字化改革助力政府职能转变、创新数字政府建设管理机制、完善法律法规制度、健全标准规范、开展试点示范。（4）构建开放共享的数据资源体系：创新数据管理机制、深化数据高效共享、促进数据有序开发利用。（5）构建智能集约的平台支撑体系：强化政务云平台支撑能力、提升网络平台支撑能力、加强重点共性应用支撑能力。（6）以数字政府建设全面引领驱动数字化发展：助推数字经济发展、引领数字社会建设、营造良好数字生态。（7）加强党对数字政府建设工作的领导：加强组织领导、健全推进机制、提升数字素养、强化考核评估。

2. "数字政府治理"与"数字政府建设"的异同。上述内容共同组成数字政府建设的基本原则和政策，实施这些政策有助于推进我国的数字政府治理进程。准确理解这些政策并界定数字政府治理的重要前提是区分"数字政府治理"和"数字政府建设"。按国际学界的用法，一般使用数字政府和数字治理这两个词汇，而非数字政府建设和数字政府治理。数字政府是指在政府运作中使用信息和通信技术，作为扩大政府服务对公众的覆盖范围的工具。数字治理意味着使用信息和通信技术来改变和支持系统的功能和结构。这一区别对理解数字政府治理和数字政府建设的区别具有一定借鉴意义。整体而言，学界通常采用"数字政府治理"这一说法，数字政府治理更加偏向于关注治理过程、问题和结果，重视使用数字技术来改变和支持系统的功能和结构。政府习惯于使用"数字政府建设"这一词汇，数字政府建设更加关注宏观层面的内容，提供数字政府建设的宏观方式方法、体系等，重视扩大政府服务对公众的覆盖范围。可见，数字政府治理偏向于数字政府领域的中下层内容，数字政府建设则偏向于数字政府领域的中上层内容。作出这种区分，有助于准确界定数字政府治理。

（四）数字政府治理的定义

1. 进行界定的基础。数字政府治理是增强我国国家治理能力、助推我国在数字时代实现现代化的重要举措。数字政府治理主体通常包括执政党、政府部门、公益部门、私营部门和公众。从政府部门这一数字政府治理最重要的治理主体来看，我国也与其他国家存在明显不同：从范围来看，我国政府的范围明显广于大部分国家的政府范围，广义上我国政府包括（狭义的）政府、人大、政协、法院、检察院等机关为完成工作任务而借助数字技术展开的治理。本书述及数字政府治理过程中"我国政府"时，采用广义上的政府，这一选择符合我国的国情，原因如下：

美国和英国等国家在数字政府治理领域较为领先，这些国家的政体具有"三权分立"的特征，因此西方学者将数字政府治理的内容局限于（狭义的）政府与其国情是相符的，政体的相同或相似使世界上大多数国家在数字政府治理过程中也采用这一划分方法，而且因为受到美国和英国等国家学界的影响，大多数国家的学界在数字政府治理研究过程中也沿袭这一范围界定。我国政体的议行合一制，与西方国家的"三权分立"明显不同，只有全方位地研究各个权力机关在数字政府治理过程中的表现，才能更准确、更有效地揭示在我国特有的国情下各权力机关在数字政府治理环境中的相互影响，从而更加全面地研究其中影响国家治理现代化的诸要素作用，提出更加符合我国实际的、以提升政府能力为目的的数字政府治理策略。

国内学界近年对上述内容展开了一些研究，但对数字政府治理的定义、分类等方面的研究尚不多见，在对数字政府治理展开深入研究之前，有必要首先对这些基本问题进行概述。目前，国内外学者对电子政务的研究较多，对数字政府治理的研究尚未全面展开、对数字政府治理展开界定的文献相对较少。戴长征和鲍静认为，数字政府治理强调数据融通和以人民为中心的"智慧服务"。[1]杨国栋认为，数字政府治理实质是数字

---

① 戴长征、鲍静：《数字政府治理——基于社会形态演变进程的考察》，《中国行政管理》2017年第9期。

时代和数字化生存中的国家治理。[①]刘淑春认为，数字政府是"治理理念创新+数字技术创新+政务流程创新+体制机制创新"的系统性、协同式变革。[②]这些界定强调"数字""变革"和"服务"等内容，具有一定创新性，但未区分两个层面的数字政府治理：数字政府治理主体对自身的治理及在自身之外的治理（与政务内网和政务外网直接相关）。

具体到数字政府治理的界定来看，可以基于不同角度展开，如基于政务内网和政务外网异同加以界定，抑或基于"习近平总书记关于网络强国的重要思想"中与数字政府治理相关的内容加以界定。比较而言，前者是一种低层次界定，后者则是一种高层次界定——后者更深地触及数字政府治理的内核，层次明显更高。

2. 基于政务内网和政务外网异同的界定。世界各国的数字政府治理均基于政务内网和政务外网的协同运作展开，从我国的情况来看，我国的数字政府治理系统由政务内网（即数字政府治理内网）和政务外网（即数字政府治理外网）共同组成。政务内网由广义上的政府机构共同组成，其中包括党委、人大、政府、政协、法院和检察院这五大机构的业务网络，这些机构的业务网络运作，主要是为了实现各级政府部门的良好运作，即致力于优化政府自身的治理；政务外网的运作则主要是为了实现各级政府部门更好地展开公共事务的治理，即致力于实现政府之外的良好治理。

政务内网和政务外网的存在使数字政府治理具有两层含义：政府基于数字技术的运用实现对自身的良好治理；以政府为主的治理主体基于数字技术的广泛运用在政府之外实现良好治理（包括向数字政府治理客体有效供给数字公共服务，处理政治、经济和社会等领域的诸多事务）。前者强调数字政府治理是对政府自身的治理，治理对象是政府自身的事务；后者强调数字政府治理是对政府之外事务的治理，治理对象是政府之外的公共事务。

基于政务内网和政务外网的异同，可以将数字政府治理界定为：以政府为主的治理主体广泛运用数字技术在政府内外实现良好治理，在政府内部主要表现为广泛运用数字技术提升体制机制效能、优化业务流程等，在政府外部主要表现为广泛运用数字技术有效展开社会治理、供给数字公共服务等。当然，政府内部与外部的治理并非相互独立，而是密切联系的两

---

① 杨国栋：《数字政府治理的理论逻辑与实践路径》，《长白学刊》2018年第6期。
② 刘淑春：《数字政府战略意蕴，技术构架与路径设计——基于浙江改革的实践与探索》，《中国行政管理》2018年第9期。

个过程，尤其是政府外部治理效能的提升很大程度上有赖于政府内部治理机制的优化。

3. 基于"习近平总书记关于网络强国的重要思想"的高层次界定。现有的大量研究成果尚未明确指出：我国的数字政府治理是在习近平总书记关于网络强国的重要思想中数字政府领域内容的指导下展开；重要思想与我国的数字治理（包括数字政府、数字经济和数字社会等）实践相互作用，具有中国特色，也具有明显普适性。这些实际情况意味着：对数字政府治理的界定，可以以习近平总书记关于网络强国的重要思想中数字政府领域内容为基础。习近平总书记关于网络强国的重要思想的很多内容直接与数字政府治理相关，除原则和目标等内容之外，其他内容分属宏观层面、中观层面、微观层面等。归属于微观层面的内容多达数十条、总字数高达十余万字，不可能在此逐一列出。宏观层面、中观层面内容和目标如下所述：（1）中央根据现实变化稳步优化正确的数字政府治理路线，在有效优化金字塔形治理结构、整合多元主客体合力的基础上切实贯彻路线。这是有效推进数字政府治理进程的根本保障，也是数字政府治理的宏观层面内容。（2）在实体空间和虚拟空间中兼顾技术创新驱动与制度变革驱动，因需制宜地实施烈度适中的不平衡政策。这是有效推进数字政府治理进程的重要条件，也是数字政府治理的中观层面内容。（3）将数字政府治理领域的不平衡程度控制在适度范围内，防范或打破数字政府治理领域的"低水平锁定"状态，有效提升治理水平，惠及最广大群体。这是数字政府治理的目标。这三大方面的内容展现了习近平总书记关于网络强国的重要思想的一些原则，如：坚持党的领导；兼顾技术创新驱动与制度变革驱动；因需制宜；适度不平衡。

基于习近平总书记关于网络强国的重要思想中数字政府治理的内容，可以对数字政府治理做出高层次的界定：在执政党、领导人的正确领导下，有效优化金字塔形治理结构、整合多元主客体的合力，坚持并根据现实变化稳步优化正确的数字政府治理路线；在实体空间和虚拟空间中兼顾技术创新驱动与制度变革驱动，因需制宜地实施烈度适中的非均衡政策；将数字政府治理领域的不平衡程度控制在适度范围内，防范或打破数字政府治理领域的"低水平锁定"状态，有效维护网络安全、提升治理水平，惠及最广大群体。①

---

① 王少泉、曹冬英：《数字时代治理第三波浪潮：缘起、理论与前景》，《新余学院学报》2023年第2期。

上一界定是在现有研究的基础上提出，尤其是基于习近平总书记关于网络强国的重要思想中数字政府治理的内容提出。重要思想基于我国的数字治理实践（包括数字政府治理、数字经济和数字社会等）提出，其中的数字政府治理内容多为政策语言，用于研究我国的数字政府治理之前最好先进行提炼，但目前尚无研究者做这一提炼工作，本研究开展了这一工作，力图有所创新。与基于政务内网和政务外网异同对数字政府治理的理解相比，习近平总书记关于网络强国的重要思想与数字政府治理相关的内容，更深地触及数字政府治理的内核、层次明显更高，因此，基于这些内容对数字政府治理做出的界定，是一种高层次的界定。

五、数字政府治理格局的影响因素

在从工业时代演进至数字时代的过程中，政府价值理念是影响一国政府行政方式和行政内容的关键因素。在数字时代我国的现代化过程中，有效供给公共服务是政府的重要目标，这意味着我国政府必须进一步强化社会主义法治建设、民主建设等，在这一基础之上构建需求导向、公正无偏及创新的政府，这些价值和理念规定着数字政府治理的定位和战略方向。在数字政府治理过程中，坚持一些原则，专注于目标的实现，有助于数字政府治理进程的有序推进，使数字政府治理真正发挥效能。这一过程中，诸多因素对数字政府治理格局发挥着影响，这些影响因素与基于"习近平总书记关于网络强国的重要思想"的高层次界定密切相关。整体而言，法治、民主、客体的治理需求、服务均等化等是数字政府治理格局的最重要影响因素。分述如下：

（一）法治是数字政府治理的根本影响因素

法治是相对于传统的人治而言的，是指依据法律法规的规定办事，做到依法行政。从工业时代到数字时代的演进过程中，人民的法治意识不断提升，依法行政已经成为社会对政府的普遍要求。具体到数字政府治理领域来看，数字政府治理倡导"在执政党、领导人的正确领导下，有效优化金字塔形治理结构、整合多元主客体的合力，坚持并根据现实变化稳步优化正确的数字政府治理路线"，[①]这些举措需要法治支撑，并且明显展现出法治色彩：数字政府治理主体必须合法，治理行为都需要在法律的指导下进行，并承担相应的法律责任。

---

① 王少泉、曹冬英：《数字时代治理第三波浪潮：缘起、理论与前景》，《新余学院学报》2023年第2期。

值得注意的是：网络空间的虚拟性、匿名性、超时空性等特点使得网络犯罪不断增加，这些犯罪行为体现出智能性、隐蔽性等特点，计算机犯罪已经严重地危害到数字政府治理的安全性和可靠性，其对公众的隐私权、国家主权和公共安全等可能造成的威胁，已引起世界各国的重视。①数字政府治理涉及大量的政务信息和个人隐私数据，这些信息对国家安全和个人安全都是非常重要的，保护好政府的信息安全和公众的知情权及自身的信息安全，关系着数字政府治理能否正常推进。因此，数字政府治理必须在法律的框架内建立、运行、维护和监管，实现政府依法治理电子网络、有效打击网络犯罪，为数字政府治理创造良好的网络环境。在数字政府治理过程中，贯彻法治理念需做到以下几个方面：

1. "公众本位"是数字政府治理法治化的价值取向。数字政府治理的重要目标之一是借助这种治理改革过去以政府为中心的主导地位，重新认识治理主客体的关系。因此，在数字政府治理的法治化过程中，必须坚持"公众本位"的价值取向，依法推进数字政府治理进程。（1）正确定位数字政府治理相关法律的性质。数字政府治理展开之前，法律的目的和执行偏重于对社会的管制；数字政府治理的出现，推动法律服务的重心由政府转向公众，法律首先要维护人民群众的合法权利，而非借助数字政府治理监控公众。（2）公平正义是数字政府治理的原则。一部"良法"必须具备的品质就是公平正义，只有在公平正义原则的指导下，法律才能体现其为人民服务的本质特征。数字政府治理的法治化在立法工作方面应从人民群众的利益出发，在立法过程中做到民主科学；数字政府治理领域的法律应得到严格执行，做到法律面前人人平等。

2. 立法工作中应实现稳定性与适应性的统一。数字技术的快速发展给数字政府治理领域的立法工作带来相当大的难度：一方面，法律必须具有稳定性。如果法律频繁变更会对数字政府治理进程的推进产生负面影响；另一方面，数字政府治理环境变化迅速，各种新现象、新问题层出不穷，与之相伴的是数字政府治理的迅速发展及在世界范围内的普遍采用，其发展已经超越国界。在此基础上，数字政府治理领域的立法具有变动性强和国际性等特点，各国数字政府治理领域的立法工作已经不能局限于现时、本国范围之内，而应该与数字技术发展、国际数字政府治理领域立法工作实现一定程度的协调，不断修改完善。从这两个方面来看，数字政府治理领域的法律应该做到稳定性和适应性的统一。

---

① 张锐昕主编：《电子政府概论（第二版）》，北京：中国人民大学出版社，2010，第269页。

3. 加强执法和监管工作，确保数字政府治理顺利展开。相较于普通法律的执行，执行数字政府治理领域法律的难度较大，导致网络犯罪有可乘之机，给网络执法带来诸多困难。数字政府治理依托于虚拟网络而存在，这种治理的顺利展开，需要加强执法和监管工作，对危害网络安全的行为要予以坚决的打击。在数字政府治理过程中，公众的合法权益主要是指公众获得政府提供信息的权利和个人或私营部门组织隐私保护的权利。数字政府治理的一个重要内容是借助广阔的网络空间向公众或私营部门等发布相关信息、供给数字公共服务，这一过程中，数字政府治理主体必须贯彻信息公开原则并有效维护公众的隐私权。数字政府治理的展开涉及大量的个人、私营部门数据，这些数据往往成为犯罪分子窃取的目标，数字政府治理主体必须对此加以特别关注，不仅要制定相关法律法规予以保护，更要加强对网络安全环境的监管和维护。解决好数字政府治理过程中面临的安全问题，既要从技术上进行突破，又必须加强政府的法律工作，如此才能够为数字政府治理的顺利展开创造有利条件。

（二）公众需求导向是数字政府治理的重要影响因素

数字政府治理的目标是：将数字政府治理领域的不平衡程度控制在适度范围内，防范或打破数字政府治理领域的"低水平锁定"状态，有效维护网络安全、提升治理水平、惠及最广大群体。实现这些目标必须依托公众需求导向，基于比较视角展开分析能够发现：数字政府治理十分重视治理主体向人民提供数字公共服务、实现公共利益，这是数字政府治理与电子政务的重要区别。作为数字时代的一种新治理方式、政府管理的一种有效途径、我国在数字时代实现现代化的一种重要手段，数字政府治理过程中必须充分体现当代政府的本质，即以公众为中心，向公众提供及时满意的服务。因此，各级政府在数字政府治理过程中必须建立起公众需求导向理念，从公众的需求出发，构筑用户充分满意的数字政府治理平台。

1. 建立信息收集中心，多渠道、多源流获取公众需求。数字政府治理是为了进一步优化和提升政府服务，向用户提供满意的数字公共服务。因此，要实现在虚拟网络空间下的有效提供，必须要了解公众对政府提出的服务需求、政府可以提供什么样的数字公共服务、政府如何提升数字公共服务水平等。要了解公众的需求，政府首先必须建立起一个强有力的领导和实施信息收集、处理、反馈的信息中心。这个信息中心应由专门机构来担当，负责随时收集和反馈公众的需求，向数字政府治理中心提供信息服务。此外，还应通过多种形式和渠道的信息收集方式，及时全面地获取公众需求。政府不仅可以采用诸如问卷调查、民意调查、实际访谈、专家咨询等传统的信息收集方式了解社会需求和动向，还可以利用网络了解和征求公众意见。在数字时代，政府必须充分利用网络这种有效的信息收集途径，通过开设政府论坛、门户留言板、政府微博等形式征集公众意见和建议，充分获取公众需求并适时在数字政府治理过程中反映出来，向公众提供满意的数字公共服务。

2. 进行需求分析，根据需求提供多样化的数字公共服务。社会发展过程中人们的需求各不相同，私营部门（数字政府治理的重要客体）希望借助数字政府治理及时获取相关政策信息、了解经济形势，实现私营部门与政府间的网上互动；对于某些非私营部门来说，它们希望借助数字政府治理助推自身的发展；公众则希望可以享受到便捷的一站式服务。数字政府治理过程中，政府应根据不同的需求建立起相应的应对体系和在线服务，通过分门别类的需求机制实现治理主客体之间的良性互动。政府应该通过自身评估，明确自己的能力，即能够通过数字政府治理向公众和私营部门等治理客体提供什么样的数字公共服务。还应该了解不同需求，科学分类、优化服务。

3. 改革政府业务流程，实行便民化服务。在传统的管制型政府中，科层制组织具有实行专业化的分工、依照严格规章制度与程序展开管理等特点，导致政府管理过程中常常出现目的和手段倒置现象，科层制组织不仅没有成为政府为公众有效提供服务的工具，反而成为阻碍政府行政效率、疏远政府与公众社会关系的枷锁。在传统的管制型政府中，公众与政府打交道时，往往被众多的规章制度和程序搞得筋疲力尽，办成一件事常常需要在大量部门之间经历一系列复杂的申请、审查、审批、盖章等环节。在职能基础上建立的条块分割的组织结构中，不同部门之间的信息流动和分享较少，大多处于自采自用的状态，往往出现大量的"信息孤岛"现象，公众不能及时全面地获得相关信息，大量的信息和资源被分散各部门和地区，不能够实现有效的整合，未能充分利用其价值。数字政府治理能促进改革政府业务的流程，寻找有效开展政府业务的形式，以有效提升政府运行效能。

（三）民主是数字政府治理的重要影响因素

数字政府治理倡导：在执政党、领导人的正确领导下，有效优化金字塔形治理结构、整合多元主客体的合力，坚持并根据现实变化稳步优化正确的数字政府治理路线；在实体空间和虚拟空间中兼顾技术创新驱动与制度变革驱动，因需制宜地实施烈度适中的非均衡政策。①实施这些治理举措必须拥有民主的支撑。工业时代内部各阶段演进过程中，民主在一段时间内呈现覆盖人群扩大、涉及领域增多态势，尽管与我国的社会主义人民民主相比，西方国家的民主是一种伪民主，但不可否认的是：工业时代末期西方国家的民主程度高于工业时代初期西方国家的民主程度。数字时代的来临使民主的新形式"电子民主"获得进一步发展，这种发展有赖于相关制度的完善，规避制度完善速度慢于现代化速度引致的各种不稳定现象。从本质上来看，民主是数字政府治理的价值规范：数字政府治理致力于为所有治理客体（尤其是公众）提供数字公共服务，且倡导治理客体借助数字技术合理、合法地表达诉求或积极地参与决策过程，这些情况的存在，有助于数字政府治理客体真正参与到国家治理过程之中，是民主的切实展现。因此，数字政府治理进程中，必须将民主理念植根于其建设及运行环节中。

1. 民主理念是数字政府治理的政治价值要求。在传统的民主理论中，人们将注意力过多地聚焦于政治过程中的政治选举，然而，政治民主并非公众民主理论的全部，公众不仅要在政治领域享有民主权利，更要在具体的政府行政上享有民主权利，要求改变过去政府决策"暗箱"操作的状态，在决策、执行、监督等各个环节都有权利和机会参与政府行政过程，实行民主决策，民主执行、民主监督，实现建立民主政府的目标。数字政府治理过程中必须将民主理念考虑进去，将民主作为数字政府治理过程中的政治价值取向，利用数字政府治理平台尽可能地实现公众的民主参与权利。

2. 政府是电子民主的主要推动者。（1）政府作为数字政府治理的最主要主体，必须将民主这一概念深深地根植于数字政府治理的各个环节中，实现信息民主：要改变过去政府作为信息垄断者的状态，将公众关心的信息主动地、积极地、全面地公布于网络上，做到信息共享。使各级政府在数字政府治理过程中真正做到政务公开、信息透明，信息发布成为数字政府治理的一项主要业务。（2）数字政府治理要保证组织内部和外部人员的合理参与。在传统的组织结构下，政府部门往往呈现出自上而下的层级矩阵型结构，决策自上而下传递和执行，普通人员享有极少的决策权，只能成为被动的、机械的执行工具，严重影响其工作积极性。数字政

---

① 王少泉、曹冬英：《数字时代治理第三波浪潮：缘起、理论与前景》，《新余学院学报》2023年第2期。

府治理过程中，不仅要在政务内网实现内部民主，还要注重发展政务外网中的民主参与。在信息公开的情况下，使政务内外网的人员都有机会参与到政府的决策、执行、监督过程中。（3）政府要通过多种方式实现电子民主。通过建立电子投票系统，使公众可以在家中或者公共场所参加决策投票；在组织内部实行信息公开、打破部门分割，建立及时快速的意见反馈系统，使政府内部成员参与决策；在组织外部，建立公众自由表达意见和需求的电子区域，通过开辟诸如电子社区、政务论坛、留言信箱等网络交流途径，使公众参与到数字政府治理过程中。

3．积极的电子公众是电子民主的有力促进者。电子公众是指在信息化环境下活跃于互联网和电子政务网络中的公众。他们具有一定的互联网知识，关注政府改革，不仅享受数字政府治理带来的好处，还积极为数字政府治理建言献策。数字政府治理不仅是政府自身的事情，更是每一个合格的公众应尽之责。数字政府治理平台是连接政府和公众的一个全新的互动平台，凭借其开放性、系统性、网络性等优点，能够实现政府服务的有效提供和与公众的积极互动。因此，数字政府治理进程的推进需要公众、私营部门、非政府组织的积极参与和推动。然而在非网络环境下公众的参与愿望与参与行动往往是不一致的，参与行动往往低于参与意愿。因此，要使公众成为积极的电子公众，不仅需要政府的积极推动，更需要公众自身的努力与行动。公众参与已经成为各国政府改革的重要举措。[①] 在公共管理过程中，通过公众与政府的互动，政府政策可以更好地整合多方利益，使政策更加符合公众的现实偏好。同时，公众在参与过程中加深了对政府的了解，成为政府的评估者，有利于政策的顺利执行。[②]所以，政府不仅要培训教育公众，使之成为合格的电子公众，更要在实现电子民主的途径上，开辟更为有效和更有吸引力的参与方式，并部署相应的在线政府回应制度，增强公众参与的兴趣和动力，促进数字政府治理的发展。实例如："中国·合肥"门户网站——"123435政府服务直通车"整合所有政府部门的咨询投诉渠道（包括政府行风热线电话、短信服务等渠道的整合），并统一各政府部门对公众咨询投诉的回复制度，形成政府整体服务，取得良好的公众参与的效果。

---

① Stivers, and C.. "The Public Agency as Polis:Active Citizenship in the Administrative State." *Administration & Society*, 1990 (22.1):86-105.

② Renée A. Irvin and John Stansbury. "Citizen Participation in Decision Making: Is It Worth the Effort?" *Public Administration Review*, 2010 (64.1):55-65.

公众有权参与国家的政治生活，包括参与政府活动。①数字政府治理进程的推进为公众参与政府决策创造了机会和条件，随着互联网的快速发展，网民已经成为各国民主政治中一股非常重要的力量。他们不仅要求网络的方便快捷，而且要求能够通过网络实现民主参与，这种参与不仅局限于政治方面，还应扩展到政府决策甚至政策执行和监督等过程中。

（四）服务均等化与数字政府治理效能相互作用

数字政府治理的目标是：将数字政府治理领域的不平衡程度控制在适度范围内，防范或打破数字政府治理领域的"低水平锁定"状态，有效维护网络安全、提升治理水平、惠及最广大群体。这些目标明显展现出对服务均等化的重视。数字时代的来临，在很大程度上降低了公共服务非均等化这一问题的严重性：数字政府治理客体借助智能设备，能够在获取公共服务的过程中摆脱时间和空间的限制，公共服务非均等化问题因而在很大程度上得到解决。工业时代期间，一些群体借助要素累积等在获取公共服务的过程中占据显著优势，这强化了公共服务非均等化这一问题。数字时代的来临，使要素累积在生产、生活中的重要性有所下降，诸多数字治理主体能够不受背景差异、财产差异等的影响而公平地获得数字公共服务，极为有效地助推了公共服务均等化进程。在数字政府治理过程中，要实现数字公共服务均等化，需要注重以下方面：

1. 建立机会平等的数字政府治理平台入口机制，缩小"数字鸿沟"。数字政府治理平台是以计算机技术、互联网以及信息通信技术为依托的治理平台，无论是政府、私营部门还是个人，都必须在具备计算机、光纤等物理硬件和网络环境才能真正实现享受数字公共服务。因此，在数字政府治理过程中，要实现数字公共服务的均等化，必须首先建立起机会平等的数字政府治理平台入口机制，通过平等地向群众提供开放、安全可靠的入口机制，实现人人都可上网，人人都能有效利用数字政府治理平台，使数字公共服务惠及每个组织和个人。然而，在现实发展中"数字鸿沟"往往成为实现数字公共服务均等化的主要障碍，因此，要做到数字公共服务均等化，必须尽可能地缩小"数字鸿沟"的影响。

2. 关注弱势群体和地区。在数字政府治理过程中，弱势群体极易受到忽视。受地理位置、经济条件、身体残疾等多方面因素影响，他们接触和享受某些数字公共服务较为困难，因此这类人群需要给予特别的关心和

---

① 〔美〕达尔：《民主理论的前言》，顾昕、朱丹译，北京：生活·读书·新知三联书店，1999，导言。

帮助。（1）政府应该通过财政支出的方式向弱势群体无偿提供上网设备和宽带网络，如公共图书馆、社区活动中心等，帮助其实现与政府的网上沟通和交流。其次，受经济条件以及受教育程度等因素影响，在偏远山区和农村地区，存在着大量受教育程度很低的人群。政府应该适当帮助扶持这些人群，通过提高教育水平、有针对性地向困难群众宣传数字政府治理的相关知识，使不同地区、不同阶层、不同受教育程度以及不同性别和年龄段的人都能够成为数字公共服务的对象。数字政府治理在某些发达国家中开展得较早，我国有必要借鉴某些经验，如：在瑞典，政府为了实现数字公共服务均等化，实施一些政策提升信息弱势群体（老年人、残疾人、穷人以及教育程度低的人）掌握获取信息的技能。（2）数字公共服务均等化的实现还应注意在不同地区、不同部门之间实现资源的优化配置。我国各地区、各部门之间在经济发展、资源拥有等方面存在着诸多差异，政府能力在数字政府治理中的体现各不相同。在经济发达地区，数字政府治理通常发展比较成熟，在基础配备、网络构建、数字公共服务供给等方面较为领先。但经济欠发达地区在资金、知识、人力等方面较之发达地区存在着较大差距，数字政府治理水平通常也偏低，政府网站建设、网站管理和数字公共服务的供给等方面的情况常常不容乐观。因此，在数字政府治理过程中，中央政府须注意地区部门之间的差异，采取有效的政策和措施从税收、财政、金融、人力等方面对经济欠发达地区进行扶持和帮助，促进资源在不同地区和部门之间的有效流动，助推数字政府治理进程的快速推进。

受国家财政约束或者实际条件限制，政府在政策制定和执行中往往不能向所有公众提供统一平等的公共服务，资源分配也存在着城乡差别、地区差别等，导致公众在接受公共服务方面存在差别。在现代政治环境下，私营部门、家庭、个人等都有权利享受政府所提供的各项公共服务。因此，在数字政府治理过程中，必须树立起服务均等化的理念，使数字公共服务能够最大范围地覆盖群众，人人都能平等地了解和使用数字公共服务，实现组织和个人的正当权益。

六、数字政府治理的特征

与其他治理方式相比，数字政府治理的特征十分明显，主要特征是：数字政府治理具有明显的个性化、网络性色彩，是一种新的治理方式。分述如下：

（一）个性化是数字政府治理的重要特征

在数字政府治理过程中，治理主体在这一过程中需要从治理客体的普遍需求出发，提供具有高度共享性的数字公共服务。但必须注意到：数字政府治理主体供给的数字公共服务，能够大范围覆盖数字政府治理客体，但不一定能够很好地满足所有治理客体的需求，因此，数字政府治理主体有必要在共享化的基础上提供个性化的服务。个性化理念反映了数字政府治理主体对治理客体需求的关注和满足，要在数字政府治理过程中提供个性化的数字公共服务，有赖于数字政府治理内容上进行个性化设计、数字技术上提供技术支持。个性化服务程度直接影响着数字政府治理的效能，面对着不同的治理客体，治理主体有必要对信息资源进行整合，建立起相应的管理信息系统并优化管理数据化处理系统、电子通信网络等，使信息资源能够在统一规划下实现有针对性地检索和提供。此外，针对不同的用户，数字政府治理主体还应提供不同的数字公共服务。近年，一些西方国家已经在数字政府治理过程中为治理客体提供一些个性化的数字公共服务，如英国和瑞典等国家，一方面通过打破部门分割向公众提供"一站式"服务，另一方面针对特殊群体提供特殊化的服务，这些做法值得我国在推进数字政府治理进程之时加以借鉴。

在工业时代，公共服务的供给绝大部分存在于现实空间之中，政府及公益部门主要通过基本公共服务来满足公众的需求，具有明显个性化的服务通常由私营部门供给，除供给主体的不同之外，这些不同种类的服务的存在地也明显不同。数字时代来临之后，政府部门、公益部门、私营部门和公众等主体都可以参与个性化服务的供给，而且这些个性化的服务与基本公共服务一样能够通过数字政府治理平台获得。数字政府治理过程中个性化数字公共服务的实现得益于数字技术的支持，例如：Web挖掘技术、信息推送技术以及网格技术等数字技术的出现使数字政府治理主体可以对用户的使用情况进行记录，并在此基础上有效地实现从"人找信息"向"信息找人"演进，除此之外，用户可避免海量信息的干扰，较为容易地获得所需要的信息。

（二）网络性是数字政府治理的另一特征

网络是数字政府治理的必要技术条件，是虚拟空间得以出现的根本条件，更为重要的是网络的出现是工业时代进入数字时代的重要标志，诸多学者对数字政府治理展开研究时都会或多或少地述及网络性，或者明确提及"互联网""宽带""信息通信技术"等。从这一角度来看，数字政府治理具有网络性是物质条件所决定的。当然，数字政府治理并非仅停留在技术层面，其网络性最终还要通过数字政府治理所要达到的目标来实现，即形成一种为数字政府治理客体有效供给数字公共服务的服务网络，增强数字政府治理主客体之间及内部的沟通与交流，在这一方面，不同研究者的具体表述形式各异，如"公众互相沟通交流""优化政府与私营部门及公众之间的关系""强化政府与治理客体之间的信息传递""消除不同部门之间沟通的时空限制"等。手段与目的的网络性共同构成数字政府治理的网络性特征，处于社会系统之中的传统政务因其与行政行为对象之间的必然联系，本身就具有一定的网络性。数字技术的虚拟网络性则加强了政务的实体网络功能；换言之，数字技术的网络性特征与实体政务网络属性之间的契合，引致数字政府治理的出现，双重网络性质在数字政府治理这一新生事物中取得放大效应，使数字政府治理具有明确的网络性。

（三）数字政府治理是一种新的治理方式

数字时代全面来临，与工业时代相比，治理客体对治理主体能否有效供给公共服务更为重视，因此，重点关注政府部门内部治理，较为忽视数字公共服务供给的电子政务退变为一种旧的治理方式，诸多国家基于电子政务展开变革，这种变革催生数字政府治理，使之成为数字时代的一种新的治理方式。出于强化数字政府治理效能这一方式考虑，诸多国家十分重视构建与数字政府治理相关的各类制度，此类举措使制度完善速度跟上现代化速度，强化了诸多国家数字时代现代性的累积，使数字政府治理这一新的治理方式能够在数字时代有效发挥作用。

当然，在对旧的治理方式加以变革的基础上生成新的治理方式，并非仅存在于从工业时代到数字时代的演进过程之中，历史上曾出现过类似情况，如：工业时代来临之时，科举制已经沦为一种旧事物，以英国为主的数个西方国家借鉴科举制的诸多举措并结合自身实际，构建了公务员考录制度，创造了工业时代的一种新事物。这一实例中，西方国家在借鉴中国经验的基础上构建新的制度、创造新事物，是"中为西用"的现实写照。从电子政务演进至数字政府治理的过程中，中西方诸多国家同时进行，并非"中为西用"的历史重演。

七、研究问题、目标、方法与全书架构

从研究的问题来看，本书在阐述我国数字政府治理理论基础、现状的基础上，分析数字政府治理过程中存在的问题及成因，在借鉴西方经验的情况下探究哪些途径能够有效优化我国的数字政府治理。最重要的研究目标是：明晰我国数字政府治理的理论基础，基于此探究我国数字政府治理

的问题及成因，最终在借鉴西方经验的基础上提出数字政府治理的优化途径。本书采用的研究方法具体分为两类：理论研究的传统方法、辩证思维的基本方法。与研究问题和目标相对应，本书由绪论、六编和结论与展望共同组成。

（一）研究问题和目标

1. 研究问题。研究问题主要是：（1）我国数字政府治理理论基础究竟是哪个理论？（2）我国数字政府治理过程中存在哪些问题？这些问题的成因是什么？（3）我国数字政府治理的优化途径有哪些？（4）是否有可能构建新的数字治理理论？

本书在阐述数字政府治理背景、研究现状、定义、原则和特征的基础上，阐述数字政府治理的理论基础"习近平总书记关于网络强国的重要思想、数字时代治理理论"，主要基于重要思想分析我国数字政府治理结构、主客体和实践中存在的问题。研究发现，我国数字政府治理的总问题是不平衡问题，具体表现如省际的不平衡、数字政府治理与经济发展不平衡、不同群体受益程度不平衡等。与本书第二编所述数字政府治理结构和主体相结合，不平衡问题主要呈现为三个具体问题：政府边界偏大、信息不对称、公共服务非均等化。这些问题是对本书第二编、第三编开篇阐述的大量问题的总结、提炼。更为重要的是：这些问题直接与习近平总书记关于网络强国的重要思想中数字政府治理相关的内容对应，也与《国务院关于加强数字政府建设的指导意见》中阐述的一些基本原则和政策密切相关。在总结、提炼和阐释这些问题的基础上，运用数字时代治理"第三波浪潮"理论分析这些问题的成因，而后在借鉴西方经验的基础上提出我国数字政府治理的优化途径。最终在前述研究的基础上，以习近平总书记关于网络强国的重要思想为主、数字时代治理理论为辅，构建数字时代治理"第三波浪潮"理论。

2. 研究目标。研究目标主要是：（1）准确判定我国数字政府治理的理论基础。（2）寻找我国数字政府治理过程中存在的问题及成因。（3）探寻我国数字政府治理的优化途径。（4）构建数字时代治理"第三波浪潮"理论。

本书试图在阐述"数字政府治理的背景；国内外研究综述与简评；数字政府治理的定义、原则、特征；在研究问题、目标与全书架构"的基础上，阐述数字政府治理的理论基础：习近平总书记关于网络强国的重要思想、数字时代治理理论。主要运用重要思想分析我国数字政府治理结构、主客体和实况，探究数字政府治理过程中存在的问题及成因，尤其是分析不平衡这一总问题仅存在于全国层面还是存在于多个方面、多个领域中。为了寻获答案，本书分析了数字政府治理过程中各主体的现状、除港澳台之外的31个省市区的数字政府治理总况，探究数字政府治理过程中存在的问题及成因，而后对这些问题及成因进行总结、提炼，进而辨析美英澳德日等国家数字政府治理经验及借鉴。根据这些研究：预判我国数字政府治理的前景；提出推进我国数字政府治理进程的途径。在前述研究的基础上，主要运用习近平总书记关于网络强国的重要思想中与数字政府治理直接相关的内容，并借鉴数字时代治理理论可取之处，构建数字时代治理"第三波浪潮"理论。

（二）研究方法

本书采用的研究方法具体分为两类：理论研究的传统方法和辩证思维的基本方法。

1. 理论研究的传统方法，主要包括典型分析法、比较分析法、历史分析法、本质分析法。如：对数字政府治理的典型案例展开分析，尤其是重点分析了广东省、山东省和贵州省的一些数字政府治理实例；对美英澳德日等国家的数字政府治理进行比较以及国内外的比较等；分析习近平总书记关于网络强国的重要思想、美英澳德日等国家的演进历程等；探究我国数字政府治理的真正理论基础（习近平总书记关于网络强国的重要思想）等。

2. 辩证思维的基本方法，主要包括归纳和演绎的方法，分析与综合的方法，抽象到具体的方法，定性和定量相结合的分析法。如：分析各省的数字政府治理问题及成因，从中提炼出普遍性问题及成因，分析普遍性问题及成因过程中以一些实例佐证；在分析我国数字政府治理主体具体情况的基础上，探究31个省市区的数字政府治理情况，从中提炼出普遍性问题及成因等；阐述我国数字政府治理是遵照习近平总书记关于网络强国的重要思想中的数字政府治理内容展开，而后以实例具体展现如何遵照这些内容展开治理实践；在阐述数字政府治理结构的基础上，分析结构中每一个组成部分（党组织、政府部门、公益部门、私营部门和公众）在数字政府治理过程中的具体情况；在阐述数字政府治理内涵及理论基础等的基础上，对数字政府治理主体、31个省市区的数字政府治理实例和数据展开分析，实现定性和定量相结合。

从采用的理论/观点及研究范式来看，首先，除重点运用习近平总书记关于网络强国的重要思想中数字政府治理内容展开研究之外，还运用公共行政学中的一些理论（如系统权变理论和数字时代治理理论）展开分析，而且采用跨学科研究，如采用以下理论/观点：马克思主义哲学中的三大规律等；现代化理论；不平衡发展理论；生物学中的进化论；宇宙学中的"大过滤器理论"、力学理论、陨石理论；政策科学领域的间断—均衡理论；历史学中一些理论；科幻小说中的"黑暗森林"观；地理学中的"胡焕庸线"难题。其次，大量充实数字政府治理实例以及习近平总书记的原话等，作为很多判断的佐证；阐述数字政府治理结构及各主体的情况，分析31个省市区数字政府治理情况，在这一基础上提炼并分析数字政府治理过程中的普遍性问题及成因，分析过程中以一些实例作为佐证；对美英澳德日等国家的数字政府治理进行比较和分析；基于上述研究研判我国数字政府治理的前景，并针对前述问题成因提出我国数字政府治理的优化途径。研究过程中有效运用多学科的观点尤其是马克思主义哲学观。整体目标是提升研究范式的规范性和科学性，强化核心内容论证支撑。

（三）全书架构

与研究问题和目标对应，本书由绪论、六编、结论与展望共同组成，如图0-1所示：

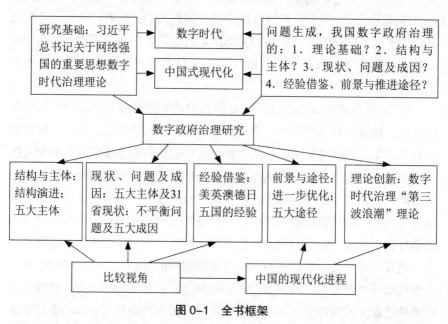

图 0-1 全书框架

本书的主要内容是数字政府治理的：理论基础；结构与主体；现状、问题及成因；经验借鉴；前景与途径；理论创新。分述如下：

1. 首先在绪论中阐述：数字政府治理的背景；国内外研究综述与简评；数字政府治理的定义、原则、特征；研究问题、目标与全书架构。

2．在绪论基础上阐述数字政府治理的理论基础（第一编），包括：习近平总书记关于网络强国的重要思想、数字时代治理理论。其中重点指出：习近平总书记关于网络强国的重要思想中大量内容与数字政府治理直接相关，除归属于微观层面的一些具体论述之外，其他内容分属三个方面：（1）中央根据现实变化稳步优化正确的数字政府治理路线，在有效优化数字政府治理结构、整合多元主客体合力的基础上切实贯彻路线。这是有效推进数字政府治理进程的根本保障，也是数字政府治理的宏观层面内容。（2）在实体空间和虚拟空间中兼顾技术创新驱动与制度变革驱动，因需制宜地实施烈度适中的不平衡政策。这是有效推进数字政府治理进程的重要条件，也是数字政府治理的中观层面内容。（3）将数字政府治理领域的不平衡程度控制在适度范围内，防范或打破数字政府治理领域的"低水平锁定"状态，有效提升治理水平，惠及最广大群体。这是数字政府治理的目标。

3．第二编是数字政府治理结构及主体。与习近平总书记关于网络强国的重要思想中与数字政府治理直接相关的第一大方面内容直接对应。首先阐述数字政府治理结构的组成与演进，而后分述数字政府治理结构中党组织、政府部门、公益部门、私营部门和公众这些主体的具体情况。

4．第三编是我国数字政府治理的实况。与习近平总书记关于网络强国的重要思想中与数字政府治理直接相关的第二、三大方面内容直接对应。①阐述我国数字政府治理过程中各主体的情况、31个省市区（不含台湾省、香港特别行政区和澳门特别行政区）的数字政府治理总体情况。②提炼出数字政府治理的普遍问题。③分析数字政府治理问题的成因。

5．第四编是数字政府治理经验与借鉴。我国的数字政府治理遵照习近平总书记关于网络强国的重要思想中与数字政府治理直接相关的内容展开，但可以借鉴西方国家的某些数字政府治理经验。西方国家的数字政府治理实践与数字时代治理理论相互作用，有效提升治理水平是这些国家数字政府治理的重要目标，澳大利亚和法国等国家还重点关注在数字政府治理过程中降低不同区域、不同群体的不平衡程度。从西方国家近年的数字政府治理情况来看，治理水平上升速度变慢甚至被锁定于当前水平或下降，不同区域、不同群体的不平衡程度并未得到有效降低，也就未能惠及最广大群体。这些情况与习近平总书记关于网络强国的重要思想的第三方面内容截然相反。尽管西方国家现阶段的数字政府治理情况不佳，但这些国家在数字时代治理"第一波浪潮"和"第二波浪潮"期间取得了一些值得我国借鉴的经验，也有一些可以吸纳的教训，因此，第四编选取美国、英国、澳大利亚、德国和日本为实例，分析这些国家数字政府治理的经验与借鉴。

6. 第五编是数字政府治理的前景及推进途径。首先分析我国数字政府治理的前景，而后提出数字政府治理的推进途径。推进途径遵照习近平总书记关于网络强国的重要思想中数字政府治理的内容展开，并与第三编所述问题及成因对应，且吸纳了西方国家数字政府治理的一些经验。由以下部分共同组成：优化治理环境与基础；强化整体协同；强化主体治理能力；强化客体参与；兼顾双重驱动。

7. 第六编是理论创新：数字时代治理"第三波浪潮"理论。基于"习近平总书记关于网络强国的重要思想"中数字政府治理的内容、扬弃数字时代治理理论"第一波浪潮"和"第二波浪潮"的基础上，构建数字时代治理"第三波浪潮"理论，这一理论的内容是对"习近平总书记关于网络强国的重要思想"中数字政府治理内容的提炼，是对数字时代治理理论的发展。

8. 结论与展望。阐述：我国数字政府治理对世界的影响与时代价值的背景；我国为亚非拉国家提供数字政府治理指导理论及模式的全新选项；我国数字政府治理对世界的影响与时代价值的前景与启示。

第一编

数字政府治理的理论基础

20世纪末、21世纪初，世界主要国家先后从工业时代向数字时代演进，电子政务因而演进为数字政府治理，作为数字时代的一种新的治理方式，数字政府治理实践有效助推了相关理论的发展，在我国形成习近平总书记关于网络强国的重要思想，在西方国家形成数字时代治理理论。①

马克思主义矛盾论认为：矛盾是主观与客观之间的对立统一，矛盾存在于一切客观事物中；矛盾可以分为主要矛盾和次要矛盾，主要矛盾对事物的存在和变化具有主要影响。将矛盾论用于分析我国数字政府治理的理论基础可以发现：习近平总书记关于网络强国的重要思想、数字时代治理理论的内涵和特征等明显不同，二者是数字治理理论的最重要组成部分；我国数字政府治理的理论基础是习近平总书记关于网络强国的重要思想而非数字时代治理理论，但在某种程度上借鉴了数字时代治理理论的可取之处。

20世纪末，我国与英美等西方国家一起进入数字治理时代。与我国数字政府治理实践相互作用、相互推进的习近平总书记关于网络强国的重要思想具有诸多特征，其的生成及践行具有重大意义，主要包含十个方面的内容：数字治理推进经济社会发展；数字治理中顶层设计与统一领导；数字治理中自主创新和先行先试；信息资源整合与共享；提升数字治理服务人民效能；发展数字经济；数字治理人才建设；维护网络和信息安全；治理网络生态；构建互联网治理体系。其中一些内容与数字政府治理直接相关，除微观层面内容和原则之外，其他内容分属三大方面：第一，中央根据现实变化稳步优化正确的数字政府治理路线，在有效优化数字治理结构、整合多元主客体合力的基础上切实贯彻路线。这是有效推进数字政府治理进程的根本保障，也是数字政府治理的宏观层面内容。第二，在实体空间和虚拟空间中兼顾技术创新驱动与制度变革驱动，因需制宜地实施烈度适中的非均衡政策。这是有效推进数字政府治理进程的重要条件，也是数字政府治理的中观层面内容。第三，将数字政府治理领域的不平衡程度控制在适度范围内，防范或打破数字政府治理领域的"低水平锁定"状态，有效提升治理水平，惠及最广大群体。这是数字政府治理的目标。

数字时代治理理论的生成有其理论背景和时代背景，这一理论的演进历经"第一波浪潮"和"第二波浪潮"。这两次"浪潮"包含诸多要素，

---

① 曹冬英：《深刻理解习近平关于网络强国的重要思想 积极推进数字中国建设》，《海峡通讯》2021年第1期。

从主题方面来看，这些要素分属重新整合、整体主义和数字化三大领域，从政府内外维度来看，这些要素分属"权力结构重塑"和"实现形式设计"两大层面。

第一章　习近平总书记关于网络强国的
重要思想

习近平总书记关于网络强国的重要思想是公共行政理论在中国本土化的首要成果，本土化的理论背景是西方公共行政理论的演进，现实背景是数字治理实践的展开，本土化的原因归于内外两个层面。生成这一思想的理论意义主要是：实现公共行政理论在中国的本土化，强化理论自信，提升公共行政理论的现代性；完全改变价值理性谱系的公共行政理论对现实影响相对较小的状态；与数字时代治理理论共同开创公共行政理论中的"工具—价值理性谱系"；在"工具—价值理性谱系"内部催生理论之争；在理论层面上展现中西方之间存在的竞争。[①]这一思想包括十方面内容，这些内容具有明显普适性，践行这一战略思想过程中需要注意一些问题、有效实施举措。

20世纪末，以英美法德等国为代表的西方国家从工业时代进入数字时代，同一时期，习近平总书记在福建省推进"数字福建"建设进程，标志着中国也开始进入数字时代。数字时代的来临使西方国家政府及我国政府所处的治理环境、面临的治理问题、治理方式及治理结构等出现重大变化，这些变化催生以英国学者帕却克·邓利维为代表人物的数字时代治理理论，也催生了习近平总书记关于网络强国的重要思想，尽管都是数字时代的治理理论但后者明显比前者更为完备。[②]

从国内外学界的相关研究来看，国外尚无与习近平总书记关于网络强国的重要思想直接相关的研究，仅有一些学者的研究成果与习近平总书记关于网络强国的重要思想的缘起背景相关，如：英国学者邓利维是数字时代治理理论的代表人物，他基于"新公共管理运动的衰微""数字时代治理兴起"这一时代背景对数字时代治理理论展开阐释，主张将信息技术

---

① 王少泉、李墨洋：《习近平的网络强国思想研究——基于公共行政理论本土化视角》，《天中学刊》2022年第1期。
② 曹冬英、王少泉：《习近平总书记关于数字治理的重要论述研究》，《中共福建省委党校学报》2019年第4期。

以及信息系统引入公共管理过程之中。①并指出西方国家于2010年开始进入数字治理2.0时期，主张不断引用逐渐出现的大数据、云计算等先进的数据处理技术，强化数字时代的公共服务供给。②克拉西米拉·帕斯卡莱娃（Krassimira Paskaleva）认为数字时代治理理论能够在理论指导、民主活动、决策过程和公民参与等方面提升城市管理者的决策能力，从而进一步提升城市的竞争力。③国内学界与习近平总书记关于网络强国的重要思想直接相关的研究成果数量不多，代表性研究成果（并非全部成果）简述如下：第一，以多种命名方式出现的研究成果。现有研究成果以多种名称命名习近平总书记关于网络强国的重要思想，如：鲍静和贾开以"新时代信息化建设重要思想"加以命名，在阐述这一思想基本内涵的基础上作出框架性解释，指出其基本特色及践行举措等④。李希光以"互联网治理思维"命名并指出：习近平总书记深刻把握互联网时代全球及我国的情况，在互联网安全治理领域提出诸多重要观点。⑤陈万球和欧阳雪倩以"网络治理思想"命名，指出这一思想的理论特色，构建新的思路以建立具有中国特色的网络治理路径。⑥周显信和程金凤以"互联网思维"命名但其研究偏重习近平总书记在网络安全领域的重要思想。⑦吴韬以"网络观"加以命名，重点阐释其内涵实质与实践要求。⑧第二，重要思想的内涵。张颖和靖鸣认为《习近平关于网络强国论述摘编》一书呈现了重要思想的内涵。⑨林维勇认为重要思想是对"为什么建设网络强国"和"怎样建设网络强国"的回答。⑩杜金金和张晓明认为重要思想包含网络治理

---

① Dunleavy, Patrick, et al. *Digital era governance: IT Corporations, the State, and e-Government.* Oxford University Press. 2006:3.

② Dunleavy, Patrick, and H. Z. Margetts. *The Second Wave of Digital Era Governance.* Social Science Electronic Publishing. 2010:1.

③ Paskaleva, and K. Antonova. "Enabling the smart city: The progress of city e-governance in Europe." *International Journal of Innovation & Regional Development*, 2009 (1.4):405-422 (18).

④ 鲍静、贾开：《习近平新时代信息化建设重要思想研究与阐释》，《中国行政管理》2018年第4期。

⑤ 李希光：《习近平的互联网治理思维》，《人民论坛》2016年第2期（上）。

⑥ 陈万球、欧阳雪倩：《习近平网络治理思想的理论特色》，《长沙理工大学学报（社会科学版）》2016年第2期。

⑦ 周显信、程金凤：《网络安全：习近平同志互联网思维的战略意蕴》，《毛泽东思想研究》2016年第2期。

⑧ 吴韬：《习近平的网络观及其现实意义》，《中共云南省委党校学报》2015年第4期。

⑨ 张颖、靖鸣：《网络强国重要论述的理论建构与内涵解读》，《传媒观察》2021年第11期。

⑩ 林维勇：《论习近平网络强国重要论述的核心要义、实施路径和生动实践》，《新疆社科论坛》2021年第5期。

观和网络安全观等。①第三，重要思想性质的判定。温树峰认为重要思想
具有明显的人民性。②张志飞和许伟认为重要思想是对历代党的中央领导
人互联网思想的升华与创新。③李君如认为重要思想是具有21世纪马克思
主义特质的原创性成果。④程乐认为重要思想是对马克思主义的创造性运
用，是推进新时代网络强国建设的根本遵循。⑤王少泉和李墨洋认为重要
思想很多内容是公共行政理论在我国本土化的成果。⑥第四，践行重要思
想的意义。曹冬英认为践行重要思想能够推进数字中国建设；⑦魏曦英认
为践行重要思想能够助推数字经济发展；⑧徐汉明认为践行重要思想能够
助推网络大国向网络强国演进；⑨谌贻琴认为重要思想能够推进网信事业
发展。⑩第五，重要思想的形成阶段。曹冬英和王少泉认为重要思想的形
成可分为萌芽、生成和发展三个阶段。⑪张垒认为重要思想的形成历经实
践基础和理论准备、定位布局和统筹领导、倡议全球治理和共享共治、正
式形成这四个阶段。⑫第六，重要思想的内容研究。中共福建省委、福建
省人民政府2018年4月20日刊发于《人民日报》的《"数字福建"建设的
重要启示》一文阐述了习近平总书记关于网络强国的重要思想的九大组成
部分，⑬与学者所做研究相比，这一表述更为权威。《习近平关于网络强

① 杜金金、张晓明：《习近平新时代网络强国战略思想的理论内涵和实践进路》，《中学政治教学参考》2021年第28期。
② 温树峰：《习近平新时代建设网络强国思想的人民性阐释》，《浙江理工大学学报（社会科学版）》2022年第4期。
③ 张志飞、许伟：《论习近平关于网络强国战略重要论述的三重维度》，《西安建筑科技大学学报（社会科学版）》2022年第4期。
④ 李君如：《习近平网络强国战略：具有21世纪马克思主义特质的原创性成果》，《理论视野》2022年第9期。
⑤ 程乐：《网络空间治理：中国智慧·中国方案·中国路径——习近平总书记关于网络强国的重要思想研究》，《思想理论战线》2022年第2期。
⑥ 王少泉、李墨洋：《习近平的网络强国思想研究——基于公共行政理论本土化视角》，《天中学刊》2022年第1期。
⑦ 曹冬英：《深刻理解习近平关于网络强国的重要思想 积极推进数字中国建设》，《海峡通讯》2021年第1期。
⑧ 魏曦英：《贯彻习近平总书记网络强国重要思想推进福建数字经济发展》，《产业与科技论坛》2022年第10期。
⑨ 徐汉明：《习近平"网络强国"重要论述及其时代价值》，《法学》2022年第4期。
⑩ 谌贻琴：《深入学习贯彻习近平总书记关于网络强国的重要思想奋力谱写多彩贵州网信事业新篇章》，《当代贵州》2022年第24期。
⑪ 曹冬英、王少泉：《习近平总书记关于数字治理的重要论述研究》，《中共福建省委党校学报》2019年第4期。
⑫ 张垒：《习近平总书记关于网络强国的重要思想发展脉络及其对新闻舆论工作的指导意义》，《中国出版》2021年第11期。
⑬ 中共福建省委：《福建省人民政府"数字福建"建设的重要启示》，《人民日报》，2018-04-20（01）。

国论述摘编》将重要思想的内容分为9个专题：加强党对网信工作的集中统一领导；网信事业发展必须贯彻以人民为中心的发展思想；努力把我国建设成为网络强国；坚决打赢网络意识形态斗争；构建网上网下同心圆；维护国家网络安全；加速推动信息领域核心技术突破；发挥信息化对经济发展的驱动引领作用；共同构建网络空间命运共同体。[①]吴恒和季颖认为重要思想包括科学认知、价值目标和实施策略三大部分内容；[②]岳爱武和周欢重点研究重要思想中网络人才建设重要论述的理论蕴涵及现实路径；[③]刘珉旻分析重要思想的成果共享观的内容及意义等；[④]田刚元和陈富良研究了重要思想中数字经济发展思想的历史逻辑、核心要义及其时代价值[⑤]。

整体而言，国内一些学者对习近平总书记关于网络强国的重要思想展开研究，取得一些研究成果，阐述了这一战略思想的基本内涵、特色及践行举措等等，但这一研究有待进一步深化，如今有极个别研究者从公共行政理论演进的视角对习近平总书记关于网络强国的重要思想展开分析。[⑥]上述研究均具有一定学术价值，使得习近平总书记关于网络强国的重要思想的研究逐渐深化，但须注意现有研究有待进一步深化，如：宏观上来看，重要思想的内容分属数字经济、数字社会和数字政府三大领域，现有研究成果尚未在基于这一划分的基础上展开深入研究；以重要思想作为理论基础对数字政府治理展开的研究极少；现有研究成果尚未尝试展开理论创新。本书试图弥补这些不足之处。

一、重要思想的生成背景

生成"习近平总书记关于网络强国的重要思想"的国际理论背景是西方公共行政理论的演进，国内理论背景是中特理论体系的演进，现实背景是数字治理实践的展开。

---

① 中共中央党史和文献研究院：《习近平关于网络强国论述摘编》，北京：中央文献出版社，2021，目录。
② 吴恒、季颖：《习近平关于网络强国战略重要论述的三重意蕴》，《观察与思考》2021年第5期。
③ 岳爱武、周欢：《习近平关于网络人才建设重要论述的理论蕴涵及其现实路径研究》，《重庆邮电大学学报（社会科学版）》2021年第5期。
④ 刘珉旻：《习近平网络强国重要论述的成果共享观研究》，《新经济》2021年第7期。
⑤ 田刚元、陈富良：《习近平数字经济发展思想的历史逻辑、核心要义及其时代价值》，《理论导刊》2021年第1期。
⑥ 曹冬英：《深刻理解习近平关于网络强国的重要思想　积极推进数字中国建设》，《海峡通讯》2021年第1期。

（一）国际理论背景：公共行政理论的演进

公共行政理论于19世纪后期创立，工具理性谱系的传统公共行政理论、民营化理论、新公共管理理论、整体性治理理论与价值理性谱系的新公共行政理论、民主行政理论、新公共服务理论和公共价值管理理论交替占据主导地位，两大谱系的公共行政理论在演进过程中不断借鉴对立理论的可取之处，使自身的极端化（过度偏向工具理性或价值理性）色彩不断削减，出现工具理性与价值理性逐渐融合的态势。①这一态势的出现，在西方国家催生了数字时代治理理论：进入21世纪之后，基于西方国家（尤其是英美两国）数字治理实践生成的数字时代治理理论，这一理论是整体性治理理论在数字时代的实际运用，但很大程度上吸纳了公共价值管理理论的一些内容，因而从属性上来看是"工具—价值理性谱系"的开创理论之一。②

公共行政理论生成之后，中国学者逐渐开始引介其中某些理论，并对这些理论在中国的运用等展开分析，取得一些有价值的研究成果。③但是整个20世纪之中，中国并未实现公共行政理论的本土化，这一情况直到21世纪初才被改变：数字时代治理理论生成于西方学界之时，习近平总书记关于网络强国的重要思想逐渐生成于中国的数字治理实践之中，两者一起成为"工具—价值理性谱系"的开创理论。④

（二）国内理论背景：中特理论体系的演进

中国特色社会主义理论体系由邓小平理论、"三个代表"重要思想、科学发展观、习近平新时代中国特色社会主义思想共同组成，从宏观上来看，这一理论体系的演进明显具有时代演进的痕迹。这一情况表现于多个方面，如：进入新时代之初，指导理论非常关注宏观框架的设立、宏观问题的解决，同一个时代的持续发展使这种关注逐渐转移到中观和微观框架的设立、中观和微观问题的解决，新时代的来临使这一过程再次出现；时代演进使指导理论将注意力不断从对物的关注转移至对人的关注，换言之，对人的关注度会随着时代的持续演进而不断上升；工业时代向数

---

① 曹冬英、王少泉：《新公共管理理论对民营化理论的扬弃》，《重庆科技学院学报（社会科学版）》2015年第3期。
② 王少泉、李墨洋：《习近平的网络强国思想研究——基于公共行政理论本土化视角》，《天中学刊》2022年第1期。
③ 王少泉、李墨洋：《习近平的网络强国思想研究——基于公共行政理论本土化视角》，《天中学刊》2022年第1期。
④ 王少泉、李墨洋：《习近平的网络强国思想研究——基于公共行政理论本土化视角》，《天中学刊》2022年第1期。

字时代演进的过程中，指导理论对实体空间的关注逐渐演进为同时关注实体空间和虚拟空间。

基于对中国特色社会主义理论体系四个组成部分重要文献——《邓小平文选》《江泽民文选》《胡锦涛文选》和《习近平谈治国理政》等论著——的统计分析能够验证以上"表现"并寻获习近平总书记关于网络强国的重要思想的理论背景，值得注意的是：第一，邓小平理论、"三个代表"重要思想、科学发展观和习近平新时代中国特色社会主义思想的文献绝非仅限于《邓小平文选》《江泽民文选》《胡锦涛文选》和《习近平谈治国理政》等论著，但这些论著是这四种理论、思想的最重要文献，基于这些文献展开分析得出的结论具有代表性。第二，对这些论著中的文献进行统计分析时，选取的是全部文献，而非仅仅统计这几位领导人走上中央领导岗位之后或其核心思想提出来之后的文献，主要原因是：几位领导人的思想并非其走上中央领导岗位之后或某个核心词汇（如"三个代表"重要思想或科学发展观）出现之后才出现，而是基于他们长期的实践、研究而逐渐生成的。

1. 邓小平理论是中国特色社会主义理论体系的"开山之作"，这一理论奠定了这一理论体系的基础，对这一理论体系的主题、总体观点和基本观点等作出了规定，尽管绝大部分内容与工业时代相关，但极少数内容与数字时代的"先声"相关。与中国特色社会主义理论体系的后三个组成部分相比，邓小平理论有一些特殊之处，[①]主要是：

（1）从宏观上来看，邓小平理论创建于中国工业时代全面开启的宏观环境之中，[②]非常关注中国特色社会主义宏观框架的设立、宏观问题的解决（如社会主义本质的界定、四项基本原则的确立等），部分地关注中观和微观框架的设立、中观和微观问题的解决。

（2）从文献情况来看，邓小平理论的文献中与数字时代相关的文献数量极少。研究邓小平理论的最重要文献是《邓小平文选》，这一文献三方面内容的统计情况如表1-1所示：

---

① 梁小玲：《中国特色社会主义理论体系形成和发展的三条重要线索》，《中共南宁市委党校学报》2020年第2期。
② 王少泉、李墨洋：《习近平的网络强国思想研究——基于公共行政理论本土化视角》，《天中学刊》2022年第1期。

表1-1　《邓小平文选》内容统计

卷数	篇数、总字数	工业时代内容字数	数字时代内容字数	其他内容字数
第一卷	39篇，26.3万字	12.6万字	0万字	13.7万字
第二卷	47篇，30.1万字	28.6万字	0.8万字	0.7万字
第三卷	119篇，28.8万字	27.4万字	0.3万字	1.1万字
合计	205篇，85.2万字	68.6万字	1.1万字	15.5万字

数据来源：邓小平：《邓小平文选》（1—3卷），北京：人民出版社，1994。表中数据为作者统计得出。

表1-1的内容阐释如下：《邓小平文选》共3卷，第一卷共39篇文献、26.3万字，中华人民共和国成立之前的绝大部分文献与根据地各领域的建设相关、与工业时代我国的建设相关性较低，中华人民共和国成立之后的绝大部分文献与工业时代相关。从总字数上来看，与工业时代相关的内容共12.6万字，没有与数字时代直接相关的内容，与工业时代和数字时代均没有太明显关系的内容共13.7万字。

《邓小平文选》第二卷共47篇文献、30.1万字，绝大部分文献论述工业时代我国的一些问题，极少数文献与数字时代相关，如：《在全国科学大会开幕式上的讲话》《尊重知识，尊重人才》等3篇文献中的一些内容。极少数文献与工业时代和数字时代的相关性都很低，如《答意大利作者奥琳埃娜·法拉奇问》。从总字数上来看，与工业时代相关的内容共28.6万字，与数字时代相关的内容共0.8万字。

《邓小平文选》第三卷共119篇文献、28.8万字，绝大部分文献论述工业时代我国的一些问题，极少数文献与数字时代相关，如：《改革科技体制是为了解放生产力》《科学技术是第一生产力》等4篇文献中的一些内容。某些内容与工业时代和数字时代的相关性都很低，如《为景山学校题词》《悼伯承》等文献或其中一些内容。从总字数上来看，与工业时代相关的内容共27.4万字，与数字时代相关的内容共0.3万字。

总体而言，《邓小平文选》（三卷）共85.2万字，与工业时代相关的内容共68.6万字，在总字数中占80.52%；与数字时代相关的内容共1.1万字，在总字数中占0.01%。从篇数来看，第一卷没有文献与数字时代相关，第二卷中仅有3篇文献中的一些内容与数字时代相关，第三卷则有4篇文献中的一些内容与数字时代相关，意味着：计算机技术的出现及发展在一定程度上助推了与数字时代相关的文献数量的增加（《邓小平文选》中的文献按照时间顺序排列）。

（3）从内容上来看：①邓小平理论中与工业时代相关的内容主要涉及中国特色社会主义发展的道路、阶段、动力等。②邓小平理论中与数字时代相关的内容主要如下：准确认识"科学技术是第一生产力"；[①]强化人才队伍建设、提高相关待遇，使科学技术这一第一生产力充分发挥效能；[②]改革科技体制以解放生产力、推进国家发展。[③]③邓小平理论中有很多内容与工业时代和数字时代均没有太明显关系，其中很多内容与战争抑或根据地的建设相关，这些内容主要出现于中华人民共和国成立之前的文献之中，这一情况与"三个代表"重要思想、科学发展观和习近平新时代中国特色社会主义思想的文献截然不同，这一差异归因于：邓小平理论是中国特色社会主义理论体系中唯一萌芽于战争时期的理论。

2．"三个代表"重要思想推进中国工业时代的理论。"三个代表"重要思想与邓小平理论存在诸多共性，也存在明显差异，共性主要是：理论基础和理论主题相同；总体观点和基本观点大体一致；均由与工业时代、数字时代相关的内容共同组成。[④]差异则表现于以下方面：

（1）从宏观上来看，邓小平理论是全面开创中国工业时代的理论，"三个代表"重要思想则是推进中国工业时代的理论。[⑤]"三个代表"重要思想生成于工业时代全面推进、数字时代尚未全面来临的宏观环境之中，非常关注中国特色社会主义宏观框架的设立、宏观问题的解决，"三个代表"重要思想则偏重中国特色社会主义中观和微观框架的设立、中观和微观问题的解决。

（2）从文献情况来看，"三个代表"重要思想的文献中与数字时代相关的文献数量有所增加。研究"三个代表"重要思想的最重要文献是《江泽民文选》，[⑥]这一文献三方面内容的统计情况如表1-2所示：

---

① 邓小平：《邓小平文选（第三卷）》，北京：人民出版社，1993，第87—91页。
② 邓小平：《邓小平文选（第三卷）》，北京：人民出版社，1993，第274—276页。
③ 邓小平：《邓小平文选（第三卷）》，北京：人民出版社，1993，第107—109页。
④ 王少泉、李墨洋：《习近平的网络强国思想研究——基于公共行政理论本土化视角》，《天中学刊》2022年第1期。
⑤ 王少泉、李墨洋：《习近平的网络强国思想研究——基于公共行政理论本土化视角》，《天中学刊》2022年第1期。
⑥ 王少泉、李墨洋：《习近平的网络强国思想研究——基于公共行政理论本土化视角》，《天中学刊》2022年第1期。

表1–2　《江泽民文选》内容统计

卷数	篇数、总字数	工业时代内容字数	数字时代内容字数	其他内容字数
第一卷	81篇，44.1万字	40.7万字	1万字	2.4万字
第二卷	59篇，39.7万字	37.4万字	0.33万字	1.97万字
第三卷	63篇，40.7万字	38.7万字	1.47万字	0.53万字
合计	203篇，124.5万字	116.8万字	2.8万字	4.9万字

数据来源：江泽民：《江泽民文选》（1—3卷），北京：人民出版社，2006。表中数据为作者统计得出。

表1–2的内容阐释如下：《江泽民文选》共3卷，第一卷共81篇文献、44.1万字，绝大部分文献论述工业时代我国的一些问题，极少数文献与数字时代相关，如：《振兴电子工业，促进四化建设》和《实施科教兴国战略》这两篇文献中的一些内容。某些内容与工业时代和数字时代的相关性都很低，如《纪念孙中山》《中国人民解放军驻香港部队进驻香港特别行政区的命令》等文献或其中一些内容。从总字数上来看，与工业时代相关的内容共40.7万字，与数字时代相关的内容共1万字。

《江泽民文选》第二卷共59篇文献、39.7万字，绝大部分文献论述工业时代我国的一些问题，极少数文献与数字时代相关，如：《创新的关键在人才》和《在新西伯利亚科学城的演讲》这两篇文献中的一些内容。某些内容与工业时代和数字时代的相关性都很低，如《忆厉恩虞同志》《一个新的信号》等文献或其中一些内容。从总字数上来看，与工业时代相关的内容共37.4万字，与数字时代相关的内容共3300字。

《江泽民文选》第三卷共63篇文献、40.7万字，绝大部分文献论述工业时代我国的一些问题，极少数文献与数字时代相关，如：《科学的本质就是创新》《机械化和信息化是我军建设的双重历史任务》等7篇文献中的一些内容。某些内容与工业时代和数字时代的相关性都很低，如《不要突出宣传领导同志个人》《发展中拉关系，推进南南合作》等文献或其中一些内容。从总字数上来看，与工业时代相关的内容共38.7万字，与数字时代相关的内容共14700字。

总体而言，《江泽民文选》（三卷）共124.5万字，与工业时代相关的内容共116.8万字，在总字数中占93.82%（这一比重明显大于《邓小平文选》中的80.52%这一占比）；与数字时代相关的内容共2.8万字，在总字数中占0.02%。从篇数来看，第一卷和第二卷中均仅有两篇文献中的一些内容与数字时代相关，第三卷则有7篇文献中的诸多内容与数字时代相关，这意味着：工业时代向数字时代的演进在一定程度上助推了与数字时代相关的文献数量的增加——《江泽民文选》中的文献按照时间顺序排列。

（3）从内容上来看，"三个代表"重要思想中与工业时代相关的内容主要涉及：中国特色社会主义发展的道路、阶段、战略和动力；建设中国特色社会主义的根本目的、根本任务、依靠力量和国际战略；新时期党的建设等。"三个代表"重要思想中与数字时代相关的内容主要如下：振兴电子工业以推进我国诸多领域的发展；①在科技发展过程中须做到与经济的结合等；强化党对科技工作的领导，弘扬科学精神和创新精神，②并培育大批德才兼备的科技人才；③"数字鸿沟"的存在表明发达国家与发展中国家在科技水平这一方面存在较大差距；④基于信息化和机械化增强我军的战斗力；⑤强化认识，完善立法、执法和司法，重视规则制定和人才培养，以促进我国信息网络快速、健康发展。⑥可见，与邓小平理论相比，"三个代表"重要思想的文献中已经有很多内容涉及"数字时代"相关主题。⑦

3. 科学发展观——深化中国工业时代的理论。科学发展观与中国特色社会主义理论体系前两个组成部分存在诸多共性，也存在明显差异，共性主要是：理论基础和理论主题相同；总体观点和基本观点大体一致；均由与工业时代、数字时代相关的内容共同组成。⑧差异则表现于以下方面：

（1）从宏观上来看，邓小平理论是全面开创中国工业时代的理论，"三个代表"重要思想是推进中国工业时代的理论，科学发展观则是深化中国工业时代的理论，从中国现代化这一视角来看，⑨前两者是后者的重要基础，后者是前两者的进一步发展。与邓小平理论和"三个代表"重要

---

① 江泽民：《江泽民文选（第一卷）》，北京：人民出版社，2006，第5页。
② 江泽民：《江泽民文选（第一卷）》，北京：人民出版社，2006，第425—439页。
③ 江泽民：《江泽民文选（第二卷）》，北京：人民出版社，2006，第132—138页。
④ 江泽民：《江泽民文选（第三卷）》，北京：人民出版社，2006，第109页。
⑤ 江泽民：《江泽民文选（第三卷）》，北京：人民出版社，2006，第15页。
⑥ 江泽民：《江泽民文选（第四卷）》，北京：人民出版社，2006，第300—303页。
⑦ 王少泉、李墨洋：《习近平的网络强国思想研究——基于公共行政理论本土化视角》，《天中学刊》2022年第1期。
⑧ 王少泉、李墨洋：《习近平的网络强国思想研究——基于公共行政理论本土化视角》，《天中学刊》2022年第1期。
⑨ 王少泉、李墨洋：《习近平的网络强国思想研究——基于公共行政理论本土化视角》，《天中学刊》2022年第1期。

思想相比,科学发展观对数字时代来临有更多"反应"。科学发展观构建形成之时恰逢中国日益步入数字时代之时,因此在"呈现数字时代色彩"这一方面,与邓小平理论相比,"三个代表"重要思想稍强,科学发展观则更强,呈现出一种逐渐强化的态势,这一态势也能够在科学发展观与习近平新时代中国特色社会主义思想的对比分析中发现。①

(2)从文献情况来看,科学发展观的文献中与数字时代相关的文献数量明显增多。研究科学发展观的最重要文献是《胡锦涛文选》,这一文献三方面内容的统计情况如表1-3所示:

表1-3 《胡锦涛文选》内容统计

卷数	篇数、总字数	工业时代内容字数	数字时代内容字数	其他内容字数
第一卷	74篇,37.5万字	36.8万字	0.4万字	0.3万字
第二卷	82篇,43.3万字	39.4万字	2.4万字	1.5万字
第三卷	86篇,43.5万字	41.3万字	0.9万字	1.3万字
合计	242篇,124.3万字	117.5万字	3.7万字	3.1万字

数据来源:胡锦涛:《胡锦涛文选》(1-3卷),北京:人民出版社,2016。表中数据为作者统计得出。

表1-3的内容阐释如下:《胡锦涛文选》共3卷,第一卷共74篇文献、37.5万字,绝大部分文献论述工业时代我国的一些问题,极少数文献与数字时代相关,如:《培养造就一大批高素质领导人才》和《不断形成人才辈出群英荟萃的局面》这两篇文献中的一些内容。某些内容与工业时代和数字时代的相关性都很低,如《就北约袭击我国驻南斯拉夫大使馆发表的电视讲话》《欢迎北京奥运会申办代表团凯旋时的讲话》等文献或其中一些内容。从总字数上来看,与工业时代相关的内容共36.8万字,与数字时代相关的内容共0.4万字。

《胡锦涛文选》第二卷共82篇文献、43.3万字,绝大部分文献论述工业时代我国的一些问题,少数文献与数字时代相关,如:《实施人才强国战略》《依靠科技创新实现全面协调可持续发展》《向信息化条件下军事训练转变》《加强网络文化建设和管理》等文献或其中一些内容。某些内容与工业时代和数字时代的相关性都很低,如《纪念中国人民抗日战争暨

---

① 王少泉、李墨洋:《习近平的网络强国思想研究——基于公共行政理论本土化视角》,《天中学刊》2022年第1期。

世界反法西斯战争胜利六十周年大会上的讲话》《给孟二冬教授女儿的回信》等文献或其中一些内容。从总字数上来看，与工业时代相关的内容共39.4万字，与数字时代相关的内容共2.4万字。

《胡锦涛文选》第三卷共86篇文献、43.5万字，绝大部分文献论述工业时代我国的一些问题，极少数文献与数字时代相关，如：《实现人力资源大国向人才强国转变》《靠科技力量赢得发展先机和主动权》等文献中的一些内容。某些内容与工业时代和数字时代的相关性都很低，如《给古田镇五龙村党支部的回信》《任何困难都难不倒英雄的中国人民》等文献或其中一些内容。从总字数上来看，与工业时代相关的内容共41.3万字，与数字时代相关的内容共0.9万字。

总体而言，①从字数和占比来看，《胡锦涛文选》（三卷）共124.3万字，少于《江泽民文选》的124.5万字。与工业时代相关的内容共117.5万字，在总字数中占94.53%，字数和占比均稍微大于《江泽民文选》此部分的字数和占比。与数字时代相关的内容共3.7万字，在总字数中占0.03%，这一字数和占比也稍大于《江泽民文选》此部分的字数和占比。②从篇数来看，第一卷和第三卷中均有两篇文献中的一些内容与数字时代相关，第二卷有7篇文献中的诸多内容与数字时代相关，总篇数为11篇，数量上等于《江泽民文选》中的文献数量。这两方面情况意味着：从文献分析中能够看出"三个代表"重要思想和科学发展观的时代属性相同，都属于中国工业时代的指导理论。

（3）从具体内容来看，科学发展观：发展是第一要务、以人为本是核心、全面协调可持续发展是基本要求、统筹兼顾是根本方法。[1]这些内容主要是针对工业时代的诸多情况而言。科学发展观中与数字时代相关的内容主要如下：人才的培育有助于科技进步，[2]必须在培育人才的过程中树立科学人才观[3]；全面协调可持续的实现有赖于科技创新的实现，这一过程中必须深化体制改革、在重点领域实现跨越式发展、坚持以人为本；[4]大力发展信息网络科学技术；[5]基于信息化水平的提升实现军事训练的转变；[6]强化网络管理，营造良好的网络环境，提升网络文化服务水

---

[1] 胡锦涛：《坚定不移沿着中国特色社会主义道路前进 为全面建成小康社会而奋斗》，《人民日报》，2012-11-08（01）。
[2] 胡锦涛：《胡锦涛文选（第一卷）》，北京：人民出版社，2016，第305页。
[3] 胡锦涛：《胡锦涛文选（第二卷）》，北京：人民出版社，2016，第128页。
[4] 胡锦涛：《胡锦涛文选（第二卷）》，北京：人民出版社，2016，第188—195页。
[5] 胡锦涛：《胡锦涛文选（第三卷）》，北京：人民出版社，2016，第404—405页。
[6] 胡锦涛：《胡锦涛文选（第二卷）》，北京：人民出版社，2016，第451—459页。

平、网上引导水平。①与邓小平理论和"三个代表"重要思想不同，科学发展观更加关注人的需求，并开始关注人在虚拟世界中的需求。这是中国共产党领导下无产阶级执政的我国对人高度关注的直观展现，也是我国在工业化进程得到显著推进的基础上才会出现的情况。

4. 习近平新时代中国特色社会主义思想——全面开创中国数字时代的理论。习近平新时代中国特色社会主义思想与中国特色社会主义理论体系前三个组成部分存在诸多共性，也存在明显差异，共性主要是：理论基础和理论主题相同；总体观点和基本观点大体一致；均由与工业时代、数字时代相关的内容共同组成。②差异则表现于以下方面：

（1）从宏观上来看，习近平新时代中国特色社会主义思想是进一步深化中国工业时代的理论，也是全面开创中国数字时代的理论。③这两个判定看似矛盾，实际上并不矛盾：工业时代与数字时代密切相关——数字时代的来临及推进，并非完全在虚拟空间中展开，而是基于实体空间中各类条件（尤其是智能设备）的优化，所以深化工业时代能够为数字时代的全面来临创造条件，这是马克思主义"普遍联系"和"螺旋式发展"观的直观展现。④习近平新时代中国特色社会主义思想生成于工业时代向数字时代全面演进的宏观环境之中，⑤新环境、新问题、新需求的存在促使这一思想对中国特色社会主义的宏观框架加以革新，再次高度关注宏观问题，同时注意中观和微观框架的设立、中观和微观问题的解决。基于此，形成了习近平新时代中国特色社会主义思想，这一思想之中，习近平总书记关于网络强国的重要思想是重要组成部分，⑥是与数字时代直接相关的思想。

（2）从文献情况来看，与中国特色社会主义理论体系前三个组成部分不同的是：习近平新时代中国特色社会主义思想尚未以"文选"形式全面展现。整体而言，《习近平谈治国理政》只是部分地展现了习近平新时

---

① 胡锦涛：《胡锦涛文选（第二卷）》，北京：人民出版社，2016，第559—563页。
② 王少泉、李墨洋：《习近平的网络强国思想研究——基于公共行政理论本土化视角》，《天中学刊》2022年第1期。
③ 王少泉、李墨洋：《习近平的网络强国思想研究——基于公共行政理论本土化视角》，《天中学刊》2022年第1期。
④ 王少泉、李墨洋：《习近平的网络强国思想研究——基于公共行政理论本土化视角》，《天中学刊》2022年第1期。
⑤ 王少泉、李墨洋：《习近平的网络强国思想研究——基于公共行政理论本土化视角》，《天中学刊》2022年第1期。
⑥ 王少泉、李墨洋：《习近平的网络强国思想研究——基于公共行政理论本土化视角》，《天中学刊》2022年第1期。

代中国特色社会主义思想，不能完全基于这一文献对习近平新时代中国特色社会主义思想包含的内容展开统计分析。当然，与《邓小平文选》《江泽民文选》和《胡锦涛文选》相同的是：《习近平谈治国理政》也包含与工业时代或数字时代相关的文献。与工业时代相关的文献涉及经济、政治等方面内容。与数字时代相关的文献较少，如：《建立多边、民主、透明的全球互联网治理体系》（2015年12月16日）[①]和《建设网络良好生态，发挥网络引导舆论、反映民意的作用》（2016年4月19日）[②]。

实际上，习近平总书记大量论著、讲话与数字时代直接相关，如：《习近平在全国宣传思想工作会议上的讲话》（2013）、《习近平在中央网络安全和信息化领导小组第一次会议上的讲话》（2014）。[③]这些论著、讲话等并未被收入《习近平谈治国理政》之中，所以基于《习近平谈治国理政》进行相关统计和分析并不全面。[④]整体来看，习近平总书记与数字时代相关的论述主要包括以下内容：数字治理推进经济社会发展；数字治理中顶层设计与统一领导；数字治理中自主创新和先行先试；信息资源整合与共享；提升数字治理服务人民效能；发展数字经济；数字治理人才建设；维护网络和信息安全；[⑤]治理网络生态；构建互联网治理体系。这些方面的内容是习近平总书记关于网络强国的重要思想的重要组成部分。[⑥]

（3）从具体内容来看，与中国特色社会主义理论体系前三个组成部分存在诸多不同，与数字时代高度相关的如：①同时关注实体经济和虚拟经济的发展。工业时代演进过程中，实体经济会由高速度、低质量发展演变为中高速、高质量发展。数字时代来临后，尽管数字经济蓬勃发展，但经济增速的核算体系并未同时革新（依然采用工业时代的经济核算体系），因此经济增速较难完全展现数字经济快速发展这一情况，实质上的高速度增长极有可能表现为核算数据中的中高速增长。这些情况的存在促使习近平新时代中国特色社会主义思想同时关注实体经济和虚拟经济的发展，全力在实体经济之外开辟虚拟经济这一"第二战场"，在保持高质

---

① 习近平：《习近平谈治国理政（第二卷）》，北京：外文出版社，2017，第532—536页。
② 习近平：《习近平谈治国理政（第二卷）》，北京：外文出版社，2017，第335—337页。
③ 曹冬英、王少泉：《习近平总书记关于数字治理的重要论述研究》，《中共福建省委党校学报》2019年第4期。
④ 曹冬英、王少泉：《习近平总书记关于数字治理的重要论述研究》，《中共福建省委党校学报》2019年第4期。
⑤ 王少泉：《我国数字政府治理：现实与前景》，《贵州省党校学报》2019年第3期。
⑥ 王少泉：《我国数字政府治理：现实与前景》，《贵州省党校学报》2019年第3期。

量增长的基础上将工业时代末期的中高速增长催发为数字时代的高速度增长。②习近平新时代中国特色社会主义思想对人的关注度更高。数字时代来临之后，工业时代的单一世界演进为一种"重叠结构世界"：完整的世界不再仅包含人们能够直观感觉到的实体世界，而是一个由实体世界和（人们无法直观感觉到的）虚拟世界共同构成的完整实体。实体世界和虚拟世界这两者之间并非相互隔绝状态，而是相互影响、相互重叠的：实体世界中的一切主体，都以"映射"的方式存在于虚拟世界之中；实体世界中一切现象的动因也存在于虚拟世界之中。①"重叠结构世界"的出现使人也演进为"重叠结构的人"，即由实体的个人和虚拟的个人共同组成的人。与中国特色社会主义理论体系前三个组成部分相比，习近平新时代中国特色社会主义思想中与数字时代相关的内容大幅度增加，在一定层面上意味着这一思想对人（尤其是虚拟世界中的人）的关注度进一步上升。这是马克思主义重视人的需求的展现，也是时代演进的重要表现。②

5. 中国特色社会主义理论体系的演进特征及启示。中国特色社会主义理论体系演进的总特征须从两方面进行加以分析。一方面，中国特色社会主义理论体系之所以被称为理论体系，是因为理论体系中的邓小平理论、"三个代表"重要思想、科学发展观、习近平新时代中国特色社会主义思想这四个组成部分：均建立在以实事求是为核心的、中国化的马克思主义哲学这一理论基础之上；均围绕"什么是社会主义、怎样建设社会主义"这一理论主题；总体、基本观点保持基本一致。即中国特色社会主义理论体系四个组成部分的理论基础和理论主题相同，且总体观点和基本观点大体一致，③这四个组成部分是一脉相承的。另一方面，中国特色社会主义理论体系并非一个一成不变的体系，而是处于不断演进的过程之中，以一种开放姿态基于我国现代化进程实现演进，并对这一进程的推进实施有效指导。真正的马克思主义学说，从来不会将研究成果视为或解释为已经发展到极致、不会继续发展的理论，而是指出这些研究成果均在一定程度上基于前人的某些研究成果展开进一步研究，当然这种进一步的研究是研究者在深刻认识、剖析所处时代各种现象的基础上得以实现的。正如

① 王少泉、李墨洋：《习近平的网络强国思想研究——基于公共行政理论本土化视角》，《天中学刊》2022年第1期。
② 曹冬英、王少泉：《习近平总书记关于数字治理的重要论述研究》，《中共福建省委党校学报》2019年第4期。
③ 王少泉、李墨洋：《习近平的网络强国思想研究——基于公共行政理论本土化视角》，《天中学刊》2022年第1期。

毛泽东同志在《实践论》指出的："客观现实世界的变化运动永远没有完结，人们在实践中对于真理的认识也就永远没有完结。"①改革开放至今，我国从工业时代的现代化演进为数字时代的现代化，这一现代化进程是一个不断基于此前现代化成果而演进的过程，观察这一现代化并加以剖析，基于此形成相应的指导思想必然也具有明显的持续演进特征，即现实情况的演进影响了指导理论的演进。从这些情况能够看出中国特色社会主义理论体系四个组成部分演进过程中展现出的总体特征是：一脉相承、螺旋式演进。

中国特色社会主义理论体系演进的具体特征有：（1）均主要由两大部分内容共同组成。马克思主义哲学中对立统一观主要指：马克思主义认为世界上一切事物都包含两个方面，是一个由既对立又统一的两个方面共同组成的实体，这两个方面既有斗争性又有同一性；以对立统一观对物质进行分析能够发现物质是无限可分的。中国特色社会主义理论体系四个组成部分实际上均主要由两大部分的内容共同组成，即"与工业化相关的内容"和"与数字化相关的内容"，这一特征在习近平新时代中国特色社会主义思想中表现得十分明显，这一思想是深化中国工业时代的理论，也是开创中国数字时代的理论。对中国特色社会主义理论体系前三者（邓小平理论、"三个代表"重要思想和科学发展观）展开分析能够发现：②这三者主要由与工业化相关的内容组成，但也或多或少地含有与数字化相关的内容。从时代属性上来看，中国特色社会主义理论体系四个组成部分"与工业化相关的内容"和"与数字化相关的内容"是相对立的，但实质上这两大方面的内容并不相互排斥，而是有效结合为一个有机整体，共同对我国的现代化进程展开有效指导，而且这两大方面的内容可以进一步划分多个组成部分，每个组成部分也可以继续细分，如：工业时代与数字时代，一实（体）一虚（拟），从这一角度来看二者对立，但是实体是虚拟的基础，虚拟对实体具有反作用，由此可见二者对立统一；与数字化相关的内容可以细分为这一过程中党委的领导、私营部门参与等内容。

（2）现实性。重要表现是与时代变迁相互作用。马克思主义认为，理论会因现实情况的变化而发展变化，现实情况也会因理论的演进而出现改变，理论与现实这两者相互作用，并在相互作用的过程中不断发展。在

①　毛泽东：《毛泽东选集（第一卷）》，北京：人民出版社，1991，第283页。
②　王少泉、李墨洋：《习近平的网络强国思想研究——基于公共行政理论本土化视角》，《天中学刊》2022年第1期。

改革开放持续推进这一宏观环境之中，我国的现代化进程得到不断推进，并逐渐由工业时代演进至数字时代，中国特色社会主义理论体系的生成环境之中，工业时代成分相对减少，数字时代成分则不断增多，这一情况对中国特色社会主义理论体系的四个组成部分产生了重要影响：邓小平理论生成于我国从农业时代全面演进至工业时代的环境之中，所以只有极少数内容与数字时代相关；"三个代表"重要思想与科学发展观生成于我国从工业时代逐渐向数字时代演进的环境之中，因此就"与数字时代相关内容的数量多少"来看，科学发展观多于"三个代表"重要思想，"三个代表"重要思想则多于邓小平理论；习近平新时代中国特色社会主义思想生成于我国从工业时代全面向数字时代演进的环境之中，这一思想中与数字时代相关内容明显多于前三种理论。这些情况的出现主要归因于：改革开放过程中我国实现了从农业时代全面演进至工业时代，进而由工业时代向数字时代全面演进。当然，我国在40年中实现时代的大幅度演进，很大程度上得益于中国特色社会主义理论体系四个组成部分的正确、全面指导，这是马克思主义中"理论反作用于实践"的全面展现。

（3）发展性。基于邓小平理论与习近平新时代中国特色社会主义思想的对比能够全面展现这种发展性：邓小平理论生成于中国由农业时代全面进入工业时代之时，这一理论十分关注现实空间中诸多问题的解决，尤其关注基于社会主义市场经济的建设推进中国的工业化进程、强化中国的综合国力、提升人民生活水平，因为数字时代尚未来临，这一理论极少关注存在于虚拟空间中问题的解决。习近平新时代中国特色社会主义思想生成于中国由工业时代进入数字时代之时，[①]这一思想既关注现实空间中诸多问题的解决，也关注虚拟空间中诸多风险的消除，能够同时为工业时代和数字时代的中国治理提供有效指导。从工业时代到数字时代，是发展性的全面呈现，在具体时代中生成的中国特色社会主义理论体系，必然具有这种时代的烙印，时代变迁的发展性随之"附生"于这些理论的演进之中。

分析中国特色社会主义理论体系的演进情况能够寻获诸多启示：①变是唯一的不变：改革开放以来，我国的现代化进程在不断推进，并逐渐从工业时代演进至数字时代，这一过程中，中国特色社会主义理论体系中的四个组成部分依次演进，与数字时代相关的内容持续增多，这是马克思主

---

① 王少泉、李墨洋：《习近平的网络强国思想研究——基于公共行政理论本土化视角》，《天中学刊》2022年第1期。

义哲学中"变是唯一的不变"的直观展现。②事物变化常常是必然性与偶然性共同作用的结果。一方面，从工业时代演进至数字时代是必然的，但中国特色社会主义理论体系中的某一部分内容极有可能在某一时间点上加速这一进程，这是偶然性的表现。另一方面，工业时代向数字时代的演进使与数字时代相关的内容在中国特色社会主义理论体系里四个组成部分中的占比不断上升，这是必然性的展现，工业时代向数字时代演进过程中某些情况的出现则极有可能在某一时间点助推某位领导人重要讲话的出现（如世界互联网大会的召开助推习近平总书记数次讲话的出现），推动中国特色社会主义理论体系四个组成部分的丰富及这一理论体系的演进，这是偶然性的展现。③事物变化过程中，量变引起质变这一情况常常出现。从邓小平理论到"三个代表"重要思想，再到科学发展观，最后到习近平新时代中国特色社会主义思想，这一演进过程中，与数字时代相关的内容持续增多，即与数字时代相关的内容在这四种指导思想中的占比不断上升，前三种指导思想演进过程中呈现的是量变过程，从科学发展观到习近平新时代中国特色社会主义思想的这一演进过程中，以及习近平新时代中国特色社会主义思想自身演进过程中，呈现的是质变过程——指导思想已经从"重点指导工业时代我国现代化进程"的思想演进为"指导工业时代向数字时代演进过程中我国现代化进程"的思想，且将继续演进为"重点指导数字时代我国现代化进程"的思想，最终演进为"全面指导数字时代我国现代化进程"的思想。④事物是普遍联系的：指导思想须根据现实情况的变化不断加以发展、推动演进过程；现实情况会因为指导思想的演进而不断发展变化。从改革开放至今，我国的现代化进程在不断推进，这一进程的推进助推了中国特色社会主义理论体系的发展，我国的现代化进程因指导思想的演进而不断得到推进。这些情况是马克思主义哲学中"事物是普遍联系的"这一观点的直观展现。

（三）现实背景：数字治理实践的展开

英美等发达国家于21世纪初出现数字治理"第一波浪潮"（数字治理1.0时代），并在2010年之后逐渐出现数字治理"第二波浪潮"（数字治理2.0时代），①以英美等为代表的西方国家持续推进数字治理进程，这些国家在推进数字治理的过程中尽管曾出现或正在面临一些问题，但均已经在数字治理领域取得诸多成果，并催生数字时代治理理论，②这些经验及

① 王少泉：《数字时代治理理论：背景、内容与简评》，《国外社会科学》2019年第2期。
② 王少泉：《美国数字政府治理经验在我国的应用分析》，《天中学刊》2018年第5期。

理论在一定程度上对中国数字治理进程的推进产生了影响。①

20世纪末以来，中国的互联网获得快速发展：②网民数量持续增加、互联网理财使用率提升、移动支付使用率保持增长、量子信息技术和人工智能等持续快速发展③。但也存在AR/VR/MR领域人才短缺、超级计算机人才储备不足等问题。中国在20世纪末开始数字治理进程，这一情况明显受到数字治理"第一波浪潮"影响。在这一宏观环境之中，习近平总书记于2000年启动"数字福建"建设进程，习近平总书记关于网络强国的重要思想由此开始萌芽。其后"数字福建"和"数字浙江"建设进程的推进为习近平总书记关于网络强国的重要思想的丰富创造了良好环境。④

中共十八大之后，在以习近平同志为核心的党中央领导下，推进"数字福建"和"数字浙江"的过程中取得的经验被推广至全国，⑤"数字中国"建设进程全面展开，中国的数字治理进程显著加速，明显具有数字治理2.0时代的特征，且在某些方面呈现出反超英美等发达国家的态势。习近平总书记关于网络强国的重要思想在这一宏观环境之中得到快速丰富。⑥

2017年12月9日，习近平在中共中央政治局第二次集体学习时提出"实施国家大数据战略加快建设数字中国"，⑦加快了中国的数字治理进程，也进一步丰富了习近平总书记关于网络强国的重要思想。2022年，中国互联网络信息中心（CNNIC）发布的第50次《中国互联网络发展状况统计报告》显示：我国的网民数量早已超过10亿。除网民数量增加之外，数字政府治理已经在中国大部分地方全面展开，互联网理财使用率继续提升、移动支付使用率保持增长、量子信息技术和人工智能等持续快速发展，为习近平总书记关于网络强国的重要思想的进一步丰富提供了良好环境。⑧

---

① 李希光：《习近平的互联网治理思维》，《人民论坛》2016年第2期（上）。
② 鲍静、贾开：《习近平新时代信息化建设重要思想研究与阐释》，《中国行政管理》2018年第4期。
③ 王少泉、李墨洋：《习近平的网络强国思想研究——基于公共行政理论本土化视角》，《天中学刊》2022年第1期。
④ 王少泉、李墨洋：《习近平的网络强国思想研究——基于公共行政理论本土化视角》，《天中学刊》2022年第1期。
⑤ 陈万球、欧阳雪倩：《习近平网络治理思想的理论特色》，《长沙理工大学学报（社会科学版）》2016年第2期。
⑥ 曹冬英、王少泉：《习近平总书记关于数字治理的重要论述研究》，《中共福建省委党校学报》2019年第4期。
⑦ 周显信、程金凤：《网络安全：习近平同志互联网思维的战略意蕴》，《毛泽东思想研究》2016年第2期。
⑧ 王少泉、李墨洋：《习近平的网络强国思想研究——基于公共行政理论本土化视角》，《天中学刊》2022年第1期。

二、重要思想的演进历程与动因

习近平总书记关于网络强国的重要思想的演进历程可分为三个阶段：萌芽阶段（2000.10—2012.10）、生成阶段（2012.11—2017.11）、发展阶段（2017.12至今）。习近平总书记关于网络强国的重要思想得以生成的内因是：习近平总书记在这一领域的持续开拓；党组织的推进；不同治理主体优势互补的存在；各级政府的实践推进；治理结构的持续优化。外因是：数字治理客体诉求演进的推动；西方国家相关经验的借鉴；数字技术的持续发展；学术研究的推进。

（一）习近平总书记关于网络强国的重要思想的演进历程

用间断—均衡观能够深入探究习近平总书记关于网络强国的重要思想的演进历程。美国古生物学家埃尔德雷奇和古尔德于1972年提出间断平衡论（Punctuated equilibrium），这一理论认为：进化过程中跳跃与停滞相间（突变与渐变结合），不存在匀速、平滑、渐变的进化，新物种只能通过线系分支产生、只能以跳跃的方式快速形成；新物种一旦形成就处于保守或进化停滞状态，新物种形成之后就会出现一种内在连贯性，呈现出保守或进化停滞状态，生物沿着固定的途径发育、生长，长期保持稳定直到下一次突变的出现；进化过程中的突变具有随机性，对新物种的形成而言地理隔离十分重要。[1]美国学者布莱恩·琼斯（Bryan Jones）将间断平衡论引入政策科学领域，指出政治议程现象与生物进化之间的相似性，并通过若干实证和案例研究提出了间断—均衡理论，这一理论旨在解释公共秩序过程中的一个简单现象。认为大多数政策领域的特点是停滞不前和稳定，而不是危机和重大变化。但有时会有重大的政治危机和变化。将间断平衡论和间断—均衡理论用于分析习近平总书记关于网络强国的重要思想的演进能够发现：重要思想成形的时间点，是其演进过程中的间断点。当然，也可以用马克思主义哲学的质量互变观展开分析：重要思想成形的时间点，可以视为基于量变实现质变的时间点。

习近平总书记关于网络强国的重要思想的演进历程可分为三个阶段：

1. 萌芽阶段（2000.10—2012.10），这一期间，习近平总书记分别在福建、浙江和上海工作，在数字治理领域做出了重要思想，有效推进了这

---

① 　Chris, Koski, and W. Samuel. "Drawing practical lessons from punctuated equilibrium theory." *Policy & Politics*, 2018 (46.2):293-308.

三个省市的数字治理进程。"数字福建"的提出标志着习近平总书记关于网络强国的重要思想的出现：[①]2000年10月，时任福建省省长的习近平率先提出建设"数字福建"的战略构想，[②]并基于创新理念摆脱原有地理空间之局限，对信息化与数字化的内涵与外延、应用的领域与方式等加以全新阐释。在"数字福建"建设取得明显进展之后，他于2002年在"数字福建"建设领导小组全体会议上作出重要讲话，为"数字福建"建设进程的继续推进提供了宏观指导。[③]习近平总书记在浙江和上海工作期间也十分重视数字治理领域的建设。在习近平总书记的指示下，福建、浙江和上海的数字治理进程得到持续推进，[④]标志着中国的数字治理进程进入一个新阶段。

2. 生成阶段（2012.11—2017.11），2012年11月中共十八大召开之后，在以习近平同志为核心的党中央领导下，中国的数字治理进程显著加速，[⑤]"数字福建"在实质上演进为"数字中国"，且在某些方面呈现出反超英美等发达国家的态势[⑥]。习近平总书记在这一时期的重要思想很多，如：《习近平在全国宣传思想工作会议上的讲话》（2013）、《习近平在中央网络安全和信息化领导小组第一次会议上的讲话》（2014）、《习近平在网络安全和信息化工作座谈会上的讲话》（2016）、《习近平致第四届世界互联网大会的贺信》（2017）。[⑦]这些讲话、贺信等的出现标志着习近平总书记关于网络强国的重要思想进入生成阶段，有效地助推了中国乃至世界的数字治理进程。[⑧]

3. 发展阶段（2017.12至今），2017年12月8日，习近平在中共中央政治局第二次集体学习时作出重要讲话，[⑨]即《习近平在中共中央政治局

[①] 曹冬英、王少泉：《习近平总书记关于数字治理的重要论述研究》，《中共福建省委党校学报》2019年第4期。

[②] 吴韬：《习近平的网络观及其现实意义》，《中共云南省委党校学报》2015年第4期。

[③] 曹冬英、王少泉：《习近平总书记关于数字治理的重要论述研究》，《中共福建省委党校学报》2019年第4期。

[④] 张颖、靖鸣：《网络强国重要论述的理论建构与内涵解读》，《传媒观察》2021年第11期。

[⑤] 林维勇：《论习近平网络强国重要论述的核心要义、实施路径和生动实践》，《新疆社科论坛》2021年第5期。

[⑥] 曹冬英、王少泉：《习近平总书记关于数字治理的重要论述研究》，《中共福建省委党校学报》2019年第4期。

[⑦] 曹冬英、王少泉：《习近平总书记关于数字治理的重要论述研究》，《中共福建省委党校学报》2019年第4期。

[⑧] 曹冬英、王少泉：《习近平总书记关于数字治理的重要论述研究》，《中共福建省委党校学报》2019年第4期。

[⑨] 曹冬英、王少泉：《习近平总书记关于数字治理的重要论述研究》，《中共福建省委党校学报》2019年第4期。

就实施国家大数据战略进行第二次集体学习上的讲话》（2017），①他在讲话中强调"实施国家大数据战略加快建设数字中国"，②标志着习近平总书记关于网络强国的重要思想得到进一步丰富。2018年4月22—24日，首届数字中国建设峰会在福建福州举办，习近平总书记发信致贺，即《习近平致首届数字中国建设峰会的贺信》（2018），这次会议的召开标志着习近平总书记关于网络强国的重要思想得到进一步实践、数字中国治理进程将继续加快。③

（二）习近平总书记关于网络强国的重要思想的生成动因

习近平总书记关于网络强国的重要思想得以生成的内因是：习近平总书记在这一领域的持续开拓；党组织的推进；不同治理主体优势互补的存在；各级政府的实践推进；治理结构的持续优化。外因是：数字治理客体诉求演进的推动；西方国家相关经验的借鉴；数字技术的持续发展；学术研究的推进。

习近平总书记关于网络强国的重要思想得以生成的内因是：第一，习近平总书记在这一领域的持续开拓。这是习近平总书记关于网络强国的重要思想得以生成的最重要内因：与毛泽东思想和邓小平理论等思想体系类似——习近平总书记在展开"数字福建""数字浙江""数字中国"建设的过程中持续展开思考、研究，习近平总书记关于网络强国的重要思想得以生成。第二，党组织的推进。习近平总书记在这一领域的持续开拓是这一重要思想得以生成的最重要内因，但并非唯一内因：党组织在我国数字治理领域的领导助推了这一重要思想的生成——数字治理诸多举措的实施由政府、公益部门、私营部门和公众等主体展开，④但党组织在其中的领导作用非常重要，习近平总书记对党组织在数字治理中重要作用的分析及强调丰富了相关论述。第三，不同治理主体优势互补的存在。习近平总书记关于网络强国的重要思想生成之初，⑤数字治理主要由政府推进，

---

① 杜金金、张晓明：《习近平新时代网络强国战略思想的理论内涵和实践进路》，《中学政治教学参考》2021年第28期。
② 温树峰：《习近平新时代建设网络强国思想的人民性阐释》，《浙江理工大学学报（社会科学版）》2022年第4期。
③ 曹冬英、王少泉：《习近平总书记关于数字治理的重要论述研究》，《中共福建省委党校学报》2019年第4期。
④ 张志飞、许伟：《论习近平关于网络强国战略重要论述的三重维度》，《西安建筑科技大学学报（社会科学版）》2022年第4期。
⑤ 曹冬英：《深刻理解习近平关于网络强国的重要思想　积极推进数字中国建设》，《海峡通讯》2021年第1期。

公益部门、私营部门和公众等主体尚未有效参与这一进程，①也未能对习近平总书记关于网络强国的重要思想的生成产生明显影响，数字技术的持续发展不断强化公益部门、私营部门和公众等主体在数字治理过程中的作用以及数字治理主体之间的优势互补性，习近平总书记敏锐地注意到这些变化，并在相关论述中加以详细呈现。第四，各级政府的实践推进。理论与实践通常存在相互推进作用，②习近平总书记关于网络强国的重要思想基于我国各级政府的数字治理实践生成，也推进了这一实践。第五，治理结构的持续优化。数字技术的持续发展使公益部门、私营部门和公众等主体日益成为数字治理的重要主体，③我国的数字政府治理结构随之不断优化，习近平总书记对这一情况的关注为其重要思想的丰富创造了条件。

习近平总书记关于网络强国的重要思想得以生成的外因是：第一，数字治理客体诉求演进的推动。我国推进数字治理的过程中，数字治理客体（主要是私营部门和公众）的诉求在不断演进，④这一情况的存在促使数字治理主体持续提升数字治理效能、水平，习近平总书记对这一情况的关注及研究，丰富了关于数字治理的重要思想。第二，西方国家相关经验的借鉴。从世界范围来看，我国并非唯一一个推进数字治理进程的国家⑤——20世纪末，我国与诸多西方国家一起进入数字治理时代。西方国家在推进数字治理的过程中获得了一些经验，习近平总书记注意到这些经验，这一点在关于数字治理的重要思想中能够发现。第三，数字技术的持续发展。数字技术的持续发展有助于数字治理进程的稳步推进，数字治理进程的稳步推进则有助于习近平总书记关于网络强国的重要思想的丰富。第四，学术研究的推进。进入21世纪以来，国内外学界逐步展开数字治理的相关研究，⑥学术成果的增多为习近平总书记关于网络强国的重要思想的丰富创造了良好环境。

---

① 李君如：《习近平网络强国战略：具有21世纪马克思主义特质的原创性成果》，《理论视野》2022年第9期。

② 程乐：《网络空间治理：中国智慧·中国方案·中国路径——习近平总书记关于网络强国的重要思想研究》，《思想理论战线》2022年第2期。

③ 魏曦英：《贯彻习近平总书记网络强国重要思想推进福建数字经济发展》，《产业与科技论坛》2022年第10期。

④ 徐汉明：《习近平"网络强国"重要论述及其时代价值》，《法学》2022年第4期。

⑤ 谌贻琴：《深入学习贯彻习近平总书记关于网络强国的重要思想奋力谱写多彩贵州网信事业新篇章》，《当代贵州》2022年第24期。

⑥ 张垒：《习近平总书记关于网络强国的重要思想发展脉络及其对新闻舆论工作的指导意义》，《中国出版》2021年第11期。

三、重要思想的生成意义与特征

（一）习近平总书记关于网络强国的重要思想的生成意义

一方面，从实践层面来看，习近平总书记关于网络强国的重要思想的生成具有重要意义，整体而言，助力我国破解美国为首的西方国家在国际上构建的"黑暗森林"。另一方面，从理论层面来看，习近平总书记关于网络强国的重要思想的生成具有重要意义：实现了公共行政理论（在中国）的本土化，[①]强化理论自信，提升公共行政理论的现代性；完全改变了价值理性谱系的公共行政理论对现实影响相对较小的状态；与数字时代治理理论共同开创公共行政理论中的"工具—价值理性谱系"，而且大有将工具理性谱系理论与价值理性谱系理论之间的争论内化为"工具—价值理性谱系"内部不同理论之间的争论；在"工具—价值理性谱系"内部催生理论之争；在理论层面上展现了中西方之间存在的竞争。分述如下：

从实践层面的意义来看，"黑暗森林"出自刘慈欣原著小说《三体2：黑暗森林》，他将宇宙喻为一座"黑暗森林"，将每个文明喻为带枪的猎人，猎人们无法判断其他猎人的善恶，对任何一个猎人而言，其他猎人都是威胁，一旦暴露自己的位置就有可能被其他高水平猎人击杀，即使其他猎人目前的水平不高，但他们的水平在"技术爆炸"之后有可能超过暴露位置的猎人，从而成功击杀暴露位置的猎人。因此，猎人们潜行于林间且尽力避免发出声响，以免被其他猎人发现，他们发现其他猎人时的最佳选择是开枪击杀。水平较高的猎人倾向于隐藏自己，使其他猎人难以探查，生存选择的结果使所有的猎人都变得难以发现。第二次世界大战结束之后，美国在国际竞争中长期处于优势、主导地位，其他国家绝大部分处于劣势、从属地位。为了维护自己的地位，美国借助一系列政策对其他国家进行打压，尤其是打压那些有可能挑战美国的主导地位的国家，美国的这些政策或举措，使得全球变为"黑暗森林"，对全球发展具有明显负面影响。被美国打压的国家主要是：苏联、中国、俄罗斯、日本和德国等。尤其是最近数十年一直在打压我国。这一情况的根本成因是：美国试图在国际竞争过程中锁定其主导地位并将中国视为威胁。具体成因是：美国将主导地位视为对其生存具有极高影响的因素；美国试图锁定对其有利的资源非均衡状态；美国高度猜疑我国，国家之间的善意很低；技术爆炸极有

---

① 曹冬英：《深刻理解习近平关于网络强国的重要思想　积极推进数字中国建设》，《海峡通讯》2021年第1期。

可能助推中国破除美国构建的主导体系；我国与美国之间的沟通效果较差；致力于实现现代化的我国极难有效隐藏真实实力和战略意图。

习近平总书记关于网络强国的重要思想生成之后，有力推进我国的数字政府治理进程，助力我国破解美国为首的西方国家在国际上构建的"黑暗森林"，具体而言：推动实施国家大数据战略，助推数字基础设施的完善，优化数字政府治理结构并推进数据资源整合和开放共享；强化数字治理过程中的数据安全，加快建设数字中国，助推中国在数字治理领域反超英美等国；降低权力运作过程中出现寻租的可能性，助推政治生态的进一步优化，为数字中国治理过程中同时规避"政府失灵"和"市场失灵"创造条件；助推中国经济社会的进一步发展及人民生活水平的进一步提高。

从理论层面来看，习近平总书记关于网络强国的重要思想的生成具有重要意义：实现了公共行政理论（在中国）的本土化，[①]强化理论自信，提升公共行政理论的现代性；完全改变了价值理性谱系的公共行政理论对现实影响相对较小的状态；与数字时代治理理论共同开创公共行政理论中的"工具—价值理性谱系"，而且大有将工具理性谱系理论与价值理性谱系理论之间的争论内化为"工具—价值理性谱系"内部不同理论之间的争论；在"工具—价值理性谱系"内部催生理论之争；在理论层面上展现了中西方之间存在的竞争。分述如下：

1. 实现了公共行政理论（在中国）的本土化，强化理论自信，提升公共行政理论的现代性。公共行政学演进过程中出现10个主导理论，只有习近平总书记关于网络强国的重要思想生成于中国，实现了公共行政理论（在中国）的本土化，彻底改变中国长期引介甚至照搬西方公共行政理论的状态，开启中国公共行政理论的本土化进程，强化了中国的理论自信。公共行政理论现代性强弱的判断标准是：融合工具理性与价值理性的程度；运用过程中（潜在或表现出的）负面效应的大小。习近平总书记关于网络强国的重要思想高度融合了工具理性与价值理性，而且运用过程中并不存在负面效应，因此显著强化了公共行政理论的现代性。[②]

2. 习近平总书记关于网络强国的重要思想的生成，完全改变了价值理性谱系的公共行政理论对现实影响相对较小的状态。这一思想（一种公共行政理论）对现实的影响力，甚至强于传统公共行政理论创立之初对现

---

① 曹冬英：《深刻理解习近平关于网络强国的重要思想　积极推进数字中国建设》，《海峡通讯》2021年第1期。
② 曹冬英、王少泉：《习近平总书记关于数字治理的重要论述研究》，《中共福建省委党校学报》2019年第4期。

实的影响力：①传统公共行政理论主要由学者创立（伍德罗·威尔逊创立理论之后才成为国家领导人），这些学者的理论能否对现实产生显著影响，很大程度上取决于政界是否采纳他们的建议和意见；习近平总书记关于网络强国的重要思想由习近平总书记而非某些学者创立，②意味着这一思想对现实的影响力必然强于学者创立的理论。

3. 与数字时代治理理论共同开创公共行政理论中的"工具—价值理性谱系"，而且大有将工具理性谱系理论与价值理性谱系理论之间的争论内化为"工具—价值理性谱系"内部不同理论之间的争论。习近平总书记关于网络强国的重要思想和数字时代治理理论都是公共行政理论中"工具—价值理性谱系"的开创者，这两者均较为有效地融合了公共行政理论中的工具理性与价值理性——尽管并非完美融合而且两种理性的"占比"不同：相对而言，习近平总书记关于网络强国的重要思想展现着中国共产党的根本宗旨（全心全意为人民服务），因而偏向于价值理性一端；数字时代治理理论实际上是整体性治理理论（工具理性谱系）在现实中尤其是在数字治理领域的运用，因而偏向于工具理性一端。

4. 在"工具—价值理性谱系"内部催生理论之争。习近平总书记关于网络强国的重要思想与数字时代治理理论在公共行政理论中共同开创"工具—价值理性谱系"，意味着"工具—价值理性谱系"创立之时内部就存在不同理论之争，这一情况与公共行政理论中工具理性谱系和价值理性谱系创立之时的情况截然不同：工具理性谱系的理论传统在公共行政理论创立之时（19世纪末）就存在，内部并不存在不同理论之争；价值理性谱系的开创理论新公共行政理论创立之时（20世纪60年代末），内部也不存在不同理论之争。"工具—价值理性谱系"创立之时内部就存在理论之争，意味着这一谱系并未实现内部统一，这一状态的存在是这一谱系尚未在公共行政学界取代工具理性谱系（整体性治理理论）与价值理性谱系（公共价值管理理论）并驾齐驱状态的重要原因。③但从另一方面来看，"工具—价值理性谱系"内部存在理论之争，有助于这一谱系的公共行政理论在自我检视、相互借鉴的过程中加快完善速度，助推这一谱系的公共行政理论在公共行政学界成为主导理论。

---

① 王少泉、李墨洋：《习近平的网络强国思想研究——基于公共行政理论本土化视角》，《天中学刊》2022年第1期。
② 吴恒、季颖：《习近平关于网络强国战略重要论述的三重意蕴》，《观察与思考》2021年第5期。
③ 王少泉：《数字党建：理论渊源与现实推进》，《湖北行政学院学报》2019年第6期。

5. 在理论层面上展现了中西方之间存在的竞争。公共行政领域首次出现基于中国实践产生的公共行政理论（习近平总书记关于网络强国的重要思想），而且这一极具竞争力的理论与数字时代治理共同在公共行政领域开创了"工具—价值理性谱系"，未来能够成为公共行政学界的主导理论，在理论层面上展现了中西方之间存在的竞争。

（二）习近平总书记关于网络强国的重要思想的特征

习近平总书记关于网络强国的重要思想具有诸多特征：革新性、目的性、开放性、系统性、阶段性、理论与实践相互推动。分述如下：

1. 革新性。习近平新时代中国特色社会主义思想是马克思主义中国化的最新成果，具有明显的革新性。[①]与习近平总书记在其他领域的重要思想相比，他在数字治理领域重要思想的革新性更为明显：从领域之间的对比来看，数字治理是一个全新领域，这一领域的重要思想因而天然具有革新性；从各领域的理论基础来看，其他领域均有坚实的理论基础，数字治理领域的理论则与习近平总书记的重要思想同步出现，因此这些重要思想具有明显革新性。

2. 目的性。习近平总书记在政治、经济和文化等领域的重要思想均具有明显的目的性——均为了推进某个领域的发展、解决某个领域的一些重大问题。习近平总书记关于网络强国的重要思想也具有明显的目的性：这些论述均为了解决数字治理过程中出现的问题，[②]化解数字治理过程中的各种危机。

3. 开放性。习近平总书记在数字治理这一领域做出诸多重要思想之时，并非以封闭状态展开思考及论述，而是理性地观察数字治理状态、分析其他人在数字治理领域做出的报告、论断或构建的理论。如：2000年，时任福州大学科研处处长的王钦敏向时任福建省省长的习近平递交《"数字福建"项目建议书》，[③]习近平总书记高度重视这一建议书并做出重要批示，是习近平总书记关于网络强国的重要思想的重要发端。

4. 系统性。习近平总书记关于网络强国的重要思想存在于诸多讲话、批示和贺信之中，这些重要思想是一个系统；他指出数字治理是由数字经济、数字社会及数字政府治理等诸多部分共同组成的系统；这些重要

---

① 曹冬英、王少泉：《习近平总书记关于数字治理的重要论述研究》，《中共福建省委党校学报》2019年第4期。
② 岳爱武、周欢：《习近平关于网络人才建设重要论述的理论蕴涵及其现实路径研究》，《重庆邮电大学学报（社会科学版）》2021年第5期。
③ 刘珉旻：《习近平网络强国重要论述的成果共享观研究》，《新经济》2021年第7期。

思想是习近平新时代中国特色社会主义思想的重要组成部分，如果将这一思想视为一个大系统，那么这些重要思想就是一个子系统。

5．阶段性。习近平总书记关于网络强国的重要思想的形成可以分为三个阶段：萌芽阶段（2000.10—2012.10）、生成阶段（2012.11—2017.11）、发展阶段（2017.12至今）。三个阶段的时长存在明显差异，每个阶段都具有自身的特征，每个时间节点都有明显的标志，随着阶段的更替，习近平总书记关于网络强国的重要思想不断丰富。[①]

6．理论与实践相互推动。习近平总书记关于网络强国的重要思想与数字治理实践相互推动：这一重要思想最初催生了"数字福建"的建设，[②]在"数字福建""数字浙江"和"数字中国"等建设过程中，这一重要思想不断丰富，日益成为一个完整的理论体系，为我国数字治理进程的进一步推进构筑了极具高度和深度的指导理论。[③]

四、重要思想的内容

习近平总书记关于网络强国的重要思想主要包括以下内容：数字治理推进经济社会发展；数字治理中顶层设计与统一领导；数字治理中自主创新和先行先试；信息资源整合与共享；提升数字治理服务人民效能；发展数字经济；数字治理人才建设；维护网络和信息安全；治理网络生态；构建互联网治理体系。习近平总书记关于网络强国的重要思想十方面内容及直接与数字政府治理相关的内容阐述如下：

（一）数字治理推进经济社会发展

第四次工业革命的出现使各国政府日益重视数字治理对经济社会发展的重要作用，在此次工业革命到来之初，习近平总书记已经敏锐地认识到推进数字治理进程对经济社会发展具有重要推动作用。这一领域重要思想主要呈现于两个层面：[④]第一，借助数字治理推进经济社会发展。他于2000年10月在《"数字福建"项目建议书》上批示指出：抢占科技制高点是科技兴省战略的必然举措，"数字福建"建设是这一举措的具体呈现。

---

① 曹冬英、王少泉：《习近平总书记关于数字治理的重要论述研究》，《中共福建省委党校学报》2019年第4期。
② 田刚元、陈富良：《习近平数字经济发展思想的历史逻辑、核心要义及其时代价值》，《理论导刊》2021年第1期。
③ 曹冬英、王少泉：《习近平总书记关于数字治理的重要论述研究》，《中共福建省委党校学报》2019年第4期。
④ 曹冬英、王少泉：《习近平总书记关于数字治理的重要论述研究》，《中共福建省委党校学报》2019年第4期。

同年12月，他在福建省政府专题会议上的讲话中指出："数字福建"建设进程的推进能够统揽福建省信息化全局，基于信息化战略制高点的抢占来发挥福建省的后发优势。他在《"数字福建"向我们走来》（2002年2月）中指出：信息化与四个现代化密切相关，是当今世界经济发展和社会发展宏观趋势，能够有效助推我国以及福建省的产业优化升级和现代化进程。他在"数字福建"建设领导小组全体会议上的讲话（2002年6月7日）中指出：各级政府、各部门必须更加重视实现国民经济信息化，基于"数字福建"建设实现福建省的信息化。第二，基于数字治理推进经济社会发展。习近平总书记指出：当前，世界处于以信息技术为核心的第四次工业革命之中，[①]信息技术创新的不断演进，触发数字化、网络化和智能化的快速发展，有效地推动了经济社会发展；[②]信息技术引领当前社会生产中的新变革，使人类的生活空间得到有效增加、国家的治理领域得到有效扩展、人类认识和改造世界的能力得到有效提高，[③]经济社会发展速度明显加快。因此，作为数字政府治理的最重要主体，公务员这一群体必须深入了解数字治理对经济社会发展的影响。[④]

（二）数字治理中顶层设计与统一领导

"数字福建"建设启动之初，习近平总书记就十分重视福建省数字治理过程中的顶层设计，他在福建省政府专题会议（2000年12月23日）上指出：推进福建省数字治理进程之时，必须集中力量、突出重点、整合资源、分项推进，促使福建省的数字治理水平得到显著提升。在福建省九届人大四次会议（2001年2月7日）上，他再次对此加以强调。[⑤]他指导编制的《"十五"数字福建专项规划》中部分内容进一步阐释了数字治理领域的顶层设计的重要性。

习近平总书记也多次指出各级领导必须高度重视数字治理过程中的领导工作，致力于长远规划的制定、当前问题的解决以及数字治理人才的培养等工作。"中央网络安全和信息化领导小组"于2014年2月27日成立，

---

① 《共同构建和平、安全、开放、合作的网络空间建立多边、民主、透明的国际互联网治理体系》，人民网，2014-11-20。

② 习近平：《习近平致信祝贺首届数字中国建设峰会开幕强调 以信息化培育新动能 用新动能推动新发展 以新发展创造新辉煌 习近平致首届数字中国建设峰会的贺信》，《思想政治工作研究》2018年第5期。

③ 《习近平在第二届世界互联网大会开幕式上的讲话（全文）》，新华网，2015-12-16。

④ 新华社：《习近平：实施国家大数据战略加快建设数字中国》，《中国信息安全》2018年第1期。

⑤ 林维勇：《论习近平网络强国重要论述的核心要义、实施路径和生动实践》，《新疆社科论坛》2021年第5期。

在这一领导小组召开的首次会议中，^①习近平总书记就强调了数字治理过程中统一领导的重要性。

（三）数字治理中自主创新和先行先试

数字治理是一个全新的治理领域，发现并实施行之有效的新方法，对数字治理水平的提高具有重要推动作用。这一领域重要思想主要包括以下内容：

1．核心技术的类别。他指出核心技术包括三类：基础技术、通用技术；非对称技术、"杀手锏"技术；前沿技术、颠覆性技术。互联网核心技术对数字治理进程的推进具有关键性影响，^②如果我国这些核心技术受制于人，将引致重大隐患。

2．数字治理中自主创新的举措。习近平总书记在"数字福建"建设展开之初就强调：必须十分重视信息领域的科研工作，增加具有自主知识产权的信息产品数量；必须集中力量展开核心技术的研究开发，助推信息产业的发展，以缩小数字鸿沟、服务经济建设。突破核心技术需要我们具有决心、恒心和重心，^③具体举措有：开放和自主这两者之间的关系得到正确处理；在科研领域展开集中投入以助推核心技术的突破；助推核心技术转化为成果；强化协同攻关，推进强强联合。

近年，习近平总书记继续在多个场合对数字治理中自主创新和先行先试的重要性加以强调，如：中共中央政治局就实施国家大数据战略进行第二次集体学习（2017年12月8日）时，^④习近平总书记强调要推动大数据技术产业创新发展^⑤。并在《致首届数字中国建设峰会的贺信》中强调在建设数字中国的过程中要全面贯彻新发展理念，基于信息化孕育新动能，借助新动能助推新发展，依靠新发展开创新辉煌。

（四）信息资源整合与共享

数字治理进程展开的过程中，数字治理主体都会面临信息资源的整合与开放问题——信息资源零散地分布于不同部门之中且大多处于封闭状态。能否有效地实现信息资源的整合与开放，关系到数字治理效能的提

---

① 张志飞、许伟：《论习近平关于网络强国战略重要论述的三重维度》，《西安建筑科技大学学报（社会科学版）》2022年第4期。

② 徐汉明：《习近平"网络强国"重要论述及其时代价值》，《法学》2022年第4期。

③ 李君如：《习近平网络强国战略：具有21世纪马克思主义特质的原创性成果》，《理论视野》2022年第9期。

④ 张颖、靖鸣：《网络强国重要论述的理论建构与内涵解读》，《传媒观察》2021年第11期。

⑤ 曹冬英、王少泉：《习近平总书记关于数字治理的重要论述研究》，《中共福建省委党校学报》2019年第4期。

升，习近平总书记一直对此十分重视，这一领域重要思想呈现为：在福建省九届人大四次会议（2001年2月7日）上，[①]他强调指出：必须着力建设各类数据库，实现信息资源的整合；鼓励数字治理过程中各类信息在公用信息平台中集中呈现，实现这些信息资源的整合与开放。2001年3月23日，他在"数字福建"建设领导小组成员会议上进一步强调指出必须使信息资源共享政策得到确立。他于2002年5月撰文指出必须进一步构建及优化各行业、各部门的信息系统，建设各类别的公共数据库，实现信息资源的最大程度整合与共享。中共中央政治局就实施国家大数据战略进行第二次集体学习时（2017年12月8日），[②]习近平总书记强调要基于数据的整合与共享实现技术、业务以及数据的融合，消除信息壁垒，构建统一接入、覆盖全国的共享数据平台。他在第二届世界互联网大会（2015年12月16日）上的讲话中指出：世界各国有必要在互联网领域强化合作与开放，借助合作平台实现良好沟通，实现数字治理领域的优势互补，使各国能够共享数字治理成果。[③]

（五）提升数字治理服务人民效能

推进数字治理进程的根本目的是借助信息技术、信息资源推进我国各项事业的发展以造福于民。这一领域重要思想主要包括以下内容：

1. 数字治理的根本目标。早在"数字福建"建设领导小组第二次成员会议（2001年11月23日）上，习近平总书记就指出："数字福建"建设进程的推进，必须着力于借助信息技术提升政府办公效率，向人民群众提供高质量、高水平的信息服务。[④]

2. 提升数字治理服务人民效能的重要性。[⑤]习近平总书记指出，信息技术的发展有效地助推了经济社会发展，为我国国家治理体系的优化、治理能力现代化、人民日益增长的美好生活需要的满足等方面创造了条件。必须着力降低信息化成本、提高数字治理服务的覆盖范围，使我国人民能够共享数字治理成果，增加我国人民在这一方面的获得感。

---

① 周显信、程金凤：《网络安全：习近平同志互联网思维的战略意蕴》，《毛泽东思想研究》2016年第2期。
② 徐汉明：《习近平"网络强国"重要论述及其时代价值》，《法学》2022年第4期。
③ 曹冬英、王少泉：《习近平总书记关于数字治理的重要论述研究》，《中共福建省委党校学报》2019年第4期。
④ 曹冬英、王少泉：《习近平总书记关于数字治理的重要论述研究》，《中共福建省委党校学报》2019年第4期。
⑤ 吴恒、季颖：《习近平关于网络强国战略重要论述的三重意蕴》，《观察与思考》2021年第5期。

3．提升数字治理服务人民效能的普适性举措。强化信息技术在教育、医疗和文化等领域的运用，提升公共服务均等化水平及我国人民的办事便捷度；①基于问题导向着力解决民生领域的突出问题，提升各领域的数字治理水平，开发便民应用；关注生态保护和精准扶贫等领域的大数据运用，助力这些领域治理状况的明显改善。公共信息网络的建设必须能够有效缩小沿海地区与山区的数字鸿沟，全面且多层次地满足我国人民的数字治理需求。

4．提升数字治理服务人民效能的具体举措。加大农村互联网领域的投入力度，提高我国农村实现光纤网和宽带网的覆盖率；②着力推进工业化与信息化的融合进程，提升智能制造水平，催生创新创业人群；以增加农民收入、实现农业现代化为目标，致力于农业生产过程中智能化水平、农产品经营过程中网络化水平的提高；提升农村地区教育、医疗和文化等领域的数字化水平，推进基本公共服务均等化；③基于信息技术的广泛使用推进精准扶贫进程，使困难群众能够借助网络销售农产品，实现精准脱贫；推进数字政府治理进程，整合信息资源、消除信息壁垒，提高人民群众的办事便捷度。④

（六）发展数字经济

数字经济是数字治理的重要组成部分，这种经济的快速发展对我国构建现代化的经济体系具有重大影响。习近平总书记指出：当前这个时代，信息技术持续更新，数字化、智能化和网络化获得深入的发展，有效地助推了经济发展、社会发展，有利于国家治理体系的现代化以及国家治理能力的现代化，并在满足人民日益增长的美好生活需要这一方面发挥了重要作用。⑤

习近平总书记曾在福建省九届人大四次会议上（2001年2月）上指出：福建省在21世纪发挥后发优势的重要选择是实现信息化和工业化这两者的有效结合，借助信息化推动工业化进程，催生强大的数字经济。必须

---

① 刘珉旻：《习近平网络强国重要论述的成果共享观研究》，《新经济》2021年第7期。
② 吴韬：《习近平的网络观及其现实意义》，《中共云南省委党校学报》2015年第4期。
③ 林维勇：《论习近平网络强国重要论述的核心要义、实施路径和生动实践》，《新疆社科论坛》2021年第5期。
④ 曹冬英、王少泉：《习近平总书记关于数字治理的重要论述研究》，《中共福建省委党校学报》2019年第4期。
⑤ 曹冬英、王少泉：《习近平总书记关于数字治理的重要论述研究》，《中共福建省委党校学报》2019年第4期。

支持私营部门参与数字经济并对其加以规范，[①]在这一过程中实施行之有效的引导政策，依法对这些私营部门进行管理，使私营部门在实现经济效益的同时实现社会效益。福建省政府第一次全体会议（2002年1月29日）上，他指出：必须基于信息技术对存在于农业、制造业以及流通业等领域之中的粗放、低效、高耗能产业进行改造，提升这些产业的信息化水平；必须提高信息技术的应用率，在能源、交通、原材料等领域的私营部门中推进自动化、智能化进程。[②]这些举措的实施能够为福建省数字经济的发展创造条件。福建省产业结构调整工作会议（2002年7月2日）上，他强调必须进一步加快福建省的数字经济发展速度，[③]可采取举措如：借助信息技术提升传统产业中设备的集成化水平；[④]采用信息控制技术提高生产加工过程中的自动化水平和过程控制水平；基于嵌入式软件技术的使用来提升工业产品以及消费品的智能化水平；私营部门技术开发、检测等过程中，借助信息化手段提升效率和水平；依靠信息技术提高私营部门的资源管理系统智能化水平；[⑤]在私营部门的采购、物流和销售等环节中切实运用电子商务技术。[⑥]在我国数字经济已经取得明显成就之后，习近平总书记在中共中央政治局就实施国家大数据战略进行第二次集体学习（2017年12月8日）时指出必须基于一些举措进一步发展数字经济：[⑦]强化数字经济与实体经济这两者的融合发展；深化信息化与工业化这两者的融合程度；推动我国制造业的数字化进程；强化工业领域的数字化设施建设，凸显创新对数字经济的引领和支撑作用。[⑧]

　　在私营部门参与数字治理的重要性方面，习近平总书记指出，公有制为主体、多种所有制经济共同发展是中国共产党确立的基本经济制度，这

① 程乐：《网络空间治理：中国智慧·中国方案·中国路径——习近平总书记关于网络强国的重要思想研究》，《思想理论战线》2022年第2期。
② 曹冬英、王少泉：《习近平总书记关于数字治理的重要论述研究》，《中共福建省委党校学报》2019年第4期。
③ 李希光：《习近平的互联网治理思维》，《人民论坛》2016年第2期（上）。
④ 周显信、程金凤：《网络安全：习近平同志互联网思维的战略意蕴》，《毛泽东思想研究》2016年第2期。
⑤ 林维勇：《论习近平网络强国重要论述的核心要义、实施路径和生动实践》，《新疆社科论坛》2021年第5期。
⑥ 曹冬英、王少泉：《习近平总书记关于数字治理的重要论述研究》，《中共福建省委党校学报》2019年第4期。
⑦ 温树峰：《习近平新时代建设网络强国思想的人民性阐释》，《浙江理工大学学报（社会科学版）》2022年第4期。
⑧ 曹冬英、王少泉：《习近平总书记关于数字治理的重要论述研究》，《中共福建省委党校学报》2019年第4期。

一制度是中国特色社会主义制度的重要组成部分之一，这一制度的存在及完善有助于我国社会主义市场经济休制的完善。在私营部门参与数字治理的途径方面，习近平总书记指出应该通过以下举措助推私营部门参与数字治理：第一，鼓励支持与规范发展的并举；第二，政策引导与依法管理的并行；第三，经济效益与社会效益的并重；第四，国内合作和国际合作的并行。

（七）数字治理人才建设

数字治理进程的推进在很大程度上基于数字治理政策的实施，数字治理政策的制定、实施及优化在很大程度上基于数字治理人才的建设。习近平总书记一直重视数字治理人才的建设，他在批示《"数字福建"项目建议书》时（2000年10月12日）指出：[①]"数字福建"建设的展开必须做好数字治理人才的准备工作，依靠福建省省内专家并聘请国内外专家共同致力于"数字福建"建设进程的推进。习近平总书记在浙江省和上海市工作时也十分重视数字治理人才的建设工作。近年来，习近平总书记多次就数字治理人才建设作出重要指示：第一，数字治理人才建设的宏观途径。[②]我国必须建设多类型、多层次的数字治理人才队伍，以数据开放、市场主导为原则，以数据为纽带，全面推进产学研的融合程度，为我国数字治理进程的推进奠定良好人才基础。[③]第二，数字治理人才的才智发挥。私营部门、专家学者和科技人员等群体对我国数字治理进程的推进具有重要影响，必须增强这些群体的责任感、积极性与创造性，使之在我国数字治理过程中献智献力。各级党委和政府必须真正尊重知识、尊重人才，[④]为数字治理人才的才智发挥构建良好环境。第三，数字治理人才的培育。必须投入大量人力、物力和财力致力于数字治理人才的培育，解放思想，打破陈规陋习，不论资排辈，采用某些特殊政策实现数字治理人才的良好培育。第四，数字治理人才的吸纳。要变革人事、薪酬和评价等制度，强化这些制度的创新性与实用性，增强数字治理人才的获得感，保障数字治理

---

① 周显信、程金凤：《网络安全：习近平同志互联网思维的战略意蕴》，《毛泽东思想研究》2016年第2期。
② 张颖、靖鸣：《网络强国重要论述的理论建构与内涵解读》，《传媒观察》2021年第11期。
③ 曹冬英、王少泉：《习近平总书记关于数字治理的重要论述研究》，《中共福建省委党校学报》2019年第4期。
④ 林维勇：《论习近平网络强国重要论述的核心要义、实施路径和生动实践》，《新疆社科论坛》2021年第5期。

人才在政府、私营部门和智库中的顺畅流动，[1]把优秀的数字治理人才吸纳于技术、研究和管理等部门之中。第五，数字治理人才的引入。我国的数字治理人才资源丰富，但这一领域的人才流失问题也比较严重。必须基于全球视野、改革人才引进制度，高效引进数字治理领域的高端人才。[2]

（八）维护网络和信息安全

维护网络和信息安全主要包括以下内容：第一，世界各国合力维护网络和信息安全。互联网并非法外之地，必须讲法治，致力于维护国家利益、安全及发展利益。构建安全、稳定、繁荣的互联网空间对世界各国大有裨益，[3]各国应该通力协作，杜绝双重标准，根据相关法律及国际公约共同打击各类网络犯罪。[4]第二，网络安全、信息安全与数字治理的相关性。网络和信息安全是发展的前提，发展是网络和信息安全的保障，二者要共同推进。当前，世界各国面临的网络安全问题日益增多，各国有必要通力合作，共同致力于网络安全问题的解决，[5]基于网络和信息安全的实现来推进数字治理进程。第三，维护网络和信息安全的具体举措。网络安全观的树立；关键信息的基础设施必须拥有完备的安全保障体系；对网络安全态势展开全方位、全天候的感知；[6]网络安全防御与威慑能力的强化。切实保护国家关键数据资源，强化数据安全预警能力以及溯源能力；完善相关法律法规，优化相关制度建设；有效保护技术专利、数字版权、数字内容产品及个人隐私等；基于国际数据治理政策以及治理规则等领域研究的强化提出中国方案[7]。

（九）治理网络生态

这一领域主要包括习近平总书记阐述的以下内容：

1. 治理网络生态的必要性。（1）网络生态影响的广泛存在。互联网这一大平台的存在、这些信息的获得及交流会明显影响亿万网民的求知

---

① 魏曦英：《贯彻习近平总书记网络强国重要思想推进福建数字经济发展》，《产业与科技论坛》2022年第10期。

② 曹冬英、王少泉：《习近平总书记关于数字治理的重要论述研究》，《中共福建省委党校学报》2019年第4期。

③ 徐汉明：《习近平"网络强国"重要论述及其时代价值》，《法学》2022年第4期。

④ 曹冬英、王少泉：《习近平总书记关于数字治理的重要论述研究》，《中共福建省委党校学报》2019年第4期。

⑤ 谌贻琴：《深入学习贯彻习近平总书记关于网络强国的重要思想奋力谱写多彩贵州网信事业新篇章》，《当代贵州》2022年第24期。

⑥ 张垒：《习近平总书记关于网络强国的重要思想发展脉络及其对新闻舆论工作的指导意义》，《中国出版》2021年第11期。

⑦ 新华社：《习近平：实施国家大数据战略加快建设数字中国》，《中国信息安全》2018年第1期。

途径、思维方式及价值观念。（2）互联网领域诸多问题的存在。当今世界，政治领域的多极化、经济领域的全球化、文化领域的多样化及社会领域的信息化已经成为大势且发展程度在不断深化，互联网对人类文明未来发展的推进作用将进一步增强。①值得注意的是互联网领域之中存在诸多问题：发展不平衡、网络空间治理规则不健全、秩序不合理等；②个人隐私、知识产权在网络空间之中受到侵害等现象普遍存在，借助网络展开监听、攻击及进行恐怖主义活动已经成为全球公害③。世界上任何一个国家都不会允许这些行为的存在甚至泛滥。④因此，治理网络生态势在必行。（3）合作开展网络生态治理的必要性。互联网具有无国界和无边界等特征，互联网良好治理的出现必须基于网络空间这一领域国际合作的深化。⑤面对存在于网络之中的诸多问题及挑战，世界各国必须相互信任，营造清朗的网络空间。⑥

2. 网络生态的治理机制。在治理国际网络空间（尤其是网络生态）的过程中必须坚持多边参与及多方参与原则，⑦充分发挥多元主体的作用，习近平总书记指出这些主体主要是：政府、国际组织、互联网私营部门、技术社群、民间机构、公众等。习近平总书记多次强调领导者必须重视提升运用互联网的能力及网络生态治理过程中的领导作用，习近平总书记指出：网上信息管理过程中，网站应该负起主体责任，党组织、政府部门和私营部门要构建密切协作、紧密协调的关系，实现网络生态的齐抓共管、多个治理主体的良性互动。⑧

3. 网络生态的治理措施。（1）以包容之心面对网络中的群众意见。各级党政机关的领导干部有必要常常在网络之中察知民意，在这一过程中

---

① 曹冬英、王少泉：《习近平总书记关于数字治理的重要论述研究》，《中共福建省委党校学报》2019年第4期。

② 刘珉旻：《习近平网络强国重要论述的成果共享观研究》，《新经济》2021年第7期。

③ 《习近平在第二届世界互联网大会开幕式上的讲话（全文）》，新华网，2015-12-16。

④ 新华社：《习近平在网络安全和信息化工作座谈会上的讲话》，《中国信息安全》2016年第5期。

⑤ 曹冬英、王少泉：《习近平总书记关于数字治理的重要论述研究》，《中共福建省委党校学报》2019年第4期。

⑥ 新华社：《习近平：实施国家大数据战略加快建设数字中国》，《中国信息安全》2018年第1期。

⑦ 田刚元、陈富良：《习近平数字经济发展思想的历史逻辑、核心要义及其时代价值》，《理论导刊》2021年第1期。

⑧ 李希光：《习近平的互联网治理思维》，《人民论坛》2016年第2期（上）。

对群众的好想法、好建议加以广泛收集，并积极回应网民关切的问题。① 在网络中能够看到的群众观点或想法多种多样，领导干部在面对网络中的群众意见之时必须具有包容心，及时吸纳那些具有建设性的意见并对困难群众进行帮助，强化宣介以最大限度地消除部分群众对某些政策的误解，② 及时引导和纠正错误看法、化解矛盾，使网络空间成为党政部门与群众展开良好互动的平台，为良好网络生态的出现创造条件。（2）强化网络生态治理主客体之间的互动。构建良好网络生态过程中，各级党组织及政府要做到的并非使网络之中只存在一个声音、一个调子，③ 而是要致力于消除网络之中存在的违法犯罪、造谣生事、搬弄是非和颠倒黑白等现象。各级党政机关的公职人员要强化与网络生态治理客体的互动，欢迎网络监督，欢迎逆耳忠言。④（3）依法治网、以德治网。展开网络生态治理的过程中，各级党组织和各级政府要坚持依法治网、办网和上网，强化对网络伦理、网络文明等的重视力度和建设力度，⑤ 使道德教化的引导作用充分发挥于网络生态治理过程中。（4）保障网络安全，促进有序发展，构建互联网治理体系。习近平总书记指出：中国愿意在互联网治理过程中与世界各国深化合作，在这一过程中相互尊重（尤其是尊重网络主权）、相互信任，共同构建互联网治理体系。构建互联网治理体系的过程中，各国政府、互联网私营部门、国际组织、民间机构及公众等主体应该积极参与；这些主体应该在网络空间中构建对话协商机制，基于协商共同制定互联网治理规则。⑥

（十）构建互联网治理体系

这一领域的重要思想主要包括习近平总书记指出的以下内容：第一，构建互联网治理体系的必要性。当今世界，互联网领域普遍存在规则不健全、秩序不合理以及发展不平衡等问题，具体表现如：某些网络犯罪

---

① 曹冬英、王少泉：《习近平总书记关于数字治理的重要论述研究》，《中共福建省委党校学报》2019年第4期。
② 吴韬：《习近平的网络观及其现实意义》，《中共云南省委党校学报》2015年第4期。
③ 张颖、靖鸣：《网络强国重要论述的理论建构与内涵解读》，《传媒观察》2021年第11期。
④ 曹冬英、王少泉：《习近平总书记关于数字治理的重要论述研究》，《中共福建省委党校学报》2019年第4期。
⑤ 林维勇：《论习近平网络强国重要论述的核心要义、实施路径和生动实践》，《新疆社科论坛》2021年第5期。
⑥ 曹冬英、王少泉：《习近平总书记关于数字治理的重要论述研究》，《中共福建省委党校学报》2019年第4期。

难以追责，①网络规则未能有效反映大多数国家的意愿和利益，信息鸿沟存在于不同国家和地区之间。构建多边、民主和透明的互联网治理体系有助于应对这些问题与挑战。互联网具有无国界、无边界等特征，深化国际合作有助于网络空间的治理，因此，构建互联网治理体系日益成为国际社会的广泛共识。②第二，中国愿意积极参与构建互联网治理体系。中国愿意本着相互尊重、相互信任的原则，③与世界各国在尊重网络主权的基础上深化合作，共同构建互联网治理体系。第三，构建互联网治理体系应该遵循的原则。必须遵循《联合国宪章》确立的主权平等原则；绝不能在网络空间中搞强权主义，④必须充分尊重各国基于自身意愿选择互联网管理模式、互联网发展道路等的权利；绝不能在互联网中干涉他国内政，也不能在互联网中从事、纵容或支持危害他国国家安全的活动。第四，构建互联网治理体系的举措。各国政府、互联网私营部门、国际组织、民间机构及公众等主体积极参与互联网治理体系的构建；在网络空间中构建各主体之间的对话协商机制，基于这些主体之间的协商共同制定互联网治理规则；基于世界互联网大会等活动助推互联网治理体系的构建。⑤

（十一）与数字政府治理直接相关的内容

对十个方面内容及相关文献展开研究能够发现，习近平总书记关于网络强国的重要思想的很多内容直接与数字政府治理相关，除原则和目标等内容之外，其他内容分属宏观层面、中观层面、微观层面等。归属于微观层面的内容多达数十条、总字数高达十余万字，不可能在此逐一列出。宏观层面、中观层面内容和目标如下所述：第一，中央根据现实变化稳步优化正确的数字政府治理路线，在有效优化金字塔形治理结构、整合多元主客体合力的基础上切实贯彻路线。这是有效推进数字政府治理进程的根本保障，也是数字政府治理的宏观层面内容。具体对应"数字治理中顶层设计与统一领导、构建互联网治理体系"等内容。第二，在实体空间和虚拟空间中兼顾技术创新驱动与制度变革驱动，因需制宜地实施烈度适中的

① 张志飞、许伟：《论习近平关于网络强国战略重要论述的三重维度》，《西安建筑科技大学学报（社会科学版）》2022年第4期。
② 曹冬英、王少泉：《习近平总书记关于数字治理的重要论述研究》，《中共福建省委党校学报》2019年第4期。
③ 李君如：《习近平网络强国战略：具有21世纪马克思主义特质的原创性成果》，《理论视野》2022年第9期。
④ 魏曦英：《贯彻习近平总书记网络强国重要思想推进福建数字经济发展》，《产业与科技论坛》2022年第10期。
⑤ 曹冬英、王少泉：《习近平总书记关于数字治理的重要论述研究》，《中共福建省委党校学报》2019年第4期。

不平衡政策。这是有效推进数字政府治理进程的重要条件，也是数字政府治理的中观层面内容。具体对应"数字治理中自主创新和先行先试、信息资源整合与共享"等内容。第三，将数字政府治理领域的不平衡程度控制在适度范围内，防范或打破数字政府治理领域的'低水平锁定'状态，有效提升治理水平，惠及最广大群体。这是数字政府治理的目标。具体对应"数字治理推进经济社会发展、提升数字治理服务人民效能"等内容。这三大方面的内容展现了习近平总书记关于网络强国的重要思想的一些原则，如：坚持党的领导；兼顾技术创新驱动与制度变革驱动；因需制宜；适度不平衡。三大方面的内容具体阐述如下：

从第一大方面来看，习近平总书记在《努力把我国建设成为网络强国》（2014年2月27日）中指出："中央网络安全和信息化领导小组要发挥集中统一领导作用，统筹协调各个领域的网络安全和信息化重大问题，制定实施国家网络安全和信息化发展战略、宏观规划和重大政策，不断增强安全保障能力。"[①]《在全国网络安全和信息化工作会议上的讲话》（2018年4月20日）指出："必须旗帜鲜明、毫不动摇坚持党管互联网，加强党中央对网信工作的集中统一领导，确保网信事业始终沿着正确方向前进。"[②]《在十八届中央政治局第三十六次集体学习时的讲话》（2016年10月9日）指出："实现跨层级、跨地域、跨系统、跨部门、跨业务的协同管理和服务。"[③]这些内容是第一大方面内容中"中央根据现实变化稳步优化正确的数字政府治理路线，在有效……整合多元主客体合力的基础上切实贯彻路线"的直观展现。

从第二大方面来看，因需制宜地实施烈度适中的不平衡政策是指：数字政府治理过程中的政策必须与实际情况相符，烈度不能过高或过低，必须将资源集中于某些领域而非各领域同步推进。具体从"技术创新与制度变革双重驱动"方面来看：一方面，这一思想的来源文献中大量内容与"技术创新"和"制度变革"相关，如重要思想中的"加速推动信息领域核心技术突破"大量内容涉及技术创新，"加强党对网信工作的集中统一领导"诸多内容属于制度变革领域。这些内容也存在于国务院于2022年6月23日发布的《国务院关于加强数字政府建设的指导意见》中，《意见》

---

① 中共中央党史和文献研究院编：《习近平关于网络强国论述摘编》，北京：中央文献出版社，2021，第3页。
② 中共中央党史和文献研究院编：《习近平关于网络强国论述摘编》，北京：中央文献出版社，2021，第10页。
③ 中共中央党史和文献研究院编：《习近平关于网络强国论述摘编》，北京：中央文献出版社，2021，第21页。

中提出一项重要政策：构建科学规范的数字政府建设制度规则体系。另一方面，从这一思想的主要内容中能够看出必须基于技术创新与制度变革双重驱动才能够实现建设目标，如：构建网上网下同心圆，既需要信息技术加以支持，也需要新的制度加以支撑，即同时需要技术创新和制度变革的支撑才能够实现。国务院于2022年6月23日发布了《国务院关于加强数字政府建设的指导意见》，《意见》中提出的第三项和第四项政策，也呈现了"兼顾技术创新驱动与制度变革驱动"。第三项政策是构建科学规范的数字政府建设制度规则体系：以数字化改革助力政府职能转变、创新数字政府建设管理机制、完善法律法规制度、健全标准规范、开展试点示范。第四项政策是构建开放共享的数据资源体系：创新数据管理机制、深化数据高效共享、促进数据有序开发利用。在习近平总书记关于网络强国的重要思想的指导下，我国展开的数字政府治理，明显具有技术创新与制度变革双重驱动特征，这一点明显与西方国家的数字政府治理不同。为我国推进数字政府治理进程提供了有力指导。

从第三大方面来看，习近平总书记在《致国际教育信息化大会的贺信》（2015年5月22日）中指出："逐步缩小区域、城乡数字差距，大力促进教育公平。"[1]在《建设世界科技强国》（2016年5月30日）中指出："消除不同收入人群、不同地区间的数字鸿沟。"[2]在《致首届世界互联网大会的贺词》（2014年11月19日）中指出："让互联网发展成果惠及十三亿中国人民。"[3]这些内容是第三大方面内容中"将数字政府治理领域的不平衡程度控制在适度范围内，防范或打破数字政府治理领域的'低水平锁定'状态，有效提升治理水平，惠及最广大群体"的直观展现。

国务院于2022年6月23日发布了《国务院关于加强数字政府建设的指导意见》，加强数字政府建设的指导思想中包含的"认真落实党中央、国务院决策部署……将数字技术广泛应用于政府管理服务……不断增强人民群众获得感、幸福感、安全感"等内容，以及"坚持党的全面领导、坚持以人民为中心、坚持改革引领、坚持数据赋能、坚持整体协同、坚持安全可控"等基本原则以及七项政策，都呈现了前述习近平总书记关于网络强国的重要思想中与数字政府治理直接相关的三大方面内容。本书紧密结合

---

[1] 中共中央党史和文献研究院编：《习近平关于网络强国论述摘编》，北京：中央文献出版社，2021，第17页。

[2] 中共中央党史和文献研究院编：《习近平关于网络强国论述摘编》，北京：中央文献出版社，2021，第20页。

[3] 中共中央党史和文献研究院编：《习近平关于网络强国论述摘编》，北京：中央文献出版社，2021，第17页。

这三大方面内容展开研究。

五、重要思想的普适性及践行

习近平总书记关于网络强国的重要思想具有明显的普适性，践行重要思想须注意的问题主要是：前数字治理时代适应者有可能消极应对这些重要思想的践行；践行过程中必须注意数字治理多元主体的有效参与；践行过程中必须注意强化数字治理主体与客体之间的交流；这些重要思想存在于诸多讲话、批示及贺信等之中，是一个完整的体系，切不可孤立地加以解读、践行；践行这一重要思想时需因地制宜。践行重要思想的途径主要有：强化对重要思想的研究及学习，完整、准确地理解这一重要思想；强化前数字治理时代适应者对这一重要思想及信息技术等的学习；强化数字治理主体之间的协同运作；强化数字治理主体与数字治理客体之间的交流机制及交流效能；基于重要思想因地制宜地制定与我国各地实际相符的数字治理举措。分述如下：

（一）重要思想的普适性

数十年以来，中国公共行政学界一直在引介西方学者创立的公共行政理论，并深入探究这些公共行政理论在中国的可行性及践行举措等，这一情况主要源于：习近平总书记关于网络强国的重要思想创立之前，①所有公共行政理论均由西方学者创立，即中国公共行政学界未基于中国实践创立公共行政理论；西方学者创立的公共行政理论在西方国家及大量发展中国家证明行之有效。

西方政界及学界等常常以意识形态差异为由宣称中国经验、中国方案等不具有普适性，导致一些国家及群体误认为习近平总书记关于网络强国的重要思想不具有普适性。实际上，习近平总书记关于网络强国的重要思想具有明显的普适性：第一，习近平总书记关于网络强国的重要思想并无明显意识形态色彩，绝大部分内容具有明显普适性。第二，习近平总书记关于网络强国的重要思想生成于中国——世界上最大、发展情况最好的发展中国家，亚非拉诸多国家的国情与中国同属发展中国家，意味着基于中国实践生成的这一公共行政理论极有可能适用于其他发展中国家。第三，中国不同地区之间的经济和社会发展情况等的差异较为明显，习近平总书记关于网络强国的重要思想适用于这些差异明显的地方，其适用于诸多国

---

① 王少泉、李墨洋：《习近平的网络强国思想研究——基于公共行政理论本土化视角》，《天中学刊》2022年第1期。

家的可能性也较大。①

（二）践行重要思想须注意的问题

践行习近平总书记关于网络强国的重要思想须注意的问题主要是：

1．工业时代适应者有可能消极应对这些重要思想的践行。数字治理时代的来临，使工业时代适应者走出"舒适区"，使之感到不适，这种"不适感"会导致他们对数字治理举措的实施产生抵触情绪。

2．践行过程中必须注意数字治理多元主体的有效参与。习近平总书记强调数字治理过程中政府部门和私营部门等主体要密切协作。我国某些地方政府在践行习近平总书记关于网络强国的重要思想的过程中构建了效能较高的多元参与机制，但此类举措尚未广泛存在于我国诸多地方，在已经有效展开数字治理进程的很多地方，政府之外的主体并未有效参与数字治理，即未切实践行习近平总书记强调的私营部门等主体参与数字治理，也就难以有效提升我国的数字治理水平。

3．践行过程中必须注意强化数字治理主体与客体之间的交流。习近平总书记指出推进数字治理进程的根本目标是造福于民，政府部门在数字治理过程中应该与私营部门等主体密切协作。这就意味着：在推进数字治理进程之时，各级党委和政府等数字治理主体必须强化与数字治理客体（主要是私营部门和公众）之间的交流，才能准确、全面地践行习近平总书记关于网络强国的重要思想。

4．这些重要思想存在于诸多讲话、批示及贺信等之中，是一个完整的体系，切不可孤立地加以解读、践行。习近平总书记在某些讲话中对数字治理的某些领域作出集中论述，在某些讲话或贺信中只对数字治理的某些领域作出少量论述，②而且数字治理某一领域的论述常常存在于不同的讲话、批示或贺信之中，一些践行者因而有可能孤立、片面地对这些重要思想加以解读、践行③。实际上，习近平总书记关于网络强国的重要思想是一个完整的体系，应该基于系统观加以全面地解读、践行。④

5．践行这一重要思想时需因地制宜。近年，在习近平总书记领导

① 曹冬英：《深刻理解习近平关于网络强国的重要思想　积极推进数字中国建设》，《海峡通讯》2021年第1期。
② 林维勇：《论习近平网络强国重要论述的核心要义、实施路径和生动实践》，《新疆社科论坛》2021年第5期。
③ 李君如：《习近平网络强国战略：具有21世纪马克思主义特质的原创性成果》，《理论视野》2022年第9期。
④ 曹冬英、王少泉：《习近平总书记关于数字治理的重要论述研究》，《中共福建省委党校学报》2019年第4期。

下，我国的数字治理进程获得长足发展，但不同地方的数字治理水平存在显著差异，如：我国目前有7个省区实现省、市、县三级政务大厅全覆盖，分别是江西、广西、四川、贵州、云南、甘肃和宁夏，江西为中部省份，其他6个都是西部省区。①某些东部省市（如广东和上海）的数字治理整体水平较高，一些中西部省区（如山西和西藏）的数字治理整体水平则明显偏低，这一情况的存在意味着我国不同地方不可能采取一模一样的举措践行习近平总书记关于网络强国的重要思想，因地制宜成为必然选择。②

（三）践行习近平总书记关于网络强国的重要思想的途径

1. 强化对习近平总书记关于网络强国的重要思想的研究及学习，完整、准确地理解这一重要思想。目前，我国学界对习近平总书记关于网络强国的重要思想的研究尚不深入，相关学习也不够扎实。鉴于此，有必要强化对习近平总书记关于网络强国的重要思想的研究及学习。首先，有必要通过举办学术会议、学术沙龙等方式深化学界对这一重要思想的研究；其次，必须及时展现这一领域的最新研究成果，并倡导我国各界展开学习和研究；再次，学习这一重要思想的过程中必须注意学用结合，在实践中深化对这一重要思想的学习。③这些举措的实施有助于我国各界完整、准确地理解习近平总书记关于网络强国的重要思想，为切实践行这一重要思想创造条件。

2. 强化前数字治理时代适应者对这一重要思想及信息技术等的学习，消除这一群体的消极态度甚至反对举措。践行习近平总书记关于网络强国的重要思想，必须先对这一重要思想进行认真学习，在准确理解的基础上才能够切实践行这一重要思想。这种学习尤其对前数字治理时代适应者有效：能够促使这一群体深刻理解践行习近平总书记关于网络强国的重要思想的重大意义，使其自动走出"舒适区"，通过对信息技术的学习提升践行这一重要思想的能力，在日常工作中有效践行这一重要思想，为我国数字治理进程的推进献智献力。④

3. 强化数字治理主体之间的协同运作。习近平总书记多次强调指出

---

① 王少泉：《我国数字政府治理：现实与前景》，《贵州省党校学报》2019年第3期。
② 曹冬英、王少泉：《习近平总书记关于数字治理的重要论述研究》，《中共福建省委党校学报》2019年第4期。
③ 温树峰：《习近平新时代建设网络强国思想的人民性阐释》，《浙江理工大学学报（社会科学版）》2022年第4期。
④ 曹冬英：《深刻理解习近平关于网络强国的重要思想 积极推进数字中国建设》，《海峡通讯》2021年第1期。

党组织、政府部门及私营部门等主体在我国数字治理的推进过程中具有重要作用。这意味着践行习近平总书记关于网络强国的重要思想的过程中必须强化数字治理主体之间的协同运作。首先，数字治理主体必须树立协同运作理念，在数字治理过程中愿意与其他主体进行合作；其次，推进数字治理的过程中，不同主体之间的协同必须在党组织的领导下展开，数字治理的具体举措则通常由政府部门和私营部门等主体加以实施；再次，有必要完善相关法律法规，对数字治理过程中阻碍数字治理主体之间协同运作的主体加以惩戒，以降低甚至消除这一过程中的阻力。这些举措的实施能够有效强化数字治理主体之间的协同运作，助力习近平总书记关于网络强国的重要思想的践行。[①]

4. 强化数字治理主体与数字治理客体之间的交流机制及交流效能。习近平总书记多次强调我国展开数字治理的根本目标是造福于民。这一目标的实现有赖于数字治理主体准确、及时地了解数字治理客体的诉求，这就需要在强化数字治理主体与数字治理客体之间交流机制的基础上提升交流效能。首先，必须让党政系统中的公职人员明晰：数字治理政策的制定、实施及完善切不可"闭门造车"，必须基于对数字治理客体诉求的及时、准确理解。其次，数字治理主体必须主动构建与数字治理客体展开交流的机制，并在这一过程中充分采用新的治理技术，快速收集、归类和分析数字治理客体的各类诉求，为数字治理正确政策的制定创造条件；再次，通过宣传教育的强化使数字治理客体充分了解践行习近平总书记关于网络强国的重要思想的重要性，提升数字治理客体参与我国数字治理进程的积极性，为数字治理主客体之间交流效能的提升创造条件。[②]

5. 基于习近平总书记关于网络强国的重要思想因地制宜地制定与我国各地实际相符的数字治理举措。目前，我国不同地方的数字治理水平差异较大，[③]鉴于此，践行习近平总书记关于网络强国的重要思想的过程中，必须因地制宜地制定与我国各地实际相符的数字治理举措。首先，各地的数字治理主体（尤其是党委和政府部门）必须深入学习习近平总书记

---

① 曹冬英：《深刻理解习近平关于网络强国的重要思想　积极推进数字中国建设》，《海峡通讯》2021年第1期。

② 曹冬英：《深刻理解习近平关于网络强国的重要思想　积极推进数字中国建设》，《海峡通讯》2021年第1期。

③ 岳爱武、周欢：《习近平关于网络人才建设重要论述的理论蕴涵及其现实路径研究》，《重庆邮电大学学报（社会科学版）》2021年第5期。

关于网络强国的重要思想,[①]熟知这些重要思想所包含的内容;其次,各地党委和政府部门必须熟知当地数字治理情况,以习近平总书记关于网络强国的重要思想为指导,根据自身情况制定切实可行的数字治理具体政策;再次,及时学习习近平总书记关于数字治理的最新重要思想,及时了解当地的数字治理变化情况,基于最新重要思想及最新变化制定数字治理的新政策或对原有数字治理政策进行调整、完善。这些举措的实施有助于习近平总书记关于网络强国的重要思想的践行及其普适性的进一步增强。[②]

结语

从发展趋向来看,工业时代全面演进至数字时代是大势所趋,这一过程中,诸多已经沦为旧事物的管理理论、制度、法律法规等等会不断被淘汰或革新,以生成新事物,各国政府会基于新事物的有效运用助推数字时代的现代化进程,强化数字时代的现代性。具体到我国来看,随着我国数字治理进程的推进及世界数字治理环境的演进,习近平总书记会在数字治理领域继续革新重要思想,与数字治理的其他次级领域相比,多元主体参与数字治理、治理网络生态、构建互联网治理体系等次级领域的论述极可能受到习近平总书记的更多关注,这意味着习近平总书记关于网络强国的重要思想所包含的内容会更加丰富、体系化更为明显。这一情况的出现,从实践层面来看,必将有效地推进中国乃至世界的数字治理进程,有效提升中国人民乃至世界人民在数字治理时代的获得感、幸福感;从理论层面来看,必将进一步推进公共行政理论(在中国的)本土化进程,助力公共行政领域"工具—价值理性谱系"成为主导以及公共行政理论的全面发展。[③]

---

① 吴恒、季颖:《习近平关于网络强国战略重要论述的三重意蕴》,《观察与思考》2021年第5期。
② 曹冬英:《深刻理解习近平关于网络强国的重要思想 积极推进数字中国建设》,《海峡通讯》2021年第1期。
③ 曹冬英、王少泉:《习近平总书记关于数字治理的重要论述研究》,《中共福建省委党校学报》2019年第4期。

第二章 数字时代治理理论

数字时代治理理论的生成有其理论背景和时代背景，这一理论的演进历经"第一波浪潮"和"第二波浪潮"。这两次"浪潮"包含诸多要素，从主题方面来看，这些要素分属重新整合、整体主义和数字化三大领域，从政府内外维度来看，这些要素分属"权力结构重塑"和"实现形式设计"两大层面。公共行政学两大谱系倡导的工具理性与价值理性均在数字时代治理理论的核心内容中得到展现，因此，从本质属性来看，这一理论是公共行政学中工具—价值理性谱系的开创性理论。数字时代治理理论在发展过程中将着力解决工具理性与价值理性这两者之间的不平衡状态，基于数字技术的运用同时实现高效率、公正与公平。

20世纪末、21世纪初，英美德法等发达国家开始从工业时代进入数字时代，产生于工业时代末期的电子政务逐渐沦为一种旧的治理方式，鉴于此，这些发达国家开始对电子政务展开变革，最重要的举措是基于数字技术的有效运用提升治理主体的数字公共服务供给效能，这些国家的治理因此开始从电子政务时期演进至数字政府治理时期（以政府借助数字技术供给公共服务为标志），数字时代治理理论开始在学界及实践界兴起。2010年前后，大数据、云计算和社会网络等在诸多国家的数字治理过程中产生重要影响，数字时代治理出现"第二波浪潮"，数字时代治理理论也出现阶段性发展。[①]

本章并非文献综述的专门文献，因此仅在导言中呈现数字时代治理理论重要文献的情况。从国外学界相关研究来看，英国学者邓利维是数字时代治理理论的代表人物，他于2006年在《新公共管理已死——数字时代治理万岁》一文中正式提出数字时代治理理论，基于"新公共管理运动的衰微""数字时代治理兴起"这一时代背景对数字时代治理理论展开阐释，主张将信息技术以及信息系统引入公共管理过程之中。[②]并指出西方国家于2010年开始出现数字时代治理的"第二波浪潮"，主张不断引用逐渐出

---

① 王少泉：《我国数字政府治理：现实与前景》，《贵州省党校学报》2019年第3期。

② Dunleavy, Patrick, et al. *Digital era governance: IT Corporations, the State, and e-Government.* Oxford University Press. 2006.

现的大数据、云计算等先进的数据处理技术，强化数字时代的公共服务供给。[1]帕斯卡莱娃认为数字时代治理理论能够在理论指导、民主活动、决策过程和公民参与等方面提升城市管理者的决策能力，从而进一步提升城市的竞争力。[2]路易斯（E. N. Loukis）在与电子政务做对比的基础上探究数字时代治理的内涵。[3]丹尼尔斯（L. Danneels）等以比利时弗拉芒地区公共就业服务机构VDAB为例，研究政府从新公共管理（NPM）到数字时代治理（DEG）的转变。[4]林德奎斯特（E. A. Lindquist）等探究了数字时代治理理论与政府监督的关系。[5]比亚洛兹特（W. Białożyt）认为数字时代治理是公共管理理论与实践的新篇章。[6]从这些研究成果可以看出：国外学界近几年对数字时代治理理论（理论本身而非运用理论分析实践）展开研究的学术成果极少，研究尚未系统化；研究成果总数明显小于以"数字政府治理"为主题的研究成果。这些情况归因于：西方国家近年的数字政府治理实践未能有效助推理论发展；理论研究的难度大于实践研究的难度。

从国内学界相关研究来看，竺乾威教授在2008年正式译介邓利维的数字时代治理理论，国内学界才开始真正了解数字时代治理理论的内核。此后，国内学者在这一领域的研究开始在实践研究的基础上深化理论研究，这些研究归属于归纳逻辑领域，代表性研究成果（并非全部成果）简述如下：第一，数字时代治理理论的属性。竺乾威认为数字时代治理理论顺应的是新公共管理（而非新公共服务）理论的逻辑。[7]陈水生认为数字时代治理理论出现于公共管理在21世纪初面临挑战之时。[8]韩兆柱和李亚

① Dunleavy, Patrick, and H. Z. Margetts. "The Second Wave of Digital Era Governance."*Social Science Electronic Publishing*. 2010.
② Paskaleva, and K. Antonova."Enabling the smart city: The progress of city e-governance in Europe."*International Journal of Innovation & Regional Development*, 2009 (1.4):405-422 (18).
③ Loukis, Eur. N."Digital Era Governance-IT Corporations, the State and e-Government." *Social science computer review*, 2008 (26.2):254-256.
④ Danneels, Lieselot, and S. Viaene. "How to move towards digital era governance:the case of VDAB." (Proceeding of the 16th Annual International Conference on Digital Government Research, 2015).
⑤ Lindquist, Evert A., and I. Huse. "Accountability and monitoring government in the digital era: Promise, realism and research for digital-era governance."*Canadian Public Administration*, 2017 (60.4):627-656.
⑥ Wojciech Białożyt. "Digital Era Governance-a new chapter of public management theory and practice." *Mining Software Repositories*, 2017.
⑦ 竺乾威：《公共行政理论》，上海：复旦大学出版社，2008，第496页。
⑧ 陈水生：《新公共管理的终结与数字时代治理的兴起》，《理论导刊》2009年第4期。

鹏认为数字化治理是当代公共治理理论发展趋势的重要体现。①第二，数字时代治理理论的内容阐述。王少泉系统阐述了数字时代治理理论的"浪潮观"。②马文娟介绍了数字时代治理理论的主要内容及应用情况。③翁士洪认为数字时代治理理论强调重新整合、以需求为基础的整体主义和数字化过程。④第三，数字时代治理理论的意义。韦斌认为数字时代治理理论有助于解决电子政务的碎片化问题。⑤孟庆国和关欣认为数字时代治理理论重塑了政府管理体制。⑥第四，数字时代治理理论的前景。尹文嘉认为理论层面存在的一些因素会阻碍数字时代治理理论的发展。⑦王少泉认为数字时代治理理论发展过程中将着力解决工具理性与价值理性之间的非均衡状态，基于数字技术实现效率与公平。⑧这些研究成果均具有一定价值，但近年专门研究数字时代治理理论（理论本身而非运用理论分析实践）的成果极少，更为明显的是现有研究成果尚未脱离我国公共行政理论研究的窠臼：介绍西方公共行政理论的创立背景、内容、特征等的基础上，将理论用于分析我国的治理实践，极少展开理论创新。这意味着数字时代治理理论的研究亟待进一步深化。

　　数字时代治理理论是公共行政学界的最前沿理论之一，从本质属性来看，这一理论归属于工具理性谱系，但有效吸纳了价值理性谱系中一些理论的可取之处，使其成为数字政府治理的重要基础理论。鉴于此，有必要在阐释公共行政理论的工具理性谱系与价值理性谱系的基础上，分析数字时代治理理论的生成背景、演进过程、主要内容、谱系归属及发展趋向。

一、数字时代治理理论的生成背景、演进及关系

　　生成数字时代治理理论的理论背景是：新公共管理的衰微；对工具理性的修正。时代背景是：数字技术的发展；全球化的发展；"改革公共部门"诉求的助推。数字时代治理理论的演进可以分为三个阶段：奠基阶

---

① 韩兆柱、李亚鹏：《数字化治理、网络化治理与网格化管理理论的比较研究》，《学习论坛》2017年第3期。
② 王少泉：《数字时代治理理论：背景、内容与简评》，《国外社会科学》2019年第2期。
③ 马文娟：《数字时代治理理论及其应用研究》，燕山大学，2016。
④ 翁士洪：《数字时代治理理论——西方政府治理的新回应及其启示》，《经济社会体制比较》2019年第4期。
⑤ 韦彬：《电子政务碎片化与整体性治理研究》，《理论月刊》2013年第5期。
⑥ 孟庆国、关欣：《论电子治理的内涵、价值与绩效实现》，《行政论坛》2015年第4期。
⑦ 尹文嘉：《论后新公共管理的缘起》，《广西大学学报（哲学社会科学版）》2013年第1期。
⑧ 王少泉：《数字时代治理理论：背景、内容与简评》，《国外社会科学》2019年第2期。

段、"第一波浪潮"阶段和"第二波浪潮"阶段。从数字时代治理理论与数字政府治理的关系来看：数字时代治理理论是大量国家尤其是西方国家数字政府治理的最重要理论基础；我国数字政府治理的理论基础是习近平总书记关于网络强国的重要思想，但数字政府治理过程中在一定程度上借鉴了数字时代治理理论及其在西方国家的实践经验。分述如下：

（一）理论背景

1. 新公共管理的衰微。20世纪70年代末、80年代初，英美等西方国家将民营化理论运用于实践，开始推进民营化运动。20世纪90年代初，民营化运动变身为新公共管理运动并取得显著成效，民营化理论演进为新公共管理理论并成为公共行政学界的主导理论，这一情况标志着工具理性谱系取代价值理性谱系成为公共行政学界的主导谱系。新公共管理理论倡导将私营部门管理的思路和方法运用于公共管理过程之中，强调分散化、竞争和激励变革，这些举措能够在短期内借助竞争的强化提升公共管理效能，但存在对公共价值的关注度较低等问题。这是新公共管理理论未能在公共行政学界长期占据主导地位的重要原因。①

进入21世纪之后，行政学者和实践者存在一个共识：新公共管理的最高峰已经过去。但是，在英美这两个受新公共管理影响最深的国家、斯堪的纳维亚和荷兰等地方，新公共管理以更加人文的形式出现，在这些地方，部分学者尚未意识到新公共管理时代已经过去，如：在美国，公共行政学界尚未在"新公共管理时代已经过去"这一领域展开深入研究。②一些学者采用"几乎衰落"或"过去高峰"等各种委婉语来描述新公共管理当前的状态：胡德（Hood）和彼得斯（Peters）在2004年承认新公共管理处于"中年期"，积累了很多矛盾。③埃格斯（Eggers）和戈德史密斯（Goldsmith）迟至2008年依然认为，相较于新公共管理运动之前的时期，新公共管理诸多核心理念的践行可以节省政府的资金④。

"新公共管理时代已经过去"并非指新公共管理已经完全消失，而是

---

① 王少泉、刘伟：《欧美公共行政学界分化现象研究》，《福建行政学院学报》2016年第4期。

② Dunleavy, Patrick, et al. *Digital era governance: IT Corporations, the State, and e-Government.* Oxford University Press. 2006.

③ Peters, Hood Guy. "The Middle Aging of New Public Management: Into the Age of Paradox?" *Journal of Public Administration Research and Theory: J-PART*, 2004 (14.3):267-282.

④ 〔美〕斯蒂芬·戈德史密斯、〔美〕威廉·D.埃格斯：《网络化治理：公共部门的新形态》，孙迎春译，北京：北京大学出版社，2008，第25页。

指新公共管理理论近年未继续演进。①从现实层面来看，新公共管理思维及其实践依然存在于诸多国家之中。②在英美等国家，一整代的高级公共管理人员和政治家接受过以新公共管理为主题的培训，新公共管理思维深深扎根于这些群体之中，因此，在一段时间内，新公共管理的影响力将继续存在；秉持新公共管理理念的群体（因年龄较大而）退出学界及实践界之后，新公共管理的影响力才会开始明显下降。③毋庸置疑的是：新公共管理的衰微已经不可逆转——将私营部门管理的思路和方法运用于公共管理过程中曾取得明显成效，但由此引致的诸多问题（最重要的是对公共价值的忽视）已被学界重视，衰微是一种在实践过程中引致诸多问题的理论的必然结果。由此出现的"理论真空"需要一种新的理论加以填充，这种需求的存在助推了数字时代治理理论的出现。④

2．对工具理性的修正。20世纪80年代、90年代在西方公共行政学界及实践界大行其道的民营化理论⑤、新公共管理理论均属于公共行政学中的工具理性谱系，经济（Economy）、效率（Efficiency）、效益（Effectiveness）是这两者追求的目标，⑥这种追求在戴维·奥斯本（David Osborne）和特德·盖布勒（Ted Gaebler）的《改革政府》一书中得到全面展现，⑦其后，奥斯本和彼德·普拉斯特里克（Peter Plastrik）在《摒弃官僚制》⑧一书中，盖伊·彼得斯（B. Guy Peters）在《政府未来的治理模式》⑨一书中再次强调了对经济、效率和效益的追求。出于对这一追求的实现，新公共管理学的倡导者主张在公共管理过程中引入私营部门管理的思路和方法，认为应该全面推进民营化运动，政府在公共管理过

---

① Dunleavy, Patrick, et al. *Digital era governance: IT Corporations, the State, and e-Government.* Oxford University Press. 2006.

② Dunleavy, Patrick, H. Margetts, and B. J. Tinkler. "New Public Management Is Dead: Long Live Digital-Era Governance." *Journal of Public Administration Research & Theory J Part*, 2006 (16.3):467-494.

③ 王少泉：《数字时代治理理论：背景、内容与简评》，《国外社会科学》2019年第2期。

④ 王少泉：《数字时代治理理论：背景、内容与简评》，《国外社会科学》2019年第2期。

⑤ Shleifer, Andrei, M. Boycko, and R. W. Vishny. "A Theory of Privatization." *General Information*, 1996 (106.435):309-19.

⑥ Proeller Isabella, Kuno Schedler. "The new public management." *VS Verlag für Sozialwissenschaften.* 2007.

⑦ Osborne, D., and T. Gaebler. "Reinventing government: How the entrepreneurial spirit is transforming government." *Revista De Administrao De Empresas*, 1992 (33.6):59-60.

⑧ Miller C. M. "Banishing Bureaucracy: The Five Strategies for Reinventing Government by David O-borne and Peter Plastrik". *Political Science Quarterly*, 2013 (113):168-169.

⑨ Donahue, John D.. "The Future of Governing: Four Emerging Models". *American Political Science Association*, 1996 (92.1):236.

程中应该扮演"掌舵者"的角色。这些举措的实施曾在短时间内取得诸多成绩,但其引致诸多问题之后,一些学者开始对这些观点展开批驳,如:罗伯特·登哈特(Robert Denhardt)指出政府所做的应该是供给公共服务而非掌舵。①这些批驳主要集中于以下方面:一味追求经济、效率和效益会忽视公平及公正,导致公共价值受损;私营部门管理理念及方法构建于经济人假设之上,但政府部门绝非一味逐利的经济人;主要表现为签约外包的民营化容易催生寻租等腐败行为,对政府形象及公信力等造成严重损害。这些情况的出现使一些国家的政府开始在公共管理过程中修正对工具理性的过度偏重,新公共管理失去在公共行政学界主导地位的趋向日益明显,对价值理性谱系新理论的诉求随之产生并日益强化。

(二)时代背景

1. 数字技术的发展。20世纪末、21世纪初,数字技术发展速度明显加快,政府部门不再局限于将数字技术用于优化内部运作,而是开始致力于借助数字技术优化公共服务的供给(尤其是提供数字公共服务),因此电子政务开始被数字政府治理取代。②2010年前后,大数据和云计算等数字技术的发展再次带来革新:新兴数字技术的出现使数据资源共享得以实现,普通公职人员能够获得更多信息,这一情况的出现使他们能够独立处理诸多事项,无须再求助于上级,公共管理的成本随之下降、效能随之上升;新兴数字技术的使用使数字时代治理主体能够及时、准确地为治理客体提供所需的公共服务,为公共价值的创造及增加创造条件;新兴数字技术的使用使数字时代治理客体能够更为有效地参与治理过程,使治理客体能够更为有效地影响政策决定,为切实可行政策的出台创造条件;③数字时代治理主体与治理客体各自内部及相互之间的互动因数字技术的革新而强化,治理主客体内部及相互之间的关系因而变得更加紧密,政府决策的准确性、科学性随之强化。这些情况的出现均为数字时代治理理论的生成创造了条件。

2. 全球化的发展。19世纪末至今,全球化与逆全球化(即扩张与收缩)这两种状态交替出现使全球化呈现出周期性演变、钟摆运动状态。全球化钟摆运动第一个周期是19世纪末至1943年:19世纪末至1913年是扩

① Denhardt, Robert B., and J. V. Denhardt. "The New Public Service: Serving Rather Than Steering."*Public Administration Review*, 2000 (60.6):549-559.
② 王少泉:《数字时代治理理论:背景、内容与简评》,《国外社会科学》2019年第2期。
③ Dunleavy, Patrick, et al. *Digital era governance: IT Corporations, the State, and e-Government.* Oxford University Press. 2006.

张期，1914年至1943年是收缩期。全球化钟摆运动第二个周期是1944年至今：1944年至2006年是扩张期，2007年至今是收缩期。目前，世界各国所处的是全球化钟摆运动的第二周期后半期（第二个收缩期），以美国为首的一些西方国家纷纷实施逆全球化政策，以中国为主的一些国家则依然致力于推进全球化进程。尽管处于全球化收缩期，但全球化进程依然在继续推进，这不仅得益于以中国为主的一些国家的推进，也得益于数字技术的持续发展：①数字技术在这些国家的广泛运用有效地增强了这些国家的运作效能，增强了这些国家继续推进全球化进程的实力；②数字技术的发展为巨型组织的有效运作提供了技术支持，新兴数字技术的广泛运用使跨国公司、全球组织实现协调运作、整体化运作，跨国公司发现能够基于数字技术的支持实现良好运作并在这一过程中持续获利之后，会致力于推进全球化进程（以获得更多利益），而不会顾虑自己实施的政策是否与西方国家实施的逆全球化政策相悖③。这两者的出现意味着数字时代治理不仅在诸多国家之中成为重要的发展领域，也在全球范围内成为重要的发展趋向，数字时代治理理论在这一宏观环境之中生成并持续深化。④

3. "改革公共部门"诉求的助推。公共行政学界主导理论的变更大多源于"改革公共部门"这一诉求的助推，如：19世纪下半叶，美国的公共管理效能较为低下，对公共部门进行改革的呼声较高，这一需求助推了传统公共行政学的产生并使其在较长时间内占据公共行政学界的主导地位；20世纪70年代，"滞胀"问题对西方国家造成严重困扰，加之政府机构膨胀、公共管理效能低下，"改革公共部门"成为亟待满足的诉求，⑤将民营化理论运用于实践的民营化运动由此出现，助推民营化理论的深化（演进为新公共管理理论）及新公共管理理论在公共行政学界成为主导理论。第三次科技革命以来，数字技术持续发展，并在20世纪末开始深入地影响人们的生活。⑥公共部门在20世纪末期已经展开电子政务建设，但这一建设未充分重视"运用数字技术优化公共服务的供给、治理主客体之间

---

① 王少泉：《数字时代治理理论：背景、内容与简评》，《国外社会科学》2019年第2期。
② Dunleavy, Patrick, et al. *Digital era governance: IT Corporations, the State, and e-Government*. Oxford University Press. 2006.
③ 王少泉：《数字时代治理理论：背景、内容与简评》，《国外社会科学》2019年第2期。
④ Dunleavy, Patrick, et al. D*igital era governance: IT Corporations, the State, and e-Government*. Oxford University Press. 2006.
⑤ Jr, Laurence J. O'Toole, and K. J. Meier. "In Defense of Bureaucracy." *Public Management Review*, 2010 (12.3):341-361.
⑥ Dunleavy, Patrick, and H. Z. Margetts. "The Second Wave of Digital Era Governance."*Social Science Electronic Publishing*. 2010.

的互动、治理客体参与治理过程"等主题。进一步借助数字技术对公共部门展开改革成为重要诉求，这一诉求的存在助推世界主要国家由电子政务时期进入数字政府治理时期，也助推电子政务理论演进为数字时代治理理论。①

（三）数字时代治理理论的演进过程

1. 数字时代治理理论的根基。从根基上来看，数字时代治理理论基于对新公共管理理论引致的碎片化、忽视公共价值等问题的修正，在吸纳电子政务、新公共服务、整体性治理和公共价值管理等理论可取之处的基础上生成。新公共管理理论运用于实践从根本上分解了二战后"进步公共行政"时期基于韦伯的官僚制理论发展起来的大型官僚机构，强制性竞争、外包及准政府机构的建立等在短时间内提升了公共管理效能、解决了一些经济问题，但这些举措的弊端随着时间流逝逐渐凸显，最为明显的弊端是碎片化的广泛出现、对公共价值的忽视、难以适应数字时代的宏观趋势。②消除这些弊端成为新的诉求，这种新诉求助推了新公共服务理论、整体性治理理论及公共价值管理理论的生成，从宏观上来看，整体性治理理论倡导借助整体化改革消除碎片化问题，新公共服务理论和公共价值管理理论则致力于修正新公共管理理论对公共价值的忽视。③数字时代治理理论在吸纳这三种理论优点的基础上，倡导借助"重新整合、整体主义和数字化"致力于解决新公共管理理论在实践过程中引致的诸多问题，④将国家治理由电子政务推进至数字政府治理——数字技术不再局限于提升公共管理部门内部运作效率，而是更加关注（虚拟）公共服务的供给、治理客体参与治理过程、治理主客体之间的互动等。⑤

2. 数字时代治理"第一波浪潮"。20世纪末与21世纪初之间，世界主要国家先后进入数字治理时代，助推了数字时代治理理论的生成。邓利维等学者于2006年出版《数字时代治理》一书，⑥标志着数字时代治理"第一波浪潮"的正式出现。"第一波浪潮"主要关注：第一，重新整

---

① 王少泉：《数字时代治理理论：背景、内容与简评》，《国外社会科学》2019年第2期。

② Paskaleva, and K. Antonova. "Enabling the smart city: The progress of city e-governance in Europe."*International Journal of Innovation & Regional Development*, 2009 (1.4):405-422 (18).

③ 王少泉：《数字时代治理理论：背景、内容与简评》，《国外社会科学》2019年第2期。

④ Dunleavy, Patrick, and H. Z. Margetts. "The Second Wave of Digital Era Governance."*Social Science Electronic Publishing*. 2010.

⑤ 王少泉：《数字时代治理理论：背景、内容与简评》，《国外社会科学》2019年第2期。

⑥ Dunleavy, Patrick, et al. *Digital era governance: IT Corporations, the State, and e-Government.* Oxford University Press. 2006.

合。在政府的主导下推进逆民营化运动，实现"再政府化"，通过创建新的中央政府程序，挤压过程成本，使用共享服务以简化服务组织和服务政策。第二，以需求为基础的整体主义。为部门和机构创建以客户为中心的结构，为客户提供端到端的服务，借助信息技术创建一站式流程，提升政府回应问题的敏捷度。第三，数字化。将"电子化交付"作为政府业务模式的核心，如采用集中式在线采购、新形式自动化技术及零触摸技术。数字化的目标之一是在供给公共服务的过程中剥离多层或不增值的流程及官僚机构，这一目标的实现需要私营部门和公众的有效参与，全面开放的治理由此出现。[1]

3. 数字时代治理"第二波浪潮"。2010年前后，以邓利维为代表的一些西方学者注意到数字时代治理已经出现"第二波浪潮"，其重要表现是社会网络、云计算、应用程序的开发以及将先进工业社会进一步推向网络文明。[2]"第二波浪潮"的三大驱动因素是：国家机构内部的组织和预算因素（重返社会）；公共服务中的公众和客户导向因素（整体论）；技术驱动因素（数字化）。[3]与数字时代治理"第一波浪潮"相比："第二波浪潮"已经远离"反新公共管理"这一初始；借助新兴数字技术向社交网络发展，广泛地运用新媒体，[4]使社会轨迹发生陡然变化，这些举措强化了在线流程的中心性，并改变了大部分人口的社会生活、经济生活和政治生活，尤其是对他们如何在网络环境中与政府进行互动产生强烈影响；除数字技术的革新之外，"第二波浪潮"所处的环境发生重大变化，如2008年金融危机之后，诸多西方国家经济增长乏力，财政紧缩政策广泛存在，数字时代治理的经济支持明显削弱。[5]

（四）数字时代治理理论与数字政府治理的关系

1. 数字时代治理理论是大量国家尤其是西方国家数字政府治理的最重要理论基础。数字时代治理理论主要基于电子政务时期以及数字政府治理初期的治理经验生成，是大量国家尤其是西方国家数字政府治理的最重要理论基础。除数字时代治理理论之外，一些理论也是数字政府治理的基

---

[1] Dunleavy, Patrick, and H. Z. Margetts."The Second Wave of Digital Era Governance."*Social Science Electronic Publishing*. 2010.

[2] Dunleavy, Patrick, and H. Z. Margetts."The Second Wave of Digital Era Governance."*Social Science Electronic Publishing*. 2010.

[3] Dunleavy, Patrick, and H. Z. Margetts."The Second Wave of Digital Era Governance."*Social Science Electronic Publishing*. 2010.

[4] 竺乾威：《公共行政理论》，上海：复旦大学出版社，2008，第496页。

[5] 王少泉：《数字时代治理理论：背景、内容与简评》，《国外社会科学》2019年第2期。

础,如:电子政务理论、整体性治理理论和公共价值管理理论等。这些理论在"与数字政府治理相关度高低""对数字政府治理的指导力度强弱"等方面,无法与数字时代治理理论相比,因此,尽管都是大量国家尤其是西方国家数字政府治理的理论基础,但不同理论的重要性明显不平衡。

2. 我国数字政府治理的理论基础是习近平总书记关于网络强国的重要思想,但数字政府治理过程中在一定程度上借鉴了数字时代治理理论及其在西方国家的实践经验。换言之,尽管并非理论基础,但数字时代治理理论对我国的数字政府治理具有一定影响。

二、数字时代治理"第一波浪潮"的核心内容

数字时代治理"第一波浪潮"的核心内容如表2-1所示:

表2-1 数字时代治理"第一波浪潮"的核心内容

主题	权力结构重塑层面:集中,网络为基础,通信获得发展	实现形式设计层面:权力下放,数据库主导,信息处理获得发展
重新整合	代理的回归(结构化),碎片的整合;协同治理;再政府化;恢复/重新加强中央政府流程;采购的集中与专业化	从根本上挤压过程成本;重新设计后勤部门功能和服务交付链;共享服务(混合经济)基础上的共享服务和网络简化
整体主义	互动式信息搜索及信息提供;创建数据库,优先需求分析;灵活的政府程序	以客户、需求为基础的组织重建;一站式供应服务;结果到结果的服务流程重组;可持续性
数字化	激进的脱媒(脱离中间层);主动渠道分流、顾客细分;受控渠道减少	电子服务提供;基于网络的效用计算;集中的、国家指导的信息技术采购;新形式的自动化过程;促进自我管理;走向开放式政府

来源:Dunleavy, Patrick, et al. *Digital Era Governance: IT Corporations, the State, and e-Government.* Oxford University Press. 2006: 227-502.

表2-1展现了数字时代治理"第一波浪潮"的核心内容,重新整合、整体主义和数字化都包括诸多要素(重新整合的核心要素包括对各个系统的把握;整体主义的核心要素可能在于其综合性和全面性;数字化的核心要素主要包括数据连接和算法。)。这些要素分属"权力结构重塑"和"实现形式设计"两大层面,权力结构重塑层面主要表现为集中、网络为基础和通信获得发展,实现形式设计层面主要表现为权力下放、数据库主导和信息处理获得发展。表2-1中内容详述如下:

（一）重新整合

重新整合（Reintegration）是指重新收回民营化运动、新公共管理运动过程中从政府里分离出去的职能并加以整合。其目的是通过科学规划、切合实际的整合办法以：减少资源领域的重复投资、浪费现象，减轻公众负担，降低公众获取公共服务的难度。重新整合包含9个要素：代理的回归（结构化），碎片的整合；协同治理；再政府化，由信贷紧缩期间的临时再政府化推动；恢复/重新加强中央政府流程；[①]采购集中与专业化；从根本上挤压过程成本；重新设计后勤部门功能和服务交付链（尤其是删除重复数据）；共享服务（混合经济）基础上的共享服务；共享服务（混合经济）基础上的网络简化。[②]

重新整合包含的9个要素中，有5个属于权力结构重塑层面：①代理的回归（结构化），碎片的整合。20世纪末、21世纪初，一些西方国家开始助推代理回归，对"碎片"进行整合。②协同治理。具体表现为大部制改革，此类改革表面上是整体性治理理论的实践，实际上视为数字时代治理理论的实践更为准确——这些改革的成功在很大程度上依赖信息技术的支撑。③再政府化，由信贷紧缩期间的临时再政府化推动。即：将民营化运动、新公共管理运动中外包给私营部门的公共管理"业务"收归政府部门。④恢复/重新加强中央政府流程。新公共管理大行其道引致的一个重要问题是：[③]过多、分散的竞争催生无政府主义。针对这一问题，一些国家开始重新加强中央政府流程。⑤采购的集中与专业化。采购的分散和非专业化是新公共管理引致的问题之一。[④]

重新整合包含的9个要素中，有4个属于实现形式设计层面：①从根本上挤压过程成本。[⑤]这一领域主要表现为裁减文官人数，尤其是裁减高度运用信息技术的政府部门的文官人数。②重新设计后勤部门功能和服务交付链。基于网络的集成服务推动迅速扩展到更基础的重新设计服务，并消除了重复的服务交付链，特别是在紧缩压力增加的情况下。③共享服务（混合经济）基础上的共享服务。④共享服务（混合经济）基础上的网络

① 竺乾威：《公共行政理论》，上海：复旦大学出版社，2008，第496页。

② Dunleavy, Patrick, et al. *Digital era governance: IT Corporations, the State, and e-Government*. Oxford University Press. 2006.

③ Dunleavy, Patrick, et al. *Digital era governance: IT Corporations, the State, and e-Government*. Oxford University Press. 2006.

④ 王少泉：《数字时代治理理论：背景、内容与简评》，《国外社会科学》2019年第2期。

⑤ Dunleavy, Patrick, et al. *Digital era governance: IT Corporations, the State, and e-Government*. Oxford University Press. 2006.

简化。①重新整合通过将职能重新纳入中央部委，削减多个机构的额外管理成本，以及对公共部门机构的在线网络资源。②

（二）整体主义

整体主义（Holism）倡导体积更为庞大、涵盖范围更广的行政运作系统，降低行政成本并减少不必要的程序、制约及形式主义，这与"从结果到结果"的再造过程密切关联。③整体主义改革的目标是改变、简化政府与"顾客"之间的整个关系。整体主义包含7个要素：互动式信息搜索及信息提供；数据库，优先需求分析；灵活的政府程序；④以客户、需求为基础的组织重建；一站式供应服务，即问即答流程；结果到结果的服务流程重组；可持续性⑤。

整体主义包含的7个要素中，有3个属于权力结构重塑层面：①互动式（一次性询问）信息搜索及信息提供。政府对信息搜索的重视稍晚于私营部门，政府信息系统所要做的是：让私营部门和公众知晓如何在政府（尤其是政府网站）运作过程中进行表达和报告，如果他们存在这种诉求，可以按照相关规则加以展开。⑥政府部门不仅要扮演信息供给人的角色，还要扮演信息搜索人的角色。基于数字技术进行运作的互动机制将督促公职人员及时回应数字治理客体的需求、偏好。②创建数据库，优先需求分析。在工业时代，不同信息存在于不同政府部门之中，信息的分散化导致这些信息常常难以得到运用或仅用于具体研究。数据库的创建有助于这些问题的解决：⑦大量信息（如福利信息、税收信息）被收入数据库，信息的获取及使用变得十分便捷，基于对这些信息的分析，能够发现数字治理客体的优先需求，预估政策风险的难度也随之下降。⑧③灵活的政府程序。这一程序主要包括：监视和预测系统、危机的灵活应变系统。主要关注政府运作过程中对异常情况的处理、实时预测和准备、对意外事件的

① Dunleavy, Patrick, et al. *Digital era governance: IT Corporations, the State, and e-Government*. Oxford University Press. 2006.

② 王少泉：《数字时代治理理论：背景、内容与简评》，《国外社会科学》2019年第2期。

③ Dunleavy, Patrick, et al. *Digital era governance: IT Corporations, the State, and e-Government*. Oxford University Press. 2006.

④ Dunleavy, Patrick, et al. *Digital era governance: IT Corporations, the State, and e-Government*. Oxford University Press. 2006.

⑤ 王少泉：《数字时代治理理论：背景、内容与简评》，《国外社会科学》2019年第2期。

⑥ Dunleavy, Patrick, et al. *Digital era governance: IT Corporations, the State, and e-Government*. Oxford University Press. 2006.

⑦ 王少泉：《数字时代治理理论：背景、内容与简评》，《国外社会科学》2019年第2期。

⑧ Dunleavy, Patrick, et al. *Digital era governance: IT Corporations, the State, and e-Government*. Oxford University Press. 2006.

反应。①

　　整体主义包含的7个要素中，有4个属于实现形式设计层面：①以客户、需求为基础的组织重建，即将为同一个顾客团提供服务、满足同一类需求的机构加以整合。②一站式供应服务，构建即问即答流程。尽管存在财政紧缩的压力，但在分散层面上，以客户为中心的重组和一站式流程都在不断增长，以提高服务质量。②即问即答流程又称为"只问一次流程"，这一流程运作过程中，政府持续使用已经收集到的信息为数字治理客体提供服务。③结果到结果的服务流程重组。这一举措的实施促使政府部门以整体视角看待事务，而非人为地划分部门边界。③④可持续性。新公共管理理论属于公共行政学中的工具理性谱系，极为关注效率，因而常常忽视公平、公正等等，尤其是常常忽视私营部门运作过程中的负外部效应。数字时代治理理论则较好地融合工具理性与价值理性，同时关注效率、公平与公正。④

（三）数字化

　　数字化（Digitization）能够助推当代生产力的生成，它并非传统公共行政的简单补充，而是一种全新的、完全的变革，它试图使政府机构成为"一个网站"。数字化的实现，主要依赖政府内部的组织变革和文化变革、公众的行为变革，以及作用相对较小但并非无足轻重的技术变革。数字化包含 9 个要素：激进的脱媒（减少中间层）；主动渠道分流、顾客细分；受控渠道减少；电子服务提供；基于网络的效用计算；集中的、国家指导的信息技术采购；新形式的自动化过程；促进自我管理；走向开放式政府。⑤

　　数字化包含的9个要素中，有3个属于权力结构重塑层面：①激进的脱媒（脱离中间层）。政府借助数字技术构建网络，使数字治理客体不必再通过"守卫人"来接触公共部门，这种直接接触的出现有助于公共服务效能的提升——公共服务客体能够根据政府机构的变革来改变自己的行为。

---

① 王少泉：《数字时代治理理论：背景、内容与简评》，《国外社会科学》2019年第2期。
② Dunleavy, Patrick, et al. *Digital era governance: IT Corporations, the State, and e-Government.* Oxford University Press. 2006.
③ Dunleavy, Patrick, et al. *Digital era governance: IT Corporations, the State, and e-Government.* Oxford University Press. 2006.
④ 王少泉：《数字时代治理理论：背景、内容与简评》，《国外社会科学》2019年第2期。
⑤ 王少泉：《数字时代治理理论：背景、内容与简评》，《国外社会科学》2019年第2期。

②主动渠道分流、顾客细分。[①]借助低成本、高效能的数字服务促使数字治理客体转向数字治理领域（而非守旧地选择旧方法获得公共服务），并构建高度不同、提问式的电子系统实现顾客细分。③受控渠道减少。数字时代来临之后，促使数字治理客体使用电子方式与政府打交道的压力持续变大，这种情境中，以电子支付为代表的方式持续增多。[②]

数字化包含的9个要素中，有6个属于实现形式的设计层面：[③]①电子服务提供。与英法德等欧洲国家相比，美国较早地进入电子政务时期，因此美国数字时代治理的起点较高。②基于网络的效用计算。与规模较大的机构相比，规模较小的机构较难进行复杂的数字技术规划。数字时代治理理论主张通过两种方式解决这一问题：小机构在具有多个供应者的市场中购买"数字技术规划"这一领域的服务；[④]小机构从主要供给商提供的服务菜单中选择自己所需的"数字技术规划"服务。类似举措的实施有助于公用事业开支的降低。③集中的、国家指导的信息技术采购。数字技术的使用及采购情况较差会严重阻滞公共管理学的提升，一些西方国家因此展开集中的、国家指导的信息技术采购。④新形式的自动化过程。最为典型的是"零接触技术"：借助数字技术（尤其是自动追踪技术）使系统运作过程中无须人的干预。⑤促进自我管理。自我管理主要是指治理客体在公共管理过程中主动地与政府展开互动。这一管理不再以政府机构为中心，而且并非简单地减少中间层，而是强调治理客体在治理过程中自愿地、自我指导地服从政府。⑥走向开放式政府。新公共管理运动之前，政府透明度的提升已经成为趋势。[⑤]数字时代治理的出现强化了这一态势，政府的自我封闭状态被彻底打破，公众可以开发整体性的数据库，更多地展开自我管理。[⑥]

三、数字时代治理"第二波浪潮"的核心内容

数字时代治理"第二波浪潮"的核心内容如表2-2所示：

① Dunleavy, Patrick, et al. *Digital era governance: IT Corporations, the State, and e-Government.* Oxford University Press. 2006.
② 王少泉：《数字时代治理理论：背景、内容与简评》，《国外社会科学》2019年第2期。
③ Dunleavy, Patrick, et al. *Digital era governance: IT Corporations, the State, and e-Government.* Oxford University Press. 2006.
④ Dunleavy, Patrick, et al. *Digital era governance: IT Corporations, the State, and e-Government.* Oxford University Press. 2006.
⑤ Dunleavy, Patrick, et al. *Digital era governance: IT Corporations, the State, and e-Government.* Oxford University Press. 2006.
⑥ 王少泉：《数字时代治理理论：背景、内容与简评》，《国外社会科学》2019年第2期。

表2-2　数字时代治理"第二波浪潮"的核心内容

主题	权力结构重塑层面：集中，网络为基础，通信获得发展	实现形式设计层面：权力下放，数据库主导，信息处理获得发展
重新整合	智能中心＋分散交付设计；整合政府和国家基础设施；单一税收和福利系统（使用实时数据）；重新整合外包	分散交付设计；紧缩驱动的中央政府脱离接触和减少负荷；在公共服务交付链中进行激进的非中介化（一次性交付）；交付层面联合治理
整体主义	社会保障系统的新一波整合；社会保障系统趋向于联网；在福利国家展开单一利益整合；利益审批和支付整合的联合；单一公众账户；中央/联邦一级的综合服务商店	联合供给地方公共服务；共同供给服务，特别是在公共政策领域；客户管理的社会/卫生保健预算；公共服务和政府声誉的综合在线评估；作为中央管制替代品的公民鉴定书；作为中央审计替代品的开放式政府与公众监督；在数字政府和现实服务中开发"社会网络"程序；与"大社会"变化相联系的紧缩、中央脱离；重新评估"任务承诺"驱动程序；传统"数字鸿沟"的终结，以及新的（差异化的）残余形式的出现
数字化	政府超级网站（以及精简网站）；"100%在线"渠道策略（涵盖所有联系和交易）和相关的现代化；"政府云"；免费存储，全面的数据保留；政府APP	"社交网络"转向在线资产中的丰富技术；开放公共信息以便重复使用、多元组合；普适计算，推动向零接触技术的转变和劳动力的资本替代；政府APP

来源：Dunleavy, Patrick, and H. Z. Margetts. "The Second Wave of Digital Era Governance." *Social Science Electronic Publishing* (2010), p.16-17.

　　表2-2展现了数字时代治理"第二波浪潮"的核心内容。从宏观上来看，"第二波浪潮"与"第一波浪潮"一样：由重新整合、整体主义和数字化这三大领域组成且核心要义并未出现明显变化；这三大领域各包括诸多要素，这些要素分属"权力结构重塑"和"实现形式设计"两大层面。[①]但必须注意到：两次"浪潮"的三大领域组成要素截然不同。表2-2中内容详述如下：

———————

① 王少泉：《数字时代治理理论：背景、内容与简评》，《国外社会科学》2019年第2期。

（一）重新整合

数字时代治理"第二波浪潮"中，重新整合包括8个要素：①智能中心+分散交付设计；整合政府和国家基础设施；单一税收和福利系统（使用实时数据）；重新整合外包；分散交付设计；紧缩驱动的中央政府脱离接触和减少负荷；在公共服务交付链中进行激进的非中介化（一次性交付）；交付层面联合治理。

这8个要素中，有4个属于权力结构重塑层面：①智能中心+分散交付设计。数据库由中央管理层、专业人员进行分析并基于此展开战略的制定，个体商店的经理主要从事招聘员工、协调物流等工作而非制定政策。目前这一做法已经被引入政府之中。②整合政府和国家基础设施。从地方到区域再到国家层面的实时政府数据汇集正在零星地出现于欧美一些国家，财政紧缩会助推这一进程，[②]未来十几年中，这一情况将持续增多，助推政府和国家基础设施的整合。③单一税收和福利系统（使用实时数据）。④重新整合外包。一个重要的集中发展是重新整合外包，以取代"由不同承包商和分包商组成的支离破碎的丛林"。

这8个要素中，有4个属于实现形式的设计层面：①分散交付设计。这一举措不仅存在于权力结构重塑层面，也存在于实现形式的设计层面。②紧缩驱动的中央政府脱离接触和减少负荷。财政紧缩压力引致的结果之一是：中央政府不再支持其先前共同资助的许多服务，将更多的负担转嫁给州或地方政府。③在公共服务交付链中进行激进的非中介化（一次性交付）。[③]这一领域的改革主要是将先前单独的交付链加以合并，增加一次性交付的存在范围。④④交付层面联合治理。财政紧缩还助推了公共服务领域的彻底脱媒（削减中间人），特别是通过利用在线服务实现的交付层面联合治理。[⑤]

（二）整体主义

数字时代治理"第二波浪潮"中，整体主义（Holism）包括16个要素：新一波整体社会保险发展；社会保障系统趋向于联网；在福利国家展

① Dunleavy, Patrick, and H. Z. Margetts. "The Second Wave of Digital Era Governance." *Social Science Electronic Publishing*, 2010.

② Dunleavy, Patrick, and H. Z. Margetts. "The Second Wave of Digital Era Governance." *Social Science Electronic Publishing*, 2010.

③ Dunleavy, Patrick, and H. Z. Margetts. "The Second Wave of Digital Era Governance." *Social Science Electronic Publishing*, 2010.

④ 王少泉：《数字时代治理理论：背景、内容与简评》，《国外社会科学》2019年第2期。

⑤ 王少泉：《数字时代治理理论：背景、内容与简评》，《国外社会科学》2019年第2期。

开单一利益整合；利益审批与支付整合的联合；单一公众账户；中央/联邦一级的综合服务商店；联合供给地方公共服务；共同供给服务，特别是在公共政策领域；客户管理的社会/卫生保健预算；公共服务和政府的综合在线声誉评估；作为中央管制替代品的公民鉴定书；作为中央审计替代品的开放式政府与公众监督；在数字政府和现实服务中开发"社会网络"程序；与"大社会"变化相联系的紧缩、中央脱离；重新评估"任务承诺"驱动程序；传统"数字鸿沟"的终结，以及新的（差异化的）残余形式的出现。[①]

这16个要素中，有6个属于权力结构重塑层面：①新一波整体社会保险发展。从英国的情况来看，在国家税收系统开始整合之后十多年，主要的集中趋势出现于在线社会保障系统之中。②社会保障系统趋向于联网。③在福利国家展开单一利益整合。一些西方国家已经借助数字技术逐步实现单一利益整合，有效地提升了公共管理效能。④利益审批与支付整合的联合。在借助数字技术优化利益审批、推进支付整合的同时，英美等国家还注意推进这两大领域的联合。⑤单一公众账户。单一公众账户相当于政府网上银行服务，这种"账户"的出现将有效提升在线访问率及政府与公众的互动效率。⑥中央/联邦一级的综合服务商店。[②]

这16个要素中，有10个属于实现形式的设计层面：①联合供给地方公共服务。财政紧缩的出现使诸多西方国家更为关注提升效率、降低成本，促进联合供给地方公共服务、合并单独的交付链成为实现这一目标的重要举措。②共同供给服务，特别是在行为公共政策领域。[③]推动政府与公众共同提供服务在一些西方国家已经成为重要趋势，这种趋势的出现与干预主义的强化直接相关，这些国家的政府供给服务的过程中只有政府采取举措极难获得成功。③客户管理的社会/卫生保健预算。④公共服务和政府的综合在线声誉评估。近年，主流经济学已经在对公共部门机构员工和客户分类方面对"任务承诺"的美德进行彻底重新评估，并创造有利于以更低成本获得更好绩效的汇集效应，基于此对公共服务及政府声誉展开综合在线评估。⑤作为中央管制替代品的公民鉴定书。⑥作为中央审计替代品的开放式政府与公众监督。为了解决新公共管理引致的诸多问题，政府必

① 王少泉：《数字时代治理理论：背景、内容与简评》，《国外社会科学》2019年第2期。
② Dunleavy, Patrick, and H. Z. Margetts. "The Second Wave of Digital Era Governance." *Social Science Electronic Publishing*, 2010.
③ Dunleavy, Patrick, and H. Z. Margetts. "The Second Wave of Digital Era Governance." *Social Science Electronic Publishing*, 2010.

须再次倡导公共精神，借助数字技术构建开放式政府、强化公众监督以替代中央审计成为重要举措。⑦在数字政府和现实服务中开发"社会网络"程序。①这些举措的在线版本是政府部门内部"社交网络"流程的发展，这在中央政府层面取得缓慢进展，但在交付层面上以多种形式（仍然是实验性的）蓬勃发展。⑧与"大社会"变化相联系的紧缩、中央脱离。财政紧缩政策的实施、中央政府在交付层面的脱离，与"大社会"变化密切相关。⑨重新评估"任务承诺"驱动程序，如：人员分类、客户分类和承包商/非政府组织分类。⑩传统"数字鸿沟"的终结，以及新的（差异化的）残余形式的出现。数字时代治理"第二波浪潮"的关键推动力是西方国家传统"数字鸿沟"的终结。②

（三）数字化

数字时代治理"第二波浪潮"中，数字化（Digitization）包括8个要素：政府超级网站（以及精简网站）；"100%在线"渠道策略（涵盖所有联系和交易）和相关的现代化；"政府云"；③免费存储，全面的数据保留；政府APP；"社交网络"转向在线资产中的丰富技术；开放公共信息以便重复使用、多元组合；普适计算，推动向零接触技术的转变和劳动力的资本替代。

这8个要素中，有5个属于权力结构重塑层面：①政府超级网站（以及精简网站）。构建政府网站是数字时代治理的重要举措，在"第二波浪潮"中，西方国家致力于构建政府超级网站，并在这一过程中注意精简政府网站总数量。②"100%在线"渠道策略（涵盖所有联系和交易）和相关的现代化。③"政府云"。将政府与公众之间的所有互动集中在一些经过精心编辑的政府云之中。④免费存储，全面的数据保留。⑤政府APP。政府APP有可能发展成为政府、私营部门与公众这三者之间进行沟通的一种关键形式，④这种应用程序的使用基于低功耗设备（如移动电话）使用互联网。

这8个要素中，有4个（"政府APP"再次出现）属于实现形式的设计层面：①"社交网络"转向在线资产中的丰富技术。当前，政府网站的

---

① 王少泉：《数字时代治理理论：背景、内容与简评》，《国外社会科学》2019年第2期。
② Dunleavy, Patrick, and H. Z. Margetts. "The Second Wave of Digital Era Governance." *Social Science Electronic Publishing*, 2010.
③ Dunleavy, Patrick, and H. Z. Margetts. "The Second Wave of Digital Era Governance." *Social Science Electronic Publishing*, 2010.
④ Dunleavy, Patrick, and H. Z. Margetts. "The Second Wave of Digital Era Governance." *Social Science Electronic Publishing*, 2010.

"外观"和"感觉"之间依然存在较大差距，出于对这种差距的消除，"社交网络"逐渐转向在线资产中的丰富技术。②开放公共信息以便重复使用、多元组合。③普适计算，推动向零接触技术（ZTT）的转变和劳动力的资本替代。普适计算变得越来越便宜，推动了向零接触技术（ZTT）的转变以及公共部门增强资本集约化的长期努力（表现为河流监测，和交通系统等领域的自动化）。④政府APP。开放政府数据计划导致许多APP由第三方开发，到目前为止，很少有政府部门开发使用个人数据的APP，甚至很少有政府部门开始考虑这样做。①

四、数字时代治理理论的本质属性

绝大部分公共行政理论归属于工具理性谱系或价值理性谱系，数字时代治理理论与"习近平总书记关于网络强国的重要思想"一起在公共行政领域开创"工具—价值理性"谱系。具体阐释如下：

（一）公共行政学的理性谱系

当前，人类社会由工业时代向数字时代全面演进这一态势已经明朗，工业时代的现代化逐渐变更为数字时代的现代化，数字时代现代化进程的推进有赖于新法律、新制度及新观念等的支撑，②但形成于工业时代的法律、制度和观念等会阻滞这种革新，从而沦为数字时代现代化的阻滞因素。借鉴马克思主义哲学新旧事物观对这种情况进行分析能够发现：形成于工业时代的法律、制度和观念等在数字时代已经沦为旧事物，数字时代现代化进程的推进需要新事物的支持——需要具体技术的支持，也需要新的法律、制度及观念等的支持。工业时代的高度现代化会形成与时代需求相契合的事物，这些事物有可能以实体形式存在（如生产设备），也有可能以非物质形态存在（如制度和观念等）。③当这些事物沦为旧事物之后，会对数字时代现代化进程的推进形成阻滞。④

人类社会在工业时代产生了一些含金量极高的管理理论，仅从公共行政学界来看，随着工业时代的推进而持续出现的管理理论较多，如：传统公共行政理论、新公共行政理论、民营化理论、民主行政理论、新公共管

---

① Dunleavy, Patrick, and H. Z. Margetts. "The Second Wave of Digital Era Governance."*Social Science Electronic Publishing*, 2010.

② 王少泉：《数字时代治理理论的问题与属性》，《中国社会科学报》，2019-05-22（07）。

③ Wojciech Białożyt. "Digital Era Governance—a new chapter of public management theory and practice." *Mining Software Repositories*, 2017.

④ 王少泉：《数字时代治理理论的问题与属性》，《中国社会科学报》，2019-05-22（07）。

理论、新公共服务理论、整体性治理理论和公共价值管理理论等，这8种公共行政理论中，前六种是随着工业时代的演进而不断更替、取代前一种理论在公共行政学界的主导地位，整体性治理理论和公共价值管理理论均出现于20世纪末，并于21世纪初在公共行政学界呈现并驾齐驱态势。从时代属性上来看，这8种公共行政理论都是工业时代的管理理论。

从公共行政领域各理论的演进情况来看，绝大部分理论的产生、发展和衰落过程印证了由新事物变为旧事物的情况，实例如：传统公共行政论、新公共行政理论、民营化理论、民主行政理论、新公共管理理论和新公共服务理论产生之初都是新理论，但时代的持续使这些理论逐渐沦为旧理论。

公共行政理论演进过程中，先后占据主导地位的理论分别是：传统公共行政理论（1887—1967年）；新公共行政理论（1968—1978年）；民营化理论（1979—1986年）；民主行政理论（1987—1990年）；新公共管理理论（1991—1995年）；新公共服务理论（1996年至21世纪初）；①21世纪初至今，整体性治理理论与公共价值管理理论并驾齐驱。从这些公共行政理论的根本属性来看，这8种理论分属于工具理性谱系和价值理性谱系。与这8种理论明显不同的是：数字时代治理理论既不属于工具理性谱系也不属于价值理性谱系，而是开创了一种全新谱系：工具—价值理性谱系。②

1. 公共行政理论的工具理性谱系。传统公共行政理论、民营化理论、新公共管理理论和整体性治理理论归属于工具理性谱系。这些理论对效率的倡导高于对公平、公正的关注，因而都归属于工具理性谱系，但将这些理论进行对比能够发现：从传统公共行政理论到民营化理论，从民营化理论到新公共管理理论最后到整体性治理理论，工具理性色彩不断下降，价值理性色彩有所增加，即从工具理性色彩的大小来看，传统公共行政理论＞民营化理论＞新公共管理理论＞整体性治理理论，必须注意的是到最后的整体性治理理论，工具理性色彩依然明显大于价值理性色彩。③

2. 公共行政理论的价值理性谱系。新公共行政理论、民主行政理论、新公共服务理论和公共价值管理理论归属于价值理性谱系。这些理论对公平、公正的倡导高于对效率的关注，因而都归属于价值理性谱系，但

---

① 董礼胜、王少泉：《穆尔的公共价值管理理论述评》，《青海社会科学》2014年第3期。
② 王少泉：《数字时代治理理论：背景、内容与简评》，《国外社会科学》2019年第2期。
③ 曹冬英、王少泉：《新公共管理理论对民营化理论的扬弃》，《重庆科技学院学报（社会科学版）》2015年第3期。

将这些理论进行对比能够发现：从新公共行政理论到民主行政理论，从民主行政理论到新公共服务理论最后到公共价值管理理论，价值理性色彩不断下降，工具理性色彩有所增加，即从价值理性色彩的大小来看，新公共行政理论＞民主行政理论＞新公共服务理论＞公共价值管理理论。必须注意的是：到最后的公共价值管理理论，价值理性色彩依然明显大于工具理性色彩。

（二）数字时代治理理论的谱系归属

20世纪末、21世纪初，欧美一些国家及中国等先后开始从工业时代向数字时代演进，[①]不同国家公共行政学界对这一变化的反应存在一些差异，这种差异的最明显表现是欧美公共行政学界出现"分野"：在美国，价值理性谱系的公共价值管理理论取代工具理性谱系的新公共管理理论在公共行政领域的主导地位；在欧洲尤其是英国，工具理性谱系的整体性治理理论取代同样属于工具理性谱系的新公共管理理论在公共行政领域的主导地位。与新公共管理理论相比，公共价值管理理论和整体性治理理论都是新理论，能够与工业时代向数字时代演进这一宏观环境相适应时代变迁，主要表现为能够有效解决时代变迁过程中出现的各种问题。这两者产生于工业时代向数字时代演进的过程之中，具有"过渡性质"——同时具有工业时代特征和数字时代特征，均是数字时代治理理论的重要根基。在数字时代全面来临的宏观环境中，这两者与宏观环境的适应性逐渐降低。由此，构建新的公共行政理论以推进数字时代的现代化进程成为一种客观需求，数字时代治理理论的生成回应了这种需求。[②]

从理论渊源方面入手展开分析能够发现：数字时代治理理论是整体性治理理论同源，[③]前者是后者在数字时代的深化发展、具体运用。但与整体性治理理论相比，数字时代治理理论在很多方面有效吸纳了公共行政领域价值理性谱系一些理论（尤其是公共价值管理理论）的某些观点，并在这一基础之上努力融合自身内部的工具理性和价值理性，在公共行政领域开创"工具—价值理性"谱系。这些举措与时代演进产生的需求相符：

---

① Wojciech Białożyt. "Digital Era Governance—a new chapter of public management theory and practice." *Mining Software Repositories*, 2017.

② 王少泉：《数字时代治理理论的问题与属性》，《中国社会科学报》，2019-05-22（07）。

③ Lindquist, Evert A., and I. Huse. "Accountability and monitoring government in the digital era: Promise, realism and research for digital-era governance." *Canadian Public Administration*, 2017 (60.4):627-656.

近年，数字时代在世界主要国家全面来临，①在这一宏观态势下，迫切需要新的治理理论助推数字时代的全面推进尤其是解决时代演进过程中出现的各种问题，而且数字时代的全面来临要求治理过程中同时实现效率和公平，这就要求新的治理理论兼具工具理性和价值理性色彩，数字时代治理理论与这些需求相符。可见，与整体性治理理论和公共价值管理理论相比，数字时代治理理论与数字时代的适应性明显较高。②

与此前的公共行政理论相比，数字时代治理理论是生成于数字时代的大环境之中的新理论，能够助推数字时代（自身）的演进，西方国家正在全面展开的数字治理正是这种理论在西方诸多国家运用于实践中的结果，依托数字时代治理理论展开的数字治理相关制度的构建，是制度完善速度跟上现代化速度的重要表现。这种实践反作用于理论层面，必将推进数字时代治理理论的演进，理论的演进则继续作用于诸多国家的数字治理实践，助推这些国家数字治理水平的提升。数字时代治理理论同时具有工具理性和价值理性色彩，表现在以下两方面：

1. 数字时代治理理论的工具理性属性。从权力结构重塑层面来看，数字时代治理理论的诸多要素表现出工具理性特征，如："重新整合"这一领域的绝大部分要素，"整体主义"这一领域的"创建数据库并提供一站式供应服务；③灵活的政府程序；社会保障系统趋向于联网；在福利国家展开单一利益整合；利益审批与支付整合的联合"等要素，"数字化"这一领域的"主动渠道分流、顾客细分；受控渠道减少；政府超级网站（以及精简网站）；④100%在线渠道策略（涵盖所有联系和交易）和相关的现代化；政府云"等要素。从实现形式设计层面来看，数字时代治理理论的诸多要素表现出工具理性特征，⑤如："重新整合"这一领域的绝大部分要素，"整体主义"这一领域的"创建数据库并提供一站式供应服务；联合供给地方公共服务；共同供给服务，特别是在公共政策领域；与

① Lindquist, Evert A., and I. Huse. "Accountability and monitoring government in the digital era: Promise, realism and research for digital-era governance." *Canadian Public Administration*, 2017 (60.4):627-656.

② 王少泉：《数字时代治理理论的问题与属性》，《中国社会科学报》，2019-05-22（07）。

③ Danneels, Lieselot, and S. Viaene. "How to move towards digital era governance:the case of VDAB." (Proceeding of the 16th Annual International Conference on Digital Government Research, 2015).

④ Paskaleva, and K. Antonova. "Enabling the smart city: The progress of city e-governance in Europe." *International Journal of Innovation & Regional Development*, 2009 (1.4):405-422 (18).

⑤ Loukis, Eur. N."Digital Era Governance-IT Corporations, the State and e-Government." *Social science computer review*, 2008 (26.2):254-256.

大社会变化相联系的紧缩、中央脱离"等要素。"数字化"这一领域的"基于网络的效用计算；社交网络转向在线资产中的丰富技术；①普适计算，推动向零接触技术的转变和劳动力的资本替代"等要素。这些要素（举措）的实施，能够基于数字技术的使用有效提升政府运作效能，是公共行政领域工具理性的全面展现。②

2．数字时代治理理论的价值理性属性。从权力结构重塑层面来看，数字时代治理理论的诸多要素表现出价值理性特征，如："整体主义"这一领域的"共享服务（混合经济）基础上的共享服务和网络简化；③社会保障系统的新一波整合、单一公众账户"等要素，"数字化"这一领域的"免费存储，全面的数据保留、政府APP"等要素。从实现形式设计层面来看，数字时代治理理论的诸多要素表现出价值理性特征，如："重新整合"这一领域的"共享服务（混合经济）基础上的共享服务和网络简化"，"整体主义"这一领域的"客户管理的社会/卫生保健预算、公共服务和政府声誉的综合在线评估；作为中央管制替代品的公民鉴定书；作为中央审计替代品的开放式政府与公众监督；在数字政府和现实服务中开发'社会网络'程序；重新评估'任务承诺'驱动程序；传统'数字鸿沟'的终结，以及新的（差异化的）残余形式的出现"等要素，"数字化"这一领域的"促进自我管理；走向开放式政府；开放公共信息以便重复使用及多元组合、政府APP"等要素。这些要素（举措）的实施，能够基于数字技术的使用有效创造和增加公共价值，是公共行政领域价值理性的全面展现。值得注意的是：与数字时代治理"第一波浪潮"相比，④数字时代治理"第二波浪潮"中展现出价值理性色彩的要素显著增多，这是数字时代治理理论在发展过程中日益重视工具理性与价值理性两者之间平衡的重要表现。

数字时代治理理论融合了当今公共行政学界工具理性谱系代表理论（整体性治理理论）与价值理性谱系代表理论（公共价值管理理论）的优点，这一理论倡导：政府运作过程中必须注重整合与协调，借助科学的举措重新整合政府的公共服务供给能力及方式；政府部门必须以公众和服务

---

① Loukis, Eur. N."Digital Era Governance-IT Corporations, the State and e-Government."*Social science computer review*, 2008 (26.2):254-256.
② 王少泉：《数字时代治理理论：背景、内容与简评》，《国外社会科学》2019年第2期。
③ Dunleavy, Patrick, and H. Z. Margetts. "The Second Wave of Digital Era Governance."*Social Science Electronic Publishing*. 2010.
④ Paskaleva, and K. Antonova. "Enabling the smart city: The progress of city e-governance in Europe."*International Journal of Innovation & Regional Development*, 2009 (1.4):405-422 (18).

为基础，通过整体性改革优化政府管理流程；政府部门运作过程中应该借助信息技术提升数字公共服务的供给能力及与数字治理客体的互动程度。由此可见，数字时代治理理论同时倡导工具理性和价值理性，其在公共行政理论中既不属于工具理性谱系，也不属于价值理性谱系，而是创造并归属于一个全新的谱系：工具—价值理性谱系。①

五、数字时代治理的理论及实践发展趋向

从理论层面来看，数字时代治理理论哪个获得进一步发展，从时间层面来看，现实中存在出现数字时代治理"第三波浪潮"及其理论的可能性。具体阐述如下：

（一）数字时代治理的理论发展趋向

21世纪初，整体性治理理论（工具理性谱系）与公共价值管理理论（价值理性谱系）兴起之后，基于整体主义实现重新整合、借助数字技术实现社会公平日益成为公共行政学界的共识，而数字时代治理理论的出现，使整体性治理理论和公共价值管理理论的核心观点在治理（尤其是虚拟空间的治理）过程中得以实现，②这一理论同时具有工具理性色彩和价值理性色彩。数字时代治理理论倡导借助数字技术在治理过程中同时实现公平和效率，当然，对公平与效率的关注度大致相当并不意味着这一关注度一成不变：数字时代治理理论运用于实践的过程中，对公平与效率的关注度会随着现实情况的变化而不断调整，但对公平的偏重度不会高于价值理性谱系的任何一种理论、对效率的偏重度不会高于工具理性谱系的任何一种理论。③

大数据、云计算和社会网络等在数字时代治理过程中的运用，对数字时代治理理论的发展具有推动作用：这些数字技术的运用，有助于私营部门、公益部门等主体更多地参与到数字时代治理过程之中，数字时代治理主体之间、主客体之间的良性互动不断增强，治理的整体化状态得到强化且公共价值得到增加，对这些现象的观察和分析，能够助推理论演进。这意味着：数字时代治理领域的研究中，大数据和云计算等新事物的运用、④多元主体参与、主客体之间的互动等将会是热门主题。但必须注意

---

① 王少泉：《数字党建：理论渊源与现实推进》，《湖北行政学院学报》2019年第6期。
② Dunleavy, Patrick, and H. Z. Margetts. "The Second Wave of Digital Era Governance." *Social Science Electronic Publishing*, 2010.
③ 王少泉：《数字时代治理理论：背景、内容与简评》，《国外社会科学》2019年第2期。
④ Dunleavy, Patrick, and H. Z. Margetts. "The Second Wave of Digital Era Governance." *Social Science Electronic Publishing*, 2010.

到：数字时代治理的演进，较难催生治理主体之间的"平权"状态（尽管某些学者倡导这一状态），执政党和政府在较长时间内会一直是数字时代治理的主导主体。①

从数字时代治理理论的研究群体来看，近年，国内外学界对这一理论的关注度持续上升，随着数字技术在人类社会发展过程中作用的日益凸显，对这一理论加以关注、展开研究的群体数量将进一步扩大。从理论研究与实证研究的对比来看，数字时代治理理论出现之初，学界对理论研究和实证研究的关注度大致相当（甚至对前者的关注度高于后者）。从研究成果数量的对比中能够发现学界对这一理论实证研究的关注度迅速超过对理论研究的关注度，这一情况的成因主要是：理论正确与否需要用实践来检验；将理论运用于实践，这一理论的意义才完备；理论研究（尤其是大幅度推进理论发展）的难度大于实证研究，一些研究者因而"取巧"地专注于实证研究。从发展趋向来看，这一领域实证研究成果的数量会一直高于理论研究的成果数量，但这一情况的存在并不会阻滞数字时代治理理论的演进：实证研究积累到一定程度会催发理论研究的演进。

从整体上来看：数字时代治理理论将会继续同时关注公平和效率，兼具价值理性色彩和工具理性色彩；数字时代治理领域的研究中，大数据和云计算等新事物的运用、②多元主体参与、主客体之间的互动等将会是热门主题；对数字时代治理理论加以关注、展开研究的群体数量将进一步扩大；数字时代治理领域实证研究成果的数量会一直高于理论研究的成果数量③。

（二）数字时代治理的实践发展趋向

数字时代治理理论的发展根源于实践的变化（演进）。从实践层面来看，目前，新公共管理依然在诸多国家（尤其是英国、美国、荷兰及斯堪的纳维亚国家）具有较强影响力。20世纪最后20年，新公共管理理论（及其前身民营化理论）被广泛地运用于实践，民营化举措因而广泛地存在于诸多国家，但必须注意到：20世纪的最后几年，主要表现为"倒合同外包"的逆民营化已经出现于一些欧美国家之中，④这一情况的出现及态势

---

① 王少泉：《数字时代治理理论：背景、内容与简评》，《国外社会科学》2019年第2期。
② Dunleavy, Patrick, and H. Z. Margetts. "The Second Wave of Digital Era Governance." *Social Science Electronic Publishing*, 2010.
③ 王少泉：《数字时代治理理论：背景、内容与简评》，《国外社会科学》2019年第2期。
④ Jensen, Paul H., and R. E. Stonecash. "Incentives and the Efficiency of Public Sector-outsourcing Contracts." *Journal of Economic Surveys*, 2010 (19.5):767-787.

的强化原本有望加快公共行政学界及实践界主导理论的更替（即某一种理论完全取代新公共管理的主导地位），但逆民营化的扩张速度在2008年金融危机后被明显延滞：为避免像希腊等国家一样陷入债务危机，诸多国家（尤其是欧洲各国）纷纷实施财政紧缩政策——2009年，时任英国首相的卡梅伦在一次演讲中提出"紧缩时代"（the age of austerity）这一词汇，[1]随后这一词汇流行起来——失去强有力的财政支持之后，逆民营化举措变得十分乏力。

在数字时代治理"第一波浪潮"之时，邓利维预判了数字时代治理的实践发展趋向：以网络为基础的实用信息技术将被一些机构采用；共享服务广泛地出现于一些部门之中；零技术（高度的自动化）趋势的扩展；符号网页的广泛出现；政府更多地以图像方式提供公共服务。[2]数字时代治理"第二波浪潮"出现之时，这些预判大多已经成真。

数字时代治理举措的推进有赖于政府的主导（如基于公共投资用玻璃光纤大规模替代铜线），但财政紧缩政策大规模出现于当前时期，加之"大社会"倡议让私营部门及民间组织更多地参与竞争及公共服务的供给，在一定程度上阻滞了数字时代治理的推进，如：在英国和澳大利亚等国家的IT项目中，（政府主导的）信息通信技术合同近几十年来一直竞争力较弱；2018年2月的组阁协议中，德国新一届政府将"消除信号盲区"这一任务交由运营商完成，该任务的完成需要投入大量人力、物力和财力，但能够带来的收益却极低，这与运营商期望的"低投入、高产出"完全相悖，因此运营商消极应对甚至抵制这一举措。更为严重的是：财政紧缩会导致政府降低对信息技术开发及利用的支持度，导致政府部门与私营部门之间的信息技术差距变大。[3]

与阻力相伴的是数字时代治理的推动力。信息技术的发展持续助推政治、经济和社会等领域的变革，这些变革的出现使数字治理的客体希望：政府的数字治理水平得到提升、政府与数字治理客体之间的互动效能提高。这些压力促使政府提升对数字时代治理的关注度，强化政府运作过程中对大数据、云计算和社会网络等的运用，[4]实现信息资源的共享，并在

---

① Ortiz, Isabel, and M. Cummins. "The Age of Austerity: A Review of Public Expenditures and Adjustment Measures in 181 Countries."*Ssrn Electronic Journal*, 2013.

② Dunleavy, Patrick, et al. *Digital era governance: IT Corporations, the State, and e-Government.* Oxford University Press. 2006.

③ 王少泉：《数字时代治理理论：背景、内容与简评》，《国外社会科学》2019年第2期。

④ Dunleavy, Patrick, and H. Z. Margetts. "The Second Wave of Digital Era Governance."*Social Science Electronic Publishing*, 2010.

数字技术的开发及运用过程中实现多方参与（以降低开发成本）。从数字时代治理的影响范围来看：首先，诸多发展中国家已经注意到推进数字时代治理进程是促进国家发展的重要举措，因此，在国家治理过程中实施数字时代治理举措的国家日益增多；其次，不愿意融入数字时代治理的一些公众会发现除了融入这一治理过程之外他们没有太多选择，因而被数字时代治理形成的"惯性"卷入其中，①最终融入这一治理过程，另一些因年龄偏大而难以融入数字时代治理的公众则会随着时间的流逝（死亡）而数量不断减少，数字时代治理的阻力因而不断变小。

从整体上来看，数字时代治理的推动力大于阻力（尤其是西方一些国家的财政紧缩政策已经引起公众广泛反对），因此，未来一段时间内，数字时代治理进程将得到持续推进。在这一宏观背景下，数字时代治理理论会随之获得发展。②值得注意的是：尽管数字时代治理理论同时具有工具理性属性和价值理性属性，即同时关注效率和公平，但并不意味着将这一理论运用于实践就能够同时实现效率和公平。如果数字治理过程中未能妥善运用这一理论，极有可能既未实现效率，也未实现公平。首先，从效率方面来看，数字时代治理理论运用于实践过程中并不必然带来高效率，如：一些政府会基于数字政府治理平台向数字治理客体提供数字公共服务，此举使某些数字治理客体能够在很大程度上摆脱时间和空间的限制获得（数字）公共服务，但必须注意到并非所有数字治理客体（如受教育水平较低的群体或老年人）都能够高效运用数字政府治理平台获取数字公共服务，对这些数字治理客体而言，数字时代治理理论的运用并未带来效率的提升，反而阻碍了他们获取公共服务。其次，从公平方面来看，数字时代治理理论运用于实践能够有效提升诸多国家的治理效能，但必须注意到各国均存在大量非网民及一些"非完全网民"（选择性地使用某些智能设备的公众，如使用网络但不用智能手机的公众），这些治理客体受多种因素影响而不愿意或难以有效运用智能设备获得数字公共服务，这些群体的存在意味着：数字时代治理理论运用于实践的过程之中，不可能为全体数字治理客体提供数字公共服务。③从年龄层面来看，非网民和"非完全网民"中的年轻人较容易转变为网民或"完全网民"，但年龄偏大的人群则

---

① Dunleavy, Patrick, and H. Z. Margetts. "The Second Wave of Digital Era Governance." *Social Science Electronic Publishing*, 2010.

② Dunleavy, Patrick, and H. Z. Margetts. "The Second Wave of Digital Era Governance." *Social Science Electronic Publishing*, 2010.

③ 王少泉：《数字时代治理理论的问题与属性》，《中国社会科学报》，2019-05-22（07）。

较难转变为网民。这些群体的存在则意味着数字时代治理理论运用于实践过程中未完全实现公平，解决这一问题的关键举措是消除这些群体，但这绝非短期内能够实现的目标。

当数字时代治理理论运用于实践过程中但未能有效实现效率与公平的相对平衡时，这一理论就不能被视为数字时代完美的新理论。如果不能有效解决这一问题，数字时代治理理论必将被另外一种"工具—价值理性"谱系的公共行政理论取代。当然，就数字时代治理理论的发展历程及发展趋向来看，其在短时间内被其他公共行政学理论取代的可能性极小：一方面，公共行政领域当前的绝大部分理论，依然分属于工具理性谱系或价值理性谱系，"工具—价值理性"谱系目前尚未出现其他理论，即除数字时代治理理论之外，尚无任何一种公共行政理论较好地融合了工具理性和价值性。另一方面，数字时代治理理论一直在演进，这一理论在2002年出现"第一波浪潮"，2010年出现"第二波浪潮"，通过理论界和实践界的共同努力，必将催生数字时代治理理论的"第三波浪潮"及其更加关注效率与公平的动态相对平衡的理论。[①]

结语

20世纪后期至今，工具理性与价值理性的相互吸纳已经成为公共行政学的发展趋向，表现如：①依时间顺序相继出现、同属工具理性的民营化理论、新公共管理理论和整体性治理理论，工具理性色彩日益淡化，对价值理性的吸纳逐渐增多。②依时间顺序相继出现、同属价值理性的新公共行政理论、民主行政理论、新公共服务理论和公共价值管理理论，价值理性色彩日益淡化，对工具理性的吸纳逐渐增多。[②]从本质属性来看（根据公共行政理论所关注的问题、提出的见解等判断），这些公共行政理论绝大部分具有明显的工业时代属性，而且出现时间越早的公共行政理论的工业时代色彩越明显，如：产生于19世纪末期、盛行于20世纪上半叶的传统公共行政理论十分关注如何提高政府、私营部门等（在现实空间中）的运作效能，与之相比，产生于20世纪末、盛行于21世纪初的公共价值管理理论已经开始关注如何借助网络强化社会公平，前者的工业时代色彩明显强于后者。每一种理论因为时代内部演进或时代之间变迁而沦为旧理论之后，都会有一种扮演新理论角色的公共行政理论取代其在公共行政学界的

---

① 王少泉：《数字时代治理理论的问题与属性》，《中国社会科学报》，2019-05-22（07）。
② 王少泉：《数字时代治理理论：背景、内容与简评》，《国外社会科学》2019年第2期。

主导地位，这是公共行政学领域主导理论不断变换的重要原因。在数字时代完全来临的宏观环境之中，曾备受推崇的某些公共行政理论（如新公共管理理论和新公共服务理论等）已经沦为旧理论，目前在公共行政学界大行其道的整体性治理理论和公共价值管理理论也呈现出由新理论退变为旧理论的态势，这是马克思主义哲学中"变是唯一的不变"的新旧事物观的直观展现。

　　数字时代治理理论的生成过程中吸纳了整体性治理理论和公共价值管理理论的一些观点，是在对这两种公共行政理论整合、革新的基础上生成的，是数字时代的一种新理论，这种理论运用于实践之中即数字政府治理，此举的出现，有助于世界各国加快数字时代的现代化进程。[①]从理论属性来看，人类社会从工业时代演进至数字时代之后，[②]工具理性与价值理性相互吸纳的发展趋向在公共行政领域日益明显，这种趋向也呈现在数字时代治理理论的演进过程之中：尽管兼具工具理性与价值理性，但数字时代治理"第一波浪潮"更多地呈现出工具理性色彩，这种偏向在数字时代治理"第二波浪潮"中，[③]在理论及实践两个层面被明显修正。从数字时代治理理论当前的状态来看，工具理性色彩与价值理性色彩依然存在不平衡状态——工具理性色彩强于价值理性色彩，受公共行政学宏观发展趋向的影响，这种不平衡状态在未来会逐渐弱化（极难出现两种理性色彩的完全相等）。这一发展趋向的成真，需要学界与实践界的共同努力，[④]由此才有望催生"第三波浪潮"及其理论。

---

① 王少泉：《数字时代治理理论：背景、内容与简评》，《国外社会科学》2019年第2期。
② Dunleavy, Patrick, and H. Z. Margetts."The Second Wave of Digital Era Governance."*Social Science Electronic Publishing*, 2010.
③ Dunleavy, Patrick, and H. Z. Margetts."The Second Wave of Digital Era Governance."*Social Science Electronic Publishing*, 2010.
④ 王少泉：《数字时代治理理论：背景、内容与简评》，《国外社会科学》2019年第2期。

第二编

数字政府治理结构及主体

习近平总书记关于网络强国的重要思想与数字政府治理直接相关的内容中，第一大方面是：中央根据现实变化稳步优化正确的数字政府治理路线，有效优化数字政府治理结构、整合多元主客体合力的基础上切实贯彻数字治理路线。中央在数字政府治理起始时就已经制定了正确路线，并在治理过程中根据现实变化不断优化路线。在这一基础上，需要重点研究的是数字政府治理结构以及多元主客体的情况。

在习近平总书记关于网络强国的重要思想指导下推进数字政府治理进程、提升治理水平，重要条件是多元主客体的有效协同，这些主客体是：党组织、政府部门、公益部门、私营部门和公众。这些主客体共同构成数字政府治理结构，数字政府治理结构的演进有助于在数字政府治理过程中：优化政治生态，在整合多元主客体合力的基础上切实贯彻数字政府治理路线；在实体空间和虚拟空间中兼顾技术创新驱动与制度变革驱动，因需制宜地实施烈度适中的非均衡政策；将数字政府治理领域的不平衡程度控制在适度范围内，防范或打破数字政府治理领域的"低水平锁定"状态，有效提升治理水平，惠及最广大群体。数字政府治理结构的演进具有革新性、目的性、开放性、整体性和形式差异性等特征，演进的动因存在于治理组织内部和外部，演进趋向是建立系统权变治理结构。

党组织是数字政府治理过程中的领导主体，目前，我国的党组织对数字政府治理进行了有效、全面的领导。党组织有效开展数字党建对进一步提升其在数字政府治理过程中的领导能力具有重要影响。数字党建的生成包含多个环节，生成并推进数字党建具有重要意义：数字党建的出现及有效运行证明习近平总书记关于网络强国的重要思想、数字时代治理理论适用于我党基层组织的运作过程之中，这一党建形式的发展完善，有可能将会证明习近平总书记关于网络强国的重要思想、数字时代治理理论适用于我党整个党组织之中，使公共行政学的前沿理论获得进一步发展的机会；数字党建这一全新党建形式的运作是优化政治生态的重要途径。数字政府治理视域下数字党建的特征主要有：革新性；政治性与目的性；开放性；整体性。

政府是数字政府治理最重要的主体，其作用的大小表现为数字政府治理过程中政府边界的变化。从电子政务到数字政府治理，政府边界呈现倒U型演变，这一演变具有诸多特征及表现。政府边界扩张的动因是：电子政务这一新时代的出现加速现代化进程；治理主体发育速度慢于现代化速度；制度建设滞后于现代化速度。政府边界扩张存在"隐形天花板"的成因有：前车之鉴的存在；多主体参与（实体）公共服务供给这一制度在虚拟空间中的"映射"；数字政府治理客体希望基于制度运行实现数字政府治理主体的多元化。政府边界收缩的动因是：政府对工具—价值理性的追求助推制度完善；数字政府治理主体在数字政府治理过程中互补优势的存在；西方国家数字政府治理发展助推制度完善。

数字时代来临时，一些国家在构建虚拟空间治理结构之时完全或者部分地复制了实体空间治理结构，公益部门随之参与到数字政府治理过程之中，成为数字政府治理的重要主体之一，为数字政府治理这一数字时代新事物效能的发挥创造了有利条件。数字政府治理过程中公益部门参与的必要性表现为：公益部门参与数字政府治理能够充分发挥公益服务优势；强化数字政府治理基础，助推数字政府治理目标的实现；形塑治理结构并完善参与系统。数字政府治理过程中公益部门参与的经验可以分为：基础层面的经验；人员层面的经验；社会环境层面的经验。

数字政府治理过程中私营部门参与的生成与以下内容相关：私营部门的服务可以分为对于消费者的服务、对于政府部门的服务。私营部门服务能力与政府部门服务能力存在不同之处，也拥有共同点。数字政府治理过程中私营部门参与的必要性有：内部网络管理路径提升服务能力；外部网络营销路径提升服务能力；电子商务网络对消费者服务能力的提升；电子商务网络提升私营部门服务于政府的能力；私营部门电子商务网络提升服务能力的期望。数字政府治理过程中私营部门参与的经验可以分为：电子网络建设基础层面的经验；电子网络建设人员层面的经验；社会环境层面的经验。

公众是数字政府治理过程中的重要参与主体，全体公众（至少是绝大部分公众）参与数字政府治理是一种必须。在数字时代，公众分化为网民和非网民两大类别。能否有效减少非网民数量对我国提升数字政府治理水平具有重要影响，我国人均GDP变化、城镇人口占比变化、文盲率数量变化均与非网民占比变化存在相关性。

第三章　数字政府治理结构的组成与演进

党组织、政府部门、公益部门、私营部门和公众都是数字政府治理主体，政府部门在传统治理结构中处于主导地位。数字政府治理结构的演进包含五个环节，这种演进有助于数字政府治理过程中：优化政治生态，在整合多元主客体合力的基础上切实贯彻数字政府治理路线；在实体空间和虚拟空间中兼顾技术创新驱动与制度变革驱动，因需制宜地实施烈度适中的不平衡政策；将数字政府治理领域的不平衡程度控制在适度范围内，防范或打破数字政府治理领域的"低水平锁定"状态，有效提升治理水平，惠及最广大群体。其具有革新性、目的性、开放性、整体性和形式差异性等特征，演进趋向是建立勒洛金字塔形治理结构。数字政府治理结构演进的动因存在于治理组织内部和外部。

运用现代化理论和马克思主义哲学的新旧事物观对世界主要国家的情况展开分析能够发现，英美德法等西方国家曾在工业时代取得重大发展成就，[1]在获得快速现代化的基础上拥有极强的（工业时代）现代性。与这些西方国家明显不同的是，我国的工业化进程起步较晚，在工业时代尚未实现高度现代化，也就意味着工业时代的现代性低于英美德法等国家。这一情况就工业时代视角来看并非好事，但基于数字时代视角来看却益处颇多：工业时代的现代性稍弱，意味着进入数字时代时所面对的旧事物较少，数字时代推进现代化进程所面临的阻力较小，数字政府治理得到顺利展开的可能性较大。[2]在这一宏观背景下，20世纪末，我国启动了数字政府治理进程，这一进程的推进显著优化了政府治理状态，[3]有效地助推了我国诸多领域的快速发展，并逐渐催生习近平总书记关于网络强国的重要思想。

习近平总书记关于网络强国的重要思想中与数字政府治理直接相关的

---

①　Janowski, Tomasz. "Digital government evolution: From transformation to contextualization." *Government Information Quarterly*, 2015 (32.3):221-236.

②　王少泉：《系统权变视域下数字政府治理结构演进分析》，《中共福建省委党校学报》2018年第1期。

③　王学军、陈友倩：《数字政府的公共价值创造：路径与研究进路》，《公共管理评论》2022年第3期。

第一方面（宏观层面）内容是：中央根据现实变化稳步优化正确的数字政府治理路线，在有效优化数字政府治理结构、整合多元主客体合力的基础上切实贯彻路线。中央在数字政府治理起始时就已经制定了正确路线，并在治理过程中根据现实变化不断优化路线。在这一基础上，需要重点研究的是数字政府治理结构以及多元主客体的情况。中共十八大以来，习近平总书记关于网络强国的重要思想不断完善，在以习近平同志为核心的党中央领导下，我国的数字政府治理进程得到进一步推进，治理结构开始出现本质演进，一种全新的治理结构即将得到全面构建，即一种以党组织为核心（发挥指导作用），政府部门、公益部门、私营部门和公众为治理主体的勒洛金字塔形治理结构。①这一结构中，处于领导位置的党组织可以借助层级结构与其他主体展开逐级联系，也可以借助曲线实现跨级联系，其他主体之间的联系也存在多种方式。这种结构是数字政府治理结构的发展趋向，构建这一结构有助于数字政府治理进程的快速推进。从我国数字政府治理结构目前的情况来看，随着我国数字政府治理进程的推进，政府部门不再是唯一的治理主体，但公益部门、私营部门和公众尚未全面成为数字政府治理主体，②数字政府治理的勒洛金字塔形治理结构尚未在全国各地政府之中得到全面建立。勒洛金字塔形治理结构奠基于中共十八大以来创新的数字政府治理进程之中，这一结构的全面构建能够助推我国的数字政府治理进程进入崭新阶段。从国内外现有研究成果来看，关于现实政府治理结构的研究成果很多，但很少有学者对数字政府治理结构展开深入研究，表明这一领域的研究有待加强。鉴于现实和理论两个层面的情况，有必要在阐述数字政府治理结构的组成主体与传统形态的基础上，分析数字政府治理结构的演进过程、演进意义、演进特征及演进趋向，探究数字政府治理结构演进面临的困难及其成因，并进一步分析推进我国数字政府治理演进的进程。

一、数字政府治理结构的组成主体与形态

数字政府治理结构的组成主体有：党组织、政府部门、公益部门、私营部门、公众。数字政府治理结构的形态有：由党组织和政府部门这两个治理主体组成的"一阶"（最基本）治理结构；由党组织、政府部门和

---

① 王少泉：《数字政府治理中公益部门参与机制分析》，《齐齐哈尔大学学报（哲学社会科学版）》2018年第6期。

② 陈玲、段尧清、王冰清：《数字政府建设和政府开放数据的耦合协调性分析》，《情报科学》2020年第1期。

公益部门这三个治理主体组成的"二阶"治理结构；由党组织、政府部门、公益部门和私营部门这四个治理主体组成的"三阶"治理结构。分述如下：

（一）数字政府治理结构的组成主体

1. 党组织。数字政府治理的现有研究成果大部分未将党组织视为数字政府治理主体，但熟知数字政府治理实况的研究者及实践者均清楚这一事实：政府部门、公益部门、私营部门和公众这四个主体切实参与数字政府治理之时事实上均处于党组织的指导之下。可见，党组织应该被视为数字政府治理主体之一，与其他四个治理主体明显不同的是：党组织这一治理主体处于数字政府治理的核心位置，[①]其在数字政府治理结构中的地位明显高于其他四个治理主体，即这些主体在数字政府治理过程中的地位和作用是存在明显差异的；党组织在数字政府治理过程中扮演指导者角色，并不直接实施治理举措，数字政府治理的具体操作由其他治理主体完成。这是习近平总书记关于网络强国的重要思想中与数字政府治理直接相关的内容中强调的，中央根据现实变化稳步优化正确的数字政府治理路线，在有效优化数字政府治理结构、整合多元主客体合力的基础上切实贯彻数字治理路线的直观展现。国务院于2022年6月23日发布了《国务院关于加强数字政府建设的指导意见》，第一条基本原则是"坚持党的全面领导"，第八项政策是"加强党对数字政府建设工作的领导"，由此可以看出党组织在数字政府治理过程以及结构中的重要性。

2. 政府部门。我国于20世纪末开始推进数字政府治理进程之后的一段时间内，政府部门一直扮演着绝对主导角色，某些地方的政府部门甚至是数字政府治理过程中的唯一治理主体，这一情况在近年逐步得到改变：[②]随着我国数字政府治理进程的推进，公益部门、私营部门和公民这三者日益在数字政府治理过程中发挥积极作用，政府部门不可能继续在数字政府治理过程中担任主导角色，但其在数字政府治理结构中的角色地位依然明显高于公益部门、私营部门和公众，所发挥的作用也明显较强。在习近平总书记关于网络强国的重要思想的指导下有效优化数字政府治理结构，意味着必须根据现实需求调整政府的作用，但是无论如何调整，数字政府治理过程中政府部门的地位一直高于、作用一直强于公益部门、私营

---

① 王绪、王敏：《技术嵌入与组织吸纳：党的全面领导与数字政府建设的双向塑造——基于A县级市"最多跑一次"改革的分析》，《理论月刊》2022年第6期。
② 王少泉：《系统权变视域下数字政府治理结构演进分析》，《中共福建省委党校学报》2018年第1期。

部门和公众。

3. 公益部门。与私营部门和公众相比，公益部门相对较早地成为数字政府治理主体，①但并非所有地方政府都将公益部门视为数字政府治理的参与主体，在我国西部的一些地方，公益部门长期较难参与数字政府治理，除此之外，一些公益部门尽管成为数字政府治理主体之一、治理结构的组成部分之一，但其地位明显低于政府部门，作用也相对较弱，一些政府部门甚至在数字政府治理过程中将公益部门视为可有可无的参与者。近年，我国在习近平总书记关于网络强国的重要思想的指导下稳步推进数字政府治理进程，使公益部门日益成为这一领域治理结构中的重要组成部分，这一态势会在未来一段时间内持续呈现。实例如：国家数字文化网在开展惠农资源建设的过程中，主动与数家公益部门合作获取资源，购买资源的使用权，②类似情况也存在于广西分中心的建设过程中，③这些情况的出现与公益部门拥有的公共服务优势直接相关④。

4. 私营部门。20世纪70年代末、80年代初，英国撒切尔政府和美国里根政府极力推进民营化运动，这一运动在其后一段时间内对全球主要国家产生了不同程度的影响，政府开始更多地向私营部门购买公共服务，私营部门成为线下政府治理结构的重要成员之一。这些情况对电子政务向数字政府治理演进以及数字政府治理结构演进产生了不可忽视的影响：与线下数字政府治理结构相对应，私营部门开始参与到电子政务过程中。这些情况自20世纪90年代以来不同程度地出现于我国电子政务向数字政府治理演进以及数字政府治理结构演进过程中，私营部门逐渐成为我国数字政府治理结构的重要主体之一。⑤实例如：成都市在数字政府治理过程中注重构建多方参与、多元共治的现代治理体系，公益部门和私营部门等治理主体参与这一治理体系之后，政府部门能够借助网络理政平台及时、准确地了解社情民意，及时有效回应社会关切，显著提升了数字政府治理水平。⑥

---

① 陶勇：《协同治理推进数字政府建设——〈2018年联合国电子政务调查报告〉解读之六》，《行政管理改革》2019年第6期。
② 完颜邓邓：《公共数字文化服务中的社会合作研究》，《图书与情报》2016年第3期。
③ 《全国文化信息资源共享工程》，中华人民共和国文化和旅游部网站，2009-10-22。
④ 王少泉：《系统权变视域下数字政府治理结构演进分析》，《中共福建省委党校学报》2018年第1期。
⑤ 史晨、马亮：《互联网企业助推数字政府建设——基于健康码与"浙政钉"的案例研究》，《学习论坛》2020年第8期。
⑥ 李娜：《成都：从"网络问政"到"网络理政"》，《工人日报》，2017-03-27（01）。

5. 公众。公众在我国展开数字政府治理的较长时间内未被视为数字政府治理结构的组成主体，而是作为数字政府治理的服务对象存在。近年，公众因我国数字政府治理进程的推进而日益成为数字政府治理结构的组成主体。一些公众以个体形式独立参与这一进程，另一些公众则通过中介组织参与这一进程。①这些公众成为治理结构的组成主体之后，能够发挥自身专长，提供资金补充，并有效推进政民互动的展开，切实提高数字政府治理水平。②实例如：深圳市坪山新区在数字政府治理过程中倡导由政府、私营部门、公益部门和居民共同提供公共服务，将原先的等级和权威转向网络和合作伙伴关系，③公益部门、私营部门和公众这三者作为治理主体有效地参与数字政府治理进程，从根本上改变了数字政府治理结构。

（二）数字政府治理结构的形态

由党组织、政府部门、公益部门、私营部门和公众这五个治理主体共同组成的金字塔形治理结构是我国当前数字政府治理结构的最先进形态，基于系统权变组织理论生成的系统权变治理结构是我国数字政府治理结构的未来形态，这两种结构的最大区别是：前者在很大程度上是五个治理主体的机械组合，后者则使数字政府治理呈现出"有机体"的运作状态。与这两种形态相对应的是数字政府治理结构的传统形态，传统形态因数字政府治理主体的不同组合而存在三种具体形态：

1. 由党组织和政府部门这两个治理主体组成的"一阶"（最基本）治理结构。我国一些地方（尤其是经济欠发达地区）的数字政府治理结构呈现这一状态，其成因有：政府部门未将其他治理主体纳入数字政府治理过程之中；公益部门及公众等治理主体参与数字政府治理的积极性较低。这种治理结构的存在是这些地方数字政府治理水平较低的重要原因。

2. 由党组织、政府部门和公益部门这三个治理主体组成的"二阶"治理结构。与"一阶"治理结构相比，"二阶"治理结构的最大演进是公益部门参与数字政府治理成为一种常态，这一治理主体成为数字政府治理结构的组成部分之后，在很多领域有效地承接了政府部门的职能，助推了数字政府治理水平的提升。由党组织、政府部门、公益部门和私营部门这

---

① 王皓月、路玉兵：《数字政府背景下地方政府公共服务建设成效、问题及策略研究》，《中国管理信息化》2021年第16期。

② 王少泉：《系统权变视域下数字政府治理结构演进分析》，《中共福建省委党校学报》2018年第1期。

③ 丁元竹：《由电子政府到数字政府的根本性转变》，《人民论坛》2013年第34期。

四个治理主体组成的"三阶"治理结构，这种治理结构实质上也是金字塔形治理结构，在我国此前的数字政府治理结构中最为常见。私营部门成为这种治理结构的组成部分之后，我国在数字政府治理过程中能够为公众提供更多、种类更为多样的公共服务，数字政府治理水平随之明显提高。但必须注意的是：这种治理结构之中，不同治理主体的地位和作用等明显不平衡，党组织处于领导地位，政府部门的地位明显高于公益部门和私营部门；与我国当前数字政府治理结构的最先进形态相比，公众尚未成为数字政府治理主体，数字政府治理过程中的政民互动效能尚不够高。[①]

二、数字政府治理结构的演进过程及意义

数字政府治理结构的演进由多个环节共同组成过程，这一演进意义主要是：全新数字政府治理结构的出现及有效运行证明生态学理念、系统权变组织理论适用于我国数字政府治理进程之中，使这一生成于20世纪中期的组织理论重新焕发活力；全新数字政府治理结构的运行是优化政治生态的重要途径；数字政府治理结构的演进有助于优化数字治理进程，切实贯彻数字政府治理路线，更好地发挥技术创新驱动与制度变革驱动的效能；治理结构的演进有助于在数字政府治理过程中同时规避"政府失灵"和"市场失灵"，将治理领域的不平衡程度控制在适度范围内，助推治理水平提升；治理结构的演进有助于提升其生存可能性。分述如下：

（一）数字政府治理结构的演进过程

组织变革过程主要有五个环节：第一，感知问题，承认组织进行变革的必要性；第二，确定问题的意义，包括目前所拥有的条件以及期望的条件；[②]第三，方案的制订、评价及选择；第四，实施方案，展开变革。第五，组织更新，对变革过程及方案进行反省、批评和监督。[③]

数字政府治理结构的演进也大致包含五个环节：第一，全面、准确地认识到数字政府治理过程中面临的问题，承认对数字政府治理结构展开变革的必要性；第二，准确认知对数字政府治理结构展开变革具有重要意义，如：有助于推进理论创新、优化政治生态和数字政府治理进程。[④]展

① 王少泉：《系统权变视域下数字政府治理结构演进分析》，《中共福建省委党校学报》2018年第1期。

② Mciver, William J., and A. K. Elmagarmid. "Advances in Digital Government." *Advances in Database Systems*, 2002 (26).

③ 竺乾威：《公共行政理论》，上海：复旦大学出版社，2008，第316页。

④ Pavlichev A., Garson, G. D.. "The promise of digital government." in *Digital government: Principles and best practices*. IGI Global. 2004.

开变革之前所拥有的条件是：党组织、政府部门、公益部门、私营部门和公众等要素均已作为单个个体完整地存在。期望的条件是：这些要素在数字政府治理过程中能够更加平衡、协调，数字政府治理系统这一"生命机体"的各项功能够更加齐备和完整；第三，根据变革目标、当前所拥有的条件及期望的条件等制定变革方案，并对制定出来的变革方案展开评价，在这一基础上进行方案的选择，选定的是构建一种结构与系统权变组织理论所述组织结构相似的系统；①第四，在数字政府治理过程中实施选定方案，展开数字政府治理结构的变革；第五，及时对数字政府治理结构的变革过程及选定方案进行反省、批评和监督，形成并完善全新的数字政府治理系统，以进一步推进数字政府治理结构的变革。

（二）数字政府治理结构演进意义

国务院于2022年6月23日发布了《国务院关于加强数字政府建设的指导意见》，其中的指导思想、基本原则、主要目标和具体政策等呈现了前述习近平总书记关于网络强国的重要思想中与数字政府治理直接相关的三大方面内容。《意见》指出数字政府建设的基本原则之一是坚持整体协同，第一条具体政策是构建协同高效的政府数字化履职能力体系。数字政府治理过程中实现良好协同的重要前提是拥有较好的治理结构，可见数字政府治理结构的演进具有重要意义，具体呈现为：

1. 全新数字政府治理结构的出现及有效运行证明生态学理念、系统权变组织理论适用于我国数字政府治理进程之中，使这一生成于20世纪中期的组织理论重新焕发活力。数字政府治理结构的发展完善，有可能为系统权变组织理论及数字时代治理理论的发展和创新创造有利条件。

2. 全新数字政府治理结构的运行是优化政治生态的重要途径。传统的数字政府治理结构之中，政府部门处于绝对主导地位甚至是唯一的治理主体，参与主体较少及监督机制的不完善致使政府部门中极少数公务员以权谋私。②全新数字政府治理结构的构建有效地增加了数字政府治理过程中的参与主体，对各治理主体的监督机制也相应强化，治理主体中个体成员以权谋私的可能性随之下降，政治生态随之得到优化。③

---

① Fedorowicz, Jane, and Martin A. Dias. "A decade of design in digital government research." *Government Information Quarterly*, 2010 (27.1): 1-8.
② Cordella, Antonio, and N. Tempini. "E-government and organizational change: Reappraising the role of ICT and bureaucracy in public service delivery." *Government Information Quarterly*, 2015 (32.3):279-286.
③ 王少泉：《系统权变视域下数字政府治理结构演进分析》，《中共福建省委党校学报》2018年第1期。

3．数字政府治理结构的演进有助于优化数字治理进程，切实贯彻数字政府治理路线，更好地发挥技术创新驱动与制度变革驱动的效能。[①]数字政府治理结构呈现传统状态之时，治理主体相对单一，政府部门在数字政府治理过程中较难及时、有效地贯彻数字政府治理路线，也难以通过充分发挥技术创新驱动与制度变革驱动效能来解决遇到的所有问题。数字政府治理结构得到演进之后，治理主体相对增多，[②]政府部门、公益部门、私营部门和公众在党组织的指导下群策群力，共同展开数字政府治理，能够有效优化数字政府治理进程，更好地贯彻治理路线，发挥双重驱动效能。[③]

4．治理结构的演进有助于数字政府治理过程中同时规避"政府失灵"和"市场失灵"，将治理领域的不平衡程度控制在适度范围内，助推治理水平提升。数字政府治理如果过分依赖政府部门会出现"政府失灵"中的一些问题，如果过分依赖私营部门则会出现"市场失灵"中的一些问题，因此，数字政府治理结构之中最好同时包含政府部门、私营部门以及其他治理主体，[④]以有效地同时规避"政府失灵"和"市场失灵"。数字政府治理结构的演进，表现为治理主体数量的增多及相互间关系的调整，因此有助于数字政府治理过程中同时规避"政府失灵"和"市场失灵"，防范数字政府治理被"政府失灵"和"市场失灵"等问题锁定于低水平状态，助力优化治理状态，提升治理水平。

5．治理结构的演进有助于提升其生存可能性。"变是唯一的不变"是马克思主义哲学的重要观点，"适者生存"是进化论的重要观点，将这两种观点用于分析治理结构的演进能够发现：数字政府治理结构所处的环境一直处于变化过程中，治理结构必须随着所处环境的变化而变化，而且变化的结果是治理结构的运行能够满足存在于环境中的治理需求，否则将被环境所淘汰。因此，治理主体必须在切实了解环境变化情况的基础上，制定并实施正确举措助推治理结构向正确方向演进，成为治理环境中的"适者"，从而在数字政府治理过程中实现长期生存这一目标。

---

① 王少泉：《系统权变视域下数字政府治理结构演进分析》，《中共福建省委党校学报》2018年第1期。

② Gottschalk, Petter. "Maturity levels for interoperability in digital government." *Government Information Quarterly*, 2009 (26.1):75-81.

③ 詹绍文、刘鹏：《数字政府双层一体化治理界面的建构思维与实践研究》，《领导科学》2022年第1期。

④ Anttiroiko, Ari Veikko, and Mälkiä, Matti. "Encyclopedia of Digital Government." *IGI Publishing*, 2006.

整体而言，治理结构的演进有助于数字政府治理过程中：优化政治生态，整合多元主客体合力的基础上切实贯彻数字政府治理路线；在实体空间和虚拟空间中兼顾技术创新驱动与制度变革驱动，因需制宜地实施烈度适中的不平衡政策；将数字政府治理领域的不平衡程度控制在适度范围内，防范或打破数字政府治理领域的"低水平锁定"状态，有效提升治理水平，惠及最广大群体。

三、数字政府治理结构演进的特征与规律

数字政府治理结构演进的特征主要是：革新性、目的性、整体性、阶段性、形式差异性。数字政府治理结构的演进规律有：治理主体数量在量变型演进阶段会逐渐增多，但治理结构效能提升速度较慢；治理主体数量在质变型演进阶段不会变化，但治理结构效能提升速度较快；治理结构效能随着演进进程的推进而不断提升；治理结构的开放性不断增强；政府部门在治理结构中的主导地位随着演进进程的推进而下降。分述如下：

（一）数字政府治理结构演进的特征

1. 革新性。系统权变组织理论认为组织是一个具有革新性的系统。从理论层面来看，数字政府治理结构的演进源于我国的数字政府治理实践，这一治理结构的每一次演进均展现出明显的革新性[1]——尤其是治理结构的演进源于新治理主体的出现之时。近年，我国一些地方的这一演进自觉或不自觉地将生态学的理念及系统权变组织理论运用于数字政府治理进程之中，有助于数字时代治理理论的发展。[2]从实践层面来看，数字政府治理结构的演进彻底改变了原有结构，将公益部门、私营部门和公众正式纳入数字政府治理结构之中，[3]增加了数字政府治理系统的次级系统数量，强化数字政府治理系统的整体性及开放性。

2. 目的性。系统权变组织理论倡导"权宜通达，应付变化"，认为系统权变组织的目的性很强。数字政府治理结构的演进具有明显的目的性，表现于这一演进的问题导向十分明显：及时解决数字政府治理过程中的紧急问题、突出问题（即对不同问题的关注度不平衡）。

3. 整体性。系统权变组织理论认为组织是一个由多个次级系统组成

[1] John Kost：《如何成功实现数字政府的转型?》，《软件和集成电路》2015第12期。
[2] 王少泉：《系统权变视域下数字政府治理结构演进分析》，《中共福建省委党校学报》2018年第1期。
[3] Boldyreva, Liudmila B. "Communication between government and business entities and challenges of creation of 'digital government'." *E-Management*, 2020.

的呈现出整体性的大系统，因而具有明显的整体性。这种整体性也存在于数字政府治理结构之中，而且结构复杂程度高低与组织整体性高低呈现出正相关关系——数字政府治理结构越复杂，组织的整体性越高。[1]这表明：在我国数字政府治理的不同阶段，组织整体性并非一成不变，而是与组织结构复杂程度大致呈现动态的相对平衡状态。数字政府治理结构演进早期，组织整体性偏低，这一整体性随着演进过程的推进而日益强化，系统权变组织结构出现之时，组织整体性得到显著增强，[2]政府部门、公益部门、私营部门和公众这四个治理主体在党组织的指导下积极地与其他治理主体展开协作，以一个整体的形态展开数字政府治理[3]。

4. 阶段性。系统权变组织理论认为组织变革过程主要有五个环节，组织每一个阶段的演进实际上都是五个变革环节的全面展现。数字政府治理结构演进过程中，组织变革的五个变革环节反复出现，由此生成演进过程中的不同阶段，并使数字政府治理结构的演进具有明显阶段性。治理结构演进过程的每一个阶段终结于对变革过程及方案进行反省、批评和监督（第五个环节）之时，学界对这一点并没有太多争议。但在治理结构演进过程的每一个阶段的起点方面，学界则存在争议，一些研究者认为变革举措实施之时即每一个阶段的起点，[4]另一些研究者则认为组织领导者承认应该展开组织变革之时才是每一个阶段的起点。这一争议主要源于不同研究者从不同视域对数字政府治理结构演进过程展开分析：表面上来看，治理结构演进过程的每一个阶段起始于组织变革的第五个环节——实施方案、展开变革；从深层次来看，治理结构演进过程的每一个阶段起始于组织变革的第一个环节——感知问题，承认组织进行变革的必要性。

5. 形式差异性。这一特征表现为渐进性演进与突变式演进存在于不同区域之中。我国经济发达地区的数字政府治理结构演进通常表现为渐进性演进，即治理主体数量逐渐增多，当治理主体数量达到五个（党组织、政府部门、公益部门、私营部门和公众）之后从量变型演进转变为质变型

① Shahoodh, Gailan, O. Al-Salman, and J. Mustafina. "Towards a Context-Aware Digital Government in Iraq: A Public Sector Employees' Perspective." (2020 13th International Conference on Developments in eSystems Engineering, 2020).

② Pethig, Florian, J. Kroenung, and M. Noeltner. "A stigma power perspective on digital government service avoidance." *Government Information Quarterly* 2021 (1):101545.

③ 王少泉：《系统权变视域下数字政府治理结构演进分析》，《中共福建省委党校学报》2018年第1期。

④ Janowski, Tomasz. "Digital government evolution: From transformation to contextualization." *Government Information Quarterly*, 2015 (32.3):221-236.

演进。经济欠发达地区的数字政府治理结构演进则会表现为突变式演进，即治理主体数量会突然增多一个以上，或治理主体数量尚未达到五个之时就直接从量变型演进转变为质变型演进。这些情况表明：我国不同地区的数字政府治理结构演进，明显呈现出不平衡状态。

（二）数字政府治理结构的演进规律

1. 治理主体数量在量变型演进阶段会逐渐增多，但治理结构效能提升速度较慢。数字政府治理结构演进过程中，治理主体数量增多的是量变，这种量变存在于治理主体数量小于等于五个（党组织、政府部门、公益部门、私营部门和公众）之时，[①]量变型演进阶段的治理结构是机械型结构，治理结构的整体效能不一定大于各治理主体效能的总和，治理结构效能的提升速度因而较慢。

2. 治理主体数量在质变型演进阶段不会变化，但治理结构效能提升速度较快。数字政府治理结构从机械型治理结构演进为系统权变治理结构之时，治理结构的演进出现质变，治理主体数量在这一过程中不会出现变化。[②]在系统权变治理结构之中，治理结构的整体效能等于甚至大于各治理主体效能的总和，而且治理结构效能会因为各治理主体的协同运作而快速提升。

3. 治理结构效能随着演进进程的推进而不断提升。治理结构效能在量变型演进阶段的提升速度稍慢，但在质变型演进阶段的提升速度较快。[③]尽管治理结构效能在数字政府治理结构演进的不同阶段存在明显差异，但可以看出：治理结构的效能一直随着数字政府治理结构演进进程的推进而不断提升。

4. 治理结构的开放性不断增强。系统权变组织理论认为组织是一个具有开放性的系统，数字政府治理结构演进过程中，其开放性随着治理主体的增多而不断强化，数字政府治理结构演进生成的系统权变型治理结构是一个具有明显开放性的"生命机体"，其拥有根据环境变化不断进行自我调整且根据现实情况及时展开创新的特征，由此展现明显的开放性、适

---

① Fedorowicz, Jane, and Martin A. Dias. "A decade of design in digital government research." *Government Information Quarterly*, 2010 (27.1): 1-8.

② Ramakrishnan, Subashini, et al. "A conceptual model of the relationship between organisational intelligence traits and digital government service quality: the role of occupational stress." *International Journal of Quality & Reliability Management*, 2022 (6):39.

③ Boldyreva, Liudmila B. "Communication between government and business entities and challenges of creation of 'digital government'." *E-Management*, 2020.

应性。[①]

5. 政府部门在治理结构中的主导地位随着演进进程的推进而削弱。在数字政府治理的初级阶段，参与数字政府治理的主体较少，政府部门处于主导地位，但这一地位会随着数字政府治理结构的演进而不断削弱，这一情况的出现主要归因于：治理主体数量会在数字政府治理结构演进过程中不断增多，新出现的治理主体必然在数字政府治理结构中占据一定地位。数字政府治理结构的演进进入质变阶段之后，除党组织之外的治理主体之中，政府部门与其他三个治理主体（公益部门、私营部门和公众）之间的关系已经完全由权威型演进为协作型，政府部门在治理结构中的主导地位随之进一步下降。

四、数字政府治理结构演进的动因

数字政府治理结构演进的动因可以分为内因和外因，分述如下：

1. 内因。①党组织和政府部门的推进。作为我国数字政府治理的指导者及主要治理主体，党组织和政府部门在数字政府治理结构中占有重要地位，在地位方面与其他主体之间明显呈现出不平衡状态，这两者的推进是数字政府治理结构演进的重要动因，在党组织的指导下、政府部门的主导下，公益部门、私营部门和公众相继成为治理主体，治理结构随之演进。②不同治理主体优势互补的存在。政府部门、公益部门、私营部门和公众这四个具体实施数字政府治理举措的治理主体均具有优缺点，[②]如：政府部门能够稳定、全面地供给公共服务，但其所供给的公共服务难以多样化；私营部门不会主动、无偿地供给公共服务，但通过购买可以使其多样化地提供公共服务。这些主体的优势互补的存在使数字政府治理结构的演进成为可能或必须。

2. 外因。外部环境的变化也对数字政府治理结构演进具有重要影响。①私营部门及公众等主体诉求的演进对数字政府治理结构演进的推动。我国数字政府治理进程的推进一方面满足了治理客体的诉求，另一方面也使治理客体出现新诉求，这一情况的出现类似马斯洛需求层次理论——高层次需求在低层次需求得到满足后出现。私营部门及公众等主体

---

① 王少泉：《系统权变视域下数字政府治理结构演进分析》，《中共福建省委党校学报》2018年第1期。

② Pavlichev A., Garson, G. D.. "The promise of digital government." in *Digital government: Principles and best practices.* IGI Global. 2004.

的诉求随着数字政府治理进程的推进而多样化，①这些多样化诉求的满足有赖于数字政府治理结构的演进，由此生成治理结构演进的推进力。②西方国家的示范效应对我国数字政府治理结构演进具有一定影响。我国数字政府治理进程的起步稍晚于英美等发达国家，英美等国在数字政府治理过程中不断推进治理结构的演进，直接表现是治理主体的增多及治理主体之间关系的优化。我国在数字政府治理进程的推进过程中积极吸纳了英美等国家的成功经验，降低了这一过程中出现重大问题的可能性。②

结语

工业时代后期，我国开始推进电子政务进程，这一过程中逐渐生成电子政务结构，进入数字时代之后，我国将电子政务变革为数字政府治理，电子政务结构随之演进为数字政府治理结构，由此可见：数字政府治理结构基于电子政务结构生成，而且生成于我国开始推进数字政府治理进程之后。受数字时代我国现代化进程持续推进的影响，这一结构一直处于优化过程之中，很好地展现了马克思主义哲学中所述"变是唯一的不变"这一真理。③

中共十八大以来，在以习近平同志为核心的党中央领导下，我国的数字政府治理进程得到快速推进，治理结构演进由量变阶段进入质变阶段，这一演进必将在中共十九大之后得到进一步强化。以党组织为核心（发挥指导作用），政府部门、公益部门、私营部门和公众为治理主体，有机整合而成的系统权变治理结构将成为我国数字政府治理的主导结构，这一治理结构的运行能够显著提升我国的数字政府治理水平。但必须注意的是：系统权变治理结构运行过程中必然面临一些困难，如何消除这些困难以推进我国数字政府治理结构的进一步演进，有待研究者及实践者展开分析。④

① John Kost：《如何成功实现数字政府的转型?》，《软件和集成电路》2015第12期。
② 王少泉：《系统权变视域下数字政府治理结构演进分析》，《中共福建省委党校学报》2018年第1期。
③ 王少泉：《系统权变视域下数字政府治理结构演进分析》，《中共福建省委党校学报》2018年第1期。
④ 王少泉：《系统权变视域下数字政府治理结构演进分析》，《中共福建省委党校学报》2018年第1期。

第四章　数字政府治理视域下的数字党建

党组织是数字政府治理过程中的领导主体。目前，我国的党组织对数字政府治理进行了有效、全面的领导。党组织有效开展数字党建对进一步提升其在数字政府治理过程中的领导能力具有重要影响。数字党建的生成包含多个环节，生成并推进数字党建具有重要意义：数字党建的出现及有效运行证明习近平总书记关于网络强国的重要思想、数字时代治理理论适用于我党基层组织的运作过程之中，这一党建形式的发展完善，有可能将会证明习近平总书记关于网络强国的重要思想、数字时代治理理论适用于我党整个党组织之中，使公共行政学的前沿理论获得进一步发展的机会；数字党建这一全新党建形式的运作是优化政治生态的重要途径。数字政府治理视域下数字党建的特征主要有：革新性、政治性与目的性、开放性、整体性。

中国共产党是我国现代化进程的领导者，党组织是数字政府治理过程中诸多治理主体中的领导者，在地位和作用等方面与其他治理主体之间呈现明显的不平衡状态。这种不平衡状态是十分必要的，尤其是与我国国情相符的。换言之，我国的历史及当前国情决定了中国共产党必须在现代化过程中占据主导地位、扮演领导者角色。国务院于2022年6月23日发布了《国务院关于加强数字政府建设的指导意见》，第一条基本原则是坚持党的全面领导，提出的第七项政策是"加强党对数字政府建设工作的领导：加强组织领导、健全推进机制、提升数字素养、强化考核评估"。这条基本原则和此项政策全面展现了党组织在数字政府治理过程中的领导作用和地位。

党组织并非仅仅在数字政府治理过程中发挥领导作用，在党组织内部也有效地践行数字治理理念，构建了数字党建这一党建新方式。本章以"数字党建"而非"党对数字政府治理的全面领导"为主题展开研究的原因是：一方面，如果党组织在其内部未能有效展开数字党建，意味着其本身未能有效践行习近平总书记关于网络强国的重要思想，那么数字政府治理过程中的其他参与主体必然质疑党组织在这一过程中的领导力；另一方面，从我国各地数字政府治理实况来看，各级、各地的党组织对我国各级、各地的数字政府治理实施了有效、全面的领导，如果以"党对数字政府治理的全面领导"为主题展开研究，那么形成的必然是一篇赞歌式的文献，这与本书试图探究数字政府治理过程中的问题尤其是不平衡问题不符。基于这两方面的考虑，本章在数字政府治理视域下研究数字党建的生成、困难与推进途径。

从时间节点上来看，数字党建这一概念于2007年正式出现于我国媒体——《赤峰日报》报道内蒙古赤峰市红山区哈达街道办事处数字党建的情况，这一实践意味着我国基层党建进入数字治理1.0时期——借助数字技术展开党建工作。也意味着数字党建出现于我国开始推进数字政府治理进程之后，是一种受到数字政府治理影响的党建新方式。赤峰市展开数字党建实践前后，浙江宁波、江苏泰州、云南晋宁、山东临朐和江苏如皋等地先后展开数字党建实践，数字党建进程得到稳步推进，但一直展现出数字治理1.0时期的特征。

中共十八大以来，在以习近平同志为核心的党中央领导下，基层党建工作得到进一步强化，基层党建新形式、新方法得以出现，数字党建开始展现出数字治理2.0时期的特征。[①]重庆市江北区基于党建实践生成的数字党建尤为显眼：重庆市江北区采用数字治理理念推进基层党建工作，该区的数字党建大数据平台于2018年2月9日正式上线，致力于实现四大目标——党员信息分析智能化、组织关系转接不跑路、流动党员情况全掌握、困难党员慰问精准化。[②]这一实践表明我国基层党建已经完全进入数字治理2.0时期——以大数据、云计算和社会网络在数字治理中的广泛应用为标志。

整体而言，数字党建模式生成于数字治理1.0时期，发展于数字治理2.0时期（中共十八大以来），基于创新的基层党建环境而出现，数字党建的生成及演进具有诸多特征，但在运行过程中会面临一些困难，其的有效运行能够助推我党的建设进入崭新阶段。因此有必要在数字政府治理视域下对以下问题展开研究：数字党建的理论渊源是什么？数字党建的生成、意义及特征有哪些？推进数字党建进程之时面临的困难及成因有哪些？数字党建的发展趋向是什么以及如何推进？

---

① 王少泉：《数字党建：理论渊源与现实推进》，《湖北行政学院学报》2019年第6期。
② 《重庆建成首个智能党建大数据平台》，重庆市政府网，2018-02-19。

一、数字政府治理视域下数字党建的理论相关性

对数字党建这一名词进行直观观察能够发现：这一名词生成于将习近平总书记关于网络强国的重要思想、数字时代治理理论的一些理念运用于党建工作之中。基于此，数字党建根本性的理论渊源是党建理论、习近平总书记关于网络强国的重要思想和数字时代治理理论。数字党建与党建理论、数字治理理论的相关性分述如下：

（一）数字党建与党建理论的相关性

"党建+互联网""互联网+党建""智慧党建"和"数字党建"这四者随着数字时代的到来及深化渐次出现，四者均是党建信息化的具体呈现，是党建理论随着时代变迁不断演进的结果。[①]这四者依次出现并呈现出不断演进的态势，四者依次对应着：新的党建方法与党建手段；新的党建工作平台与党建体系；智能化与自动化的党建形式；数字化党建形式。"数字党建"是前三者的高级阶段，是党建理论不断发展的重要表现，其新特征是在开展党建工作的过程中充分运用大数据对党组织和党员的情况、群众的需求等展开全面分析，为党建工作的开展提供全新思路，准确预测党建工作的发展趋向，为党建工作中正确政策的制定及实施、党组织运行效能的进一步提升创造条件。[②]

目前，学界尚未就"数字党建"的概念达成共识，但这一领域的大部分实践者、研究者均认为数字党建即：将信息技术运用于党建工作之中形成的一种全新党建形式。数字党建在党建工作中能够：整合党建工作中的各类资源；提升我党在数字时代的影响力；强化对党组织及党员的管理；进一步提高为人民服务的水平；强化我党的执政能力及执政基础。我党展开党建工作之时常用"互联网+党建"和"智慧党建"这两个名词，[③]"数字党建"作为较新的名词将随着数字时代的全面到来而日益成为党建中的重要名词及形式，但尚未成为党建理论的重要组成部分。

（二）数字党建与数字治理理论的相关性

数字治理理论实际上由两大部分组成：习近平总书记关于网络强国的重要思想；数字时代治理理论。习近平总书记关于网络强国的重要思想

---

① 王绪、王敏：《技术嵌入与组织吸纳：党的全面领导与数字政府建设的双向塑造——基于A县级市"最多跑一次"改革的分析》，《理论月刊》2022年第6期。
② 王少泉：《数字党建：理论渊源与现实推进》，《湖北行政学院学报》2019年第6期。
③ 苑晓杰、王大庆：《党的建设科学化视域下的数字党建》，《党政干部学刊》2011年第4期。

基于我国的数字政府治理实践生成，并对我国的数字政府治理进程加以指导、推进。数字时代治理理论融合了当今公共行政学界工具理性谱系代表理论（整体性治理理论）与价值理性谱系代表理论（公共价值管理理论）的优点。由此可见，数字时代治理理论同时倡导工具理性和价值理性，其在公共行政理论中既不属于工具理性谱系，也不属于价值理性谱系，而是创造并归属于一个全新的谱系：工具—价值理性谱系。

习近平总书记关于网络强国的重要思想中与数字政府治理直接相关的内容倡导：政府运作过程中必须注重整合与协调，借助科学的举措重新整合政府的公共服务供给能力及方式；政府部门必须以公众和服务为基础，通过整体性改革优化政府管理流程；政府部门运作过程中应该借助信息技术（大数据和云计算等）提升数字公共服务的供给能力及与数字治理客体的互动程度。[①]

从我党诸多组织的数字党建实践来看，数字党建的核心理念与习近平总书记关于网络强国的重要思想、数字时代治理理论的核心观点相符，这种相符可以视为这两种理论在党建领域的运用在一定程度上也存在巧合：[②]数字党建的创造者、倡导者在习近平总书记关于网络强国的重要思想的指导下展开数字党建建设，但这些创造者、倡导者通常不知道公共行政领域中存在数字时代治理理论，将数字时代治理理论运用于党建领域也就无从谈起。数字党建与习近平总书记关于网络强国的重要思想的相符度很高：都以服务人民为根本目标，都倡导整体性改革及在管理过程中运用信息技术。二者的最大区别在于习近平总书记关于网络强国的重要思想所处的领域主要是公共行政领域、数字经济领域和数字社会领域等，数字党建所处的领域是党建领域。值得注意的是：数字党建的核心理念与主要基于习近平总书记关于网络强国的重要思想中与数字政府治理直接相关的内容相符。

二、数字政府治理视域下数字党建的生成与意义

数字党建的生成包含多个环节，生成并推进数字党建具有重要意义：数字党建的出现及有效运行证明习近平总书记关于网络强国的重要思想、数字时代治理理论适用于我党基层组织的运作过程之中，这一党建形

---

① 王少泉：《数字党建：理论渊源与现实推进》，《湖北行政学院学报》2019年第6期。
② 李锋：《政治引领与技术赋能：以数字党建推动社会治理现代化》，《贵州社会科学》2022年第7期。

式的发展完善，有可能将会证明习近平总书记关于网络强国的重要思想、数字时代治理理论适用于我党整个党组织之中，使公共行政学的前沿理论获得进一步发展的机会；数字党建这一全新党建形式的运作是优化政治生态的重要途径。分述如下：

（一）数字党建的生成过程

数字党建的生成大致包含五个环节：第一，全面、准确地认识到基层党建工作开展过程中面临的问题，承认基于信息技术对基层党建工作展开变革的必要性；第二，准确认知借助信息技术对基层党建工作展开变革具有重要意义，如：能够促使基层党建工作充满活力、健康有效运行，[1]并在基层党组织所在地的发展过程中发挥引领、推动和服务作用。展开变革之前所拥有的条件是：党的思想建设、组织建设、作风建设、反腐倡廉建设和制度建设等要素均已作为单个个体完整地存在，为借助信息技术实现数字党建奠定基础。期望的条件是：这些要素能够更加平衡、协调，基层党建这一"生命机体"的各项功能够更加齐备和完整；第三，根据变革目标、当前所拥有的条件及期望的条件等制定数字党建方案，并对制定出来的方案展开评价，在这一基础上进行方案的选择，选定的是当前正在实施的数字党建方案；[2]第四，在基层党组织中实施数字党建方案，展开基层党建工作的变革；第五，及时对基层党建工作的变革过程及数字党建方案进行反省、批评和监督，形成并完善数字党建模式，以进一步推进基层党建工作的变革[3]。

（二）生成并推进数字党建的意义

第一，数字党建的出现及有效运行证明习近平总书记关于网络强国的重要思想、数字时代治理理论适用于我党基层组织的运作过程之中，这一党建形式的发展完善，有可能将会证明习近平总书记关于网络强国的重要思想、数字时代治理理论适用于我党整个党组织之中，使公共行政学的前沿理论获得进一步发展的机会；第二，数字党建这一全新党建形式的运作是优化政治生态的重要途径。如：吉林省梅河口市依托信息化助推大党建积极打造信息化党建平台的过程中，采用"互联网+融合"这一方式实现信息推送便利化，使党内外监督更加便捷，为政治生态的优化创造了有利

① 孙虹：《新时代非公企业发展数字党建：价值，困境及路径》，《未来与发展》2022年第3期。
② 孙乐、章稷修、邸小建：《数字党建推进党支部标准化规范化建设研究》，《改革与开放》2021年第15期。
③ 王少泉：《数字党建：理论渊源与现实推进》，《湖北行政学院学报》2019年第6期。

条件；①第三，数字党建的运作有助于基层党建工作的优化。从组织结构层面来看，数字党建使基层党建工作的结构得到显著优化。

三、数字政府治理视域下数字党建的特征

数字政府治理视域下数字党建的特征主要有：革新性；政治性与目的性；开放性；整体性。分述如下：

（一）革新性

从理论层面来看，数字党建的生成源于我党一些基层组织将数字治理理念运用于基层党建工作之中，此举是党建理论的革新。②首先，数字党建强化了基层党建的开放性：数字党建的最重要载体是党建一体化网络平台，这一平台的出现使党的各项工作得以明晰化、规范化，得以及时、准确地呈现于网络之中，党组织、党员和群众能够便捷地对这些工作展开在线监督。其次，数字党建在思维领域形成创新：数字党建将难以度量化的党建活动数字化、可度量化，③使党建工作者不再仅仅聚焦于因果，而是将视角置于更加广阔的关联之上对党建问题展开分析。再次，数字党建催生身份创新：数字党建的出现使党建工作者的身份不再局限于党建问题的处理者、党建业务的管理者，其身份还有数字党建网络平台的管理者及党建数据的分析者等等。最后，数字党建催生方式创新：数字党建的出现使党建工作不再仅仅是事后管理，而是演进为事中管理，甚至在某些情况下能够实现事前引导或者事前预警，并使党建工作从内在正向驱动演进为"内在正向+外在逆向"驱动，④从明显偏重内在的不平衡状态演进为内外相对平衡状态。

（二）政治性与目的性

数字党建的政治性十分明显：数字党建的领导者和主导者是党组织，数字党建的根本目标是为人民服务，⑤基本目标是提升我党的建设水平及执政能力，遵循党章、贯彻我党的理论、路线、方针和政策是数字党

---

① 《吉林梅河口：依托信息化助推大党建积极打造信息化党建平台》，中国共产党新闻网，2017-08-22。
② 孙林：《数字党建中的数字化困境及其破解路径》，《中国井冈山干部学院学报》2022年第4期。
③ 刘锋：《数字党建助推基层党组织高质量发展的路径探讨》，《领导科学》2022年第3期。
④ 王少泉：《数字党建：理论渊源与现实推进》，《湖北行政学院学报》2019年第6期。
⑤ 邝菁、陈琪：《高校数字党建工作系统平台的设计与实现》，《经贸实践》2015年第13期。

建过程中必须做到的。习近平总书记关于网络强国的重要思想、数字时代治理理论目的性很强，数字党建也具有明显的目的性，表现于这一党建形式的问题导向十分明显：借助信息技术及时解决紧急问题、突出问题，努力抓好常规工作及滞后的方面。如：河南省南阳市河南南阳下辖县党委为了整合各类资源、全面服务群众，开发党委的PC端门户网站，借助信息技术切实有效地开展党建工作。①

（三）开放性

习近平总书记关于网络强国的重要思想、数字时代治理理论倡导运用信息技术优化治理方式，使组织能够在与环境进行充分交流的基础上实现治理效能的提升。与此相似：数字党建是将基层党建视为一个具有开放性的"生命机体"，其拥有根据环境变化不断进行自我调整且根据现实情况及时展开创新的特征，由此展现明显的开放性、适应性。②

（四）整体性

习近平总书记关于网络强国的重要思想中与数字政府治理直接相关的内容将运用数字技术展开治理的组织视为一个具有整体性的大系统，这一理念也存在于数字党建之中，其整体性体现于运行过程之中。在数字党建展开过程中，基层党建是一个由党的思想建设、组织建设、作风建设、反腐倡廉建设和制度建设等多个要素共同组成的"生命机体"，③即基层党建是一个由多种要素共同组成的有机整体。数字党建展开过程中也展现出明显的整体性。首先，数字党建使线上和线下的党建工作实现融合。④数字党建借助信息技术将原本仅存在于现实空间之中（线下）的党建工作呈现于虚拟空间之中（线上），在网络中展开党建工作，实现了线上和线下党建工作的融合。其次，数字党建的出现使局部与整体的党建工作实现融合。数字党建展开之初，党建网络平台数量尚少、覆盖面尚窄，数字党建全面展开之后，这些平台实现大融合。再次，数字党建的出现使党务、政务与服务这三者实现融合。党建网络平台的构建及与数字政府治理平台的连接，实现了党务、政务与服务这三者的融合。⑤

---

①　生俊东、谭亚廷：《镇平：智慧党建让便民服务更精准》，镇平网，2017-01-04。
②　王少泉：《数字党建：理论渊源与现实推进》，《湖北行政学院学报》2019年第6期。
③　黄淑惠：《数字党建：党建现代化的分水岭》，《理论观察》2020年第10期。
④　马赫、汪雷：《新时代国有企业加强"数字党建"的重要意义及对策建议》，《企业改革与管理》2022年第15期。
⑤　王少泉：《数字党建：理论渊源与现实推进》，《湖北行政学院学报》2019年第6期。

结语

工业时代后期，中国共产党领导全中国各族人民在我国各领域取得重大成就，有效地推进了工业时代我国的现代化进程。进入数字时代之后，在中国共产党的领导下，我国启动数字政府治理进程，基于政府部门、公益部门、私营部门和公众等主体之间的有效协同在数字政府治理这一领域取得诸多成绩，这一情况的出现为数字党建的生成创造了有利条件：作为我国社会主义事业的领导者，中国共产党内部建设的强化必须十分谨慎，切不可随意采用难以判断成功可能性的党建方式、方法，因此，在数字政府治理取得成功之后，这一成功经验才逐渐被引入党建领域。从根本上来看，数字党建缘起于我党一些基层组织积极采用信息技术展开党建工作，切实将信息技术运用于党员信息分析、组织关系转接、流动党员管理和困难党员慰问等基层党建工作之中，这一党建形式已经出现十年且成效显著，有效地助推了一些基层党组织所在地的发展。从发展趋向来看，这一党建形式的运行，能够进一步推动我党基层党建工作的发展，为这一党建形式的推广创造条件，而且这一党建形式的出现有可能是一次理论创新的起点，"数字党建学"有可能由此而生。这些目标的实现不仅需要党建工作者的进一步努力，也需要理论研究者展开进一步研究及创新。①

---

① 王少泉：《数字党建：理论渊源与现实推进》，《湖北行政学院学报》2019年第6期。

第五章 数字政府治理过程中政府边界的演变

政府是数字政府治理最重要的主体，其作用的大小表现为数字政府治理过程中政府边界的变化。从电子政务到数字政府治理，政府边界呈现倒U型演变，这一演变具有诸多特征及诸多表现。政府边界扩张的动因是：电子政务这一新时代的出现加速现代化进程；治理主体发育速度慢于现代化速度；制度建设滞后于现代化速度。政府边界扩张存在"隐形天花板"的成因有：前车之鉴的存在；多主体参与（实体）公共服务供给这一制度在虚拟空间中的"映射"；数字政府治理客体希望基于制度运行实现数字政府治理主体的多元化。政府边界收缩的动因是：政府对工具—价值理性的追求助推制度完善；数字政府治理主体在数字政府治理过程中互补优势的存在；西方国家数字政府治理发展助推制度完善。

习近平总书记关于网络强国的重要思想中与数字政府治理直接相关的内容中，第一大方面内容是：中央根据现实变化稳步优化正确的数字政府治理路线，在有效优化数字政府治理结构、整合多元主客体合力的基础上切实贯彻路线。第二大方面内容是：在实体空间和虚拟空间中兼顾技术创新驱动与制度变革驱动，因需制宜地实施烈度适中的非均衡政策。这些内容中的举措，绝大部分需要政府部门主导实施。国务院于2022年6月23日发布了《国务院关于加强数字政府建设的指导意见》，第一项政策是构建协同高效的政府数字化履职能力体系，表明政府部门在数字政府治理过程中扮演着重要角色。

数字政府治理过程中政府边界的演变，与习近平总书记关于网络强国的重要思想中与数字政府治理直接相关的内容中"有效优化数字政府治理结构、整合多元主客体合力"直接相关。能否因需制宜地调整政府边界，对优化数字政府治理结构乃至提升数字政府治理水平具有重要影响。运用现代化理论展开分析能够发现，电子政务的出现使全世界获知数字时代将会取代工业时代，一次全新的现代化进程（数字时代现代化）由此出现"先声"。电子政务出现之初，工业时代尚处于末期，并未完全演进为数字时代，为了降低现代化过程中的不稳定性（表现为预防或消除现代化过程中的诸多问题尤其是风险），政府边界会有所扩张。21世纪初，电子政务开始演进为数字政府治理。如本书绪论中所述,电子政务是指国家机关在系统运作过程中全面应用数字技术进行办公和管理。与电子政务相较,数字政府治理的涵盖面较广,尤其是数字政府治理十分重视借助数字技术的有效运用向治理客体及时、有效地供给数字公共服务。作为电子政务演进的直接"成果",数字政府治理也非常重视在系统运作过程中全面运用数字技术以提升办公和管理效能,①但数字政府治理在注意运用数字技术提升系统运作效能的同时更加关注借助数字技术展开经济治理和社会治理等,即:电子政务对政府内部的关注度较高,数字政府治理同时关注政府内外两个方面。

一、近代化、现代化过程中政府边界倒U型演变

近代化、现代化过程中,政府边界倒U型演变曾数次出现:①西欧封建制度向资本主义制度过渡时期,近代化进程得到快速推进,制度完善速度相对较慢,为了有效增强国家实力,重商主义在欧洲诸多国家盛行,政府边界明显扩张,这一情况在19世纪出现变化:经过两百余年的演进,欧美国家的"近代性"已经较为明显,古典自由经济学日益成为主导国家的主流经济学,政府边界开始收缩。②20世纪20年代末、30年代初,制度完善速度明显慢于现代化速度导致世界性经济危机爆发,这一情况的出现助推了政府边界的再次扩张,这一态势在20世纪70年代末被终止:西方国家的现代性已经十分明显,致力于消除"滞胀"等问题的新自由主义经济学成为主流经济学,民营化举措的实施导致政府边界收缩这一情况重现。③进入21世纪之后,数字时代全面降临,与现代化的速度相比,一些制度的完善速度较慢,对一些行为疏于监管助推了2008年金融危机的出现,为了有效解决这一危机,政府再次扩张其边界,但与前两次政府边界扩张相比,此次扩张的幅度较小。②

从近代化、现代化过程中的政府边界倒U型演变的情况可以看出:①政府边界倒U型演变是一种常规现象,曾数次出现于世界各国的近代化、现代化过程之中。②新时代的来临之初,制度完善速度通常慢于近代化或现代化速度,为了预防或解决近代化或现代化过程中的一些问题,政府通常会大幅度扩张边界。③制度完善速度慢于现代化速度极有可能催生

① Dunleavy, Patrick, and H. Z. Margetts. "The Second Wave of Digital Era Governance."*Social Science Electronic Publishing*, 2010.

② 王少泉:《数字时代政府边界的倒U型演变——基于不平衡治理视角》,《新余学院学报》2021年第4期。

市场失灵现象，为了解决市场失灵问题，政府边界会明显扩张。④制度完善速度与现代化速度相近甚至高于现代化速度之时，政府会主动或被动地将某些权力"交给"公益部门、私营部门和公众等主体，以解决或预防政府失灵等问题，政府边界随之收缩。

从宏观上来看，在近代化、现代化进程中，政府一直是最重要的主体，[1]为了有序、有效推进这一进程，在制度尚未完善之时，政府会借助边界的扩张为这一进程"保驾护航"，当制度较为完善、其他主体的参与能够有效推进这一进程之时，政府会主动或被动地收缩边界，政府边界的倒U型演变由此生成。[2]

二、从电子政务到数字政府治理过程中政府边界倒U型演变

运用马克思主义哲学"变是唯一的不变"观，进化论的"适者生存"观分析数字政府治理过程中政府边界演变能够发现：数字政府治理过程中，政府部门所处的环境一直处于变化过程中，这意味着政府部门必须随着所处环境的变化而变化，否则必将因为与环境不相适应而被淘汰。政府部门的变化中，边界的演变是重要内容，这种演变的结果是政府部门的运行能够满足环境中的治理需求。因此，政府部门必须在切实了解环境变化情况的基础上，制定并实施正确举措助推政府边界向正确方向演进，成为治理环境中的"适者"，从而更为有效地主导数字政府治理进程。政府边界演变的生成如下所述：

（一）从电子政务到数字政府治理：政府边界倒U型演变的历程

英国学者邓利维认为：电子政务始于1985年，止于2002年；数字政府治理第一波始于2002年，止于2010年；数字政府治理第二波始于2010年，当今社会尚处于"第二波"之中。[3]电子政务出现之时，虚拟空间的"广度"尚较小，即未全面覆盖经济和社会等领域，而且与虚拟空间治理相关的制度尚不完善，治理过程中面临诸多问题，出于解决这些问题、消除治理过程中潜在风险的考虑，政府倾向于在虚拟空间中构建了主导地位，政府边界随之扩张。2002年，数字政府治理全面出现，与电子政务时期相

① Cordella, Antonio, and N. Tempini. "E-government and organizational change: Reappraising the role of ICT and bureaucracy in public service delivery."*Government Information Quarterly*, 2015 (32.3):279-286.

② 王少泉：《数字时代政府边界的倒U型演变——基于不平衡治理视角》，《新余学院学报》2021年第4期。

③ Dunleavy, Patrick, and H. Z. Margetts. "The Second Wave of Digital Era Governance."*Social Science Electronic Publishing*. 2010.

比，现代化速度并未下降，但制度完善速度明显加快，因制度完善速度慢于现代化速度引致的不稳定现象显著减少，现代性开始凸显，多元主体参与数字政府治理已经成为宏观态势，政府服务得到整合，在这一情境之中，政府边界开始收缩。2010年，数字政府治理"第二波"出现，大数据、云计算和社交网络广泛地运用于治理过程中，公益部门、私营部门和公众更加深入地参与数字政府治理进程，现代性得到进一步强化，政府边界继续收缩。这一演变历程如图5-1所示：

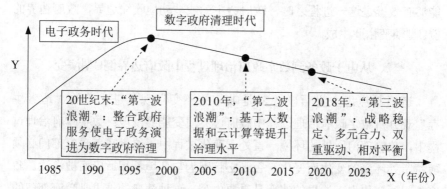

图5-1　从电子政务到数字政府治理：政府边界倒U型演变模型图

注："——"表示政府部门边界。基于Patrick Dunleavy, Helen Margetts. "The Second Wave of Digital Era Governance". *APSA 2010 Annual Meeting Paper*, 2010. 图1改进而成。

上图中：X轴（横轴）表示年份，起始年份是1985年，终点年份是2023年；Y轴（纵轴）表示政府边界幅度、治理主体数量及治理结构合理性；实曲线表示政府边界。政府边界的衡量标准主要是：公共服务供给过程中，政府直接供给的公共服务的范围大小；政府之外参与公共服务供给的主体数量多少及作用大小。[①]

（二）从电子政务到数字政府治理：政府边界倒U型演变的特征

特征主要有：普遍性，从电子政务到数字政府治理这一演进过程中，诸多国家出现政府边界的倒U型演变，由此可以看出这一现象具有普遍性。阶段性，即这一演变由电子政务时期、数字政府治理第一波和数字政府治理第二波这三个阶段共同组成；现实性，即这一演变由现代化进程中的诸多现实变化共同推进；目标不变，即基于政府边界的调整实现数字

---

① 王少泉：《数字时代政府边界的倒U型演变——基于不平衡治理视角》，《新余学院学报》2021年第4期。

政府治理进程的推进，进而助推现代化进程；治理主体增多，政府边界收缩过程中，公益部门、私营部门和公众等主体日益深入地参与数字政府治理过程，有效助推了现代化进程的推进，①反过来促使多元主体参与数字政府治理成为一种宏观态势；发展性，政府边界的倒U型演变，是现代化得到持续推进的重要表现，也是数字政府治理进程得到明显推进的重要表现。

从电子政务到数字政府治理的演进催生诸多变化：第一，服务的供给从"单一无序"向"全面系统"转变。如：在瑞典，对弱智人士的照顾已经开始进入混合护理圈，将国家专业人士、家人和朋友聚集在一起，通过在线"社交网络"机制，这些护理网络可以更实际地实时协调，实现服务的"全面系统"供给。②第二，治理从"以政府为中心"向"以公众为中心"转变。如：英国、美国等国家面临地方单一利益整合的压力，因而构建单一的"公民账户"，单一公民账户相当于政府网上银行服务，这种"账户"的出现将有效提升在线访问率及政府与公民的互动效率。③第三，多元主体参与治理成为不可逆转的宏观态势，如：西方国家近年的财政紧缩助推了公共服务领域的彻底脱媒（削减中间人），特别是通过利用在线服务实现的交付层面联合治理。④早在2015年10月19日，中国联通与广东省政府签订《互联网+战略合作协议》，4天之后（10月23日），中国电信与广东省政府签订《加快"十三五"信息化建设战略合作框架协议》，这两个协议签署之后，诸多私营部门与广东省各级政府签订了一些类似协议，私营部门与政府合力助推了当地的数字政府治理进程。⑤电子政务演进至数字政府治理之后，现代性逐渐增强，现代化过程中存在的问题尤其是风险明显减少，国家及社会的稳定性明显增强，政府无须继续在虚拟空间中扮演"主导"角色，政府边界随之开始收缩。⑥

（三）从电子政务到数字政府治理：政府边界倒U型演变的表现

表现如下：第一，重新整合外包。这一举措试图取代"由不同承包

---

① Gottschalk, Petter. "Maturity levels for interoperability in digital government." *Government Information Quarterly*, 2009 (26.1):75-81.

② Passarelli, J. Straubhaar, and Aurora Cuevas-Cerveró. "Handbook of Research on Comparative Approaches to the Digital Age Revolution in Europe and the Americas". *IGI Global*, 2016.

③ *APSA 2010 Annual Meeting Paper*. Washington, America, 2010.

④ *APSA 2010 Annual Meeting Paper*. Washington, America, 2010.

⑤ 邹正康：《运营商抢滩布局"互联网+"：企业和政府形成合力》，搜狐网，2015-11-04。

⑥ 王少泉：《数字时代政府边界的倒U型演变——基于不平衡治理视角》，《新余学院学报》2021年第4期。

商和分包商组成的支离破碎的丛林"，具体做法是一个主承包商接管政府组织复杂的交付链，构建与私有化"智能中心"设计更加一致的开发项目。①第二，共同供给服务，特别是在公共政策领域。推动政府与公众共同提供服务在一些西方国家已经成为重要趋势，这种趋势的出现与干预主义的强化直接相关，②这些国家的政府供给服务的过程中只有政府采取举措极难获得成功③。实例如：河南省安阳市政府于2015年与中国建设银行（安阳分行）签订战略合作框架协议，合力构建"网上市民之家"政务服务平台。2018年，中国建设银行（安阳分行）基于新的核心系统全面升级这一平台，有效提升该行参与数字政府治理的效能。④第三，政府APP的构建及广泛运用。政府APP有可能发展成为政府部门、私营部门与公众这三者之间进行沟通的一种关键形式，这种应用程序的使用基于低功耗设备（如移动电话）使用互联网。⑤第四，多因素合力终结传统"数字鸿沟"。传统数字鸿沟主要指：失业者、贫困者、生病者和老年人等群体受物质条件影响而与其他群体之间存在数字鸿沟。个人电脑价格及宽带费用的降低，具有互联网功能的手机和中间设备的增长，以及公益部门的广泛参与，助推了传统数字鸿沟的终结。⑥

三、数字政府治理过程中政府边界演变的动因

数字政府治理过程中政府边界演变的动因可以分为表面动因与本质动因。政府边界扩张的动因是：电子政务这一新时代的出现加速现代化进程；治理主体发育速度慢于现代化速度；制度建设滞后于现代化速度。政府边界扩张存在"隐形天花板"的成因有：前车之鉴的存在；多主体参与（实体）公共服务供给这一制度在虚拟空间中的"映射"；数字政府治理客体希望基于制度运行实现数字政府治理主体的多元化。政府边界收缩的动因是：政府对工具—价值理性的追求助推制度完善；数字政府治理主体在数字政府治理过程中互补优势的存在；西方国家数字政府治理发展助推

---

① *APSA 2010 Annual Meeting Paper*. Washington, America, 2010.

② 王少泉：《数字时代政府边界的倒U型演变——基于不平衡治理视角》，《新余学院学报》2021年第4期。

③ Clarke, Amanda, E. A. Lindquist, and J. Roy. *"Understanding governance in the digital era: An agenda for public administration research in Canada." Canadian Public Administration*, 2017 (60.4):457-475.

④ 安阳市人民政府：《安阳市在全国首创"互联网+政务+金融+多场景便民应用"服务平台》，河南省人民政府门户网站，2018-09-18。

⑤ *APSA 2010 Annual Meeting Paper*. Washington, America, 2010.

⑥ *APSA 2010 Annual Meeting Paper*. Washington, America, 2010.

制度完善。分述如下：

从电子政务到数字政府治理这一演进过程中，政府边界的倒U型演变类似由一个"转换器"催发，这一"转换器"由内外两个层面、整体及部件共同构成，是一个复合机器。这一演变的表面动因、本质动因及微观成因如下：

（一）表面动因与本质动因

从表面上来看，政府边界在从电子政务到数字政府治理的过程中出现倒U型演变是现代化进程中政府与社会关系演变在虚拟空间的"映射"。20世纪90年代中期至今，这种关系的演变明显受到公共行政理论演进的影响：[①]公共行政理论出现了从新公共服务理论到整体性治理理论+公共价值管理理论的演进。20世纪90年代中期至今，这种演变触发现实治理过程中政府边界出现倒U型演变，当这种倒U型演变"映射"于虚拟空间之时，虚拟空间中也出现政府边界的倒U型演变。

从本质上来看，政府边界在从电子政务到数字政府治理的过程中出现倒U型演变是诸多国家基于现代化进程的推进不断强化现代性的表现。基于数字技术的广泛运用推进现代化进程之初，制度完善速度慢于现代化速度，诸多问题、风险的存在使政府的强势介入成为必须，政府边界因而出现扩张；借助数字技术推进现代化进程取得显著成效之后，现代性明显增强，表现为：与数字政府治理相关的制度得到显著完善；数字政府治理过程中的问题及风险明显减少；多元主体参与数字政府治理成为一种重要诉求。这些变化的出现促使政府开始主动（或被动）地收缩边界。[②]

（二）从电子政务到数字政府治理：政府边界扩张的动因

1. 电子政务这一新时代的出现加速现代化进程。现代化产生不稳定：现代化初期，制度完善速度通常低于现代化速度，诸多问题由此出现，不稳定随之出现于现代化过程之中。从引起世界重大变化这一视角来看，与电子政务出现相媲美的是西欧封建制度向资本主义制度过渡时期：经过千年演进之后，政府边界在这一时期曾大幅度扩张——政府出于迅速增强国家实力、解决民族国家建设过程中出现的各种问题的考虑而大幅度扩张边界。与此相似，电子政务这一新时代的来临意味着现代化进程的推

---

① Anttiroiko, Ari Veikko, and Mälkiä, Matti. "Encyclopedia of Digital Government."*IGI Publishing*, 2006.

② 王少泉：《数字时代政府边界的倒U型演变——基于不平衡治理视角》，《新余学院学报》2021年第4期。

进，也意味着新问题的出现，①不稳定由此出现。为了降低现代化过程中的"不稳定"幅度，政府在电子政务建设过程中大幅度扩张边界以有效降低潜在风险、解决电子政务建设过程中出现的问题。

2. 治理主体发育速度慢于现代化速度。任何一个新时代都不会等到诸多治理主体完全发育成熟才来临，治理主体通常在新时代来临之后才发育成熟。电子政务出现之前，政府部门、公益部门、私营部门和公众等治理主体的发育速度慢于现代化速度，导致数字政府治理时代来临之时诸多治理主体尚未完全发育成熟，尤其是供给数字公共服务的能力较弱，②难以有效扮演数字政府治理主体这一角色。与其他治理主体相比，政府部门的发育程度较高（主要得益于政府长期致力于供给公共服务），能够更为有效地供给数字公共服务，因此，在电子政务出现之初，政府在虚拟空间中的边界出现大幅度扩张。

3. 制度建设滞后于现代化速度。电子政务出现之初，供给数字公共服务的制度尚未成形，③对于其他主体参与数字公共服务的供给，一些政府部门常常持消极态度，这些政府部门试图借助数字公共服务的供给维持自己在治理领域的权威地位，其在虚拟空间中的边界随之扩张。另一方面，制度建设滞后导致其他主体（尤其是私营部门）在供给数字公共服务的过程中难以获得稳定利润或丰厚利润，这是诸多主体不愿积极参与数字政府治理的重要原因，也是政府边界在电子政务时期明显扩张的重要原因。

（三）从电子政务到数字政府治理：政府边界扩张存在"隐形天花板"的成因

政府边界在虚拟空间中的边界不可能无限扩张，最重要的原因是虚拟空间中存在一个限定政府边界的"隐形天花板"，这一"隐形天花板"的形成主要归因于：④

1. 前车之鉴的存在。前车之鉴对"隐形天花板"的生成具有重要影

---

① Anttiroiko, Ari Veikko, and Mälkiä, Matti. "Encyclopedia of Digital Government."*IGI Publishing*, 2006.

② Patil, G. P., et al. "Geoinformatics of Hotspot Detection and Prioritization for Digital Governance." *Springer US*, 2008.

③ Luna-Reyes, Luis F., and J. Ramon Gil-Garcia. "Digital government transformation and internet portals: The co-evolution of technology, organizations, and institutions."*Government information quarterly*, 2014 (31.4).

④ 王少泉：《数字时代政府边界的倒U型演变——基于不平衡治理视角》，《新余学院学报》2021年第4期。

响，即在重要性方面与其他成因之间呈现不平衡状态。前车之鉴具体如：20世纪70年代，诸多国家（包括中国及诸多西方国家）因政府边界的过度扩张而引致严重问题——在中国表现为僵化计划经济体制的存在导致经济发展动力不足，在西方国家表现为"滞胀"现象难以消除。[1]这些历史教训的存在是西方国家在应对2008年金融危机的过程中并未出现政府边界过度扩张的重要原因，虚拟空间政府边界也鉴于历史教训而不会过度扩张。

2. 多主体参与（实体）公共服务供给这一制度在虚拟空间中的"映射"。20世纪70年代末，西方国家开始推进民营化运动，[2]中国开始实施改革开放战略，这一过程中，公益部门、私营部门等主体日益深入地参与（实体）公共服务的供给，这一制度"映射"于虚拟空间之中，使公益部门和私营部门等主体也是或将是数字公共服务的供给主体，政府在数字公共服务供给过程中的作用有所下降，其在数字政府治理过程中的边界也就不可能无限制扩张。

3. 数字政府治理客体希望基于制度运行实现数字政府治理主体的多元化。与政府部门相比，其他数字政府治理主体（尤其是私营部门）能够有效供给一些特殊的数字公共服务（如为残疾人提供的某些数字公共服务），[3]这些特殊数字公共服务的稳定、有效供给有赖于制度保障的存在，因此，诸多数字政府治理客体希望基于制度运行实现数字政府治理主体的多元化，以获得自己所需数字公共服务，这一情况的存在必然对政府在虚拟空间中的边界扩张形成牵制。

（四）从电子政务到数字政府治理：政府边界收缩的动因

1. 政府对工具—价值理性的追求助推制度完善。长期以来，政府对工具理性或价值理性的追求交替出现于诸多国家的演进过程之中，如：20世纪60年代末之前的百余年中、20世纪80年代至90年代中期，西方国家的政府一直倡导工具理性；20世纪70年代至90年代末期，西方国家的政府转而倡导价值理性。这种情况在进入21世纪后出现重大变化：在多种因素的助推下，诸多国家的政府同时关注工具理性和价值理性，致力于实现工具—价值理性的统一（尽管在政府运作过程中通常表现得偏重工具或价值

---

[1] Vidal, catalan, and Jordi. "The stagflation crisis and the European automotive industry, 1973-85." *Business history*, 2017.

[2] Karscig, Mark P. . "Tracing the Privatization Movement in the U.K. and the U.S.: An Attempt to Address the Question of Industry Productivity."*Eastern Economic Journal*, 1990 (16.4):355-368.

[3] Hogelund, and J. "Reintegration: public or private responsibility? Consequences of Dutch and Danish policies toward work-disabled persons."*International Journal of Health Services*, 2002 (32.3):467-487.

理性）。①工具—价值理性的实现条件是制度保障下多种主体的参与，鉴于此，政府开始加快制度完善速度，并基于这些制度的运行适度收缩在数字政府治理过程中的边界，为其他治理主体参与数字政府治理进程（以实现工具—价值理性的结合）"腾出空间"。②

2. 数字政府治理主体在数字政府治理过程中互补优势的存在。在实体公共服务的供给过程中，政府部门、公益部门和私营部门等主体各具优势，这种情况也存在于虚拟空间之中。相似甚至相同的是：一些政府部门在供给实体公共服务的过程中不一定能够及时认识到其他主体在某些方面具有诸多优势；一些政府部门则认为数字公共服务供给只需政府部门独立承担。这是电子政务时期政府边界明显扩张的重要原因。当数字政府治理主客体越来越多地认识到"不同主体在供给数字公共服务（即数字政府治理）的过程中各具优势且能够实现优势互补"之后，多元主体参与供给公共服务、数字政府治理的态势逐渐生成，政府在虚拟空间中的边界随之开始收缩。实例如：《"十三五"智慧南京发展规划》指出："十二五"以来，智慧南京建设方面，IBM、微软、SAP、华为、中兴、神州数码等国内外知名私营部门强化了技术创新和投入，三宝科技、云创存储、焦点科技、润和软件等科技创新私营部门也积极参与了这一建设。③

3. 西方国家数字政府治理发展助推制度完善。进入21世纪之后，西方国家开始全面展开数字政府治理进程，这是一种全新的现代化过程，政府部门之外的公益部门、私营部门甚至公众等主体日益成为数字政府治理的重要主体，④这种参与成为常态之后，会在现代化过程中生成一种"路径依赖"状态：在制度保障下，数字政府治理获得发展，助推了制度完善，制度的完善则反过来为数字政府治理的进一步发展提供保障。受这种"路径依赖"状态的影响，政府边界的收缩成为一种宏观态势。

结语

作为数字政府治理进程、现代化进程得到推进的重要标志，政府边界

---

① 王少泉：《数字时代政府边界的倒U型演变——基于不平衡治理视角》，《新余学院学报》2021年第4期。

② 王少泉：《数字时代政府边界的倒U型演变——基于不平衡治理视角》，《新余学院学报》2021年第4期。

③ 《"十三五"智慧南京发展规划》，南京市仙林大学城管理委员会网站，2018-06-26。

④ Williams, Christine B., G. J. J. Gulati, et al.. "Predictors of on-line services and e-participation: A cross-national comparison." (Proceeding of the 14th annual interuational conference on digital government research, 2013).

在虚拟空间中的倒U型演变由多种因素催发，这一演变的宏观趋向是：政府边界继续下降之后逐渐进入在某一"水平线"上下呈现小幅度波动的时期，由此生成政府边界的最佳范围——上限是小幅波动的最高值，下限是小幅波动的最低值。但必须注意到：第一，不同国家、不同地区政府边界的这一"水平线"会存在差异，切不可要求各国、各地整齐划一，即不可强求制度完全一致。第二，政府边界的演变是否已经进入最佳范围的判定标准是数字政府治理效能高低，如果数字政府治理效率极高且最大限度地实现了公平，即表示政府边界已经处于最佳范围之内。这种情况下，最好不再要求政府继续调整边界，即在制度已经呈现出能够有效推进现代化进程这一状态之时，不再轻易改动制度。第三，政府边界的收缩（或演变）并非一朝一夕能够进入最佳范围，这有赖于数字政府治理主客体以及学界等各方的共同努力，切不可试图借助一些举措的实施短时间内达到目标。即现代化是一个渐进过程，不宜试图基于构建超前制度实现现代化进程中的"赶超"。①

---

① 王少泉：《数字时代政府边界的倒U型演变——基于不平衡治理视角》，《新余学院学报》2021年第4期。

第六章　数字政府治理过程中的公益部门参与

数字时代来临时，一些国家在构建虚拟空间治理结构之时完全或者部分地复制了实体空间治理结构，公益部门随之参与到数字政府治理过程之中，成为数字政府治理的重要主体之一，为数字政府治理这一数字时代新事物效能的发挥创造了有利条件。数字政府治理过程中公益部门参与的必要性表现为：公益部门参与数字政府治理能够充分发挥公益服务优势；强化数字政府治理基础，助推数字政府治理目标的实现；形塑治理结构并完善参与系统。数字政府治理过程中公益部门参与的经验可以分为：基础层面的经验；人员层面的经验；社会环境层面的经验。

公益部门出现于工业时代演进至一定阶段之后，并在工业时代后期日益参与到公共服务的供给过程之中，这意味着：数字时代来临之时，公益部门已经在参与提供（实体）公共服务方面拥有较多经验，为其参与数字政府治理、参与提供（数字）公共服务奠定了基础。[①]数字政府治理产生之时，一些国家在构建虚拟空间治理结构时完全或者部分地复制了实体空间治理结构，公益部门随之参与到数字政府治理过程之中，成为数字政府治理的重要主体之一，为数字政府治理这一数字时代新事物效能的发挥创造了有利条件。[②]这与习近平总书记关于网络强国的重要思想中与数字政府治理直接相关的第一大方面内容、第三大方面内容密切相关，如：公益部门参与数字政府治理过程与第一大方面内容中的"有效优化数字政府治理结构、整合多元主客体合力"直接相关——公益部门是数字政府治理结构中的重要主体，这一主体能否实现有效参与，对多元主客体合力强大与否具有重要影响。公益部门参与数字政府治理过程与第三大方面内容中的"将数字政府治理领域的不平衡程度控制在适度范围内，防范或打破数字政府治理领域的'低水平锁定'状态，有效提升治理水平，惠及最广大群体"直接相关——公益部门的参与，能够降低数字政府治理过程中不

---

① Janowski, Tomasz. "Digital government evolution: From transformation to contextualization." *Government Information Quarterly*, 2015 (32.3):221-236.
② 王少泉：《私营部门参与数字政府治理的困境及破解之策》，《湖北行政学院学报》2018年第1期。

同主体之间的不平衡程度，防止数字政府治理被锁定于低水平状态，助力提升治理水平并使治理成果惠及最广大人民群众。这种参与也对应国务院于2022年6月23日发布的《国务院关于加强数字政府建设的指导意见》，《意见》其中一条基本原则是坚持整体协同，第一项政策是构建协同高效的政府数字化履职能力体系。这种协同需要公益部门的参与才能实现。

　　20世纪末，我国启动了数字政府治理进程，这一进程的推进显著优化了政府治理状态，有效地助推了我国诸多领域的快速发展。从数字政府治理的发展趋向来看，公益部门是数字政府治理的重要参与者，[①]在数字政府治理过程中构建完备的公益部门参与机制是必然之举。从我国数字政府治理目前的情况来看，完备的公益部门参与机制尚未构建，诸多公益部门常常游离于数字政府治理过程之外，这种需求与供给之间的不平衡状态导致我国的公益部门未能有效助推数字政府治理水平提升。[②]

一、数字政府治理过程中公益部门参与的生成

　　数字政府治理过程中公益部门参与的生成与以下内容相关：公益部门的服务本质；弥补私营部门服务能力的局限性；延伸官方服务。公益部门与政府部门的服务能力既存在一些差异，也有共同点。分述如下：

（一）公益部门的服务本质

　　公益部门也可被称为第三部门或非营利组织等。目前，国内外学界对公益部门的界定多种多样，但这些界定存在一些共同点，如：公益部门并非附属于政府，也不盈利，因此其不同于政府部门和私营部门。美国学者萨拉蒙（Salamon）和安海尔（Anheier）认为：公益部门的特征有："组织性、非政府性、非营利性、自治性、自愿性。"[③]这五种特征的存在对公益部门参与数字政府治理具有重要影响，公益部门参与数字政府治理能够：

　　1. 弥补私营部门服务能力的局限性。兴起于1979年的民营化浪潮（以撒切尔政府在英国上台为标志）对诸多西方国家以及一些发展中国家产生显著影响，民营化理论及演进之后的新公共管理理论也随之成为西方公共行政学界的主导理论。但是部分学者也开始注意到民营化的负面影

---

① Fedorowicz, Jane, and Martin A. Dias. "A decade of design in digital government research." *Government Information Quarterly*, 2010 (27.1): 1-8.

② 王少泉：《数字政府治理中公益部门参与机制分析》，《齐齐哈尔大学学报（哲学社会科学版）》2018年第6期。

③ 王鹏：《员工社会网络特征和知识分享对关系绩效的影响研究》，中山大学，2010。

响，纷纷著书立说对这些负面影响加以阐述、分析，并提出一些新的理论对民营化理论进行扬弃。其中，备受关注的是美国行政学者登哈特夫妇的新公共服务理论和以穆尔为代表的公共价值管理理论（这两种理论均属于公共行政理论中的价值理性谱系），这两种理论均主张政府的运作过程中有效供给公共服务以实现公共价值。

为了保障政府能够及时、有效地向公众提供其所需的公共服务，政府有必要考虑民营化带来的某些弊端：民营化举措在一定程度上助推公共产品价格上涨，某些公众所需的一些公共服务难以得到有效满足，除此之外，一些公共产品的质量有所下降，公众对政府的满意度也随之下降。出现这些弊端的主要原因是：政府将原先由政府部门承担的公共服务供给职能通过承包、转让、出售等方式进行民营化之后，对私营部门的监管不足，①私营部门采取降低产品质量等方法来实现最大限度地获取私人利益的目的。这些弊端的存在促使政府和学界开始考虑将更多的公共服务交由公益部门供给，为公益部门参与数字政府治理奠定了基础。

2. 延伸官方服务。公益部门具有公共服务性质，作为社会主义国家，我国的公益部门不仅具有明显的公共服务性质，大部分公益部门更具有半官方性质。学界对我国公益部门的这一性质持批评态度的较多，如这一性质会限制公益部门的自由运作，使其运作过程中出现行政化、官僚化色彩，但是不能否认这种半官方的地位也具有一定的优势：官方对公益部门的监管或介入，能够保证公益部门的运作是为了寻求、创造和维护公共利益（即为公众提供高质量的公共服务）而不是为了获取私人利益，保障了公益部门参与数字政府治理时目的正当。作为准公共服务提供主体的公益部门，社会对其服务性质的期望远高于私营部门，而且公益部门能够有效延伸政府部门的公共服务供给能力，这一点为公益部门成为数字政府治理的重要参与主体提供了重要保障。

（二）公益部门与政府部门的服务能力异同

1. 主要差异。①获取资源（人力、物力和财力等）的方式存在明显不同。公益部门所拥有的资源主要源自政府的拨款以及社会的捐赠，政府部门所拥有的资源则主要来自税收。②主次位置不同。在供给公共服务或创造、维护公共利益的过程中，政府部门处于主导地位，公益部门则主要起辅助作用，两者之间的地位和作用等明显不平衡。③服务主体数量差

---

① Boldyreva, Liudmila B. "Communication between government and business entities and challenges of creation of 'digital government'." *E-Management*, 2020.

异。总体而言，政府部门的总数量远远多于公益部门的总数量，呈现出明显的不平衡状态，这一点与二者在供给公共服务或创造、维护公共利益的过程中所处的地位不同直接相关。①④服务角色不同。与政府部门和私营部门的关系相似，政府部门是规则制定者，公益部门的运作受制于政府部门所制定的规则。

2. 相同点。处于政府部门和私营部门二者之间"过渡位置"的公益部门实质上是公共服务主体之一，②其运作的目的是供给公共服务并创造和维护公共利益。在运作过程中为公众提供公共服务是公益部门最重要的职责，这一点与政府部门的职责相同。我国公益部门和政府部门的内部结构相似，这一点主要源于：我国的公益部门大多具有半官方性质，其内部结构也就与政府部门的内部结构十分相似。另外，与私营部门和政府部门的相同点相似，公益部门和政府部门这两者的相同点还有：必须遵循的某些规则是一致的；常规情况下，均为公众的对应者；建设或参与数字政府治理平台的方式、方法也极为相似。

二、数字政府治理过程中公益部门参与的必要性

数字政府治理过程中公益部门参与的必要性表现为：公益部门参与数字政府治理能够充分发挥公益服务优势；强化数字政府治理基础，助推数字政府治理目标的实现；形塑治理结构并完善参与系统。分述如下：

（一）公益部门参与数字政府治理能够充分发挥公益服务优势

近年，国内各界（尤其是学界）对我国公益部门运作过程中出现的种种问题颇为关注，各界对我国公益部门内部管理及外部服务中出现诸多问题这一现状展开了探讨分析。虽然结论见仁见智，但基本共识是：我国公益部门内部管理及外部服务中出现诸多问题是由于内外部监管不足、管理意识及方法陈旧等因素共同导致的，而构建数字政府治理平台有助于公益部门加强外部监管、改善管理意识、改进工作方法，从根本上提升其公共服务的能力。

1. 强化公益服务优势。与政府部门相比，公益部门拥有诸多优势，如：组织运作十分灵活，组织内部的层级相对较少，通常能够较快地接触新的数字技术等。与私营部门相比，公益部门存在易被政府领导、无获取

---

① 王少泉：《数字政府治理中公益部门参与机制分析》，《齐齐哈尔大学学报（哲学社会科学版）》2018年第6期。

② Janowski, Tomasz. "Digital government evolution: From transformation to contextualization." *Government Information Quarterly*, 2015 (32.3):221-236.

私利之心等优点，正因如此，公益部门的服务能力表现为私营部门服务能力的弥补以及政府部门服务能力的延伸。信息技术的发展使公益部门在公共服务的供给过程中充分发挥了与政府部门和私营部门相比所具有的优势。例如，参与数字政府治理能够促使公益部门充分发挥供给不同种类的数字公共服务的功能。与公益部门和私营部门相比，政府部门供给的公共服务较为单一，三者之间明显呈现不平衡状态，政府部门在公共服务供给过程中首先注重的是公共服务供给总量和覆盖范围，部分公众所需的、较为特殊的公共服务往往被政府部门忽视。另一方面，尽管私营部门也能够在政府的领导下为公众供给不同种类的公共服务，但由私营部门供给公共服务常常因获取利润等因素而出现一些弊端。因此，公益部门成为最适宜向公众供给某些公共服务的部门。参与数字政府治理可以使公益部门更加便捷地获知各种公众亚群体所需的数字公共服务，并在政府的领导下分门别类地加以供给，有效提高公众对公共服务供给的满意度，[1]提高社会和谐度、增强社会稳定性[2]。再如，参与数字政府治理能够促使公益部门充分发挥高效率地供给数字公共服务的功能。公益部门内部的层级数量一般比政府内部的层级数量少，在供给公共服务的过程中更为灵活。与私营部门相比，公益部门能够在政府的领导下无私心地向公众高效率地供给公共服务。公益部门参与数字政府治理之后，公益部门的运作效能能够得到大幅度提升，前述优势能够得到更好的发挥，而且参与数字政府治理能够促使公益部门充分发挥无缝隙地供给数字公共服务的功能。[3]政府部门的管辖权是以地域进行划分的，在边界的交接区域，常常出现公共服务供给率低于政府管辖的核心区域这一问题，也会引致区域邻近但公共服务供给水平差距较大等现象。私营部门尽管能够延伸到地理区域的每一个角落，但其通常不会主动供给公共服务，因此在选取能够无缝隙地供给公共服务的部门时私营部门并非首选，公益部门也就成为这一方面的最佳选择。参与数字政府治理之后，公益部门能够在政府的领导下借助网络更加有效地跨越政府部门面临的地理边界，为不同地理区域的公众供给同样的数字公共

---

[1] Janowski, Tomasz. "Digital government evolution: From transformation to contextualization." *Government Information Quarterly*, 2015 (32.3):221-236.

[2] 王少泉：《数字政府治理中公益部门参与机制分析》，《齐齐哈尔大学学报（哲学社会科学版）》2018年第6期。

[3] Janowski, Tomasz. "Digital government evolution: From transformation to contextualization." *Government Information Quarterly*, 2015 (32.3):221-236.

服务，为公共服务均等化、提升不同主体之间的平衡程度创造条件。①

2. 内部网络管理奠定服务基础。从内部网络管理方面来看，参与数字政府治理对公益部门的主要益处是：能够使其内部实现网络管理，使其内部管理实现扁平化、系统化，②减少管理人员的数量，降低管理成本，提高管理及公共服务效率；进一步实现内部监控的明细化，使领导层能够通过数字政府治理平台实现对各部门员工的有效监控，起到防微杜渐的作用；使信息传输渠道实现网络化，减少信息输入和输出过程中出现的信息遗失、失真，提高信息输入和输出的准确性，为决策的正确及有效实施创造条件；强化数字政府治理过程中对公务员的监控，使领导层能够强化对各部门公务员的有效监控；强化数字政府治理过程中各子系统的有效衔接、整合，提高人力、物力、财力的利用效率，为及时、高效地向公众供给其所需的公共服务、提高政民互动水平创造条件。

另一方面，基于外部网络服务实现服务目标。从外部网络服务方面来看，参与数字政府治理对公益部门的主要益处有：能够通过数字政府治理平台及时、准确地获知公众急需的是何种公共服务，③在此基础上对自己所供给的公共服务加以调整，如削减或增加自己所供给的公共服务，以满足公众需求或节约资源；能够使公益部门获取社会捐助的渠道更加便捷，如公众和私营部门等能够借助网络通过汇款方式向公益部门提供支持；能够及时、准确地获知公众对公益部门的满意度，以此作为是否应该对自己的行为加以调整的参考；还能够通过数字政府治理平台加强同一种类及不同种类的公益组织之间的合作，实现资源的有效整合，防止重复建设的出现，即防止公益部门向公众供给数字公共服务过程中出现供过于求或供不应求的情况。

（二）强化数字政府治理基础，助推数字政府治理目标的实现

1. 强化数字政府治理基础。从数字政府治理基础来看，公益部门参与数字政府治理的主要益处有：能够强化政府内部的网络管理，促使政府内部管理实现扁平化、系统化，减少管理人员的数量，降低管理成本并提

---

① 王少泉：《数字政府治理中公益部门参与机制分析》，《齐齐哈尔大学学报（哲学社会科学版）》2018年第6期。

② Janowski, Tomasz. "Digital government evolution: From transformation to contextualization." *Government Information Quarterly*, 2015 (32.3):221-236.

③ Janowski, Tomasz. "Digital government evolution: From transformation to contextualization." *Government Information Quarterly*, 2015 (32.3):221-236.

高管理、公共服务、政民互动效率；①强化信息传输渠道效能，减少信息输入和输出过程中出现的信息遗失、失真，提高信息输入和输出的准确性，为决策的正确及有效实施、数字政府治理的有效开展创造条件；强化数字政府治理过程中对公务员的监控，使领导层能够强化对各部门公务员的有效监控；强化数字政府治理过程中各子系统的有效衔接、整合，提高人力、物力、财力的利用效率，为及时、高效地向公众供给其所需的公共服务、提高政民互动水平创造条件。

2. 助推数字政府治理目标的实现。有效供给公共服务、全面开展政民互动是数字政府治理的重要目标，从这些目标的实现来看，公益部门参与数字政府治理的主要益处有：能够更加及时、准确地获知公众急需的是何种公共服务，在此基础上对自己所供给的公共服务加以调整，如削减或增加自己所供给的公共服务，以满足公众需求或节约资源；能够及时、准确地获知公众对数字政府治理的满意度，以此作为是否应该对数字政府治理的举措加以调整的参考；借助数字技术实现资源的有效整合，防止重复建设的出现。②

（三）形塑治理结构并完善参与系统

1. 形塑治理结构。公益部门及私营部门等有效参与数字政府治理之后，不同治理主体在治理过程中的地位和作用等开始向相对平衡方向演进，政府治理结构由政府部门支配的单一式治理结构演进为政府主导、多类组织协助的系统权变式治理结构。③系统权变组织理论认为：环境因素和组织内部的很多因素对组织的运作效能具有重要影响；组织由诸多次级系统共同构成，这些系统具有开放性和整体性，它与环境超系统之间具有明确的界限，但能够时时与环境超系统之间进行能源、材料和信息的交换，执行着环境超系统所赋予的某种职能，并对环境超系统产生某种影响；当环境的动态性越明显之时，组织内部的结构就会越复杂，而且更加需要强化组织的适应性；组织内部存在目标和价值分系统，其目标体现着组织的基本价值观念。④这些方面在（多种部门参与的）数字政府治理所形成的治理结构中得到明显呈现：环境因素和治理主体内部的很多因素对

① Janowski, Tomasz. "Digital government evolution: From transformation to contextualization." *Government Information Quarterly*, 2015 (32.3):221-236.
② 王少泉：《数字政府治理中公益部门参与机制分析》，《齐齐哈尔大学学报（哲学社会科学版）》2018年第6期。
③ Janowski, Tomasz. "Digital government evolution: From transformation to contextualization." *Government Information Quarterly*, 2015 (32.3):221-236.
④ 竺乾威：《公共行政理论》，上海：复旦大学出版社，2008，第316页。

数字政府治理效能具有重要影响。数字政府治理主体由诸多次级系统（如政府部门系统、公益部门系统等）共同构成，这些次级系统具有开放性和整体性，它们与环境之间具有明确界限但能展开互动，这种互动具体表现如公共服务的供给和政民互动等；数字政府治理所处的环境的动态性日益明显，数字政府治理主体为了提升治理效能而不断强化其内部结构；数字政府治理的重要目的是在公共事务的处理过程中增进公共福祉，这一目的体现了数字政府治理主体的基本价值观念。

2. 完善参与系统。公益部门有效参与数字政府治理有助于完善数字政府治理过程中的参与系统。[①]首先是增加了公众在数字政府治理过程中的参与渠道，实现信息的快速、准确传递，这一情况归因于数字政府治理主体与环境之间的有效互动；其次是强化了数字政府治理过程中参与系统的开放程度，这一情况的出现归因于数字政府治理结构所具有的开放性，由这一开放性产生的重要收益之一是政府与公众之间的相互了解程度有效深化；再次是使公共政策制定、实施过程中的民主参与系统得到优化——公共政策制定和实施过程中，公众能够借助数字技术及公益部门这一"中间人"更好地获知政府部门的意图并准确表达自己的意见，从而更为有效地实现政治参与，数字政府治理主体得以在公共事务的处理过程中增进公共福祉。[②]

三、数字政府治理过程中公益部门参与的经验

数字政府治理过程中公益部门参与的经验可以分为：基础层面的经验：稳定且高效的支持机制为数字政府治理提供制度保障；政府的有效支持与指导是公益部门参与数字政府治理的强大后盾。人员层面的经验：具备参与数字政府治理理念的领导者及员工。社会环境层面的经验。分述如下：

（一）基础层面的经验

1. 稳定且高效的支持机制为数字政府治理提供制度保障。稳定且有效地向公众提供服务的公益部门拥有稳定且高效的、提供服务的支持机制，这一支持机制由人力次级支持机制、物力次级支持机制、财力次级支持机制和法制次级支持机制这四者共同组成。人力支持主要是指公益部门

---

① Janowski, Tomasz. "Digital government evolution: From transformation to contextualization." *Government Information Quarterly*, 2015 (32.3):221-236.
② 王少泉：《数字政府治理中公益部门参与机制分析》，《齐齐哈尔大学学报（哲学社会科学版）》2018年第6期。

内部员工对参与数字政府治理的支持；[①]物力支持是指公益部门中具备参与数字政府治理所需的设备等；财力支持是指当公益部门内部的人力、物力不足以支持参与数字政府治理之时，其领导者能够调动资源补足所需的人力和物力。与政府部门中财政资源相对匮乏的部委相比，致力于参与数字政府治理的公益部门能够为这一进程提供较为充分的财力支持，在充分的资金的支持下，能够为引进人才和参与数字政府治理所需的硬件设施提供有利条件，使公益部门在参与数字政府治理的过程中比政府部门中财政资源相对匮乏的部门具备优势。

与资源领域（人力、物力以及财力等）支持机制明显不同的是：数字政府治理过程中，公益部门运行所依赖的法制支持机制是由政府构建。[②]近年，我国政府有效完善法律法规，其中一部分法律法规涉及公益部门参与数字政府治理，此举有效夯实了公益部门参与数字政府治理的法律基础。政府完善了对公益部门监管、内部电子网络建构相关的法律法规，使公益部门的监管及其参与数字政府治理法制化，消除某些事件给公益部门带来的消极影响，为其在参与数字政府治理的过程中更加有效地为公众供给公共服务创造条件，助力提升不同部门之间的相对平衡程度。

2. 政府的有效支持与指导是公益部门参与数字政府治理的强大后盾。近年，我国政府通过多种方式（如直接支付费用或号召社会捐助）为公益部门参与数字政府治理提供足够的支持，尤其是财力方面的支持，使公益部门的成员在参与数字政府治理的过程中无后顾之忧。同时，政府制定一些优惠政策，为通过电子网络提供数字公共服务（即履行社会责任）的公益部门给予政策倾斜。确保公益部门能够在履行社会责任的同时，政府部门还应该促使这些部门在其内部构建电子网络，为其更加有效地参与数字政府治理、向公众供给数字公共服务创造有利条件。

作为治理最主要的主体，政府在公益部门参与数字政府治理的过程中必须给予适度指导，使其在参与过程中不至于偏离正确方向。此外，政府借助数字政府治理平台、新闻媒体等加大与公益部门社会责任相关的宣传，使在此方面知之甚少的公益部门成员及公众获知此方面的信息，提高

---

① Janowski, Tomasz. "Digital government evolution: From transformation to contextualization." *Government Information Quarterly*, 2015 (32.3):221-236.

② 王少泉：《私营部门参与数字政府治理的困境及破解之策》，《湖北行政学院学报》2018年第1期。

对私营部门履行社会责任的关注度。[①]政府还加强对公益部门的监管，促使公益部门能够在社会责任的履行过程中遵纪守法并采取有效措施，尤其是通过参与数字政府治理提高运作效率。

（二）人员层面的经验

具备参与数字政府治理理念的领导者及员工，此点是公益部门有效参与数字政府治理的重要条件。[②]公益部门在参与数字政府治理的过程中有充足的人力、物力、财力支持，在这种情况下，公益部门领导者是否具有参与数字政府治理的理念就显得非常重要。致力于通过参与数字政府治理为治理客体有效提供数字公共服务的公益部门，会通过入职培训及在岗培训等制度保障这一理念在不同代际的领导者中存继，避免"人存政举，人亡政息"现象的出现。此外，某些公益部门采取有效措施指导、协助其成员树立、践行参与数字政府治理的理念，具体措施为：展开员工培训之时，将"参与数字政府治理"作为重要内容，基于这种培训稳步强化员工所持"公益部门参与数字政府治理"的理念；展开与"参与数字政府治理"相关的所有决策时，坚持做到公开透明，积极采纳专家及群众的正确建议，提升决策质量；通过非政府组织的内部监督及外部监督来促进参与数字政府治理理念的树立，为其员工树立这一理念创造完备的内外部监控机制；建立健全相关惩处机制，以法制措施保障这一理念的树立及践行。为了保证员工持续参与数字政府治理理念，公益部门还对员工选拔机制及淘汰机制加以调整，选拔员工之时关注其是否了解数字政府治理，对已经入职的员工，通过培训促使其支持在公益部门参与数字政府治理。这些公益部门参与数字政府治理之前，一般已经有一些明文规定，使各部门及其员工的职责明细化，其过程也有章可循。

（三）社会环境层面的经验

创造良好的数字政府治理环境是公益部门为了顺利参与数字政府治理而采取的一系列措施：公益部门参与数字政府治理的进程会受到社会环境的影响，良好的社会环境能够为公益部门参与数字政府治理的顺利进行创造有利条件。良好的数字政府治理环境主要由以下方面组成：政府部门、私营部门和公益部门成员及公众对在公益部门参与数字政府治理的支持。为了创造良好的数字政府治理环境，公益部门可以实施的措施主要是：借

---

① 王少泉：《私营部门参与数字政府治理的困境及破解之策》，《湖北行政学院学报》2018年第1期。

② Janowski, Tomasz. "Digital government evolution: From transformation to contextualization." *Government Information Quarterly*, 2015 (32.3):221-236.

助数字政府治理平台保持与政府的良好、快速沟通，强化信息传递的准确性及有效性；[①]有效运用数据库引擎搜索，为政府提供力所能及的政策咨询与参考；充分利用数字政府治理平台宣传自己的使命与价值观，以获得公众更多的认可，强化自身的影响力，优化自身的形象。政府部门大规模构建数字政府治理平台之后，公益部门中众多具有远见的领导者加大了对参与数字政府治理的重视程度，并积极寻求各方的支持，其中舆论支持是良好的数字政府治理环境的重要组成部分。

结语

作为公共服务的重要供给主体，公益部门曾在工业时代末期的公共服务供给过程中发挥重要作用，这种作用的存在使公益部门成为工业时代国家治理结构中的重要组成部分。数字时代来临之后，现代化进程的推进不仅要求实体公共服务供给过程、供给质量的优化，也要求治理主体能够及时、有效地供给数字公共服务。这种情境之中，政党领导下的政府的最佳举措是将实体空间中的国家治理结构"复制"到虚拟空间之中，这一举措存在于西方国家及我国的数字政府治理过程之中，使公益部门随之成为数字政府治理结构的重要主体之一。数字政府治理中公益部门参与机制的构建及完善能够使公益部门成为数字政府治理系统的重要组成部分，提升不同主体之间的相对平衡程度，为我国数字政府治理进程的稳步推进创造有利条件。从目前的情况来看，我国数字政府治理中公益部门参与机制尚未呈现完备状态，相关理论研究也存在很多不足之处，这些问题的解决有赖于实践者及理论研究者的共同努力。

---

① Janowski, Tomasz. "Digital government evolution: From transformation to contextualization." *Government Information Quarterly*, 2015 (32.3):221-236.

第七章　数字政府治理过程中的私营部门参与

数字政府治理过程中私营部门参与的生成与以下内容相关：私营部门的服务可以分为对于消费者的服务、对于政府部门的服务。私营部门服务能力与政府部门服务能力存在不同之处，也拥有共同点。数字政府治理过程中私营部门参与的必要性有：内部网络管理路径提升服务能力；外部网络营销路径提升服务能力；电子商务网络对消费者服务能力的提升；电子商务网络提升了私营部门服务于政府的能力；私营部门电子商务网络提升服务能力的期望。数字政府治理过程中私营部门参与的经验可以分为：电子网络建设基础层面的经验；电子网络建设人员层面的经验；社会环境层面的经验。

私营部门曾在整个工业时代的演进过程（尤其是经济领域）中扮演重要角色，但私营部门直至20世纪70年代末才开始有效参与公共服务的供给：1979年，撒切尔政府在英国上台后开始大力推进民营化运动，[①]大量国营私营部门被外包，政府开始越来越多地采用向私营部门付费这一方式供给公共服务，私营部门因此开始深入地参与公共服务的供给；1981年，里根政府在美国上台后实施了一些与撒切尔政府相似的经济政策，民营化运动的影响范围由此扩大，美国的私营部门也开始大范围参与公共服务的供给；20世纪90年代，民营化运动扩展至全球诸多国家，这些国家的私营部门随之开始参与公共服务的供给。工业时代向数字时代演进的过程中，诸多国家将实体空间中的公共服务供给结构复制到虚拟空间之中，由此生成数字政府治理过程中的公共服务供给结构，私营部门因而成为数字公共服务的重要供给主体之一，[②]有效地强化了数字政府治理这一数字时代新事物作用的发挥。

数字政府治理运用数字技术展开公共治理，其最重要目标是借助数字技术有效提升公共服务效能及政民互动效能。20世纪末，我国启动了数字

---

① 王少泉：《私营部门参与数字政府治理的困境及破解之策》，《湖北行政学院学报》2018年第1期。

② Fedorowicz, Jane, and Martin A. Dias. "A decade of design in digital government research." *Government Information Quarterly*, 2010 (27.1): 1-8.

政府治理进程，这一进程的推进显著优化了政府治理状态，助推了我国诸多领域的快速发展。从我国数字政府治理目前的情况来看，完备的私营部门参与机制尚未构建，诸多私营部门常常游离于数字政府治理过程，未能有效助推数字政府治理水平的提升。从数字政府治理的发展趋向来看，私营部门是数字政府治理的重要参与者，在数字政府治理过程中构建完备的私营部门参与机制是必然之举。

与公益部门参与数字政府治理过程相似，私营部门的参与和习近平总书记关于网络强国的重要思想中与数字政府治理直接相关的第一大方面内容、第三大方面内容密切相关，即与优化数字政府治理结构、强化多元主客体合力、降低不同主客体之间的不平衡程度等密切相关。这种参与也对应国务院于2022年6月23日发布的《国务院关于加强数字政府建设的指导意见》，《意见》在基本原则和第一项政策中都强调数字政府治理过程中的整体协同，私营部门有效参与数字政府治理过程中有助于实现这种协同。数字政府治理过程中私营部门参与的生成、困难与推进途径等阐述如下：

一、数字政府治理过程中私营部门参与的生成

根据部门运作最终目的是实现公共利益还是私人利益可以将非政府部门划分为私营部门和公益部门。私营部门是市场运作过程中的最重要主体，与政府部门（为了维护和增加公共利益而运作）相比，私营部门展开运作的重要目标是获取私人利益，两者目标明显不同。但在运作过程中，私营部门却处处显露着服务的痕迹。[①]这些服务的表象或实质主要通过私营部门正确处理与之相关的各种关系以及履行所承担的社会责任而得以实现，是一种私营经济目标实现基础上的升华。[②]数字政府治理过程中私营部门参与的生成与以下内容相关：私营部门的服务可以分为对于消费者的服务、对于政府部门的服务。私营部门服务能力与政府部门服务能力存在不同之处，也拥有共同点。分述如下：

（一）对私营部门服务能力的研究

谢尔顿（Oliver Sheldon）于1924年率先提出"私营部门社会责任"这一概念，认为私营部门的社会责任包含道德因素，将私营部门的社会责任

---

① Fedorowicz, Jane, and Martin A. Dias. "A decade of design in digital government research." *Government Information Quarterly*, 2010 (27.1): 1-8.

② 王少泉：《私营部门参与数字政府治理的困境及破解之策》，《湖北行政学院学报》2018年第1期。

与私营部门主要满足其内外各种需要的责任相联系，对私营部门的社会责任加以分析。博文（Howard R.Bowen）于1953年在其著作《商人的社会责任》中对"私营部门社会责任"的概念加以明晰化，认为私营部门社会责任是指私营部门领导者在明晰社会期待的价值和目标的基础上，以实现这些价值和目标为己任，制定相应政策并加以执行，此举能够促使商业行为创造更多的社会利益和经济利益。伊尔斯（Eells）和沃尔顿（Walton）1961年在研究成果中对"私营部门社会责任"的观念有进一步发展。他们认为，当人们开始注意到处理私营部门与社会之间的关系之时应该遵守的伦理准则及私营部门给社会带来的负面影响之时，就会开始探讨私营部门的社会责任。麦圭尔（McGuire）于1963年在其著述中指出：私营部门社会责任的倡导者认为私营部门同时具有经济义务、法律义务，还负有超出前两者的社会义务。但其未进一步阐释这种社会义务是什么。戴维斯（Davis）和布洛姆斯特伦（Blomstrom）于1975年在合著的《经济与社会：环境与责任》一书中指出：私营部门的社会责任是指私营部门领导者有义务在决策的制定与实施过程中维护、增进私营部门自身的利益及社会整体利益。同年，赛西（Sethi）在其著述中指出，私营部门的社会责任是指私营部门的一种行为层次，这种行为层次与社会的主流规范价值期望相一致。

　　私营部门的社会责任是指私营部门在一定的时间之内社会对组织所具有的经济、法律、伦理以及慈善等方面期望的总和。[1]有学者认为，私营部门需要对股东和利益相关者负责。[2]1984年，美国著名学者弗里曼（Freeman）指出了关注私营部门利益相关者的重要性，并对利益相关者加以界定，认为利益相关者是指，对私营部门实现目标有影响的个人和群体，抑或私营部门实现目标过程中所影响到的个人和群体。20世纪90年代后，国际上陆续出现了ISO9000等体系，这一管理体系的建立也体现了私营部门所需要面对的具有社会联系的利益相关主体。

　　综上所述，私营部门能力的服务性质集中体现在其创造利润、对股东承担法律责任的总目标不变的情形之下，对私营部门内外的一系列利益相关者所承担的社会对其所具有的经济、法律、伦理以及慈善等方面的期望。[3]

---

①　杨亚丽：《民营企业社会责任现状分析》，《前沿》2013年第7期。
②　杨亚丽：《民营企业社会责任现状分析》，《前沿》2013年第7期。
③　王少泉：《私营部门参与数字政府治理的困境及破解之策》，《湖北行政学院学报》2018年第1期。

（二）私营部门的两类服务

1. 对于消费者的服务。在部分公众的直观印象中，私营部门不具有明显的服务性，这一误解源于部分公众所认定的服务是指公共服务。实际上，私营部门能够为消费者提供形式多样的服务，这一点足以说明私营部门的能力具有服务性。私营部门运作的重要目的是获取私人利益，但其为顾客服务的理念在这一过程中也得到明显展现，并在一定时期被政府借鉴：以1979年撒切尔夫人在英国上台及1981年里根总统在美国上台为标志开始推进的民营化运动助推了民营化理论的发展，其后由民营化运动演进而成的新公共管理运动将政府部门视作"顾客"服务的组织，这些"运动"的展开使"为顾客服务"这一理念在世界范围极具影响力。

从法定的对于私营部门的义务规范中可看出私营部门能力的服务性。我国的《消费者权益保护法》第三章即规定了经营者的十项义务。作为经营者组成之一的私营部门与此密切相关。

2. 对于政府部门的服务。这一提法并未有悖于"政府部门服务于社会"的表述。此处的"服务"所要表达的是政府部门借助私营部门的帮助能够更好地实现公共利益，同时私营部门也达成来自社会的某些期望。从这层意义上来说，私营部门对于政府部门的协助或服务是多方面的，在此仅稍微展开谈谈数字政府治理领域中私营部门所起的若干作用。

随着数字技术的迅速发展，我国已经进入数字时代。私营部门为了提升其运作过程中的服务能力，纷纷构建自己的电子商务网络，该网络的构建，能够使私营部门的运作逐步实现电子化、规范化，加快其运作速度，减少运作过程中因人为因素导致的失误。除此之外，该网络还为政府部门提供数字公共服务创造有利条件。一方面，就服务种类而言，政府部门在某些数字公共服务的供给中不占据优势，将这类数字公共服务的供给交由已经构建完备电子网络的私营部门承担，能够有效解决政府难以有效供给某些数字公共服务这一问题。如一些社交网络为社会舆情的表达提供了广阔空间，成为政府部门决策参考的重要信息来源。另一方面，就服务效率而言，有限政府的数字公共服务的供给速度往往较为有限，尤其是当公众因某些突发情况而急需某种数字公共服务时，政府部门不一定能够立即供给这些服务，在这种情况下，政府可以寻求私营部门的协助。私营部门的数量远远多于政府部门和公益部门，①若大部分私营部门已经构建电子商

---

① Ramakrishnan, Subashini, et al. "A conceptual model of the relationship between organisational intelligence traits and digital government service quality: the role of occupational stress." *International Journal of Quality & Reliability Management*, 2022 (6):39.

务网络，其容量定然颇为巨大，因此，在私营部门的电子商务网络中寻找一种能够提供大众急需的数字公共服务并非难事。

私营部门具有的服务特征在很大程度上使得民营化成为20世纪70年代末80年代初改革的核心。[1]这一举措使欧美诸多国家一些原属政府管理的公共部门实现民营化，有效提升了其中一些部门的运作效率。部分亚洲国家、非洲国家和拉美国家纷纷仿效欧美国家的这一举措。20世纪90年代，民营化浪潮扩展至世界各地并取得一些成效，这一举措风靡全球的主要原因如下：

1. 凯恩斯主义于20世纪30年代后期开始成为政府—市场理论中的主流理论，西方国家的政府为了有效应对经济危机而开始强力干预经济，这一经济理论的推行使西方国家在20世纪40—60年代经济迅速发展。进入20世纪70年代之后，诸多西方国家出现"滞胀"，凯恩斯主义开始失灵，政府和学界均开始寻找有效解决"滞胀"的方法或理论。这一情况使民营化理论的产生具备了现实基础。

2. 政府边界的过度扩张使其在公共服务过程中常常显得力不从心，且出现其他一些问题：与公益部门及私营部门等相比，政府部门所供给的公共服务从数量上来看相对有限，某些公共产品的质量相对较差；政府供给的某些（实体）公共服务受到政府部门运作时间及所能调动人员人数等因素的限制，难以不限时、全面地向公众供给所需公共服务，这一情况的存在使民营化运动的展开具备了坚实的"群众基础"。

（三）私营部门服务能力与政府部门服务能力的异同

1. 不同之处。①服务能力目的不一。私营部门是最重要的市场主体，[2]从组织目标角度看，其与政府部门相对性较为明显。私营部门运作的首要目的是获取利润，对于私营部门而言这是天然和必要的；服务于公众，尽管也是私营部门不可推卸的义务，但却建立在私营部门实现利润基础之上。政府部门运作的重要目的之一是为公众提供其所需的公共服务，即创造及维护公共利益，这是政府部门与私营部门最大的不同点。[3]②服务能力保障不一。私营部门虽在某些情况下向公众供给公共服务，但

① 王少泉：《私营部门参与数字政府治理的困境及破解之策》，《湖北行政学院学报》2018年第1期。
② Ramakrishnan, Subashini, et al. "A conceptual model of the relationship between organisational intelligence traits and digital government service quality: the role of occupational stress." *International Journal of Quality & Reliability Management*, 2022 (6):39.
③ 王少泉：《私营部门参与数字政府治理的困境及破解之策》，《湖北行政学院学报》2018年第1期。

其人力、物力、财力的来源与政府部门在这些方面的来源截然不同。私营部门的人力、物力、财力依靠自身运作所获利润支持或源于政府在某些情况下的支持，私营部门在某些情况下也是政府部门供给数字公共服务时的受益者，政府部门在这些方面的投入则主要源于税收。③服务能力总和不一。政府部门服务能力总和远大于私营部门、二者之间明显呈现出不平衡状态；政府部门是规则制定者，私营部门的运转在很多情况下常常受制于政府部门制定的规则。政府部门能够调动的人力、物力极多，资源充足，私营部门则能力有限。④服务能力整合程度不一。从服务能力的系统性来看，政府部门比私营部门更具优势：政府部门之中具有能力较强的领导系统，整体运作的统一性、协调性较强，能够集中力量办大事；私营部门之间通常只存在竞争关系或不存在联系，力量相对分散，其参与供给公共服务通常必须在政府部门领导下才能实现。

2. 主要共同点。①二者必须遵循的某些规则是一致的，如政府部门和私营部门这两者在运作过程中均需重点考虑公众的意愿，[①]在深入公众之中进行调查研究的基础上，对调查结果进行准确分析之后才能够制定政策。②二者在常规情况下，均为公众的对应者：政府部门为公众提供公共服务时，是公共服务主体，公众是公共服务客体；私营部门在常规情况下是市场主体，公众则以"顾客"身份出现；私营部门在某些情况下供给数字公共服务时，以公共服务主体的身份出现，公众则是公共服务客体。③推进数字政府治理的方式、方法相似。政府部门与私营部门尽管存在诸多差异，但二者在推进数字政府治理的过程中所采用的方式与方法是相似甚至相同的。

二、数字政府治理过程中私营部门参与的必要性

20世纪末期，第三次科技革命逐渐向第四次科技革命演进，欧美一些国家的私营部门开始着力于基于自身力量构建电子商务网络，这些私营部门的运作效能随之得到显著提升，对这些私营部门实力（尤其是服务能力）的增强起到很大的推动作用。20世纪末期，我国的少数私营部门也逐渐开始构建电子商务网络。在当前所处的数字时代，具有部分服务能力的私营部门应该顺应现代科技的发展，及时借助于数字技术构建起电子商务

---

① Yavwa Y., and Twinomurinzi H. . *The moderating effect of spirituality on digital government in low-income countries: a case of SMEs in Zambia.* (Proceedings of the 12th Annual Pre-ICIS SIG GlobDev Workshop, 2019, 2020).

网络或数字政府治理平台，有效促进各自服务能力的提升。

数字政府治理过程中私营部门参与的必要性有：内部网络管理路径提升服务能力；外部网络营销路径提升服务能力；电子商务网络对消费者服务能力的提升；电子商务网络提升私营部门服务于政府的能力；私营部门电子商务网络提升服务能力的期望。分述如下：

（一）内部网络管理路径提升服务能力

私营部门在其内部构建电子商务网络之后，其内部运作能够实现电子化，员工管理能够更加扁平化、规范化、系统化，管理人员的数量和管理成本可以大幅度削减，私营部门负担因而下降，在市场上的竞争能力及服务能力随之上升。此举还能够使私营部门内部的信息流通更加顺畅、快捷，减少信息传递过程中的失真，保证决策者能够快速获得准确的信息，为制定正确的决策奠定基础，使私营部门的员工能够及时获知上级的决策并在网络的监管下认真加以执行，提高私营部门的运作效率，其实力（尤其是服务能力）也会随之提升。此举的施行还能够有效节约私营部门的资源，为其参与市场竞争、提升服务能力创造良好的物质条件。

（二）外部网络营销路径提升服务能力

电子商务网络的构建不仅在私营部门内部，其外部也须构建这一网络，以支撑其外部网络营销，使私营部门在当代科学技术快速发展的情境中能够提升服务能力、处于竞争优势地位。进入21世纪以来，随着数字时代的全面来临，数字技术快速发展，电子商务网络在私营部门运作过程中所发挥的效能日益强化。在私营部门内部构建电子商务网络能够使其及时获知准确的市场供需信息，使之能够及时对自身的生产、销售以及其他服务等加以调整，为其服务效能的提升创造有利条件。私营部门可以借助新媒体向顾客发布销售信息、提供产品目录，或采用收发电子邮件这一方式与顾客进行联系，[1]及时、快捷、准确地获知"顾客"对其提供的产品和服务的满意度。当顾客满意度较低之时，可以通过电子商务网络获知自身所供给的服务的缺陷所在，[2]并通过这一网络在部门内部尽快加以调整，以增强服务能力、提高顾客满意度，保证其市场份额不下降，在此基础上继续借助电子商务网络寻求市场份额的扩大。借助新媒体突破传统方式

---

[1] Yavwa, Y., and Twinomurinzi H.. "The moderating effect of spirituality on digital government in low-income countries: a case of SMEs in Zambia." (Proceedings of the 12th Annual Pre-ICIS SIG GlobDev Workshop, 2019, 2020).

[2] Boldyreva, Liudmila B. "Communication between government and business entities and challenges of creation of 'digital government'." *E-Management*, 2020.

（如传真机）的局限，采用这一方式可以加快私营部门对自己产品的宣传速度，有效地节约私营部门销售成本，提高服务能力以及在国内外市场中的竞争力。在私营部门中构建电子商务网络还能够加强各类私营部门之间的合作，减少由原本不应该出现的贸易纷争所带来的损失，实现各类私营部门之间的共赢，即减少零和博弈的出现，增加非零和博弈出现的概率。

（三）电子商务网络对消费者服务能力的提升

衡量商家或厂家对于消费者的服务能力高低，不外乎其所提供的商品或服务的质量与数量。从数量来看，基于电子商务网络的构建，私营部门能够更加多样化地提供服务产品。[①]从质量角度来看，各个电子商务参与主体均意识到质量对于组织生命的重要价值。对于网购平台所提供的商品，各个商家均提供具有极强参考性的质量衡量指标，其中除了商家提供的产品本身的说明介绍、商铺级别和产品销量等之外，最为重要的是引入了消费者评价，后来的消费者往往以"好评""中评""差评"等级化指标作为自己消费或不消费的重要参考。鉴于对消费者评价的高度重视，甚至由此诞生出一批专门被雇用虚假购买刷新评价的群体。但是一些较为成功的私营电子商务网络显然不是仅能够依靠欺诈手段运营至今。尽管鱼龙混杂，但是总体而言，电子商务网络有效依靠商品或服务质量的保障克服了消费者对于消费品质量担忧的恐惧。

（四）电子商务网络提升私营部门服务于政府的能力

这一领域可以划分为间接促进和直接促进两方面，在不同的地区和不同的领域，两种作用呈现出不同的不平衡状态。间接促进方面：电子商务的发展是在政府推进与支持中进步的，政府对其扶持是政府服务于社会经济的表现，而电子商务网络的成功反过来则可视为是成就了政府职能的落实。[②]电子商务网络提升私营部门服务于政府的能力最为直接表现是拓宽私营领域经济发展渠道，为社会经济整体快速发展提供保障，一定程度上帮助政府解决经济发展、数字政府治理过程中遇到的某些难题。值得注意的是，早在2004年9月10日，阿里巴巴公司就成立淘宝学院，目标是"把电子商务还给商人"，致力于运用阿里巴巴公司所掌握的外贸经验帮助诸多电子商务从业者及私营部门，并帮助中小私营部门培养电子商务人才

① Boldyreva, Liudmila B. "Communication between government and business entities and challenges of creation of 'digital government'." *E-Management*, 2020.
② Yavwa, Y., and Twinomurinzi H.. "The moderating effect of spirituality on digital government in low-income countries: a case of SMEs in Zambia." (Proceedings of the 12th Annual Pre-ICIS SIG GlobDev Workshop, 2019, 2020).

（实际上也是为中小私营部门提供服务），获得商业上的成功，进而提升我国私营部门的服务能力及综合竞争力。其主要教学方式是实战式立体教学、鱼苗计划以及校园认证推广等，对于如何培养电子商务人才进行有益的探索。[①]学院的建立，为淘宝构建完备的电子商务网络奠定人才基础，是淘宝提升服务能力、在电子商务领域中取得成功的重要条件。京东商城能够成为我国零售市场中的主导，主要归功于成功地构建电子商务网络并加以有效利用以增强其服务能力。尽管目前，众多商家均通过互联网采用低价策略争夺市场，京东商城的网站运营成本及物流成本均不低，其采用"倒货"方式很难实现较高的利润目标，但是同样为国家经济发展做出努力，私营部门的发展是每一个国家政府均给予高度重视的领域。

直接促进方面：电子商务网络为数字政府治理提供可操作的平台。数字政府治理与电子商务的关键技术都包括多种数字技术，因此在构建数字政府治理平台之时，要充分利用电子商务资源。实践中，电子政务已经不仅仅局限于政府部门架构的专业网络体系，[②]如政务微博的出现就是电子商务网络服务于政府部门能力的很好证明。

（五）私营部门电子商务网络提升服务能力的期望

目前我国构建电子商务网络的私营部门在全部私营部门中的占比远远低于欧美国家；我国私营部门所构建的电子商务网络的水平低于欧美私营部门所构建的电子商务网络的水平；我国政府部门推进私营部门构建电子商务网络的力度与积极性难以与欧美国家的政府部门相比。尽管以淘宝和京东为代表的私营部门已经在电子商务方面取得较大成功，但我国私营部门电子商务网络的潜在市场依然巨大，表现在如下几个方面：

1. 尚未构建电子商务网络的各类私营部门数量巨大。近年来，部分大型私营部门逐渐意识到市场经济的发展趋势必然以网络化和全球化为特征，在私营部门内部构建电子商务网络（以增强服务能力）成为其与国际市场接轨的必备条件之一。因此，在组织内部构建电子商务网络的大型私营部门日益增多，但其比例尚未达到全国私营部门的一半，大部分私营部门（尤其是中小型私营部门）尚无构建电子商务网络的构想。换言之，尚未构建电子商务网络的私营部门数量巨大意味着我国私营部门电子商务网

---

① 杜坤林：《借鉴淘宝学院模式的企业人才培养路径研究》，《现代营销（学苑版）》2013年第1期。

② Yavwa, Y., and Twinomurinzi H. . "The moderating effect of spirituality on digital government in low-income countries: a case of SMEs in Zambia." (Proceedings of the 12th Annual Pre-ICIS SIG GlobDev Workshop, 2019, 2020).

络的潜在市场巨大。

2. 庞大的消费群体（消费市场）的存在。我国是当今世界上人口最多的国家。40余年的改革开放构建了较为完备的社会主义市场经济体制。这些因素的共同作用使我国拥有了世界上最大的消费群体，需要大量私营部门提供服务。21世纪初，我国的网络购物快速发展，这一情况促使一批私营部门开始通过电子商务网络为顾客提供服务。现今我国GDP总量已经稳居世界第二位，外加近年各级政府一直采取有效措施扩大内需，这些因素使我国消费群体进一步增加，消费市场进一步扩大，为我国私营部门电子商务网络的构建创造了庞大的潜在市场。

3. 我国社会主义市场经济的蓬勃发展使私营部门总数迅速增加。改革开放后，我国经济快速发展。20世纪90年代以来，我国逐渐构建完备的社会主义市场经济体制。这一体制的良好运作使我国私营部门的总数迅速增加。尽管小型私营部门的"寿命"短暂这一问题备受学界关注，部分学者甚至误以为我国私营部门总数一直上下浮动，但查阅相关统计年鉴可知，实际上我国私营部门的总数一直在增加。近年，新增的某些私营部门在设立之初就构建了电子商务网络，通过这一网络为顾客提供所需的服务。某些私营部门虽在建立之初未构建电子商务网络，但随着发展壮大，为了使自身立于不败之地，开始考虑应用信息技术构建电子商务网络。这些因素的共同作用使我国私营部门电子商务网络的构建具有了庞大的潜在市场，为私营部门有效参与数字政府治理创造了有利条件。

三、数字政府治理过程中私营部门参与的经验

数字政府治理过程中私营部门参与的经验可以分为：电子网络建设基础层面的经验；电子网络建设人员层面的经验；社会环境层面的经验。分述如下：

（一）电子网络建设基础层面的经验

1. 扁平化结构为加快电子网络的构建速度创造有利条件。与政府部门相比，私营部门和公益部门的管理层次较少、管理幅度较大，[1]即结构较为扁平。这种结构使私营部门和公益部门构建电子网络时面对的层级较少，有效降低构建电子网络的成本和难度，加快构建电子网络的速度，且

---

[1] Ramakrishnan, Subashini, et al. "A conceptual model of the relationship between organisational intelligence traits and digital government service quality: the role of occupational stress." *International Journal of Quality & Reliability Management*, 2022 (6):39.

在电子网络建成之后能够覆盖较多的组织成员，在对这些组织成员加以有效管理的基础上为公众提供所需的服务。

2. 资源的整合及有效利用为私营部门提高电子商务网络构建速度创造有利条件。政府部门能够通过公权力从社会获得所需资源，与之相比，私营部门和公益部门获取资源的难度较大。因此，私营部门和公益部门在利用资源时往往比政府部门更加关注资源的整合及有效利用，具体措施如：将组织内部具有相似或相同功能的部门划归同一主管部门进行管理，①此举使这两类部门与政府部门相比能够利用较少的资源构建起完备的电子网络。同时，我国政府一直履行对私营部门进行监管的责任，防止私营部门之间的恶性竞争，这也为资源在私营部门内部的整合及有效利用创造了条件，为其内部电子网络的构建提供资源支持，强化了私营部门参与数字政府治理的能力。

（二）电子网络建设人员层面的经验

1. 私营部门和公益部门中的领导者及一般成员对信息技术的"触觉"更为灵敏，呈现出一种明显的不平衡状态。与政府部门相比，私营部门和公益部门中的领导者及一般成员大多直接面对公众和市场，当新的信息技术出现之时，他们能够第一时间获知。这一点使私营部门和公益部门在电子网络的构建进程中具备了时间优势。当这两类部门的领导人借助新的信息技术加快电子网络构建进程之时，某些"触觉"不灵敏的政府部门领导者和一般工作人员甚至还不知道这些信息技术的存在。这一点使私营部门能够在参与数字政府治理的过程中比政府部门更具优势。

2. 电子商务网络建设人才的培养、吸纳与更新。当私营部门和公益部门的领导者倡导构建电子事务网络且具备充分的人力、物力、财力及法制支持之时，尚需一个重要条件，即拥有足备的电子商务网络建设人才。②私营部门的领导者在电子商务网络的构建过程中，主要出于增强组织实力、提高服务供给能力这一考虑，通常情况下会采取有效措施（如给予较高待遇、开展知识更新培训等举措）对电子商务网络建设人才加以培养、吸纳和更新。在引进电子商务网络建设人才的过程中，私营部门具有比政府部门更大的灵活性而能够根据电子商务网络建设人才的要求来满足

---

① Fedorowicz, Jane, and Martin A. Dias. "A decade of design in digital government research." *Government Information Quarterly*, 2010 (27.1): 1-8.

② Ramakrishnan, Subashini, et al. "A conceptual model of the relationship between organisational intelligence traits and digital government service quality: the role of occupational stress." *International Journal of Quality & Reliability Management*, 2022 (6):39.

他们所需的待遇，使电子商务网络领域的专业人才成为组织的一员并专心于推进组织的电子商务网络建设，使私营部门在参与数字政府治理的过程中具备一些优势。

（三）社会环境层面的经验

当前，世界主要国家已经完全进入数字时代，我国也正在加快由工业时代完全进入数字时代的步伐，在这一宏观环境之中，我国成功构建电子商务网络的私营部门在政府的领导下借助新媒体发布与电子商务网络建设相关的信息，积极与数字政府治理的各主客体展开互动，借助新媒体充分了解公众对这一进程的了解程度及态度，显著优化数字政府治理的社会环境，提升了数字政府治理过程中治理需求与供给之间的相对平衡程度，助力数字政府治理进程。

结语

作为一种存在于整个工业时代之中的组织，私营部门曾在诸多国家的现代化过程中发挥了重要作用，并在工业时代末期有效参与公共服务的供给。数字时代来临之时，一些国家将工业时代的公共服务供给结构复制到虚拟空间之中，私营部门由此成为数字公共服务的供给主体之一，[①]开始参与数字政府治理过程。私营部门的参与能够有效提升数字政府治理能力，从我国目前的情况来看，推进这一进程面临一些明显的不平衡困境：[②]私营部门获取资源较为困难；私营部门的电子商务网络防御能力较弱；公众对私营部门参与数字政府治理的信任度较低。这些困境的成因也明显具有不平衡色彩：私营部门与政府部门在服务能力方面存在诸多不同；一些私营部门电子商务网络防御能力的提升缺乏足够的支持；部分公众及私营部门一些成员对私营部门社会责任认知不足。从发展趋势来看，私营部门参与我国数字政府治理的态势会进一步强化，提供稳定且高效的支持机制、强化资源的整合及有效利用程度、夯实人才基础并优化环境有助于强化这一态势，但数字政府治理过程中私营部门的地位和作用会一直弱于党组织和政府部门，即不平衡状态会一直存在。必须注意的是：私营部门参与数字政府治理面临的困境会因具体环境的不同而存在一些差异，推进私营部门参与数字政府治理的途径也就存在诸多差异，这些困境的发

---

① Fedorowicz, Jane, and Martin A. Dias. "A decade of design in digital government research." *Government Information Quarterly*, 2010 (27.1): 1-8.
② 王少泉：《私营部门参与数字政府治理的困境及破解之策》，《湖北行政学院学报》2018年第1期。

现及破解有待进一步研究的展开；私营部门参与数字政府治理的强化，很大程度上有赖于相关制度、机制的完善，这一举措的实施，从宏观上来看有助于强化我国的制度建设，提升制度完善速度，使之不慢于数字时代我国的现代化速度，从而有效规避"制度完善速度慢于现代化速度"引致的诸多风险。

第八章　数字政府治理过程中的非网民

民众是数字政府治理过程中的重要参与主体，全体公众（至少是绝大部分公众）参与数字政府治理是一种必须。在数字时代，民众分化为网民和非网民两大类别。能否有效减少非网民数量对我国提升数字政府治理水平具有重要影响，我国人均GDP变化、城镇人口占比变化、文盲率数量变化均与非网民占比变化存在相关性。

数字时代中重要治理方式之一是数字政府治理，我国在数字时代的持续发展关乎全国人民的共同命运，有赖于全体公众的全面参与、全力推进，由此，全体公众（至少是绝大部分公众）参与数字政府治理成为一种必须。基于数字政府治理过程中身份的不同，可以将公众分为三类：同时扮演数字政府治理主客体角色的公众；仅扮演数字政府治理客体角色的公众；不是数字政府治理主体也不是数字政府治理客体的公众。数字政府治理过程中，从不接触网络的非网民既不是主体也不是客体，难以有效参与数字政府治理过程，也较难在数字政府治理过程中受益。

一方面，这意味着我国的数字政府治理，尚未实现习近平总书记关于网络强国的重要思想中与数字政府治理直接相关的第一方面和第三大方面内容：有效优化数字政府治理结构、整合多元主客体合力；将数字政府治理领域的不平衡程度控制在适度范围内，防范或打破数字政府治理领域的"低水平锁定"状态，有效提升治理水平，惠及最广大群体。数量庞大的非网民未能有效参与数字政府治理过程，意味着：数字政府治理结构有待进一步优化，多元主客体的合力有待进一步增强；非网民与网民之间明显不平衡，这种不平衡有可能将数字政府治理锁定于当前水平；数字政府治理成果尚未惠及大量群众。

另一方面，这也意味着尚未有效实现《国务院关于加强数字政府建设的指导意见》（2022年6月）基本原则中的坚持以人民为中心、坚持整体协同，以及具体政策中的"构建协同高效的政府数字化履职能力体系""构建开放共享的数据资源体系"。非网民未能有效参与数字政府治理进程，意味着这一群体未能在数字政府治理过程中与网民同等受益，这种情况下：某些非网民会认为"坚持以人民为中心"更多的是坚持网民而不是非网民为中心；非网民难以与其他主体有效协同；难以共享数据资源。

一、数字政府治理过程中的公众角色

从学理上来看，美国政治学家亨廷顿在《变化社会中的政治秩序》中指出：现代化是指一国通过构建现代制度、良好的政治秩序以提升政治制度化水平；现代性是指一国政治秩序良好、政治制度化水平高而呈现出的整体状态。[①] "现代性产生稳定性，而现代化却产生不稳定性。这种不稳定源于制度完善速度慢于现代化速度。"[②]将这些观点引入数字政府治理领域，可以衍生出：第一，数字时代的现代化是指一国通过构建数字时代的制度、良好的数字政府治理秩序以提升数字政府治理的制度化水平。第二，数字时代的现代性是指一国的数字政府治理秩序良好、数字政府治理制度化水平高而呈现出的整体状态。第三，数字时代中，推进数字时代现代化进程会产生不稳定，强化数字时代的现代性有助于提升稳定性。第四，数字时代中，诸多问题根源于制度完善速度慢于数字时代现代化速度。从时代背景来看，非网民出现于数字时代全面来临、数字时代全面呈现之时。新时代来临之初，现代化进程的推进极难同时覆盖所有群体，即某些群体的现代化速度必然快于另一些群体，现代化过程中不同群体的非同步现象由此出现，由此可见：非网民是数字时代现代化进程并未覆盖的群体，这一群体的根本成因是数字时代现代化进程的启动。数字时代现代化进程启动之初，我国的（数字时代）现代化水平较低、现代性相对较弱，非网民总数量较大；数字时代现代化进程得到有效推进之后，我国的（数字时代）现代化水平得到明显提升、现代性显著增强，非网民总数量明显减少，部分非网民成为网民之后开始助力数字时代中我国的持续发展；随着我国（数字时代）现代化进程的继续推进，现代化水平将进一步提升、现代性会进一步增强，非网民这一群体会逐渐消失于历史时空之中，这一群体中的很多成员将成为数字时代"百年未有之大变局"中我国持续发展的重要助推者。由此可以得出这一论断"非网民是一个生于现代

---

① 〔美〕塞缪尔·P.亨廷顿：《变化社会中的政治秩序》，王冠华等译，北京：生活·读书·新知三联书店，1989，第31页。
② 〔美〕塞缪尔·P.亨廷顿：《变化社会中的政治秩序》，王冠华等译，北京：生活·读书·新知三联书店，1989，第45页。

化、亡于现代性的群体"。①

基于数字政府治理过程中身份的不同,可以将公众分为三类:同时扮演数字政府治理主客体角色的公众;仅扮演数字政府治理客体角色的公众;不是数字政府治理主体也不是数字政府治理客体的公众(非网民)。从绝对数量来看,同时扮演数字政府治理主客体角色的公众总数量很大,但这一群体总数量通常小于仅扮演数字政府治理客体角色的公众总数量,这一情况主要源于:不愿意积极参与数字政府治理进程的公众总数极大。当然,这两类群体中的公众身份会出现变化,如:原本并未扮演数字政府治理主体角色的公众开始参与数字政府治理进程,从而成为数字政府治理的主体和客体;某些原本参与数字政府治理的公众不再实施这一行为,从而仅在数字政府治理过程中扮演客体角色。

数字政府治理过程中,非网民因从不接触网络而成为第三类群体。我国的非网民出现于数字时代现代化进程之中,这一群体与数字时代的格格不入已经引起人们关注,具体案例如:鸡西市某老年人在超市购买葡萄时因不会使用微信付款而遇到难题;一位安徽籍男子因不会网上购票而在上海火车站下跪;老年人因为不会网上约车而拒绝出门。②这些情况被媒体报道之后引起广泛关注,多方对这些情况展开反思,但目前尚未寻获有效的应对举措。数字时代来临之后,数字政府治理水平高低成为现代化程度高低的重要衡量标准,数字鸿沟明显与否则是数字政府治理水平高低的重要衡量标准,非网民数量及占比大小是数字鸿沟明显与否的重要衡量标准。我国非网民的总数量也极大,但这一总数量在我国总人口中的占比呈现变小态势,诸多非网民不断成为数字政府治理的主体、客体,有效助推我国数字政府治理进程乃至现代化进程。

二、数字政府治理过程中非网民的演变

2000年10月,时任福建省省长的习近平总书记开始推进"数字福建"建设,数字时代我国的经济现代化进程正式开启。经过20余年的发展,我国的经济现代化已经取得显著成效。仅从数字经济领域来看,中国信通院于2021年4月发布的《中国数字经济发展白皮书(2021)》显示:2020年我国数字经济规模为39.2万亿元,占GDP比重为38.6%,在我国GDP中的

---

① 曹冬英、王少泉:《经济现代化视角下非网民:影响因素与减少途径》,《社会科学家》2022年第12期。

② 《不懂网上购票被迫下跪……时代不该这么快抛弃他们!》,哈尔滨新闻综合频道,2018-10-11。

占比为38.6%。目前，我国数字经济规模处于全球第二的位置，一些经济组织、经济研究机构预测：至2035年，中国数字经济的规模将达到16万亿美元，成为中国经济中最重要的板块之一，也成为中国经济增长的最重要动力源。数字时代经济现代化进程的快速推进，使我国广大人民群众明显受益，但必须注意到：非网民与网民在这一过程中的受益程度明显不同。

公众由非网民演变为数字政府治理客体，再演变为数字政府治理主客体，是马克思主义"变是唯一的不变"这一哲理的直观展现。我国于20世纪末启动数字政府治理进程，近20年以来我国的这一进程一直在快速推进，由此催生诸多变化，这种变化中蕴含着一些制度、人等所处环境的变化，各阶段的小变化逐渐累积，最终催生一种新环境，由此形成环境的现代化。根据马克思主义的相关观点展开分析能够获知：制度及人等必须与其所处环境相适应，环境实现现代化之时，制度及人等必须相应地进行现代化，否则就会因为与新环境的不相适应而出现诸多问题。

制度、人等与环境的相互适应，以及这三者的现代化，西方学界诸多学者已展开深入分析，如：法国政治学家托克维尔在其著作《旧制度与大革命》中实际上指出法国爆发大革命的根本原因是旧制度阻滞了法国诸多领域的发展。[①]换言之，18世纪中后期，英国已经开始展开第一次工业革命，这一情况对法国产生一定影响，法国诸多领域获得明显发展，开始推进工业时代的现代化进程，法国政治制度所处环境随之出现明显变化，"旧环境"演变为"新环境"，与这种变化相对立的是：法国的政治制度及统治阶级并未随之现代化，由此，与"新环境"相对立的"旧制度"和"旧人"一直存在，制度、人（统治阶级）与环境之间的矛盾不断激化，这种不相适应最终催发了法国大革命。

美国政治学家亨廷顿在《变化社会中的政治秩序》中指出：现代性产生稳定性，而现代化却产生不稳定性，这种不稳定源于制度完善速度慢于现代化速度。将这一观点进行拓展能够发现：近年，世界上诸多国家在整体上全面推进现代化进程，引起这些国家的制度及国民所处环境快速变化，但一些制度与国民并未随之现代化，这些制度、人与新环境的"相适度"逐渐下降，整体上表现为："旧制度"在新时期的适用性较低、一些群体在阻滞国家的现代化进程。

将以上述观点综合后用于分析数字政府治理中公众角色可以获知：数字时代的来临推动了制度与人所处环境的现代化进程，催生了一种新环

---

① 〔法〕托克维尔：《旧制度与大革命》，冯棠译，北京：商务印书馆，1992，第4页。

境；一些制度及一些人员并未因数字时代的来临而展开现代化，与新环境相对比，这些制度和人员沦为旧制度和"旧人"，无法与新环境相适应，呈现出明显的不平衡问题；非网民是"旧人"的代表群体，这一群体出现于数字时代的现代化进程之中，非网民所处环境（包括制度环境与社会环境等）会随着数字政府治理进程的推进而不断强化现代性，受这一情况影响，非网民数量将逐渐减少，最终因现代性的不断增强而成为一种历史存在。

非网民这一群体数量的持续减少意味着：我国数字政府治理水平在不断提升、数字时代现代化持续增强，数字时代我国现代化进程的推进越来越多地覆盖绝大部分公众，有望在数字时代实现全体公众共同发展进而实现共同富裕，助推我国在数字时代中持续发展。[①]由此可见：在数字时代这一宏观背景下，基于现代化—现代性观探究我国非网民在数字政府治理中的角色（及角色演变）、非网民整体情况及这一数量变化与我国人均GDP、城镇人口占比、文盲率这三者变化情况的相关性，具有重要意义。

非网民的消亡具有重要意义：我国在数字时代中实现持续发展的重要举措是稳步推进治理现代化进程，这一过程中，发展成果必须惠及最广大人民群众，非网民的存在意味着部分人群并未享受到我国的发展成果，这一群体的消亡则意味着：我国的发展成果被全体人民共享；全体人民都成为国家崛起的受益者；全体人民都实现了人的现代化。这一情况的出现能够生成一种合力，助推中华民族伟大复兴。

三、数字政府治理过程中非网民的影响因素

数字时代经济现代化过程中非网民占比受人均GDP、城镇人口占比和文盲率这三者变化情况影响。首先，非网民在总人口中占比随着人均GDP的上升而下降。人均GDP的上升意味着我国人民群众的经济条件变好，作为人民群众重要组成部分的非网民在经济条件变好的情况下得以夯实成为网民的条件，助力非网民在总人口中占比下降。其次，非网民在总人口中占比随着城镇人口占比的上升而下降。相较而言，城镇人口通常比农村人口拥有更好的上网（硬件）条件，这是农村非网民占比大于城镇非网民占比的重要原因。20余年以来，我国有效推进数字时代经济现代化进程，城镇人口占比稳步上升，农村非网民进入城镇之后因为拥有更好的上网（硬

---

① 曹冬英、王少泉：《经济现代化视角下非网民：影响因素与减少途径》，《社会科学家》2022年第12期。

件）条件而加快了演进为网民的速度，助力我国总人口中非网民占比的下降。再次，非网民在总人口中占比随着文盲率的下降而下降。文化水平上升是非网民的现代化水平获得提升的重要表现，也是非网民演进为网民的重要条件——是否懂拼音和汉字等是能否成为网民的重要影响因素。我国基于多元举措逐渐降低文盲率，意味着诸多非网民的文化水平获得提升，助推了这些非网民成为网民。[1]这些结论具有普遍性。

从时代背景来看，非网民出现于数字时代来临之时。新时代来临之初，推进经济现代化进程极难同时覆盖所有群体，意味着某些群体的经济现代化速度必然快于另一些群体，即经济现代化过程中出现了不同群体的非同步、明显不平衡现象，这种非同步的最明显表现是不同群体之间的经济差距变大，某些群体因为经济情况较差而不具备成为网民的基本条件，因而沦为非网民。由此可见非网民是数字时代经济现代化进程并未覆盖的群体，这一群体沦为非网民的宏观成因是：这一群体在数字时代经济现代化过程中的现代化速度相对较慢，不同群体之间出现速度的明显不平衡问题，经济实力较弱、所处环境较差、文化水平偏低而难以具备成为网民的基本条件，从而沦为非网民。值得庆幸的是：20余年以来，我国有效推进数字时代经济现代化进程，重要表现如人均GDP和城镇人口占比稳步上升、文盲率逐步下降，这些情况有效改善了非网民所处环境及自身条件，提升了非网民的现代化速度，助推非网民演进为网民，我国总人口中非网民占比随之下降。

结语

近年发布的《中国互联网络发展状况统计报告》，一直有一个部分呈现非网民的总数量、非网民不上网原因及非网民上网促进因素等，表明国家一直以此作为互联网发展情况（很大程度上呈现数字政府治理状况）的衡量标准之一。目前，国内外诸多研究者针对"经济现代化"或"非网民"展开研究，这两者是本研究的对象，但本研究将经济现代化具化为数字时代经济现代化，而且致力于分析"数字时代经济现代化与非网民的相关性""数字时代经济现代化过程中非网民占比变化的影响因素"等，具有一定创新性。从理论层面来看，本研究探究"数字时代经济现代化"与"非网民"的相关性，在一定程度上拓展了"经济现代化""非网民"的

---

[1] 曹冬英、王少泉：《经济现代化视角下非网民：影响因素与减少途径》，《社会科学家》2022年第12期。

具体研究。展开这一研究能够为我国降低非网民占比、扩大数字时代经济现代化受益面进而继续推进经济现代化进程提供一些建议。从经济现代化实践来看，发展数字经济是数字时代经济现代化过程中的重要内容，因此后续研究有必要重点探究数字经济发展情况与非网民占比变化情况这两者之间的相关性。当然，前述某些年份与其他年份之间出现偏离的成因也值得展开进一步研究。将非网民置于当前时空中进行观察，能够发现这一群体似乎被数字时代抛弃或被"留置"于工业时代之中、难以有效助力我国在数字时代中持续发展，这一群体的大量存在意味着：我国在数字时代尚未实现全体公众共同发展，阻滞了数字时代共同富裕的实现——在数字时代，非网民常常难以获得某些发展机会，机会不公平的存在会对共同富裕形成明显阻滞。

第三编

我国数字政府治理的实况

阐述数字政府治理的理论基础、治理结构及主体之后，有必要展现我国数字政府治理的实况，分析其中存在的问题及成因。马克思主义认为：每一事物既有共性又有个性，共性存在于个性之中，揭示了同类事物之间共同的性质，使不同事物实现相互联系、相互统一；个性体现着共性，揭示事物之间的差异性，使事物之间相互区别。两者会相互转变，把握两者的辩证关系，才能对具体事物进行具体分析。将这些观点用于分析我国数字政府治理的问题和成因能够发现：不同地方、不同领域中存在的问题及其成因不尽相同，但这些问题及成因中又存在一些共性问题及成因。

运用习近平总书记关于网络强国的重要思想中与数字政府治理直接相关的内容对我国数字政府治理各主体、31个省市区数字政府治理情况展开分析能够发现：我国数字政府治理已经取得显著成效但存在明显的不平衡问题；这种不平衡问题受数字政府治理基础、经济因素和数字政府治理环境因素等影响。这些问题与本书第二编所述数字政府治理结构、主体的情况密切相关，如"多元主体参与需求与参与实况之间不平衡、治理主体的地位和作用等明显不平衡、不同治理客体的受益程度不平衡"等问题，很大程度上呈现出数字政府治理结构有待进一步优化、治理水平有待进一步提升，而且主要与政府部门、公益部门、私营部门和公众直接相关。

具体而言，习近平总书记在党的二十大报告中再次强调："我国社会主要矛盾是人民日益增长的美好生活需要和不平衡不充分的发展之间的矛盾。"[①]数字政府治理领域的不平衡问题，一定程度上是我国社会主要矛盾在数字政府治理过程中的具体呈现，如：不同群体受益程度不平衡，意味着未能明显受益的群体尚未实现与数字政府治理相关的美好生活需要。在整体上呈现为不平衡问题的各种具体问题，普遍存在于全国的数字政府治理过程中。

我国数字政府治理的总问题是不平衡问题，与本书第二编所述数字政府治理结构和主体相结合，这一总问题通常呈现为三个具体问题：政府边界偏大、信息不对称、公共服务非均等化。这些问题是对本书第二编、第三编开篇两章中阐述的大量问题的总结、提炼。这些问题与习近平总书记关于网络强国的重要思想中与数字政府治理直接相关的内容对应，也与《国务院关于加强数字政府建设的指导意见》中阐述的一些基本原则和政策密切相关。

---

① 习近平：《高举中国特色社会主义伟大旗帜　为全面建设社会主义现代化国家而团结奋斗》，《人民日报》，2022-11-01（01）。

　　从数字政府治理问题的成因来看，我国数字政府治理过程中存在不平衡这一总问题以及政府边界偏大、信息不对称、公共服务非均等化等次级问题的主要原因是：治理环境与基础不良；整体协同有待强化；主体治理能力有待强化；客体参与有待优化；尚未有效兼顾双重驱动。这些成因是对第三编中所述成因的提炼。与习近平总书记关于网络强国的重要思想中与数字政府治理直接相关的内容对应，也与《国务院关于加强数字政府建设的指导意见》中阐述的一些基本原则和政策密切相关。

第九章　我国数字政府治理各主体的现状

近年，我国基于诸多举措构建了多元主体共同参与的数字政府治理结构，这一结构中的党组织、政府、公益部门、私营部门和公众都获得长足发展，但这些主体在发展过程中面临一些困难，这些困难归因于多个方面。而且从这些主体发展情况的对比可以看出：不同主体的发展水平、发展速度等不平衡。

近年，我国在以习近平同志为核心的党中央领导下基于诸多举措构建了多元主体共同参与的数字政府治理结构，具体举措如：为了数字政府治理过程中实现公共服务均等化，政府部门在党组织的指导下努力与其他治理主体（尤其是公益部门和私营部门）展开合作，①让其他治理主体在公共服务均等化过程中积极发挥作用，及时、有效地解决公共服务非均等化问题；为在数字政府治理过程中解决政民互动不畅问题，在各级党委的领导下，各治理主体协同运作，这些次级系统的良好运作为数字政府治理系统的良好运作提供了有力保障，也为政民互动不畅问题得到及时、有效解决创造了条件②。在党组织领导下，政府、公益部门、私营部门和公众等主体都参与到数字政府治理过程中，但不同主体的参与程度存在明显差异，同一类主体中条件不同的主体的参与程度也明显不同，具体阐述如下：

一、数字政府治理视域下数字党建现状

近年，我国各地的数字党建获得长足发展，但须注意到数字政府治理视域下数字党建面临一些困难：原党建形式适应者的反对；部分人员对数字党建成效存在质疑；"人亡政息"现象的出现；党组织之间的协同问题。数字政府治理视域下数字党建面临困难的成因有：部分原党建形式适应者党性不够强，未充分了解展开数字党建改革的意义，而且革新给原有党建形式适应者带来"不适感"；作为新事物的数字党建较难在短时间内

① Fedorowicz, Jane, and Martin A. Dias. "A decade of design in digital government research." *Government Information Quarterly*, 2010 (27.1): 1-8.
② 王少泉：《系统权变视域下数字政府治理结构演进分析》，《中共福建省委党校学报》2018年第1期。

全面展现成效；不同领导者的理念存在差异：不存在"法约尔跳板"。[①]

分述如下：

（一）数字政府治理下数字党建实况

2017年12月28日，第一个全国智慧党建大数据平台试点在四川省广元市苍溪县正式上线。党员群众可以借助这一平台随时随地通过文字、图片、动漫、微电影、微视频等知晓党建动态，有效地实现了党组织与党员及群众的互动。[②]基于顶层设计展开体制机制改革、全面铺开改革。此后，我国各地有效展开数字党建，基于此强化党组织在数字政府治理过程中的作用。实例如：广东省在强化数字党建的基础上，这一举措与习近平总书记关于网络强国的重要思想中与数字政府治理直接相关的内容及《国务院关于加强数字政府建设的指导意见》中强调坚持党的领导、中央制定数字政府总路线等内容直接对应。近年，广东省有效推进数字党建进程，在这一基础上强化广东省委对数字政府治理进程的领导力，基于体制机制创新持续推进数字政府治理进程，在对诸多机制进行改革的基础上，已有150多项服务实现"一网办理"，有效提升数字政府治理水平。体制机制创新过程中尤为重要的是数字政府治理进程中多元参与机制的构建：构建这一机制能够为公益部门、私营部门及公众等主体参与数字政府治理提供机制保障，形成多种主体协同推进改革这一状态，保障改革进程在集思广益的基础上得到快速推进。具体而言，广东省政府在省委领导下先后制定《广东数字政府治理建设方案》《广东数字政府发展总体规划》《广东数字政府治理总体规划》和《广东数字政府治理行动计划》，基于这些方案及规划全面展开数字政府治理。将新组建的广东省政府电子政务办作为数字政府治理的行政主管机构，并对省直部门的信息技术机构展开改革；组建数字广东网络建设有限公司，原省信息中心及省直部门信息系统所承担的信息技术相关工作交由这一公司承担；在数字广东公司与政府部门之间建立人员互派机制。目前，广东省的21个地级市之中，已有超过一半（11个）成立数字政府治理建设工作领导小组，数字政府治理工作方案编制已经在4个地级市得到完成，珠海市已在参照省级模式的基础上组建运营主体。[③]

---

① 王少泉：《数字党建：理论渊源与现实推进》，《湖北行政学院学报》2019第6期。
② 王敏明、魏湛：《全国智慧党建管理创新平台亮相四川苍溪》，中国共产党新闻网，2018-01-04。
③ 王少泉：《新时代"数字政府"改革的机理及趋向——基于广东的实践》，《地方治理研究》2020年第3期。

（二）数字政府治理视域下数字党建面临的困难

基于习近平总书记关于网络强国的重要思想中与数字政府治理直接相关的内容对当前我国数字政府治理过程中党组织的情况展开分析，能够发现并非所有党组织都能够像广东省的党组织那样有效推进数字党建进程，很多地方的党组织在数字党建（改革或运行过程中）主要存在以下困难：原党建形式适应者的反对；部分人员对数字党建成效存在质疑；存在"人亡政息"现象；党组织之间的协同问题。分述如下：

1. 原党建形式适应者的反对。原有党建形式适应者是指认为基层党建原本所用形式效能良好而反对进行任何变革的人群。数字党建的出现展开了一定变革，因而引致部分原有党建形式适应者的反对，一些原有党建形式适应者会公开反对数字党建的运行，另一些原有党建形式适应者会选择在数字党建的运行过程中不明确表态，采取消极态度，试图阻碍这一党建形式的运行。原党建形式适应者的反对，必然阻滞数字党建水平的提升，进而对数字政府治理产生负面影响。

2. 部分人员对数字党建成效存在质疑。展开数字党建的过程中，不同人员对数字党建的信任程度不平衡。数字党建的运行产生显著成效之前，党组织部分成员会质疑这一党建形式是否能够奏效；[1]数字党建的运行产生显著成效之后，党组织部分成员依然会质疑这一党建形式的成效是否能够长时间存在。这些质疑的存在虽然能够对数字党建的推行者产生一定反刺激作用，但也会对数字党建的部分运行者产生负面影响，使其在运行这一党建形式的过程中也产生怀疑态度而降低了运用这一党建形式改进基层党建工作的积极性。削弱了数字政府治理过程中党组织的作用，从而对数字政府治理产生负面影响。

3. "人亡政息"现象的出现。"人亡政息"这一现象存在于中国数千年的行政运作过程中，也部分地存在于当前我国某些地方、某些基层党组织之中。数字党建的运行者并非单个个体，而是能够基于基层党建实践有效改进基层党建工作的一批党组织成员，因而这一基层党建形式不会因某一位领导者的离职而停止运行。但是依然有些党组织成员担心数字党建的主要倡导者离职之后这一基层党建形式有可能停止运行，从而出现"人亡政息"现象。这种担心的存在致使极少数运行者消极应对数字党建的运行。[2]

---

① 王绪、王敏：《技术嵌入与组织吸纳：党的全面领导与数字政府建设的双向塑造——基于A县级市"最多跑一次"改革的分析》，《理论月刊》2022年第6期。

② 王少泉：《数字党建：理论渊源与现实推进》，《湖北行政学院学报》2019年第6期。

4. 党组织之间的协同问题。目前，数字党建并非仅存在于我党最基层的党组织之中，如：重庆市江北区在推进数字党建的过程中构建了智能党建大数据平台，但这一级别党组织之下尚有基层党组织。这种情况的存在会生成一个问题：不同党组织（并不必然是同一级别的党组织）在推进数字党建的过程中不一定能够有效协同。具体表现如：相同信息在不同级别数字党建平台中重复出现；处理棘手事务时不同数字党建平台相互推诿。这些情况的存在会对数字党建效能的提升形成明显阻滞。

（三）数字政府治理视域下数字党建面临困难的成因

基于习近平总书记关于网络强国的重要思想中与数字政府治理直接相关的内容对当前我国数字政府治理过程中党组织的数字党建情况展开分析，能够发现其中面临一些困难的宏观成因是：党建领域之中，数字治理的制度完善速度慢于党建的现代化速度，[①]即：党建领域快速推进现代化进程的过程中，会出现一些新问题，这些新问题的及时、有效解决有赖于原有制度的完善（很大程度上是新制度的构建），一旦制度完善速度较慢，这些新问题就难以及时、有效地解决，由此成为数字党建过程中面临的困难。从微观层面来看，数字党建模式运行过程中面临一些困难的原因主要是：部分原党建形式适应者党性不够强；作为新事物的数字党建较难在短时间内全面展现成效；不同领导者的理念存在差异；不存在"法约尔跳板"。分述如下：[②]

1. 部分原党建形式适应者党性不够强，未充分了解展开数字党建改革的意义，而且革新给原有党建形式适应者带来"不适感"。即不同人员对数字党建的适应程度、了解程度和接受程度等不平衡。一种党建形式的长期运行，会使组织成员适应这一党建形式，[③]并形成"舒适区"。数字党建出现之前，基层党组织的绝大部分成员已经适应基层党组织原有党建形式，生成"舒适区"，数字党建的出现及运行，有效提升了基层党组织的运行效能，革新了基层党组织的党建形式，打破基层党组织绝大部分成员在原有党建形式基础上形成的"舒适区"，原有党建形式适应者试图"重回"原先的"舒适区"，从而实施一些公开反对数字党建的举措或消极应对数字党建的运行。

2. 作为新事物的数字党建较难在短时间内全面展现成效。数字党建

---

① 黄淑惠：《数字党建：党建现代化的分水岭》，《理论观察》2020年第10期。
② 王少泉：《数字党建：理论渊源与现实推进》，《湖北行政学院学报》2019年第6期。
③ 刘锋：《数字党建助推基层党组织高质量发展的路径探讨》，《领导科学》2022年第3期。

的出现改进了我党基层党建工作方式，①实质上是在基层党建工作展开过程中以一种全新的工作方式替代了原有工作方式，这一情况的出现类似于技术领域存在的新旧事物更新。对基层党建的原有工作方式而言，数字党建这一新的工作方式属于新事物，这种新事物会逐渐替代旧事物（即替换基层党建原有工作方式）。与人们对新事物存在的质疑相似：部分人员会对数字党建这种新事物的成效存在质疑，在党建形式奏效之前质疑其是否有效，在党建形式凸显成效之后质疑成效的长期性。

3. 不同领导者的理念存在差异。"人亡政息"现象的出现要件主要有两个：党组织领导者任职周期的存在；不同领导者在施政理念方面存在较大差异。这两个要件同时存在之时，"人亡政息"现象会出现在某些基层党委之中。因此基层党委某些成员担心数字党建会出现"人亡政息"现象——数字党建的创造者、主要倡导者不可能一直在当前职位上任职，这些人员离开现任职位之后，继任者与现任者的理念差异会导致这一党建形式被终止或处于停滞状态。

4. 不存在"法约尔跳板"。从我党诸多采用数字党建形式的基层组织运作情况来看，这些基层组织在采用信息技术推进党建工作的过程中不一定能够有效实现不同党组织之间的良好协同。其根源主要是：不同党组织之间想有效协同，不仅需要同一个上级党组织的强有力领导，还有赖于同一级别不同党组织之间构建"法约尔跳板"，没有高层党委的授权，这一"跳板"不可能出现，但高层党委不可能授权过大、过多（会导致"尾大不掉"等现象出现），授权多少及授权大小较难控制，致使某些党组织在数字党建过程中怯于向下级党组织授权，导致这些党组织之间难以实现有效协同。②

二、数字政府治理过程中的政府

山东省构建"政务服务一网通办"总门户、贵州省全面推进"全省通办、一次办成"政府服务改革以及其他一些地方的改革是数字政府治理过程中政府扮演重要角色的实例。数字政府治理过程中政府边界演变面临的困难主要有：政府边界收缩程度滞后于数字政府治理发展程度；数字政府治理客体未能助推政府边界的收缩；多元治理主体未能有效助推政府边界

---

① 孙林：《数字党建中的数字化困境及其破解路径》，《中国井冈山干部学院学报》2022年第4期。

② 王少泉：《数字党建：理论渊源与现实推进》，《湖北行政学院学报》2019年第6期。

收缩。政府边界倒U型演变过程中面临一些困难的宏观成因是：制度完善程度滞后于现代化速度，即两者之间明显呈现不平衡状态。微观成因是：制度演进尚未全面催生政府收缩边界的"惯性"；政府制度建设的重视程度有待进一步提升；一些主客体参与或影响数字政府治理的能力不足。分析如下：

（一）数字政府治理过程中的政府：实例及分析

1. 山东省构建"政务服务一网通办"总门户。习近平总书记2019年11月3日在上海考察调研时指出，"要抓一些'牛鼻子'工作，抓好'政务服务一网通办''城市运行一网统管'"。为深入贯彻习近平新时代中国特色社会主义思想和党的十九大精神，牢牢把握"走在前列、全面开创"的总体要求，持续推进国家治理体系和治理能力现代化进程，山东省开发建设了"政务服务一网通办"总门户项目。

从国家服务标准化、流程优化和流程再造的角度来看，公共门户网站良好与否关系到数字公共服务的供给情况，促使山东省在数字政府治理过程中：整合服务资源、按照"123N"原则推进治理进程，继续完善"基层、数据层、功能层和应用层"的体系结构，坚持内容互联，创造政府网站综合整合、政务公开和政府服务的新格局；坚持等级整合，组织各级政务公开，突出省级门户网站的政府服务；坚持服务一体化原则，实施政府服务统一进出口平台，实现数据、业务单位和服务的一体化，支持全过程的在线处理，形成"全过程、全服务、全覆盖"的省级政府服务。"政务服务一网通办"总门户覆盖了省、市、县、乡镇和社区，并充分支持省政府的"五个一窗"服务。自总门户网站启动以来，已进行了数十次迭代更新，进一步加强了对政府管理决策的支持，准确提供商业服务、扩大政府和金融渠道、优化政府服务流程、提升服务质量，支持防疫工作与经济社会发展的协调。

（1）创新亮点。亮点一：注重服务体系覆盖，打造全渠道政府服务平台。主要门户网站与该省所有城市、地区和部门的信息内容和办公服务完全连接。通过智能化研究，可以直接、快速、真实地实现"省级一张网"的政府服务体系结构。它包括"个人公司""五个一窗"、各种用户和政府服务系统。亮点二：注重标准化基础设施建设，完成省、市、县、乡镇标准化建设。大力推进标准化建设，提高服务水平和垂直连通性。在此基础上，优化和重构了流程，建立规范的事件管理体系，为政府的在线服务奠定坚实的基础。亮点三：注重数据分析与应用，构建政府服务数据分析平台。在综合门户网站的基础上，继续提高政府数据的收集、净化、处理、分析和检索能力，建立政府服务数据分析平台，收集省政府、市政府、区政府、街道办、镇政府、市政府办公厅、市政府研究室、市政府督查室和市政府新闻办9种政府数据资源，强化"互联网+监管"，主动发现问题和弱点，不断完善优质服务和科学管理。

（2）应用成效。效果一：创新构建中国第一个标准化模型体系和分类平台。为了使政府服务更方便企业和群众，各级政府文件按服务对象和内容分类，并与国家政策部门的"中央"联系起来，协调和促进用户所需的政策。效果二：促进流程优化和反馈评估，以解决运营过载问题。促进"一件事"主题服务的在线运作，制定百余项综合主题服务和高频活动流程优化方案，促进城市和部门活动的在线运作。例如，假设"我想开一个烟酒商店"，耗费的时间减少了47.1%，填写的字段数量减少了42.1%，材料数量减少了32.5%，需要使用的链接数量减少了72.7%。效果三：成功上线"跨省通办专区"，企业群众异地办事不再"两头跑"。在山东省"政务服务一网通办"综合门户网站的基础上，通过网站和小型微信程序，启动了一个"跨省通办"特区，打破了企业链和数据共享障碍，以满足海外公司和个人的需求。

（3）简要分析。山东省构建"政务服务一网通办"总门户，主要是山东省政府在党中央、国务院和山东省委领导下展开，与本书第二编所述数字政府治理结构及党组织、政府部门的情况相符，偏向于习近平总书记关于网络强国的重要思想所述技术创新驱动，部分内容也涉及制度变革驱动，呈现了重要思想强调的"数字政府治理过程中实施非均衡政策"。从时间线上来看，山东省构建"政务服务一网通办"总门户的时间点早于国务院发布《国务院关于加强数字政府建设的指导意见》（2022年6月）的时间点，但山东省这一改革与《意见》的"坚持党的全面领导、坚持改革引领和坚持数据赋能"等基本原则相符，也与《意见》中的"构建科学规范的数字政府建设制度规则体系、构建开放共享的数据资源体系、构建智能集约的平台支撑体系"这三项具体政策相符。

2. 贵州省全面推进"全省通办、一次办成"政府服务改革。在本书第二编所述数字政府的结构的支撑下，这一改革得以展开，党组织处于领导位置，政府部门主导推进，公益部门、私营部门和公众等主体参与其中。贵州省全面改革政府服务流程和方法，并将在线和离线服务与数据、系统和服务进行深入整合。近年来，贵州省推广"统一标准、远程受理、远程管理、协同互动"的"全省通办、一次办成"政府服务新模式，大大提高全省政府服务的规范化、协作化和信息化水平。通过构建完整的省级办公体系、贵州省政府服务网络和服务能力"双重提升"，打造"全省通办、一次办成"的政府服务品牌。推进政府体制和行政能力现代化进程，建设人民满意的服务型政府。

（1）创新亮点。以"全省通办、一次办成"为重点，依托省级窗口，突破地域限制，自主选择贵州省政府大厅、咨询服务模式、商务中心、信息中心、物资流通中心和知识互动中心，建立了视频和信息中心，业务中心提供行业目录项目、地区目录项目、业务信息收集等快速定位项目的注册和接收方式，并为综合办公室窗口提供综合办公室的身份认证和指南。

（2）应用成效。目前，贵州省的111个政府服务中心开设了2万多个审批服务中心。贵州省各级党委和政府坚决支持"全省通办、一次办成"的改革。自该系统启动以来，省、市、区办事处总数已达到2万多个，政府程序和方法进行了系统改革，并促进了在线和离线商业数据、系统和通信的深入整合。推广"省总部和省政府作为一个整体"的"统一标准、远程验收、远程处理和协调"的政府服务新模式，大大提高省政府服务的规范化、合作化和智能化水平，实现贵州政务服务网与实体政务大厅服务能力"双提升"。2020年7月7日，李克强总理到贵州省政务服务中心调研，表扬了贵州省"全省通办"的做法，希望将做法全国推广。其后，我国一些省市区开始效仿贵州省的这一做法，助推了全国数字政府治理水平的提升。

（3）简要分析。贵州省推进"全省通办、一次办成"政府服务改革，主要由本书第二编所述数字政府治理结构中的政府部门推进，偏向于习近平总书记关于网络强国的重要思想所述技术创新驱动，但也涉及制度变革驱动，呈现了重要思想强调的"数字政府治理过程中实施非均衡政策"，也呈现了《国务院关于加强数字政府建设的指导意见》（2022年6月）的一些基本原则，如坚持党的全面领导、坚持以人民为中心、坚持改革引领和坚持数据赋能等，兼顾了《意见》中的一些政策，如"构建科学规范的数字政府建设制度规则体系、构建开放共享的数据资源体系、构建智能集约的平台支撑体系"这三项具体政策。

3. 深圳市打造"免证办"政务服务新模式。在数字时代背景下，深圳市积极推进权力下放、行政管理和服务改革，尤其是推进互联网+政府服务改革和数字政府建设。其创新亮点有：促进"免证办"政府服务，为推进数字政府治理奠定基础；无人干预自动审批，审批时间零等待；打通数据壁垒、实现信息共享。应用成效呈现为：实现主动、精准服务，进一步落实减材料、减跑动、减环节的改革要求；推动电子证照的应用，打破数据壁垒，为进一步深化"放管服"改革打下坚实基础；取消人工审批，消除自由裁量，实现审批公平公正。

深圳市打造"免证办"政务服务新模式，这项改革明显是借助技术创新驱动展开，展现了习近平总书记关于网络强国的重要思想中蕴含的借助非均衡政策推进数字政府治理的理念。此项改革强调精准、打破数据壁垒和消除自由裁量等，与《国务院关于加强数字政府建设的指导意见》（2022年6月）的坚持数据赋能这一基本原则以及"构建开放共享的数据资源体系、构建智能集约的平台支撑体系"这两项具体政策对应。但须注意到：消除自由裁量这种致力于实现非人格化的改革举措，能够提高审查和批准的公平性，实现与规则平等，但也存在引致"僵化治理"的可能性。这种情况与马克斯·韦伯创立官僚制理论相似：官僚制理论创立之初，这一理论倡导的非人格化备受赞誉，但人们逐渐在政府运行过程中发现过度强调非人格化会带来某些问题，由此展开了反思。可见，政府运行过程中或者数字政府治理过程中，基于非人格化实现公平是必要的，但是过度强调非人格化也会带来一些问题。这与习近平总书记关于网络强国的重要思想中与数字政府治理直接相关的第二大方面内容中的"因需制宜地实施烈度适中的非均衡政策"直接相关：高烈度的政策具有明显的倾向性，确实能够在短期内见效，但也极易引发一些问题，因此数字政府治理过程中通常不宜实施高烈度的政策，因需制宜地实施烈度适中的非均衡政策才是最佳选择。

4. 江门市房屋交易"云链签"项目。为了深化江门市"数字政府"改革，建设一个免费、完善的政府服务城市，促进房地产行业"放管服"改革，江门市政府服务数据管理办公室与江门市住房和城乡建设局合作，通过使用区块链、大数据、电子签名、个人验证等技术开展房屋交易"云链签"项目，这一项目具有明显的创新性。创新亮点主要是：①利用个人签名、电子签名、数字证书、移动互联网技术、物联网设备等技术实现施工合同的在线签名、代码提交和电子证书的签发。②区块链技术的应用实现了部门之间的数据交换和共享，保证数据不会被篡改或更改，并保证房地产交易信息的安全。③构建"互联网+网签"模式，通过商业实体资质和住房信息的智能核查、网上登记资质和住房信息的智能核查。在"网签+手动备案"模式下，将在线签名提交和无会议实时签名提交转换为"互联网+网签"，明显提升买家的体验和变革感。应用成效呈现为：利用电子签名和区块链技术，建立一种安全、省时的云链签名新模式，可以自动读取身份信息，自动盖章；促进信息交流，加强贸易合作；打通"最后一公里"，提高服务能力。

江门市展开房屋交易"云链签"项目，"便捷"和"安全"最受关注，习近平总书记关于网络强国的重要思想中与数字政府治理直接相关的第三大方面内容（目标）"有效提升治理水平，惠及最广大群体"直接对应。尤其是"安全"与《国务院关于加强数字政府建设的指导意见》（2022年6月）中"坚持安全可控"这一基本原则对应。开展这一项目过程中"利用电子签名和区块链技术"表明这一改革明显偏向于技术创新驱动，与《国务院关于加强数字政府建设的指导意见》（2022年6月）的"构建智能集约的平台支撑体系"的这一具体政策密切相关。

5. 佛山市禅城区：区块链+数据反哺，实现数据赋能政务服务改革。佛山市禅城区政府数据管理部门大力推动区块链技术在数字政府治理过程中的应用，在构建数据反馈平台和区块链基本平台的基础上，建立"区块链+数据反馈"的新模式，解决数据"只出不回"、共享难、流程繁、融合低、应用少等突出问题。创新亮点主要是：融合区块链新技术以确保数据共享；简化数据交换过程并自动批准驱动共享数据。应用成效呈现为：拓展反哺应用，提升服务能力；加强数据治理和提高市民获得感；全面数据标签化，提升服务精准度；动态开展信用评价，逐步推进信用审批。

佛山市禅城区基于区块链+数据反哺实现数据赋能的政务服务改革，重点涉及的主体是政府部门、私营部门和公众，与本书第二编所述数字政府治理结构中政府部门、私营部门和公众直接对应；这一改革非常重视数字技术的运用，明显偏向于习近平总书记关于网络强国的重要思想所述技术创新驱动；呈现了《国务院关于加强数字政府建设的指导意见》（2022年6月）坚持改革引领和坚持数据赋能这两项基本原则，兼顾了《意见》中"构建开放共享的数据资源体系、构建智能集约的平台支撑体系"这两项具体政策。

6. 威海市："威政通"APP。自2012年山东省启动智慧山东建设、2013年住房和城乡建设部启动智慧城市试点以来，威海市从高起点制定了新的智慧城市发展规划，推进"威政通"APP建设，确定了四个建设目标，为良好的治理、企业发展和人民利益奠定了坚实的基础。创新亮点主要是："威政通"APP强调公众的信息消费需求，包括政府事务、公共服务和人民生活，并基于大数据架构、云计算和移动互联网。建设市级公共事务和公共服务信息服务平台，在不影响现有应用程序架构的情况下，"威政通"APP使用云服务整合政府服务、社会公共服务和人民生活资源。在山东省统一身份认证和"实名制"的基础上，"威政通"APP积极鼓励用户提供个性化信息服务和丰富的信息产品和内容。应用成效呈现为："威政通"APP以"政务服务，一网通办"为目标，规范微观管理的实施，整合各级政府部门的舒适服务体系，促进"掌上通、掌上查、掌上办"的实现，建立政务移动终端的"总门户"。

威海市推进"威政通"APP建设，主要由本书第二编所述数字政府治理结构中的政府部门推进，明显偏向于习近平总书记关于网络强国的重要思想所述技术创新驱动，是基于非均衡政策推进数字政府治理进程的重要表现，呈现了《国务院关于加强数字政府建设的指导意见》（2022年6月）的"坚持党的全面领导、坚持以人民为中心、坚持改革引领和坚持数据赋能"等基本原则，与《意见》中"构建开放共享的数据资源体系、构建智能集约的平台支撑体系"这两项具体政策直接对应。

7. "赣服通"1+3特色创新服务。"赣服通"3.0版立足江西实际，着眼于长远发展，开展了一系列开创性、示范性和领导性的创新举措，在推广"互联网+政府服务"方面形成了"1+3"的新特点和亮点。"1"是中国第一个省级区块链+政府服务统一平台基地，"3"意味着促进"三个一批"的实现。创新亮点主要是：在硬件和链接减少方面，将在区块链+政务服务平台上建立信息授权服务系统，支持主客体授权使用硬件信息，减少客体在离线窗口提交的文件数量。创建一个无证书处理区域，以便用户可以通过数据交换检索服务文档，单击即可发送相关材料，仅需人脸识别即可进行身份验证。在减少程序方面，"无会议许可证"的报告材料支持在家交付，所有材料都可以通过邮件交付，无需任何离线操作。通过建立企业政策优惠区，一系列政策服务将向"最后一公里"开放，这将大大提高企业享受政策红利的便利性、可及性和盈利意识。应用成效呈现为：在"赣服通"1+3创新高潮的基础上，启动了由成长中的家庭和初创企业组成的服务链；通过流程重组、数据共享、重复删除表格、接受窗口等，优化了已婚和育龄家庭的初步需求；只有15条信息需要在线填写，无需上传数据；有效实现部门之间业务的良好合作，大幅提升服务体验；办结时间缩短至2个工作日。

江西省展开的"赣服通"1+3特色创新服务改革，主要由本书第二编所述数字政府治理结构中的政府部门推进，明显偏向于习近平总书记关于网络强国的重要思想所述技术创新驱动，是这一重要思想强调的"因需制宜地实施烈度适中的非均衡政策"的展现。而且与《国务院关于加强数字政府建设的指导意见》（2022年6月）中"坚持数据赋能"这一基本原则相符，是"构建开放共享的数据资源体系"和"构建智能集约的平台支撑体系"这两项政策的具体呈现。

8．新余市：大数据助力中小学新生入学"一次不跑"。这一改革主要是为了满足国务院关于深化"权力下放、标准化和服务"改革的要求。新余市在这一改革过程中贯彻教育部《教育信息化行动计划2.0》的精神，继续优化服务流程，改善数据共享，进一步推进实现"一次不跑""只跑一次"，关注群众的高频服务，解决开放问题，有效提升改革价值。创新亮点有：一次不跑，全程网办；数据交换；自动筛选，实时对比。应用成效呈现为：新余市中小学新生网上入学报名已实现了通过赣服通新余分厅、市教育局微信公众号、电脑三种网上报名方式，为全市城区义务教育学校新生入学开展专项服务，特别是赣服通和微信公众号的方式，让学生的亲属使用手机即可完成入学报名，真正实现"指尖办、随时办"。

新余市借助大数据助力中小学新生入学"一次不跑"，主要由本书第二编所述数字政府治理结构中的政府部门推进，明显偏向于习近平总书记关于网络强国的重要思想所述技术创新驱动而非制度变革驱动，是这一重要思想强调的"因需制宜地实施烈度适中的非均衡政策"的展现，即：把有限的资源集中于数字政府治理的少数领域，助推这些领域治理水平上升以防范数字政府治理水平被锁定于低水平状态。这是这一改革的益处，但是如果数字政府治理过程中仅实施这一举措而非将改革逐渐扩展至多个领域，必将催生明显的不平衡问题，也就难以实现习近平总书记关于网络强国的重要思想与数字政府治理直接相关的第三大方面内容所述"惠及最广大群体"这一目标。

（二）数字政府治理过程中政府边界演变面临的困难

山东省构建"政务服务一网通办"总门户、贵州省全面推进"全省通办、一次办成"政府服务改革，有效助推了这两个省份的政府在数字政府治理过程中调适政府边界的进程，但是并非所有省市区的各级政府都能够在数字政府治理过程中有效调适边界。一些地方的政府在数字政府治理过程中调适边界时面临的困难主要有：政府边界收缩程度滞后于数字政府治理发展程度；数字政府治理客体未能助推政府边界的收缩；多元治理主体未能有效助推政府边界收缩。

1．政府边界收缩程度滞后于数字政府治理发展程度。政府边界的收缩并非一个整齐划一的举措，不同国家之间、同一个国家不同地区之间在这一方面存在一些差异，某些地方的政府边界收缩程度明显滞后于数字政府治理的发展程度，即明显呈现出不平衡状态，表现如：在我国的数字政府治理过程中，尽管多元主体参与数字政府治理进程已经成为宏观态势，但某些地方的政府部门试图继续在数字政府治理过程中坚持"单一全面"地供给服务，呈现出明显的不平衡状态，由此对其他主体参与数字政府治理进程形成阻滞，进而对治理现代化进程的推进形成阻滞。

2. 数字政府治理客体未能助推政府边界的收缩。在我国一些地方，受政府领导者治理理念滞后、数字政府治理客体参与能力不足等因素共同影响，①数字政府治理依然"以政府为中心"而非"以公众为中心"。数字政府治理客体难以对数字政府治理主体产生有效影响，这种情况下，一些政府部门常常未能及时注意到当前数字政府治理过程中必须逐渐收缩政府边界，某些政府部门即使注意到这一点也不愿意主动收缩政府边界，由此，政府边界的倒U型演变难以得到推进，现代化进程的推进也会面临阻滞。

3. 多元治理主体未能有效助推政府边界收缩。我国的某些数字政府治理客体受惯性思维影响，不愿意或不敢在数字政府治理过程中助推政府边界收缩。另一些数字政府治理客体则基于利益考量而不愿意积极参与数字政府治理进程——对某些数字政府治理客体而言，参与数字政府治理进程不一定能够获得较高收益。受这些情况影响，我国一些政府部门在数字政府治理过程中并未在"收缩政府边界"这一领域承受巨大压力，这些政府部门也就不会主动收缩政府边界以提升不同主体之间的平衡程度。

（三）数字政府治理过程中政府边界演变面临困难的成因

山东省构建"政务服务一网通办"总门户、贵州省全面推进"全省通办、一次办成"政府服务改革，有效助推了这两个省份的政府在数字政府治理过程中调适政府边界的进程，这一过程中这两个省份的政府克服了诸多困难。与此不同的是：数字政府治理过程中，一些地方的政府在调适边界时面临一些困难。这一情况的宏观成因是：制度完善程度滞后于现代化速度，即两者之间明显呈现不平衡状态——数字政府治理相关制度的完善速度慢于数字政府治理演进速度。我国现行的法律法规、制度及运用的理论等大多形成于工业时代，尽管我国已经进入数字时代，但这些法律法规、制度及运用的理论等尚未明显呈现出旧事物色彩，必须注意的是：数

---

① 王少泉：《数字时代政府边界的倒U型演变——基于不平衡治理视角》，《新余学院学报》2021年第4期。

字政府治理过程中政府边界的调整，必须基于法律法规、制度及理论等的完善甚至变革。但是我国一些地方的治理主体（尤其是政府部门）尚未重视在这些方面展开变革的重要性而未展开变革，抑或已经展开变革但进度较慢，致使这些地方的法律法规和制度等难以为数字政府治理过程中政府边界的调整提供良好宏观环境，这些不平衡问题致使政府边界倒U型演变面临一些困境。

数字政府治理过程中政府边界演变面临困难的微观成因是：制度演进尚未全面催生政府收缩边界的"惯性"；政府对制度建设的重视程度有待进一步提升；一些主客体参与或影响数字政府治理的能力不足。分述如下：

1. 制度演进尚未全面催生政府收缩边界的"惯性"。目前，很多国家的地方政府认为"收缩政府边界以推进数字政府治理进程乃至现代化进程"是中央政府的考量范围，①一种由制度演进催生的政府收缩边界"惯性"尚未全面呈现。在一些地方政府之中，由于不存在来自制度层面的压力，领导者并不愿意放权于其他治理主体，也不愿意在数字政府治理过程中广泛地与数字政府治理客体互动，这些情况集中表现为政府不愿意在数字政府治理过程中收缩边界，这是政府边界收缩程度滞后于数字政府治理发展程度的最重要原因。②

2. 政府对制度建设的重视程度有待进一步提升。一些地方政府完全将制度建设视为中央政府的职责，因而不重视也不愿意展开制度建设，③此举必然导致制度完善速度慢于现代化速度，推进数字政府治理的过程中因而出现诸多原本不应该出现的问题（如数字公共服务供给不足），政府进而基于"解决这些问题"这一需求的存在而不愿收缩边界，这种情况下，其他治理主体及数字政府治理客体极难助推数字政府治理过程中政府边界的收缩。

3. 一些主客体参与或影响数字政府治理的能力不足。数字政府治理过程中，不同主客体的条件和能力等明显不平衡，一些主客体愿意参与或影响数字政府治理，但受参与或影响能力不足这一因素影响而难以如愿。

---

① Cordella, Antonio, and N. Tempini. "E-government and organizational change: Reappraising the role of ICT and bureaucracy in public service delivery." *Government Information Quarterly*, 2015 (32.3):279-286.

② 王少泉：《数字时代政府边界的倒U型演变——基于不平衡治理视角》，《新余学院学报》2021年第4期。

③ Gottschalk, Petter. "Maturity levels for interoperability in digital government." *Government Information Quarterly*, 2009 (26.1):75-81.

这一情况下，即使政府部门愿意在数字政府治理过程中分权于其他治理主体或愿意广泛地与治理客体展开互动，也会因这些治理主体的能力不足而难以实现目标。这些情况的存在会产生一种阻滞数字政府治理进程乃至现代化进程的合力，阻碍政府边界的倒U型演变。①

三、数字政府治理过程中公益部门参与现状

从实例来看，一些公益部门参与了山东省东营市数字乡村（"数字北宋"）建设的探索与实践，有力助推东营市的数字政府治理进程。与此不同的是：在我国很多地方，公益部门参与数字政府治理面临一些困难：参与机制的理论支持不足、不健全、效能较低。面临困难的宏观成因是：机制完善速度慢于我国的现代化速度，即两者之间明显存在不平衡问题。微观成因是：部分领导者的认识不足；公益部门自身建设有待进一步优化，而且公益部门与政府部门在应对公共事务的过程中存在诸多差异；部分公众及公益部门一些成员对公益部门参与数字政府治理的必要性认识不足。分析如下：

（一）数字政府治理过程中的公益部门参与：实例与分析

1. 东营市数字乡村（"数字北宋"）建设的探索与实践。为实施中共中央办公厅、国务院办公厅于2019年5月发布的《数字乡村发展战略纲要》，山东省东营市依托城市政务网络、云政府平台、大数据平台等基础数字资源，结合山东数字、东营智能的需求。为了对数字村庄建设进行研究和实践，该项目提出了建立"数字北宋"、支持村庄振兴、扶贫和全面建成小康社会的思路。"数字北宋"建设的总体思路以"五个一"的设计模式为基础，即组织综合管理、一套支撑平台、一套服务区和一站式服务门户，促进政府、社会和行业的实施和推广。研究"政府主导、企业参与、市场运营"的数字农村设计，构建规范的数字农村建设体系。

东营市数字乡村（"数字北宋"）建设的最明显创新亮点是：公益部门积极参与其中。这一创新亮点呈现于东营市数字乡村（"数字北宋"）建设的三个模块中：（1）生计服务模块。它由6个子模块组成：我爱我村、村情村貌、网上办事、政务公开、全景展示、智慧养老。这几个子模块强调：在将全市政务外部网络扩展到村级，利用"数字北宋"城市政务服务平台，开展电子商务受理和在线处理；在一些公益部门的协助下建立

---

① 王少泉：《数字时代政府边界的倒U型演变——基于不平衡治理视角》，《新余学院学报》2021年第4期。

"我爱我村"工作机制，提高民生信息服务水平；根据扶贫工作的需要，以高家村、千翠村和东王村为试点，在一些公益部门的支持下为贫困户佩戴手镯，实现电子围栏和通信。同时，它可以生成健康报告，及时调整生活习惯，促进智能老年的发展。

（2）社会治理模块。它由7个子模块组成，分别为地理平台、雪亮工程、网格管理、智慧社区、三治融合、火情监测、天地图。①在对城市鸟瞰的基础上，建立了前翠村和高家村的地理信息系统，分析了行政村的人口结构和土地利用状况，为村民共同生活和人才返乡创业提供了数据。②利用冰雪降温工程的资源，在高家村和前翠村的主要交叉口配备人工智能摄像设备，实时捕捉疫情期间的人员和车辆，促进服务人员的说服，提高农村社会治理现代化水平。③实施数字服务，支持"三治融合"，建设农村一体化管理信息系统。有效发挥社区的作用，四个村庄小组的秘书和网络成员通过手机向每个家庭提供在线报告和评估，并根据法律和男性标准定期对每个家庭的得分进行分类。推进村级行政现代化，实现农村从"治理"向"智能"的转变。

（3）产业振兴模块。它由8个子模块组成，下设大棚管理、农产品追溯、特色农产品、农产品检测、农产品电商、精准农业、乡村旅游、乡村品牌建设。①在一些公益部门的协助下收集全市农舍的类型、数量、品种、性能和负责人的信息，实现蔬菜农业的数字化和可视化管理，充分发挥大数据分析仪的作用。积极与主要市场、酒店、超市等合作，实时分析计算不同时期农产品供应能力，登录并执行在线订购服务。②发展农业遥感系统，积极促进作物生长分析、干旱分析、病虫害检测、农业产量估计等主要作物，定期报告，指导先进农业发展。③积极开展智能农业实验，建立农产品识别数据监测平台和北部农村电子商务公共振兴平台。提供完整的名称信息，以促进农业生产交易的管理。④开发文化旅游区信息采集与应用系统，推荐多条旅游路线，促进文化旅游产业数字化发展。⑤建设电子商务村，振兴公共服务平台，促进农业生产和管理全过程信息化。

2．实例分析。（1）应用成效。经过多年的建设，"数字北宋"建设取得了一定的成就。到目前为止，已接待了中国科学院地理研究所、山东省大数据局、山东省自然资源厅、山东省农业和农村发展厅、济南市、青岛市、聊城市、滨州市等各级行政部门数百人次。"数字北宋"研究受到了广泛的关注和肯定。①在一些公益部门的协助下提高了公共服务水平。发展流动办公室，在村庄开展电子文件的收发、文件的审批和支部书记的流动，在一些公益部门的协助下有效提高服务水平和效率。②在一些公益部门的协助下提高了农民的生活质量。开展智能养老试点，实时了解老年人的健康状况，点击实时通话和警报，将健康报告与医疗设施联系起来，提高老年人的生活质量；在一些公益部门的协助下建设高家村、千翠村、五庄村的"数字北宋"分店、数字文化广场等展览中心，让更多的人体验数字村带来的数字生活。③在一些公益部门的协助下提高了社会治理能力。"数字北宋"以"三个政府合一"管理体制为主导，在四个村庄对332个家庭进行了测试，量化了自治、德治和司法制度的价值。网络成员可以通过手机对每个指标进行评估并上传数据，通过对农民分类的检查，推动农村治理向农村智慧的方向发展。以雪亮项目为例，在一些公益部门的协助下，在前翠村和高家村的主要交叉口安装了人工智能设备，建立了面部信息数据库，并与各村庄的面部数据进行了比较，能够实现实时报警。④促进农村经济发展。温室管理、农产品检测、农业海洋资源、农村电子商务和农业遥感系统可以生产出性能更好、价格更高、质量更好的产品，促进高端农业的发展。建立数字文化旅游平台，推广特色产品，促进数字经济快速发展。

（2）简要分析。东营市数字乡村（"数字北宋"）建设的主导者是处于党委领导下的东营市政府，与前述实例明显不同的是：一些公益部门积极参与了这一建设过程，除此之外，这一建设兼顾了习近平总书记关于网络强国的重要思想中与数字政府治理直接相关的内容所述技术创新驱动和制度变革驱动，并非过度偏向于技术创新驱动，呈现了习近平总书记关于网络强国的重要思想中与数字政府治理直接相关的内容强调的"数字政府治理过程中实施非均衡政策"，也呈现了《国务院关于加强数字政府建设的指导意见》（2022年6月）的一些基本原则，如坚持党的全面领导、坚持改革引领和坚持数据赋能等，兼顾了《意见》中与"数字政府建设制度规则体系、数据资源体系、平台支撑体系"相关的政策。

（二）数字政府治理过程中公益部门参与面临的困难

从实例来看，一些公益部门参与了山东省东营市数字乡村（"数字北宋"）建设的探索与实践，有力助推东营市的数字政府治理进程。与此不同的是：在我国很多地方，公益部门参与数字政府治理面临一些困难：参与机制的理论支持不足、不健全、效能较低。分述如下：

1. 参与机制的理论支撑不足，即理论支撑与现实需求之间明显不平衡。公益部门参与数字政府治理需要完备的理论加以支撑，构建公益部门参与数字政府治理的机制也需要完备的理论加以支撑。国内对数字政府治理的研究已有二十余年，这一研究时长尽管明显短于西方学界对数字政府治理的研究时长，但我国学界已在此方面取得了诸多研究成果，如：对数字政府治理的概念进行了深入探究；从网络的视角对数字政府治理展开了深入分析；对数字政府治理过程中的政府部门这一主体及其作用等展开系列研究；对数字政府治理的过程控制及动态预警等展开研判。这些研究在一定程度上给数字政府治理中公益部门参与机制的构建及有效运行提供了基础，但下列问题的存在使这些理论研究对这一参与机制的支撑尚显不足：数字政府治理的研究过于集中于网络这一领域，对这一研究的外延拓展尚不够深入；[①]对数字政府治理主体的研究主要集中于政府部门，对其他主体的研究相对较少；[②]关注数字政府治理过程中过程控制及动态预警等次级领域的研究，但对数字政府治理参与机制的研究相对较少[③]。

2. 公益部门参与数字政府治理的机制尚不健全。公益部门参与数字政府治理过程中不仅存在理论支撑不足这一问题，[④]还面临在一定程度上因理论支撑不足衍生出的参与机制不健全这一问题。我国各领域的快速发展催生了公众参与公共治理的诉求，当公益部门参与数字政府治理的机制不健全之时，这种诉求较难得到满足。从具体情况来看，我国大部分公益部门尚未构建健全的数字政府治理参与机制：一些公益部门内部尚不具备参与数字政府治理的基础机制；已经具备这一基础机制的一些公益部门则因为未能与政府部门构建"连接"机制而难以参与数字政府治理进程；一些已经开始参与数字政府治理的公益部门在参与过程中常常发现现有机制不够健全，与他们的期望相差甚远。这些问题的存在致使公益部门较难有效参与数字政府治理进程。

3. 公益部门现有数字政府治理参与机制效能较低，与治理需求之间明显呈现出不平衡状态。从我国目前的情况来看，诸多公益部门尚未构建数字政府参与机制，一些公益部门已经借助相关机制参与数字政府治理进程，但这些机制的效能较低，具体表现有：在数字政府治理过程中未能真正使公益部门扮演参与者角色，致使公益部门在数字政府治理过程中呈现出可有可无状态；在公共服务的供给和政民互动等过程中，未能借助参与

---

① 徐顽强、庄杰、李华君：《数字政府治理中非政府组织参与机制研究》，《电子政务》2012年第9期。

② Janowski, Tomasz. "Digital government evolution: From transformation to contextualization." *Government Information Quarterly*, 2015 (32.3):221-236.

③ 王少泉：《数字政府治理中公益部门参与机制分析》，《齐齐哈尔大学学报（哲学社会科学版）》2018年第6期。

④ Janowski, Tomasz. "Digital government evolution: From transformation to contextualization." *Government Information Quarterly*, 2015 (32.3):221-236.

机制及时、准确地向政府部门反映公众的诉求；公益部门在数字政府治理过程中表现出被动参与状态，而且很少及时、准确地向公众传达政府部门的意愿或很少主动地协助政府部门供给公共服务。①

（三）数字政府治理过程中公益部门参与面临困难的成因

从宏观层面来看，公益部门参与数字政府治理面临困难的成因是：机制完善速度慢于我国的现代化速度，即两者之间明显存在不平衡问题。"机制"即数字政府治理中公益部门参与机制，②"现代化"即数字时代我国的现代化，两种速度不一致引致诸多问题。从微观上来看，公益部门参与数字政府治理面临困难的成因是：部分领导者的认识不足；公益部门自身建设有待进一步优化，而且公益部门与政府部门在应对公共事务的过程中存在诸多差异；部分公众及公益部门一些成员对公益部门参与数字政府治理的必要性认识不足。分述如下：

1. 部分领导者的认识不足。一方面，一些政府部门部分领导者在数字政府治理过程中秉持传统理念，理念革新速度与数字政府治理需求之间明显呈现不平衡状态，这些领导者抵触公益部门参与数字政府治理进程，在数字政府治理的实际开展过程中给公益部门的参与造成阻滞，而且在一定程度上导致学界对这一领域展开研究的动力不足。另一方面，我国大部分公益部门有半官方背景，这种背景给公益部门带来的主要益处是政府能够为公益部门提供一定的财力支持，使其在参与数字政府治理过程中拥有较强的财力基础，但这种背景会引致一些弊端，如：政府中的官僚主义、文牍主义等也被带入不少公益部门，公益部门一些领导者受其影响而思想僵化，认为公益部门并非数字政府治理的主体，因而在公益部门参与数字政府治理的过程中采取消极应对态度甚至实施抵制措施，给公益部门参与数字政府治理过程造成不可忽视的阻滞。

2. 公益部门自身建设有待进一步优化，而且公益部门与政府部门在应对公共事务的过程中存在诸多差异，导致数字政府治理过程中构建公益部门参与机制面临一些问题。一方面数字政府治理过程中公益部门参与机制的构建、优化及有效运行需要政府部门及公益部门等主体的合作，③也

---

① 王少泉：《数字政府治理中公益部门参与机制分析》，《齐齐哈尔大学学报（哲学社会科学版）》2018年第6期。

② Janowski, Tomasz. "Digital government evolution: From transformation to contextualization." *Government Information Quarterly*, 2015 (32.3):221-236.

③ Janowski, Tomasz. "Digital government evolution: From transformation to contextualization." *Government Information Quarterly*, 2015 (32.3):221-236.

需要公益部门具有较好的参与基础，从我国大部分公益部门目前的情况来看，公益部门自身建设的不足在一定程度上对数字政府治理进程中公益部门参与机制的有效运行形成了阻滞。另一方面，公益部门与政府部门在应对公共事务的过程中存在诸多差异，这些差异主要表现为：①获取资源（人力、物力、财力）的方式不同。公益部门的人力、物力、财力依靠社会捐赠或政府拨款，政府部门的这种支持则主要源于税收，这一差异的存在使政府部门在数字政府治理过程中能够更为容易地获取资源。②主次位置不同。在数字政府治理过程中，政府部门处于主导地位，公益部门则主要起辅助作用，一些政府部门无视这种辅助作用而抵制公益部门参与数字政府治理。③服务主体数量差异。总体而言，政府部门的总数量远远多于公益部门的总数量，此点与二者在数字政府治理过程中所处的地位不同直接相关，这一情况的存在致使公益部门在参与数字政府治理过程中难以与政府部门实现数量上的"对接"。④服务角色不同，政府部门是规则制定者，公益部门的运作受制于政府部门所制定的规则，一些政府部门在制定规则时未能充分考虑公益部门参与数字政府治理的必要性，从而在规则上给公益部门参与数字政府治理造成了阻碍。①

3. 部分公众及公益部门一些成员对公益部门参与数字政府治理的必要性认识不足，②难以对数字政府治理中公益部门参与机制的完善提供足够的支持，催生"供给—需求"之间的不平衡问题。这一情况的出现与下列情况有关：我国政府长期对公益部门秉持诸如管制之类的传统观念，将公益部门视为数字政府治理参与者这一理念尚未完全存在于公众之中；长期存在于我国的单一治理结构十分稳定，这一治理结构存在明显排他性且对公众及公益组织一些成员形成影响，使他们误以为公益部门并非数字政府治理的必要参与者；我国的数字政府治理尚处于发展初期，治理机制的构建尚未完备，政府对公益部门参与数字政府治理的机制关注度较低，部分公众及公益部门一些成员受这一情况影响而对公益部门参与数字政府治理的必要性认识不足。③这些情况的存在均导致一些公众及公益部门一些成员在理念方面难以对数字政府治理中公益部门参与机制的完善提供足够的支持。

---

① 王少泉：《数字政府治理中公益部门参与机制分析》，《齐齐哈尔大学学报（哲学社会科学版）》2018年第6期。

② Janowski, Tomasz. "Digital government evolution: From transformation to contextualization." *Government Information Quarterly*, 2015 (32.3):221-236.

③ 王少泉：《数字政府治理中公益部门参与机制分析》，《齐齐哈尔大学学报（哲学社会科学版）》2018年第6期。

四、数字政府治理过程中私营部门参与现状

从实例来看，一些私营部门参与了山东省临沂市建设"政企直通车"的过程，有力助推临沂市的数字政府治理进程。与此不同的是：在我国很多地方，私营部门参与数字政府治理面临一些困难：私营部门获取资源的难度大于政府部门和公益部门；私营部门的电子商务网络防御能力较弱；公众对私营部门参与数字政府治理的信任度较低。面临困难的宏观成因是：制度完善速度慢于现代化速度，两种速度之间明显不平衡。微观成因主要是：私营部门与政府部门、公益部门在服务能力方面存在诸多不同甚至存在不平衡问题；一些私营部门在电子商务网络防御能力提升方面缺乏足够的支持；部分公众及私营部门一些成员对私营部门社会责任认知不足。分析如下：

（一）数字政府治理过程中私营部门参与实例及分析

1. 临沂市建设"政企直通车"。山东省的各地级市中，临沂市的整体数字政府治理水平偏低，但临沂市建设"政企直通车"在山东省乃至全国都是一个极具特色的实例。新冠疫情对我国中小企业产生了巨大影响，市场参与者越来越需要有利于企业的措施。为满足党中央、国务院、山东省委、省政府积极有序地推动企业恢复生产的要求，促进各项优惠政策的及时实施，有效帮助企业解决问题，临沂市坚持"个性化研发，快速推广，方便运营，持续优化"的基本原则，以"惠企政策精准送、补贴申报零易办"为理念展开临沂"政企直通车"建设。此项建设的重点是解决与企业有关的政策普及率低、优惠政策执行缓慢、难以满足企业需求、政务信息综合研究和政策服务准确性等问题。临沂市积极吸纳企业参与这一建议，通过这一建议充分发挥政策服务优势，促进临沂市商业政策的整合，实现"全面查、精准送、智能达、一次办、码上通、马上督"。通过构建"政企直通车"平台，临沂市形成了完善的服务功能、丰富的智能管理手段和数据连接，为企业提供规范、方便、专业的政策发布和政策管理服务。从多角度、多层次、多维度为城市商业政策的实施和完善提供全面的分析和决策参考，以充分发挥政府在市场调控中的作用，不断优化商业环境。

（1）创新亮点。根据"发布、汇聚、查询、推送、兑现、评价、督查"的程序，以业务为中心，满足需求并整合现有系统数据，采用微服务架构模式、二维码等新技术。尤其是采用了识别技术、公司肖像、网络跟踪器、政府公司大数据服务。在企业与政府之间建设起"政企直通车"，

让企业有效参与其中，制定有利于业务、业务和实时运营的政策。建立和完善各种企业的长期政策机制，通过互联网收集相关信息、政策等并一键实施。实现临沂市企业"全面查、精准送、智能达、一键办、码上通、马上督"的服务效果，努力打造临沂市"政企直通车"服务地图，打造山东省最佳政策服务品牌。

（2）应用成效。该项目是对国家政策的有效回应，以帮助企业恢复生产为重要目标。临沂市积极吸纳企业参与"政企直通车"平台建设，目前临沂市已经借助这一平台实现近百项优惠政策的"一网通办"，补贴3000多万元给1万多家企业。通过全面的非接触服务降低了病毒传播的风险。未来的目标是通过综合政策整合、准确宣传、智能调整、免费实施和立即获得、绩效监测和评估，促进项目建设，支持企业发展，执行更高水平的企业政策，更加努力地优化企业政策，努力构建"内容权威、效率及时、导向准确、运营快捷、服务专业"的创新服务平台，支持、发展和完善企业。

2. 简要分析。临沂市积极吸纳企业参与建设"政企直通车"的重要目标是：积极有序地推动企业恢复生产的要求，促进各项优惠政策的及时实施，有效帮助企业解决问题。这一建设在党委领导下政府主导展开，直接与企业相关，自然也与企业中的员工直接相关，可见与本书第二编所述数字政府治理结构高度相关，直接涉及其中的四个主体：党组织、政府部门、私营部门和公众。建设目标也呈现了习近平总书记关于网络强国的重要思想中与数字政府治理直接相关的第二大方面内容中"因需制宜地实施烈度适中的非均衡政策"，即为了助推企业恢复生产而实施明显具有倾向性的政策推进数字政府治理进程。

临沂市积极吸纳企业参与建设"政企直通车"过程中"采用微服务架构模式、二维码等新技术，尤其是采用了识别技术、公司肖像、网络跟踪器、政府公司大数据服务"，表明此项建设明显偏向于习近平总书记关于网络强国的重要思想所述技术创新驱动，是数字政府治理过程中实施非均衡政策的直观展现。这一建设也呈现了《国务院关于加强数字政府建设的指导意见》（2022年6月）的"坚持党的全面领导、坚持以人民为中心、坚持改革引领和坚持数据赋能"等基本原则，与《意见》中"构建开放共享的数据资源体系、构建智能集约的平台支撑体系"这两项具体政策直接对应。

（二）数字政府治理过程中私营部门参与面临的困难

从实例来看，一些私营部门参与了山东省临沂市建设"政企直通车"的过程，有力助推临沂市的数字政府治理进程。与此不同的是：在我国很多地方，私营部门参与数字政府治理面临一些困难：私营部门获取资源的难度大于政府部门和公益部门；私营部门的电子商务网络防御能力较弱；公众对私营部门参与数字政府治理的信任度较低。

1. 私营部门获取资源的难度大于政府部门和公益部门，呈现出明显的不平衡状态。数字政府治理过程中，政府部门能够凭借公共权力从社会获取资源，尤其是中央政府能够调动的人力、物力、财力相对充分；①我国的公益部门大多具有半官方性质，能够从政府那里获得支持。与政府部门和公益部门相比，私营部门在数字政府治理过程中获得资源的难度较大，主要依靠自身良好运作。②因此政府部门和公益部门能够凭借拥有的资源较快地在其内部构建电子政务网络，并在这一基础上展开数字政府治理，私营部门要做到这一点则较为不易。近年，随着我国经济的迅速发展，我国各级政府部门以及金融系统为解决私营部门融资难这一问题做出不少努力，但将这些资金高效地用于构建或加强其电子商务网络的私营部门并不算多。这一问题在中小型私营部门尤为明显，"国内绝大多数私营部门用于信息化建设的投资与国外发达国家私营部门在信息化建设方面的投资有相当大的差距"，③这一情况的存在致使诸多私营部门未能成为数字政府治理主体④。

2. 私营部门的电子商务网络防御能力较弱，与政府部门的网络防御能力之间呈现出明显的不平衡状态。一些私营部门获取资源较为困难，致使其无力花费大量资金引入或培养电子商务网络人才，⑤在这些私营部门中构建较强的防御网络也就面临诸多困难。在遭到电脑黑客攻击的情况下，这些私营部门的电子商务网络的不稳定性会显著增加，也就难以稳定、安全地参与数字政府治理进程，这些私营部门参与数字政府治理的进程会受到负面影响。从数字政府治理其他主体的角度来看，政府部门和公益部门等治理主体会存在这样的担心而反对一些私营部门参与数字政府治

---

① Fedorowicz, Jane, and Martin A. Dias. "A decade of design in digital government research." *Government Information Quarterly*, 2010 (27.1): 1-8.
② 王少泉：《私营部门参与数字政府治理的困境及破解之策》，《湖北行政学院学报》2018年第1期。
③ 刘富胜、金宁：《私营中小型企业信息化建设探讨》，《中国科技信息》2006年第9期。
④ 王少泉：《私营部门参与数字政府治理的困境及破解之策》，《湖北行政学院学报》2018年第1期。
⑤ Fedorowicz, Jane, and Martin A. Dias. "A decade of design in digital government research." *Government Information Quarterly*, 2010 (27.1): 1-8.

理：一些私营部门的电子商务网络防御能力较弱，如果这些私营部门参与数字政府治理进程，当其电子商务网络因为受到攻击而出现严重问题之时，这一情况势必对整个数字政府治理进程产生明显负面影响。

3. 公众对私营部门参与数字政府治理的信任度较低，与公众对政府部门的信任程度之间呈现出明显的不平衡状态。传统意义上的私营部门与公共服务的供给并无关联，20世纪70年代末以来，随着民营化进程的推进，私营部门与公共服务的供给日益相关。数字政府治理进程开始推进之后，私营部门作为电子公共服务的供给者，[①]成为数字政府治理主体之一。但我国这一领域的情况不容乐观：时至今日，大部分公众依然认为数字政府治理主体是政府部门和公益部门，私营部门并非数字政府治理主体、与电子公共服务的供给无关。受这一观念影响，当一些私营部门积极参与数字政府治理之时，一些公众对这些私营部门持不信任态度，对私营部门参与数字政府治理形成了一定阻滞。

（三）数字政府治理过程中私营部门参与面临困难的成因

从宏观层面来看，私营部门参与数字政府治理面临困难的成因是：制度完善速度慢于现代化速度，两种速度之间明显不平衡。"制度"是指与私营部门参与数字政府治理相关的制度，"现代化"速度是指我国在数字时代的现代化。制度完善速度、现代化速度这两种速度不一致催生诸多问题。从微观层面来看，私营部门参与数字政府治理面临困境的成因主要是：私营部门与政府部门、公益部门在服务能力方面存在诸多不同甚至存在不平衡问题；一些私营部门在电子商务网络防御能力提升方面缺乏足够的支持；部分公众及私营部门一些成员对私营部门社会责任认知不足。分述如下：

1. 私营部门与政府部门、公益部门在服务能力方面存在诸多不同甚至存在不平衡问题。①服务目的不一。私营部门是最重要的市场主体，从组织目标角度看，其与政府部门和公益部门的相对性较为明显。私营部门参与数字政府治理的首要目的是获取利润，对于私营部门来说，这是天然和必要的；而服务于公众，尽管也是其不可推卸的义务，但却建立在实现利润基础之上。政府部门主导、公益部门参与数字政府治理进程的目的则是基于数字平台为公众提供其所需的公共服务、展开政民互动，即创造及

---

① Ramakrishnan, Subashini, et al. "A conceptual model of the relationship between organisational intelligence traits and digital government service quality: the role of occupational stress." *International Journal of Quality & Reliability Management*, 2022 (6):39.

维护公共利益。这是私营部门和政府部门、公益部门在数字政府治理过程中最大的不同点。① ②服务能力保障不一。私营部门虽在数字政府治理过程中能够向公众供给公共服务，但其人力、物力、财力依靠自身运作所获利润加以支持或源于政府在某些方面的支持。②政府部门和公益部门在数字政府治理过程中的投入则主要源于税收。③数字政府治理过程中提供公共服务的总能力大小存在明显差异。政府部门和公益部门在数字政府治理过程中提供公共服务的总能力远大于私营部门。这一情况的成因主要是：政府部门是规则制定者，私营部门的运作受制于政府部门所制定的规则；政府部门能够调动的人力、物力极多，资源充足，私营部门则能力有限；公益部门拥有政府部门的强力支持，与之相比，私营部门所拥有的支持相对较少。④开展数字政府治理的过程中，服务能力整合程度不一。政府部门和公益部门的服务能力比私营部门更加系统：③政府部门和公益部门有统一的指挥，运作较为系统、协调，力量集中，能够办大事，私营部门则大多各自为政，力量较为分散，必须在党组织、政府部门的指导和支持下才会在数字政府治理过程中为公众提供电子公共服务。

2. 一些私营部门在电子商务网络防御能力提升方面缺乏足够的支持，即"提升的需求"与支持力度之间明显不平衡。一方面与政府部门和公益部门相比，很多私营部门对网络安全的关注度较低。政府部门和公益部门会为了保障网络安全而投入大量人力、物力和财力，但一些私营部门不太可能采取类似举措，④与此类举措相比，这些私营部门更愿意将大部分人力、物力和财力投入业务运作过程之中，以图尽快获得收益。这一情况的存在使这些私营部门的电子商务网络较难借助较强的人力、物力和财力支持实现防御能力的有效提升。另一方面，与一些私营部门相比，政府部门和公益部门往往能够凭借雄厚的财力为网络人才提供更为稳定的职位，一些网络人才往往出于这一考虑而倾向于到政府部门和公益部门工

① 王少泉：《私营部门参与数字政府治理的困境及破解之策》，《湖北行政学院学报》2018年第1期。

② Ramakrishnan, Subashini, et al. "A conceptual model of the relationship between organisational intelligence traits and digital government service quality: the role of occupational stress." *International Journal of Quality & Reliability Management*, 2022 (6):39.

③ Yavwa Y., and Twinomurinzi H.. "The moderating effect of spirituality on digital government in low-income countries: a case of SMEs in Zambia." (Proceedings of the 12th Annual Pre-ICIS SIG GlobDev Workshop, 2019, 2020).

④ Yavwa Y., and Twinomurinzi H.. "The moderating effect of spirituality on digital government in low-income countries: a case of SMEs in Zambia." (Proceedings of the 12th Annual Pre-ICIS SIG GlobDev Workshop, 2019, 2020).

作，这为这两个部门数字治理网络防御能力的提升创造了有利条件，并在这一基础上有效地强化了这两个部门在数字政府治理过程中的能力。这些网络人才到政府部门和公益部门工作，意味着到一些私营部门工作的网络人才变少，[①]导致我国一些私营部门内部的计算机人才水平不高或人员不足，这些私营部门在信息化系统的后续开发、应用上比较慢，也使这些私营部门的信息化建设效益没有真正发挥出来，[②]电子商务网络防御能力难以获得有效提升，较难助力数字政府治理。私营部门将获取利润列为首要目标，一些私营部门参与数字政府治理进程之时，其领导者及成员在主观意愿上对引进电子商务网络人才并不积极，部分私营部门只有在受到显著利益驱使的情况下才会考虑在其内部构建电子商务网络（以提升电子商务网络防御能力、强化参与数字政府治理的能力）。[③]

3. 部分公众及私营部门一些成员对私营部门社会责任认知不足。进入21世纪之后，构建电子网络的私营部门日益增多，大量私营部门参与了数字政府治理过程，但部分公众及私营部门一些成员对私营部门在数字政府治理过程中的社会责任认知度尚不高，这些人员并不认为私营部门有必要积极参与数字政府治理过程并积极担负相应社会责任，其对私营部门参与数字政府治理的信任度也就较低。"广州市民营私营部门对社会责任的认知"的调查在一定程度上能够说明这一点，详见表9-1。

表 9-1　广州市民营私营部门对社会责任的认知[④]

为员工提供良好的工作环境	100.00%	建立良好的私营部门文化	28.60%
为消费者提供优质的产品或服务	85.70%	技术自主创新	21.40%
注重环保减少排污	85.70%	良好经营业绩	21.40%
遵守行业道德规范	71.40%	协助构建良好的社区文化	21.40%
依法纳税	50.00%	能提供更多的就业机会	21.40%
积极参加社会公益活动	50.00%	无招聘歧视现象	21.40%
建立慈善基金，扶助社会弱势群体	42.90%	充分尊重股东的意见	14.30%
捐资文教及福利机构	35.70%	良好财务状况	14.30%
知识产权保护	28.60%		

① Boldyreva, Liudmila B. "Communication between government and business entities and challenges of creation of 'digital government'." *E-Management*, 2020.
② 刘富胜、金宁：《私营中小型企业信息化建设探讨》，《中国科技信息》2006年第9期。
③ 王少泉：《私营部门参与数字政府治理的困境及破解之策》，《湖北行政学院学报》2018年第1期。
④ 杨亚丽：《民营企业社会责任现状分析》，《前沿》2013年第7期。

从表9–1可以看出：受访者对私营部门涉及公共服务的评价不高："积极参加社会公益活动"为50.00%，"建立慈善基金，扶助社会弱势群体"为42.90%，"捐资文教及福利机构"为35.70%，只有包含较多经济责任在内的"为消费者提供优质的产品或服务"一项得分高达85.70%。总体说明目前私营部门的社会责任状况尚有待改进。私营部门及其成员对其社会责任的认知不足，私营部门内部情况尚如此，公众对私营部门社会责任的认知也存在不足问题，这些情况的存在导致公众对私营部门参与数字政府治理的信任度较低，对私营部门参与数字政府治理形成了阻滞。[①]

五、数字政府治理过程中的非网民

公众是数字政府治理过程中的重要参与主体和最重要客体。数字政府治理过程中，公众主要因为自身条件不同而分化为网民和非网民，最近20余年，我国的非网民数量稳步下降，这一情况主要由人均GDP、城镇人口占比、文盲率数量这三者的变化催生。非网民演进为网民的阻滞因素主要有：数字时代经济现代化水平较低；城镇化水平不够高；某些人员文化水平偏低。分析如下：

（一）数字政府治理过程中非网民总况

从非网民方面来看，1997年至2023年初，我国共51次发布《中国互联网络发展状况统计报告》，第39—51次《中国互联网络发展状况统计报告》均把"非网民"的情况单列为一个部分展开分析，第1—38次《中国互联网络发展状况统计报告》虽然并未进行这种单列，但也能够基于当年我国人口总数和网民总数计算出非网民总数。[②]1997—2022年我国非网民规模及在全国总人口中的占比如表9–2所示。

表 9–2　1997—2022 年我国非网民规模及占比

时间	非网民数量及占比	时间	非网民数量及占比	时间	非网民数量及占比
1997.10	123564万，99.95%	1998.07	124643万，99.9%	1999.01	125576万，99.8%

① 王少泉：《私营部门参与数字政府治理的困境及破解之策》，《湖北行政学院学报》2018年第1期。
② 曹冬英、王少泉：《经济现代化视角下非网民：影响因素与减少途径》，《社会科学家》2022年第12期。

（续表）

时间	非网民数量及占比	时间	非网民数量及占比	时间	非网民数量及占比
1999.07	125386万，99.7%	2007.07	115929万，87.7%	2015.06	70052万，51.2%
2000.01	125853万，99.3%	2008.01	111802万，84.2%	2015.12	68005万，49.7%
2000.07	125053万，98.7%	2008.07	107502万，80.9%	2016.06	66291万，48.3%
2001.01	125377万，98.2%	2009.01	103650万，77.7%	2016.12	64328万，46.8%
2001.07	124977万，97.9%	2009.07	99650万，74.7%	2017.06	63219万，45.7%
2002.01	125083万，97.4%	2010.01	95691万，71.4%	2017.12	61149万，44.2%
2002.07	123873万，96.4%	2010.07	92091万，68.7%	2018.06	58769万，42.3%
2003.01	123317万，95.4%	2011.01	89035万，66.1%	2019.02	56200万，40.5%
2003.07	122427万，94.7%	2011.07	86235万，64.0%	2019.08	54100万，38.9%
2004.01	122038万，93.9%	2012.01	83435万，61.9%	2020.03	49600万，35.5%
2004.07	121288万，93.3%	2012.06	80976万，60.1%	2020.06	46300万，33.0%
2005.01	121356万，92.8%	2012.12	77566万，57.9%	2020.12	41500万，29.6%
2005.07	120456万，92.1%	2013.06	77513万，55.9%	2021.06	39800万，28.4%
2006.01	120348万，91.6%	2013.12	73084万，54.2%	2021.12	38200万，27%
2006.07	119148万，90.6%	2014.06	71554万，53.1%	2022.06	36200万，25.6%
2007.01	118429万，89.6%	2014.12	70563万，52.4%	2022.12	34500万，24.4%

数据来源：第1—51次《中国互联网络发展状况统计报告》。

如表9-2所示：非网民总数量在宏观上呈现逐渐下降态势，某些年份的非网民总数量高于上一年，但非网民在全国总人口中的占比低于上一年，说明"某些年份的非网民总数量高于上一年"这一情况主要归因于当年我国总人口的增长（新增人口绝大部分是新生儿，这些新生儿是非网民）。实例如：1998年7月的统计数据显示我国非网民总数量为124643万，高于1997年的123564万，但1998年非网民在全国总人口中占99.9%，低于1997年非网民的占比（99.95%）。这种情况总共出现5次，出现的年份分别是1998年、1999年、2000年、2001年和2002年（后3年的数据均为当年1月的数据），从我国总人口数量来看，1997—2006年我国人口总数如表9-3所示：

表 9-3　1997—2006 年我国人口总数

单位：万人

年份	人口总数及增加量	年份	人口总数及增加量
1997年	123626；1237	2002年	128453；826
1998年	124761；1135	2003年	129227；774
1999年	125786；1025	2004年	129988；761
2000年	126743；957	2005年	130756；768
2001年	127627；884	2006年	131448；692

数据来源：国家统计局官网

从表9-3中可以看出：1997—2006年期间，我国的总人口的增加量一直在变小——从1997年的1237万逐渐减少到2006年的692万，2002年的总人口的增加量为826万，之后年份总人口的增加量均少于826万。表9-2中显示我国非网民总数量变化的一个节点是2002年年初：这一时间点的非网民总数量大于2001年7月的非网民总数量，2002年年初这一时间点之后，非网民总数量在稳步下降。将这两方面情况结合展开分析能够发现：我国总人口的年增加量约大于826万之时，非网民总数量会大于上一年份的非网民总数量。

从地域角度来看，非网民分别分布于城镇和农村之中，2015—2022年，我国非网民总数量和城镇非网民总数量均稳步下降，农村非网民总数量在2017年出现增长（归因于此年我国农村人口出现明显增长），其他年份均出现减少状态；城镇非网民总数量的占比在37%至42.04%之间波动，农村非网民总数量的占比在57.96%至63%之间波动。这些情况表明数字时代我国推进经济现代化同时惠及城镇和广大农村：推进经济现代化进程能够有效提升我国城镇及广大农村的经济发展水平，优化上网条件、强化上网能力等，助力非网民总数量的减少。[①]

（二）数字政府治理过程中非网民的影响因素

目前，国内外学界对非网民的研究尚未全面展开，现有文献中尚未发现对非网民影响因素的分析，但是一些研究者撰文分析了数字政府治理问题的成因，如：阮霁阳认为技术、组织和环境这三个要素对数字政府治理问题具有重要影响，[②]李月和曹海军也持同样观点。[③]郭蕾和黄郑恺认为最重要的影响因素是数字基础设施和政府投入力度。[④]在借鉴这些观点的基础上可以作出预判：人均GDP、城镇人口占比、文盲率数量这三者的变化对非网民数量变化具有重要影响——人均GDP与数字基础设施、政府投入力度直接相关，城镇人口占比和文盲率数量属于环境因素。基于这种预判对人均GDP、城镇人口占比、文盲率数量这三者与非网民数量之间的相关性作出检验。

1. 研究假设1与相关性检验。经济条件较差是一些人员成为非网民的重要影响因素，经济条件如何与人均GDP高低直接相关，人均GDP是否稳步上升是经济现代化是否得到有效推进的重要表现，因此本研究作出假设1：我国人均GDP变化与非网民占比变化存在负相关性，即人均GDP变大时非网民占比随之变小。取非网民占比而不是非网民总数量的原因是：非网民总数量明显受到我国人口的年增长数量影响，无法像非网民占比那样准确反映经济现代化产生的影响。要验证这一假设，必须基于1997—2022年的人均GDP数据和非网民占比数据。前一组数据可从国家统计局网站中查知，后一组数据则可基于表9-2数据的整理得出（同一年上下半年出现2个占比时取中间值作为该年数值）。1997—2022年的人均GDP数据如表9-4所示：

---

① 曹冬英、王少泉：《经济现代化视角下非网民：影响因素与减少途径》，《社会科学家》2022年第12期。

② 阮霁阳：《数字政府建设影响因素研究——基于127份政策文件的大数据分析》，《西南民族大学学报（人文社会科学版）》2022年第4期。

③ 李月、曹海军：《省级政府数字治理影响因素与实施路径——基于30省健康码应用的定性比较分析》，《电子政务》2020年第10期。

④ 郭蕾、黄郑恺：《中国数字政府建设影响因素的实证研究》，《湖南社会科学》2021年第6期。

表 9-4　1997—2022 年我国人均 GDP

单位：元

年份	人均GDP	年份	人均GDP	年份	人均GDP	年份	人均GDP
1997	6481	2004	12487	2011	36403	2018	64520
1998	6860	2005	14368	2012	40007	2019	70774
1999	7229	2006	16738	2013	43852	2020	72447
2000	7942	2007	20505	2014	47203	2021	80976
2001	8717	2008	24121	2015	50251	2022	85689
2002	9506	2009	26222	2016	53935		
2003	10666	2010	30876	2017	59660		

数据来源：国家统计局官网

　　通过皮尔逊相关系数分析（我国人均GDP变化情况与非网民占比变化情况的相关性），得到结果如表9-5所示：

表 9-5　我国人均 GDP 变化与非网民占比变化的相关性分析

相关性		人均GDP变化情况	非网民占比情况
人均GDP变化情况	Pearson 相关性	1	-.993**
	显著性（双侧）		.000
	N	22	22
非网民占比情况	Pearson 相关性	-.993**	1
	显著性（双侧）	.000	
	N	22	22

**. 在 .01 水平（双侧）上显著相关。

　　如表9-5所示：通过皮尔逊相关系数分析，能够发现我国人均GDP变化情况与非网民占比变化情况的相关系数为-0.993，呈显著负相关，即人均GDP变大时非网民占比随之变小。表明：我国推进数字时代的经济现代化进程，稳步提高人均GDP水平，非网民的上网环境及上网能力等得到优化，非网民占比随之稳步下降。[1]

2. 研究假设2与相关性检验。我国推进数字时代的经济现代化，能够有效助力城镇化进程，城镇人口随之逐渐增多，这意味着能够拥有良好上网环境抑或条件的人员数量逐渐变大，非网民占比随之变小。因此本研究作出假设2：我国城镇人口占比变化与非网民占比变化存在负相关性：城镇人口占比变大时非网民占比随之变小。1997—2022年我国城镇人口占比数据可从国家统计局网站中查知，如表9-6所示。

表 9-6　1997—2022 年我国城镇人口占比

年份	城镇人口占比	年份	城镇人口占比	年份	城镇人口占比	年份	城镇人口占比
1997	31.90%	2004	41.76%	2011	51.27%	2018	59.58%
1998	33.35%	2005	42.99%	2012	52.57%	2019	60.60%
1999	34.78%	2006	44.34%	2013	53.73%	2020	63.89%
2000	36.22%	2007	45.89%	2014	54.77%	2021	64.72%
2001	37.66%	2008	46.99%	2015	56.10%	2022	65.22%
2002	39.09%	2009	48.34%	2016	57.35%		
2003	40.53%	2010	49.95%	2017	58.52%		

数据来源：国家统计局官网

通过皮尔逊相关系数分析（我国城镇人口占比变化情况与非网民占比变化情况的相关性），得到结果如表9-7所示：

表 9-7　我国城镇人口占比变化与非网民占比变化的皮尔逊相关系数分析

相关性		非网民占比	城镇人口占比
非网民占比情况	Pearson 相关性	1	-.963**
	显著性（双侧）		.000
	N	22	22

---

[1] 曹冬英、王少泉：《经济现代化视角下非网民：影响因素与减少途径》，《社会科学家》2022年第12期。

（续表）

相关性		非网民占比	城镇人口占比
城镇人口占比情况	Pearson 相关性	-.963**	1
	显著性（双侧）	.000	
	N	22	22
**. 在 .01 水平（双侧）上显著相关。			

如表9-7所示：通过皮尔逊系数分析，能够发现我国城镇人口占比变化情况与非网民占比变化情况的相关系数为-0.963，呈显著负相关。表明：我国推进数字时代的经济现代化进程，有效助力城镇化进程，稳步提高城镇人口占比，农村大量非网民成为城镇居民后上网环境及上网能力等得到优化，城镇中诸多非网民也在城镇化过程中有效优化上网条件尤其是上网能力等，非网民占比随之变小。①

3. 研究假设3与相关性检验。我国稳步推进经济现代化进程，能够逐渐改善国民受教育条件，得益于这一情况的非网民得以强化自身条件，非网民占比因而下降。因此本研究作出假设3：我国文盲率数量变化与非网民数量占比变化存在正相关性，即文盲率变小时非网民占比随之变小。必须注意的是：与"非网民占比"的下降速度相比，我国文盲率的下降速度较慢，后者对前者的影响力相对较小。2002—2021年我国文盲率数据可从国家统计局网站中查知，如表9-8所示：

表 9-8　2002—2021 年我国文盲率

年份	文盲率	年份	文盲率	年份	文盲率	年份	文盲率
2002	10.23%	2007	8.01%	2012	5.29%	2017	5.3%
2003	9.68%	2008	7.5%	2013	4.99%	2018	4.9%
2004	9.16%	2009	7.11%	2014	5.37%	2019	4.08%
2005	10.37%	2010	——	2015	5.69%	2020	3.90%
2006	8.79%	2011	5.5%	2016	5.7%	2021	2.67%

注："文盲率"是指"6岁及6岁以上未上过学人口数"在"6岁及6岁以上人口数"中所占比重。来源：国家统计局官网

---

① 曹冬英、王少泉：《经济现代化视角下非网民：影响因素与减少途径》，《社会科学家》2022年第12期。

通过皮尔逊相关系数分析（我国文盲率变化情况与非网民占比变化情况的相关性），得到结果如表9-9所示：

表9-9　我国文盲率数量变化与非网民数量占比变化的皮尔逊相关系数分析

相关性			
		非网民占比	文盲率变化情况
非网民占比情况	Pearson 相关性	1	.767**
	显著性（双侧）		.001
	N	22	14
文盲率变化情况	Pearson 相关性	.767**	1
	显著性（双侧）	.001	
	N	14	14
**. 在 .01 水平（双侧）上显著相关。			

通过皮尔逊系数分析，能够发现我国文盲率变化情况与非网民占比变化情况的相关系数为0.767，呈显著正相关。表明：我国推进数字时代的经济现代化进程，助力文盲率的降低，非网民占比随之变小。

（三）相关性解释

基于皮尔逊相关系数分析能够发现：我国人均GDP变化、城镇人口占比变化均与非网民占比变化存在负相关性；我国文盲率数量变化与非网民数量占比变化存在正相关性。这些结果所呈现的是数字时代经济现代化过程中非网民的（表面）相关因素，事实上这些因素借助一些深层次因素对非网民数量变化产生影响。一些因素阻碍了非网民转变为网民，2023年3月发布的《第51次中国互联网络发展状况统计报告》统计了我国非网民不上网的原因，如表9-10所示：

表9-10　非网民不上网原因

排序	原因	占比
1	不懂电脑或网络	58.2%
2	不懂拼音等，受文化程度限制	26.7%
3	年龄太大或太小	23.8%
4	没有电脑等上网设备	13.6%
5	不需要上网或对上网不感兴趣	13.4%
6	没时间上网	9.8%

数据来源：《第50次中国互联网络发展状况统计报告》第21页。

从表9-10中可以看出：非网民不上网的原因按照占比从高到低排列分别为以下6条：不懂电脑或网络（58.2%）；不懂拼音等，受文化程度限制（26.7%）；年龄太大或太小（23.8%）；没有电脑等上网设备（13.6%）；不需要上网或对上网不感兴趣（13.4%）；没时间上网（9.8%）。这6条原因实际上是非网民转变为网民的阻碍因素，第3条在一定程度上属于客观因素，其他因素则都属于非网民自身条件因素和需求因素。

从根本上来看这些因素大多：受到经济发展水平的影响；与我国人均GDP变化情况、城镇人口占比变化情况、文盲率数量变化情况密切相关。如：一些人员不懂电脑或网络，很大程度上是因为这些人员将时间和精力用于参加经济活动以保障基本需求，或现有经济条件难以支持学习或接触电脑和网络。以上明显呈现出不平衡的因素可以归类为：

1. 数字时代经济现代化水平较低阻碍非网民演进为网民。一方面，某些非网民认为自己不需要上网。这一情况很大程度上与非网民的经济现代化水平相关：在数字时代，经济现代化水平较高的人员在工作和生活过程中通常必须运用甚至必须有效运用网络，经济现代化水平较低的一些人员工作和生活时则不需要运用网络，当是否运用网络对其工作和生活没有明显影响时，这些人员也就不需要上网。另一方面，一些非网民对上网不感兴趣。对上网不感兴趣的人员，在一定程度上是"自绝"于数字时代：这些人员极有可能具备上网的能力和客观条件，但因为自己对上网不感兴趣而成为非网民。实际上，这一情况也与这些人员的经济现代化水平相关：经济现代化水平较低人员在工作和生活过程中，不存在上网的强烈需求，从而成为非网民。与这些情况相反的是：人均GDP逐渐提升意味着更多人群的数字时代经济现代化水平获得提升，非网民占比因而逐渐下降。①

2. 城镇化水平不够高阻碍非网民演进为网民。我国推进数字时代经济现代化过程中，某些主体未充分重视某些地方的经济现代化，导致这些地方的经济现代化水平、城镇化相对较低，难以有效助力数字领域的基础设施建设，具体表现如一些地方缺少公共电脑等上网设备，能够连接互联网的地方也相对较少。这种情况下，即使非网民自身条件较好（懂电脑或网络、懂拼音、有时间上网等），也会因为客观条件所限导致无法上网，

---

① 曹冬英、王少泉：《经济现代化视角下非网民：影响因素与减少途径》，《社会科学家》2022年第12期。

从而沦为非网民，被动地被数字鸿沟"隔离"于数字时代之外。与这些情况相反的是：城镇化进程的稳步推进，有效改善非网民的上网（客观）条件，助力非网民在我国总人口中占比的下降。

3. 某些人员因为文化水平偏低而沦为非网民。前述因素中的"不懂电脑或网络；不懂拼音等，受文化程度限制；年龄太大或太小；没时间上网"主要与非网民的文化水平相关：文化水平偏低致使某些人员不懂电脑、网络及拼音等；年龄太大的人群，其所拥有的文化知识，很多已经难以跟上时代发展，所以也可以视为文化水平不高；年龄太小的人群，其文化水平通常较低。从根本上来看，非网民文化水平偏低与其经济条件密切相关：很多非网民因为经济条件较差而将大量时间和精力用于参加经济活动，未能有效提升文化水平以优化上网条件。由此可以得出：有效提升人均GDP能够助力文盲率下降，进而助推我国总人口中非网民占比下降。

值得注意的是，特殊情况并未否定结论正确性。研究过程中发现几个特殊情况，但这些特殊情况并未否定结论正确性。特殊情况如下：

1. 1997—2022年我国人均GDP变化与非网民占比变化的皮尔逊相关系数中，极少数年份（如2005年、2006年和2007年这三个年份）的数据与其他年份的数据之间出现小幅度偏离（如果出现大幅度偏离，结论正确性就值得质疑），即：这三年的人均GDP增速大致与其他年份相当，但非网民占比的下降速度慢于其他年份。这一情况可能归因于：这三年人均GDP增长主要归功于非网民数量相对较小的东部省市，非网民数量较大的中西部省市区的经济并未获得长足发展，因而全国经济发展水平的提高并未有效助力非网民占比下降。

2. 这种小幅度偏离也出现于我国城镇人口占比变化、文盲率变化与非网民占比变化的皮尔逊相关系数中，而且偏离年份主要是2005年、2006年和2007这三个年份，这两种情况的成因也可能是：这些年份的城镇化和文盲率降低主要归因于非网民数量相对较小的东部省市的发展，因而全国城镇人口占比变大、文盲率变小并未有效助力全国非网民占比明显下降。①

结语

对我国数字政府治理过程中党组织、政府、公益部门、私营部门和公

---

① 曹冬英、王少泉：《经济现代化视角下非网民：影响因素与减少途径》，《社会科学家》2022年第12期。

众的情况来看：大量地方的党组织有效推进数字党建进程，强化了党组织在数字政府治理过程中的领导作用，但一些地方的党组织在提升数字党建水平过程中面临诸多困难；大量地方政府针对数字政府治理的现实需求有效调适边界，但政府调适边界的过程中面临一些困难；一些公益部门、私营部门较为有效地参与了数字政府治理进程，但大量公益部门和私营部门受诸多因素影响而未能有效参与其中；数字政府治理过程中公众分化为网民和非网民，最近20余年我国的非网民数量稳步下降，这一情况受到多种因素影响，但非网民演进为网民的过程中存在一些阻滞。

第十章　我国 31 个省市区数字政府治理的现状与影响因素

运用习近平总书记关于网络强国的重要思想对我国31个省市区数字政府治理情况展开分析能够发现：我国数字政府治理已经取得显著成效但存在明显的不平衡问题；这种不平衡问题受数字政府治理基础、经济因素和数字政府治理环境因素等影响。

2000年10月，习近平总书记在福建省任职时主导开展"数字福建"建设，我国的数字政府治理进程由此萌芽；党的十八大之后，数字中国建设全面开启，各省市区的数字政府治理取得明显成效，助力我国诸多领域的快速发展。但须注意到：我国不同地方之间、经济发展与数字政府治理之间、不同群体的受益程度等明显存在不平衡问题，这一问题会阻滞数字政府治理水平的进一步提升，是数字政府治理尚未达到较高水平的重要表现。表明我国的数字政府治理尚未呈现习近平总书记关于网络强国的重要思想中与数字政府治理直接相关的三大方面内容中的一些部分，如：第一，尚未有效整合多元主客体合力的基础上切实贯彻路线（第一大方面内容中的后半部分）。对应不同地方之间、不同群体之间尚未实现有效协同。第二，尚未在实体空间和虚拟空间中兼顾技术创新驱动与制度变革驱动，因需制宜地实施烈度适中的非均衡政策（第二大方面的内容）。对应一些地方因为未能兼顾双重驱动而治理水平较低，尚未因需制宜地制定并实施具有倾向性的政策助推数字政府治理进程。第三，尤其是尚未将数字政府治理领域的不平衡程度控制在适度范围内，防范或打破数字政府治理领域的"低水平锁定"状态，有效提升治理水平，惠及最广大群体（第三大方面的内容）。对应不同群体的受益程度不平衡，非网民未能和网民同等受益，阻碍治理水平提升。这些问题反映了国务院于2022年6月23日发布的《国务院关于加强数字政府建设的指导意见》中一些基本原则和政策的必要性，如：基本原则中的坚持以人民为中心、坚持整体协同等，具体政策中的构建协同高效的政府数字化履职能力体系、构建开放共享的数据资源体系等。基于这些考量，有必要基于我国31个省市区的数字政府治理数据，阐述数字政府治理过程中不同地方之间不平衡、经济发展与数字政府治理之间不平衡、不同群体受益程度不平衡等问题，探究这些问题的影响因素。

一、我国31个省市区数字政府治理的现状与问题

我国31个省市区数字政府治理的现状为：夯实数字政府治理基础；数字政府治理水平稳步上升；多元主体积极参与。问题有：数字政府治理水平不平衡；数字政府治理水平与经济发展水平不平衡；不同群体受益程度不平衡。分析如下：

（一）我国31个省市区数字政府治理的现状

1. 夯实数字政府治理基础。有效夯实数字政府治理基础是全面展开数字政府治理的基础，在各级党委领导下，我国各治理主体一直以不平衡状态有效推进这一领域工作。从硬件上来看，数字政府治理基础包括光纤建设、电子计算机的添置等。实际上夯实数字政府治理基础远比人们的直观印象更为复杂，如：《首届（2019）中国数字政府建构指数报告——数字政府五十强》中含有数据体系、政务服务、数字管治和保障体系这四个一级指标，数据体系主要扮演数字政府治理基础这一角色，其中包括7个二级指标：资产体系、目标体系、供需认责、共享交换、数据开放、核心基础数据库和数据应用支撑。[①]《第二届（2020）中国数字政府治理风向指数暨特色50强评选报告》中含有用户满意指数、政务服务指数、决策治理指数、中枢强基指数和运营保障指数这五个一级指标，中枢强基指数主要扮演数字政府治理基础这一角色，其中包括3个二级指标：数据体系、应用支撑和智能技术。近年，我国诸多治理举措实质上对应这些二级指标，在诸多主体展开多维协同、诸多政府部门有效整合的基础上实施这些治理举措，夯实了数字政府治理基础，助力我国数字政府治理水平的提升。

2. 数字政府治理水平稳步上升。进入21世纪之后，我国各地、诸多治理主体因地制宜、因时制宜地实施不同治理政策和不同治理举措助推数字政府治理进程，实现了数字政府治理水平的稳步上升。日本早稻田大学数字政府研究中心近年连续发布《国际数字政府评估排名报告》，排名情况显示我国的数字政府治理水平尽管与诸多国家之间呈现出不平衡状态但水平在稳步上升，如：第13届（2017年）的报告显示我国数字政府评估排名高于此前年份，为第44位，第14届（2018年）的这一排名为第32位，第

---

① 杨蓉：《2019中国数字政府建设指数报告发布》，《计算机与网络》2019年第24期。

15届（2020年）的排名因为评估期间我国正在全面应对新冠疫情（数字政府运行情况受到负面影响）而低于2018年，为第37位。从近年的《中国数字政府治理指数报告》来看，我国各省市区的数字政府治理指数总分在稳步上升。从国内外这些数据中可以看出：近年我国的数字政府治理水平在稳步上升。

3. 多元主体积极参与。党委、政府、公益部门、私营部门和公众等都是数字政府治理过程中的重要参与主体，尽管数字政府治理过程中不同主体的地位和功能等明显不平衡，但绝大部分主体都积极参与我国各地的数字政府治理过程。实例如：2015年10月19日，中国联通与广东省政府签订《互联网+战略合作协议》，4天之后的10月23日，中国电信与广东省政府签订《加快"十三五"信息化建设战略合作框架协议》，这两个协议签署之后，诸多私营部门与广东省各级政府签订了一些类似协议，私营部门与政府合力助推了当地的数字政府治理进程，更为重要的是：近年类似举措越来越多地出现于我国各省市区，有效助力各地提升数字政府治理水平。

（二）我国31个省市区数字政府治理的问题

1. 数字政府治理水平不平衡。我国不同地方、不同领域的数字政府治理水平明显不平衡，这一情况可以从31个省市区的数字政府治理指数对比中看出，如表10-1、表10-2所示：

表10-1 31个省市区数字政府治理指数及人均GDP情况（2019年）

全国排名	省份	总分	数据体系得分	人均GDP（万元）	全国排名	省份	总分	数据体系得分	人均GDP（万元）
1	浙江	80	32	10.76	9	海南	64	27.5	5.65
2	上海	74.5	27.5	15.72	10	山东	62.5	24	7.06
3	广东	74	27.5	9.41	11	江苏	62.5	23	12.36
4	北京	73	30	16.42	12	云南	60	20	4.79
5	贵州	71.5	28.5	4.64	13	湖北	59	20.5	7.73
6	福建	68.5	22.5	10.71	14	安徽	57.5	22.5	5.84
7	江西	67	27.5	5.31	15	四川	56.5	21.5	5.57
8	重庆	65	26	7.58	16	广西	56	20.5	4.29

（续表）

全国排名	省份	总分	数据体系得分	人均GDP（万元）	全国排名	省份	总分	数据体系得分	人均GDP（万元）
17	陕西	55	21.5	6.66	25	内蒙古	48	20	6.78
18	湖南	55	18	5.75	26	辽宁	47.5	18	5.71
19	河南	54	20.5	5.63	27	山西	47	18.5	4.57
20	天津	53.5	22	9.03	28	甘肃	45	17.5	3.29
21	河北	53	18.5	4.63	29	新疆	44.5	19	5.42
22	青海	50.5	21	4.89	30	黑龙江	43.5	17	3.61
23	宁夏	50.5	19	5.42	31	西藏	37	13	4.89
24	吉林	49.5	17.5	4.34	全国平均值		57.58	22	7.08

数据来源：《首届（2019）中国数字政府治理指数报告》、国家统计局官网。

从表10-1可以看出不同省市区数字政府治理水平明显不平衡，这种不平衡主要表现为：不同省市区的数字政府治理水平分属不同梯队。2019年31个省市区的数字政府治理指数总分中，浙江、上海、广东、北京和贵州这5个省市的得分高于70分；福建、江西、重庆、海南、山东、江苏和云南这7个省市的得分在60~70分之间；湖北、安徽、四川、广西、陕西、湖南、河南、天津、河北、青海和宁夏这11个省区的得分在50~60（不含）分之间；吉林、内蒙古、辽宁、山西、甘肃、新疆和黑龙江这7个省区的得分在40~50（不含）分之间；西藏的得分最低，仅为37分。浙江得分最高（80分），是西藏得分（37分）的两倍多；全国平均分是57.58分，仅有13个省市得分高于此数。主要展现数字政府治理基础的"数据体系"得分也明显不平衡。

表 10-2　各省数字政府治理指数及人均 GDP 情况（2020 年）

全国排名	省份	总分	中枢强基指数得分	人均GDP（万元）	全国排名	省份	总分	中枢强基指数得分	人均GDP（万元）
1	浙江	83	17	11.04	3	广东	77	16.2	9.61
2	上海	79	16.7	15.93	4	北京	76	16.6	16.76

（续表）

全国排名	省份	总分	中枢强基指数得分	人均GDP（万元）	全国排名	省份	总分	中枢强基指数得分	人均GDP（万元）
5	福建	74	16	11.05	19	安徽	62	11.7	6.07
6	江苏	73	15.4	12.72	20	河北	61.8	13.7	4.76
7	贵州	71	15.8	4.92	21	宁夏	61.1	14.9	5.64
8	重庆	69	14.8	8.00	22	黑龙江	61	12.5	3.65
9	江西	68	15.3	5.50	23	陕西	60.7	13.8	6.75
10	山东	67	14.1	7.26	24	河南	60.5	12	5.70
11	四川	66.5	15.2	5.80	25	吉林	60	14.4	4.57
12	海南	66	15.7	5.85	26	山西	59	14.6	4.73
13	天津	66.3	15	9.01	27	辽宁	58.7	11.5	5.77
14	湖北	65	14.7	7.32	28	甘肃	57	14	3.40
15	云南	64	13.3	5.04	29	青海	56	13.5	4.94
16	内蒙古	63.2	14.5	6.83	30	新疆	55.2	13	5.46
17	湖南	63	15.1	6.03	31	西藏	54	13.1	5.42
18	广西	62.5	14.3	4.46	全国平均值		61	14.6	7.23

数据来源：《第二届（2020）中国数字政府治理风向标指数报告》、国家统计局官网。

从表10-2可以看出：不同省市区的数字政府治理水平不平衡、分属不同梯队这一情况依然存在。2020年不同省市区数字政府治理水平有所上升，表现如总分的全国平均值上升3.42分，但不平衡状态与2019年极为相似，某些省市区的总分排名和所属梯队都出现变化（如黑龙江），大部分省市区的总分排名尽管出现变化但所属梯队并未变化（如山西）。

2. 数字政府治理水平与经济发展水平不平衡。从表10-1呈现的2019年情况可以看出：以人均GDP呈现的经济发展水平来看，一方面，同等经济发展水平省市区的数字政府治理水平不平衡。如：贵州、云南、山西和西藏的经济发展水平大致相当，但贵州、云南的数字政府治理水平明显高于山西和西藏。另一方面，同等数字政府治理水平的省市区的经济发展水平不平衡，如：贵州的数字政府治理水平与浙江、上海、广东和北京等省市处于同一梯队，但贵州的经济发展水平明显偏低。

从表10-2呈现的2020年情况可以看出：经济发展水平与数字政府治理水平的不平衡现象依然存在。2020年不同省市区经济发展水平有所上升，表现如全国人均GDP比2019年上升了0.15万元，但经济发展水平与数字政府治理水平之间的不平衡状态与2019年极为相似，如：经济发展水平较低的贵州的数字政府治理水平排名依然很高（第7名），黑龙江和陕西的数字政府治理水平相当（分别排第22名和第23名），但陕西的人均GDP是黑龙江人均GDP的1.85倍。

3. 不同群体受益程度不平衡。数字政府治理过程中，不同群体（尤其是网民与非网民）之间的受益程度不平衡。实例如：1997—2023年，我国共51次发布《中国互联网络发展状况统计报告》，从中可以获知我国非网民的变化情况，如表10-3所示：

表 10-3　1997-2022 年我国非网民数量及占比

时间	非网民数量及占比	时间	非网民数量及占比	时间	非网民数量及占比
1997.10	123564万，99.95%	2003.01	123317万，95.4%	2008.01	111802万，84.2%
1998.07	124643万，99.9%	2003.07	122427万，94.7%	2008.07	107502万，80.9%
1999.01	125576万，99.8%	2004.01	122038万，93.9%	2009.01	103650万，77.7%
1999.07	125386万，99.7%	2004.07	121288万，93.3%	2009.07	99650万，74.7%
2000.01	125853万，99.3%	2005.01	121356万，92.8%	2010.01	95691万，71.4%
2000.07	125053万，98.7%	2005.07	120456万，92.1%	2010.07	92091万，68.7%
2001.01	125377万，98.2%	2006.01	120348万，91.6%	2011.01	89035万，66.1%
2001.07	124977万，97.9%	2006.07	119148万，90.6%	2011.07	86235万，64.0%
2002.01	125083万，97.4%	2007.01	118429万，89.6%	2012.01	83435万，61.9%
2002.07	123873万，96.4%	2007.07	115929万，87.7%	2012.06	80976万，60.1%

（续表）

时间	非网民数量及占比	时间	非网民数量及占比	时间	非网民数量及占比
2012.12	77566万，57.9%	2016.06	66291万，48.3%	2020.03	49600万，35.5%
2013.06	77513万，55.9%	2016.12	64328万，46.8%	2020.06	46300万，33.0%
2013.12	73084万，54.2%	2017.06	63219万，45.7%	2021.06	39800万，28.4%
2014.06	71554万，53.1%	2017.12	61149万，44.2%	2021.12	38200万，27.0%
2014.12	70563万，52.4%	2018.06	58769万，42.3%	2022.06	36200万，25.6%
2015.06	70052万，51.2%	2019.02	56200万，40.5%	2022.12	34500万，24.4%
2015.12	68005万，49.7%	2019.08	54100万，38.9%		

数据来源：第1—51次《中国互联网络发展状况统计报告》。

从表10-3中可以看出：1997—2022年，我国的非网民在总人口中的占比稳步下降，由最初的99.95%下降至24.4%。这意味着我国数字政府治理能够惠及的人群（主要是网民）在不断变大，在实现效率的基础上稳步应对公平问题，但需注意到：目前我国非网民依然有3,4500万，这些非网民通常较难在数字政府治理过程中明显获益，与网民之间呈现出明显的不平衡状态，这种状态会阻碍我国进一步提升数字政府治理水平。

二、我国31个省市区数字政府治理的影响因素

马克思主义认为：事物是普遍联系的。运用这一观点分析我国31个省市区数字政府治理的影响因素可以发现：诸多因素对数字政府治理水平高低存在影响。不同研究者在这一方面所持观点存在一定差异。从国外学界的研究成果来看，本书绪论中"国外研究综述"部分已经阐述"数字政府治理影响因素"的研究现状，简述如下，国外学者认为以下因素对数字政府治理具有重要影响：第一，基础性因素的影响。如：克里斯托弗等探究巴西基于数字政府提供公共服务过程中的影响因素，认为基础性因素对治

理水平高低具有重要影响。[①]第二，多元主体的影响。如：博尔迪雷瓦认为，私营部门与政府部门的沟通情况对数字政府治理具有重要影响。[②]第三，环境因素的影响。如：耶夫瓦等对赞比亚数字政府治理实践展开研究发现：非洲土著文化精神对社会影响力和使用数字政府服务的意愿之间的关系具有显著的负相关性。[③]第四，数字技术的影响。如：库利萨基斯等认为数字政府治理过程中使用区块链技术，被大多数人誉为确保安全、透明的数据共享和记录保存的一种新的革命性手段，使用这种技术的情况如何，对数字政府治理水平高低具有影响。[④]第五，经济因素的影响。如：《数字政府百科全书》一书中的一些文章指出，经济发展水平对数字政府治理水平高低具有重要影响。[⑤]

从国内学界的研究成果来看，阮霁阳认为数字政府治理问题受技术、组织和环境三个要素（包含10个次级因素）影响，[⑥]李月和曹海军也认为这三个要素共同催生数字政府治理问题[⑦]。郭蕾和黄郑恺认为数字基础设施和政府投入力度是治理问题的最重要影响因素。[⑧]数字政府治理必然存在于环境中，因此环境定然是治理问题的成因之一，环境因素可以分为外部环境因素和内部环境因素，外部环境因素关注组织外部的资源和竞争等，[⑨]经济情况是其中的重要组成部分。可见，数字政府治理问题受多种因素影响，这些因素可以分为基础性因素、经济性因素和内部环境因素。基础性因素主要是指法律基础、数字基础以及不同主客体供给和获得

① José Sérgio da Silva Cristóvam, L. B. Saikali, and T. P. D. Sousa. "Digital Government in the Implementation of Public Services for the Realization of Social Rights in Brazil." *Seqüência Estudos Jurídicos e Políticos*, 2020 (84):209-242.

② Boldyreva, Liudmila B. "Communication between government and business entities and challenges of creation of 'digital government'." *E-Management*, 2020.

③ Yavwa Y., and Twinomurinzi H.. "The moderating effect of spirituality on digital government in low-income countries: a case of SMEs in Zambia." (Proceedings of the 12th Annual Pre-ICIS SIG GlobDev Workshop, 2019, 2020).

④ Koulizakis, Ioannis, and E. N. Loukis. "A development framework for blockchain technologies in digital government." (ICEGOV 2020: 13th International Conference on Theory and Practice of Electronic Governance, 2020).

⑤ Anttiroiko, Ari Veikko, and Mälkiä, Matti. "Encyclopedia of Digital Government." IGI Publishing, 2006.

⑥ 阮霁阳：《数字政府建设影响因素研究——基于127份政策文件的大数据分析》，《西南民族大学学报（人文社会科学版）》2022年第4期。

⑦ 李月、曹海军：《省级政府数字治理影响因素与实施路径——基于30省健康码应用的定性比较分析》，《电子政务》2020年第10期。

⑧ 郭蕾、黄郑恺：《中国数字政府建设影响因素的实证研究》，《湖南社会科学》2021年第6期。

⑨ 李月、曹海军：《省级政府数字治理影响因素与实施路径——基于30省健康码应用的定性比较分析》，《电子政务》2020年第10期。

数字公共服务的能力基础等，①不包含由经济发展水平抑或经济条件等共同组成的经济基础。经济性因素主要是指经济发展水平尤其是数字经济发展水平，以及不同群体的经济条件。内部环境因素主要是指数字政府治理主体的观念以及数据共享情况等因素，②不包含经济发展水平及经济条件等属于经济领域的、组织外部环境的因素。这些因素对数字政府治理问题的影响呈现如下：

（一）数字政府治理基础

《首届（2019）中国数字政府治理指数报告》中的数字政府治理总分呈现了数字政府治理水平，数据体系、政务服务、数字管治和保障体系这四个一级指标中，数据体系主要扮演数字政府治理基础这一角色。《第二届（2020）中国数字政府治理指数报告》也以数字政府治理总分呈现数字政府治理水平，用户满意指数、政务服务指数、决策治理指数、中枢强基指数和运营保障指数这五个一级指标，中枢强基指数主要扮演数字政府治理基础这一角色。表10-1和表10-2呈现了这两个一级指标的数据。作为一级指标，必然与总分之间存在相关性，但是不同一级指标对总分的影响力大小不平衡，因此需要测算这种相关性的强弱。由此生成第1个假设：数字政府治理基础与数字政府治理水平之间存在正相关性。为了验证这一假设，对31个省市区2019年和2020年的数字政府治理基础与建设水平展开皮尔逊相关系数分析，分析结果如表10-4、图10-1、表10-5和图10-2所示：

表 10-4　数字政府治理基础与建设水平的皮尔逊相关系数分析（2019 年）

相关性		总分	数据体系得分
总分	Pearson相关性	1	.929**
	显著性（双侧）		.000
	N	31	31
数据体系得分	Pearson相关性	.929**	1
	显著性（双侧）	.000	
	N	31	31

---

① 郑磊、吕文增：《地方政府开放数据的评估框架与发现》，《图书情报工作》2018年第22期。

② 谭海波、范梓腾、杜运周：《技术管理能力，注意力分配与地方政府网站建设——一项基于TOE框架的组态分析》，《管理世界》2019年第9期。

从表10-4中可以看出：数字政府治理基础（数据体系得分）和数字政府治理水平（总分）的相关系数为0.929，在1%水平上显著，说明数字政府治理基础和数字政府治理水平存在显著的正相关性，且相关性很强。这一情况可以用图加以直观地展现，如图10-1所示：

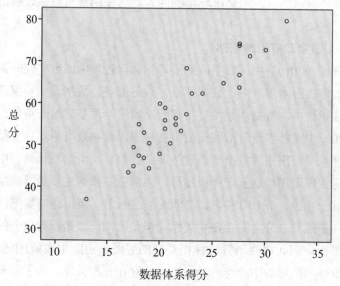

图 10-1　数字政府治理基础与建设水平的皮尔逊相关系数图（2019 年）

从图10-1可以看出：总体而言，总分（纵轴）随着数据体系得分（横轴）的增加而变大，即散点的分布呈现出一定规律，近似于一条直线，说明数字政府治理基础与数字政府治理水平存在明显的正相关性；与中间区域相比，右上方的点的离散程度相对较低。

表 10-5　数字政府治理基础与建设水平的皮尔逊相关系数分析（2020 年）

相关性		总分	中枢强基指数得分
总分	Pearson相关性	1	.796**
	显著性（双侧）		.000
	N	31	31
中枢强基指数得分	Pearson相关性	.796**	1
	显著性（双侧）	.000	
	N	31	31

从表10-5中可以看出：数字政府治理基础（中枢强基指数得分）和数字政府治理水平（总分）的相关系数为0.796，在1%水平上显著，说明数字政府治理基础与数字政府治理水平存在显著的正相关性，但是这一数值低于2019年的相关系数0.929，表明2020年数字政府治理基础对数字政府治理水平的影响力有所下降，即不同年份这种影响力的大小不平衡。这一情况可以用图加以直观地展现，如图10-2所示：

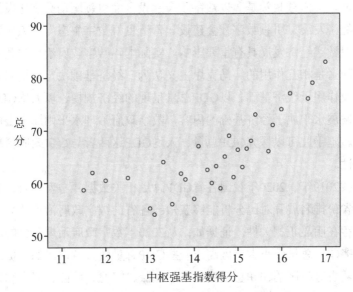

图 10-2　数字政府治理基础与建设水平的皮尔逊相关系数图（2020 年）

从图10-2可以看出：总体而言，总分（纵轴）随着中枢强基指数（横轴）得分的增加而变大，即散点的分布呈现出一定规律，说明数字政府治理基础与数字政府治理水平存在明显的正相关性；越靠近右上方，点的离散程度越低。

从表10-4、图10-1、表10-5和图10-2可以看出：第一，数字政府治理基础与数字政府治理水平之间存在正相关性，但是2020年呈现的相关性低于2019年，表明不同年份数字政府治理基础对数字政府治理水平的影响力不平衡，主要表现是表10-5中相关系数小于表10-4中相关系数、图10-2中离散的点较多。这些情况说明数字政府治理基础强弱是数字政府治理水平高低的重要影响因素但并非唯一影响因素。第二，在图10-1、图10-2中，越靠近右上方，点的离散程度越低。表明数字政府治理基础越坚实，与数字政府治理水平之间的"契合度"越高，即对数字政府治理水平高低的影响力越强。

（二）经济因素

从表10-4、表10-5中可以看出：数字政府治理基础与建设水平之间存在明显的正相关性，但是2020年的相关系数仅为0.796。这些情况表明：除数字政府治理基础之外，必然有一些因素对数字政府治理水平高低具有影响。

国务院于2022年6月23日发布了《国务院关于加强数字政府建设的指导意见》，第六项政策是"以数字政府建设全面引领驱动数字化发展：助推数字经济发展、引领数字社会建设、营造良好数字生态"。表明数字政府治理对数字经济发展具有重要影响。实际上，数字政府治理与数字经济发展这两者是相互作用的。马克思主义认为：经济基础决定上层建筑，上层建筑反作用于经济基础。以GDP总量呈现的经济规模、以人均GDP呈现的经济发展水平属于经济基础的内容，数字政府治理水平则属于上层建筑的内容。基于此可以探究GDP总量、人均GDP这两者与数字政府治理水平的相关性。

查找2019年、2020年我国各省GDP总量相关数据并与表10-1、表10-2中31个省份排名展开对比分析能够获知：各省的数字政府治理总分与GDP总量不存在明显正相关性。证据如：从2020年数字政府治理总分的对比来看，很多GDP总量较小省市区高于一些GDP总量较大省市，如：贵州、海南和内蒙古等省区的GDP总量明显小于安徽、河北、陕西、河南和辽宁等省份，但前3个省区的数字政府治理总分高于后5个省份。当然，这种情况并不意味着各省的数字政府治理总分与GDP总量存在负相关性：一些省市区的数字政府治理总分排名与GDP总量排名大致平衡。在知晓各省数字政府治理总分与GDP总量不存在明显正相关性的情况下，依照马克思主义的"经济基础与上层建筑"相关观点作出推断：经济发展水平很可能与数字政府治理相关。由此生成第2个假设：经济发展水平与数字政府治理水平之间存在正相关性。为了验证这一假设，对31个省市区2019年和2020年的经济发展水平（以人均GDP呈现）与数字政府治理水平（以数字政府治理指数的总分呈现）展开皮尔逊相关系数分析，分析结果如表10-6、图10-3、表10-7和图10-4所示：

表 10-6　经济发展水平与数字政府治理水平的皮尔逊相关系数分析（2019 年）

相关性		总分	人均GDP
总分	Pearson相关性	1	.667**
	显著性（双侧）		.000
	N	31	31
人均GDP	Pearson相关性	.667**	1
	显著性（双侧）	.000	
	N	31	31

从表10-6中可以看出：经济发展水平（人均GDP）和数字政府治理水平（总分）的相关系数为0.667，在1%水平上显著，说明经济发展水平与数字政府治理水平存在显著的正相关性。但须注意到这一相关系数的数值（0.667）小于数字政府治理基础与数字政府治理水平的相关系数数值（0.929和0.796），表明：与数字政府治理基础的影响力相比，经济发展水平对数字政府治理水平的影响力稍小，即经济发展水平与数字政府治理基础的影响力不平衡。这些情况可以用图加以直观地展现，如图10-3所示：

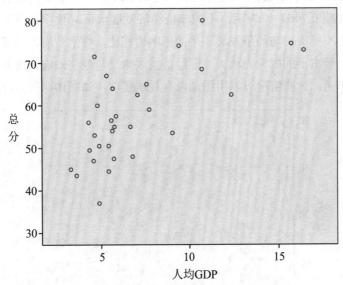

图 10-3　经济发展水平与建设水平的皮尔逊相关系数图（2019 年）

从图10-3可以看出：总体而言，总分（纵轴）随着人均GDP（横轴）的增加而变大，即散点的分布呈现出一定规律，说明经济发展水平与数字政府治理水平存在一定的正相关性。但必须注意到图10-3中点的离散程度明显高于图10-1、图10-2，说明经济发展水平与数字政府治理水平之间的相关程度并不高、弱于数字政府治理基础与数字政府治理水平之间的相关程度，即两种相关程度不平衡。

表 10-7　经济发展水平与数字政府治理水平的皮尔逊相关系数分析（2020 年）

相关性			
		总分	人均GDP
总分	Pearson相关性	1	.788**
	显著性（双侧）		.000
	N	31	31
人均GDP	Pearson相关性	.788**	1
	显著性（双侧）	.000	
	N	31	31

从表10-7中可以看出：经济发展水平（人均GDP）和数字政府治理水平（总分）的相关系数为0.788，在1%水平上显著，说明二者存在显著的正相关性。这一相关系数数值（0.788）大于2019年的相关系数的数值（0.667），但小于数字政府治理基础与数字政府治理水平的相关系数数值（0.929和0.796），表明：不同年份经济发展水平对数字政府治理水平的影响力不平衡；与经济发展水平的影响力相比，数字政府治理基础对数字政府治理水平的影响力稍大，即经济发展水平与数字政府治理基础的影响力不平衡。这些情况可以用图加以直观地展现，如图10-4所示：

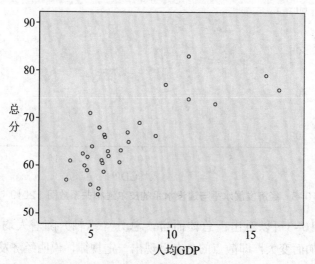

图 10-4　经济发展水平与建设水平的皮尔逊相关系数图（2020 年）

从图10-4可以看出：总体而言，总分随着人均GDP的增加而提高，即散点的分布呈现出一定规律，说明经济发展水平与数字政府治理水平存在明显的正相关性。但必须注意到图10-4中点的离散程度低于图10-3、明显高于图10-1、图10-2，说明不同年份经济发展水平与数字政府治理水平的相关性不平衡；数字政府治理基础和数字政府治理水平之间的相关程度相比，经济发展水平与数字政府治理水平之间的相关程度稍低，即相关程度不平衡。

从表10-6、图10-3、表10-7和图10-4可以看出：经济发展水平与数字政府治理水平之间存在正相关性，2019年和2020年的相关系数为0.667和0.788，与数字政府治理基础和数字政府治理水平的相关系数相比，这两个系数值都不算高。这些情况说明：与数字政府治理基础的影响力相比，经济发展水平对数字政府治理水平的影响力稍小，两种影响力不平衡；经济发展水平高低是数字政府治理水平高低的重要影响因素但并非唯一影响因素。

（三）数字政府治理环境

数字政府治理必然在一定的环境中展开，这种建设受到环境的影响并对环境产生反作用，可以推断出：除数字政府治理基础、经济发展水平之外，数字政府治理环境也极有可能对数字政府治理水平存在影响，由此生成第3个假设：数字政府治理环境与数字政府治理水平之间存在正相关性。数字政府治理环境由政府内部环境和政府外部环境共同组成，这两种次级环境对数字政府治理水平高低具有不可忽视的影响，即数字政府治理的两种次级环境良好与否对建设水平高低具有一定影响。

《首届（2019）中国数字政府治理指数报告》的四个一级指标（数据体系、政务服务、数字管治和保障体系）中，数字管治和保障体系部分地涉及政府内部环境。《第二届（2020）中国数字政府治理指数报告》的五个一级指标（用户满意指数、政务服务指数、决策治理指数、中枢强基指数和运营保障指数）中，用户满意指数与政府外部环境密切相关，决策治理指数和运营保障指数部分地涉及政府内部环境。这些一级指标是数字政府治理指数指标体系的组成部分，必然与数字政府治理指数的总分存在正相关性，因此无需展开皮尔逊相关系数分析，可以用实例展现数字政府治理环境对数字政府治理水平的影响，如：贵州与河北、青海、吉林、山西、西藏等省区的经济发展水平大致平衡，但这些省区的数字政府治理水平明显不平衡——贵州的数字政府治理指数总分明显高于河北、青海、吉林、山西、西藏等省区。这一情况很大程度上归因于贵州的数字政府治理环境明显优于河北、青海、吉林、山西、西藏等省区，如贵州近年陆续出台数字政府治理的相关政策，强化保障体系、提升数字管治和决策治理的效能以及用户满意度，数字政府治理的内部环境及外部环境随之得到优化，助推贵州数字政府治理水平的提升。

三、我国31个省市区数字政府治理影响因素的研究结论

（一）数字政府治理基础对数字政府治理水平具有明显影响

前文第1个假设得到验证：数字政府治理基础与数字政府治理水平之间存在正相关性。一方面，表10-1、表10-2展现的数字政府建构主要以"数据体系""中枢强基指数"为基础，这两个一级指标得分与数字政府治理总分具有明显的正相关性，表明数字政府治理基础对数字政府治理水平具有明显影响。这两个一级指标包括资产体系、目标体系、供需认责、共享交换、数据开放、核心基础数据库和数据应用支撑等二级指标。在最理想的情况下，这些二级指标的发展相对平衡，能够有效夯实数字政府治理基础。但是数字政府治理过程中极难出现这种理想状态，常见的情况是：二级指标中某一项或某几项的发展情况明显优于其他二级指标，呈现出发展不平衡状态。这种不平衡状态控制在一定范围内，能够助力数字政府治理基础的夯实。

另一方面，数字政府治理基础对数字政府治理水平影响力的发挥，还需要其他方面的有效协同，如：需要《中国数字政府治理指数报告》所列政务服务指数、数字管治指数、用户满意指数、政务服务指数、决策治理指数和运营保障指数这些一级指标的有效协同，否则仅有数字政府治理基础没有其他领域工作支撑的情况下，数字政府治理进程无法有效展开，数字政府治理基础对建设水平的影响力也就无从发挥。

（二）经济发展水平对数字政府治理水平具有不可忽视的影响

即前文第2个假设得到验证：经济发展水平与数字政府治理水平之间存在正相关性。实际上，以经济发展水平高低和数字政府治理水平高低作为标准可以将表10-1、表10-2中31个省市区划分为四种类型：第一，经济发展水平和数字政府治理水平都很高的省市，即"双高型"，代表省市是浙江、上海和北京等。第二，经济发展水平和数字政府治理水平都较低的省区，即"双低型"，代表省区是辽宁、甘肃、青海、新疆和西藏。第三，经济发展水平较高但数字政府治理水平都较低的省市，即"高低型"，代表省市是天津。第四，经济发展水平较低但数字政府治理水平较高的省份，即"低高型"，代表省份是贵州、江西、海南和云南。

存在这四种类型实际上是经济发展水平与数字政府治理水平之间正相

关性相对较弱的表现，"高低型"和"低高型"省市即图10-1和图10-2中明显偏离大部分点（离散程度较高）的那些点，表明经济发展水平对不同省市区数字政府治理水平的影响力不平衡。以人均GDP表现的经济发展水平，数字经济发展水平对不同省市区数字政府治理水平的影响力极有可能相对平衡：数字政府治理展开于数字时代，同人均GDP这一明显具有工业时代的经济发展水平衡量指标相比，数字经济与数字政府治理的相关性必然更为明显，因而对不同省市区数字政府治理水平的影响力极有可能更为平衡。

（三）数字政府治理环境对数字政府治理水平具有一定影响

即前文第3个假设得到验证：数字政府治理环境与数字政府治理水平之间存在正相关性。一方面，在一定环境中展开的数字政府治理必然受到所处环境的影响，相对而言，政府内部环境对数字政府治理的影响力通常大于政府外部环境的影响力，但是这种不平衡并非一种绝对、永远存在的状态，在某些情况下政府外部环境的影响力会大于政府内部环境的影响力，如：治理过程中出现重大危机事件，数字政府治理主体必须在短时间内准确地实施相应对策，新冠疫情暴发之后数字政府治理主体必须借助数字平台及时、准确地收集并发布与应对疫情相关的信息，这种情况下，政府外部环境对数字政府治理水平的影响力明显变大，逆转原本存在的"政府内部环境影响力大于政府外部环境影响力"这一不平衡状态。

另一方面，数字政府治理并非单方面受到数字政府治理环境的影响（这是一种单方面输出影响力的不平衡状态），而是能够对数字政府治理环境发挥反作用，即数字政府治理本身与数字政府治理环境这两者对对方的影响相对平衡，这种相对平衡会随着数字政府治理本身或数字政府治理环境这两者的变化而变化，但通常不会出现绝对平衡或绝对不平衡这两种极端状态：这两种极端状态会生成对数字政府治理体系的"突破力"，这种突破力大于数字政府治理体系的承载力时，数字政府治理体系必然崩溃，因此，数字政府治理主体一旦察觉数字政府治理过程中正在生成这两种极端状态，就会及时实施某些举措降低出现极端状态的可能性，使数字政府治理本身与数字政府治理环境这两者对对方的影响力保持相对平衡。

结语

我国数字政府治理已经取得显著成效但存在明显的不平衡问题，这种不平衡问题受到数字政府治理基础、经济因素和治理环境影响，数字政府治理过程中需要防范这三种因素朝着极端变化，否则会危及数字政府治理基础、数字政府治理体系甚至数字政府治理的整个过程。

第十一章　数字政府治理的普遍问题

我国数字政府治理的总问题是不平衡问题，与本书第二编所述数字政府治理结构和主体相结合，这一总问题通常呈现为三个具体问题：政府边界偏大、信息不对称、公共服务非均等化。

从本书第二编对数字政府治理结构与主体的分析、第三编中我国数字政府治理情况可以看出，不同地方数字政府治理过程中存在一些问题，大部分问题各不相同，少量问题普遍存在于各地，尤其是不平衡问题普遍存在于数字政府治理过程中，如省与省之间的不平衡、数字政府治理与经济发展不平衡、不同群体受益程度不平衡，这些问题已经在第二编和第三编中具体阐述，本章所述不平衡问题，是对第二编和第三编开篇中阐述的大量问题的总结、提炼。这些问题与习近平总书记关于网络强国的重要思想中直接与数字政府治理相关的内容对应，也与《国务院关于加强数字政府建设的指导意见》中阐述的一些基本原则和政策密切相关。

习近平总书记在党的二十大报告中再次强调："我国社会主要矛盾是人民日益增长的美好生活需要和不平衡不充分的发展之间的矛盾，并紧紧围绕这个社会主要矛盾推进各项工作。"[1]数字政府治理领域的不平衡问题，一定程度上是我国社会主要矛盾在数字政府治理过程中的具体呈现，如：不同群体受益程度不平衡，意味着未能明显受益的群体尚未实现与数字政府治理相关的美好生活需要。数字政府治理过程中如果未能解决这一总问题，治理水平将难以得到较快提升，从而对我国的现代化进程产生负面影响。

不平衡这一总问题普遍存在于第三编所述全国各省市区的数字政府治理过程中，与本书第二编、第三编开篇所述数字政府治理结构和主体相结合，这一总问题通常呈现为三个具体问题：政府边界偏大、信息不对称、公共服务非均等化。第一，政府边界偏大，表面上看是政府部门这一主体自身的问题，实际上是治理结构尚未有效优化的重要表现以及原因，与数

---

① 习近平：《高举中国特色社会主义伟大旗帜　为全面建设社会主义现代化国家而团结奋斗》，《人民日报》，2022-11-01（01）。

字政府治理过程中出现地区之间不平衡、信息不对称及公共服务非均等化等问题密切相关。第二，信息不对称与不平衡这一总问题高度相关，存在于数字政府治理不同主体之间、主客体之间乃至同一类主体之间（如不同政府部门之间）、同一个客体之间（如公众内部的网民和非网民之间）。第三，数字政府治理领域的省际不平衡、不同群体受益程度不平衡，很大程度上具体呈现为（数字）公共服务非均等化问题：省际不平衡，意味着不同省市区在数字政府治理过程中供给的数字公共服务存在差异，即身处不同地方的治理客体能够获得的数字公共服务数量和质量等存在差异。这三个问题与习近平总书记关于网络强国的重要思想与数字政府直接相关的一些内容相对应，即很多地方的数字政府治理尚未达到习近平总书记的要求。

从全书脉络来看，首先，习近平总书记关于网络强国的重要思想与数字政府直接相关的内容中，第一大方面的"有效优化数字政府治理结构、整合多元主客体合力"、第二大方面的"因需制宜地实施烈度适中的不平衡政策"及第三大方面的"将数字政府治理领域的不平衡程度控制在适度范围内"，能够指导数字政府治理主体解决本书所述"政府边界偏大"这一问题：第一，政府因需制宜地调整边界有助于"有效优化数字政府治理结构、整合多元主客体合力"。正确地调整政府边界是优化数字政府治理结构的重要内容，正确调整政府边界之后，才能够更加有效地整合多元主客体的合力——政府边界偏大的情况下，一些主客体难以有效参与数字政府治理进程。第二，政府因需制宜地调整边界有助于数字政府治理过程中"因需制宜地实施烈度适中的不平衡政策"，政府边界偏大的情况下，容易出现极端化政策。第三，政府因需制宜地调整边界是数字政府治理过程中将不同主体的不平衡程度控制在适度范围内的重要前提。从我国数字政府治理的现状来看，数字政府治理过程中一些地方政府边界偏大。

其次，习近平总书记关于网络强国的重要思想与数字政府治理直接相关的内容中，第一大方面的"整合多元主客体合力的基础上切实贯彻数字治理路线"，第二大方面的内容"在实体空间和虚拟空间中兼顾技术创新驱动与制度变革驱动，因需制宜地实施烈度适中的不平衡政策"，以及实现第三大方面所述目标：将数字政府治理领域的不平衡程度控制在适度范围内，防范或打破数字政府治理领域的"低水平锁定"状态，有效提升治理水平，惠及最广大群体，都需要信息（大致）对称这一前提条件。从我国数字政府治理的当前情况来看，一些地方、某些群体之间和领域中存在信息明显不对称现象，即存在信息不对称问题，这表明他们尚未实现"将数字政府治理领域的不平衡程度控制在适度范围内"这一目标，阻碍了我国实现数字政府治理目标尤其是前述第三大方面内容中的"效提升治理水平，惠及最广大群体"。

再次，习近平总书记关于网络强国的重要思想与数字政府直接相关的内容中，第三大方面内容是：将数字政府治理领域的不平衡程度控制在适度范围内，防范或打破数字政府治理领域的"低水平锁定"状态，有效提升治理水平，惠及最广大群体。"将数字政府治理领域的不平衡程度控制在适度范围内"是数字政府治理的重要目标之一，但目前尚未完全实现这一目标，数字政府治理过程中存在公共服务非均等化问题是重要表现之一。此处的公共服务非均等化问题是指：不同的治理客体受自身能力以及其他因素所限，在数字政府治理过程中获得的公共服务存在明显差异。数字政府治理过程中供给公共服务，不可能实现完全均等化，但也不能出现差异过大现象；差异过大意味着一部分客体未能在数字政府治理过程中像其他客体那样获益，这些未能平等获益的客体会产生不满情绪甚至实施一些不当行为，对数字政府治理形成负面影响甚至有可能将数字政府治理锁定在低水平状态。这与习近平总书记关于网络强国的重要思想主张的"防范或打破数字政府治理领域的'低水平锁定'状态，有效提升治理水平，惠及最广大群体"相背离。

从全书结构来看，第一，政府边界偏大这一问题，与本书第二编所述数字政府治理结构密切相关：政府因需制宜地调整边界有助于优化数字政府治理结构。这一问题更与第二编所述数字政府治理过程中政府边界的演变直接相关：数字政府治理过程中存在这一问题表明政府边界的演变未能达到预期目标。第二，信息不对称问题与本书第二编所述数字政府治理结构密切相关：这一问题存在于数字政府治理的结构中。当然，这一问题同时与第二编中党组织、政府部门、公益部门、私营部门和公众各章高度相关：信息不对称问题存在于数字政府治理过程中的这些主体之间。第三，公共服务非均等化问题主要与第二编中所述私营部门和公众等治理客体直接相关：数字政府治理过程中存在这一问题，表明不同私营部门、公众在治理过程中的受益程度不平衡。这三个问题都普遍存在于本书第三编所述数字政府治理情况中，是本书第五编中数字政府治理的推进途径所要解决的重要问题。本章分述数字政府治理过程中总问题（不平衡）以及"政府边界偏大、信息不对称、公共服务非均等化"这三个普遍存在的具体问题的背景、特征、表现和危害。

一、总问题：不平衡

习近平总书记在党的二十大报告中强调："我国社会主要矛盾是人民日益增长的美好生活需要和不平衡不充分的发展之间的矛盾。"[①]这种不平衡也存在于数字政府治理领域，而且是这一领域的总问题。不平衡现象普遍存在于诸多领域，[②]如我国不同地区的经济发展水平不平衡、不同群体的受教育水平不平衡以及"胡焕庸线"难题呈现的不平衡，这些领域的不平衡与数字政府治理领域的不平衡密切相关。因此，不能将常见于数字政府治理过程中不平衡现象视为不平衡问题，只有在不平衡程度超出适度范围、影响该领域进一步发展的情况下，不平衡才成为问题。可见，数字政府治理领域的不平衡问题是指不平衡程度超出适度范围。这一问题归属于价值理性领域，通常出现于长期重视效率（归属于工具理性领域）的领域中。不平衡问题在西方国家数字政府治理过程中较为明显，原因归于这些国家的政党为了维持或获得执政地位而更为关注效率，一定程度上忽视了公平问题。与西方国家明显不同的是，在中国共产党领导下，我国展开数字政府治理的过程中一直注意兼顾效率与公平，但受客观环境（如版图极大、地区差异明显）等影响，数字政府治理过程中存在不平衡问题。这一问题的背景、特征、表现和危害如下所述：

（一）不平衡问题的背景

基于不同视角分析数字政府治理领域的不平衡问题，能够发现这一不平衡问题的背景。

1. 马克思主义哲学视角下的不平衡。马克思主义认为，事物一直处于不断变化的过程中，事物在不同环境中的变化速度会存在差异，变化的影响力大小也会存在差异，基于此出现量变与质变两种类型的变化，适度不平衡状态通常存在于量变阶段，显著不平衡状态则通常存在于质变阶段。当前，数字时代全面来临带来了诸多质变，出现问题的集中呈现期，由此在数字政府治理领域催生一些显著不平衡状态。数字政府治理主体着力解决呈现为不平衡状态的诸多问题之后，数字时代来临在数字政府治理领域催生的质变阶段逐渐转变为量变阶段，问题的集中呈现期逐渐消失，数字政府治理过程中显著不平衡状态会逐渐变更为适度不平衡状态。从马

---

① 习近平：《高举中国特色社会主义伟大旗帜 为全面建设社会主义现代化国家而团结奋斗》，《人民日报》，2022-11-01（01）。

② 王少泉、董礼胜：《非均衡治理：跨谱系的公共行政理论》，《中共福建省委党校（福建行政学院）学报》，2023年第2期。

克思主义哲学视角来看，适度的不平衡有助于事物不断发展，显著不平衡则会对事物发展产生负面影响；数字政府治理所处环境及其自身一直在变化（"变是唯一的不变"哲学观的表现），因此不平衡状态是一种常态，但治理过程中必须注意防范或消除显著不平衡状态。

2. 现代化视角下的不平衡。现代化过程中必定有一些国家、地区和主体的现代化速度快于其他国家、地区和主体，从而拥有较为明显的现代性，这种情况必然催生不平衡状态。具体而言，治理过程中一些理念、制度、机制及手段等的革新，能够助推一些国家、地区和主体等率先展开治理现代化进程，由此成为这一领域的先发地区，从而催生不平衡状态。先发地区的发展取得明显成效后，与后发地区之间的不平衡程度会随之上升，而且先发地区的情况会对后发地区产生影响，由此引起后发地区的环境出现变化（通常是表现得较为缓慢的量变）。这些情况也存在于数字政府治理领域：习近平总书记曾在福建、浙江和上海等省市工作并开启或有力推进这些地方的数字政府治理进程，使得这些地方成为数字政府治理领域的先发地区，中西部一些省市区开启数字政府治理进程的时间相对较短，导致这些地方的数字政府治理水平明显低于东部省市，不平衡问题由此出现。

3. 不平衡发展理论视角下的不平衡。不平衡发展理论的全称是区域经济不平衡发展理论，这一理论主要由三个次级理论构成：[①]①循环积累因果原理：发达地区和欠发达地区同时存在于经济空间中，在市场机制作用下，发达地区不断积累对自己有利的因素，欠发达地区则不断积累对自己不利的因素，由此形成"地理二元经济"结构。②增长极理论：区域经济发展过程中会出现增长极，增长极具有极化效应（向心力），能够在极点地区产生规模经济效益也具有扩散效应（离心力），对极点的周围地区产生辐射作用。③区域经济梯度转移论：不同区域之间的经济发展存在不平衡状态，由此形成经济技术梯度，新技术及新兴产业等会从高梯度地区逐步向低梯度地区转移。不平衡发展理论与地理边缘效应密切相关，后者认为：只要存在不平衡就必然产生地理梯度，地理梯度最明显的地方即为地理边缘效应表现最突出的地方。

将不平衡发展理论与地理边缘效应综合运用于数字政府治理领域能够发现：①不平衡状态广泛地存在于数字政府治理过程中，由此必然治理水平存在不同的地区和具体领域等，出现"二元治理"结构。②发达地区、

---

① 孟越男、徐长乐：《区域协调性均衡发展理论及我国实践》，《甘肃社会科学》2020年第4期。

发达领域与欠发达地区、欠发达领域之间存在"治理边缘效应",即不同治理水平的地区、领域等相互影响。③如果发达地区、发达领域等在数字政府治理过程中发挥积极作用,带动欠发达地区、欠发达领域提升治理水平,是治理扩散效应、治理梯度转移的主要表现。如果发达地区、发达领域等在数字政府治理过程中发挥消极作用,不断从欠发达地区、欠发达领域吸取自身所需资源,导致两类地区、两类领域之间的治理水平差距持续扩大,这是治理极化效应、治理梯度逆向转移的主要表现,不平衡问题由此出现。④我国不同地区的经济发展水平不平衡,是数字政府治理水平不平衡的重要原因之一。

4. 进化论视角下的不平衡。进化论认为生命演进过程中出现过"寒武纪生命大爆发"[1],与此相似,数字政府治理过程中也存在"大爆发"情况,即一些全新制度、机制、政策及理念等在短时间内集中出现于某些地方,如:2000年,在时任福建省省长的习近平同志领导下,数字政府治理领域的一些制度、机制、政策及理念等迅速出现,使得福建省在数字政府治理领域出现了"大爆发"现象,该省的数字政府治理水平获得快速提升,其他一些省市区之间逐渐出现不平衡问题。

除"寒武纪生命大爆发"之外,美国古生物学家埃尔德雷奇和古尔德于1972年提出间断平衡论,这一理论认为:进化过程中跳跃与停滞相间(突变与渐变结合),不存在匀速、平滑、渐变的进化,新物种只能通过线系分支产生、只能以跳跃的方式快速形成;新物种一旦形成就处于保守或进化停滞状态,新物种形成之后就会出现一种内在连贯性,呈现出保守或进化停滞状态,生物沿着固定的途径发育、生长,长期保持稳定直到下一次突变的出现;进化过程中的突变具有随机性,对新物种的形成而言地理隔离十分重要。[2]将间断平衡论用于分析我国的数字政府治理实践能够发现:我国的数字政府治理进程由突变和渐变(马克思主义哲学中的质变和量变)共同组成,全新的政策大规模出现于21世纪初的东部省市,助推这些省市成为数字政府治理领域的先发地区,明显拉开与中西部省市区的治理水平差距,由此催生不平衡问题。

(二)不平衡问题的特征、表现与危害

1. 不平衡问题的特征与表现。我国数字政府治理领域普遍存在的不

---

① 汪洋:《寒武纪生命大爆发可能由板块运动导致》,《资源环境与工程》2019年第4期。

② Chris, Koski, and W. Samuel. "Drawing practical lessons from punctuated equilibrium theory." *Policy & Politics*. 2018 (46.2):293-308.

平衡问题的最重要特征是：①数字政府治理领域普遍存在不平衡问题。不平衡问题存在于很多领域中，如世界上不同国家的整体实力不平衡、一国内部不同地区的经济发展水平不平衡、不同群体在国家发展过程中的受益程度不平衡等。这种不平衡问题也普遍存在于我国的数字政府治理领域，如本书第三编所述的各种不平衡问题——省际不平衡、不同城市不平衡、不同群体受益程度不平衡、治理水平与经济发展水平不平衡等。②数字政府治理过程中难以完全消除不平衡问题。运用马克思主义哲学中的量变质变观对数字政府治理领域的不平衡问题展开分析能够发现：这一领域的不平衡由多种因素在长时间内催生，是量变的结果，较难在短时间内完全消除。

数字政府治理领域不平衡问题的表现是本书第三编中陈述的各种不平衡，如：不同省份的数字政府治理水平明显不平衡；数字政府治理水平与经济发展水平不平衡；不同群体在数字政府治理过程中的受益程度不平衡等。实例如：广东省推进数字政府治理过程中，深圳市打造"免证办"政务服务新模式，江门市房屋交易"云链签"项目，佛山市禅城区基于"区块链+数据反哺"实现数据赋能政务服务改革，这些改革有力助推这些地方的数字政府水平提升，与韶关市和梅州市等地之间呈现出治理水平明显不平衡这一状态。当这些不平衡状态的程度过高、阻碍治理水平进一步提升时，不平衡就成为问题并产生危害。数字政府治理领域不平衡问题的危害具体呈现为：不平衡于程度过大会带来危害；不平衡于程度过小会带来危害。

2. 不平衡程度过大会带来危害。如本书第二编所述：我国的数字政府治理进程基于勒洛型金字塔结构推进，这一治理结构主要由党组织、政府部门、公益部门、私营部门和公众等主体共同组成。数字政府治理过程中，适度差异在一定程度上能够助推现代化水平提升，但是一旦差异适度恶化为差异程度过大，就会对诸多地区、领域、群体乃至整个数字政府治理进程形成危害。从理论层面来看，每一个数字政府治理结构都有一定的承载力，这种承载力主要是应对数字政府治理结构内部和外部的"突破力"，内部"突破力"的情况如：不同地区、领域和群体之间出现差异程度过大的情况下，会在数字政府治理结构内部催生"治理真空"，进而出现针对数字政府治理结构的"突破力"，这种"突破力"主要来源于某些地区、领域和群体出于对现状的不满而试图改变数字政府治理结构。如：差异程度过大的情况下，自身情况极差的群体等会为了改善自身情况而寻求变革数字政府治理结构或提升自身在治理结构中的地位和作用。这种情况与亚当斯的公平理论密切相关：所得不同引起不公平感。外部"突破力"的情况如：不同地区在现代化过程中差异程度过大时，欠发达地区极有可能试图革新数字政府治理结构以改变落后状态，由此在数字政府治理结构外部形成"突破力"。从实例来看，我国东部一些省市的数字政府治理水平明显高于绝大部分西部省区，这种明显不平衡状态对我国进一步提升数字政府治理水平具有不可忽视的负面影响，从宏观层面来看，这种不平衡状态对我国在现代化过程中实现全体人民共同富裕目标具有负面影响。

3．不平衡程度过小会生成负面影响。数字政府治理过程中，不平衡程度过大会引致严重问题，不平衡程度过小也会带来明显问题：不平衡程度过小的情况下，付出较多或极多的群体，在发现所得与其他群体相同之时，会寻求变革数字政府治理体系。这种情况与亚当斯的公平理论密切相关：所得相同但付出不同的情况下催生不公平感。历史上存在"不平衡程度过小引发诸多问题"的实例，如：苏联实施农业集体化政策初期曾有效发挥此类政策的正面作用，但此类政策的负面影响在政策实施较长时间后逐渐显现：村社制度的平均主义以及对所有权的模糊化使农民的生产积极性降低。从本质上来看，这些问题可归因于不平衡程度过小。

二、政府边界偏大

数字政府治理过程中普遍存在的"政府边界偏大"这一问题，与习近平总书记关于网络强国的重要思想与数字政府直接相关的一些内容对应，实际上是指我国很多地方的数字政府治理尚未达到习近平总书记的要求。政府边界偏大的背景是：数字政府治理需要强政府和弱政府相结合；数字政府治理的任务重叠使政府处于复杂环境中。政府边界偏大的特征和表现有：未能及时调适政府与市场的关系；某些地方领导者在推进数字政府治理的过程中将注意力过度集中于突出特色，因而过分重视政府作用。政府边界偏大的危害是：数字政府治理主体发展明显不平衡；难以有效兼顾工具理性和价值理性。分述如下：

（一）政府边界偏大的背景

英国学者邓利维认为：电子政务时期始于1985年，在2002年演变为数字（政府）治理的第一波，2010年第一波进一步演变为第二波。[①]数字政

---

① Dunleavy, Patrick, and H. Z. Margetts. "The Second Wave of Digital Era Governance." *Social Science Electronic Publishing*, 2010.

府治理"政府边界偏大"这一问题出现于这一过程中：电子政务的出现意味着新一轮现代化进程的全面开启，但这一时期：与虚拟空间治理相关的法律、制度及政策等尚不完善；在虚拟空间中展开治理之时面临很多实体空间中不存在的问题；公益部门、私营部门及公众等主体参与电子政务的能力不足。出于解决这些问题、消除治理过程中潜在风险的考虑，政府倾向于强化在虚拟空间治理过程中的作用，政府边界随之扩张。

电子政务于21世纪初开始向数字政府治理演进，诸多国家有效提升数字政府治理水平，基于此实现现代性的强化。与虚拟空间治理相关的法律、制度及政策等逐步完善；公益部门、私营部门及公众等主体在虚拟空间中参与治理的能力日益强化。受这些情况影响，在一些国家和地区，虚拟空间中政府边界扩张态势逐渐消失。

数字时代来临之时，某些国家和地区存在这样的情况：与虚拟空间治理相关的法律、制度及政策等尚不完善，亟待政府强化作用以解决这些问题；公益部门、私营部门及公众等主体中的某些"成员"参与数字政府治理的能力已经较强，产生了相关诉求，生成促使政府收缩边界的需求。同时面临扩张政府边界和收缩政府边界这两种完全相反的需求的国家和地区，极易出现"政府边界偏大"这一问题，具体阐释如下：

1. 数字政府治理需要强政府。宏观上来看，数字政府治理的展开，需要政府制定并有效运行或实施法律、制度和政策等，广泛提供基本公共服务，即数字政府治理需要强政府。这一情况具体表现于以下方面：

（1）制定和完善数字政府治理相关法律、制度和政策等的过程中，需要政府扮演强势主导者角色。电子政务时期，政府制定和完善与电子政务乃至后来的数字政府治理相关的法律、制度和政策等，更多的是在完成偏向于价值理性的任务：构建制度框架和运行规则等，为电子政务乃至数字政府治理的发展制定框架和规则等，类似"做大蛋糕之前先做好模子"。电子政务向数字政府治理演进过程中，法律、制度和政策等完善速度滞后于现代化速度极易催生问题，尤其是供给虚拟公共服务的法律、制度和政策尚未成形之时，[①] 极易引发诸多问题；法律、制度和政策等完善速度较慢导致其他主体（尤其是私营部门）在供给虚拟公共服务的过程中难以获得稳定利润或丰厚利润，导致这些主体不愿积极参与数字政府治理。这些

---

① Luna-Reyes, Luis F., and J. Ramon Gil-Garcia. "Digital government transformation and internet portals: The co-evolution of technology, organizations, and institutions." *Government information quarterly*, 2014 (31.4).

问题的存在均是政府必须扮演强势主导者角色的重要原因。整体而言，数字政府治理过程中，政府是诸多法律、制度和政策等的制定者、构建者和实施者，其必须在这一过程中扮演强势主导者角色，尤其值得注意的是必须强化政府APP的构建、管理及广泛运用：政府APP有可能发展成为政府部门、私营部门与公众这三者之间进行沟通的一种关键形式，这种应用程序的使用基于低功耗设备（如移动电话）使用互联网，[①]将有效提升在线访问率及政府与公众的互动效率[②]。这些目标的实现也有赖于强政府的存在。

（2）电子政务向数字政府治理演进催生不稳定现象，需要强政府扮演"稳定器"角色。本书在绪论中已经阐述电子政务和数字政府治理的联系与区别，在此不再赘述。电子政务向数字政府治理演进是现代化的重要表现，这一演进也会加速现代化进程。现代化的推进容易催生不稳定现象：现代化过程中，制度完善速度常常低于现代化速度，由此催生诸多问题，引发不稳定现象。为了减少这种不稳定现象、降低现代化过程中的不稳定程度，政府在电子政务向数字政府治理演进过程中须保持甚至扩张边界以有效降低潜在风险、解决演进过程中出现的问题，由此，能够扮演"稳定器"角色的强政府也就成为演进过程中的一种必须。

（3）数字政府治理的诸多主体尚未发育成熟，需要政府继续担任强势领导者角色。这种情况与习近平总书记关于网络强国的重要思想与数字政府治理直接相关的内容中第一部分直接相关：优化数字政府治理结构，并不意味着在任何情况下都应该收缩政府边界。也与本书第二编开篇所述数字政府治理结构以及其后阐述的政府边界问题直接相关。任何一个新时代都不会等到诸多治理主体完全发育成熟才来临，某些治理主体在新时代来临之后才发育成熟：电子政务向数字政府治理演进的过程中，不同治理主体的发育速度不尽相同，某些治理主体的发育速度慢于其他治理主体以及环境现代化速度。从近几十年的情况来看，电子政务向数字政府治理演进的过程中，某些公益部门、私营部门和公众等治理主体的发育速度相对较慢，导致数字时代全面来临之时这些治理主体尚未完全发育成熟，难以

---

① Dunleavy, Patrick, and H. Z. Margetts. "The Second Wave of Digital Era Governance."*Social Science Electronic Publishing*, 2010.

② Dunleavy, Patrick, and H. Z. Margetts. "The Second Wave of Digital Era Governance." *Social Science Electronic Publishing*, 2010.

有效参与数字政府治理进程，尤其是供给虚拟公共服务的能力较弱。① 与这些治理主体相比，绝大部分政府部门的发育程度较高（主要得益于政府长期致力于供给公共服务），能够更为有效地供给虚拟公共服务，因此，在诸多主体尚未发育成熟的情况下，政府必须继续担任强势领导者角色。

2. 数字政府治理需要弱政府。（1）数字政府治理过程中各治理主体各具优势，能够实现优势互补。数字政府治理时期，政府逐渐收缩边界，为其他治理主体"腾出空间"，更多的是在完成偏向于工具理性的任务：在已经构建制度框架、运行规则等的基础之上，为诸多治理主体有效参与数字政府提供条件，类似"在已经做好模子的基础上尽力做大蛋糕"。数字政府治理主体多元化是一种已经确定的宏观态势，政府边界收缩有助于公益部门、私营部门和公众等治理主体有效参与数字政府治理进程，尤其是强化非基本公共服务的有效供给。近年，数字政府治理主客体越来越多地认识到"不同主体在数字政府治理尤其是供给虚拟公共服务的过程中各具优势且能够实现优势互补"，多元主体参与供给公共服务、数字政府治理的态势逐渐生成，政府在虚拟空间中的边界随之开始收缩。实例如《"十三五"智慧南京发展规划》指出：智慧南京建设方面，IBM、微软、SAP、华为、中兴、神州数码等国内外知名私营部门强化了技术创新和投入，三宝科技、云创存储、焦点科技、润和软件等科技创新私营部门也参与这一建设。② 这些举措的实施实质上降低了政府在数字政府治理过程中的"强度"，助推了数字政府治理水平的提升。

（2）多元主体的参与有助于提升数字政府治理效能。进入21世纪之后，西方国家开始全面展开数字政府治理进程，这是一种全新的现代化过程，政府部门之外的公益部门、私营部门甚至公众等主体日益成为数字政府治理的重要主体，③ 这种参与成为常态之后，会在现代化过程中生成一种"路径依赖"状态：在制度保障下，数字政府治理效能获得提升，助推了制度完善，制度的完善则反过来为数字政府治理效能的进一步提升提供保障。受这种"路径依赖"状态的影响，强政府向弱政府演变已经成为一种宏观态势。这一态势也出现于我国，实例如：2015年，河南省安阳市政

① Patil, G. P., et al. "Geoinformatics of Hotspot Detection and Prioritization for Digital Governance." *Springer US*, 2008.

② 《"十三五"智慧南京发展规划》，南京市仙林大学城管理委员会网站，2018-06-26。

③ Williams, Christine B, G. J. J. Gulati, et al.."Predictors of on-line services and e-participation: A cross-national comparison." (Proceeding of the 14th annual international conference on digital government research, 2013).

府就与中国建设银行（安阳分行）签订战略合作框架协议，合力构建"网上市民之家"政务服务平台；2018年，中国建设银行（安阳分行）基于新的核心系统全面升级这一平台，有效提升该银行参与数字政府治理的效能。①

（3）多元主体参与有助于降低政府的财政压力。近年，西方国家的财政状况对公益部门、私营部门和公众等参与数字政府治理的进程产生了影响：西方国家近年的财政紧缩助推了通过利用在线服务实现的交付层面联合治理，②这一情况的出现在一定程度上降低了西方国家所面临的财政压力。整体上来看，多元主体参与的确有助于降低政府的财政压力，我国的实例如：2015年10月19日，中国联通与广东省政府签订《互联网+战略合作协议》，4天之后的10月23日，中国电信与广东省政府签订《加快"十三五"信息化建设战略合作框架协议》，这两个协议签署之后，诸多私营部门与广东省多级政府签订了一些类似协议，私营部门与政府合力助推了当地的数字政府治理进程，③也在一定程度上降低了政府的财政压力，政府强度在这一过程中逐渐降低，即强政府开始向弱政府演变。

3. 数字政府治理的任务重叠使政府处于复杂环境中。在"正统"发展情况下，一个国家或地区先经历电子政务时期，以强政府姿态制定、构建或实施诸多法律、制度和政策等，完成电子政务时期的任务之后再进入数字政府治理时期，逐渐开始收缩政府边界，为其他治理主体参与数字政府治理"腾出空间"，由此开始由强政府演变为弱政府，逐步完成数字政府治理时期的任务。这种"正统"发展情况并非存在于所有国家和地区，一些国家和地区在数字时代全面来临之时尚未完成电子政务时期的任务，导致电子政务和数字政府治理两个发展阶段的任务重叠，即同时需要强政府和弱政府，这种重叠的任务使政府处于复杂环境中，容易导致政府边界偏大。

政府边界偏大这一问题主要出现于数字政府治理水平较低的一些国家和地区，是一些国家和地区在现代化或数字政府治理过程中必须认真应对的一个问题。从本质上来看，不同发展阶段的任务重叠归因于：与其他一些国家和地区的政府相比，某些国家和地区的政府未能快速推进现代化

---

① 安阳市人民政府：《安阳市在全国首创"互联网+政务+金融+多场景便民应用"服务平台》，河南省人民政府门户网站，2018-09-18。

② Dunleavy, Patrick, and H. Z. Margetts. "The Second Wave of Digital Era Governance."*Social Science Electronic Publishing*, 2010.

③ 邹正康：《运营商抢滩布局"互联网+"：企业和政府形成合力》，搜狐网，2015-11-04。

进程，即在电子政务时期未有效推进现代化进程（表现为未有效展开电子政务建设），而将这一任务留到数字政府治理时期完成，导致这些国家和地区的政府在数字政府治理时期必须完成两个时期、需要完全相反的两类任务。实例如：我国数字政府治理水平较低的省区（如西藏和甘肃等省区），某些情况下会出现政府边界偏大这一问题。

数字政府治理过程中同时出现"制定、构建并实施诸多法律、制度和政策"和"多元治理主体共同参与"这两种需求之时，政府边界偏大这一问题随之出现。值得注意的是，政府所面临的两种（相反的）选择必须存在于同一个时间之中和同一个空间之中（即存在于同一个时空之中）才会催生数字政府治理过程中的政府边界偏大这一问题。从时间角度来看：数字政府治理初期，其他主体尚未发展成熟的情况下，政府不仅需要制定并维护法律、制度和政策等的有效运行及实施，而且必须在数字政府治理过程中维持甚至扩张边界。从长远来看，数字政府治理是一种多元主体共同参与的治理，随着数字政府治理进程的推进，政府必须逐渐收缩边界。由此可以看出：政府在数字政府治理初期和数字政府治理得到一定发展之后所扮演的角色完全相反，但这种相反需求的存在并未催生政府边界偏大这一问题。

从空间角度来看，在市场监管这一领域，数字政府治理其他主体实力相对较弱，政府须强化在这一领域的作用，同一时期，在环境保护这一领域，数字政府治理其他主体实力并不弱小，政府需要逐步收缩边界，这两种相反的需求并未同时存在于数字政府治理的同一个领域之中，并未使政府面临两难选择，因此不可视为数字政府治理过程中出现政府边界偏大这一问题。一些国家进入数字时代之时，在实体空间中，政府之外的其他主体已经具备良好地参与数字政府治理的能力，无须政府长期保持甚至扩张边界；但是在虚拟空间中，政府之外的其他主体尚未具备良好地参与数字政府治理的能力，需要政府保持甚至扩张边界。实体空间与虚拟空间中完全相反的需求，并未催生政府边界偏大这一问题。

整体而言，政府边界偏大这一问题的重要背景是政府处于复杂环境中：一方面，某些"后发"国家和地区并未在电子政务时期获得充分发展之时就进入数字政府治理这一宏观领域之中，政府必须"补电子政务时期的课"，即必须制定、构建或实施诸多法律、制度和政策等，以推进数字政府治理进程，因此必须维持甚至扩张政府的边界。另一方面，在数字政府治理这一领域已经取得大量成就的国家的成功经验表明：多元治理主体共同参与能够有效提升数字政府治理效能，受这一成功经验或宏观态势影响，这些"后发"国家和地区试图借助多元治理主体共同参与来提升数字政府治理水平，这就需要政府逐步收缩边界。

数字政府治理的某个具体领域（如养老或生态治理等领域）之中，不同治理主体甚至同一类治理主体的实力强弱存在差距，因此政府需要强化作用以培育实力较弱的其他治理主体，与此同时，政府需要收缩边界为实力较强的其它治理主体"腾出空间"。

其他地方的多元主体已经较为有效地参与数字政府治理之时，某一地方（政府之外的）多元主体实力较弱、难以有效参与数字政府治理，这种情况下：政府如果选择维持甚至扩张边界，会与宏观趋势相悖；政府如果选择收缩边界、吸纳当地其他治理主体参与数字政府治理，这一治理会因为当地其他治理主体实力较弱而效果不佳；政府如果选择收缩边界、吸纳其他地方的治理主体借助网络等参与（本地的）数字政府治理，这一举措极有可能被当地的其他治理主体反对，而且这一治理有可能因为难以对其他地方治理主体展开有效监控而出现诸多问题。

（二）政府边界偏大的特征和表现

政府边界偏大这一问题的特征主要有：一是普遍性与必然性。一方面数字政府治理初期，一些（电子政务时期未能实现充分发展的）国家和地区出现政府边界偏大这一问题，表明这一问题并非某一国家和地区的特有情况，而是具有普遍性。另一方面，不同国家和地区在电子政务时期的发展水平存在差距，[①]这种差距的存在意味着：那些在电子政务时期发展水平较低甚至没有进入电子政务时期的国家和地区，在进入数字政府治理时期之后常常会出现政府边界偏大这一问题，即某些国家和地区推进数字政府治理的过程中必然出现这一问题，即这一困境具有必然性。二是现实性与发展性。政府边界偏大这一问题通常出现于电子政务时期向数字政府治理时期演进的过程中，这一困境由诸多情况的共同催生；数字政府治理进程的推进会对这一问题产生影响，催生这一问题的变化；当数字政府治理进程推进到一定阶段之后，这一问题会逐渐消失。由此可见：数字政府治理过程中政府边界偏大这一问题并非一种虚拟和永恒的存在，而是存在于现实空间之中、由诸多情况共同催生、受诸多情况影响且最终会因为现实情况的变化而消失的现象，因而具有明显的现实性与发展性。

政府边界偏大这一问题的主要表现是：一是未能及时调适政府与市

---

① Boldyreva, Liudmila B. "Communication between government and business entities and challenges of creation of 'digital government'."*E-Management*, 2020.

场的关系。本书在此前章节中叙述了山东省临沂市构建政企直通车的实例，临沂市基于这一举措让企业"知政策、懂政策、享政策"，是政府在数字政府治理过程中及时调适政府与市场的关系的实例，但我国一些地方推进数字政府治理的过程中，某些数字政府治理主体（地方政府）错误地认为：公共服务的供给取决于政治过程而非市场。在我国现阶段，政府只应提供义务教育、城乡职工和居民医疗保险、公共文化体育设施等公共服务，某些公众可以凭借自身更优越的条件获得优于基本公共服务的服务。换言之，富裕或有权势的公众可以根据自身需求在这些方面获得不同于一般公众的服务。在这种情况下，这些公众以"顾客"而非"公众"的身份出现。①问题在于部分地方政府在通过数字政府治理提供数字公共服务的过程中未注意到，当公众通过数字政府治理平台享受基本（数字）公共服务时，其以公众身份（而非顾客身份）出现，即基本（数字）公共服务对应的是公众，而非基本（数字）公共服务对应的是顾客。拥有顾客身份的人肯定拥有公众身份，大多数情况下，这类人在整个社会中占据少数；大多数人拥有公众身份但不具有顾客身份。②

二是某些地方领导者在推进数字政府治理的过程中将注意力过度集中于突出特色，因而过分重视政府作用。某些地方领导者功利地认为构建具有特色的数字政府治理模式并展开宣传有助于自身"发展"，因而在推进数字政府治理的过程中常常置"普适举措"于不顾，将注意力过度集中于突出特色，但构建具有特色的数字政府治理模式的难度远远大于采用"普适举措"的难度，这些情况具体表现为一些问题，如：某些地方政府在推进数字政府治理的过程中因不愿意采用"普适举措"而导致线上服务与线下服务未能有效结合，甚至因无法构建具有特色的数字政府治理模式而延滞某些数字政府治理举措的实施。这些问题反映出展开数字政府治理进程的地方政府之间交流和学习做得不够好。

（三）政府边界偏大的危害

1. 数字政府治理主体发展明显不平衡。数字政府治理过程中，政府面对不同的治理主体须采取不同举措：①面对难以有效参与数字政府治理的主体（有可能是同一类主体，也有可能是不同类的主体）之时，政府须

---

① 娄兆锋、曹冬英：《公共服务导向中基本公共服务与非基本公共服务之研究》，《中国行政管理》2015年第3期。
② 曹冬英：《民族地区公共服务信息化协同问题研究——以政府部门为对象》，《广西职业技术学院学报》2015年第2期。

扩张边界，①有效承担某些义务，扮演强政府角色，如有效供给诸多领域的数字公共服务。②面对能够有效参与数字政府治理的主体之时，政府有必要收缩边界，将某些原本由政府承担的职能交给其他治理主体，扮演弱政府角色。当党委和政府之外的数字政府治理主体（如公益部门、私营部门和公众等）发展不均衡之时，政府必须同时对治理主体采取两类完全不同举措，数字政府治理过程中政府边界偏大这一问题由此出现。

党委和政府之外的数字政府治理主体发展不平衡两种情况：①不同治理主体之间发展不平衡。如：在扶贫这一领域，政府购买公益性服务项目之时，诸多公益部门的参与能力相对较强，大部分私营部门和公众的参与能力则较弱，这种情况下，政府面对公益部门时会选择收缩边界、面对私营部门和公众时则极有可能选择维持甚至扩张边界，但此举极有可能引致一些私营部门和公众不满，政府边界偏大这一问题及其负面影响由此出现。②同一类治理主体内部发展不平衡。如：在美国，社交网络服务并非政府的强项，因此，美国政府在面对实力较强的脸书（Facebook）及一些数据私营部门时选择收缩边界，但收缩边界之时并未重视强化监管，这一举措因仅能惠及少数私营部门而被一些实力较弱的私营部门及大量公众反对，这些反对意见在一段时间内并未奏效，这些情况是"脸书泄密事件"的重要成因；福建省某些私营部门已经能够有效参与数字政府治理，但政府并未及时收缩边界，原因之一是能够有效参与数字政府治理的私营部门总数量相对较小，政府部门担心收缩边界之后极少数私营部门在生成的"权力真空"中形成垄断，由此催生数字政府治理过程中的政府边界偏大这一问题。

2. 难以有效兼顾工具理性和价值理性。长期以来，政府对工具理性或价值理性的追求交替出现于诸多国家的现代化过程之中，如：20世纪60年代末之前的百余年中、20世纪80年代至90年代中期，西方国家的政府一直倡导工具理性；20世纪70年代和90年代末期，西方国家的政府转而倡导价值理性。这种情况在进入21世纪后出现重大变化：在多种因素的助推下，诸多国家的政府同时关注工具理性和价值理性，尽管政府运作过程中通常表现得偏重工具或价值理性，而且难以兼顾工具理性和价值理性，但在理论层面上致力于实现兼顾工具理性和价值理性。兼顾工具理性和价值理性的实现条件是制度保障下多种主体的参与，鉴于此，政府开始加快制

---

① Boldyreva, Liudmila B. "Communication between government and business entities and challenges of creation of 'digital government'."*E-Management*, 2020.

度完善速度，并基于这些制度的运行适度收缩在数字政府治理过程中的边界，为其他治理主体参与数字政府治理进程（以实现工具—价值理性的结合）"腾出空间"。

值得注意的是：这种情况主要出现于西方国家，在数字政府治理领域的"后发"国家（即诸多发展中国家），数字政府治理过程中的政府试图效仿西方国家同时追求工具理性和价值理性之时，常常会面临政府边界偏大这一问题。这种差异主要源于：西方国家的电子政务建设起步较早，历经电子政务时期、进入数字政府治理时期之后，西方国家已经在数字政府治理领域拥有较高效率、在很大程度上实现了工具理性，这些国家目前所要做的主要是在数字政府治理过程中更加关注价值理性的目标，即"在已经做出大蛋糕的基础上强化对蛋糕的公平分配"，因此通常不会面临政府边界偏大这一问题。大部分发展中国家的电子政务建设或数字政府治理起步较晚，数字政府治理效率相对较低，这一情况促使这些国家必须重视治理效率的提升（追求工具理性），与此同时，受西方国家目前举措的影响，发展中国家推进数字政府治理的过程中也必须重视促进公平和公正（追求价值理性），即"既要努力做大蛋糕又要实现蛋糕的公平分配"，但是任何国家的资源总量都不是无限的，在资源总量受限的前提下同时实现这两个大目标的困难较大，意味着这些发展中国家在数字政府治理过程中面临政府边界偏大这一问题。

从本质上来看，数字政府治理过程中兼顾工具理性和价值理性，是试图同时规避"政府失灵"与"市场失灵"。一方面数字政府治理过程中有效规避"政府失灵"的重要举措是强化多元主体参与能力和参与效能，这些举措的实施必然要求政府收缩边界，需要政府扮演弱势角色；另一方面，数字政府治理过程中有效规避"市场失灵"的重要举措则是有效提升政府的治理能力和治理效能，这些目标的实现很大程度上有赖于政府在治理过程中积极发挥作用，即扮演强势角色。可见，数字政府治理过程中兼顾工具理性和价值理性会催生两种完全相反的需求，由此生成政府边界偏大这一问题。

实际上，工具理性与价值理性，即使在理论层面也难以绝对均衡、同时实现。从中西方的数字政府治理指导理论来看：基于中国实践生成的习近平总书记关于网络强国的重要思想注意兼顾工具理性和价值理性；基于英美等国实践生成的数字时代治理理论则偏向于工具理性一端。数字时代治理理论基于整体性治理理论这一工具理性谱系理论在数字时代的实际运用而生成。指导理论中存在偏向，现实操作中必然也存在偏向，这意味着一些国家和地区在数字政府治理过程中试图兼顾工具理性和价值理性，但难以实现这一目标，必然面临政府边界偏大这一问题。

三、信息不对称问题

数字政府治理过程中普遍存在的信息不对称这一问题，与习近平总书记关于网络强国的重要思想与数字政府直接相关的一些内容对应，实际上是指我国很多地方在推进数字政府治理过程中尚未实现习近平总书记重要思想中蕴含的"信息对称"这一理念。信息不对称问题的背景分为两大部分：前数字时代信息不对称问题；数字时代信息不对称问题。信息不对称问题的特征主要是：信息不对称问题具有明显的普遍性；极难完全消除信息不对称问题；不同主体获得的信息存在明显差异。信息不对称问题的危害主要有：降低信息传递效能；在数字政府治理过程中催生"代理人问题"；提升道德风险。分述如下：

（一）信息不对称问题的背景

1. 前数字时代信息不对称问题。与数字时代信息不对称问题相比，前数字时代信息不对称问题出现时间较早，在较长时间内因其问题发展性、严重性而常常引起各界关注，但一直未能找到高效的消除办法。①除这些特征之外，前数字时代信息不对称问题还拥有一些特征，如：这一时代的信息不对称问题仅存在于实体空间之中（虚拟空间尚未出现）；这种信息不对称问题的重要根源是：治理主体在获取同一个事物或现象的信息之时，难以基于多元观察获得大量、全方位的信息，由此引发信息不对称问题；在信息收集者和传递者都不希望出现信息不对称问题的前提下，治理过程中会因为信息传递过程中出现失真而催生信息不对称问题；前数字时代的信息传递渠道相对较少，信息传递速度相对较慢，这些都会引发信息不对称问题。

2. 数字时代信息不对称问题。与前数字时代信息不对称问题相比，数字时代信息不对称问题出现时间极晚（数字时代来临之后才出现），但因为数字技术的广泛运用而在很大程度上得到有效解决，这一情况的出现引起各界的广泛关注。除这些特征之外，数字时代信息不对称问题还拥有一些特征，如：数字时代信息不对称问题因虚拟空间的出现而同时存在于

---

① 娄兆锋、王少泉：《数字治理：单位管理中信息不对称现象的消除之道》，《领导科学》2020年第6期。

实体空间和虚拟空间之中；①治理主体能够基于数字技术的有效运用对同一个事物或现象展开多元观察以获得大量信息，从而有效减少信息不对称问题；数字技术的广泛运用使治理过程中信息传递速度加快，有效地减少了信息传递过程中的失真，数字时代信息不对称问题因而明显减少；治理过程中的信息传递渠道增多，治理主体甚至能够直接与被观察的主体（如某一群体）展开直接交流，信息不对称问题因而明显减少。②

（二）信息不对称问题的特征和表现

1. 信息不对称问题具有明显的普遍性。信息不对称问题普遍存在于诸多领域，自然也普遍存在于数字政府治理领域，即：在数字政府治理过程中，信息不对称是一个常见的问题。实例如：从数字政府治理主体与客体的沟通来看，一些地方尤其是西部省区的一些基层的沟通机制运行效果较差，致使治理主体常常难以准确、全面、及时地获知治理客体的需求，即治理客体未能将自身的想法有效传输给治理主体，双方之间明显出现信息不对称问题。除此之外，常见实例还有：不同群体在数字政府治理过程中获得的信息总量及新旧程度等存在差异，这种差异在年轻人与老年人之间十分明显，与习近平总书记关于网络强国的重要思想强调的将不平衡程度控制在适度范围内相背离，表明两类群体之间出现了信息不对称问题。这种普遍存在于数字政府治理领域的信息不对称问题，在本书前述治理总况及各省治理情况中能够发现，会阻滞我国数字政府治理水平的提升。

2. 极难完全消除信息不对称问题。目前用于消除信息不对称问题的方式方法大多数是旧事物。主要表现于两个方面：数字政府治理过程中，某些信息收集者甚至其他人员采用前数字时代的一些方式方法来消除信息不对称问题，与数字时代的诸多方式方法相比，这些方式方法明显是旧事物，其效能相对较低；某些信息收集者或其他人员采用某些数字技术消除信息不对称问题，但这些数字技术的先进性并不明显，与最新的数字技术相比，这些数字技术也是旧事物，难以在数字政府治理过程中最为有效地消除信息不对称问题。

一些地方在数字政府治理过程中已经开始使用数字技术或运行数字政府治理平台，以图有效消除信息不对称问题。但是部分人员运用数字技术消除信息不对称问题的能力不足，抑或因为这些数字技术与数字政府治理

---

① Boldyreva, Liudmila B. "Communication between government and business entities and challenges of creation of 'digital government'." *E-Management*, 2020.

② 娄兆锋、王少泉：《数字治理：单位管理中信息不对称现象的消除之道》，《领导科学》2020年第6期。

的实际契合度较低，导致消除信息不对称问题的效果较差。这一情况致使诸多人员对基于数字技术消除数字政府治理过程中信息不对称问题的效能产生怀疑，对稳步推进数字政府治理进程产生明显负面影响。

3．不同主体获得的信息存在明显差异。这是信息不对称问题的最重要表现。在工业时代，治理领域的政策引导仅存在于实体空间中，这种类型的政策引导，依靠纸质文件、口头或电话等展开，其效能相对偏低，且极容易在治理过程中催生信息不对称问题——不同层级管理者对政策的掌握或理解程度会存在一定差异，由此在不同层次管理者实施政策引导过程中产生差异化举措，[①]进而催生信息不对称问题。数字时代来临之后，数字政府治理过程中大量使用信息技术，政策引导不再仅仅存在于实体空间之中，也存在于虚拟空间中，这两类政策引导的有效结合，明显提升了数字政府治理过程中的政策引导效能，此前存在的"不同主体对同一项政策差异化理解"等现象大幅度减少，不同层级治理主体之间的信息不对称问题、治理主客体之间的信息不对称问题明显减少。[②]实例如：山东省"政务服务一网通办"总门户、东营市数字乡村（"数字北宋"）建设的探索与实践、威海市构建"威政通"APP等实例中，山东省在省级层面实施的举措，以及东营市和威海市的这些举措，有助于在数字政府治理过程中防范信息不对称问题。我国很多地方的数字政府治理情况并没有山东省尤其是东营市和威海市这样良好，受掌握信息的能力不同等因素影响，数字政府治理过程中不同主体获得信息的数量及速度等依然会存在明显差异。这与习近平总书记关于网络强国的重要思想中要求的"中央根据现实变化稳步优化正确的数字政府治理路线"相背离：数字政府治理主体须根据现实变化情况实施治理举措，重要前提是有效解决信息不对称问题。

（三）信息不对称问题的危害

1．降低信息传递效能。数字时代全面来临之后，某些地方尚未在数字政府治理过程中广泛、高效运用数字技术，未能及时、准确和全面地收集信息，在数字政府治理过程中引致信息不完备、不对称现象，进而提升数字政府治理过程中的不确定性。一些地方在数字政府治理过程中尚未有效强化信息基础领域的建设、以数据共享为目的积极塑造集成数据环境，

---

① Shahoodh, Gailan, O. Al-Salman, and J. Mustafina. "Towards a Context-Aware Digital Government in Iraq: A Public Sector Employees' Perspective." (2020 13th International Conference on Developments in eSystems Engineering, 2020).

② 娄兆锋、王少泉：《数字治理：单位管理中信息不对称现象的消除之道》，《领导科学》2020年第6期。

因而未能在有效增加信息数量的基础上切实提升信息质量，导致信息难以有效传递，催生信息不对称问题，阻滞数字政府治理效能提升。青海、西藏和新疆的一些基层政府尚未有效基于信息网络建设助推数字化和网络化等，数字政府治理过程中存在"信息孤岛"，提升这一过程中出现不当决策的可能性。

2. 在数字政府治理过程中催生"代理人问题"。倡导委托—代理理论的学者认为：业主与承包商这两者之间最为明显的关系即契约关系，双方的行为基于共同订立的契约有序展开。承包商实质上是业主的代理人，[①]代理人的存在及从事相关活动过程中会存在"代理人问题"，如：为了获取更多利益，参与数字政府治理的企业会向政府提供一些虚假信息或不提供某些信息，由此引发信息不对称问题。某些情况下，政府工作人员不会直接着手收集参与数字政府治理的企业的大量信息，这一工作主要由企业完成之后向政府传递，由此，政府与企业之间就形成一种"契约关系"，[②]企业的信息收集者可以视为数字政府治理过程中政府在信息收集这一领域的代理人，这一情况会催生信息不对称问题，进而催生"代理人问题"——企业的信息收集者有可能为了维护或增加自身利益而不向政府提供全面、准确的信息，由此对数字政府治理产生不良影响。

3. 提升道德风险。数字政府治理过程中，治理主体尤其是信息收集者不一定能够牢固树立诚信意识，在治理过程中有效地规范自身的行为、降低道德风险，强化相互之间的沟通效能。在数字时代，强化诚信建设及降低道德风险必须在实体空间和虚拟空间中同时展开，但一些地方施行这一举措能够依赖的技术、采用的方法抑或手段相对较少，[③]因而效能相对较低，提升了数字政府治理过程中的道德风险。如：政府未能借助数字技术对信息收集者实施监督，防止信息收集者为了维护或获取私利而向数字政府治理的主管部门提供虚假信息或部分地提供信息，由此，数字政府治理过程中的道德风险明显上升，信息不对称问题的负面影响明显变大。

---

① Shahoodh, Gailan, O. Al-Salman, and J. Mustafina. "Towards a Context-Aware Digital Government in Iraq: A Public Sector Employees' Perspective." (2020 13th International Conference on Developments in eSystems Engineering, 2020).

② 娄兆锋、王少泉：《数字治理：单位管理中信息不对称现象的消除之道》，《领导科学》2020年第6期。

③ Pethig, Florian, J. Kroenung, and M. Noeltner. "A stigma power perspective on digital government service avoidance." *Government Information Quarterly*, 2021 (1):101545.

四、公共服务非均等化问题

从宏观上来看，公共服务非均等化问题普遍存在于数字政府治理过程中，这一问题与习近平总书记关于网络强国的重要思想与数字政府直接相关的一些内容对应，意味着我国很多地方在数字政府治理过程中尚未实现习近平总书记重要思想中蕴含的"将不平衡程度控制在适度范围内"这一理念。公共服务非均等化问题的背景分为：数字政府治理过程中公众的第一次分化；数字政府治理过程中公众的第二次分化。公共服务非均等化问题的特征主要是：普遍存在；难以完全消除。公共服务均等化问题的表现和危害主要是：不同治理客体获得的公共服务存在明显差异；公共服务均等化问题容易引起不稳定，对数字政府治理形成负面影响。分述如下：

（一）公共服务非均等化问题的背景

数字时代来临导致数字政府治理客体出现明显分化，最初分化为网民和非网民，[①]其后网民再次分化为高水平网民和低水平网民，由此先后出现旧"数字鸿沟"和新型"数字鸿沟"。这是公共服务非均等化问题的重要背景。

1. 数字政府治理过程中公众的第一次分化。数字时代全面来临对政府治理客体产生明显影响，从是否拥有且能够熟练地使用智能设备方面来看，公众这一数字政府治理最重要客体可以分为两大类别：网民和非网民。网民即拥有且能够熟练地使用智能设备的公众；非网民是指未拥有或无法熟练地使用智能设备的公众。对网民和非网民而言，数字政府治理的意义存在明显差异：数字政府治理事实上主要向网民而非非网民提供数字公共服务，由此出现数字公共服务非均等化问题。[②]消除这一问题的重要途径是助推非网民演进为网民，这种演进是公众从工业时代进入数字时代的直观展现。但必须注意到：这种演进并非一种必然出现的现象，某些公众一生中都在扮演非网民角色；某些环境中会出现"逆演变"情况，如在无网络覆盖的环境中，网民会直接变为非网民。[③]

进入数字时代以来，我国的非网民数量持续下降，《中国互联网络

---

① Shahoodh, Gailan, O. Al-Salman, and J. Mustafina. "Towards a Context-Aware Digital Government in Iraq: A Public Sector Employees' Perspective." (2020 13th International Conference on Developments in eSystems Engineering, 2020).

② Pethig, Florian, J. Kroenung, and M. Noeltner. "A stigma power perspective on digital government service avoidance." *Government Information Quarterly*, 2021 (1):101545.

③ 王少泉：《推进数字政府治理实现公共服务均等化》，《中国社会科学报》，2020-06-17（A06）。

发展状况统计报告》显示：1997年10月，我国的非网民总数为123564万，在总人口中的占比为99.95%；2021年12月，我国非网民总数为38200万，在总人口中的占比为27%。未来一些年内，我国非网民数量将会进一步下降，但这并不意味着非网民这一群体会最终消失：目前，非网民主要由婴幼儿、青少年和老年人组成，老年人这一群体会随着相关技能的强化及人类的迭代更替逐渐成为网民，但婴幼儿则极难成为网民，当然这一群体大部分情况下不需要获取很多数字公共服务。

数字政府治理客体的第一次分化催生了"数字鸿沟"。"数字鸿沟"出现于数字时代来临之时，一些群体拥有且能够有效运用智能设备从而真正进入数字时代，另一些群体则无力拥有或无法有效运用智能设备而未能真正进入数字时代，这两类群体（即网民与非网民）中出现的"鸿沟"即"数字鸿沟"。"数字鸿沟"出现之初，网民在总人口中占比相对较小，这一情况因数字时代的全面来临而逐渐改变：智能设备价格下降、网络覆盖面不断扩大、网速持续提升，这些情况使网民在总人口中的占比持续上升，"数字鸿沟"的负面影响（尤其是导致的公共服务非均等化）随之逐渐下降。[①]

2. 数字政府治理过程中公众的第二次分化。数字时代诸多领域快速推进建设进程，使"数字鸿沟"的负面影响逐渐下降，但数字政府治理客体再次分化，网民分化为高水平网民和低水平网民，在网民内部出现了一种新的"数字鸿沟"：一些网民能够有效运用智能设备获取数字公共服务、参与数字治理，并在这一过程中防范数字时代（尤其是电子产品）负面影响；另一些网民未能有效运用智能设备获取数字公共服务、参与数字治理，[②]难以防范数字时代负面影响，如让智能设备充当"电子保姆"对孩子的教育和成长产生不良影响，某些人员甚至沉迷于电子游戏。即在网民与非网民的分化之上，在网民之中再次出现分化，这种分化生成一种全新的"数字鸿沟"，可将其称之为新型"数字鸿沟"，与之相对应，存在于网民与非网民之间的"数字鸿沟"可以称为旧"数字鸿沟"。数字时代完全来临之后，公众受教育水平的提高及老年群体的"迭代"会促使非网民数量逐渐减少，旧"数字鸿沟"逐渐消失，新型"数字鸿沟"的负面影响日益凸显，社会中不同群体之间的差距依然存在，只是由新型"数字鸿

---

① 曹冬英：《审视数字时代新旧"数字鸿沟"》，《中国社会科学报》，2020-12-23（A08）。
② Shahoodh, Gailan, O. Al-Salman, and J. Mustafina. "Towards a Context-Aware Digital Government in Iraq: A Public Sector Employees' Perspective." (2020 13th International Conference on Developments in eSystems Engineering, 2020).

沟"替代了旧"数字鸿沟"。①

整体上来看，网民与非网民之间存在的"数字鸿沟"出现于工业时代向数字时代演进的现代化过程中，与非网民相比，网民率先进入数字时代、处于高阶；数字时代诸多领域的建设得到一定推进（即数字时代现代化进程得到一定推进）之后，网民与非网民之间的"数字鸿沟"依然存在，②但数字治理主体开始关注另一种"数字鸿沟"，即低水平网民与高水平网民之间的新型"数字鸿沟"，低水平网民实质上大多是较晚成为网民的人员，③这些人员是非网民之时，他们与网民之间存在"数字鸿沟"，这些人员成为网民之时，较早成为网民的人员已经"进阶"（准确且有效运用智能设备的水平较高）、数字时代的现代性较强，原本存在于网民与非网民之间的"数字鸿沟"被存在于低水平网民与高水平网民之间的新型"数字鸿沟"取代。可见，网民与非网民一直随着数字时代的演进而推进自身的现代化进程，很多非网民演进为网民时，发现原先的很多网民已经演进为高水平网民，两大群体之间原本存在的旧"数字鸿沟"被新型"数字鸿沟"取代，即两大群体之间的差距依然存在，这种差距实际上是两大群体之间的数字时代现代性强弱程度不同的表现。

（二）公共服务非均等化问题的特征

数字时代的公共服务非均等化问题同时存在于实体空间和虚拟空间中，这一问题与新旧"数字鸿沟"直接相关，是一种普遍存在、难以完全消除的问题。

1. 公共服务非均等化问题普遍存在。新旧"数字鸿沟"的属性及普遍存在，很大程度上决定了公共服务非均等化问题普遍存在于数字政府治理过程中。从新旧"数字鸿沟"的属性来看，旧"数字鸿沟"和新型"数字鸿沟"具有一些共性，即两种"数字鸿沟"具有一般性。④①这两种"数字鸿沟"均出现于工业时代向数字时代全面演进的过程中，即出现于现代化过程中。②这两种"数字鸿沟"均涉及两大群体，旧"数字鸿沟"

---

① 曹冬英：《审视数字时代新旧"数字鸿沟"》，《中国社会科学报》，2020-12-23（A08）。
② Shahoodh, Gailan, O. Al-Salman, and J. Mustafina. "Towards a Context-Aware Digital Government in Iraq: A Public Sector Employees' Perspective." (2020 13th International Conference on Developments in eSystems Engineering, 2020).
③ Pethig, Florian, J. Kroenung, and M. Noeltner. "A stigma power perspective on digital government service avoidance." *Government Information Quarterly*, 2021 (1):101545.
④ 曹冬英：《审视数字时代新旧"数字鸿沟"》，《中国社会科学报》，2020-12-23（A08）。

涉及网民和非网民两大群体，[①]新型"数字鸿沟"涉及高水平网民和低水平网民两大群体。[③]这两种"数字鸿沟"都归因于不同群体的现代化速度不一致，网民与非网民的现代化速度不一致催生旧"数字鸿沟"，高水平网民与低水平网民的现代化速度不一致催生新型"数字鸿沟"。

与旧"数字鸿沟"相比，新型"数字鸿沟"具有相同属性，也具有一些特殊性。①新型"数字鸿沟"的出现时间晚于旧"数字鸿沟"。②消除新型"数字鸿沟"的难度明显大于消除旧"数字鸿沟"的难度，尤其是前者不会随着时间流逝（老年群体的迭代）而逐渐消除。③新型"数字鸿沟"中，较长时间内，高水平网民在网民中的占比难以快速上升，意味着新型"数字鸿沟"难以在短时间内消除，与之相比，旧"数字鸿沟"的影响力会随着网民在总人口中的占比快速上升而逐渐消失。[②]④新型"数字鸿沟"出现时，旧"数字鸿沟"依然存在，二者出现并存状态，群体实际上分化为非网民、低水平网民和高水平网民三大类别。新旧"数字鸿沟"的这些属性以及普遍存在状态，很大程度上决定了公共服务非均等化问题普遍存在于数字政府治理过程中：非网民、低水平网民和高水平网民普遍存在于各地，与非网民相比，网民通常能够更加便捷地获得数字公共服务；与低水平网民相比，高水平网民通常关注高质量的数字公共服务，公共服务非均等化问题因而普遍存在。

2. 公共服务非均等化问题难以完全消除。新旧"数字鸿沟"成因，在很大程度上决定了数字政府治理过程中难以完全消除公共服务非均等化问题。数字时代不同群体的现代化速度不一致，现代化速度较快群体与现代化速度较慢群体之间由此出现"数字鸿沟"。此处的现代化速度即融入数字时代的速度，具体而言如学会使用智能设备的速度、提升使用水平的速度等。新旧"数字鸿沟"主要归因于：①相关机制的完善速度较慢。如青少年教育机制中与"正确看待、使用智能设备"相关的内容有待进一步完善。从更深层次来看，相关机制完善速度较慢与某些治理主体对"数字鸿沟"的关注度不够高直接相关。②某些群体固守传统观念，抵制或消极应对自身的现代化。如一些老年人从未使用过智能设备、认为是否成为网

---

① Pethig, Florian, J. Kroenung, and M. Noeltner. "A stigma power perspective on digital government service avoidance." *Government Information Quarterly*, 2021 (1):101545.

② Pethig, Florian, J. Kroenung, and M. Noeltner. "A stigma power perspective on digital government service avoidance."*Government Information Quarterly*, 2021 (1):101545.

民对他们的生活不会有明显影响，①不愿意改变观念并学习使用智能设备以推进自身的现代化进程，"数字鸿沟"因此出现并在较长时间内存在。③职业属性延滞了数字时代某些群体的现代化速度。与从事脑力劳动的群体相比，从事体力劳动群体的上网需求通常较低，这一群体在数字时代的现代化速度也就较慢，旧"数字鸿沟"由此出现并在大部分群体演进为网民之后变为新型"数字鸿沟"。②从长远来看，完善相关机制、改变某些群体的传统观念、改变职业属性都是短期内难以实现的目标，这意味着："数字鸿沟"将长期存在，进而意味着数字政府治理过程中将长期存在公共服务非均等化问题，消除这一问题并非易事。

（三）公共服务均等化问题的表现和危害

1. 不同治理客体获得的公共服务存在明显差异。从基本公共服务与非基本公共服务的角度来看，我国诸多地方的不同治理客体获得的公共服务存在明显差异，如：一些地方的数字政府治理主体对治理客体及其需求辨别不准确且供给数字公共服务的能力不足，也就意味着这些地方的很多治理客体大概率只能获得数量较少、质量相对较低的公共服务。从实例来看，近年新余市借助大数据助力中小学新生入学"一次不跑"，这一改革助推了新余市数字政府治理水平上升，但其中存在公共服务非均等化这一问题——一些学生的入学手续由依然是非网民的父母甚至爷爷辈亲属办理，这些亲属极难像网民家长那样获得同样的公共服务。在我国的数字政府治理过程中，没有地方政府会承认其不知道数字政府治理客体的真正需求，然而这种现象事实上却普遍存在，导致政府在通过数字政府治理平台提供数字公共服务的过程中出现诸多问题，尤其是催生公共服务非均等化现象。数字政府治理过程中提升公共服务均等化程度有赖于：①基于习近平总书记关于网络强国的重要思想第一方面内容中的数字政府治理结构（以政府部门为主体，公益部门和私营部门等主体为辅）供给公共服务，而且这些主体能够对数字政府治理客体进行准确归类。②数字政府治理主体能够准确获知治理客体对数字公共服务的真正需求。③数字政府治理主体具备恰当的方法及充分的人力、物力基础。不同治理客体获

---

① Shahoodh, Gailan, O. Al-Salman, and J. Mustafina. "Towards a Context-Aware Digital Government in Iraq: A Public Sector Employees' Perspective." (2020 13th International Conference on Developments in eSystems Engineering, 2020).

② 曹冬英：《审视数字时代新旧"数字鸿沟"》，《中国社会科学报》，2020-12-23（A08）。

③ 王少泉：《新时代我国数字政府治理平台建构分析》，《中共山西省直机关党校学报》2018年第4期。

得的公共服务存在明显差异与下列问题直接相关：哪些群体真正享受数字公共服务？数字政府治理主体应该向哪些群体负责？我国一些地方的这二者存在明显差异，导致数字政府治理主体并未切实有效地供给数字公共服务，[①]进而导致不同治理客体获得的公共服务存在明显差异，重要表现如老年人能够获得的数字公共服务明显少于年轻人。

2. 公共服务均等化问题容易引起不稳定，对数字政府治理形成负面影响。数字时代全面来临对供给公共服务产生显著影响，最为明显的影响是：公共服务不再仅仅存在于实体空间中，也存在于虚拟空间中，即出现数字公共服务。由此，原本存在于实体空间中的公共服务非均等化问题也"映射"到虚拟空间中。在现实空间中供给公共服务，很大程度上受到客观环境影响，如某些公共服务难以有效覆盖人烟稀少的地方，[②]由此必然出现公共服务供给水平较低的区域或领域，催生公共服务非均等化这一问题。数字政府治理是在虚拟空间中供给公共服务，即提供数字公共服务，对网民而言，推进数字政府治理进程意味着更多公共服务以数字化形态出现，数字公共服务很大程度上摆脱了时间和空间的限制，只要具有网民这一身份就能够十分便捷地获取公共服务，因此对网民而言推进数字政府治理进程有助于实现公共服务均等化。[③]

但是必须注意到：推进数字政府治理进程难以解决某些地域或领域存在的数字公共服务非均等化这一现象，某些情况下甚至会催生公共服务非均等化问题，如：无线网络无法覆盖某些山区，这些地区的群众必然较难获得某些数字公共服务；某些地方政府推进数字政府治理过程中并未充分考虑到如何让非网民在其他人的帮助下获取数字公共服务，导致大量非网民难以获得某些数字公共服务，具体如一些地方的便民服务中心并未设置专人为非网民提供指导，导致非网民到便民服务中心后难以获知办事流程，便民服务中心没有达到"便民"的效果。[④]可见，从宏观上来看：推

---

① Shahoodh, Gailan, O. Al-Salman, and J. Mustafina. "Towards a Context-Aware Digital Government in Iraq: A Public Sector Employees' Perspective." (2020 13th International Conference on Developments in eSystems Engineering, 2020.)

② Shahoodh, Gailan, O. Al-Salman, and J. Mustafina. "Towards a Context-Aware Digital Government in Iraq: A Public Sector Employees' Perspective." (2020 13th International Conference on Developments in eSystems Engineering, 2020).

③ 王少泉：《推进数字政府治理 实现公共服务均等化》，《中国社会科学报》，2020-06-17（A06）。

④ 王少泉：《推进数字政府治理 实现公共服务均等化》，《中国社会科学报》，2020-06-17（A06）。

进数字政府治理进程对大部分网民而言助推了公共服务均等化进程，[①]对非网民及诸多"非完全网民"而言提升了公共服务非均等化程度，即阻滞了公共服务均等化[②]。这种明显的不平衡极易引起不稳定：在数字政府治理过程中获得公共服务明显较少的群体，会对现状产生不满尤其是对数字政府治理体系产生不满，因而有可能实施改变现状甚至改变数字政府治理体系的举措，从而对数字政府治理产生负面影响。

结语

本书第三编中呈现的数字政府治理实况表明：不同地方数字政府治理过程中存在一些问题，一些问题呈现普遍存在状态，总问题是不平衡，具体表现如不同地方的数字政府治理水平不平衡、数字政府治理水平与经济发展水平不平衡、不同客体在数字政府治理过程中的受益程度不平衡等。与本书第二编所述数字政府治理结构和主体相结合，这一总问题通常呈现为三个具体问题：政府边界偏大、信息不对称、公共服务非均等化。

习近平总书记在党的二十大报告中再次强调："我国社会主要矛盾是人民日益增长的美好生活需要和不平衡不充分的发展之间的矛盾，并紧紧围绕这个社会主要矛盾推进各项工作。"[③]数字政府治理领域的不平衡问题，一定程度上是我国社会主要矛盾在数字政府治理过程中的具体呈现。从全书脉络来看，不平衡问题以及政府边界偏大、信息不对称、公共服务非均等化这三个普遍存在于数字政府治理过程中的问题，与习近平总书记关于网络强国的重要思想与数字政府直接相关的三个大方面内容直接相关，全书被这一思想所贯穿。从全书的架构来看，这些问题与全书其他编章尤其是第二编、第三编以及本章之后的问题成因分析、第五编密切相关，这些问题实际上是从第二编和第三编中提炼出来的；本章之后将分析这些问题的成因；第五编提出的数字政府治理推进途径，重要目标之一是在数字政府治理过程中解决这些问题。

① 王少泉：《推进数字政府治理　实现公共服务均等化》，《中国社会科学报》，2020-06-17（A06）。
② 王少泉：《推进数字政府治理　实现公共服务均等化》，《中国社会科学报》，2020-06-17（A06）。
③ 习近平：《高举中国特色社会主义伟大旗帜　为全面建设社会主义现代化国家而团结奋斗》，《人民日报》，2022-11-01（01）。

第十二章　数字政府治理普遍问题的成因

　　我国数字政府治理过程中存在不平衡这一总问题以及政府边界偏大、信息不对称、公共服务非均等化等次级问题的主要原因是：治理环境与基础不良；整体协同有待强化；主体治理能力有待强化；客体参与有待优化；尚未有效兼顾双重驱动。

　　本书第三编开篇呈现的数字政府治理实况表明：数字政府治理过程中普遍存在不平衡这一总问题。与本书第二编所述数字政府治理结构和主体相结合，可以将不平衡这一总问题呈现为三个具体问题：政府边界偏大、信息不对称、公共服务非均等化。我国数字政府治理过程中普遍存在这些问题的主要原因是：治理环境与基础不良；整体协同有待强化；主体治理能力有待强化；客体参与有待优化；尚未有效兼顾双重驱动。这些原因主要是对第三编中所述成因的提炼。

　　这些原因与国务院于2022年6月23日发布的《国务院关于加强数字政府建设的指导意见》中阐述的一些基本原则（如坚持整体协同）和一些政策密切相关，如第三项政策"构建科学规范的数字政府建设制度规则体系"。这表明我国一些地方在数字政府治理过程中尚未完全坚持《意见》中的某些基本原则，尚未全面贯彻某些政策。更为重要的是这些原因与习近平总书记关于网络强国的重要思想中直接与数字政府治理相关的内容对应：

　　第一，"治理环境与基础不良；整体协同有待强化；主体治理能力有待强化；客体参与有待优化"与习近平总书记关于网络强国的重要思想的第一方面（宏观层面）内容"中央根据现实变化稳步优化正确的数字政府治理路线，在有效优化数字政府治理结构、整合多元主客体合力的基础上切实贯彻路线"直接对应，也与本书第二编中各章的内容（数字政府治理的结构和主体）以及第三编中数字政府治理总况、实例的诸多内容对应。

　　第二，"尚未有效兼顾双重驱动"与习近平总书记关于网络强国的重要思想的第二方面（中观层面）内容"在实体空间和虚拟空间中兼顾技术创新驱动与制度变革驱动，因需制宜地实施烈度适中的不平衡政策"直接对应，也与本书第三编中呈现的现状、问题尤其是成因中的很多内容对应。

数字政府治理过程中普遍问题的成因"治理环境与基础不良；整体协同有待强化；主体治理能力有待强化；客体参与有待优化；尚未有效兼顾双重驱动问题"分述如下：

一、治理环境与基础不良

习近平总书记关于网络强国的重要思想的第一方面（宏观层面）内容"中央根据现实变化稳步优化正确的数字政府治理路线，在有效优化数字政府治理结构、整合多元主客体合力的基础上切实贯彻路线"，重要目标是要为数字政府治理塑造良好的治理环境、坚实的治理基础。但是实现这一目标并非易事——政府因需制宜地调整边界，需要具备一些先决条件，尤其是需要大量资源的支撑；实现公共服务均等化和信息对称，也需要在数字政府治理过程中拥有良好环境和坚实基础。我国一些地方的自然环境、经济发展等情况不佳，导致数字政府治理过程中出现"政府边界偏大、公共服务非均等化、信息不对称"等问题，这些问题具体由治理环境和基础领域的以下情况催生：治理阶段和人才资源的限制；地理区域差异，人口不平衡分布；经济发展水平不平衡、理论基础不强。分述如下：

（一）治理阶段和人才资源的限制

1. 整个国家的数字政府治理尚未进入完全成熟阶段。新举措出现之初，各方面尚未得到充分发展，新举措的实施极有可能遇到诸多问题甚至新举措自身引致诸多问题；新举措在与宏观环境进行不断"调适"而得到完善之后，这些新举措与宏观环境的"调适度"会显著上升，实施新举措遇到的问题会随之减少，新举措自身引致问题的可能性也随之下降。这一情况的实例如我国市场经济改革初期出现诸多问题，当前正在推进的数字政府治理也如此：与二十年前相比，我国的数字政府治理水平已经得到显著提升，但在一些方面依然尚未达到英美法等国家的水平，如光纤尚未在全国绝大部分地方实现全面覆盖，整个国家的数字政府治理尚未进入完全成熟阶段，这一宏观环境之中，数字政府治理过程中存在不平衡等问题也就不足为奇。[①]

2. 某些地方的数字政府治理人才匮乏。改革开放以来，我国东部省份随着与中西部省份经济实力差距的拉大而获得越来越多的人力资源，每年都有大量人才从中西部省份流向东部省份，从东部省份前往中西部省份

---

① 王少泉：《我国数字政府治理：现实与前景》，《贵州省党校学报》2019年第3期。

的人才则相对稀少。某些西部地方政府由于缺乏数字政府治理人才，在数字政府治理过程中难以获得强有力的专职技术支持，致使这些政府因担心雇佣政府外技术人员工作会泄露国家机密而在这一建设过程中裹足不前。目前在数字政府治理进程中，由于人才培养机制不成熟而导致的相关人才匮乏已经日益受到学界关注。在这一情况下，加快中西部省份汇集数字政府治理的人力资源，一方面可以吸引和鼓励东部省份人才向中西部省份流动；另一方面则需要从根本上采取有效措施完善中西部地区人才培养"自我造血"机制，在中西部省份培养大量此进程中所需的人才并为其提供较好待遇，使其能够愿意并安心留在中西部省份工作，为数字政府治理提供所需的人力资源。但是实施这些举措的重要前提是拥有足够的资金支持，中西部省份大多财力不足，财力处于不平衡状态，一定程度上催生数字政府治理人才的不平衡状态，进而催生治理过程中的不平衡问题以及这一总问题具体呈现的公共服务非均等化等问题。实例如：贵州省正在全面推进的"全省通办、一次办成"政府服务改革，该省全面改革政府服务流程和方法，并将在线和离线服务与数据、系统和服务进行深入整合，使得贵州省的数字政府治理水平获得明显提升，但是贵州省内部明显存在不平衡这一问题，如黔东南州的数字政府治理水平明显低于贵阳市，这一情况的重要原因之一是黔东南州的数字政府治理人才匮乏。

（二）地理区域差异，人口不平衡分布

地理区域差异以及人口不平衡分布很大程度上呈现为"胡焕庸线"难题。

1. 地理区域差异导致数字政府治理领域存在明显的不平衡问题。我国领土广阔，东中西部差异较大，数字政府治理的进度不一，整合难度较大。我国领土面积居世界第三位，东中西部的自然环境、人口密度及经济发展水平等差异较大。中央政府统一部署推进数字政府治理进程，但由于我国内部的地区、城乡、行业等之间存在明显差别，导致数字政府治理的进度也不一，这些问题导致数字政府治理领域存在明显的不平衡问题。实例如：近年山东省临沂市稳步推进"政企直通车"建设，临沂市通过这一建设让企业"知政策、懂政策、享政策"，助推了数字政府治理水平提升，但是临沂市的数字政府治理水平排名依然在山东省垫底，这一情况的重要原因是临沂市的数字政府治理进程明显受到该市较差的地理环境影响，即数字政府治理过程中面临很多来自地理环境方面的挑战。

2. 人口分布明显不平衡导致数字政府治理效能明显不平衡，催生信息不对称、公共服务非均等化问题。人口众多且人口密度、人口素质存

在明显差异，[①]即公共服务客体数量巨大且密集程度、受教育程度差异极大。我国目前人口状况是人口众多而且分布严重不平衡，绝大部分人口居住于黑河至腾冲一线的东部和东南部，这些区域（尤其是东南沿海地区）的人口密度极高，此线的西部和西北部人口密度极低，西藏、青海、新疆等省区甚至存在一些无人区。[②]在这种情况下，借助数字政府治理进程的推进提升国家治理水平面临诸多困难，如：中东部省份人口密度极高，通过数字政府治理网络为如此之多的人口提供公共服务需要耗费大量的人力、物力、财力；西部省份人口密度较小，数字政府治理网络所供给的公共服务难以覆盖这些区域的所有公众，如果强求覆盖率，则需要建设更多的基础设施用于构建数字政府治理网络，由此催生公共服务非均等化问题。实例如：近年，深圳市打造了"免证办"政务服务新模式，深圳市推进这一改革的重要原因是该市的人口总数很大（2021年为1768.2万人）——为如此庞大的人口供给数字公共服务并非小事，促使深圳市十分重视这一领域的工作，从而助推深圳市数字政府治理水平上升，与其他城市之间逐渐呈现出治理水平不平衡状态，当然，深圳市的人口并非均匀分布，在人口密度过高的地方，大量条件存在差异的人员分享数字公共服务，容易引发治理过程中的不平衡问题。人口素质的差异也给数字政府治理进程的推进带来很多困难，如：一般情况下，经济落后区域的公众的受教育水平较低，文盲或半文盲很难享受到数字政府治理网络为公众提供的公共服务，催生信息不对称、公共服务非均等化问题，致使这些区域的数字政府治理水平难以得到有效提升。

（三）经济发展水平不平衡、理论基础不强

1. 经济发展水平明显不平衡，导致数字政府治理的经济基础不平衡程度较高。各地经济发展水平不一，资源供给率差异较大。我国东中西部省份的经济发展水平差距较大，各省内部不同区域的经济发展水平差距也很大。通过进一步跨区域分析，可以发现西部省份某些区域的经济发展水平高于东部省份某些区域的经济发展水平，如陕西西安市与广东省北部地区的对比。可见，我国各地的经济发展水平不一，导致在数字政府治理进程中不同地区的政府能够调动的资源总量差距较大，各地数字政府治理的

---

① Shahoodh, Gailan, O. Al-Salman, and J. Mustafina. "Towards a Context-Aware Digital Government in Iraq: A Public Sector Employees' Perspective." (2020 13th International Conference on Developments in eSystems Engineering, 2020).

② 王少泉：《我国数字政府治理的现状、问题及推进途径》，《重庆三峡学院学报》2018年第6期。

进程、速度及水平不一，在数字政府治理领域催生包含信息不对称、公共服务非均等化等问题在内的不平衡问题。实例如，近年山东省临沂市稳步建设"政企直通车"，临沂市通过此项建设让企业"知政策、懂政策、享政策"，有助于提升该市的数字政府治理水平，但是该市的数字政府治理水平排名依然在山东省各地级市中垫底，重要原因是临沂市的经济发展水平相对较低，较难为数字政府治理提供强大经济支撑。

2. 数字政府治理的理论基础有待强化。我国开始推进数字政府治理进程之后，学界迅速做出反应，众多学者对我国推进数字政府治理进程中具备的优势、面临的困难及应该采取的途径等方面加以研究，从不同角度对数字政府治理进程中的各种问题进行探析，提出不同的见解，并展开了一系列争论，但目前尚未在数字政府治理领域形成太多共识。部分学者从同一角度对数字政府治理进程中各方面进行探析所展示的见解也存在较大差异，这种差异源于学者的学科背景不同、所研究的案例不同、所受教育的背景不同等。更为重要的是：学界目前的权威人物大多数研究工业时代的治理问题，对数字时代的治理并不熟悉，[①]他们提出的数字政府治理途径不一定成效明显，与之相对的是由学术新人提出的成效可能较为明显，但常常不被接受的数字政府治理途径。学界在这些方面所展现的"百家争鸣"状态致使数字政府治理的推进者在寻求理论支持之时无所依从——除习近平总书记关于网络强国的重要思想之外，诸多地方领导者难以判断何种具体的见解是正确的、高效的，也致使各地政府在数字政府治理的过程中将各自认为正确、高效的理论作为依据，使数字政府治理呈现出"百花齐放"的局面。这意味着数字政府治理领域会出现包含信息不对称、公共服务非均等化等问题在内的不平衡问题。

二、整体协同有待强化

整体协同有待强化与习近平总书记关于网络强国的重要思想的第一方面（宏观层面）内容中的"在有效优化数字政府治理结构、整合多元主客体合力的基础上切实贯彻路线"直接相关，也与本书第二编中各章的内容以及第三编中诸多内容对应。国务院于2022年6月23日发布的《国务院关于加强数字政府建设的指导意见》中，第一项政策是"构建协同高效的政府数字化履职能力体系"，需要实施这项政策，意味着我国数字政府治理

---

① Dunleavy, Patrick, and H. Z. Margetts. "The Second Wave of Digital Era Governance."*Social Science Electronic Publishing*, 2010.

过程中的协同效能有待进一步提升，这一不足催生了不平衡问题，具体表现为：某些地方的数字政府治理多元参与机制效能较低，数字政府治理网络的整合难度较大；信任问题对数字政府治理产生负面影响；同一行为和因素在不同空间中的作用差异；运用数字政府治理技术消除信息不对称问题未获得广泛支持，削弱整体协同效能。分述如下：

（一）某些地方的数字政府治理多元参与机制效能较低，数字政府治理网络的整合难度较大

我国某些地方政府在推进数字政府治理的过程中构建效能较高的多元参与机制，以助推数字政府治理进程，如：2018年8月1日，四川省级政务云"天府云市场"正式上线，标志着服务商正式加入四川省的数字政府治理过程。但此类举措尚未广泛存在于我国诸多地方，在已经展开数字政府治理进程的绝大部分地方，政府之外的数字政府治理主体并未有效参与这一治理进程。这一情况表明：我国推进数字政府治理的过程中，纵向结构得到持续优化之时，其横向结构的完善速度明显偏慢。我国东中西部省份的经济发展水平差距较大，各省内部不同区域的经济发展水平差距也很大。中央政府统一部署数字政府治理的推进框架，但由于我国的不同地区的经济发展差异较为明显，不同地区的政府能够调动的人力、物力、财力不平衡，导致投入到构建数字政府治理网络的资源量不平衡，数字政府治理网络的构建进度也不一。经济发达地区的数字政府治理水平明显高于经济欠发达地区的数字政府治理水平，这些问题导致国内存在明显的信息鸿沟。在对全国的数字政府治理网络进行整合之前，首先须在各省内部实现数字政府治理网络的整合，而后逐渐实现全国范围的整合，这一过程面临诸多困难，实现这一目标的时间较为漫长。

（二）信任问题对数字政府治理产生负面影响

我国的数字政府治理目前尚处于发展阶段，提升国家治理能力的效果尚不是非常明显。公众对数字政府治理的看法、要求和评价对我国数字政府治理的效率和效能有一定影响，如果公众对数字政府治理的理解不够充分，其对数字政府治理的支持和参与程度也就比较低，这将不利于数字政府治理的顺利开展。出现这方面的问题，其原因在于公众未能充分理解和熟悉数字政府治理的概念和实质，这与公众缺乏与数字政府治理的相关知识直接相关。这一现状的改变，有赖于政府运用多种公众易接受的有效方式加强数字政府治理相关知识的普及，如网络宣传、组织学习小组、举办培训班、编写通俗易懂的书籍等。随着工业时代日益演进至数字时代，电脑和手机等设备在公众中普及的程度越来越高，随之而来的问题和隐患也比较明显。近年，信息安全问题备受各国关注，[①]这种关注度在2013年6月发生"棱镜门事件"之后有大幅度提升。

（三）同一行为和因素在不同空间中的作用差异

与数字政府治理过程中的机制和信任等影响因素相比，以下因素也在数字政府治理过程中催生了一些问题尤其是公共服务非均等化问题，阻碍协同效能的提升。一方面，同一行为在不同空间中的结果有差异。推进数字政府治理进程不仅在"共享"层面上对公共服务具有重要影响，也在权力平等、机会均等方面对公共服务具有重要影响。如：在实体空间中，谦让（包括因被胁迫或道德绑架而"谦让"）这种传统美德以及插队这种不当行为会对获得公共服务的先后顺序产生影响，但这些情况通常不会出现在网民获得数字公共服务的过程中。可见，推进数字政府治理使网民内部在很大程度上实现权力和机会平等，但网民与非网民之间出现了权力与机会的不平等，即虽然有效推进数字政府治理在网民中强化了公共服务均等化，但提升了网民与非网民之间的非均等化程度。实例如：近年，新余市运用大数据助力中小学新生入学"一次不跑"，此项举措对新入学中小学生的绝大部分家长而言十分有益，最明显的效果是能够有效减少入学过程中的程序，节约了办理入学手续所需的时间，但是对依然是非网民的家长而言，此项举措并不会给他们带来明显便捷。

另一方面，同一因素在不同空间中的作用有差异。数字政府治理客体获取公共服务的过程中，某些因素在不同空间中的影响会完全相反，以年龄因素为例：数字政府治理客体在现实空间中获取某些公共服务过程中，[②]治理客体年龄较大常常是一个有利因素，如老年人更容易获得跳广场舞的场地、乘坐公交车或地铁时更容易拥有座位；在虚拟空间中获取数字公共服务过程中，治理客体年龄较大常常是一个不利因素，如某些老年人不会使用电脑或智能手机，根本无法借助数字政府治理平台获得某些数字公共服务。通常情况下，年轻公众更容易获取数字公共服务，年龄偏小

① Shahoodh, Gailan, O. Al-Salman, and J. Mustafina. "Towards a Context-Aware Digital Government in Iraq: A Public Sector Employees' Perspective." (2020 13th International Conference on Developments in eSystems Engineering, 2020).

② Shahoodh, Gailan, O. Al-Salman, and J. Mustafina. "Towards a Context-Aware Digital Government in Iraq: A Public Sector Employees' Perspective." (2020 13th International Conference on Developments in eSystems Engineering, 2020).

或偏大的公众较难获取数字公共服务，[①]年龄偏小的公众对数字公共服务的需求度小于其他年龄段公众，因此，数字政府治理引致的数字公共服务非均等化问题主要对年龄偏大的公众产生影响，直接原因是这一群体借助信息技术获取数字公共服务的能力较弱。这些情况在本书第二编"非网民"一章中已有详细阐述。

（四）运用数字政府治理技术消除信息不对称问题未获得广泛支持，削弱整体协同效能

这种不支持主要源于两个方面：一方面，某些信息收集者在收集信息过程中会为了维护或获得私利而不向政府部门提供全面的信息，甚至提供某些虚假信息，数字政府治理过程中使用数字技术会阻碍信息收集者这些行为，因此，某些信息收集者会对数字政府治理过程中的此举持反对态度；另一方面，数字政府治理过程中，一些普通员工不了解运用数字政府治理技术消除信息不对称问题的诸多情况，但明显能够感觉到这种举措会带来变革，这种变革会使单位员工脱离原本的"舒适区"，因此，这些人员会对"运用数字政府治理技术消除信息不对称问题"持反对态度。[②]

三、治理主体的能力有待强化

习近平总书记关于网络强国的重要思想的第一方面（宏观层面）内容中包含："在有效优化数字政府治理结构、整合多元主客体合力的基础上切实贯彻路线"，"治理主体的能力有待强化"这一点的成因与这些内容直接相关：重要思想中强调的整合多元主客体合力，重要前提之一是治理主体拥有较强的能力，否则无法实现合力的有效整合——在治理主体能力明显不足的情况下，治理主体本身不具备整合多元主客体力量的能力，治理客体也不会愿意与能力不足的治理主体展开有效合作。"治理主体的能力有待强化"这一点的成因除与习近平总书记关于网络强国的重要思想的第一方面（宏观层面）内容直接相关之外，也与本书第二编中各章的内容（政府部门以及其他主体）以及第三编中诸多内容对应，是对第三编中所述某些成因的总结、提炼。

治理主体的能力有待强化表现为：治理主体推进数字政府治理进程

---

① Shahoodh, Gailan, O. Al-Salman, and J. Mustafina. "Towards a Context-Aware Digital Government in Iraq: A Public Sector Employees' Perspective." (2020 13th International Conference on Developments in eSystems Engineering, 2020).

② 娄兆锋、王少泉：《数字治理：单位管理中信息不对称现象的消除之道》，《领导科学》2020年第6期。

的能力有待进一步强化，催生供需不平衡问题；经济欠发达地区借助数字政府治理平台供给基本（数字）公共服务的能力不足；某些地方政府领导者受政绩观影响而一味求新，治理能力欠缺；部分人员运用数字技术消除信息不对称问题的能力不足，而且未重视数字政府治理的重要作用。分述如下：

（一）治理主体推进数字政府治理进程的能力有待进一步强化，催生供需不平衡问题

供需不平衡问题表现在对数字政府治理的推进及监管能力不足，数字政府治理领域的市场发育不成熟。中华人民共和国成立之后，我国在借鉴苏联经验的基础上构建干部体制，这一体制曾经在改革开放之前在我国的政治建设、经济建设等方面发挥过较大作用。这一体制明显具有工业时代色彩，因此，当工业时代逐渐演进至数字时代之时，对这一体制展开变革的需求随之出现。具体表现为：改革开放之后，形成于中华人民共和国成立初期的干部体制不适应新的国际、国内环境，因此，我国开始对这一体制进行改革。20世纪90年代，我国正式开始构建推行公务员制度，虽在近30年中取得较大成效，但尚存在一些不足之处，尤其是在公务员如何为人民有效提供公共服务方面成效不甚理想，传统的官本位思想依然残存于某些公务员的理念之中。极少数官员将下属和公众视为臣属，未将自己视为公仆，导致政府难以与公众进行有效沟通——政府难以获知公众的真实想法，公众也难以了解政府的真实意图；[1]相应地，政府在某些地区、某些时候明显表现出不同程度的官僚习气，运用数字政府治理平台为公众提供数字公共服务的意愿及能力较弱，这些问题均导致公众对政府的满意度未能有效提高。在数字政府治理过程中，这些公务员的责任感和服务意识均不强，未具备坚定的维护公众利益的信念，未能将维护公众的利益视为自己的职责，未能在数字政府治理过程中将为公众服务视为首要目标。

目前，数字政府治理平台已经广泛存在于我国各地，但在日常政务活动中，很多政府部门依然主要采用纸质文件形式传达命令、宣布政策等，完全通过数字政府治理平台进行公文采集、收发和汇总的政府部门极少。这一双重运作情况在很大程度上增加了财政开支，引致行政成本上升。这一情况的成因较多，如：一些政府部门试图规避电子版公文所潜在的不确

---

[1] Shahoodh, Gailan, O. Al-Salman, and J. Mustafina. "Towards a Context-Aware Digital Government in Iraq: A Public Sector Employees' Perspective." (2020 13th International Conference on Developments in eSystems Engineering, 2020).

定风险，除此之外，某些公务员技能水平不能完全满足数字政府治理工作的要求，基层政府部门一些公务员的数字技术知识较为贫乏，这些公务员是数字政府治理的具体实践者，他们的数字技术知识水平对数字政府治理进程的推进产生重要影响。我国不同地区的社会环境不一，部分地方的公务员及公众消极应对数字政府治理。出现这一状况的主要原因是：其一，某些地区的政府尚未将与数字政府治理相关的内容纳入公务员培训课程，某些公务员对数字政府治理的了解程度较低、支持能力较弱。其二，某些地区的政府通过培训等方式使公务员树立了牢固的、构建数字政府治理理念，但未继续采取有效措施强化公务员践行这一理念的能力。换言之，数字政府治理仅仅停留在理念层面，未能转变为现实。我国自2000年开始推进数字政府治理进程至今，已经在数字政府治理这一领域取得长足进展，但从目前的情况来看，政府对这一领域市场的推进和监管能力尚显不足，由此引致一些阻滞市场发展的问题。我国诸多软件私营部门能力相对较弱。这一问题使市场难以为政府展开数字政府治理进程提供有力的支持。

（二）经济欠发达地区借助数字政府治理平台供给基本（数字）公共服务的能力不足

部分地方政府在通过数字政府治理平台供给数字公共服务的过程中忽视以下方面：借助数字政府治理平台供给基本（数字）公共服务依赖于政治过程、[①]人力、物力的支持，以及恰当地提供基本公共服务的方法和技能对通过数字政府治理平台供给数字公共服务具有重要影响。在借助数字政府治理平台供给基本（数字）公共服务的过程中，经济发达的地区通常拥有充足的人力和物力支持，其供给方法和技能也较为恰当、高效。然而我国部分经济欠发达地区由于受制于人力、财力和物力，难以引进或培养足备的数字政府治理人才，对先进供给方法和技能的引进也不足，在借助数字政府治理平台供给基本（数字）公共服务的过程中显得能力不足。实例如，近年，深圳市打造"免证办"政务服务新模式、江门市房屋交易"云链签"项目、佛山市禅城区基于"区块链+数据反哺"实现数据赋能政务服务改革，这些改革有效提升了这些地方的数字政府治理水平，与这些地方相比，韶关市和梅州市尚未有效展开改革，数字政府治理水平相对较低，这一情况的重要原因是这两个地级市的经济发展水平相对较低，较难为数字政府治理提供强大经济支撑，两地政府借助数字政府治理平台供

---

① Pethig, Florian, J. Kroenung, and M. Noeltner. "A stigma power perspective on digital government service avoidance."*Government Information Quarterly*, 2021 (1):101545.

给基本（数字）公共服务的能力不足。

（三）某些地方政府领导者受政绩观影响而一味求新，治理能力欠缺

改革开放之后的较长时间内，我国政府对GDP的重视程度极高，GDP增长率成为衡量政府政绩的重要指标。近年，我国政府衡量政绩之时不再以GDP为唯一的考核标准，而将政绩作为公务员能否获得升迁的重要考量因素这一情况并未改变，某些地方政府领导者为了获得升迁而对政绩非常重视。实施数字政府治理举措是极有可能创造政绩的行为，但某些地方政府领导者认为：目前我国诸多地方政府已经实施数字政府治理举措，部分地方甚至构建了极具特色的数字政府治理模式，在这一宏观环境中，如果未能在数字政府治理过程中实施极具特色的举措，将很难创造出政绩。受这种观念影响，这些地方政府领导者在数字政府治理过程中将大部分精力置于构建创新模式而非强化治理能力以实施"普适举措"助推数字政府治理进程。实例如：合肥市蜀山区政务服务中心在推进数字政府治理的过程中推出"政务快递免费送"，[①]这一做法在甘肃省武威市、湖北省十堰市等地的数字政府治理过程中也有发现，但尚未广泛出现于我国各地。

（四）部分人员运用数字技术消除信息不对称问题的能力不足，而且未重视数字政府治理的重要作用

数字时代的来临意味着诸多技术实现革新，但是单位管理过程中并非所有人员都实现了革新，[②]部分人员运用数字技术消除信息不对称问题的能力不足，导致数字政府治理技术在助力消除信息不对称问题之时并未完全发挥应有效能。这些人员主要是政府部门中的普通工作人员（尤其是信息收集者），但也不乏管理者，他们在这一方面能力不足，是由客观和主观因素共同导致的：从客观方面来看，提升能力需要诸多制度及资金的支持，某些地方政府不一定愿意在这些方面展开大规模投入；从主观方面来看，提升能力实质上要求这些人员展开自我革新，推进这一革新过程并不容易，某些人员会在心理上产生抵触，这一情况涉及人员的"舒适区"问题。

在前数字时代，诸多人员已经在治理过程中积累了大量有价值的

---

① 王刚、刘亚萍、项磊：《政务快递免费送，群众最多跑一次》，《新安晚报》，2018-08-02（A09）。

② Janowski, Tomasz. "Digital government evolution: From transformation to contextualization." *Government Information Quarterly*, 2015 (32.3):221-236.

"消除信息不对称问题"经验，^①这些经验的存在，一方面为数字政府治理过程中消除信息不对称问题创造了有利条件，但另一方面又会对数字政府治理过程中消除信息不对称问题形成阻滞。单位中一些人员认为历史上形成的成功经验肯定能够全部、有效地运用于数字政府治理过程中，这一见解存在一个问题：从前数字时代到数字时代，治理环境发生显著变化，原本效能较高的方式方法不一定能够继续发挥效能。实质上，这一情况主要归因于基于数字政府治理消除信息不对称问题，一些人员要脱离"舒适区"，运用数字技术或新的方式方法在单位管理过程中消除信息不对称问题，需要诸多人员展开自我革新，其中最重要的是提升自身的能力，这需要展开新一轮的学习和培训等，而这必然使他们脱离原先所处"舒适区"，这一情况的出现会导致这些人员感到明显不适，从而产生抵触情绪甚至催生抵触举措，进而导致这些人员在数字政府治理过程中的能力不足。

长期以来，政府部门中的管理者和诸多普通人员均致力于消除信息不对称问题，^②这一举措在某些地方发挥了明显效能，为推进数字政府治理进程创造了有利条件。值得注意的是：进入数字时代之后，部分人员在消除信息不对称问题时，并未重视数字政府治理的重要作用。这些人员固守曾在前数字时代"单位管理中消除信息不对称问题"中发挥显著功效的方式方法，认为这些方式方法会一直高效存在，未注意到某些方式方法在数字时代已经沦为旧事物、其功效会明显下降。部分人员在数字政府治理进程中已经使用数字技术，但未随着数字政府治理进程的推进持续革新数字技术，导致其所使用的数字技术也沦为旧事物，难以在单位管理过程中有效助力信息不对称问题的消除。^③

四、客体参与有待优化

客体参与有待优化与习近平总书记关于网络强国的重要思想的第一方面（宏观层面）内容"中央根据现实变化稳步优化正确的数字政府治理路线，在有效优化数字政府治理结构、整合多元主客体合力的基础上切实贯

---

① Janowski, Tomasz. "Digital government evolution: From transformation to contextualization." *Government Information Quarterly*, 2015 (32.3):221-236.

② Janowski, Tomasz. "Digital government evolution: From transformation to contextualization." *Government Information Quarterly*, 2015 (32.3):221-236.

③ 娄兆锋、王少泉：《数字治理：单位管理中信息不对称现象的消除之道》，《领导科学》2020年第6期。

彻路线"密切相关，与本书第二编中所述治理结构、私营部门、公众等内容对应，是对第三编中所述一些问题的成因的总结、提炼。客体参与有待优化表现为：一些地方领导者尚未充分认识到数字政府治理结构演进的重要性，阻碍了客体参与；多元差异阻滞多元客体的参与；公众自身条件较差会降低参与数字政府治理的可能性。分述如下：

（一）一些地方领导者尚未充分认识到数字政府治理结构演进的重要性，阻碍了客体参与

我国推进数字政府治理进程之时，地方政府一些领导者认为：数字政府治理进程的推进所依靠的主体是党组织和政府，公益组织、私营部门和公众并非数字政府治理主体。这些领导者没有认识到：与私营部门和公众相比，公益部门相对较早地成为数字政府治理主体。此外，近年我国数字政府治理进程的推进使私营部门和公众日益成为这一治理结构中的重要组成部分，这一态势会在未来一段时间内持续呈现。具体而言，20世纪90年代以来，私营部门成为我国数字政府治理结构的重要主体之一；近年，公众因我国数字政府治理进程的推进而日益成为数字政府治理结构的组成主体，一些公众以个体形式独立参与这一进程，另一些公众则通过公益部门参与这一进程。这些公众成为治理结构的组成主体之后，能够发挥自身专长、提供资金补充，并有效推进政民互动的展开，切实提高数字政府治理水平。这些地方政府领导者的错误理念导致一些治理客体难以有效参与数字政府治理过程。

具体从我国政府在实体公共服务（相对于网络中数字公共服务而言）中重要性的演变情况来看，政府边界呈现出先扩张（主要是改革开放之前）再收缩（主要是改革开放之后）的宏观演变状态。[①]数字时代来临之后，虚拟空间中公共服务的供给成为必须之举，但在一段时间内私营部门及公众等主体参与供给数字公共服务的能力较弱，因此政府边界呈现出随数字政府治理进程推进而扩张的态势。[②]这一情况在数字政府治理进程展开之初实属正常，[③]数字政府治理水平获得显著提升之后，公益部门、私营部门等主体参与数字政府治理进程成为必然之举。我国诸多地方的数字政府治理进程已经得到有效推进，但某些地方政府尚未充分重视其他主

[①] Dunleavy, Patrick, and H. Z. Margetts. "The Second Wave of Digital Era Governance." *Social Science Electronic Publishing*, 2010.

[②] 王少泉：《我国数字政府治理：现实与前景》，《贵州省党校学报》2019年第3期。

[③] Dunleavy, Patrick, and H. Z. Margetts. "The Second Wave of Digital Era Governance." *Social Science Electronic Publishing*, 2010.

体参与数字政府治理的重要性，其领导者坚持认为无须构建、运行或有效运行多元参与机制助推数字政府治理进程，因此某些地方政府在推进数字政府治理的过程中尚未构建多元参与机制或这一机制的效能较低。

（二）多元差异阻碍多元客体的参与

以公共服务均等化问题为例，数字政府治理阻滞或推进公共服务均等化受多种因素影响，[①]如从数字政府治理主体方面来看影响因素主要有：数字政府治理供给公共服务的水平差异（便捷与否等）；数字政府治理供给公共服务的多元化程度差异。如某些地方的数字治理主体未充分重视某些地方的数字治理建设，导致一些地方没有电脑等上网设备、无法连接互联网。这些情况主要与当地经济发展水平和城镇化水平相关：经济发展水平或城镇化水平较低的地方，电脑等上网设备的覆盖面相对较小，能够连接互联网的地方也相对较少，这种情况下即使非网民自身条件较好（懂电脑或网络、懂拼音、有时间上网等），也会因为客观条件所限导致无法上网，从而沦为非网民，难以有效获取数字公共服务，有效参与数字政府治理进程更加无从谈起。例如，近年，山东省临沂市展开"政企直通车"建设让企业"知政策、懂政策、享政策"，这一举措助推了临沂市数字政府治理水平的提升，但是目前临沂市的数字政府治理水平依然在山东省地级市中靠后，这一情况的重要原因是临沂市的地理环境相对较差，很多地方不具备实现无线网覆盖的条件，

（三）公众自身条件较差降低参与数字政府治理的可能性

本书第三编的"非网民"部分阐述了某些公众长期是非网民，难以有效参与数字政府治理进程，这一情况主要与这些公众的文化水平相关：一方面文化水平偏低致使这些公众不懂电脑、网络及拼音等；年龄太大的公众运用所拥有的文化知识已经难以跟上时代发展，所以也可以视为文化水平不高；年龄太小的公众文化水平通常较低。[②]从宏观上来看，非网民受自身条件所限，这种限制源于这些人员自身的现代化速度慢于其所处环境的现代化速度，即当环境出现明显变化之时，这些人员未能及时强化自身条件（尤其是提升自身文化水平），最终导致自己被"隔离"于数字时代之外。另一方面，在数字时代，文化水平较高的公众在工作和生活过程中通常必须运用网络，文化水平较低的一些公众工作和生活时则不一定

---

① Dunleavy, Patrick, and H. Z. Margetts. "The Second Wave of Digital Era Governance."*Social Science Electronic Publishing*, 2010.

② 王少泉：《推进数字政府治理　实现公共服务均等化》，《中国社会科学报》，2020-06-17（A06）。

需要运用网络。不需要上网或对上网不感兴趣的公众，在一定程度上是"自绝"于数字时代：这些公众极有可能具备上网的能力和客观条件，但受自己的需求或兴趣影响而成为非网民。这一情况也与这些公众的文化水平相关：文化水平较低的公众在工作和生活过程中常常不存在明显的上网需求，这些人员对上网是否感兴趣也就并非一件重要事情，从而成为非网民。在成为非网民的情况下，这些公众自然难以有效参与数字政府治理进程，加剧了数字政府治理领域的信息不对称和公共服务非均等化等问题。

五、尚未有效兼顾双重驱动问题

"在实体空间和虚拟空间中兼顾技术创新驱动与制度变革驱动"是习近平总书记关于网络强国的重要思想中与数字政府治理直接相关内容里第二方面（中观层面）的重要内容，即数字政府治理过程中必须兼顾技术创新驱动与制度变革驱动，但我国一些地方在推进数字政府治理进程时尚未有效兼顾这两种驱动。宏观上来看，与制度变革驱动相比，基于技术创新助推数字政府治理进程的难度相对较小。从技术创新驱动方面来看：第一，在中央的正确领导下，各地能够快速采用中央所用的信息技术革新数字政府治理系统，也能够积极引入数字政府治理水平较高的地方所用的信息技术。第二，目前，各地在中央及自身（主要是经济条件）的支持下通常能够及时配备或更新数字政府治理过程中所需的设备，此举能够为数字政府治理过程中及时、有效地使用各种有助于提升治理水平的信息技术创造有利条件。这一点可以从本书第三编中所述数字政府治理现状中看出——一些地方的治理实例，明显呈现出偏向于技术创新驱动特征。因此，基于技术创新驱动数字政府治理的问题通常归因于：经济支撑不足、运用信息技术的人员能力不足。这属于前文所述"治理环境与基础不良、治理主体的能力有待强化"需要分析的内容。此处重点探究数字政府治理过程中未能有效兼顾技术创新驱动和制度变革驱动，本质上是分析制度变革驱动有待进一步强化。

与数字政府治理过程中技术创新驱动明显不同的是：制度变革驱动领域存在诸多问题，致使数字政府治理过程中出现"政府边界偏大、公共服务非均等化和信息不对称"等问题，使数字政府治理面临被锁定于当前状态的风险，与习近平总书记关于网络强国的重要思想第三方面内容（目标）"将数字政府治理领域的不平衡程度控制在适度范围内，防范或打破数字政府治理领域的'低水平锁定'状态，有效提升治理水平、惠及最广大群体"相背离。很大程度上也反映了国务院于2022年6月23日发布的

《国务院关于加强数字政府建设的指导意见》中第三项政策"构建科学规范的数字政府建设制度规则体系"的重要性。

尚未有效兼顾双重驱动表现为：理论运用过程中存在不足；我国数字政府治理的规范性文件及法规等较少，中央政府的效能尚未全面发挥；数字政府治理没有统一的规范可循，管理体制有待进一步完善；数字政府治理的人才培养机制不成熟。分述如下：

（一）理论运用过程中存在不足

数字政府治理过程中出现不平衡问题，很大程度上归因于尚未有效兼顾双重驱动尤其是制度变革驱动不足，表明我国推进数字政府治理进程时对理论的运用存在不足。首先，对习近平总书记关于网络强国的重要思想的理解和运用有待进一步深化，尤其是尚未有效实施这一重要思想指导下制定的《国务院关于加强数字政府建设的指导意见》中第三项政策"构建科学规范的数字政府建设制度规则体系"。其次，制度变革过程中尚未有效借鉴现代化理论的可取之处。美国政治学家亨廷顿在《变化社会中的政治秩序》对诸多发展中国家现代化过程中出现变乱的成因展开深入研究后指出：这些国家现代化过程中出现变乱的根本原因是制度的完善速度慢于现代化速度。将这一观点运用于我国数字政府治理过程中的不平衡问题能够发现：这一问题的宏观成因也是"制度的完善速度慢于现代化速度"——数字时代全面来临，意味着数字政府治理环境出现显著变化，即环境实现了较快的现代化，已经成为一种"新环境"，与之相对的是数字政府治理领域的一些制度并未快速推进现代化进程，[①]某些制度尚处于"前数字时代"，与"新环境"相比，这些制度已经沦为"旧制度"，两者之间的不平衡极易催生数字政府治理领域的不平衡问题。

（二）我国数字政府治理的规范性文件及法规等较少，中央政府的效能尚未全面发挥

近年，《国家信息化发展战略纲要》《"十三五"国家信息化规划》及《国务院关于加强数字政府建设的指导意见》等文件的相继出台助推了我国数字政府治理进程的推进，但与英美法等发达国家相比，我国数字政府治理的规范性文件及法规等尚不足。根据我国其他领域的建设情况及西方国家的经验来看，数字政府治理的规范性文件及法规的制定是一个自上而下的过程，这意味着作为数字政府治理最高实践主体的中央政府

---

① Dunleavy, Patrick, and H. Z. Margetts. "The Second Wave of Digital Era Governance." *Social Science Electronic Publishing*, 2010.

在数字政府治理领域的效能（尤其是领导效能）尚未全面发挥。这一情况的存在会导致某些地方政府推进数字政府治理的过程中因顾虑某些举措有可能违规而裹足不前（不敢实施文件、法规没有明确规定可以实施的举措），导致制度变革的动力不足，在数字政府治理过程中催生不平衡问题。[①]实例如：近年，贵州省全面推进"全省通办、一次办成"政府服务改革，从地级市层面来看，贵阳市在数字政府治理过程中已经出台一些规范性文件及法规，但不同地级市、不同县区的情况存在明显差异，如黔东南州的数字政府治理规范性文件及法规明显较少，这是该地数字政府治理水平明显低于贵阳市的重要原因。

（三）数字政府治理没有统一的规范可循，管理体制有待进一步完善

我国的数字政府治理已经进入发展阶段，但一些地方尚未制定数字政府治理过程中应该遵循的、具体的、统一的规范，此方面的已有文件大多未能对细节作出规定，这一情况是我国各地的数字政府治理存在很多差异的重要成因。2007年4月5日，时任国务院总理的温家宝发布国务院第492号令，公布《中华人民共和国政府信息公开条例》，自2008年5月1日起施行。该条例的公布是我国数字政府治理方面的重要举措，解决了我国数字政府治理的基本难题——哪些政府信息属于应该公布的范围？公布哪些信息属于泄露国家机密？其后十余年中，我国政府陆续制定诸多与数字政府治理相关的条例、规范，但是与美国和日本等发达国家相比，我国数字政府治理的法律体系的构建有待进一步强化，[②]尤其是：此方面的法律法规依然较少，我国目前与数字政府治理相关的法律法规大部分具有明显的工业时代色彩，较难为数字政府治理进程的推进提供有效保障。

另一方面，目前，在中央所构建的较为笼统的管理体制下，地方政府拥有较大权限依据本地实际情况建构更为具体的管理体制。[③]这就会导致经济发达地区因为能够调动充足的资源对这一进程加以支持，其管理体制也就能够依照中央政府的管理体制得到较好的构建；经济欠发达地区则因为难以调动充足的资源对这一进程加以支持，其管理体制也就难以按照中央政府的管理体制得到较好的构建。从而导致经济发达地区与经济欠发达地区的数字政府治理水平明显不平衡、身处不同地区的治理客体能够获得的信息以及公共服务等存在明显差异。此外，还导致数字政府治理过程中

① 王少泉：《我国数字政府治理：现实与前景》，《贵州省党校学报》2019年第3期。
② 王少泉：《美国数字政府治理经验在我国的应用分析》，《天中学刊》2018年第5期。
③ Dunleavy, Patrick, and H. Z. Margetts. "The Second Wave of Digital Era Governance." *Social Science Electronic Publishing*, 2010.

难以纠正某些地方政府重数字技术、轻制度变革这一错误举措，这种偏向往往导致一些地方政府在数字政府治理过程中出现表面化问题，实质上未能有效地为治理客体提供其所需的数字公共服务，信息不对称、公共服务非均等化乃至不平衡问题由此出现。

（四）数字政府治理的人才培养机制不成熟

不平衡是我国数字政府治理领域的最重要问题，这一问题呈现为多种形式，其中之一是我国东中西部省份的数字政府治理人才拥有量明显不平衡；部分公务员技能水平不高、责任感和服务意识不强。这些问题主要归因于数字政府治理人才的培养机制不成熟。本书第三编介绍了一些地方的数字政府治理实例，一些地方的数字政府治理水平较高，很大程度上归因于这些地方的数字政府治理人才培养机制较为成熟，某些地方的这一机制不成熟很大程度上导致这些地方的数字政府治理水平相对较低。目前，这一情况已经日益受到学界关注，但现实中的这些问题尚未得到有效解决，一些地方政府在推进数字政府治理的过程中明显缺乏相关人才。某些地方政府由于缺乏数字政府治理人才，在数字政府治理过程中难以获得强有力的专职技术支持，加之一些政府担心泄露国家机密而不愿意在数字政府治理过程中雇佣政府外技术人员，致使这些地方的数字政府治理进程难以快速推进，治理水平逐渐低于其他地方，催生不平衡问题。另一方面，目前，我国各级政府均构建了数字政府治理网络，但某些地方政府的日常上传下达依然主要采用纸质文件形式，完全通过数字政府治理网络进行公文采集、收发和汇总的政府部门不多。这种情况在很大程度上增加了财政开支，造成了行政成本上升。这一现象的重要成因是公务员技能水平不能完全满足数字政府治理的要求，"特别是基层政府部门广大公务员的信息技能知识更是贫乏"[①]这些情况很大程度上是数字政府治理的人才培养机制不成熟所致。

结语

我国数字政府治理过程中的总问题是不平衡问题，与本书第二编所述数字政府治理结构和主体相结合，可以将不平衡这一总问题呈现为三个具体问题：政府边界偏大、信息不对称、公共服务非均等化。我国数字政府治理过程中普遍存在这些问题的主要原因是：治理环境与基础不良；整体

---

① 李约：《借鉴新加坡美国电子政务的成功经验发展我国的电子政务》，《湖北省行政管理学会2006年年会论文集》，华中师范大学，2007。

协同有待强化；主体治理能力有待强化；客体参与有待优化；尚未有效兼顾双重驱动。这些原因主要是对第三编所述成因的提炼。而且这些成因与习近平总书记关于网络强国的重要思想中直接与数字政府治理相关的内容对应，也与国务院于2022年6月23日发布的《国务院关于加强数字政府建设的指导意见》中阐述的一些基本原则（如坚持整体协同）和一些政策密切相关，如第三项政策"构建科学规范的数字政府建设制度规则体系"。这表明我国一些地方在数字政府治理过程中尚未完全落实《意见》中的某些基本原则、尚未全面贯彻某些政策。阐释这些问题的成因，是本书后文提出数字政府治理推进途径的基础——常规研究中，对策必须与问题的成因（而非问题本身）对应，即分析问题的成因是提出对策的前提条件。

第四编

数字政府治理经验与借鉴

马克思主义普遍联系观认为：事物是普遍联系的。将这一观点用于分析我国的数字政府治理能够发现：在以习近平同志为核心的党中央领导下，我国数字政府治理已经取得重大成就，这一治理并非孤立的存在，而是世界大量国家数字政府治理的组成部分之一，能够为某些国家的数字政府治理提供可借鉴的经验，也在一定程度上受到其他国家尤其是西方国家数字政府治理的影响。21世纪初，我国与英美德法等西方国家一起进入数字时代，数字政府治理由此展开，经过20多年的推进，我国已经在数字政府治理这一领域取得很多成绩，甚至在某些方面领先于其他国家，与西方国家相比，我国数字政府治理的前景更好，但这并不意味着我国推进数字政府治理进程时无需借鉴其他国家的经验。与我国相比，美英澳德日等西方国家在数字政府治理领域也取得了很多成绩；这些国家在电子政务时期的底蕴比我国更为深厚；某些西方国家在数字政府治理过程中与我国面临相似的问题（如澳大利亚与我国同样面临某些地区地广人稀这一问题）。这意味着我国推进数字政府治理过程中可以考虑借鉴西方国家的某些经验。这是撰写这一编的主要原因。

阐述美英澳德日等西方国家数字政府治理经验与借鉴之前，必须先回答一个问题："为什么这几个国家的经验值得借鉴？"第一，从本书第三编的研究中可以看出，数字政府治理过程中的一些问题与经济发展水平直接相关。这意味着：经济发展水平较低情况下出现的数字政府治理问题，与经济发展水平较高情况下出现的数字政府治理问题，会存在一些差异。从人均GDP对比来看，美英澳德日等西方国家都比我国发达，是在经济水平较高基础上展开的数字政府治理。目前，我国正在稳步增强经济实力、人均GDP数值将在不远的将来达到美英澳德日等西方国家的当前水平，届时极有可能面临当前西方国家数字政府治理过程中面临的一些问题。这意味着：我国可以借鉴西方国家当前的一些经验，预先防范数字政府治理过程中出现西方国家当前面对的一些问题。第二，美英澳德日等西方国家与我国同步进入数字政府治理时期，但进入电子政务时期的时间点早于我国，这意味着这些国家的数字政府治理"底蕴"比我国深厚，延续于电子政务时期的一些经验值得我国借鉴。第三，美国、澳大利亚与我国都是领土大国，数字政府治理过程中都面临地理面积大、地区及族群差异明显的不平衡问题，美国和澳大利亚在数字政府治理过程中都注意解决不平衡问题，其中一些做法值得我国借鉴。第四，近年，一些机构对世界上大量国家的数字政府治理水平进行评估，在水平排名高低方面得出的结论存在一些差异，但所有研究报告都显示美英澳德日这几个西方国家的数字政府治理水平高于我国，这是我国数字政府治理过程中可以考虑借鉴这几个国家某些经验的重要原因之一。法国、加拿大、西班牙、葡萄牙和意大利等西方国家在不同研究报告中的数字政府治理水平排名情况差异明显，排名都低于我国，因此我国数字政府治理过程中考虑借鉴这几个国家的经验并非适宜之举。分析美英澳德日这几个西方国家的数字政府治理经验与借鉴过程中，统一采用"历程、亮点、借鉴经验面临的困难、借鉴的途径"这一体例。

从美国的情况来看，克林顿、小布什、奥巴马、特朗普担任美国总统时期曾大力推进数字政府治理进程，这一进程有三个亮点：注重法制化建设、构建数字政府治理的完备管理体制及良好运营模式。我国数字政府治理过程中借鉴美国经验面临的困难主要存在于环境、政府和公务员三大层面。在借鉴美国数字政府治理经验的基础上推进数字政府治理法制化建设、构建数字政府治理的完备管理体制及良好运营模式，有助于推进我国的数字政府治理进程。

从英国和澳大利亚的情况来看，这两个国家均在20世纪90年代初开启电子政务进程，并在进入21世纪之时将电子政务演进为数字政府治理，在这20余年中，这两个国家在电子政务/数字政府治理这一领域取得诸多有价值的经验，亮点主要是：数字政府治理资源的整合，降低供需不平衡程度；发展电子民主，有效提升数字政府治理效能；有效缩小"数字鸿沟"，降低不同群体之间的不平衡程度。我国借鉴英国与澳大利亚数字政府治理经验面临的困难主要有：治理平台及经济发展水平差异阻碍"数字政府治理资源整合"经验的借鉴；治理基础不够坚实阻滞"发展电子民主"经验的借鉴；不平衡程度较高会削弱缩小"数字鸿沟"经验的效能。在克服这些困难的基础上借鉴英国和澳大利亚的相关经验，能够助推我国的数字政府治理进程。

从德国的情况来看，经过约20年的发展，德国在数字政府治理领域获得长足发展，德国数字政府治理的亮点主要是：政策稳定性明显高于其他西方国家；重视基于创新推进治理进程。我国借鉴德国数字政府治理面临的困难主要有：协同需求与协同现实之间不平衡削减经验普适性；法制化建设步伐相对较慢会削减借鉴效能；版图极大、区域不平衡阻碍经验借鉴。我国借鉴德国数字政府治理经验的途径主要有：营造良好环境，强化多方协同；提升数字政府治理队伍能力；完善规章制度以强化数字政府治理的规范性及安全性；强化数据整合能力、数据管理和应用水平、多元参与程度。

　　从日本的情况来看，日本数字政府治理过程中依次出现E战略、U战略、新IT改革战略、i战略及超智能社会（社会5.0）战略。日本数字政府治理的亮点主要是：数字政府治理战略的演进表现出渐进变革特征；数字政府治理战略演进推动不平衡程度下降、治理水平持续上升；数字政府战略演进与数字政府治理主体情况变化相辅相成。我国借鉴日本数字政府经验面临的困难主要是：不同地方的建设基础不平衡；不同群体的现代化能力、现代化速度明显不平衡；不同地方的经济发展水平明显不平衡。我国借鉴日本数字政府治理经验的途径主要有：实现借鉴经验与自主建设之间的相对平衡；准确把握相关经验并采取因地制宜策略；强化多元主体参与，助推主体之间实现相对平衡。

　　从本编的内容中可以看出：美英澳德日等西方国家的数字政府治理也是基于本书第二编及第三编开篇所述数字政府治理结构及各主体展开，治理结构不良或某一主体明显存在问题，都会导致数字政府治理过程中出现某些问题，这是我国借鉴这些国家的数字政府治理经验过程中必须注意的问题。

第十三章　美国数字政府治理的经验与借鉴

克林顿、小布什、奥巴马、特朗普和拜登担任美国总统时期曾大力推进数字政府治理进程，这一进程有三个亮点：注重法制化建设、构建数字政府治理的完备管理体制及良好运营模式。我国数字政府治理过程中借鉴美国经验面临的困难主要存在于环境、政府和公务员三大层面。在借鉴美国数字政府治理经验的基础上推进数字政府治理法制化建设、构建数字政府治理的完备管理体制及良好运营模式，有助于推进我国的数字政府治理进程。①

20世纪90年代末，美国已经开始从电子政务时期演进至数字政府治理时期（实质上是从工业时代向数字时代演进），并于21世纪初出现数字政府治理"第一波浪潮"（数字政府治理1.0时期），并在2010年之后逐渐出现数字政府治理"第二波浪潮"（数字政府治理2.0时期）。从数字政府治理的条件和基础来看，与英澳德日等西方国家相比，美国拥有很多优势：在1993年就进入电子政务时期，是最早进入这一时期的国家（澳大利亚也在1993年进入这一时期，但月份上晚于美国），数字政府治理的底蕴深厚；自然资源丰富、工业实力雄厚，能够为数字政府治理提供坚实基础。当然，美国在数字政府治理领域也存在一些不利条件，②如：国土面积广大，地区不平衡程度大于英国和日本等国家；欧裔与少数族裔的受教育水平和经济条件等存在明显差异，催生信息不对称、公共服务非均等化等问题。与我国相比，美国在数字政府治理领域的底蕴深厚尤其是资源丰富、工业基础雄厚，有一些经验值得我国借鉴，更为重要的是我国在数字政府治理过程中面临的一些问题与美国相似，如国土面积广大，地区差异、族群差异明显等，美国在应对这些问题的过程中取得的一些经验值得我国借鉴。

我国由电子政务演进至数字政府治理的起步稍晚于美国，数字政府治理进程可以分为三个阶段：第一，萌芽阶段（2000.10—2012.10），"数

---

① 王少泉：《美国数字政府治理经验在我国的应用分析》，《天中学刊》2018年第5期。

② Joshi, J., et al. "Digital Government Security Infrastructure Design Challenges." *Computer*, 2001 (34.2):66-72.

字福建"建设进程的展开标志着我国开始进入数字时代，中国政府网于2006年1月1日正式开通，标志着我国正式进入数字治理1.0时期。第二，生成阶段（2012.11—2017.11），中共十八大在2012年11月召开并多次强调加强网络建设，之后数年间将数字治理的一些地方（如福建）经验逐渐推广到全国，大数据、云计算和社会网络在数字治理中的作用日益凸显，我国的数字治理进程显著加快并进入数字治理2.0这一新时期。[①]第三，发展阶段（2017.12至今），2017年12月9日，习近平总书记在中共中央政治局第二次集体学习时强调：实施国家大数据战略加快建设数字中国。标志着我国的数字治理进程进入发展阶段。在此过程中，我国的政府能力得到很大提升。从已有研究成果来看，诸多学者对美国数字政府治理经验进行了介绍，[②]但极少有学者对我国数字政府治理过程中借鉴美国经验所面临的困难及破解途径展开分析。为了提升我国数字政府治理水平、强化服务型政府能力，有必要借鉴美国的有益经验。因此，对美国数字政府治理历程及经验予以介绍并分析这些经验在我国的可行性具有重要意义。

一、美国数字政府治理历程

美国数字政府治理起步最早，且一直在该领域处于国际领先地位。1992年，苏联已经解体，美国成为唯一的超级大国，为了巩固这一地位、牢固掌控世界领导权，美国政界、商界和学界等均在考虑采取各种措施继续增强综合国力，通过实现电子化提升政府效率是备受瞩目的举措之一，[③]由此正式开始推进电子政务进程，为其后的数字政府治理奠定了基础。美国数字政府治理历程分为以下阶段：克林顿总统时期、小布什总统时期、奥巴马总统时期、特朗普总统时期。分述如下：

（一）克林顿总统时期

克林顿在1993年1月就任美国第42任总统时宣布：电子化和"少纸"是他领导的联邦政府致力于实现的目标。1993年，克林顿政府将构建"电子政府"作为其施政改革的重要内容之一并加以实施。克林顿政府成立了"国家绩效评估委员会"（National Performance Review Committee,

---

① 王少泉：《数字政府治理中公益部门参与机制分析》，《齐齐哈尔大学学报（哲学社会科学版）》2018年第6期。

② Joshi, J., et al. "Digital Government Security Infrastructure Design Challenges."*Computer*, 2001 (34.2):66-72.

③ Pavlichev A., Garson, G. D.. "The promise of digital government." in *Digital government: Principles and best practices*. IGI Global. 2004.

NPR）。[①]基于大量调查研究，国家绩效评估委员会向克林顿总统及联邦政府递交两份报告：《创建经济高效的政府》《运用信息技术改造政府》，这两份报告认为美国的政府管理及服务供给过程中存在诸多问题，先进信息网络技术的运用有助于这些问题的消除，这两份报告倡导构建"电子政府"，揭开了美国数字政府治理的序幕。美国政府信息技术服务小组于1994年12月发布《政府信息技术服务的前景》，是美国数字政府治理取得阶段性成果的重要标志。[②]其后，美国联邦政府于1995年出台《政府纸张消除法》，依照这一法律的规定，政府各部门提交公文时必须采用电子形式。这一举措进一步加快了美国的数字政府治理进程。美国政府在1996年启动的"重塑政府"计划及"走近美国"计划中提出构建电子政府的具体目标。2000年9月，美国政府建成旨在加快政府反馈公众诉求速度的第一政府网，美国的数字政府治理进程得到进一步推进。[③]

（二）小布什总统时期

2001年初，小布什就任美国总统。尽管与克林顿不属于同一党派，但小布什致力于继续推进美国数字政府治理进程。他决定将电子政府从"以信息技术为中心"变为"以公民为中心"，以促进政府与公民的互动、提高政府工作效率和改善政府对公民的服务和反馈能力。在小布什总统于2001年7月提出的总统管理日程（PMA）中包含扩展电子政府这一内容；紧随其后的是美国总统管理和预算办公室（OMB）构建致力于研究电子政府战略规划的电子政府工作小组（EGTF）和电子政府和信息技术办公室（OEGIT）。[④]同年10月，在总统管理委员会（PMC）的主导下，跨部门项目组（MAP）得以构建，美国数字政府治理进程的推进获得更强的保障。为了消除"9·11"事件的负面影响，美国政府将信息产业作为刺激经济复苏的着力点之一，推进数字政府治理进程则是其重要手段之一。2002年2月，美国公布了新的数字政府治理战略。2004年初，致力于分析联邦政府业务结构的LOB（Line of Business）特别工作组成立，美国数字

①　Anttiroiko, Ari Veikko, and Mälkiä, Matti. "Encyclopedia of Digital Government." *IGI Publishing*, 2006.

②　Pavlichev A., Garson, G. D.. "The promise of digital government." in *Digital government: Principles and best practices*. IGI Global. 2004.

③　王少泉：《美国数字政府治理经验在我国的应用分析》，《天中学刊》2018年第5期。

④　Anttiroiko, Ari Veikko, and Mälkiä, Matti. "Encyclopedia of Digital Government." *IGI Publishing*, 2006.

政府治理过程中出现的职能交叉、效能不够高等问题得到有效解决。①美国的数字政府治理在2006年已经取得诸多成果：全民性、集成性的电子福利支付系统得以构建；全国性、整合性的网络接入和信息内容服务系统稳定运行；全国性的执法和公共安全咨询网络已经构建。2007年1月，美国政府官方网站进行了改组。美国联邦及地方政府制定了一系列法律法规以保障数字政府治理的推进有法可依。②

（三）奥巴马总统时期

2008年初，奥巴马就任美国总统。他也致力于通过推进美国数字政府治理进程以增强综合国力，并采取了一系列新的举措。美国数字政府治理的目标自2009年开始由"电子政府"（E-Government）转向"开放政府"（Open Government）。2010年2月26日，美国联邦首席信息官会议发布了联邦数据中心整合提案（FDCCI）。至该年底，FDCCI一共公布了25条提议。③白宫根据这些提议于12月9日发布了《联邦信息技术管理改革实施计划》。2012年5月，美国联邦政府发布《信息技术共享服务战略》，其最重要目标是延续开放政府计划。这一战略主要包括两方面的内容：实施计划和主要内容；执行组织框架和保障措施。其中可共享的IT服务包括三类：商业化服务（以外包方式实现）；任务型服务（为政府的核心业务提供支持）；支持性服务（涵盖所有的后台管理业务）。在执行这一战略的过程中以"共享第一"为根本理念，切入点为"整合商业化IT服务"。④实施这一战略的内容主要有：依据该战略能否顺利实施的关键影响因素，为各责任部门制定了执行计划；分析了中长期战略发展目标，提出首先确定两个共享服务领域，供各部门实施共享服务迁移；对于跨部门共享服务的整合执行。该战略将进一步梳理政府业务领域，提交执行进度，创建在线IT服务目录，供全政府范围发现、共享与共用。⑤

（四）特朗普总统时期

2017年1月，特朗普就任美国总统。2017年4月，特朗普签署一项行政指令，要求设立一个新的科技委员会，对美国政府的信息技术系统加以重

---

① Joshi, J., et al."Digital Government Security Infrastructure Design Challenges."*Computer*, 2001 (34.2):66-72.
② 王少泉：《美国数字政府治理经验在我国的应用分析》，《天中学刊》2018年第5期。
③ Joshi, J., et al. "Digital Government Security Infrastructure Design Challenges."*Computer*, 2001 (34.2):66-72.
④ Pavlichev A., Garson, G. D.. "The promise of digital government." in *Digital government: Principles and best practices*. IGI Global. 2004.
⑤ 王少泉：《美国数字政府治理经验在我国的应用分析》，《天中学刊》2018年第5期。

新改造，呼吁美国政府采用云服务，并开始更加聚焦于利用公私合作伙伴关系模式推进数字政府治理。2017年5月，特朗普签署行政令《加强联邦网络和关键基础设施的网络安全》，提出建立由执法机构、军方和私营部门这三者共同组成的网络审查小组，审查美国的网络防御状况。这一举措并非杞人忧天，如：2017年9月，信用报告公司Equifax的系统遭到黑客入侵，引发多方对美国社会保障局大量数据外泄的担心；同年12月，北卡罗来纳州梅克伦堡县的在线办公系统遭到黑客入侵而瘫痪，重新恢复纸上办公。2018年，美国退伍军人事业部开始尝试区块链技术，以求在日常事务中追踪合同的完成情况。2019年1月，《政策制定法案》在美国正式成为法律，其中包括"开放政府数据法"，这一法案的实施能够使公民通过数字政府治理平台更容易地访问政府公布的公共数据，强化公民的知情权。

（五）拜登总统时期

2021年1月，拜登政府上台。拜登政府在数字政府治理领域实施了一些举措，重要举措是制定了《数字战略（2020—2024）》，这一战略的意图是：在国际数字合作中强调所谓的民主价值观；抢占发展中国家的数字市场，提升美国的数字经济收益；构建符合美国数字规则偏好的全球数字规则体系，增强美国在全球数字规则制定方面的领导力。整体而言，一方面，从对外方面来看，拜登政府试图借助外交手段追求数字治理国际话语权。拜登政府试图基于组建美欧贸易与技术委员会（TTC），推进美欧间监管政策制定和执法方面合作，迂回影响欧盟数字立法和执法动向。另一方面，从对内方面来看，党派政治严重抑制拜登政府数字治理议程的推进，如拜登政府试图推进数字平台公平竞争与反垄断但效果不佳。

二、美国数字政府治理的亮点

美国数字政府治理的亮点主要有：注重法制化建设，夯实法制基础；构建数字政府治理的完备管理体制；构建数字政府治理的良好运营模式。分述如下：

（一）注重法制化建设，夯实法制基础

美国联邦政府及地方政府在此过程中制订了大量法律法规以保障数字政府治理进程的顺利推进，使这一过程有法可依。1986年，美国政府已经颁布《计算机反欺诈与滥用法》，这一举措可以视为美国数字政府治理进程的先声。1987年，美国又颁布《计算机安全法》，这一法律旨在强化联邦政府计算机系统的安全性。1995年5月，美国国会通过了《纸张作业消

减法》。①1996年，美国在启动了"重塑政府"计划后，制定了四部法律以保障电子政府网络建设的顺利推进，这四部法律分别是：《联邦征购改革法案》《电信法案》《信息技术管理改革法案》和《电子信息自由法修正案》。②其后，美国于1998年又制订了四部此方面的法律：《数字著作权法》《因特网税务自由法案》《电子签名法案》和《政府纸质文书消除法》。其中，《政府纸质文书消除法》涉及美国信息系统安全保障及数字政府治理过程中的规划等方面的问题，所以尽管这一法律并不属于电子政府信息安全这一领域的专门立法，但它的颁布对加强美国数字政府治理信息安全保障起到了不可忽视的作用，增强了美国在数字政府治理过程中信息安全保障方面的能力。

进入21世纪后，美国继续在数字政府治理过程中制定了一系列法律法规。2000年，美国颁布了《政府信息安全改革法》。该法的一大亮点是：依照这一法律的规定，各政府部门必须评估自身电子信息系统存在的风险，并将评估结果向美国管理和预算办公室（OMB）报告。③2002年，美国颁布了《（2002年）电子政府法实施指南》和《电子政府法》。同年12月，美国颁布《电子政府法》，这一法律的颁布标志着美国的数字政府治理水平达到一个新高度。④2003年，美国联邦政府颁布了《反垃圾邮件法》和《自愿适用联邦政府对关键基础设施信息处理的标准规范促进法》。美国管理和预算办公室（OMB）于2003年4月公布了《美国电子政府战略》。⑤此战略将网络空间安全度作为衡量电子政府建设水平的重要衡量指标，迫使联邦政府各部门及各地方政府提高对网络空间安全的关注度。除此之外，美国政府于2005年2月制定《对联邦信息设备的推荐安全控制》。通过制定这一系列法律，美国构建了较为完备的、关于数字政府治理的法律体系，保障了数字政府治理进程的顺利推进。

（二）构建数字政府治理的完备管理体制

西方发达国家在数字政府治理进程中均建立了权威的管理体制。各政

---

① Pavlichev A., Garson, G. D.. "The promise of digital government." in *Digital government: Principles and best practices.* IGI Global. 2004.

② 王少泉：《美国数字政府治理经验在我国的应用分析》，《天中学刊》2018年第5期。

③ Anttiroiko, Ari Veikko, and Mälkiä, Matti. "Encyclopedia of Digital Government."*IGI Publishing*, 2006.

④ 赵先星、王茜：《借鉴国际经验 完善我国电子政务信息安全立法》，《信息网络安全》2008年第9期。

⑤ Anttiroiko, Ari Veikko, and Mälkiä, Matti. "Encyclopedia of Digital Government."*IGI Publishing*, 2006.

府部门及地方政府在这种权威管理体制中有序运行，有效地执行中央政府制定的关于推进数字政府治理进程的计划，在量变的基础上实现了质变，如从E战略到U战略的转变。可见完备的管理体制是西方发达国家有效推进数字政府治理进程的必备条件，美国在此方面的管理体制是西方发达国家此类体制的代表。

美国数字政府治理进程的最高领导是总统。由此可以看出美国政府对推进数字政府治理进程的重视程度。在总统的领导下，美国构建了完备的推进数字政府治理的管理体制，其主要的组成机构和人员为：[①]①美国总统管理委员会。该委员会主要负责数字政府治理过程中的宏观协调，包括相关计划（或规划）的研究和实施等。备受关注的政府信息技术小组是美国总统管理委员会中的一个专设机构，主要的职责是：对联邦政府各部门及地方政府推进数字政府治理进程进行指导，[②]其中包括相关法律法规及政策的建议、在对政府业绩进行评估的基础上改善政府的服务、对数字政府治理领域的投资进行管理、积极引进和采用先进的技术来推进数字政府治理进程等。②总统行政办公室。美国总统行政办公室（Executive Office of the President）也称为总统行政班子、美国总统办事机构。数字政府治理进程的推进主要由行政管理和预算办公室负责，该办公室主任从总统处获得授权，指导其下属推进数字政府治理进程，并及时向总统报告进展情况，该办公室有一个直接对主任负责的、负责数字政府治理日常事务的副主任。③任职于各级别行政机构的首席财务官、首席信息官、采购总监和人力资源委员会。[③]首席财务官主要负责与数字政府治理相关的财务管理，如资金的汇集、运用及监管；首席信息官主要负责其所属机构的数字政府治理；采购总监主要负责推进数字政府治理过程中采购方面的管理和监督；人力资源委员会主要负责数字政府治理人才的培养、引入、使用和管理等。[④]

（三）构建数字政府治理的良好运营模式

20世纪70年代末至80年代初，西方发达国家开始推进新公共管理运动。这一运动开始的标志是1979年撒切尔夫人在英国上台和1980年里根总

---

① 王少泉：《美国数字政府治理经验在我国的应用分析》，《天中学刊》2018年第5期。

② Anttiroiko, Ari Veikko, and Mälkiä, Matti."Encyclopedia of Digital Government."*IGI Publishing*, 2006.

③ Pavlichev A., Garson, G. D.. "The promise of digital government." in *Digital government: Principles and best practices.* IGI Global. 2004.

④ 王少泉：《美国数字政府治理经验在我国的应用分析》，《天中学刊》2018年第5期。

统在美国上台。①新公共管理运动的特点是：在政府部门的运行过程中采用私营部门管理技术；服务及顾客导向的强化；将市场机制及竞争功能引入政府部门之中；在政府内部实施绩效管理和产出控制等。20世纪90年代，这一运动逐渐扩张到世界各国，也影响了众多欠发达国家的改革进程，欧美国家则继续推进这一运动。如克林顿总统执政时期开展的"重塑政府运动"。进入21世纪之后，这一运动尽管不再像20世纪80年代那样引人注目，但依然在推进。以美国数字政府治理进程中所采用的方式为例：美国数字政府治理进程起步于20世纪90年代初，时值克林顿总统展开"重塑政府运动"。这一运动的开展势必对数字政府治理产生不可忽视的影响，其中备受关注的是民营化过程中常采用的举措——"外包"被引入数字政府治理过程中。如为了获得专业化的服务，美国政府将信息技术任务外包，将信息技术的供给（如：桌面系统的设置）交由专业的信息技术（IT）公司负责。这些公司借助优秀的人力资源和雄厚的资金在规定时间内向政府部门提供优质的信息技术服务，政府部门的公务员在此基础上主要负责信息收集和分析等工作。这一举措使政府部门能够花费较少的资金获得优质的信息技术服务，削减了行政成本且避免了行政机构膨胀，有效地保证了政府部门高效运行。②

三、我国借鉴美国数字政府治理经验面临的困难

我国借鉴美国数字政府治理经验面临的困难主要是：环境层面、政府层面、公务员层面存在不平衡问题。分述如下：

（一）环境层面存在不平衡问题

1. 地理区域和经济发展等领域存在不平衡问题。我国领土广阔，东中西部的发展条件和发展状态等明显不平衡，这些领域的不平衡程度远大于美国国内不同区域之间的不平衡程度。我国内部的地区差别、城乡差别、行业差别较为明显，不同地区的政府能够调动的人力、物力、财力不平衡，导致投入到数字政府治理进程之中的资源量不平衡，数字政府治理的进度差异较大。推进数字政府治理进程的过程中，经济发达地区能够调动大量的人力、物力和财力予以支持，并通过一系列先进技术手段提高数字政府治理水平，经济欠发达地区能够调动的用于支持电子政务网络建设

---

① Pavlichev A., Garson, G. D.. "The promise of digital government." in *Digital government: Principles and best practices.* IGI Global. 2004.
② 王少泉：《美国数字政府治理经验在我国的应用分析》，《天中学刊》2018年第5期。

的人力、物力和财力则较少，当有先进的技术手段可供选择之时，当地政府会因为财力不足等因素而不加以采用。东部省市区的经济发达地区已经构建了较为完备的数字政府治理网络，开始朝着"泛化政府"的目标进发（如上海市），西部省市区的经济落后地区（如西藏的阿里地区）则尚未构建完备的数字政府治理网络，数字政府治理进程缓慢，西部省市区的经济发达地区（如：陕西省西安市）与东部省市区的经济落后地区（如：苏北地区）相比也存在类似现象，甚至同一省份的不同地区也存在类似情况（如：苏南地区与苏北地区）。此外，城乡之间、不同行业之间的数字政府治理进度也不一，这些问题导致国内存在明显的信息鸿沟。这些情况致使对不同地方政府的数字政府治理网络进行整合的难度大大增加。在借鉴美国经验之前，必须首先在各省市区内部实现数字政府治理网络的整合，而后逐渐实现全国范围的整合，这一过程面临诸多困难，实现这一目标的时间也较为漫长。①

2. 见解认识领域存在不平衡问题。学界对数字政府治理网络建设的看法和建议尚不一致。我国开始推进数字政府治理进程之后，学界迅速做出反应，众多学者对我国构建数字政府治理网络所具备的优势、面临的困难及应该采取的途径等方面加以研究并通过撰写专著及论文等方式表达其见解。从不同角度对数字政府治理过程中的各种问题进行探析，提出了不同的见解，并展开了一系列争论，目前在借鉴西方国家经验方面尚无统一的意见。不仅如此，部分学者从同一角度对数字政府治理过程中借鉴美国经验方面进行探析所展示的见解也存在较大差异。这种差异源于学者的学科背景不同、所研究的案例不同、所受教育的背景不同等。这些方面的见解也尚未统一，学界在这些方面所展现的"百家争鸣"状态致使数字政府治理的推进者在寻求理论支持时无所依从——难以判断何种见解是正确的、高效的，致使各地政府在推进数字政府治理过程中借鉴各自认为正确、高效的经验，最终引致数字政府治理经验的借鉴呈现出"百花齐放"的局面。而且人口素质的不平衡状态也给数字政府治理过程中借鉴美国经验带来很多困难：一般情况下，经济落后区域的公众的受教育水平较低，文盲或半文盲很难支持在这些区域推进数字政府治理进程，借鉴美国经验更无从谈起。②

---

① 王少泉：《美国数字政府治理经验在我国的应用分析》，《天中学刊》2018年第5期。
② 王少泉：《美国数字政府治理经验在我国的应用分析》，《天中学刊》2018年第5期。

（二）政府层面存在不平衡问题

1. 推动数字政府治理的举措不完善，与治理需求之间呈现出明显的不平衡状态。我国不同地区的社会环境不一，部分地方的公务员及公众抵制数字政府治理进程的推进，也就抵制在这一过程中借鉴美国经验。出现这一状况的主要原因是：①在某些地区，由于政府尚未开展对公务员的相关培训及教育，借鉴美国经验推进数字政府治理进程尚未得到公务员群体的普遍认同。②某些地区的政府通过培训等方式使公务员树立了牢固的推进数字政府治理的理念，但未继续采取有效措施促使公务员认同借鉴美国经验推进数字政府治理进程。自我国开始推进数字政府治理进程至今，数字政府治理进程已经获得大幅度推进，但政府对其推进力度尚显不足，对西方国家经验的借鉴也不够重视，在一定程度上阻滞了数字政府治理进程的推进。除此之外，我国数字政府治理的市场尚显发育不足，民族软件企业能力较弱，主要表现如下：技术水平低，功能不完善，在使用过程中难以收到应有的效果；软件可持续性差；软件成熟度有待提高；软件易用性低；软件开放性较差。[①]这些问题的存在使我国推进数字政府治理过程中较难为美国经验的借鉴提供有力的支持。

2. 数字政府治理进程的推进没有统一的规范可循，不平衡状态明显。我国的数字政府治理已经跨过起步阶段，但关于此方面应该遵循的、具体的、统一的规范尚未制定，关于此方面的文件大多未能对细节作出规定。这一情况导致各地的数字政府治理存在差异、在借鉴美国经验的过程中难以采用较为统一的步伐。我国数字政府治理进程中的重要举措出现于10年前：2007年4月5日，国务院公布《中华人民共和国政府信息公开条例》，自2008年5月1日起施行。该条例的公布解决了我国在政府治理这一领域的基本难题——哪些政府信息属于应该公布的范围？公布哪些信息属于泄露国家机密？但是与美国相比，我国数字政府治理的法律体系的构建尚处于低端水平，明显呈现出不平衡状态。目前我国仅仅制定了少量此方面的法律法规（如《国家电子政务网络技术和运行管理规范》），相关法律法规的缺失在一定程度上对我国数字政府治理的速度和效能产生了负面影响，也对数字政府治理过程中借鉴美国经验产生了负面影响——展开经验借鉴所需的法制基础较为薄弱。[②]

---

① 金江军、潘懋编著：《电子政务理论与方法》，北京：中国人民大学出版社，2009，第265页。
② 王少泉：《美国数字政府治理经验在我国的应用分析》，《天中学刊》2018年第5期。

3．数字政府治理的管理体制尚未完备。目前，在中央所构建的较为笼统的管理体制下，地方政府拥有较大权限依据本地实际情况建构更为具体的管理体制。这会引致一种现象：经济发达地区能够调动充足的资源对这一进程加以支持，其管理体制也就能够依照中央政府的管理体制得到较好的构建；经济欠发达地区难以调动充足的资源对这一进程加以支持，其管理体制也就难以按照中央政府的管理体制得到较好的构建。经济发达地区与经济欠发达地区的数字政府治理管理体制不同，[①]增加了国家层面整合兼容这些管理体制的难度，也增加了数字政府治理过程中借鉴美国经验的难度。

（三）公务员层面存在不平衡问题

1．数字政府治理的人才领域存在不平衡问题：培养机制不成熟、人才匮乏。目前，我国数字政府治理过程中，人才培养机制不成熟及相关人才匮乏已经日益受到学界关注。一些地方政府因为缺乏数字政府治理人才而在电子政务网络建设过程中难以获得强有力的专职技术支持，极难在数字政府治理过程中为借鉴美国经验提供强有力的人才支持。这一问题原本有望借助雇佣政府外技术人员加以解决，但一些地方政府因担心雇佣政府外技术人员工作会泄露国家机密而裹足不前，阻滞了数字政府治理过程中对美国经验的借鉴。[②]

2．部分公务员技能水平不高、责任感不强，难以满足治理需求。目前，我国各级政府均构建了数字政府治理网络，但在日常的上传下达政务活动中依然主要采用纸质文件形式，完全通过电子政务系统进行公文采集、收发和汇总的政府部门极少，这一情况在很大程度上归因于基层政府部门很多公务员的信息技能知识十分贫乏，他们基于"习惯"而在日常工作中不愿意（在借鉴美国经验的基础上）采用数字政府治理网络展开工作。一些公务员在数字政府治理过程中责任感不强，未具备坚定的维护公共利益的信念，未能借鉴美国经验并将创造、维护和增加公共利益视为自己的职责，因而将借鉴美国经验视为一种可有可无的举措。

四、我国借鉴美国数字政府治理经验的途径

我国借鉴美国数字政府治理经验的途径由以下部分组成：数字政府治

---

① Pavlichev A., Garson, G. D.. "The promise of digital government." in *Digital government: Principles and best practices.* IGI Global. 2004.

② 王少泉：《美国数字政府治理经验在我国的应用分析》，《天中学刊》2018年第5期。

理实现法制化的途径；数字政府治理过程中构建完备管理体制的途径；数字政府治理过程中构建良好运营模式的途径。分述如下：

（一）数字政府治理实现法制化的途径

通常情况下，政府推行某一项决策之时必定有一定的文件或法律法规作为依托。短期的政策通常以文件作为依托，长期的、宏大的政策则通常以法律法规作为依托。西方发达国家在数字政府治理过程中均制定了一系列与之相关的法律法规以保障这一进程的顺利推进。我国在数字政府治理过程中也制定了一些相关的法律法规，如《国家电子政务网络技术和运行管理规范》，但法律法规的制定进程与西方发达国家相比稍显缓慢，且尚未构建起完备的法律体系。美国构建数字政府治理法律体系的经验在我国具有一定的适用性，但首先应该注意的是我国进行借鉴有两种选择：一种是对美国法律有选择地加以借鉴，另一种是按照领域的不同分别借鉴美国法律。这是增强美国相关经验在我国适用性首先需要考虑的问题。此外，增强这些经验在我国的适用性还应该注意，借鉴美国此方面法律体系之前必须先熟悉这些法律；法律体系的构建进程必须由中央政府的统一领导，杜绝各自为政现象的出现；需要处理好信息安全与信息公开、公众基本权益保护的关系。总体而言，我国数字政府治理实现法制化的途径主要有：①立法过程中强化对于信息安全的保护的直接性。②提升立法层次并注意解决相关立法存在的分散性问题，把由国务院或国务院下属职能部门制定的行政法规或部门规章逐步"升级"为法律。③注意解决立法过程中表现出的过于概括问题，并强化相关法律法规的可操作性。④立法过程中注意强化对数字政府治理过程中出现的新情况的适应能力。

（二）数字政府治理过程中构建完备管理体制的途径

在数字政府治理过程中，管理者需要通过改变传统的政府办公模式、增加与公众的互动和沟通等方式来实施必要的变革，[①]以使新的办公模式能够适应信息化时代公众参与数字政府治理过程的多种需要。以这一目标来看，美国在数字政府治理过程中构建完备管理体制这一举措在我国具有一定的适用性，因为双方的目标极为相似。政府工作人员自身对数字政府治理的认识和信念能够在很大程度上影响数字政府治理进程的推进。美国在构建数字政府治理管理体制中较为重视这一点。我国各级政府部门首先须对数字政府治理有足够的重视，通过宣传、培训和咨询等手段来强

---

① Pavlichev A., Garson, G. D.. "The promise of digital government." in *Digital government: Principles and best practices*. IGI Global. 2004.

化政府决策人员和其他工作人员在数字政府治理过程中的责任意识。在我国数字政府治理的过程中，不同区域、不同层级的各个政府之间是否能够实现利用有效先进的信息技术进行无障碍的沟通、是否能够开展灵活有效的办公模式和方式，都将对我国数字政府治理进程的顺利推进发挥重要作用。[①]任何国家推进数字政府治理的过程中均需构建完备的管理体制，我国有必要借鉴美国的经验建立"中央政府组织架构"，将中央政府涉及数字政府治理的诸多部门囊括其中，在其中构建绩效参考模型、业务参考模型、服务构建参考模型、数据参考模型和技术参考模型等，使各政府部门能够共享由中央政府信息技术投资带来的红利，提高不同政府部门之间信息网络互通、信息资源共享的效率，为避免重复建设和信息孤岛的出现创造条件，并有效监管下级执行上级命令的情况，有效地提高主管数字政府治理的政府机构的权威。

（三）数字政府治理过程中构建良好运营模式的途径

20世纪80年代以来，外包成为美国在新公共管理运动中备受青睐的举措。当前，美国在数字政府治理的过程中将政府在此过程中的效能作为考核地方政府绩效的重要指标。在这一趋势之下，在数字政府治理进程中将某些项目外包成为美国各级政府普遍采取的做法，且取得了较好的成效。有必要在数字政府治理进程中进一步借鉴美国经验，构建良好的运营模式。政府单一的力量是极其有限的，[②]如果政府运用外包的方式可以大幅度地削减数字政府治理网络的建设成本、减轻政府的负担、增强政府运作的活力和提高数字政府治理网络建设的效能。因此，外包是一种值得借鉴的方式，但在外包过程中需要注意信息安全等问题。总体而言，我国在数字政府治理进程中构建良好运营模式的途径主要有：从中央政府和地方政府的角度来看，中央政府的数字政府治理以自主建设为主，外包为辅；地方政府的数字政府治理视具体情况而定，可仿照中央政府的做法，也可以外包为主、自主建设为辅；从内部业务和外部业务的角度来看，中央政府和地方政府都可以采取"内部业务以自主建设为主、外部业务以外包为主"这一方式，以有效避免信息安全领域出现的问题。[③]

---

① 王少泉：《美国数字政府治理经验在我国的应用分析》，《天中学刊》2018年第5期。

② Pavlichev A., Garson, G. D.. "The promise of digital government." in *Digital government: Principles and best practices.* IGI Global. 2004.

③ 王少泉：《美国数字政府治理经验在我国的应用分析》，《天中学刊》2018年第5期。

结语

作为工业时代高度现代化的国家，美国的工业时代现代性极强，^①但是美国在从工业时代向数字时代演进的过程中并未明显受到工业时代旧事物的阻滞，这一点能够从美国主动展开数字政府治理改革且这一治理的展开较为顺利中看出，这一情况主要归因于：美国在工业时代一直在诸多领域展开变革如多次进行公务员制度改革，使诸多制度、理念等长期保持新事物属性；对于实体及虚拟的旧事物，美国倾向于通过产业转移等使之继续创造明显收益，如将一些逐渐落后于时代的产业转移到发展中国家；作为一个移民国家，美国在创立和发展过程中长期保持革新精神，这一精神的长期存在为美国能够在较长时间内在诸多领域不断创新创造了条件，促使美国在工业时代末期通过主导型改革推动国家向数字时代演进。

美国数字政府治理经验在我国具有一定可行性。但值得注意的是其中明显存在不平衡状态：不同经验在我国的可行程度不同；同一经验在我国不同地方或不同部门的可行程度也不同。因此，我国推进数字政府治理的过程中需要坚持因地制宜、合理借鉴原则，绝不能搞一刀切，不能盲目引进美国经验且不加鉴别地直接应用于我国的数字政府治理进程之中，否则将导致对这些经验的借鉴无法取得预期的效果，甚至对我国的数字政府治理进程造成阻滞。在借鉴这些经验之前，我国的政府部门有必要通过调研等方式准确了解各部门及各地数字政府治理现状。在此基础上，在不同部门、不同地方合理地借鉴适用于这些部门和地方的经验，待这些经验在这些部门和地方的应用取得成效之后，再逐渐加以推广。当然，仅仅依靠这几点是否足以保证成功地借鉴美国经验值得探讨，在借鉴中还应该注意哪些问题、采取哪些举措等值得学界进一步研究。^②

---

① Pavlichev A., Garson, G. D.. "The promise of digital government." in *Digital government: Principles and best practices*. IGI Global. 2004.
② 王少泉：《美国数字政府治理经验在我国的应用分析》，《天中学刊》2018年第5期。

第十四章　英国与澳大利亚数字政府治理的经验与借鉴

英国和澳大利亚均在20世纪90年代初开启电子政务进程，并在进入21世纪之时将电子政务演进为数字政府治理，在这20余年中，这两个国家在电子政务/数字政府治理这一领域取得诸多有价值的经验，亮点主要是：数字政府治理资源的整合，降低供需不平衡程度；发展电子民主，有效提升数字政府治理效能；有效缩小"数字鸿沟"，降低不同群体之间的不平衡程度。我国借鉴英国与澳大利亚数字政府治理经验面临的困难主要有：治理平台及经济发展水平差异阻碍"整合数字政府治理资源整合"经验的借鉴；治理基础不够坚实阻滞"发展电子民主"经验的借鉴；不平衡程度较高会削弱了缩小"数字鸿沟"经验的效能。在克服这些困难的基础上借鉴英国和澳大利亚的相关经验，能够助推我国的数字政府治理进程。

英国曾在工业时代初期因率先完成第一次工业革命而明显领先于其他国家，助推其成为世界主导者。第二次工业革命期间，英国在第一次工业革命期间取得的诸多成果逐渐沦为阻滞英国现代化进程的旧事物，致使英国逐渐失去世界主导者的地位。这一情况一直延续到现在——第二次工业革命后，英国未再重新成为世界主导者。曾经是英国殖民地的澳大利亚在1931年获得独立，独立之时就是发达国家，这一国家在发展过程中一直试图成为世界一流国家，因此一直在积极效仿美国、英国等国家的某些举措，如：20世纪80年代效仿英美两国推进民营化运动。20世纪90年代初，美国率先启动电子政务建设进程，由此开始从工业时代向数字时代演进，出于继续保持世界领先地位等考虑，英国、澳大利亚紧随美国展开这一建设，夯实了这些国家数字政府治理根基。世纪之交，这两个国家的电子政务进程先后演进为数字政府治理进程，并在数字政府治理过程中取得诸多有价值的经验。

从国土面积和地理位置等来看，英国和澳大利亚的差异极为明显，但从其他一些方面来看，这两个国家其实存在很多共同点，如：两国都是英联邦成员国，在英联邦里英国是主导者、澳大利亚是从属者，国家元首都是英国国王；从国家结构形式来看，两国都是复合制国家，地方政府拥有较大自主权；两国都是两党制国家；两国进入电子政务时期的时间点极为接近（英国是1994年，澳大利亚是1993年）。这些共同点对两国的数字政府治理产生了同样的影响，使得两国在数字政府治理领域的一些举措和经验等极为相似，这是将两国的数字政府治理置于同一章展开分析的根本原因。当然，两国存在的差异催生了数字政府治理领域的不同，最明显的是：澳大利亚的版图明显大于英国、地区差异和族群差异明显，使得该国在数字政府治理过程中面临的不平衡问题比英国更为明显。

在美英澳德日这几个西方国家中，从国土面积上来看美国和澳大利亚属于同一类，英国、德国和日本属于另外一类。但从人口数量来看则明显不同：美国和日本的总人口数量明显大于其他三个国家。从英国的情况来看，英国的国土面积小、人口密度不高、国民受教育水平相对较高、进入电子政务时期的时间点较早，为该国的数字政府治理创造了良好环境和条件，但该国在数字政府治理过程中面临一个明显问题：族群分裂，尤其是英格兰人与苏格兰人之间的分裂问题。尽管如此，起步早、基础雄厚的英国，在数字政府治理领域依然有一些经验值得我国借鉴。

从澳大利亚的情况来看，澳大利亚的人口密度小、与美国同属最早（1993年）进入电子政务时期的国家，为该国的数字政府治理创造了良好环境和条件，但该国在数字政府治理过程中面临一些明显问题，如：国土面积大导致地区差异明显；族群差异明显尤其是白人与原住民之间存在明显差异，这种差异在受教育水平方面尤为明显。这些问题对澳大利亚的数字政府治理产生一定负面影响，迫使该国针对这些问题实施一些针对性政策并取得一定成效，这一经验值得与澳大利亚同样属于国土面积大国、地区差异明显、族群差异明显的我国借鉴。

一、英国与澳大利亚的数字政府治理演进历程

（一）英国的数字政府治理演进历程

冷战结束之后，美国成为世界唯一超级大国，英国依然未改变自第二次世界大战结束之后的做法：在诸多领域唯美国马首是瞻。其电子政府建设进程明显受到美国这方面举措的影响：1993年，美国启动电子政务建设进程；一年后的1994年，梅杰领导的英国政府开始了电子政府构建进程。1995年，英国议会科技办公室提出了《电子政府研究报告》。[1]1996年，

---

① 竹立家、李军鹏编著：《公共管理学》，北京：经济科学出版社，2012，第160页。

英国政府推出"直接政府"计划，主要目标是：在"英国政府信息中心"的基础之上进一步采用现代信息技术，提高行政效率、降低行政成本。1997年初，英国政府制定了政府指导计划，该计划由英国内阁办公室IT中心组负责指导相关部门具体实施。

1997年5月，布莱尔入主唐宁街，开始制定并施行一系列新政策。1998年，英国政府率先提出"信息时代政府"，其目标是基于信息技术的有效运用实现公共服务效能的显著提升。由此，英国的电子政务进程开始演进为数字政府治理进程。1999年3月，英国政府正式发布《现代化政府》白皮书，其后相继出台与电子政务/数字政府治理相关的规划。[1]2000年4月，英国发布了英国数字政府行动方案，提出了英国政府在信息化时代的数字政府治理目标。2001年，英国政府发布了《2001年夏政府电子服务评估》报告，并在2002年制订计划：此后三年在数字服务项目的建设中投入30亿英镑。2003年，在英国各政府部门的通力合作下，"英国在线"门户网站的"政府入口工程"得以完成，[2]此后，英国数字政府治理水平明显上升[3]。2009年，英国政府开始开放数据，倡导政府、私营部门和第三方平台借助数字技术更好地供给数字公共服务。英国财政部随后发布《置于前线第一位：智慧的政府》，要求为政府开放数据提供政策和技术支持，实现数据和公共信息的完全开放。

2010年5月，英国保守党和自由民主党组建联合政府，卡梅伦出任新首相。英国数字政府治理进程也开始出现一些新变化：英国国家档案馆公布《关于开放公共部门信息的政府许可》，细化开放公共部门信息的条件；2011年3月，英国政府制定政务云战略，针对政务云工程的实施，从组织架构、项目投资、标准执行、检验指标、风险管理等方面进行了具体部署；[4]颁布《英国公共部门信息再利用的简化条例》，对公共部门信息再利用提出一些原则；2012年发布《开放数据白皮书》和《自由保护法案》，要求英国政府部门发布的数据必须在机器上可读，随后，卡梅伦宣布开放公共数据的原则及形式等。

2013年，英国发布《英国数据能力策略》和《2013—2015年开放政府伙伴关系行动计划》，致力于数字政府治理过程中公民参与的优化及数字公共服务能力的提升等。2014年10月，英国政府用"数字市场"取代"云

①　李章程、王铭：《英国电子政务建设进程概述》，《档案与建设》2004年第3期。
②　李章程、王铭：《英国电子政务建设进程概述》，《档案与建设》2004年第3期。
③　金江军、潘懋编著：《电子政务理论与方法》，北京：中国人民大学出版社，2009，第39页。
④　沈大风主编：《电子政务发展前沿（2013）》，北京：中国经济出版社，2013，第39页。

商城"（Cloud Store），这是英国政府"云优先"（Cloud First）战略的核心组成部分。2015年，已有超过50%的IT信息技术资源在"数字市场"中购买，这些情况的出现有效地整合了数字政府治理资源，推进了数字政府治理进程。2015年2月，英国政府出台《2015—2018数字经济战略》；2016年11月发布《2016—2021年国家网络安全战略》；2017年3月出台《英国数字化战略（UK Digital Strategy）》。

（二）澳大利亚的数字政府治理演进历程

澳大利亚作为大洋洲最大的国家及两个发达国家（另一个是新西兰）之一，历史上曾是英国的殖民地，长期受到英美两国的影响。二战之后，美国对澳大利亚的影响实际上大于英国，如从电子政府网络建设之初的某些举措来看，澳大利亚更多的是效仿美国而非英国。美国于1993年展开电子政府网络建设，同年，基廷领导的澳大利亚联邦政府成立了"澳大利亚科学与技术委员会""宽频服务专家小组"等机构，目的是推动国家信息架构的建立和发展。前者主要负责对澳大利亚内的信息网络需求进行评估。该委员会在进行评估的基础上于1993年11月提出了"网络化国家"报告；后者主要任务是研究此后在澳大利亚内将宽频网络服务普及至私营部门、学校和家庭等的先决条件。这一小组于1994年12月发布了题为"网络澳大利亚的未来"的报告。

1995年3月，澳大利亚政府发表《顾客第一：政府信息科技的契机》这一报告。[1]1996年3月，霍华德领导的自由党取代工党成为澳大利亚执政党，加快了澳大利亚的电子政府建设进程。2000年，澳大利亚联邦政府开始组织实施"政府在线"工程，标志着澳大利亚的电子政务进程演进为数字政府治理进程。2002年2月，澳大利亚联邦政府宣布实现了政府上网目标。需要注意的是，澳大利亚这一阶段的数字政府治理尚处于初级阶段，与美国和英国相比尚存在较大差距。2002年11月，澳大利亚联邦政府提出数字政府治理的发展战略。2006年3月，澳大利亚公布《2006—2010年澳大利亚电子政府战略》。2007年3月，澳大利亚政府发布新的数字政府治理战略，在数字政府治理领域更加强调协调和以公民为导向。[2]澳大利亚基于数字政府治理极大地提升了公共服务能力，以澳大利亚联邦政府的官方网站为例：该网站链接了700余个（其下属机构的）网站（100余万

---

[1] 《建立网络化的国家——澳大利亚电子政务》，《信息化建设》2002年第12期。
[2] 金江军、潘懋编著：《电子政务理论与方法》，北京：中国人民大学出版社，2009，第289页。

个网页）。所提供的服务及信息可分为五类，即公务员和旅游者、外出旅行者、移民、求职者、购物者。①之后数年中，澳大利亚政府陆续制定一些规划以推进数字政府治理进程。2013年6月，澳大利亚政府公布《公共服务大数据战略》；2014年11月公布第三版的《澳大利亚政府云计算政策》；2015年12月发布《澳大利亚政府公共数据政策声明》。2018年5月，澳大利亚政府拨款52万美元用于支持政府机构的数字化转型（主要是区块链的应用领域）。

整体来看，近年，澳大利亚继续有条不紊地推进数字政府治理进程，但是与英国政府对政务信息资源进行整合之举相比，澳大利亚联邦政府的举措尚显不足。不过取得的进展是明显的，电子政府网页的访问者可以通过这些链接找到最符合自己需求的电子公共服务，公众对电子政府网络的满意度上升、政府的公共服务能力因此得到提升。

二、英国与澳大利亚数字政府治理的亮点

英国与澳大利亚两国数字政府治理的亮点主要有：数字政府治理资源的整合，降低了供需不平衡程度；发展电子民主，有效提升数字政府治理效能；有效缩小"数字鸿沟"，降低不同群体之间的不平衡程度。分述如下：

（一）数字政府治理资源的整合，降低供需不平衡程度

2002年6月，英国的知识管理系统构建完成，政府网络访问者可以在其中检索、查阅所需的政府信息；政府内部的不同部门可以共享信息，降低不同部门之间治理水平的不平衡程度；高层政府可以借助这一系统对下级不同的协同运作展开管理。英国通过构建数字政府治理平台不仅极大地提升公共服务能力，也提升了公共管理能力，降低了供需之间的不平衡程度。

这一时段的诸多举措使英国在数字政府治理领域取得一系列成果，但也出现诸多问题，其中备受关注的是政府网站的过度膨胀。2003年初，含有英国政府域名（.gov.uk）的网站总数量为3000多个，这些网站按照公共服务类别构建，难以实现信息共享且成本较高。②这种情况必然导致公众在政府网站中查找所需信息的时间成本较高，引起不满。此外，英国政府每年花费140亿英镑用于政府网站的建设及运行，这笔数额巨大的开支引

---

① 金江军、潘懋编著：《电子政务理论与方法》，北京：中国人民大学出版社，2009，第289页。
② 林大茂：《英国电子政务网站缘何"瘦身"？》，《通信信息报》，2007-11-08（B04）。

起某些政府部门及公务员的不满，希望削减这一开支。针对这些情况，英国政府开始考虑有效整合政府网站。

2007年，英国政府将951个政府网站中的400个进行关闭，其治理目标并非仅限于此，而是保留26个政府网站，使英国政府在其后3年中节约九百万英镑、有效整合了信息资源。[①]此举还有效降低了公众查找信息的时间成本，提升了政府收集和处理信息的效能，削减了财务开支。在此基础上，2014年，英国政府用"数字市场"取代"云商城"（Cloud Store），对数字政府治理资源进行进一步的整合，降低了数字政府治理进程中的供需不平衡程度。

（二）发展电子民主，有效提升数字政府治理效能

与美国的电子政府网络建设相比，英国的起步稍晚，但英国在"发展电子民主"这一领域的成就明显大于美国，这一情况主要归因于：英国政府试图借助电子政府网络建设尤其是发展电子民主来保持世界强国地位至少是减缓国际地位下滑速度；英国的国土面积和人口规模小于美国，发展电子民主的条件更为优良。在发展电子民主这一领域，英国政府实施的举措主要有：英国政府于2000年颁布法令，宣布公众可以在政府网站上查阅政府文件，提出修改建议，参与政策讨论，进行电子投票和电子注册等工作。这些举措具有一定开创性，夯实了英国的数字政府治理基础，尽管近年电子民主的推进情况不容乐观，但英国在此方面积累了很多有价值的经验，值得数字政府治理领域的后发国家和地区借鉴。

（三）有效缩小"数字鸿沟"，降低不同群体之间的不平衡程度

澳大利亚大部分人口（80%）是城市居民，少部分人口（20%）则居住于偏远地区，其不同地区之间及不同群体之间在信息技术的应用、信息资源的拥有、电子公共服务的享受等方面存在极大差距（即数字鸿沟）。澳大利亚政府的目标是保证所有的澳大利亚人都能有效地吸收，发展使用这种新的服务设施。除了互联网以外，事实上澳大利亚政府机关早已建立了行政信息网络，以广泛提供政府相关服务。[②]为了有效地缩小数字鸿沟、降低不同群体之间的不平衡程度，澳大利亚联邦政府采取了一系列措施，一是重视基础设施建设，提高互联网普及率，尤其是偏远地区网络覆盖率；二是引入市场竞争机制，降低用户上网成本；三是面向特殊群体提

---

① 金江军、潘懋编著：《电子政务理论与方法》，北京：中国人民大学出版社，2009，第286页。
② 《建立网络化的国家——澳大利亚电子政务》，《信息化建设》2002年第12期。

供专门信息服务。[①]向特殊群体提供所需的特殊信息服务；通过竞争机制有效降低用户的上网成本；加强基础设施建设，提高网络覆盖率等。这些举措的实施有效地缩减了澳大利亚不同地区、不同群体之间存在的数字鸿沟，但需要注意的是：由于有土著群体（毛利人）及某些极偏远地区居民的存在，这一数字鸿沟（本质上是不同群体之间的不平衡问题）不可能完全消除，只能通过一系列措施加以最大限度地缩减。

三、我国借鉴英国与澳大利亚数字政府治理经验面临的困难

我国借鉴英国与澳大利亚数字政府治理经验面临的困难主要是：治理平台运行不良阻滞"整合数字政府治理资源整合"经验的借鉴；治理基础不够坚实阻碍"发展电子民主"经验的借鉴；"数字鸿沟"的不平衡程度较高，这会影响缩小鸿沟的经验的有效发挥。分述如下：

（一）治理平台运行不良阻滞"整合数字政府治理资源整合"经验的借鉴

随着我国数字政府治理进程的推进，进入政府部门网站查询所需信息逐步成为我国部分公众获知政府信息的重要方式。但是据针对数字政府治理平台的一些研究成果来看，我国一些市县的数字政府治理平台虽然访问人数较大，但某些数字政府治理平台的效能有待进一步提升。各地各级政府均构建了数字政府治理平台，这些治理平台的总数量较大，但在数字政府治理进程中由于纵向和横向协调不足而引致一些问题，如：同一个政府下属的各机构之间公布相关数据时因为事先未加以协调而出现数据重复公布现象；上一级政府已经公布的数据常常在下级政府的网站中能够找到；同一层级政府的网络之间没有相互连接，公众或公务员搜索所需信息时必须耗费大量时间。这些问题给信息查询者带来很多不便（如付出额外时间），也浪费了大量资源，降低政府的运作效率、数字政府治理效能，因此，可以借鉴英国的政务信息资源整合经验对我国的政府网络加以改组，整合数字政府治理资源。

世界各国在数字政府治理的过程中均不同程度地存在政务信息资源未能有效整合这一情况，即使推进数字政府治理进程之初就注意避免这一情况的出现，但受各种因素影响，之后仍然出现问题。因此，各国在数字政府治理进程推进到一定阶段之后都面临对数字政府治理资源进行整合这一

---

① 黄涛：《面向目标 面向顾客 面向问题——澳大利亚电子政务建设模式评述》，《信息化建设》2006年第6期。

问题。英国政府所采取的对数字政府治理资源进行整合之举并不具有明显的特殊性，我国在推进数字政府治理进程之时可以对这一经验加以借鉴。尽管难以对其全部经验直接借鉴，但至少可以借鉴整合数字政府治理资源这一做法；如果这些经验的特殊之处在于其是在发达国家取得的，那么至少我国经济发达地区能够对其加以借鉴。总体而言，治理平台运行不良阻滞"整合数字政府治理资源整合"经验的借鉴。

（二）治理基础不够坚实阻碍"发展电子民主"经验的借鉴

英国在推进数字政府治理进程中积累了发展电子民主的相关经验，受中英两国选举制度不同这一因素影响，英国这一方面的经验具有一定特殊性，但亦可在我国部分地区加以借鉴，如东部省份及中西部经济发达地区的数字政府治理水平与西方发达国家差距不大，具备了发展电子民主的基础。以电子投票为例：这一举措可以通过提高选举效率而有效地消除政治参与过程中出现的政治冷漠现象。但是我国的经济发达地区在借鉴这一经验时需要注意的是：首先，如果运用不当，实现电子民主会给政府的决策过程带来一些负面影响——信息过量导致盲目决策；某些官员会借助网络误导公众，以实现其个人目的；公众难以获知电子民主结果的真实性。其次，我国领土广阔且人口众多，在全国实现电子民主的难度较大。再次，我国公众受教育水平差距很大，受教育水平较低的公众通过数字政府治理平台参与政治的难度较大。

以我国中西部大部分地区目前的数字政府治理水平来看，以英国为代表的发展电子民主这一举措暂时难以推行（即这一经验在这些地区的适用性较低）。因为这些地区的数字政府治理水平普遍较低且民间的网络硬件设施尚显不足，并不具备发展电子民主的数字政府治理基础。这些地区借鉴这一经验的前提是：采取有效措施加快数字政府治理进程，增加民间的网络硬件设施、加强决策等过程中公众的有序参与。实现这些之后才可以根据实际情况逐步借鉴以英国为代表的发展电子民主这一举措，在这些地区实施电子民主举措。

（三）不平衡程度较高削弱了缩小"数字鸿沟"经验的效能

澳大利亚联邦政府缩减"数字鸿沟"这一举措值得我国加以借鉴，其理由是我国不同地区之间、不同群体之间存在的"数字鸿沟"的严重程度（即不平衡程度）远高于澳大利亚，主要表现在：首先，我国近一半人口是农村居民，且这一部分人口的绝对数极为庞大（约5亿人），特殊群体的绝对数量也巨大，缩小"数字鸿沟"需要向这部分群体提供更好的数字公共服务，其难度可想而知。其次，西部大量地区地广人稀，在这些地区加强数字政府治理基础设施建设的成本高昂、难度极大，如：同样的基础设施，在东部人口密集地区可以为数万人供给数字公共服务，但在西部人口稀疏地区仅能够为数百人甚至数十人提供数字公共服务。再次，我国公众的受教育水平差距很大，受过高等教育的群体只是总人口中的极小一个部分（尽管这部分人口的总数量并不小），很大一部分人口仅受过（甚至未受过）九年义务教育，即使政府采取有效措施提高数字政府治理平台覆盖率，这部分受教育水平较低的公众也不具备通过数字政府治理平台获得数字公共服务的能力，与其他群体之间明显呈现出不平衡状态。从以上三方面可以看出，澳大利亚缩小"数字鸿沟"的三大举措（重视基础设施建设，提高互联网普及率，尤其是偏远地区网络覆盖率；引入市场竞争机制，降低用户上网成本；面向特殊群体提供专门信息服务）的第一条在我国某些地区、某些群体中的适用性并不高。第二条和第三条的适用性则较高，但实施第三条的难度较大，主要原因是：澳大利亚总人口及特殊群体总量均不算大，而我国特殊群体总量则很庞大，为这部分群体提供所需的专门信息服务需要投入较大的人力、财力、物力。

受"新公共管理运动"的影响，在数字政府治理过程中将某些项目外包成为诸多西方国家政府普遍采取的做法且取得较好成效。我国展开数字政府治理的过程中也在一定程度上采用了这一做法，如北京工商局早在2009年就将20多项电子政务服务全部委托北京红盾315信息服务有限公司提供，[①]类似举措也出现在我国一些地方展开数字政府治理的过程中，但必须注意到某些地方借鉴这种外包方法缩小"数字鸿沟"有可能面临一些困难，如：数字政府治理过程中一些公务员不愿意将一些项目"外包"给公益部门、私营部门或公众，或愿意参与数字政府治理项目"外包"的私营部门数量较少，此类情况的存在必然导致数字政府治理进程的推进受到阻滞，缩小"数字鸿沟"的速度也难以得到提升。

四、我国借鉴英国与澳大利亚数字政府治理经验的途径

我国借鉴英国与澳大利亚数字政府治理经验的途径由以下部分共同组成：实现数字政府治理资源整合的途径；发展电子民主的途径；缩小"数字鸿沟"、降低不同群体之间不平衡程度的途径。分述如下：

（一）实现数字政府治理资源整合的途径

数字政府治理过程中实现数字政府治理资源整合需要注意以下几

---

① 邱中慧：《美国电子政府建设的借鉴与启示》，《贵阳市委党校学报》2009年第6期。

点：需要有充分的人力、物力、财力对数字政府治理资源整合加以支持，尤其是领导者必须支持这一整合；在借鉴经验之前需要对英国的相关经验加以透彻了解，尤其应了解英国在整合数字政府治理资源过程中遇到的困难及应对方法；对英国这一领域的经验绝不能直接生搬硬套或搞"一刀切"，而应根据我国各地的具体情况加以灵活借鉴；借鉴过程中可采取"试点—推广"的方法逐步推进整合进程；数字政府治理资源整合取得成效之后，必须采取有效措施保障整合的持续性，严防再次出现网络重复建设、信息重复公布等现象。

在基础支撑领域，加快构建政务云计算中心，探索基于PPP模式的城市信息化应用建设路径。依托信息技术产业园优化数字政府治理资源整合的基础，保障政务云计算中心数据安全，在这一基础之上展开数字政府治理资源的整合进程。加快建设统一权威的城市大数据平台，形成数据采集、汇聚、存储、交换共享、挖掘分析、安全管理一体化的数据治理体系。建设数字政府治理资源整合的协同管理体系，以提高数字政府治理资源整合的效率，实现数字政府治理工作的集约管理、资源的互联共享，提升数字政府治理资源整合的协同工作总体能力水平。

（二）发展电子民主的途径

加强与"发展电子民主"相关的人才队伍建设。通过强化学习培训教育，提升公职人员在发展"电子民主"过程中的信息思维、信息技能和信息道德（伦理）等信息素养，培养法治理念、责任理念、民主理念、协作理念、公平理念等数字政府治理理念。[①]探索与"电子民主"相关的数字化产业发展机制，加大财政资金投入，支持推进"电子民主"相关领域的信息化应用，鼓励PPP模式，在"发展电子民主"领域引导社会资金投入。探索建立市场化的数字化产业发展机制，在发展"电子民主"的过程中鼓励政府与私营部门、社会机构开展合作，降低发展"电子民主"的成本；为参与"电子民主"建设的主体提供丰富的数据来源和数据应用，促进数据资源流通，助力"电子民主"相关机制的建设及这一进程的稳步推进。

（三）缩小"数字鸿沟"、降低不同群体之间不平衡程度的途径

我国各地在数字政府治理过程中缩小"数字鸿沟"、降低不同群体之间不平衡程度的具体举措较多，如：重视基础设施建设，提高互联网普及率（尤其是偏远地区网络覆盖率），使数字政府治理的绝大部分客体能够

---

① 王少泉：《我国数字政府治理的现状、问题及推进途径》，《重庆三峡学院学报》2018年第6期。

真正从这一治理之后获益，缩小不同治理客体之间的数字鸿沟；引入市场竞争机制，降低用户上网成本，使低收入群体能够以较低成本（甚至零成本）享受到数字政府治理提供的服务，缩小因收入差距引致的数字鸿沟；面向特殊群体提供专门信息服务。我国各市县均存在一些特殊群体，为了真正提升数字政府治理水平，必须为这部分群体提供所需的专门信息服务，此举需要投入较大的人力、财力、物力，所以实施这一举措之前必须寻获足够的资金支持（无论这一资金支持源于数字政府治理过程中的哪一个或哪几个主体）。

结合网上办事大厅、12345政务服务平台、社区综合受理平台，为全体市民提供多种服务渠道、线上线下关联组合的一站式、精细化公共服务，推进基本公共服务均等化。建设完整、实时、共享的教育信息资源库。构建文化创意公共服务平台、构建交通综合信息服务平台和"高效、智能、安全、绿色"的智慧交通服务体系。实现数据一次采集、多部门使用，推动专业窗口向综合窗口转变、分别受理向集中受理转变。

结语

英国数字政府治理经验中的亮点主要是数字政府治理资源的整合、发展电子民主，澳大利亚数字政府治理经验中的亮点主要是有效缩小"数字鸿沟"等。这些经验在我国推进数字政府治理的过程中均有一定适用性，但不同经验的适用性存在一定差异，同一经验在我国不同地区、不同领域的适用性存在差异。一些政策的实施有助于我国借鉴这些经验有效推进数字政府治理进程。从宏观上来看，我国在数字政府治理过程中更应该从英国的发展历程中吸取教训：现代化过程中，如果未能及时降低乃至消除旧事物的负面影响，会对一国的现代化进程产生明显阻滞。这一教训主要源于：18世纪60年代至19世纪40年代，英国全面推进第一次工业革命进程，这一期间，英国的综合国力显著增强，基于此逐步成为世界主导者，第二次工业革命来临之后，英国在第一次工业革命期间建设的大量工厂、设置的大量设备、形成的各种制度及理论等逐渐沦为旧事物，致使英国在推进第二次工业革命之时面临诸多阻滞，英国的现代化速度逐渐下降，综合国力在数十年中被美国、德国等国家超过，丧失了世界的地位。这一实例说明：现代化过程中某一阶段的新事物，极有可能在现代化的下一个阶段中沦为旧事物，因此，现代化过程中必须对设备、制度及理论等展开革新，以规避"制度完善速度慢于现代化速度"引致的各种风险。

第十五章　德国数字政府治理的经验与借鉴

　　经过约20年的发展，德国在数字政府治理领域获得长足发展，德国数字政府治理的亮点主要是：政策稳定性明显高于其他西方国家；重视基于创新推进治理进程。我国借鉴德国数字政府治理面临的困难主要有：协同需求与协同现实之间不平衡削减经验普适性；法制化步伐相对较慢削减借鉴效能；版图极大、区域不平衡阻碍经验借鉴。我国借鉴德国数字政府治理经验的途径主要有：营造良好环境，强化多方协同；提升数字政府治理队伍能力；完善规章制度以强化数字政府治理的规范性及安全性；强化数据整合能力、数据管理和应用水平、多元参与程度。

　　德国在第二次工业革命和第三次科技革命期间均获得快速发展，后者的成功使德国成为当今世界经济最发达的国家之一，在工业时代向数字时代演进的过程中，倚仗德国在工业时代取得的诸多优势，德国数字政府治理水平曾处于世界领先地位，但近年德国在推进数字政府治理进程之时遇到诸多阻滞，这些阻滞主要因工业时代旧事物所致，曾在工业时代有效助推德国现代化进程的诸多新事物，在数字时代逐渐沦为旧事物，这些旧事物对数字时代德国现代化进程的阻滞作用并非突然出现，也并非在开始进入数字时代之时就出现，而是在数字政府治理进程推进一段时间之后才逐渐显现，这是旧事物在新时代阻滞作用"滞后效应"的直观展现。[1]工业时代旧事物阻滞作用的出现致使德国的数字政府治理水平开始落后于一些国家：欧盟于2017年3月发布《欧洲数字化进程报告》，这一报告显示欧盟各国的数字经济与社会指数（DESI）排名中，德国排在第11名，仅稍高于欧盟各国的平均水平。这一情况并不意味着德国政府不重视数字政府治理进程的推进，与此相反的是：近几届德国政府一直致力于推进数字政府治理进程且取得诸多成果。但必须注意到：德国推进数字政府治理进程之时遇到诸多阻滞，导致德国的数字政府治理水平逐渐落后于欧美一些国家。

　　从数字治理的条件和基础来看，一方面，与英美澳日等西方国家相

---

[1]　王少泉：《德国数字治理镜鉴下的中国国家治理现代化》，《重庆行政》2019年第6期。

比，德国拥有一些共性，如都是在较高的工业化环境中展开数字政府治理进程，也拥有一个明显优势，即德国的政坛稳定性较高，[①]如：2005年11月至2021年12月的16年间，默克尔一直担任德国总理，德国基督教民主联盟一直处于执政地位，为数字政府治理提供了稳定的环境。特别是与美国和澳大利亚相比，德国拥有一些明显优势，如版图较小、基本不存在族群分裂问题，地区之间的不平衡程度低于美国和澳大利亚，这意味着德国推进数字政府治理进程拥有一些良好条件，因而基础相对较好。但与英国和日本相比存在一些劣势：东西部差异较为明显，由此催生地区之间的不平衡问题。另一方面，与我国相比：德国的工业基础雄厚、版图小、人口少，拥有良好的数字政府治理条件，其一些经验适用于我国东部地区（工业基础雄厚、地理面积小），但是德国也存在一些劣势，如联邦政府对下级政府的控制力较弱，联邦政府的一些政策难以得到有效执行，这一点与我国存在明显不同。这些情况表明：德国数字政府治理经验中，必然有一些可供我国借鉴，但某些经验因国情差异而较难借鉴。

从德国数字政府治理这一领域的研究成果来看，国内尚未查到标题直接包含"德国数字政府治理"这一关键词的学术论文，现有研究成果多以"德国电子政务"为题——中国知网中查到的文献中，标题直接包含这一关键词的学术论文数量极少。这些研究成果大多在介绍德国电子政务建设情况的基础上阐述了经验及启示，并没有文献基于2018年德国组阁协议（基民盟、基社盟和社会民主党）分析德国数字政府治理面临的阻滞、成因及前景。国内极少数学者专门撰文介绍了德国电子政务的经验，尚无文献基于2018年德国联邦政府组阁协议对德国数字政府治理的阻滞、成因及前景展开深入研究，这一方面的研究有待进一步展开。[②]

一、德国数字政府治理的历程

德国数字政府治理的历程由以下部分共同组成：数字时代"第一波浪潮"中的治理。数字时代"第二波浪潮"中的治理。分述如下：

（一）数字时代"第一波浪潮"中的治理

数字政府治理1.0时期来临之时，德国政府制定"联邦在线2005"计划（2000年9月），并于2002年6月提出"全体上网"的赶超计划——针对

---

① Pavlichev A., Garson, G. D.. "The promise of digital government." in *Digital government: Principles and best practices.* IGI Global. 2004.

② 王少泉：《德国数字治理镜鉴下的中国国家治理现代化》，《重庆行政》2019年第6期。

德国的数字政府治理水平明显落后于欧美一些国家这一问题，[①]相关情况见表15-1：

表 15-1　德国、美国数字政府治理数据（2001 年）[②]

对比项 ＼ 国家	德国	美国
互联网用户总数及占比	710万	5050万
互联网用户在总人口中占比	20.7%	48.7%
居民上网时间	4.9小时（人/天）	11小时（人/天）
实现网络连接的学校	40%	90%

"联邦在线2005"计划于2005年底完成并取得明显成效。2006年，默克尔政府在提出的"高科技战略"中列出17个未来重点发展的领域，信息通信技术。同年，德国内政部CIO办公室制定"电子政府2.0"（E-Government 2.0）计划，[③]这一计划的主旨是促使私营部门和公众等数字政府治理客体更多地参与数字政府治理进程，提升德国政府借助数字政府治理平台供给公共服务的效能[④]。2010年12月，德国联邦政府（经济和技术部）发布"德国数字2015"（Digital Germany 2015）战略，这一战略涉及经济、教育和安全等领域的数字政府治理方案。其后，德国政府在2012年、2014年和2016年连续制定新的数字政府治理战略，有效助推了德国数字政府治理进程。

（二）数字时代"第二波浪潮"中的治理

邓利维指出，西方国家于2010年前后出现数字时代"第一波浪潮"。[⑤]2014年，默克尔政府通过《数字议程2014—2017》，[⑥]开始更加关注数字经济、数字政府治理的基础设施、数字政府治理过程中的安全问题、数字政府治理平台等，并提出数字政府治理的三个核心战略目标："增长和就业""信任和安全""接入和参与"，德国现在正在实施的部

---

① 王少泉：《德国数字治理镜鉴下的中国国家治理现代化》，《重庆行政》2019年第6期。
② 张锐昕主编：《电子政府与电子政务》，北京：中国人民大学出版社，2011，第271页。
③ 王少泉：《德国数字治理镜鉴下的中国国家治理现代化》，《重庆行政》2019年第6期。
④ 金江军、潘懋编著：《电子政务理论与方法》，北京：中国人民大学出版社，2009，第28页。
⑤ Dunleavy, Patrick, and H. Z. Margetts. "The Second Wave of Digital Era Governance."*Social Science Electronic Publishing*, 2010.
⑥ Pavlichev A., Garson, G. D.. "The promise of digital government." in *Digital government: Principles and best practices*. IGI Global. 2004.

分数字政府治理政策包含于这一议程之中，这一议程的实现为德国经济的稳步发展及德国的创新发展创造了有利条件。但是这些目标并未完全实现：《数字议程2014—2017》中作出约30项借助数字政府治理推进创业的承诺，但两年之后这些承诺仅有三分之一得以实现，其余三分之二（尚未实现的）承诺中，部分再次出现于2018年2月的组阁协议之中，某些承诺则彻底消失。另一方面，默克尔政府2014年提出"2018年实现高速网络覆盖全德国"，但这一目标并未实现——目前，50M以上网速的网络覆盖了德国80%的国土。这些情况表明：默克尔政府在作出政治承诺之时雄心过大，但最终表现出"心有余而力不足"状态，导致数字政府治理客体对数字政府治理规划（或议程、协议）中的承诺缺乏足够的信任。[①]

2016年，默克尔政府提出《数字战略2025》，德国目前正在推行的数字政府治理政策大多涵盖于这一战略之中，2018年2月公布的新一届德国政府组阁协议中涉及数字政府治理的板块再次呈现了《数字战略2025》的很多内容，如：强化数字政府治理的相关教育、加强数字政府治理的法制基础、构建速度达到千兆的网络、基于数字政府治理推进创业。德国在推进数字政府治理进程之时十分重视公共服务的数字化，[②]目前联邦政府、州政府、市政府、地区政府和城镇政府的数字政府治理平台已经至少能够提供7500项在线服务，部分州政府的公共服务已经有75%实现数字化。德国数字政府治理的另一些情况如表15-2所示：

表15-2　德国数字政府治理主要数据

互联网普及率	81%（2017）	宽带覆盖率	80%（2017）
数字化程度在欧洲的排名	中等偏上	数字经济与社会指数在欧盟的排名	第11名
实际平均网速	15.3M（2017年第一季度）	实际平均网速在全球排名	第25名
数字经济指数	58点（2017，总数为100点）	55点（2016，总数为100点）	49点（2015，总数为100点）
D21数字指数	53点（2017）	51点（2016）	52点（2015）

---

① 王少泉：《德国数字治理镜鉴下的中国国家治理现代化》，《重庆行政》2019年第6期。
② Anttiroiko, Ari Veikko, and Mälkiä, Matti."Encyclopedia of Digital Government."*IGI Publishing*, 2006.

表15-2中的数据显示：①2017年，德国的互联网普及率为81%，宽带覆盖率为80%。在一些学者看来，这两个数值很高，但与欧美一些国家这两个领域的数值相比，德国在这两个领域尚需继续努力。②德国的数字化程度在欧洲排名中等偏上，数字经济与社会指数在欧盟的排名为第11名。这一排名与德国是欧盟第一经济大国明显不符。③2017年，德国实际平均网速为15.3M，这一网速在全球各国中排名第25。这一排名低于美国、英国、日本和韩国等国家，作为最发达的资本主义国家之一，德国在这方面的表现不尽如人意。④2015年、2016年和2017年，德国的数字经济指数分别为49点、55点和58点，这一数值呈现出稳步上升态势，表明德国的数字政府治理政策在此领域取得明显成效。⑤2015年、2016年和2017年，德国的D21数字指数分别为52点、51点和53点，这一数值呈现出上下波动状态，意味着德国此后推进数字政府治理进程之时须继续在这一领域着力。①

近十几年以来，德国政府多次在规划、议程或协议中阐述数字政府治理举措，但某些举措存在表述不清楚甚至自相矛盾之处，如：2018年2月的组阁协议之中，组阁各方提出将致力于千兆网速的网络全面覆盖整个德国。这一目标的实现有赖于另一个目标的实现，即用玻璃光纤完全替代铜线。但是组阁各方在玻璃光纤的建设方面仅仅要求"尽可能入户"。一旦玻璃光纤未能全面覆盖德国，"千兆网速的网络全面覆盖整个德国"这一目标绝无可能实现。数字政府治理一些客体发现组阁协议中存在这种"纰漏"，也就不会完全相信、全力支持政府实现"千兆网速的网络全面覆盖整个德国"这一目标。

除此之外，数字政府治理的部分参与者消极应对甚至抵制一些数字政府治理举措的实施。如2018年2月推出的组阁协议提出的任务中两项：一是大力发展已经有良好基础的5G移动通信，②并借助一个手机程序发现并消除信号盲区；二是通过拍卖5G频率获得资金，筹集100至120亿欧元用于宽带建设，用玻璃光纤大规模替代铜纤，使千兆网速的网络实现全面覆盖。问题在于：首先，"消除信号盲区"这一任务交由运营商完成，但这一任务的完成需要投入大量人力、物力和财力，这些投入能够带来的收益却极低，这与运营商期望的"低投入、高产出"完全相悖，因此，运营商

---

① 王少泉：《德国数字治理镜鉴下的中国国家治理现代化》，《重庆行政》2019年第6期。
② Anttiroiko, Ari Veikko, and Mälkiä, Matti. "Encyclopedia of Digital Government." *IGI Publishing*, 2006.

会消极应对甚至抵制这一举措。其次，新一届德国政府试图通过拍卖5G频率获得咨金以支持宽带建设，[①]运营商必然担心拍卖会导致5G频率价格虚高，在拍卖中成功的运营商极有可能因为将大量资金用于购买5G频率而不愿意或难以将其他资金用于宽带建设，因此，德国政府这项政策也难以得到运营商的强力支持[②]。

二、德国数字政府治理的亮点

德国数字政府治理的亮点主要有：政策稳定性明显高于其他西方国家；重视基于创新推进治理进程。分述如下：

（一）政策稳定性明显高于其他西方国家

2005年11月至2021年12月的16年间，默克尔一直担任德国总理，德国基督教民主联盟一直处于执政地位，使得数字政府治理政策具有明显的稳定性。这一时期，德国政府采用渐进性举措不断推进数字政府治理进程，某些内容多次出现于战略、规划或协议之中，[③]原因在于这些目标尚未实现，德国政府更新数字政府治理规划之时，如果发现目标已经实现，就会制定新的数字政府治理目标。从数字政府治理主体与客体参与数字政府治理的情况来看，德国的数字政府治理进程主要包含四个阶段：数字政府治理主体在网上发布信息阶段、数字政府治理主体与数字政府治理客体单向沟通阶段、数字政府治理主体与数字政府治理客体双向沟通阶段、数字政府治理主体在数字政府治理平台上处理事务阶段。

具体从2017年的情况来看，2017年9月24日，德国联邦议院选举结果公布，默克尔领导的基民盟获得最多席位，领先其他各党。其后，基民盟与多个政党展开组阁谈判，数字政府治理在这一过程中并未得到充分重视，这一情况受到德国信息技术、电信和新媒体协会（Bitkom）的重视及警告，[④]组阁谈判各方受到一定影响，数字政府治理在谈判过程中成为重要议题之一。2018年2月7日，基民盟、基社盟和社会民主党经过连续谈判，终于公布组阁协议，这份组阁协议共179页，数字政府治理占据其中一节（12页），所占比重大于绝大部分其他议题，这一节包含诸多内容，

---

① Pavlichev A., Garson, G. D.. "The promise of digital government." in *Digital government: Principles and best practices*. IGI Global. 2004.

② 王少泉：《德国数字治理镜鉴下的中国国家治理现代化》，《重庆行政》2019年第6期。

③ Pavlichev A., Garson, G. D.. "The promise of digital government." in *Digital government: Principles and best practices*. IGI Global. 2004.

④ Pavlichev A., Garson, G. D.. "The promise of digital government." in *Digital government: Principles and best practices*. IGI Global. 2004.

如：数字政府治理的法规、数字政府、电子竞技、数字商务和数字化监管等。值得注意的是：①其他议题的某些内容涉及数字政府治理；②区块链、人工智能和数字化等相关概念频繁出现，其中"数字化"一词出现频率极高（93次）。这一组阁协议中数字政府治理的内容与默克尔政府在上一任期中提出的"数字议程"（2014年）、"数字战略"（2016年）存在诸多类似部分（这一情况容易解释——同一个政党主导的政府存在政策连续性，其具体举措也就较为相似）。①整体而言，近几届德国政府一直致力于推进数字政府治理进程且取得诸多成果，而且最新一届德国政府也十分重视德国数字政府治理进程的推进，德国的数字政府治理政策稳定性明显高于其他西方国家。

（二）重视基于创新推进治理进程

德国数字政府治理进程的每一次推进，均与数字政府治理主体（主要是德国政府）和数字政府治理客体的助推直接相关。在渐进地推进数字政府治理进程之时，德国的数字政府治理呈现出明显的创新性：基于现实情况的发展定期更新数字政府治理规划（或协议），在新规划之中部分地呈现适应新诉求的数字政府治理举措。以2018年2月的组阁协议为例：

1. 数字政府治理基础设施的强化。组阁协议提出：大力发展已经有良好基础的5G移动通信，②并借助一个手机程序发现并消除信号盲区；通过拍卖5G频率获得资金，筹集100—120亿欧元用于宽带建设，用玻璃光纤大规模替代铜线，使千兆网速的网络实现全面覆盖；计划到2025年之时实现人人依法享有"快速互联网接入"这一基本权利，这一权利的实现还体现在享有获得水、电、天然气等的基本权利。

2. 基于数字化推进创业。德国政府试图借助数字化强化创业文化，并为初创私营部门提供良好的发展环境，组阁协议提出的一些举措（25项）与此直接相关，③主要归属于以下领域：基于数字化对创业手续进行简化、降低初创私营部门的行政管理成本；在欧洲内部构建数字市场，强化国家之间、地区之间的协同；制定专业人才引进法，为数字化和创业奠定良好人才基础；设置"创业假"，提升各类人才进行创业的积极性。

3. 在全国所有中小学中构建"数字协议"。组阁协议中提出创办

① 王少泉：《德国数字治理镜鉴下的中国国家治理现代化》，《重庆行政》2019年第6期。
② Pavlichev A., Garson, G. D.. "The promise of digital government." in *Digital government: Principles and best practices*. IGI Global. 2004.
③ Pavlichev A., Garson, G. D.. "The promise of digital government." in *Digital government: Principles and best practices*. IGI Global. 2004.

（德国）国家教育平台，在这一数字政府治理平台中公开教育资源，为各级教育机构的发展创造条件。除此之外，为了改善全德国4万余所中小学的数字化设施，在2018—2022年这5年间，德国政府将投入50亿欧元，[①]这些资金将用于：培训教师熟练地运用数字媒体和数字设备；在每个学校配备数字终端设备，更新网络接入设备，提升教学场所无线网络的覆盖面和网速。

除上述内容之外，为了缩小德国与美国及亚洲一些国家在软件、创新等方面的差距，德国政府于2018年11月宣布将在人工智能研发领域投入30亿欧元，并启动"学习系统"这一人工智能平台，这是德国政府推出的第二个以数字化为主题的研发平台（第一个是"工业4.0"）。

三、我国借鉴德国数字政府治理经验面临的困难

我国借鉴德国数字政府治理面临的困难主要有：协同需求与协同现实之间不平衡削减经验普适性；法制化步伐相对较慢削减借鉴效能；版图极大、区域不平衡阻碍经验借鉴。分述如下：

（一）协同需求与协同现实之间不平衡削减经验普适性

数字政府治理进程的推进有赖于不同部门之间的有效协同，但是我国一些地方推进数字政府治理的过程中，部门之间协同需求与协同现实之间不平衡。从德国的情况来看，德国政府推进数字政府治理进程的最重要目标是助推经济发展，[②]因此联邦政府的经济部是数字政府治理进程的最重要推进者。信息公开、数字政府治理、网络监管等工作由联邦政府的内政部负责。宽带建设这一数字政府治理的基础工作由联邦政府的交通与数字基础设施部负责，当然这一部门还负责其内部的数字化工作，数字教育和科研领域的数字化工作由联邦政府教研部负责。这些部门之间的协同效能相对较好。我国要借鉴这一经验，必须强化很多地方不同部门之间的协同问题，实际上是要降低协同需求与协同现实之间的不平衡程度。

（二）法制化步伐相对较慢削减借鉴效能

法制化方面，德国政府推进数字政府治理进程之时一直注意相关法规的出台或修改，有效减少法律层面上来看灰色甚至白色地带，数字政府治理主体推进数字政府治理进程或数字政府治理客体参与数字政府治理之

① Pavlichev A., Garson, G. D.. "The promise of digital government." in *Digital government: Principles and best practices*. IGI Global. 2004.

② Pavlichev A., Garson, G. D.. "The promise of digital government." in *Digital government: Principles and best practices*. IGI Global. 2004.

时所面临的风险及不确定性随之降低。我国一些地方推进数字政府治理进程时，会发现难以随着这一进程的推进展开法制化建设，即：与推进数字政府治理的速度相比，推进法制化进程的速度相对较慢。两种速度的不平衡意味着：我国借鉴德国在数字政府治理过程中的法制化经验面临一些阻滞。

（三）版图极大、区域不平衡阻碍经验借鉴

与德国相比，我国的版图极大，不同区域之间的经济发展水平明显不平衡、自然环境差异明显，使得德国数字政府治理领域的一些经验难以有效运用于我国数字政府治理过程中，如：2018—2022年，德国政府将50亿欧元用于：培训教师熟练地运用数字媒体和数字设备；在每个学校配备数字终端设备，更新网络接入设备，提升教学场所无线网络的覆盖面和网速。[1]此类举措实施于我国面临明显阻力：我国中西部很多地方的中小学教学条件明显比东部大部分地方的中小学差，即使每一所学校投入的资金数量相同，也难以取得同样的效果，也就意味着我国在数字政府治理过程中借鉴德国的此类经验的难度较大。这也意味着：如果不实施非均衡政策，将难以消除我国数字政府治理领域的不平衡问题。

四、我国借鉴德国数字政府治理经验的途径

我国借鉴德国数字政府治理经验的途径有：营造良好环境，强化多方协同；提升数字政府治理队伍能力；完善规章制度以强化数字政府治理的规范性及安全性；强化数据整合能力、数据管理和应用水平、多元参与程度。分述如下：

（一）营造良好环境，强化多方协同

推进数字政府治理进程之时，有必要强化宣传力度以营造良好环境，并在这一基础上强化多方协同。[2]具体举措如：加大社会化宣传，充分利用电视、广播、网络等新闻媒体刊播广告，在门户网站、微信、新媒体等媒介上，实时更新关于数字政府治理的相关新闻，逐渐铺开和推广数字政府治理的新方式，提高数字政府治理的知名度。加强资源整合，鼓励治理过程中得到优化的数字政府治理平台立足自身服务功能、开发特色项目，通过数字政府治理平台定期发布"项目菜单"，为数字政府治理客体

---

[1] 王少泉：《德国数字治理镜鉴下的中国国家治理现代化》，《重庆行政》2019年第6期。

[2] Liva, Giovanni, et al. "Exploring digital government transformation: a literature review." (ICEGOV 2020: 13th International Conference on Theory and Practice of Electronic Governance, 2020).

参与治理过程提供选择。进一步厘清数字政府治理各主体的权力、责任和负面清单，优化行政服务流程和管理体系，落实行政权力运行流程图、监督考核制度，实现审批服务统一标准化、各部门政务协同化，推进线上与线下服务相结合的政务服务模式，有效强化网上办事大厅服务的广度、深度和质量，优化政务服务大平台。充分发挥云计算、互联网技术和移动互联网技术等先进技术手段，打破信息孤岛，实现跨部门、跨地区、跨层级的信息汇聚，在数据和资源等领域实现集中共享。强化网络与服务应用系统的耦合，推进线上服务与实体政务服务大厅的融合，进一步推动互联网应用的平衡发展，不断拓展完善互联网信息服务体系，提升数字政府治理客体参与数字政府治理的主动性。

（二）提升数字政府治理队伍能力

数字政府治理进程的推进有赖于数字政府治理队伍能力的提升。具体举措如：形成能者上、庸者下、劣者汰的用人导向和科学有效的制度环境，激发数字政府治理队伍干事创业的激情；通过数字政府治理平台定期推送学习课程、典型案例、外出学习考察机会等，提高数字政府治理队伍的专业水平，使这一队伍增强对数字政府治理意义、目的等的认识，提高队伍推进数字政府治理进程、提升数字政府治理效能的能力。争取数字政府治理各主体及各客体的支持，为数字政府治理过程中出现的新增部门或机构提供应有编制，为数字政府治理队伍稳定性的提高提供保障。[1]

（三）完善规章制度以强化数字政府治理的规范性及安全性

完善规章制度以强化数字政府治理的规范性及安全性对数字政府治理进程的推进具有重要影响。具体举措如：规范数字政府治理的各项举措，建立健全的岗位职责，做到分工明确、责任到人；[2]完善考核奖惩制度，由上级组织负责对数字政府治理情况展开监督和考核，对有效推进数字政府治理进程的组织和个人给予表彰和奖励，并对工作不负责、敷衍塞责的组织和个人给予通报批评；完善数字政府治理的评估制度，以督导问责严奖惩，将数字政府治理的内容列入年度目标考核任务；进一步改革不符合数字政府治理理念的各种规定，积极开展电子证照、签章、公文等新事物在数字政府治理过程中的应用试点，确定这些新事物的法律地位；强化对信息数据流动和利用的监管进行立法，保障信息安全，提高对国家、

---

① 王少泉：《德国数字治理镜鉴下的中国国家治理现代化》，《重庆行政》2019年第6期。

② Liva, Giovanni, et al. "Exploring digital government transformation: a literature review." (ICEGOV 2020: 13th International Conference on Theory and Practice of Electronic Governance, 2020).

商业、个人隐私和知识产权的保护力度；高度重视政府网站、审批业务系统、公共服务平台等与群众信息安全密切相关的网络系统，加强网络安全监管，特别是部门之间数据信息的采集、更新、共享以及群众信息安全保障，保证网络系统的安全、有效、可靠运行；加强技术保障和监测预警，积极构建网站安全技术防护体系，及时防范和应对意外事故和恶意攻击行为，为数字政府治理进程的有序推进提供良好安全保障。

（四）强化数据整合能力、数据管理和应用水平、多元参与程度

提升数字政府治理水平有赖于强化数据整合能力、数据管理和应用水平、多元参与程度。这些领域的举措如：一方面，构建统一的、实时动态更新的政务信息资源库，实现法人库、自然人库、信用库、电子证照库等数据库中各类数据的共享；完善数字政府治理平台以提升数据共享互动水平，全面部署并改造政务网络服务环境，修改完善数字政府治理平台及系统的功能，[①]利用内网数据库和政务云数据库，全面打通部门信息壁垒，为数据对接提供平台支撑；建设和完善全息化虚拟大厅，进行服务区域、服务窗口、设备等对象的区域或点位的场景化分布展示，并与数据展示界面相关联，全方位展示数字政府治理的信息数据。另一方面，在做重大决策前，数字政府治理主体必须深入基层开展调查研究，并通过听证会、服务电话、网站留言、意见箱等方式让群众和私营部门充分发表意见和建议，确保各项决策是公众意愿的体现；保障数字政府治理客体的监督、知情、投诉以及咨询等权益，依照法规办事、并落实到位；对各级政府部门数字政府治理的信息展开跟踪分析、协同督办、绩效统计、公开监察和评价共享等，实现信息的综合管理；对数字政府治理过程中政府办事、政民互动、重大决策、部门履责、社会评议和第三方评价等展开全方位、全流程、网络化的综合效能监察，真正实现数字政府治理过程中多元主体的全过程参与。

结语

在数字时代，以数字、网络以及智能化为核心的各种应用技术（数字时代的新事物）的应用，将不断推动德国的数字政府治理进程。据德国数字政府治理的现状来看，尽管面临诸多困难，但德国的数字政府治理主体

---

① Liva, Giovanni, et al. "Exploring digital government transformation: a literature review." (ICEGOV 2020: 13th International Conference on Theory and Practice of Electronic Governance, 2020).

将继续推进数字政府治理进程，使德国的数字政府治理水平能够匹配德国的经济大国地位（至少在欧洲成为数字政府治理领域的领先国家）。德国数字政府治理的最大亮点是：政策稳定性明显高于其他西方国家；重视基于创新推进治理进程。我国借鉴德国数字政府治理面临的困难主要是：协同需求与协同现实之间不平衡削减经验普适性；法制化步伐相对较慢削减借鉴效能；版图极大、区域不平衡阻碍经验借鉴。我国借鉴德国数字政府治理经验的途径主要有：营造良好环境，强化多方协同；提升数字政府治理队伍能力；完善规章制度以强化数字政府治理的规范性及安全性；强化数据整合能力、数据管理和应用水平、多元参与程度。

第十六章　日本数字政府治理的经验与借鉴

日本数字政府治理过程中依次出现E战略、U战略、新IT改革战略、i战略和超智能社会（社会5.0）战略。日本数字政府治理的亮点主要是：数字政府治理战略的演进表现出渐进变革特征；数字政府治理战略演进推动不平衡程度下降、治理水平持续上升；数字政府战略演进与数字政府治理主体情况变化相辅相成。我国借鉴日本数字政府经验面临的困难主要是：不同地方的建设基础不平衡；不同群体的现代化能力、现代化速度明显不平衡；不同地方的经济发展水平明显不平衡。我国借鉴日本数字政府治理经验的途径主要有：实现借鉴经验与自主建设之间的相对平衡；准确把握相关经验并采取因地制宜策略；强化多元主体参与，助推主体之间实现相对平衡。

20世纪90年代，美国率先启动电子政务进程，日本快速加以效仿。20世纪末、21世纪初，日本实现从电子政务向数字政府的转变，并持续推进数字政府治理进程，E战略、U战略、新IT改革战略、i战略和超智能社会（社会5.0）战略先后出现于日本的数字政府治理过程中。从数字政府治理的条件和基础来看，一方面，与英美德澳等西方国家相比，日本拥有一些共性，如都是在较高的工业化环境中展开数字政府治理进程。但存在一些劣势：人口密度极大，需要提供的数字公共服务总量较大；老年人口总数较大，数字政府治理过程中需要重视这一群体的需求。与美国和澳大利亚相比，日本拥有一些明显优势，如版图较小、基本不存在族群分裂问题、不同地区之间的不平衡程度较低，这意味着日本推进数字政府治理进程拥有一些良好条件，因而基础相对较好。另一方面，与我国相比：日本的经济发展水平较高且不同地区的不平衡程度相对较低，这意味着日本的数字政府治理基础优于我国；日本的人口密度较高且老龄人口占比较大，这一点与我国东部地区较为相似，这意味着日本数字政府治理的一些经验可以运用于我国东部地区，但不一定能够运用于我国中西部地区。

从已有研究成果来看，国外学者偏向介绍日本数字政府（含电子政务）建设情况、存在的问题及发展趋向。现有研究成果具有一定学术价值，但须注意到：相关研究成果多为阶段性地介绍日本数字政府治理情况，极少有学者运用与日本数字政府治理最明显特征（不平衡）高度契合的理论深入分析其战略演进特征、存在的问题及其成因等。鉴于此，有必要在阐述不平衡治理理论基础上，分析日本数字政府治理的战略演进情况、存在的问题及成因，并探究日本数字政府治理对中国的启示与经验借鉴。

一、日本数字政府治理的演进历程

在展开数字政府治理之前，日本政府有效展开电子政务建设，有效夯实数字政府治理的基础，助力日本于2000年开始推进数字政府治理，这一历程具体呈现为战略演进，其战略演进具有多种特征。日本数字政府治理的演进历程由以下部分共同组成：E战略阶段；U战略阶段；新IT改革战略阶段；i战略阶段；超智能社会（社会5.0）战略阶段。分述如下：

（一）E战略阶段

日本政府于2000年设立IT战略本部，IT战略会议制定了《IT基本战略》，提出重点推进数字政府治理进程的基本计划。[①]2001年，日本促进信息通信网络战略本部先后制定《E—日本战略》和《E—日本重点计划》，日本内阁会议制定与数字政府治理密切相关的《行政管理改革三年计划》。这些举措标志着日本政府提出"E-Japan战略"，总目标是强化日本整体ICT（Information and Communication Technology，信息和通信技术）的基础建设。2003年，日本政府先后制定《E—日本战略Ⅱ》《电子政府构筑计划》并公布《加快实施E—日本战略Ⅱ》报告。

（二）U战略阶段

2004年3月，日本开始倡导U-Japan构想。日本政府于同年6月制定《E—日本重点计划—2004年》，标志着日本数字政府治理的E战略开始演进为U战略，这一战略演进的重要目标是构建泛化政府：政府能够在任何时间（anytime）、任何地点（anywhere）、就任何事务（anything）向任何人（anyone）提供公共服务。[②]泛化政府的核心理念是：无处不在（ubiquitous）、普遍化（universal）的服务、客户导向（user-oriented）、个性化（unique）的服务。实现这一目标有赖于日本各级政府和政府各部门借助已经构建的电子网络向公众提供数字公共服务，标志着日本数字政

---

① 湯川鶴章.「技術革命最前線（91）電子政府化進める各国と遅れ目立つ日本」.『世界週報』，2002（83）.

② 大谷美咲.「日本における『電子政府（e-Government）』の現状と課題」.『九州共立大学経済学部紀要』，2004（1-14）.

府治理进入新的阶段。

（三）新IT改革战略阶段

日本政府于2006年1月发布"新IT改革战略"，[①]进一步明晰日本数字政府治理的基本理念、目标和政策等。"强化政府网站建设"是这一战略的重要内容，日本政府在"新IT改革战略"中：明确了"强化政府网站建设"的具体目标、提出了针对这些具体目标的评估指标、制定了具体的发展政策。[②]这些举措为日本政府在数字政府治理过程中有效减少不平衡现象创造了有利条件。

（四）i战略阶段

日本政府于2009年7月制定"i-Japan战略2015年"，"i"包含"Inclusion"（包容）和"Innovation"（创新）两层意思。[③]日本政府试图借助这一战略推进电子政府、医疗健康和教育人才这三大领域的电子化进程。[④]实施这一战略的过程中，日本政府高度重视培养信息技术人才，设立副首相级的CIO职位。[⑤]并相继提出一些次级战略，如：2010年5月提出智能云战略，2013年提出以活用IT技术为重点的发展战略，2015年5月提出新的网络安全战略。这次次级战略的实施有效助推i战略顺利实现，从而明显提升日本数字政府治理水平。

（五）超智能社会（社会5.0）战略阶段[⑥]

日本政府于2016年制定《第五期科学技术基本计划》，在这一计划中首次提出超智能社会（社会5.0）战略及实现战略目标的途径，如：重视虚拟空间与实体空间的融合；拓展政府与私营部门之间的合作；降低地区、年龄、性别和语言等的影响，[⑦]实现数字公共服务的无差别供给。日本政府致力于在数字政府治理过程中实现虚拟空间与实体空间的相对平衡、政府与私营部门的相对平衡以及不同群体之间的相对平衡。2016年和

① 上田正尚.「電子政府の推進に向けた日本経団連の提案（特集IT新戦略の展開）」.『行政&adp』，2006（42）.

② 浅野一弘，Kazuhiro A.「日本におけるIT化の現状と課題："真の"電子政府の構築に向けて」.『経済と経営』，2009（1-18）.

③ 山口利恵.「2-1日本政府における暗号移行政策（2.暗号政策/方針，暗号世代交代と社会のインパクト）」.『電子情報通信学会誌』，2011（11）：938-943.

④ 本田正美.「政府における電子化とプラットフォームとしての政府の実現可能性」.『情報処理学会研究報告.情報システムと社会環境研究報告』，2014（7）：1-4.

⑤ 須藤修.「日本に電子政府をどう定着させるか（特集電子政府・自治体のゆくえ）」.『都市問題』，2010（48-56）.

⑥ 陈骞：《日本启动"超智能社会"建设》，《上海信息化》2016年第10期。

⑦ 〔日〕古谷知之：《日本超智能社会的公共管理范式》，《上海质量》2017年第11期。

2017年，日本政府连续2年出台科学技术重新综合战略，2018年则提出综合创新战略，[①]有效助推超智能社会（社会5.0）战略目标的实现。

二、日本数字政府治理的亮点

日本数字政府治理的亮点主要有：数字政府治理战略的演进表现出渐进变革特征；数字政府治理战略演进推动不平衡程度下降、治理水平持续上升；数字政府战略演进与数字政府治理主体情况变化相辅相成。分述如下：

（一）数字政府治理战略的演进表现出渐进变革特征

渐进变革是不平衡治理理论运用于实践过程中的原则之一，日本数字政府治理战略演进展现了这一原则。具体而言，日本政府推进数字政府治理的过程中，依次出现的战略是：E战略、U战略、新IT改革战略、i战略及超智能社会（社会5.0）战略，这些战略具有明显的迭代色彩。日本政府于2000年提出的"E-Japan战略"总目标是：将电子政务建设全面演进为数字政府治理；开始减少电子政务建设时广泛存在的不平衡现象。在实现前一目标及部分地实现后一目标之后，日本于2004年3月开始倡导U-Japan构想，意图基于这一战略进一步提升数字政府治理水平，尤其是使政府能够在任何时间和地点上就任何事务向任何人提供数字公共服务，实现不同时空之间、不同群体之间的相对平衡。为了实现这一目标，日本政府于2006年1月发布"新IT改革战略"，在进一步细化目标的同时构建了具体的评估指标。其后，日本的数字政府治理继续表现出渐进变革色彩：日本政府于2009年7月制定了"i-Japan战略2015年"，这一战略的最重要目标是使数字技术全面融入经济社会发展的各方面，重点关注数字政府、数字医疗、数字教育这三大领域的建设。从日本数字政府治理战略的演进中可以看出：这些战略的演进具有明显的渐进变革特征，每一个战略都基于上一个战略衍发，基于数字政府治理环境的变化而持续革新，致力于实现战略与治理环境这两者之间的相对平衡；重要战略目标是降低数字政府治理过程中的不平衡程度，尤其是不同地区之间、不同主体之间及不同群体之间的不平衡程度。

---

① 刘红芹、汤志伟、崔茜等：《中国建设智慧社会的国外经验借鉴》，《电子政务》2019年第4期。

（二）数字政府治理战略演进推动不平衡程度下降、治理水平持续上升

日本政府通过陆续实施各项战略实现了数字政府治理在地域、领域和群体等方面的覆盖面不断扩大，存在于这些方面的不平衡现象随之减少。具体而言，E战略实施之初，日本数字政府治理主要影响力存在于大型城市之中、涉及的领域相对较少且主要惠及在全国总人口中占比尚不大的网民这一群体，不平衡特征较为明显；随着E战略演进为U战略，继而从U战略演进为新IT改革战略、i战略乃至超智能社会（社会5.0）战略，日本的数字政府治理影响力逐渐从大型城市扩展至中型城市和小型城市，越来越明显地涉及诸多领域、惠及更多群体，有效降低不同城市之间、不同领域之间、不同群体之间的不平衡程度，助推了日本数字政府治理整体水平的提升。目前，日本的数字政府治理影响力已经全面覆盖国土、涉及大量领域、惠及大量群体，成为这一方面领先的国家之一。

（三）数字政府战略演进与数字政府治理主体情况变化相辅相成

一方面，数字政府战略的演进会对数字政府治理主体情况变化具有明显影响。日本政府实施E战略之初，执政党领导下的政府是数字政府治理的主要主体，公益部门、私营部门及公众等主体尚未有效参与其中，在数字政府治理过程中的地位和作用等明显弱于政府，呈现出明显的不平衡状态。当数字政府治理战略逐渐演进之时，日本的数字政府治理主体种类逐渐增多，表现为公益部门、私营部门和公众越来越深入地参与到日本数字政府治理的过程之中，而且不同主体之间的不平衡程度逐渐下降，有效优化日本数字政府治理结构。与此同时，日本数字政府治理主体的总数量也逐渐增多，表现如：数字政府治理进程启动之时，只有少量政府部门或少量其他主体参与其中，基于不同战略有效推进数字政府治理进程的过程中，越来越多的政府部门、公益部门、私营部门和公众等参与其中，有效提升了同一类主体之间的平衡程度。另一方面，数字政府治理主体情况变化也会对数字政府战略的演进产生影响。数字政府治理进程启动之初，数字政府治理参与主体的类别及总数量相对较少，这一阶段实施的E战略重点关注的是夯实数字政府治理基础，相对忽视对不同地方、不同领域及不同群体之间的不平衡现象。数字政府治理参与主体的类别及总数量开始增多之后，不平衡现象的凸显、新诉求的出现助推了数字政府治理战略的演进：U战略和新IT改革战略着眼于降低不同时空、不同群体之间的不平衡程度，i战略致力于降低不同领域之间的不平衡程度，超智能社会（社会5.0）战略则同时注意降低这些方面的不平衡程度。值得注意的是：战略演进依然主要依靠不同治理主体的不平衡结构（的运行）加以推进：数字政府治理战略的制定主体是政府（地位和作用等与其他主体之间不平衡），政府对数字政府治理环境展开观察，针对建设环境中的新变化、新诉求制定并实施新的数字政府治理战略。

三、我国借鉴日本数字政府经验面临的困难

我国借鉴日本数字政府经验面临的困难有：不同地方的建设基础不平衡；不同群体的现代化能力、现代化速度明显不平衡；不同地方的经济发展水平明显不平衡。分述如下：

（一）不同地方的建设基础不平衡

"数字政府治理基础不平衡"主要指不同地方的政府建设情况不平衡、经济发展水平不平衡。我国不同地方政府的建设情况不平衡。从政府的内部结构来看，不同地方政府的差异极小，但不同地方政府的建设情况则存在一些差异。相对而言，偏远地区的政府建设情况相对较差，尤其是偏远地区的地方政府通常财力支撑相对较弱，人才队伍建设情况相对较差，导致这些地方政府的建设情况无法与大都市区域的地方政府建设情况相比，这种不平衡现象导致不同地方政府展开数字政府治理过程中的基础坚实程度存在差异，在一定程度上催生数字政府治理过程中的不平衡问题。

（二）不同群体的现代化能力、现代化速度明显不平衡

不同群体的条件、能力等存在差异，这种不平衡在现代化过程中表现为不同群体的现代化能力、现代化速度不平衡。如：与中青年相比，老年人的受教育水平相对较低，运用智能设备的能力也相对较弱，因而较难在数字时代快速实现现代化，由此，很多老年人难以在日本数字政府治理过程中明显获益，与中青年之间出现了数字政府治理过程中受益程度不平衡问题。现代化能力及速度的不平衡不仅存在于不同年龄段的群体之中，也存在于受教育程度不同、经济条件不同、所处地域不同、所从事职业不同等的群体之中，如：某些群体的受教育条件较好，拥有快速掌握某些数字技术的能力；某些群体的经济条件相对较好，能够拥有较好的上网条件；某些群体身处网络建设条件较好的地区，能够便捷地接触网络；某些群体从事的职业高度依赖于互联网，因而相对熟悉网络的运行及革新等。这些群体在数字时代的现代化能力因而较强，现代化速度也就较快，由此形成与其他群体之间的不平衡现象，这种不平衡现象在一定程度上催生我国数字政府治理过程中不同群体受益程度不平衡问题。与我国相比，日本这一

领域的不平衡程度相对较小，其在这一环境中取得的经验自然较难运用于我国的数字政府治理过程中。

（三）不同地方的经济发展水平明显不平衡

与我国这样的大国相比，日本不同地方的经济发展水平差异相对较小，如：京都地区的经济发展水平高于北海道大部分地方，这些地方之间的经济发展水平不平衡程度，明显小于我国东部诸多地区与西部很多地区之间的经济发展水平不平衡程度。我国不同地方的经济发展水平明显不平衡，这种不平衡对我国借鉴日本数字政府治理经验产生不可忽视的影响：不同地方的经济发展水平不平衡，意味着不同地方政府展开数字政府治理过程中能够获得的财力支撑存在差异、一些治理主体尤其是私营部门和公众的经济条件（对参与数字政府治理的能力存在明显影响）存在差异，导致不同地方政府展开数字政府治理过程中的基础明显不平衡，进而在一定程度上催生数字政府治理过程中的不平衡现象。日本在相对平衡的环境中取得的数字政府治理经验，自然难以适用于我国。

四、我国借鉴日本数字政府治理经验的途径

目前，我国的数字政府整体建设水平依然低于日本，因此有必要实施一些举措借鉴日本的数字政府治理经验，我国借鉴日本数字政府治理经验的途径有：实现借鉴经验与自主建设之间的相对平衡；准确把握相关经验并采取因地制宜策略；强化多元主体参与，助推主体之间实现相对平衡。分述如下：

（一）实现借鉴经验与自主建设之间的相对平衡

借鉴日本数字政府治理经验的过程中，中国各级政府必须在各级党委的领导下实现借鉴经验与自主建设之间的相对平衡。首先必须充分了解各地当前的数字政府治理情况尤其是数字政府治理过程中各种不平衡问题的程度大小，鉴于此准确判定借鉴日本数字政府治理相关经验的可能性及这些经验的适用性高低，并将这些经验与中国数字政府治理实践有效结合，实现数字政府治理水平的稳步提升。其次，必须重视借鉴经验、自主建设过程中的成本问题，保障收益大于成本。如果借鉴经验的成本较低，应该关注借鉴经验；如果自主建设的成本较低，则应该更多地着力于自主建设。

（二）准确把握相关经验并采取因地制宜策略

首先，在借鉴日本这方面的经验之前，必须透彻了解日本数字政府治理战略演进的真实含义，了解每一种数字政府治理战略的核心理念，如：

日本所实施的数字政府治理U战略，并非在所有政府部门实施平衡政策，而是将政府部门进行了划分，列出那些构建数字政府治理平台之后能够产生较大经济或社会效益的政府部门。在这些政府部门中投入较多人力、物力、财力，推进从E战略转向U战略的进程，对那些短期内无须显著强化数字政府治理平台建设的政府部门则区别对待，实质上是实施一种不平衡举措。准确把握相关经验能够保证中国在借鉴日本数字政府治理经验的过程中尽量避免失误，减少数字政府治理过程中的阻力，为采取因地制宜策略奠定坚实基础。其次，借鉴经验过程中实施因地制宜策略。日本数字政府治理不同经验在中国的可行性高低不同，同一经验在中国不同地方及不同领域的可行性高低也不同，因此必须准确分析中国各地的数字政府治理情况，判定各地适合借鉴日本数字政府治理过程中E战略、U战略、新IT改革战略、i战略或超智能社会（社会5.0）战略中的哪一种经验，而后各地根据自身情况借鉴相关经验，基于这种不平衡举措实现中国各地数字政府治理水平的提升。

（三）强化多元主体参与，助推主体之间实现相对平衡

日本数字政府治理经验表明：提升数字政府治理水平有赖于多元主体的有效参与；不同治理主体之间尚未实现与建设环境相符的相对平衡状态，是日本数字政府治理水平低于欧美一些国家的重要原因。鉴于此，中国在借鉴日本数字政府治理经验的过程中必须充分注意强化多元主体参与，助推主体之间实现相对平衡。具体举措如：借助宣传、培训等方法使多元主体了解数字政府治理战略且与政府展开良性互动；政府这一重要主体必须充分认识到多元主体有效参与数字政府治理过程的重要性，在此基础上愿意逐渐收缩边界；发挥社会精英及公共意见领袖的作用，先由数字政府治理专家向他们讲解多元主体参与数字政府治理的内涵及重要性等，再由他们向公众进行宣传、讲解；稳步强化公益部门、私营部门及公众等主体参与数字政府治理过程的能力。

结语

从"明治维新"及二战之后重新崛起过程中取得的经验，使"国家的持续发展有赖于改革的不断展开"成为日本各群体的共识，这一共识的存在是日本进入数字时代之后工业时代的诸多新事物沦为旧事物但未严重阻滞日本现代化进程的重要原因，如：日本政府在致力于技术革新的同时将逐渐滞后的产业转移到其他（尤其是东南亚）国家，这些举措的存在，为日本数字政府治理的展开创造了良好环境。日本数字政府治理战略演进经验在我国有一定程度的可行性。但值得注意的是：不同经验在我国的可行程度不同；同一经验在我国不同地方或不同部门的可行程度也不同；多数经验已经在我国某些地方有一定程度的践行。因此，我国数字政府治理过程中需要坚持因地制宜、合理借鉴原则，绝不能搞一刀切，不能盲目引进日本数字政府治理战略演进经验，不能不加鉴别地将这些经验直接应用于我国的数字政府治理战略演进过程之中，否则将导致对这些经验的借鉴无法取得预期的效果，甚至对我国推进数字政府治理进程形成阻滞。在借鉴这些经验之前，我国的政府部门有必要通过调研等方式准确了解各部门及各地数字政府治理现状。在此基础上，在不同部门、不同地方合理地借鉴适用于这些部门和地方的经验，待这些经验在这些部门和地方的应用取得成效之后，再逐渐加以推广。当然，仅仅依靠这几点是否足以保证成功地借鉴日本数字政府治理战略演进经验值得探讨，在借鉴中还应该注意哪些问题、采取哪些举措等值得学界进一步研究。

第五编

数字政府治理的前景及推进途径

马克思主义哲学三大规律是：对立统一规律（即矛盾规律），揭示事物发展的动力和源泉；量变质变规律，揭示事物变化的状态；否定之否定规律，揭示事物发展的方向和道路。在阐述数字政府治理的理论基础、治理结构与主体、实况、问题及成因、经验及借鉴等之后，可以在掌握这些情况的基础上，运用马克思主义哲学三大规律探究数字政府治理的前景及推进途径。宏观上来看，我国数字政府治理进程中出现的问题将不断得到解决，问题的总数量随之不断减少。我国的数字政府治理结构将进一步优化，各主体的边界尤其是作用将随着现实情况的变化不断调适。

在绝大部分研究中，推进途径必须与问题的成因（而非问题）对应，本书采用这种常规做法，提出的数字政府治理推进途径与本书前述问题成因逐一对应。提出数字政府治理的推进途径，根本目标是实现习近平总书记关于网络强国的重要思想中与数字政府治理直接相关的第三大方面内容："将数字政府治理领域的不平衡程度控制在适度范围内，防范或打破数字政府治理领域的'低水平锁定'状态，有效提升治理水平，惠及最广大群体。"其中十分重要的是解决数字政府治理过程中的总问题——不平衡。解决这一问题并非采用"在锁定高水平地区治理水平的前提下助推低水平地区发展"，而是要在助推高水平地区继续发展的前提下努力提升低水平地区的发展速度，以实现"将数字政府治理领域的不平衡程度控制在适度范围内"这一目标，最终实现数字政府治理整体水平的提升，使治理效能惠及最广大群体。

从数字政府治理的推进途径来看：优化治理环境、夯实治理基础是我国推进数字政府治理的第一条路径，这条路径由三个部分共同组成：优化数字政府治理环境，强化数字政府治理平台建设，夯实数字政府治理的经济基础。这条路径与数字政府治理过程中问题的第一条成因"治理环境与基础不良"直接对应。本质上是与习近平总书记关于网络强国的重要思想的第一大方面（宏观层面）内容"中央根据现实变化稳步优化正确的数字政府治理路线，在有效优化数字政府治理结构、整合多元主客体合力的基础上切实贯彻路线"直接对应，也与本书第二编、第三编中的诸多内容对应。

强化整体协同是我国推进数字政府治理的第二条路径，这条路径由三个部分共同组成：强化部门协同，激活政企协同，贯通线上协同。前两者主要致力于强化实体空间中的协同，第三项举措则致力于优化虚拟空间中的协同。这条路径与数字政府治理过程中问题的第二条成因"整体协同有待强化"直接对应。本质上与习近平总书记关于网络强国的重要思想的第一大方面（宏观层面）内容对应，也与本书第二编中各章的内容对应。

　　强化治理主体能力是我国推进数字政府治理的第三条路径，这条路径由三个部分共同组成：优化公务员选拔和管理制度；强化治理主体的责任意识、管理能力和信息素养；避免决策者在数字政府治理过程中"妄为致乱"。这条路径与数字政府治理过程中问题的第三条成因"主体治理能力有待强化"直接对应。本质上同样与习近平总书记关于网络强国的重要思想的第一大方面（宏观层面）内容，尤其是其中所述"有效优化数字政府治理结构、整合多元主客体合力"对应，也与本书第二编中各章的内容对应。

　　强化客体参与是我国推进数字政府治理的第四条路径，这条路径由三个部分共同组成：重点强化公众参与；关注多元主体的参与和监督；加强对参与适度化的研究并加以践行。这条路径与数字政府治理过程中问题的第四条成因"客体参与有待优化"直接对应。本质上同样与习近平总书记关于网络强国的重要思想的第一大方面（宏观层面）内容，尤其是其中所述"整合多元主客体合力"对应，也与本书第二编中私营部门和公众两章的内容呼应，以及与第三编所述数字政府治理现状、问题及成因等对应。

　　切实兼顾技术创新驱动和制度变革驱动是我国推进数字政府治理的第五条路径，这条路径由四个部分共同组成：完善规章制度，整合数字政府治理资源及流程；建立健全管理体制与考评机制；重点优化数字公共服务供给机制；优化资源分配机制，防止科层制僵化。这条路径与数字政府治理过程中问题的第五条成因"尚未有效兼顾双重驱动"直接对应。本质上同样与习近平总书记关于网络强国的重要思想的第二大方面（中观层面）内容，尤其是其中所述"在实体空间和虚拟空间中兼顾技术创新驱动与制度变革驱动，因需制宜地实施烈度适中的不平衡政策"对应，也与第三编所述数字政府治理现状、问题及成因等对应。

　　实施上述举措之后，才能够实现习近平总书记关于网络强国的重要思想中与数字政府治理直接相关的内容中第三大方面内容所述目标："将数字政府治理领域的不平衡程度控制在适度范围内，防范或打破数字政府治理领域的'低水平锁定'状态，有效提升治理水平，惠及最广大群体"。

第十七章　我国数字政府治理的前景

我国数字政府治理的演进动因主要是：中共中央、国务院的助推且在数字政府治理领域充分放权于地方；各级地方政府愿意借助数字政府治理提升治理水平及整体实力；各级地方政府愿意基于常规举措及自主创新推进数字政府治理进程。宏观上来看，我国数字政府治理进程中出现的问题将不断得到解决，问题的总数量随之不断减少。我国的数字政府治理结构将进一步优化，各主体的边界尤其是作用将随着现实情况的变化不断调适。

目前，在以习近平同志为核心的党中央领导下，我国各级政府正致力于构建社会主义现代化强国。习近平同志在二十大报告中强调："从现在起，中国共产党的中心任务就是团结带领全国各族人民全面建成社会主义现代化强国、实现第二个百年奋斗目标，以中国式现代化全面推进中华民族伟大复兴。"①实现这一目标可以分为两个阶段：第一，2020—2035年，2020年我国已经全面建成小康社会，在这一基础之上，再经过15年的奋斗，基本实现社会主义现代化；第二，2035年到21世纪中叶，在基本实现社会主义现代化的基础上，再经过15年的奋斗，将我国建设成为富强民主文明和谐美丽的社会主义现代化强国。推进数字政府治理进程对我国建设社会主义现代化强国至关重要——推进这一进程有助于提升政府的运行效能，也能够强化政府治理社会的能力。无论是从宏观上、具体领域抑或各地的情况来看，我国数字政府治理必将获得进一步发展，前景喜人。这些前景如习近平总书记关于网络强国的重要思想中与数字政府治理直接相关的第三大方面内容所示：网购能够将数字政府治理领域的不平衡程度控制在适度范围内，防范或打破数字政府治理领域的"低水平锁定"状态，有效提升治理水平，惠及最广大群体。

---

① 习近平：《高举中国特色社会主义伟大旗帜　为全面建设社会主义现代化国家而团结奋斗》，《人民日报》，2022-11-01（01）。

一、我国数字政府治理的演进动因与宏观前景

我国数字政府治理的演进动因有：中共中央、国务院的助推且在数字政府治理领域充分放权于地方；各级地方政府愿意借助数字政府治理提升治理水平及整体实力；各级地方政府愿意基于常规举措及自主创新推进数字政府治理进程。我国数字政府治理的宏观前景是：我国数字政府治理不可能与西方国家数字政府治理趋同；治理水平持续提升，问题不断减少；治理模式不断优化，"数字鸿沟"难以彻底消除。分述如下：

（一）我国数字政府治理的演进动因

1. 中共中央、国务院的助推且在数字政府治理领域充分放权于地方。近年，在中共中央领导下，国务院十分重视数字政府治理进程的推进，如：中共中央办公厅、国务院办公厅于2016年7月27日印发《国家信息化发展战略纲要》，国务院2016年12月15日印发并实施《"十三五"国家信息化规划》；2018年4月22—24日，在党中央、国务院的领导下，首届数字中国建设峰会在福州成功举办。中共中央、国务院对数字政府治理进程的助推使各级地方政府十分重视这一领域的建设，而且这些地方政府在实施数字政府治理举措之时拥有自主决定数字政府治理方式的权力，为各类切合地方实际的政策的制定及实施创造了有利条件，如：2018年8月1日，天津市76个银行营业网点"不动产登记一网通"服务点统一挂牌运营，实现不动产登记服务窗口向银行端延伸，是"不见面审批"的实践成果。①此类例证能够在我国诸多地方发现，实施这些切合地方实际的举措能够有效助推数字政府治理进程、提升数字政府治理水平。

2. 各级地方政府愿意借助数字政府治理提升治理水平及整体实力。中央政府助推数字政府治理进程之时并未采用强制命令这一方式，而是提出宏观规划，具体举措由各地基于实际情况制定并实施。在这一宏观环境之中，一些地方愿意借助数字政府治理提升治理水平及整体实力，如：2018年7月31日，江苏政务服务网无锡分厅镇（街）频道全面上线，39476项政务服务初步实现从查询到办理的"一网通办"。②类似举措还出现于江苏省常州市、云南省红河州等地的数字政府治理进程之中，其他地方政府也基于自身实际采取有效措施推进数字政府治理进程，助推了我国数字政府治理态势的演进。

---

① 《天津不动产登记实现全城通办》，《北京日报》，2018-08-03（12）。
② 无锡市人民政府：《我市"互联网+政务服务"全覆盖》，无锡市人民政府门户网站，2018-08-01。

3. 各级地方政府愿意基于常规举措及自主创新推进数字政府治理进程。各级地方政府推进数字政府治理进程时自主创新意愿的强弱必须适度：一味追求创新而不愿采取"普适举措"，数字政府治理进程难以得到推进；一味照搬其他地方的经验而不愿意进行创新，将无法真正寻获适合当地实际情况的数字政府治理举措。我国绝大部分地方政府推进数字政府治理进程之时自主创新意愿的强弱适度，既愿意采用"普适举措"也愿意展开创新以推进数字政府治理进程，如：重庆市经开区在构建常规政务服务平台的基础上致力于构建"智信经开"政务服务平台（集公共政务服务平台、政企互动平台、社会信用体系和智慧城市管理为一体多维立体综合性平台），[①]这一平台于2018年8月底上线运行，实现了常规举措与自主创新的有效结合。类似情况在我国诸多地方政府中均能够发现，在稳步推进各地数字政府治理进程的同时催生诸多切合地方实际的举措，有助于我国数字政府治理态势的持续演进。

（二）我国数字政府治理的宏观前景

1. 我国数字政府治理不可能与西方国家数字政府治理趋同。探究我国数字政府治理的宏观前景，首先必须明晰一点：我国数字政府治理不可能与西方国家数字政府治理趋同。目前，西方国家的数字政府治理已经出现锁定风险，即锁定于低速增长、不平衡问题明显的状态。如果我国数字政府治理与西方国家数字政府治理趋同，也将呈现这些状态，这对党和政府、全国人民而言是一个悲剧。可喜的是数字政府治理过程中不会出现这种趋同，关键原因是：

从宏观层面来看，数字政府治理是我国实现现代化目标的重要途径。习近平总书记在党的二十大报告中指出："中国式现代化，是中国共产党领导的社会主义现代化，既有各国现代化的共同特征，更有基于自己国情的中国特色。"[②]与这一内容相对应，我国的数字政府治理坚持中国共产党领导、坚持中国特色社会主义、坚持习近平总书记关于网络强国的重要思想的指导，与我国的国情相符。这与习近平总书记关于网络强国的重要思想第一方面（宏观层面）内容中的"中央根据现实变化稳步优化正确的数字政府治理路线"直接相关。西方国家推进数字政府治理过程中，执政党常常变更，因而治理理念、治理政策等常常随之变更，这些情况与

---

① 杜开舟：《"智信经开"政务服务平台即将上线》，重庆经济技术开发区网站，2018-08-15。

② 习近平：《高举中国特色社会主义伟大旗帜　为全面建设社会主义现代化国家而团结奋斗》，《人民日报》，2022-11-01（01）。

我国数字政府治理明显不同，这种差异是两种数字政府治理不会趋同的重要原因。

具体从理论基础来看，我国的数字政府治理与西方国家数字政府治理的理论基础不同：我国数字政府治理是在习近平总书记关于网络强国的重要思想指导下展开，西方国家数字政府治理是在数字时代治理理论明显影响下推进，这两个思想、理论的核心理念以及很大因素存在明显差异，这种差异，是能够在研究习近平总书记关于网络强国的重要思想、我国数字政府治理实践并扬弃数字时代治理理论"浪潮观"的基础上提出数字时代治理"第三波浪潮"理论的重要原因。我国数字政府治理能够在中国共产党领导下不断消除"低水平锁定"风险，有效解决不平衡问题，因而不可能与西方国家数字政府治理趋同。

2. 治理水平持续提升，问题不断减少。在习近平总书记关于网络强国的重要思想指导下，以数字、网络以及智能化为核心的各种应用技术在我国的应用，将不断推动经济社会发展和政府治理模式创新进步。目前，我国的数字政府治理进程在快速推进，如：早在2018年6月11日，由人民日报打造的移动新媒体聚合平台"人民号"上线，诸多党政机关入驻为我国数字政府治理水平的提升创造了条件。被称为"互联网女皇"的投资银行家玛丽·米克尔（Mary Meeker）在公布的《互联网趋势》（2018）中深度分析了中国互联网市场的变化和竞争后指出：中国正在成为全球互联网巨头中心，与美国之间的差距进一步缩小、不平衡程度进一步降低。

从宏观上来看，随着我国数字政府治理进程的推进，数字政府治理问题将不断得到解决，问题的总数量随之不断减少，尤其是我国在推进数字政府治理的过程中会更加注意实现公平与效率的动态相对平衡。值得注意的是：①不同时期所遇不同问题的破解难度不一，决定了同一个数字政府治理主体在不同时期解决问题的效能存在差异。②不同地方的数字政府治理进程存在差异，决定了同一类问题会在不同时间出现于不同地方。③不同地方推进数字政府治理的能力存在差异，决定了不同地方的数字政府治理主体解决同一类问题的效能会存在差异。④不同地方的数字政府治理水平存在差异，决定了同一时期不同地方的数字政府治理主体所面临的问题存在差异。⑤随着我国数字政府治理进程的较快推进，问题不断被解决，但新问题极有可能随之出现，可喜的是从宏观上来看问题总数量会不断减少。

3. 治理模式不断优化，"数字鸿沟"难以彻底消除。从我国数字政府治理现状来看：各级党委及政府都十分重视推进数字政府治理进程；中共中央、国务院所制定政策的可"调适度"高；数字政府治理过程中，多元参与结构及状态较好；数字政府治理客体能够对主体施加适度影响；数字政府治理的主客体在受到西方实践经验及相关理论影响时能够取其精华、去其糟粕。基于这些情况及我国数字政府治理态势的演进规律能够推断出：数字政府治理目前一些"模式"的特色不断淡化（被诸多地方模仿），中共中央、国务院不断完善统一的模式，但绝非以某一种模式扩展到全国；展开数字政府治理进程的地方政府数量将不断增多，实现省、市、县三级政务大厅全覆盖的省区数量持续增多；从数字政府治理的参与机制来看，公益部门、私营部门和公众将更多地参与到数字政府治理进程之中，多元主体之间的不平衡程度会进一步降低，多元参与机制日益成为一种常态化存在。

具体到公众这一主体来看，非网民出现于工业时代向数字时代演进的过程中，这一群体的数量会随着数字时代的演进而逐渐下降，实质上即非网民这一群体有效推进自身的现代化，最终实现与数字时代宏观环境的相互适应。这意味着我国绝大部分成年人将随着时代演进成为网民，由此数字政府治理能够在绝大部分公众中实现公共服务均等化。即：推进数字时代现代化进程的过程中必然出现"数字鸿沟"，人类社会完全进入数字时代之后，旧"数字鸿沟"会在极大程度上消除，最终仅存在于无法使用智能设备的婴幼儿与其他群体之间。与旧"数字鸿沟"相比，新型"数字鸿沟"的消除速度较为缓慢，这一情况主要归因于：不同职业之间的明显差异会长期存在，如与从事脑力劳动的群体相比，从事体力劳动的群体在数字时代的现代化水平长期较低，由此长期存在低水平网民与高水平网民，这两大群体之间的新型"数字鸿沟"、不同群体之间的不平衡问题也就长期存在。

二、我国数字政府治理结构与各主体的发展趋向

我国的数字政府治理结构将进一步优化，各主体的边界尤其是作用将随着现实情况的变化不断调适。分述如下：

（一）数字政府治理结构的演进趋向

系统权变组织理论认为：环境因素和组织内部的很多因素对组织的运作效能具有重要影响；组织由诸多次级系统共同构成，这些系统具有开放性和整体性，它与环境超系统之间具有明确的界限，但能够时时与环境超系统之间进行能源、材料和信息的交换，执行着环境超系统所赋予的某种

职能，并对环境超系统产生某种影响；①当环境的动态性越明显之时，组织内部的结构就会越复杂，而且更加需要强化组织的适应性；组织内部存在目标和价值分系统，其目标体现着组织的基本价值观念②。系统权变组织理论用图17-1来表示组织系统。

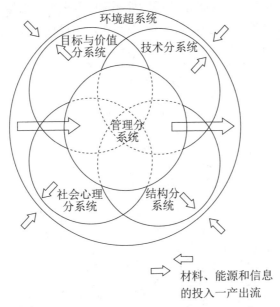

图 17-1　系统权变组织理论的组织系统图③

　　如图17-1所示：组织系统由目标与价值分系统、技术分系统、管理分系统、社会心理分系统、结构分系统等共同构成，其与环境超系统存在材料、能源和信息的交换。

　　数字政府治理结构的发展趋向是构建一种结构与系统权变组织理论所述组织结构相似的系统：以党组织、政府部门、公益部门、私营部门和公众个体为次级系统的"生态有机体"，环境以及组织内部各次级系统的情况均会对这一系统的效能（即数字政府治理效能）产生影响；这一系统内部明显呈现不平衡状态：以党组织为核心，政府部门、公益部门、私营部门和公众这四个次级系统的地位低于党组织，党组织在整个系统之中发挥指导作用，数字政府治理的具体操作由其他四个次级系统完成；负责数字

---

① 王少泉：《系统权变视域下数字政府治理结构演进分析》，《中共福建省委党校学报》2018年第1期。
② 竺乾威：《公共行政理论》，上海：复旦大学出版社，2008，第316页。
③ 〔美〕弗里蒙特·E.卡斯特、〔美〕詹姆斯·E.罗森茨韦克：《组织与管理——系统方法与权变方法》，北京：中国社会科学出版社，1985，第5页。

政府治理过程中具体操作的四个次级系统之中，政府部门的地位最高，其后依次是公益部门、私营部门和公众；五个次级系统共同组成数字政府治理系统，这一系统的整体性十分明显，而且这一系统具有明显的开放性，表现于数字政府治理过程中各次级系统及整体系统都十分关注政民互动及公共服务的供给等；数字政府治理所处环境的复杂性日益增强，数字政府治理系统的复杂性也随之增强，这一系统在运作过程中体现出我党的价值观。①这一系统的形态如图17-2所示：

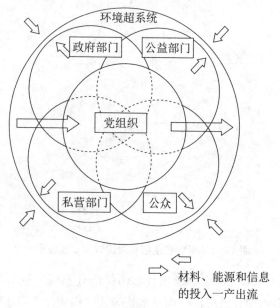

图 17-2　数字政府治理结构模型图

　　如图17-2所示，数字政府治理系统是一个由五个次级系统共同构成的整体：党组织、政府部门、公益部门、私营部门和公众。这些主体实际上共同构成一个勒洛金字塔形治理结构，上图是从金字塔顶端向下观察时看到的图像。从力学理论来看，金字塔形结构最为稳定，能够为数字政府治理提供良好支持。这一系统与环境超系统（外部环境）之间存在材料、能源和信息的交换。党组织不负责数字政府治理的具体操作，而是在系统中扮演指导者的角色。政府部门在系统中扮演主导者角色，公益部门、私营部门和公众则扮演参与者角色。

---

① 王少泉：《系统权变视域下数字政府治理结构演进分析》，《中共福建省委党校学报》2018年第1期。

（二）数字政府治理视域下数字党建的前景

从实践层面来看，数字党建会在基层党建工作中得到进一步发展完善，进一步证明习近平总书记关于网络强国的重要思想、数字时代治理理论能够运用于我党的基层党建之中，例如：重庆市江北区推进数字党建进程之时构建的"江北数字党建"大数据平台将得到进一步完善——干部考核、干部监督等领域的信息数据将实现互联互通；群众反映事项的处理情况将与基层党组织的考核挂钩；这一大数据平台将与纪委、宣传、政法、统战等信息系统实现互联互通。[①]采用信息技术提升党建效能的基层党组织实现党建效能的进一步提升之后，数字党建定能得到推广，相信不久的将来，这一党建形式将运用于我党更多基层党组织之中，也会逐渐运用于较高层次党组织建设过程之中。[②]

从理论层面来看，一种理念或一个视角被跨理论地运用之时，通常会出现一种全新的理论（尽管常常是一种次级理论），如：20世纪60年代和70年代，美国学者里格斯在高斯等研究者前期探索的基础上将生态学的理念引入行政学领域，生成行政生态学。中国学者及党建工作者将数字治理理念引入党建领域，催生数字党建这一党建新形式，这一党建形式在实践中不断完善并在这一基础之上实现理论层面的进一步创新，为学科进一步发展创造条件，有可能进而生成"数字党建学"。

（三）数字政府治理过程中政府边界演变趋向

一国推进现代化的过程中，制度完善速度不可能一直与现代化速度相同，前者慢于、等于或快于后者会催生政府的不同举措，这一情况表现在数字政府治理过程中是：制度完善速度会慢于、等于或快于数字政府治理的推进进程，从而引发政府采取不同政策以应对不同问题。

制度完善速度极难等于甚至快于现代化速度，那么，现代化过程中的"不稳定"就会一直存在吗？答案是否定的。新时代来临之初或重大转变出现之初，现代化速度会显得较快，而且这一时期是问题的集中呈现期，这一时期，制度完善速度通常表现得明显慢于现代化速度，当制度逐渐得到完善、诸多问题得到有效解决之后，问题的集中呈现期已经过去，现代化速度不再显得那么快，制度完善速度会表现得逐渐跟上现代化速度，现代性也就得到提升。

现代化进程的持续推进使多元主体参与数字政府治理已经成为一种不

①　《重庆建成首个智能党建大数据平台》，重庆市政府网，2018-02-19。
②　王少泉：《数字党建：理论渊源与现实推进》，《湖北行政学院学报》2019年第6期。

可逆转的宏观态势，①这种宏观态势的存在是政府边界继续收缩的基础。多元主体参与数字政府治理并不意味着政府在数字政府治理过程中的作用会一直下降，政府以前是、现在是、未来也会是数字政府治理过程中的最重要主体，这一主导作用的存在是一国在现代化过程中不断强化现代性的根本保障。因此，从宏观发展趋向来看：第一，政府边界倒U型演变会继续，即政府边界的继续收缩是一种宏观态势；第二，政府边界的收缩绝不会永远存在，即政府边界绝不会无限收缩；第三，政府边界也绝不会稳定为水平线，而会随着现实情况的变化而小幅度变化（扩张或收缩）。从微观上来看，政府边界倒U型演变最终将生成执政党领导下的政府部门、公益部门、私营部门及公众等多元主体协同参与的数字政府治理结构，这一治理结构的生成可以全面降低某一主体在数字政府治理过程中处于主导地位并对其他主体甚至数字政府治理客体的正当利益形成危害的可能性。②

（四）数字政府治理过程中公益部门参与的趋向

数字政府治理中公益部门参与机制的发展趋向与数字政府治理主体的发展趋向直接相关。整体而言，数字政府治理主体的发展趋向是构建一种能够催生动态相对平衡状态的组织：第一，以党组织、政府部门、公益部门、私营部门和公众个体为次级系统的"生态有机体"，环境以及组织内部各次级系统的情况均会对这一组织的效能（即数字政府治理效能）产生影响；第二，这一组织以党组织为核心，政府部门、公益部门、私营部门和公众这四个次级系统的地位低于党组织，党组织在整个系统之中发挥指导作用，数字政府治理的具体操作由其他四个次级系统完成；第三，负责数字政府治理过程中具体操作的四个次级系统之中，政府部门的地位最高，其后依次是公益部门、私营部门和公众；第四，五个次级系统共同组成数字政府治理主体，这一主体是一个整体性十分明显的组织，而且这一主体具有明显的开放性，表现于数字政府治理过程中各次级系统及整体系统都十分关注政民互动及公共服务的供给等；第五，数字政府治理所处环境的复杂性日益增强，数字政府治理主体所组成组织的复杂性也随之增强，这一组织在运作过程中体现出党的价值观。

从数字政府治理主体的发展趋向可以看出数字政府治理中公益部门参与机制的发展趋向主要是：第一，公益部门与党组织、政府部门、私营

---

① Anttiroiko, Ari Veikko, and Mälkiä, Matti. "Encyclopedia of Digital Government."*IGI Publishing*, 2006.

② 王少泉：《数字时代政府边界的倒U型演变——基于不平衡治理视角》，《新余学院学报》2021年第4期。

部门和公众共同组成数字政府治理系统，[1]其参与机制随之得到构建和强化，不同主体之间的平衡程度也得到提升；第二，数字政府治理系统实际上是一种呈现不平衡状态的金字塔形治理系统，公益部门必须处于党组织的指导之下，其参与机制的构建及完善也必须在党组织的指导下完成；第三，数字政府治理中公益部门参与机制会在未来一段时间内得到较快完善，但这一参与机制的发展会遇到一个"顶板"——公益部门在数字政府治理过程中的重要性低于政府部门，其参与机制不可能发展成为主导机制，即不平衡状态会永远存在于数字政府治理过程中；第四，数字政府治理中公益部门参与机制的发展会与数字政府治理系统整体性的强化同步进行，公益部门的开放性也会在这一参与机制的发展过程中得到强化；第五，数字政府治理所处环境的强化会使公益部门参与机制不断复杂化，从单一渠道、单一方式的参与演进为多种渠道、多种方式的参与。

整体而言，数字政府治理中公益部门参与机制的发展趋向是：使公益部门成为数字政府治理系统的重要组成部分、提升与其他主体之间的平衡程度，并强化这一系统中公益部门的开放性和复杂性，在数字政府治理进程中为公益部门提供多种渠道、多种方式的参与，但这一参与机制不会发展成为数字政府治理主导机制。

（五）数字政府治理过程中私营部门参与的趋向

数字政府治理中公益部门参与机制的发展趋向与数字政府治理主体的发展趋向直接相关。整体而言，数字政府治理主体的发展趋向是构建一种明显具有不平衡特征的金字塔形结构的组织：以党组织、政府部门、公益部门、私营部门和公众个体为次级系统的"生态有机体"，[2]环境以及组织内部各次级系统的情况均会对这一组织的效能（即数字政府治理效能）产生影响。

基于数字政府治理主体的发展趋向可以推断出私营部门参与数字政府治理的发展趋向：第一，尽管数字政府治理过程中不同主体的地位和作用等明显不平衡，但私营部门与党组织、政府部门、公益部门和公众共同组成数字政府治理系统，其参与机制随之得到构建和强化；第二，在数字政府治理系统的运作过程中，私营部门在党组织的指导之下积极参与这一过程，处于不平衡治理结构中的弱势一方；第三，数字政府治理中私营部

---

[1] Anttiroiko, Ari Veikko, and Mälkiä, Matti. *Encyclopedia of Digital Government.* IGI Publishing, 2006.

[2] Anttiroiko, Ari Veikko, and Mälkiä, Matti. *Encyclopedia of Digital Government.* IGI Publishing, 2006.

门参与机制会在未来一段时间内得到较快完善，但这一参与机制的发展会遇到一个"顶板"——私营部门在数字政府治理过程中的重要性低于政府部门，这种重要性甚至会低于公益部门，其不可能成为数字政府治理过程中的最重要主体，即不平衡将是一种永远存在的状态；第四，数字政府治理中私营部门参与机制的发展会与数字政府治理系统整体性的强化同步进行，私营部门的开放性也会在其参与进程的推进过程中得到提升；第五，数字政府治理所处环境的强化会使私营部门的参与不断复杂化，从单一渠道、单一方式的参与演进为多种渠道、多种方式的参与。

整体而言，数字政府治理中私营部门参与机制的发展趋向是：使私营部门成为数字政府治理系统的重要组成部分，并强化明显具有不平衡特征的金字塔形结构中私营部门的开放性和复杂性，在数字政府治理进程中为私营部门提供多种渠道、多种方式的参与，但其不会成为数字政府治理过程中的最重要主体。[①]

（六）数字政府治理过程中非网民的演变趋向

整体而言，非网民占比将随着数字时代经济现代化进程的推进继续下降。数字时代经济现代化进程启动之初，我国的数字时代经济现代化水平相对较低、现代性相对较弱，非网民总数量较大；数字时代经济现代化得到有效推进之后，我国的数字时代经济现代化水平得到明显提升、现代性显著增强，非网民总数量明显减少、占比不断下降，大量非网民成为网民之后开始助力数字时代经济现代化进程。一些因素能够促进非网民演变为网民，进而助推经济现代化进程，我国将采取诸多举措降低非网民数量，具体举措如：提供免费上网培训指导；提供可以无障碍使用的上网设备；减少上网费用；帮助非网民增加收入。[②]除此之外，促使非网民明晰：上网能够方便与家人或家属沟通联系、方便获取专业信息、方便购买商品等。这些举措大部分与经济现代化密切相关，实施这些举措有助于我国非网民的持续减少、非网民占比继续下降。

非网民出现于数字时代的现代化过程中，将在这种现代化达到一定水平之后围绕一个极小值（由年龄太小而无法上网的人口总数决定）上下波动，非网民这一群体将有效推进自身的现代化、强化自身的现代性，最终与数字时代塑造的新环境相互适应。这一过程中，我国各省市区的人均

---

① 王少泉：《私营部门参与数字政府治理的困境及破解之策》，《湖北行政学院学报》2018年第1期。
② Munyoka, Willard. "Factors influencing digital government adoption in Zimbabwe." (2019 Open Innovations, 2019).

GDP和城镇化水平将进一步上升、文盲率将进一步下降，这些情况是数字时代经济现代化进程得到有效推进的展现，必然促使我国非网民数量不断向极小值靠近。

整体而言，从发展趋向来看，随着数字时代经济现代化进程的继续推进，我国人均GDP和城镇化水平将进一步上升、文盲率将进一步下降，不同群体之间的不平衡程度会逐渐下降，宏观上表现为各种群体的经济现代化水平将进一步提升、现代性会进一步增强，非网民这一群体会在历史时空中持续变小，其中很多成员将成为数字时代经济现代化的重要助推者。由此可以得出这一论断"非网民是数字时代经济现代化过程中生于经济现代化、亡于经济现代性的群体"。

结语

从我国数字政府治理现状来看：各级党委及政府都十分重视推进数字政府治理进程；中共中央、国务院所制定政策的"可调适度"高；数字政府治理过程中，多元参与结构及状态较好；数字政府治理客体能够对主体施加适度影响；数字政府治理的主客体在受到西方实践经验及相关理论影响时能够取其精华、去其糟粕。基于这些情况及我国数字政府治理态势的演进规律能够推断出：我国的数字政府治理前景喜人，将获得稳步推进尤其是稳步减少这一领域中存在的不平衡问题，助推数字政府治理的理论和实践发展。

第十八章　优化数字政府治理的环境与基础

优化治理环境与基础的举措主要是，首先，优化数字政府治理环境：重点夯实一些重要城市的数字政府治理基础；关注强化数字政府治理客体的参与能力及积极性；数字政府治理具体领域适度展开政策倾斜。其次，强化数字政府治理平台建设：强化数字政府治理平台的基础设施和人才机制建设；强化数据库建设，提升数字政府治理平台实用性；加快数据资源拓展运用，强化数字政府治理平台便利性与安全性；提升线上线下治理平台融合程度。再次，夯实数字政府治理的经济基础：推进经济转型，助力数字政府治理；强化数字政府治理与数字经济之间的相互作用；推动实体经济和数字经济融合发展。

优化治理环境、夯实治理基础是我国推进数字政府治理的第一条路径，这条路径由三个部分共同组成：优化数字政府治理环境；强化数字政府治理平台建设；夯实数字政府治理的经济基础。这条路径与数字政府治理过程中问题的第一条成因"治理环境与基础不良"直接对应。本质上是与习近平总书记关于网络强国的重要思想的第一大方面（宏观层面）内容"中央根据现实变化稳步优化正确的数字政府治理路线，在有效优化数字政府治理结构、整合多元主客体合力的基础上切实贯彻路线"直接对应，也与本书第二编、第三编中的诸多内容对应。且在一定程度上借鉴了第四编中所述美国数字政府治理的亮点"注重法制化建设、构建数字政府治理的完备管理体制及良好运营模式"。与《国务院关于加强数字政府建设的指导意见》（2022年6月23日）的基本政策"构建数字政府全方位安全保障体系；以数字政府建设全面引领驱动数字化发展"等密切相关。这条路径是"优化数字政府治理环境；强化数字政府治理平台建设；夯实数字政府治理的经济基础"每个部分分别包含一些具体举措，分述如下：

一、优化数字政府治理环境

优化数字政府治理环境包含以下内容：重点夯实一些重要城市的数字政府治理基础；关注强化数字政府治理客体的参与能力及积极性；数字政府治理具体领域适度展开政策倾斜。分述如下：

（一）重点夯实一些重要城市的数字政府治理基础

重点夯实一些重要城市的数字政府治理基础有助于优化数字政府治理的整体环境，宏观上来看需要夯实我国一些重要城市的数字政府治理基础。第一，理念基础：将全面整合管理理念纳入数字政府治理领域。首先必须让数字政府治理过程中的管理者系统学习全面整合管理的知识。第二，技术及法律基础：开发运用数字政府治理的相关信息技术并完善法律体系。因此，为了在数字政府治理过程中构建全面整合管理体系，必须大力推进信息技术的开发运用并对相关法律法规进行修改。要尽快制定针对数字政府治理的法律法规，为在数字政府治理领域内全面整合管理体系的构建奠定法律基础。第三，资源基础：为数字政府治理进程的推进提供充分资源支持。数字政府治理进程的推进需要物质资源和财政资源的支持。

具体举措如：首先，对一些重要城市实施明显具有不平衡色彩的倾斜性政策，强化对这些城市的财政支持、人才支持和数字技术支持等，在这些城市中形成极化效应。基于倾斜性政策：优化数字政府的硬件设施建设和软件设施建设；用先进的数字技术提升"社交网络"效能，强化公共信息的开放性；[1]有效整合基础设施、简化网络，在有效降低过程成本、节约财政资金的同时更好地提供数字公共服务。其次，强化重要城市之间的合作，在增强扩散效应的基础上加快"梯度转移"速度。适度放权，使重要城市之间能够有效构建"法约尔跳板"，创造生成扩散效应的条件；革新相关法律法规、政策和机制等，强化重要城市之间的有效协同，加快"梯度转移"速度。再次，提升某些重要城市领导者对数字政府治理的重视程度。这一目标主要通过强化对这些领导者的培训、教育来实现，尤其要使这些领导者重视：继续整合职能相近的部门，集中部门资源尤其是人才资源夯实数字政府治理基础，提升这些部门在数字政府治理过程中的领导力；促进私营部门和公众等多元主体参与提供数字公共服务。

（二）关注强化数字政府治理客体的参与能力及积极性

推进数字政府治理进程的过程中必须关注和强化治理客体的参与能力及积极性，[2]助力降低主客体之间的不平衡程度，具体举措有：第一，重新整合。继续整合职能相近的部门，集中部门资源尤其是人才资源夯实数字政府治理基础，提升这些部门在数字政府治理过程中的领导力；促进多

---

① 　王少泉：《大数据发展水平的影响因素与我国区域差异化发展》，《东南学术》2020年第6期。

② 　Munyoka, Willard. "Factors influencing digital government adoption in Zimbabwe." (2019 Open Innovations, 2019).

元主体参与提供数字公共服务；有效整合基础设施、简化网络，在有效降低过程成本、节约财政资金的同时更好地提供数字公共服务。第二，整体主义。推进数字政府治理的过程中：强化信息的获取和分析，并基于这种分析准确判定数字政府治理客体需求；进一步提升社会保障系统的效能。在确定治理客体需求的基础上革新组织；优化治理流程和服务流程，强化公众监督和政府开放性；强化对"非网民"的教育和帮助，逐渐消除传统"数字鸿沟"，强化群众对数字政府治理的支持。第三，数字化与政策支持。减少中间层；准确划分客体并判定其需求；使所有联系和交易实现在线；构建"政府云"；优化数字公共服务的发展环境；用先进的数字技术提升"社交网络"效能；强化公共信息的开放性。[①]进一步优化数字政府治理的相关政策，其中财政政策和人才政策显得十分重要，在备足财政支持和人才支持的基础上，各地才能够更为有效地提升数字政府治理水平、降低不同地方之间的不平衡程度。

（三）数字政府治理具体领域适度展开政策倾斜

各级政府有必要在制定和实施政策过程中适度向数字政府治理倾斜，借助这些具有不平衡色彩的政策有效助推数字政府治理水平提升，实现省际平衡，由此才有希望在数字政府治理领域助力破解"胡焕庸线"难题。

1. 顶层设计与基础设施建设的强化。①根据实际制定顶层规划方案。重视顶层设计，统筹规划，从各地数字政府治理的整体现状入手，具体分析各地行政服务中心的建设现状及存在的问题，在进行充分的调研后，确认重点问题、规划思路和建设方案，切实按照"一城一策"创建数字政府治理的规划方案。②数字政府治理过程中强化协同效能。数字政府治理进程的推进涉及多个主体、诸多单位，需要这些主体、单位协同推进。③夯实数字政府治理的基础设施建设。[②]在现有的电子政务内、外网，政务信息平台的各类资源基础上，充分发挥电信等通信私营部门和广播电视运营私营部门的媒体作用，整合基础网络设施建设，有效强化信息基础设施建设水平，为数字政府治理进程的推进奠定坚实基础。

2. 法律法规的完善与网络安全监管的强化。①按照十九大关于深化推进体制改革的总体要求，优化数字政府治理的宏观环境。进一步改革不

---

① 王少泉：《大数据发展水平的影响因素与我国区域差异化发展》，《东南学术》2020年第6期。

② Mciver, William J., and A. K. Elmagarmid. "Advances in Digital Government."*Advances in Database Systems*, 2002 (26).

符合数字政府治理理念的各种规定，积极开展电子证照、签章、公文等新事物在数字政府治理过程中的应用试点，确定这些新事物的法律地位，抓紧对信息数据流动和利用的监管进行立法，保障群众的信息安全，提高对国家、商业、个人隐私和知识产权的保护力度。①②高度重视政府网站、审批业务系统、公共服务平台等与群众信息安全密切相关的网络系统，加强网络安全监管，特别是部门之间数据信息的采集、更新、共享以及群众信息安全保障，保证网络系统的安全、有效、可靠运行。加强技术保障和监测预警，积极构建网站安全技术防护体系，及时防范和应对意外事故和恶意攻击行为。

3．财政、人才和研究领域成效的强化。①有必要加大数字政府治理领域的财政投入，为这一领域诸多建设的有效展开提供强有力的财政支持，在数字政府治理过程中催生新的增长极。②应该进一步优化数字政府人才政策，为这一领域的人才提供良好的经济条件和发展条件等，在留住人才的基础上用好人才，使数字政府人才在良好的环境中切实发挥才能，有效助推数字政府治理进程。③为数字政府领域的研究提供良好条件，尤其是强化这一领域相关研究的资金支持，并有效强化研究机构、研究人员之间的协作，形成极化效应，在习近平总书记关于网络强国的重要思想的指导下有效推进数字政府治理研究。

4．加大宣传推广力度，提高数字政府治理的知名度，并解决"线上线下结合得不够紧密"的问题。加大社会化宣传，充分利用电视、广播、网络等新闻媒体刊播广告，②在门户网站、微信、新媒体等媒介上，实时更新关于数字政府治理的相关新闻，逐渐铺开和推广数字治理的新方式，提高数字政府治理的知名度。加强资源整合，鼓励改革过程中得到优化的数字政府治理平台立足自身服务功能、开发特色项目。同时，通过数字政府治理平台定期发布"项目菜单"，为数字治理客体参与数字政府治理提供选择。

二、强化数字政府治理平台建设

我国的数字政府治理基于数字政府治理平台展开，因此强化数字政府治理平台建设是夯实数字政府治理基础的重要内容，此举有助于解决数字

---

① 王少泉：《新时代"数字政府"改革的机理及趋向——基于广东的实践》，《地方治理研究》2020年第3期。

② Mciver, William J., and A. K. Elmagarmid."Advances in Digital Government."*Advances in Database Systems*, 2002 (26).

政府治理过程中的供需不平衡问题，主要举措是：强化数字政府治理平台的基础设施和人才机制建设；强化数据库建设，提升数字政府治理平台实用性；加快数据资源拓展运用，强化数字政府治理平台便利性与安全性；提升线上线下治理平台融合程度。分述如下：

（一）强化数字政府治理平台的基础设施和人才机制建设

基础设施是数字政府治理平台的根本依托，推进数字政府治理平台构建进程必须加快高速、移动、安全、泛在的数字基础设施建设，催生万物互联、人机交互、天地一体的网络空间。[①]首先，要加快建设新一代网络基础设施，大力推进物联网、全光网络、5G无线网络、内容分发网络等基础设施建设；其次，要统筹建设云计算基础设施，推进云计算中心、超级计算中心建设；再次，要完善数字政府治理平台体系，加快建设政务数据汇聚共享、公共信息资源开放、大数据开发等数字政府治理平台，构建省市两级平台、省市县乡村五级服务的信息应用支撑体系，形成信息共享、流程通畅、上下联动、纵横协作的信息系统一体化建设应用格局。强化人才机制建设能够有效助推数字政府治理平台的构建进程，具体举措如：建立并完善数字政府治理平台的人才管理机制和培养机制，使这些人才的培训常态化、制度化；完善人才引进政策，从高等院校毕业生中选择人才，充实到数字政府治理平台，以强化专业人才队伍建设。[②]

（二）强化数据库建设，提升数字政府治理平台实用性

一方面，构建统一的、实时动态更新的政务信息资源库，实现法人库、自然人库、信用库、电子证照库等数据库中各类数据的共享；完善数字治理平台以提升数据共享互动水平，全面部署并改造政务网络服务环境，修改完善数字治理平台及系统的功能，利用内网数据库和政务云数据库，全面打通部门信息壁垒，为数据对接提供平台支撑；建设和完善全息化虚拟大厅，进行服务区域、服务窗口、设备等对象的区域或点位的场景化分布展示，并与数据展示界面相关联，全方位展示数字政府治理的信息数据。首先，需要革新相关主体的理念，使其提升对"建设数据库、强化数据使用"的重视程度，降低不同主体在重视程度方面的不平衡程度，这一目标可以借助对相关主体的教育和培训等方式实现。其次，建设数据库和提升数据使用效能过程中，必须有效平衡不同地区、不同部门之间的财

① Mciver, William J., and A. K. Elmagarmid . "Advances in Digital Government."*Advances in Database Systems,* 2002 (26).
② 王少泉：《新时代我国数字政府治理平台建构分析》，《中共山西省直机关党校学报》2018年第4期。

政支持，借助相对平衡的财政支持，实现数据库建设效能和数据使用效能的相对平衡。再次，必须有效革新数据库建设方法和数据使用方法，降低这些方法与数字政府治理环境之间的不平衡程度。实施这些举措能够有效强化数字政府治理领域的扩散效应，强化梯度转移状态，助推不同地区之间实现数字政府治理水平相对平衡。

另一方面，开放共享有利于充分释放数据资源的经济价值和社会效益，提升数字政府治理平台实用性。因此必须有序、稳妥地推进政务数据与社会数据的融合开放，[①]形成治理主体和治理客体依托数字政府治理平台共同开发利用数据的格局。具体举措如：首先，加快各类数据整合汇聚，继续推进省直事业单位及市县政务部门数据中心整合工作，加快推进公共信息资源目录编制工作，以"共享开放为原则，不共享开放为例外"，明确数据的共享和开放属性，加快数据向数字政府治理平台进行汇聚的速度；其次，稳妥推进数据开放，各级政府部门和公共企事业单位须建立常态化工作机制，制定年度开放计划，依托数字政府治理平台依法有序推进数据开放，优先开放人民群众迫切需要、商业增值潜力显著的高价值数据集，以应用服务带动数据开发利用；再次，加快数据开发，充分利用互联网私营部门、运营商等社会数据，使之在数字政府治理平台中与政务数据进行融合，让数据在融合过程中释放更大能量，并鼓励互联网私营部门创业创新，基于开放数据开发出丰富多样、优质体验的信息应用服务。[②]

（三）加快数据资源拓展运用，强化数字政府治理平台便利性与安全性

必须统筹利用政府和社会数据资源，[③]借助数字政府治理平台便利性的强化不断提升各级政府的社会治理水平和改善民生水平。具体举措有：第一，依托数字政府治理平台运用大数据提升社会治理水平。在数字政府治理平台中加强大数据应急管理应用，实时汇集环境监测、公共安全、公共卫生、安全生产、交通运输、质量监督、气象等部门业务数据，不断提高对风险因素的感知、预测、防范能力。并强化政企合作、多方参与，

---

① Gottschalk, Petter. "Maturity levels for interoperability in digital government."*Government Information Quarterly*, 2009 (26.1):75-81.
② 王少泉：《新时代我国数字政府治理平台建构分析》，《中共山西省直机关党校学报》2018年第4期。
③ Gottschalk, Petter. "Maturity levels for interoperability in digital government."*Government Information Quarterly*, 2009 (26.1):75-81.

加快公共服务领域数据集中和共享，推进私营部门积累的社会数据在数字政府治理平台中进行对接，形成社会治理强大合力。第二，依托数字政府治理平台运用大数据促进保障和改善民生。在数字政府治理平台中优先开展社会保障、卫生医疗、教育培训、文化旅游、交通物流等领域大数据应用，通过大数据关联分析，提前感知治理客体的状况和需求，为治理客体提供个性化、主动化、精准化的服务。深入实施信息惠民工程，大力推进"互联网+政务服务"的建设进程，强化网上办事大厅等服务平台的效能。第三，完善政务大数据资源中心。①构建统一的、实时动态更新的政务信息资源库，实现法人库、自然人库、信用库、电子证照库等数据库中各类数据的共享。第四，完善平台功能实现数据共享互动。全面部署并改造政务网络服务环境，修改完善平台及系统的功能，利用内网数据库和政务云数据库，全面打通部门信息壁垒，为数据对接提供平台支撑。②推动更多事项集中到综合窗口，大力推进数据共享交换，实现信息跨部门、跨区域、跨行业的互通共享、校验核对，加快"一网通办"。第五，建设和完善大数据综合分析和决策管理平台。建设和完善全息化虚拟大厅，进行服务区域、服务窗口、设备等对象的区域或点位的场景化分布展示，并与数据展示界面相关联，全方位展示行政服务相关的信息数据，实时动态展示，方便群众实时了解大厅的服务情况。③

网络安全是国家安全的重要组成部分，在数字政府治理平台建构过程中必须加强关键信息基础设施安全保护，强化关键数据资源保护能力，不断增强数据安全预警和溯源能力。具体举措有：第一，健全数字政府治理平台的支撑体系。加快建设政务数据汇聚共享安全管控、公共信息资源开放安全管控、政务网络边界安全接入等公共平台建设，形成防篡改、防泄漏、防攻击的安全防护体系。健全数字政府治理平台安全保障机制，完善统一高效的网络安全风险报告机制、情报共享机制、研判处置机制，准确把握网络安全风险发生的规律、动向、趋势。第二，强化数字政府治理

---

① José Sérgio da Silva Cristóvam, L. B. Saikali, and T. P. D. Sousa. "Digital Government in the Implementation of Public Services for the Realization of Social Rights in Brazil."*Seqüência Estudos Jurídicos e Políticos*, 2020 (84):209-242.

② José Sérgio da Silva Cristóvam, L. B. Saikali, and T. P. D. Sousa. "Digital Government in the Implementation of Public Services for the Realization of Social Rights in Brazil."*Seqüência Estudos Jurídicos e Políticos*, 2020 (84):209-242.

③ 王少泉：《新时代我国数字政府治理平台建构分析》，《中共山西省直机关党校学报》2018年第4期。

平台运行管理。①在数字政府治理平台运行过程中落实网络安全责任制，完善网络安全标准，明确保护对象、保护层级、保护措施，全天候全方位感知网络安全态势。全面推广信息安全等级保护制度，加强重要领域系统防护和管理，加强定级、测评、整改和监督检查。第三，加强网络空间治理。加快建立网络空间管理法规政策，完善依法监管措施。依法追究利用互联网实施违法行为的法律责任，加大知识产权保护力度，提高侵权代价和违法成本。促进互联网行业自律，提升网络社会管理能力，为数字政府治理平台的运作创建清朗健康网络环境。

（四）提升线上线下治理平台融合程度

第一，以数字政府治理思维重新构建政务服务平台。进一步厘清数字政府治理各主体的权力、责任和负面清单，优化行政服务流程和管理体系，落实行政权力运行流程图、监督考核制度，②实现审批服务统一标准化、各部门政务协同化，推进线上与线下服务相结合的政务服务模式，有效强化网上办事大厅服务的广度、深度和质量，优化政务服务大平台。第二，合理规划和利用信息化资源。充分发挥云计算、互联网技术和移动互联网技术等先进技术手段，打破信息孤岛，实现跨部门、跨地区、跨层级的信息汇聚，在数据和资源等领域实现集中共享。强化网络与服务应用系统的耦合，推进线上服务与实体政务服务大厅服务的融合，进一步推动互联网应用的平衡发展，不断拓展完善互联网信息服务体系，提升数字政府治理客体参与数字政府治理的主动性。第三，完善"一号申请、一窗受理、一网通办"的建设。将"一号"申请作为数字政府治理的重要目标，助推数字政府治理系统中对电子证照库的运用，构建个人或私营部门全市统一的网上身份认证。第四，改革过程中进一步厘清数字治理各主体的权力、责任和负面清单，优化行政服务流程和管理体系，落实行政权力运行流程图、监督考核制度，实现审批服务统一标准化、各部门政务协同化，推进线上与线下服务相结合的政务服务模式，有效强化网上办事大厅服务的广度、深度和质量，优化政务服务大平台。第五，充分发挥云计算、互联网技术和移动互联网技术等先进技术手段，打破信息孤岛，实现跨部门、跨地区、跨层级的信息汇聚，在数据和资源等领域实现集中共享。强

---

①　Elmagarmid, A. K., and W. J. Mciver. "The ongoing march toward digital government." *Computer*, 2001 (34.2):32-38.

②　Araujo, Gleycianne Rodrigues, T. J. T. Avila, and B. B. B. Lanza. *Impacts of an articulation group for the development of the Digital Government in the Brazilian Subnational Government.* 2021: p21.

化网络与服务应用系统的耦合，推进线上服务与实体政务服务大厅服务的融合，进一步推动互联网应用的平衡发展，不断拓展完善互联网信息服务体系，提升数字治理客体参与数字治理的主动性。[①]

三、夯实数字政府治理的经济基础

夯实数字政府治理的经济基础的具体举措是：推进经济转型，助力数字政府治理；[②]强化数字政府治理与数字经济之间的相互作用；推动实体经济和数字经济融合发展。分述如下：

（一）推进经济转型，助力数字政府治理

推进经济转型并非是让工业经济和农业经济大部分甚至全部转型为数字经济，而是基于数字政府治理扩大数字经济在经济总量中的占比、使数字经济成为各地经济发展的最强推动力量，为各地进一步提升数字政府治理水平提供良好经济支撑，有效消除数字政府治理与经济发展的不平衡问题。

加快经济转型速度、助推数字政府治理进程的具体举措有：首先，革新治理主体的治理理念，使更多主体切实认识到"加快经济转型速度、助推数字政府治理进程"的重要性。在确定数字经济发展需求的基础上革新治理理念，有效获取和分析数字经济相关信息，以准确判定数字经济发展趋向，并在这一基础上有效助力数字政府治理进程。其次，强化对数字经济的政策支持，基于此有效强化数字政府治理过程中数字私营部门与政府部门之间的合作，以改变这两者之间的"二元"状态。在保障参与主体（主要是数字私营部门）能够明显获益的基础上促进这些主体参与发展数字经济；在数字私营部门已经发展起来的环境中逐渐收缩政府边界，强化数字私营部门在发展数字经济过程中的主动性；运用数字政府治理平台有效收集相关信息，构建"政府云"，基于此准确划分数字经济领域的客体并判定这些客体的需求，针对需求发展数字经济、强化政企合作。再次，提升政府中的整合程度和数字化程度，基于政府的极化效应实现对数字经济的扩散效应。继续整合经济管理职能相近的部门，夯实数字经济的发展基础；有效整合数字政府治理平台，为数字经济参与主体提供所需的数字公共服务；借助数字政府治理平台切实推进"放管服"改革，减少发展数

---

① 王少泉：《德国数字治理镜鉴下的中国国家治理现代化》，《重庆行政》2019年第6期。

② Elmagarmid, A. K., and W. J. Mciver. "The ongoing march toward digital government." *Computer*, 2001 (34.2):32-38.

字经济过程中的阻力；用先进的数字技术提升"社交网络"效能，并使所有联系和交易实现在线运行，优化数字经济的发展环境。①

必须注意的是：身处数字时代的各地借助数字政府治理全面助推经济转型、发展数字经济是必然之举，但并不意味着工业经济和农业经济并不重要，这些不同经济之间也须实现相对平衡——我国东部和中部诸多省市正在稳步推进产业迭代进程，一些私营部门向西部省份迁移，西部省区可以有选择地承接一些私营部门，强化经济实力，更为重要的是让大量原本需到东部和中部省市区寻找工作的技术工人能够在西部省市区内找到合适的工作岗位，有效降低了生活成本，强化这些人员的经济实力。这些举措的实施，能够助力消除西部省市区数字政府治理与经济发展这两者之间的不平衡状态。

（二）强化数字政府治理与数字经济的相互作用

强化数字政府治理与数字经济之间的相互作用益处颇多，如：增加财政收入，为强化互联网建设提供足够的资金；增加人民群众的经济实力，为智能设备的有效普及创造条件；助力良好人才待遇政策的实现，夯实数字政府治理的人才基础建设。整体而言，在数字时代，发展数字经济是最为高效的经济发展途径之一，能够有效强化数字政府治理的基础。夯实经济基础有助于：强化政务云平台建设，为市民提供多种服务渠道、线上线下关联组合的一站式、精细化公共服务，推进基本公共服务均等化；建设完整、实时、共享的信息资源库，构建综合管理服务平台，优化信息化公共服务体系建设。推进网格化服务管理信息平台和社区综合受理平台建设，实现数据一次采集、多部门使用，推动专业窗口向综合窗口转变、分别受理向集中受理转变。实施这些举措能够有效强化数字政府治理与数字经济之间的相互作用，增强数字政府治理、数字经济的扩散效应，强化梯度转移状态，助推不同城市之间实现相对平衡。

具体举措有：第一，重新整合。继续整合经济管理职能相近的部门，夯实数字经济的发展基础；革新相关法律法规、政策和机制等，强化内部协同性，在保障参与主体能够明显获益的基础上促进多元主体参与发展数字经济；有效整合数字政府治理平台，为数字经济参与主体提供所需的数字公共服务。第二，整体主义。有效获取和分析数字经济相关信息，基于此准确判定数字经济发展趋向；在确定数字经济发展需求的基础上革

---

① 王少泉：《大数据发展水平的影响因素与我国区域差异化发展》，《东南学术》2020年第6期。

新组织；①在多元主体已经发展起来的环境中逐渐收缩政府边界，在发展数字经济过程中实现党委和政府领导下的多元主体不平衡参与。②第三，数字化。借助数字政府治理平台切实推进"放管服"改革，减少发展数字经济过程中的阻力；③运用数字政府治理平台有效收集相关信息，构建"政府云"，基于此准确划分数字经济领域的客体并判定这些客体的需求，针对需求发展数字经济；用先进的数字技术提升"社交网络"效能，并使所有联系和交易实现在线运行，优化数字经济的发展环境。④

（三）推动实体经济和数字经济融合发展

必须坚持以供给侧结构性改革为主线，构建以数据为关键要素的数字经济，推动实体经济和数字经济融合发展，推动互联网、大数据、人工智能同实体经济深度融合，从而助推数字政府治理客体参与能力及参与积极性的强化。具体举措有：首先，加快制造业向数字化、网络化、智能化发展，大力发展以工业机器人为重点的制造装备产业，推广"数控一代"示范项目，加快"机器换工"，推动"机联网""厂联网"发展。鼓励发展基于互联网的众包设计、柔性制造、大规模定制、全生命周期服务型制造等新型生产模式，使数字政府治理客体的参与能力得到强化。其次，加快发展电子商务，推进传统外贸私营部门向跨境电商转型，打造一批特色货物网上专业市场，重点培育、整合一批面向全国、覆盖全产业链的行业垂直电商平台，借助利益驱动实现数字政府治理客体参与积极性的强化。再次，加快发展物联网产业，加强物联网关键技术攻关和核心产品研发，实施"物联网+"应用计划在车联网、船联网、智能家居、人体感知、智慧城市等领域开发规模化集成应用。⑤加快建设物联网产业基地及物联网支撑公共服务平台，打造千亿级物联网产业集群。推动软件业创新升级，大力发展互联网基础服务，加快发展移动互联网、工业控制系统、信息安

---

① Harrison, Teresa M., and L. F. Luna-Reyes. "Cultivating Trustworthy Artificial Intelligence in Digital Government."*Social Science Computer Review*, 2022 (40.2):494-511.

② 王少泉：《大数据发展水平的影响因素与我国区域差异化发展》，《东南学术》2020年第6期。

③ Hagen, Loni, T. M. Harrison, and M. Falling. "Contributions of Data Science to Digital Government Research: Contributions of Data Science to Digital Government Research." (DG. O'21: The 22nd Annual International Conference on Digital Government Research, 2021).

④ 王少泉：《大数据发展水平的影响因素与我国区域差异化发展》，《东南学术》2020年第6期。

⑤ Hagen, Loni, T. M. Harrison, and M. Falling. "Contributions of Data Science to Digital Government Research: Contributions of Data Science to Digital Government Research." (DG. O'21: The 22nd Annual International Conference on Digital Government Research, 2021).

全、集成电路设计以及应用软件等特色产业集群。为数字政府治理过程中有效强化客体参与能力和参与积极性奠定坚实基础。

结语

推进数字政府治理进程需要良好的环境与基础加以支撑，因此优化数字政府治理环境与基础是我国推进数字政府治理的第一条路径，这条路径由三个部分共同组成：优化数字政府治理环境；强化数字政府治理平台建设；夯实数字政府治理的经济基础。每一个部分都包含一些具体举措，有效实施这些举措能够稳步优化我国的数字政府治理环境与基础，助力数字政府治理水平的进一步上升。

第十九章　强化数字政府治理的整体协同

强化数字政府治理过程中整体协同的主要举措是，首先是强化部门协同：强化顶层设计与统一领导助推部门协同；强化部门协同机制建设；加强数字人才建设。其次是激活政企协同：强化对习近平总书记相关论述的研究；增强私营部门参与数字政府治理的能力；提升私营部门与政府之间的互动效能；优化政企协同的环境。再次是贯通线上协同：提高信息透明度，强化协商网络建设；强化线上协同的规范和机制建设；增强各主体的网络风险防御能力。前两者主要致力于强化实体空间中的协同，第三项举措则致力于优化虚拟空间中的协同。

强化整体协同是我国推进数字政府治理的第二条路径，这条路径由三个部分共同组成：强化部门协同；激活政企协同；贯通线上协同。前两者主要致力于强化实体空间中的协同，第三项举措则致力于优化虚拟空间中的协同。这条路径与第三编所述数字政府治理过程中问题的第二条成因"整体协同有待强化"直接对应。本质上与习近平总书记关于网络强国的重要思想的第一大方面（宏观层面）内容对应，也与本书第二编中各章的内容对应。且在一定程度上借鉴了第四编中所述英国数字政府治理的亮点"数字政府治理资源的整合，降低供需不平衡程度"。与《国务院关于加强数字政府建设的指导意见》（2022年6月23日）的第一项基本政策"构建协同高效的政府数字化履职能力体系"密切相关。

我国于2000年以"数字福建"建设项目为起点开启数字政府治理进程，经过20余年的建设，各地在数字政府治理这一领域取得明显成效。但同时也存在一些问题，如从不同维度来看存在的问题有：不同地区的数字政府治理水平明显不平衡；数字政府治理过程中不同主体的地位和作用明显不平衡；不同群体在数字政府治理过程中的受益程度明显不平衡。消除这些问题能够助力我国数字政府治理水平的进一步提升。

从理论层面来看，协同治理理论备受诸多国家的政府及学界重视，大量研究者倾向于将治理领域的成功案例归因于践行了协同治理理论，甚至将我国的数字政府治理成效也归因于此。实际上，我国数字政府治理取得明显成效的重要原因是践行了习近平总书记关于网络强国的重要思想尤其是其中的整体协同观。

国内外一些研究者认为我国推进数字政府治理过程中有效运用了协同治理理论，整体而言，这一理论倡导借助政府、公益部门、私营部门和公众等主体的有效参与提升治理水平。[①]具体而言，不同研究者对"协同治理"的界定存在一些差异，如：约翰·多纳休（John Donahue）等认为这种治理是指政府、公益部门、私营部门和公众等主体为了实现政府制定的共同目标而展开协同。[②]扎待克（Zadek）认为这种治理是指多元主体遵从共同制定的规则，在治理过程中有效展开合作，以有效应对治理过程中的挑战。[③]尽管在协同治理理论具体阐释方面存在一些差异，但不同研究者在协同治理方面存在一些共识：借助多元主体的有效协同推进治理进程；这一过程中必须制定共同的目标，并促使多元主体共同朝向这一目标努力。[④]表面上来看，我国在数字政府治理进程中践行了协同治理理论的诸多观点，实际上，我国在数字政府治理过程中践行的是习近平总书记关于网络强国的重要思想尤其是其中的整体协同观。

习近平总书记关于网络强国的重要思想展现的协同观比协同治理理论更加完备，这一重要思想关注数字政府治理过程中：不同层级政府之间的协同、不同地方之间的协同、不同政府之间的协同、数字政府治理主体之间的协同、数字政府治理主客体之间的协同、实体空间与虚拟空间之间的协同、不同国家之间的协同等。这些协同共同组成整体协同。这种整体协同既包括横向上的协同（如实体空间中不同地方之间的协同，虚拟空间中政务内网与政务外网之间的协同），也包括纵向上的协同（如不同层级政府之间的协同），还包括不同空间中的协同（如实体空间与虚拟空间之间的协同），并非协同治理理论所倡导的较为简单的协同。

我国尤其是一些省市的数字政府治理取得重大成就的重要原因之一是在展开这一建设的过程中较好地实现整体协同，中西部诸多省市区的数字政府治理水平相对较低（与东部省市之间明显呈现不平衡状态）很大程度上归因于未能有效实现整体协同，因此，以整体协同在我国构建数字政府新格局的重要着力点是强化整体协同。具体而言，以整体协同构建数字

①　孙萍、闫亭豫：《我国协同治理理论研究述评》，《理论月刊》2013年第3期。
②　Donahue, John D., and R. J. Zeckhauser. "Public-Private Collaboration." Oxford University Press. 2008: 496.
③　Zadek, Simon. "The Logic of Collaborative Governance and the Social Contract". Cambridge: Harvard University. 2006 (3).
④　田培杰：《协同治理概念考辨》，《上海大学学报（社会科学版）》2014年第1期。

政府新格局的最重要内容是：强化部门协同；激活政企协同；贯通线上协同。前两者主要致力于强化实体空间中的整体协同，第三项举措则致力于优化虚拟空间中的整体协同。

一、强化数字政府治理的部门协同

强化部门协同的重要目标是在数字政府治理过程中实现不同部门治理水平的相对平衡、各部门条件与贡献大小之间的相对平衡，具体举措是：强化顶层设计与统一领导助推部门协同；强化部门协同机制建设；加强数字人才建设。分述如下：

（一）强化顶层设计与统一领导助推部门协同

数字政府治理过程中强化部门协同首先必须关注这一过程中的顶层设计和统一领导，因此这方面的举措可以细分为"强化顶层设计"和"重视统一领导"两个方面，二者相互影响，共同作用于数字政府治理过程中的部门协同。分述如下：

1. 有效践行"强化顶层设计"的重要思想，全面总结并推广成功经验。数字政府治理的顶层设计科学与否，对数字政府治理过程中能否有效实现部门协同甚至能否快速推进建设进程具有重要影响。"数字福建"建设启动之初，习近平总书记就十分重视福建省数字政府治理过程中的顶层设计，他在福建省政府专题会议（2000年12月23日）上指出：推进福建省数字治理进程，必须集中力量、突出重点、整合资源、分项推进，促使福建省的数字政府治理水平得到显著提升。①在福建省九届人大四次会议（2001年2月7日）上，他再次对此加以强调。他指导编制的《"十五"数字福建专项规划》中部分内容进一步阐释了数字政府治理顶层设计的重要性。福建省各级政府有效践行这些重要思想，在数字政府治理过程中较好地实现了部门协同，助推数字政府治理水平的稳步提升。习近平同志担任总书记之后，福建省、浙江省和上海市数字政府治理过程中"强化顶层设计"以有效提升部门协同水平进而助推数字政府治理进程的成功经验被推广到我国很多地方，助推了我国数字政府治理整体水平的稳步提升。从我国各地尤其是福建省、浙江省、上海市的数字政府治理情况来看，数字政府治理过程中必须有效践行"强化顶层设计"重要思想、全面总结并推广成功经验，基于此才能够有效夯实部门协同的基础，为构建数字政府新格

---

① 中共福建省委：《福建省人民政府"数字福建"建设的重要启示》，《人民日报》，2018-04-20（01）。

局创造条件。

2. 全面总结"统一领导"的成功经验并有效推广。数字政府治理是一项由多个子项目共同构成的系统工程，这一工程的领导体制效能如何对其成败具有重要影响，显著影响着数字政府治理过程中部门协同效能。这一领域的重要思想主要呈现于两个方面：一方面是福建省数字政府治理过程中的统一领导。"数字福建"建设展开之初，时任福建省省长的习近平总书记就非常重视加强福建省数字政府治理进程中的统一领导："数字福建"建设领导小组于2001年初成立，组长由习近平总书记亲自担任，副组长则由福建省三位副省长担任，领导小组办公室主任由福建省常务副省长兼任，领导小组成员是福建省诸多省直部门的主要领导。与此同时，福建省各区市全部建立数字政府治理的主管部门，福建省的数字政府治理体系由此形成。这一体系运作过程中，"数字福建"建设得到有效推进，福建省不同政府之间的协同水平获得提升。习近平总书记也多次指出各级领导必须高度重视数字政府治理过程中的领导工作，致力于长远规划的制定、当前问题的解决以及数字人才的培养等工作，以有效实现诸多领域中不同主体之间的协同。另一方面是我国数字政府治理过程中的统一领导。党的十八届三中全会提出：强化依法展开网络管理的力度，对互联网管理领导体制加以完善。[①]为了强化对我国数字政府治理进程的领导，"中央网络安全和信息化领导小组"于2014年2月27日成立，习近平总书记亲自担任这一领导小组的组长，副组长由李克强和刘云山担任。这一领导小组的成立标志着中国数字政府治理进程的领导工作更加受到重视，我国从数字政府治理大国迈向数字政府治理强国的步伐进一步加快。[②]在这一领导小组召开的首次会议中，习近平总书记强调了数字政府治理过程中统一领导的重要性。这一领导小组高效运行四年之后，中共中央于2018年3月印发《深化党和国家机构改革方案》，根据这一方案，"中央网络安全和信息化领导小组"变革为"中国共产党中央网络安全和信息化委员会"，中央网络安全和信息化委员会办公室是这一委员会的办事机构。这一变革标志着我国数字政府治理过程中的统一领导得到进一步强化，可见，我国各地推进数字政府治理进程时也必须高度重视强化统一领导，即有效践行习近平总书记关于数字政府治理过程中加强统一领导的重要思想，基于此有效

① 习近平：《关于〈中共中央关于全面深化改革若干重大问题的决定〉的说明》，央视网，2013-11-15。

② 《中央网络安全和信息化领导小组成立：从网络大国迈向网络强国》，《电子政务》2014年第3期。

提升部门协同水平，从而明显助力数字政府治理进程。

（二）强化部门协同机制建设

强化部门协同必须依托一定的机制展开，这方面的举措可以细分为：提高领导者重视程度；制定统一规范并构建配套机制；完善公共服务协同创造机制和递送网络。三者合力共同作用于部门协同机制的建设。

1. 着力提高领导者对构建和完善部门协同机制的重视程度。①数字政府治理过程中，各级政府领导者有必要高度重视构建和完善部门协同机制，并为此提供强有力支持。领导者重视构建和完善部门协同机制的最为重要表现是增加财政投入，各级财政要加大投入，提高"强化部门协同"这一领域的预算，增加对构建和完善部门协同机制的资金支持。政府可以设立部门协同机制的专项资金，并提高专项资金的使用效率。②提高领导者对构建和完善部门协同机制重视程度还可以借助正反两方面举措（激励和惩戒）来实现。不同领导者对部门协同机制的重视程度有可能存在明显差异，对这一机制重视的领导者能够在很大程度上推进数字政府治理进程，忽视部门协同机制的领导者会对数字政府治理进程形成阻滞——即使诸多治理主体试图积极构建部门协同机制，也会因为领导者的消极应对而在数字政府治理过程中困难重重。鉴于此，各级政府有必要采取正反两方面举措（激励和惩戒）强化重视部门协同机制建构进程的领导者比例。正面举措如：嘉奖重视部门协同机制的领导者，这种嘉奖包括物质奖励和精神奖励两大方面，晋升（不一定是职务晋升，主要是职级晋升）是其中的重要组成部分；惩戒不重视部门协同机制并由此催生负面结果的领导者，这种惩戒也包括物质惩戒和精神惩戒两大方面，降级（不一定是职务降级，主要是职级降级）是其中的重要组成部分。

2. 为部门协同机制制定统一规范并构建配套机制。我国各地在数字政府治理过程中构建的部门协同机制存在一定差异，为了统一构建进程，我国政府有必要制定统一法规或规范，消除各地构建这一机制时因缺乏法律基础而出现的各自为政现象，在此基础上各地再结合自身实际构建部门协同机制。实现这一目标有赖于实施一项重要举措：地方和基层政府"自由裁量权"的适度控制。各级政府还有必要为部门协同机制构建配套机制，使部门协同机制能够充分发挥应有效能。除此之外，相关部门还有必要制定并实施与部门协同机制直接相关的法律法规，确定基本完善相关法律法规和标准体系的年份，并朝着这一目标持续努力，坚持依法治理。

3. 完善涉及多部门的公共服务协同创造机制和递送网络。数字政府治理过程中，治理主体可以采用传统公共行政理论倡导的借助官僚体系创造和传递服务这一方法，也可以采用新公共管理理论倡导的借助公共部门和私营部门合力创造和传递服务的方法，从而在各级党委领导下构建不同政府之间运行有效的协同机制，基于这种机制有效创造和传递公共服务。完善涉及多部门的公共服务协同创造机制和递送网络的步骤为：第一，及时、准确地了解数字政府治理客体的需求，基于此准确、快速地确定部门协同目标；第二，切实了解不同部门协同创造和传递公共服务的实际情况，进而分析实现部门协同目标所需资源并有效汇集这些资源；第三，准确判定供给公共服务过程中优化部门协同所需的辅助主体；第四，根据需要在强化部门协同过程中正确选择网络类型，基于网络类型确定哪一个或哪几个部门扮演集成者角色、哪些部门需要进入这一网络；第五，进一步优化部门之间的沟通渠道，有效协调部门之间的各种活动，在部门之间构建类似私营部门之间的伙伴关系，完善绩效、责任和监控机制。

（三）加强数字人才建设

基于部门协同助推数字政府治理进程，需要相关人才尤其是数字人才的有力支撑，尤其是制定并实施部门协同战略需要相应的人才参与其中，因此强化部门协同过程中必须加强数字人才建设。习近平总书记一直重视数字人才的建设，他早在批示《"数字福建"项目建议书》时（2000年10月12日）就指出："数字福建"建设的展开必须做好数字人才的准备工作，依靠福建省省内专家并聘请国内外专家共同致力于"数字福建"建设进程的推进。[①]习近平总书记在浙江省和上海市工作时也十分重视数字人才的建设工作。近年来，习近平总书记多次就数字人才建设作出重要指示，有效践行这些重要指示能够切实加强数字人才建设，具体举措如：

1. 夯实人才基础，发挥人才才智。一方面，我国各地必须建设多类型、多层次的数字人才队伍，以数据开放、市场主导为原则，以数据为纽带，全面推进产学研的融合程度，为推进我国数字政府治理进程尤其是在这一过程中强化部门协同奠定良好人才基础。[②]另一方面，充分发挥数字人才的才智。私营部门、专家学者和科技人员等群体对强化部门协同乃至推进我国数字政府治理进程具有重要影响，必须增强这些群体的责任感、积极性与创造性，使之在我国数字政府治理过程中献智献力。各级党委和政府必须真正尊重知识、尊重人才，为发挥数字人才的才智构建良好

---

① 中共福建省委：《福建省人民政府"数字福建"建设的重要启示》，《人民日报》，2018-04-20（01）。

② 新华社：《习近平：实施国家大数据战略加快建设数字中国》，《中国信息安全》，2018年第1期。

环境。

2. 培育、吸纳和引入数字人才。首先，数字人才的培育。必须投入大量人力、物力和财力致力于数字人才的培育，解放思想、打破陈规陋习、不论资排辈，采用某些特殊政策实现数字人才的良好培育。其次，数字人才的吸纳。要变革人事、薪酬和评价等制度，强化这些制度的创新性与实用性，增强数字人才的获得感，保障数字人才在政府、私营部门和智库中的顺畅流动，把优秀的数字人才吸纳进政府之中，夯实部门协同基础。再次，数字人才的引入。我国的数字人才资源丰富，但这一领域的人才流失问题也比较严重。必须基于全球视野，改革人才引进制度，高效引进数字治理领域的高端人才。[1]这样使大量数字人才能够进入政府并为强化部门协同献智献力。

二、激活数字政府治理的政企协同

数字政府治理初期，党委和政府等治理主体需要重点关注强化部门协同，以有效夯实数字政府治理基础；数字政府治理取得明显成效之后，党委和政府等治理主体需要更多地关注激活政企协同，此举能够有效降低数字政府治理过程中政企之间的不平衡程度。这一领域的具体举措主要是：强化对习近平总书记相关论述的研究；增强私营部门参与数字政府治理的能力；提升私营部门与政府之间的互动效能；优化政企协同的环境。分述如下：

（一）强化对习近平总书记相关论述的研究

习近平总书记关于数字政府治理过程中政企协同的重要思想主要包括以下内容：私营部门参与数字政府治理的背景、重要性及这一过程中的统一领导；数字治理过程中强化政企协同的途径。激活政企协同首先必须深入研究习近平总书记的相关论述。主要举措如：鼓励这一领域的研究者进一步深化相关研究，借助研究项目强化这一领域的研究，为研究者提供学术支持和经济支持；借助学术会议、学术沙龙等方式强化这一领域的学术交流，通过思想交锋、学术探讨助推这一领域研究的深化；强化这一领域重要思想的宣传工作，组织党政系统工作人员及群众展开学习，使这些主体明晰这一领域重要思想的丰富内涵及特征等。实施这些举措能够深化对习近平总书记相关论述的研究，有效夯实激活政企协同的基础。践行习近

---

① 新华社：《习近平在网络安全和信息化工作座谈会上的讲话》，《中国信息安全》2016年第5期。

平总书记相关论述以有效激活政企协同的途径呈现于后文中。

（二）增强私营部门参与数字政府治理的能力

有效激活政企协同必须强化私营部门参与数字政府治理的能力，此方面的举措主要涉及四个方面：鼓励支持、规范发展、政策引导、依法管理。前两者的相关性较为明显，政策引导则更多地与依法管理相关，因此，增强私营部门参与数字政府治理的能力可以着力于以下两个方面：

1．鼓励支持与规范发展的并举。首先，从技术方面来看，私营部门处于市场之中，是重要的技术创新者，能够最直观地发现市场需求及创新需求。因此各级政府应该鼓励、支持私营部门成为产业主体和创新主体，助推核心技术的自主创新，切实增强私营部门竞争力，有效参与我国的数字政府治理进程。从资源方面来看，推进数字政府治理过程中，私营部门通常难以像政府那样较为容易地获取所需资源：政府通常能够借助优势资源在其内部较快、较好地构建数字平台，在此基础上推进数字政府治理进程；与政府相比私营部门较难实现这一目标，虽然近年各级政府和金融系统关注私营部门融资，但是这些资金较难高效应用于私营部门的数字平台建设过程中。因此，政府应该进一步提升对私营部门数字建设的重视程度，尽快构建私营部门展开数字建设的扶持机制，[①]具体举措有：政府根据政企协同需求，采用招投标方式提升私营部门参与市政项目的积极性和有效程度；政府为私营部门提供展现自身优势的平台，如举办相关比赛并基于此有选择性地购买私营部门的技术服务等，以此来激活政企协同；政府借助相关政策在私营部门运营等方面强化资金扶持，尤其是重点关注扶持私营部门展开引进先进技术、设备、人才等方面的工作，并有效协调金融机构向参与政企协同的私营部门给予融资便利。其次，一方面，目前我国的互联网市场中存在恶性竞争、滥用市场支配地位等问题，针对这些问题，必须在鼓励互联网私营部门展开良性竞争的同时对市场秩序展开有效规范。此举能够强化互联网私营部门竞争力、创新力及市场空间的扩大，而且有助于在维护国家利益、百姓利益的基础上实现各方利益的平衡，助力政企协同的稳步强化。另一方面，在党的十八届四中全会中提出我国的产权保护制度，必须基于这一制度切实强化对财产权的保护。[②]强化对知识产权的保护，借助侵权和违法成本的提升来震慑侵权行为和违法行为，

---

① 张西勇、段玉恩：《推进政府与社会资本合作（PPP）模式的必要性及路径探析》，《山东社会科学》2017年第9期。
② 新华社：《习近平在网络安全和信息化工作座谈会上的讲话》，《中国信息安全》2016年第5期。

优化数字政府治理过程中政企协同的环境。

2. 政策引导与依法管理并行。首先，稳步引导私营部门提升数字服务能力。私营部门具有十分明显的商业属性，运行过程中的最大目标是通过提供服务/产品实现商业利益最大化，在"顾客即上帝"这一理念影响下为公众供给服务/产品；政府运行过程中最重要目标则是实现公共利益最大化，其中一项重要举措是为公众供给公共服务。私营部门在实现最大目标的过程中必须遵守相关法律法规，并有效承担公众在伦理道德和社会责任等方面的期许，这些领域的举措能够展现私营部门的服务性质，政府借助一些政策稳步引导私营部门提升数字服务能力，不仅能够凸显私营部门的服务性质，而且能够优化政企协同的条件，实现这一目标的具体途径如：政府出台扶持政策，将政府端口的一些数据供私营部门调用，提升私营部门承接市政项目的积极性以及能力，优化政企协同基础；政府充分发挥协调能力，整合供给同一种服务的私营部门数据平台，以有效降低政企协同成本、扩大数字公共服务的供给范围；政府借助一些政策有效引导私营部门优化人才引进机制，在建设政企协同平台过程中引入人才，提升私营部门数字平台建设进程和服务能力，优化政企协同条件。其次，高度关注对政企协同过程尤其是对相关私营部门的依法管理。政企协同过程中，数据一旦出现安全问题，互联网私营部门的信誉会受到严重负面影响。[①]因此政企协同过程中要依法对大数据展开有效管理，互联网私营部门要保证一些数据的安全，尤其是保证涉及国家利益和国家安全的数据的安全，为政企协同创造安全环境。尤其需要注意的是：近年网络诈骗以及其他违法案件数量较多，各级政府必须警惕这些风险的蔓延，要加快完善网络立法，依法对网络展开有效监管，及时化解网络中的风险，降低网络风险对数字政府治理过程中政企协同产生负面影响的可能性。再次，政府有必要进一步加快审批、融资、专利和政府采购等制度的改革，为私营部门的发展以及参与数字政府治理创造良好环境。

（三）提升私营部门与政府之间的互动效能

激活政企协同的效果如何很大程度上取决于政府与私营部门之间的互动效能高低，因此必须提升私营部门与政府之间的互动效能，这一举措主要着力于：强化私营部门与数字政府治理客体的互动；促使私营部门同时关注经济和社会效益；同时关注国内、国际合作。分述如下：

---

① 新华社：《习近平在网络安全和信息化工作座谈会上的讲话》，《中国信息安全》2016年第5期。

　　1. 优化私营部门与数字政府治理客体的互动机制。政企协同过程中，政府和私营部门的作用对象都是数字政府治理客体，私营部门参与数字政府治理的重要目标之一是在政企协同过程中强化自身服务数字政府治理客体的能力，实现这一目标需要在数字政府治理过程中优化私营部门与数字政府治理客体的互动机制，具体举措如：借助宣传、教育等方式强化私营部门、数字政府治理客体（尤其是公众）双方展开互动的意愿；各级党委和政府必须在构建这一互动机制的过程中充分发挥领导和支持作用；数字政府治理主客体在构建这一机制过程中须持续展开审视，准确、全面地观察和分析这一机制的构建及运行状况，及时发现其中存在的问题并采取有效措施加以解决，以持续提升这一机制的运行效能。值得注意的是：数字政府治理过程中，私营部门可以同时扮演数字治理主体和客体两种角色，因此私营部门必须注意在不同时段、不同地方根据现实情况注意变换角色，以便更加及时、准确地了解数字政府治理客体的需求，与政府针对同一目标展开有效协同，助推数字政府治理水平提升。

　　2. 引导私营部门同时关注经济效益和社会责任。数字政府治理初期，私营部门与公共服务之间的关联并不紧密，政企协同的出现率相对较低，随着我国数字政府治理进程的稳步推进，私营部门与公共服务联系日益密切，也就更多地参与到数字政府治理过程中。但是目前大量数字政府治理客体依然认为私营部门无须参与数字政府治理进程，甚至质疑参与数字政府治理，这对政企协同过程中的私营部门形成一种无形打击。而且这一氛围会导致某些私营部门未能全面认知参与数字政府治理的责任，致使某些私营部门领导者对服务机制、安全机制建设的重视程度相对较低，难以有效参与数字政府治理进程，政府单方面发力很难有效激活政企协同。扩大经济效益是私营部门的重要目标，但私营部门也肩负一定的社会责任，一个私营部门如果能够积极承担社会责任，它的生命力和竞争力会很强。私营部门负有经济、法律、社会和道德责任，这些责任随着私营部门的发展而变大，公众对私营部门的要求也随之提高。作为我国数字政府治理的重要参与主体，私营部门在发展过程中承担了很多社会责任，私营部门必须重视承担社会责任，在实现经济效益的同时实现社会效益，在实现自身发展的同时为民造福。[①]私营部门同时关注经济效益和社会责任，有助于数字政府治理过程中激活政企协同：关注经济效益，有助于私营部门

---

① 新华社：《习近平在网络安全和信息化工作座谈会上的讲话》，《中国信息安全》2016年第5期。

强化自身实力；关注社会责任，能够保障私营部门在参与数字政府治理过程中做到尽职尽责。因此，政府有必要为了实现激活政企协同这一目标而有效引导私营部门同时关注经济效益和社会责任，具体举措如：一方面，引导政府和私营部门的领导者树立大数据思维和理念。政府和私营部门的领导者都要对大数据的应用价值和重要性有着正确的认识并达成共识。另一方面，政府要借助多元举措强化对私营部门的引导以及宣传教育，提高私营部门对政府决策的快速、准确认知能力。政府要引导私营部门的领导者强化双赢意识，促使其认识到积极主动参与数字政府治理的重要意义，基于此提升公众对私营部门的信任，才能让私营部门更好地协助政府开展各类信息获取、搜集整理。

3. 重视国内合作与国际合作并行。数字政府治理水平的稳步提升需要核心（数字）技术的有力支撑，先进的核心技术主要由私营部门提供，因此，需要在数字政府治理过程中激活政企协同尤其是政府与掌握先进核心技术的私营部门之间的协同。目前，在核心技术领域，我国与国际先进水平尚存在一定差距，一个重要成因是我国的骨干私营部门未能像微软和苹果等西方国家的私营部门那样形成协同效应。核心技术的研发这一领域，强强联合的效果明显优于单打独斗，因此我国必须采取有效措施实现互联网私营部门的强强联合，在核心技术领域实现协同攻关，基于此有效夯实政企协同基础。"揭榜挂帅"是一项很好的举措，在党委领导、政府指导下，有能力的私营部门都可以承担核心技术创新，充分发挥这两类私营部门的作用，可以实现二者的联合或者构建资本型协作机制，有效发挥龙头私营部门和中小私营部门的效能，有效实现上游私营部门所掌握技术的推广应用，为下游私营部门解决"缺芯少魂"问题。[1]除激活政府与国内私营部门之间的协同之外，我国政府还要鼓励、支持互联网私营部门深化国际交流合作，[2]部分互联网私营部门甚至可以参与我国的数字政府治理进程。

（四）优化政企协同的环境

数字政府治理过程中激活政企协同必然受到法治环境和经济环境等影响，因此"优化政企协同的环境"主要着力于：优化政企协同的法治环境、经济环境，强化环境要素协调效用。分述如下：

---

① 新华社：《习近平在网络安全和信息化工作座谈会上的讲话》，《中国信息安全》2016年第5期。
② 新华社：《习近平在网络安全和信息化工作座谈会上的讲话》，《中国信息安全》2016年第5期。

1. 强化政企协同的法制基础。激活政企协同，有赖于数字政府治理主体（主要是党委、政府和私营部门等）实施诸多举措，这些举措的实施则有赖于完备法制基础的存在。诸多学者早在2015年2月就针对淘宝"叫板"事件提出"构建政府私营部门协同的互联网监管新格局"，①这一"新格局"的出现必须基于相关法律的制定及实施。目前，我国在这一领域已经取得诸多成果，如：《中华人民共和国反不正当竞争法》于2018年1月开始实施；《中华人民共和国电子商务法》于2019年1月开始实施。但从宏观来看，数字政府治理过程中政企协同的法制基础依然较为薄弱。鉴于此，须在数字政府治理过程中切实强化政企协同私营部门的法制基础，举措如：对数字政府治理过程中政企协同的情况展开观察、分析，及时发现并弥补存在的法制漏洞；深化这一领域法制基础的研究，基于研究成果主动完善法制基础；在完善法制基础的过程中必须具有长远目光，防患于未然，避免出现亡羊补牢之举。

2. 为政企协同创造良好经济环境。改革开放之初，我国经济环境曾有所恶化（主要表现如投机倒把现象的增多），近年，在以习近平同志为核心的党中央领导下，我国各级政府展开对社会环境、经济环境等的治理且取得显著成效，如：工信部于2018年7月印发《工业互联网平台建设及推广指南》《工业互联网平台评价方法》以助推互联网与制造私营部门的融合程度。近年，我国一些地方政府在数字政府治理过程中先后实施诸多举措以优化政企协同的经济环境，如：《湖南省人民政府办公厅关于进一步鼓励移动互联网产业发展的若干意见》指出必须加强组织协调、强化资金保障、加大服务采购、落实优惠政策、加强高端交流以优化互联网私营部门发展环境。②各级党委、各级政府须继续在这一领域努力，为数字政府治理过程中的政企协同创造良好经济环境，具体举措如：进一步优化市场法规，使私营部门明晰与政府展开协同时应该遵循哪些法规；严厉打击在数字政府治理过程中违法、违规的私营部门，对试图借助不法行为牟取暴利的私营部门和个人形成威慑；充分发挥市场在资源配置过程中的决定性作用，并进一步强化政府的权威、宏观调控能力，借助政府与市场关系的优化为数字政府治理过程中的政企协同构建良好的经济环境。

3. 强化政企协同的环境要素协调效用。目前，私营部门已经成为我

---

① 杨建顺：《构建政府企业协治的互联网监管新格局》，《检察日报》，2015-02-25（07）。
② 湖南省工业和信息化厅：《湖南省人民政府关于鼓励移动互联网产业发展的意见》，湖南省工业和信息化厅网站，2014-02-20。

国数字政府治理的重要参与主体，参与数字政府治理尤其是与政府展开协同过程中，私营部门与环境要素之间出现协调效用，强化这种协调效用有助于激活政企协同，举措如：强化党委和政府在数字政府治理过程中的领导地位，基于这种领导强化环境要素协调效用，进而强化政企协同效能；优化政府与私营部门之间的协调机制，使这两种数字政府治理主体能够及时、准确地了解对方的意愿及政企协同具体情况；采用宣传、教育等方式提升私营部门与政府展开协同的意愿，强化政企协同基础。此类举措必将逐渐成为我国各级政府的普遍行为，在数字政府治理过程中有效强化政企协同的环境要素协调效用，助力激活政企协同。

三、贯通数字政府治理的线上协同

数字政府治理由实体空间中的建设与虚拟空间中的建设共同组成，前述"强化部门协同、激活政企协同"属于实体空间中的建设举措，与这两者相比，贯通线上协同是虚拟空间中的整体协同举措，实施这些举措能够实现实体和虚拟空间治理的相对平衡。贯通线上协同涉及的主体较多，而且这一举措的重要性很高。贯通线上协同的主要举措是：提高信息透明度，强化协商网络建设；强化线上协同的规范和机制建设；增强各主体的网络风险防御能力。分述如下：

（一）提高信息透明度，强化协商网络建设

数字政府治理过程中贯穿线上协同，首先必须稳步提高整体协同信息透明度，强化协商网络的建设，增强协商意识和协商效能，如此才能让多元主体了解并积极参与到贯穿线上协同过程中。

1. 稳步提高整体协同信息透明度。数字政府治理过程中稳步提高整体协同信息透明度、强化协商网络建设能够使政府、公益部门、私营部门和公众等主体及时、准确地获知整体协同相关信息，为贯穿线上协同创造有利条件。首先，实现这一目标必须借助媒体的力量。进入数字时代之后，媒体在提高信息透明度这一方面发挥了重要作用，从数字政府治理过程中贯穿线上协同的情况来看，一方面，媒体能够及时报道线上协同的先进案例，推介线上协同的先进经验，助推贯穿线上协同的进程；另一方面，一旦线上协同过程中出现不良情况，媒体能够及时加以披露，由此引起政府和公众等主体的关注，基于此对相关主体形成明显舆论压力，助力消除这些不良情况，助推协商网络的建设。其次，提高整体协同信息透明度过程中必须注意：展现整体协同相关事项时必须做到实事求是，根据现实情况向相关主客体展现最真实的信息；数字政府治理主体应该积极主动

地展现整体协同信息，而非在数字政府治理多元主客体的要求下才少量地展现；展现整体协同信息的过程中，相关主体必须与数字政府治理客体有效协调和互动，而非单一地向数字政府治理客体展现整体协同信息。

2．强化协商网络的建设，增强协商意识和协商效能。数字政府治理过程中过程线上协同，多元主体要充分运用数字技术，最大限度地在数字平台中增强多元主体的协商意识、拓展多元主体参与协商的途径，具体举措如：在确定利益相关者的基础上确定协商主题，依托数字平台召开树立共识的会议（如民主洽谈会）、构建愿景工作坊，由此生成符合利益相关者核心利益的共同方案；基于公开、理性和平等等原则，在数字平台中最大限度地召集数字政府治理主体（的代表），及时、准确地了解其他各方的意愿，党委和政府在这一基础上发挥主导作用、形成决策，防止多元主体协商过程中出现"议而不决"这一情况；实施基于协商形成的决策过程中，根据政策环境的变化及时召集利益相关者讨论革新决策的具体事宜，由此形成新的决策，提升线上协同效能，助力数字政府治理进程。

3．增强协商意识和协商效能。贯穿线上协同过程中涉及的主体实际上都可以具化到每一类主体中的人员，根据复杂人的观点，每一个人都同时是经济人和社会人，这意味着贯穿线上协同过程中增强协商意识和协商效能需要从经济人和社会人两个方面着手：一方面，可以借助经济激励增强不同主体中具体人员的协商意识，使其在切实了解整体协同信息的基础上借助协商网络与其他主体展开协商，在贯穿线上协同过程中实现增强协商效能这一目标；另一方面，有必要强化不同主体中具体人员的群体意识，使其进一步明晰与其他人员展开协商、维护公共利益是一种义务，在有效增强这些人员的协商意识基础上切实强化协商效能。

（二）强化线上协同的规范和机制建设

贯穿线上协同必须依托一定的规范和机制展开，我国各地在规范和机制方面的建设情况存在诸多差异，有必要降低不同地方之间的差异程度，此方面的举措具体是：制定线上协同的规范并切实实施；完善多元主体联动机制。分述如下：

1．制定线上协同的规范并切实实施。有效贯穿线上协同有赖于制定并实施统一规范：在不存在统一规范的情况下，数字政府治理过程中的多元主体并不知晓展开协同过程中应该遵从什么样的规范、什么样的举措，也就难以有效贯穿线上协同；制定并实施统一规范之后，数字政府治理过程中的多元主体能够在数字平台中针对建设事项展开有效协商及协同，从而助力线上协同乃至数字政府治理进程。制定线上协同的规范并切实实施的过程中必须注意：制定线上协同的规范必须在党委领导下展开，而且必须有效吸纳多元主体的意见和建议，而非单一主体独立完成相关规范的制定；实施线上协同规范的过程中，必须做到因地制宜，即根据各地、各领域的线上协同具体情况实施相关规范，而非以"一刀切"的形式实施线上协同规范。在遵守这两项原则的前提下实施系列举措能够在数字政府治理过程中有效提升多元主体的协同性，为贯穿线上协同创造条件。

2. 完善多元主体联动机制。数字政府治理过程中贯穿线上协同涉及多元主体，仅仅依赖党委领导下的政府难以实现建设目标，因此贯穿线上协同过程中必须摒弃基于政府展开单极治理的思维，充分注意到公益部门、私营部门和公众等主体的有效参与能够有力助推线上协同进程，在构建、完善多元主体联动机制的基础上有效整合数字政府治理资源、管控线上协同举措，以有效助推数字政府治理进程。换言之，为了在数字政府治理过程中有效贯通线上协同，必须完善现有的多元主体联动机制，借助这种联动机制实现数字政府治理目标与任务的良好对接、核心技术的有效创新、数字资源以及信息的全面共享、多元主体线上协同意识的强化，由此准确、及时地向数字政府治理客体供给数字公共服务。完善多元主体联动机制涉及组织协同、文化协同和机制协同等，各主体尤其是政府必须关注这些具体内容的整合，以整体形态贯穿线上协同，而非单一地关注某一个次级领域的协同。

（三）增强各主体的网络风险防御能力

贯穿线上协同必须有效防御网络风险，因此必须增强政府、公益部门和私营部门等主体的网络风险防御能力。贯穿线上协同过程中，参与整体协同的各主体要把增强网络风险防御能力作为一项重要工作，使贯穿线上协同获得安全保障；各主体必须重视自身的网络风险防御建设，要将提升网络风险防御能力视为会对自身持续发展产生重大影响的建设工程。贯穿线上协同过程中增强各主体网络风险防御能力的具体举措有：

1. 贯穿线上协同过程中加大对各主体的资金投入，在参与整体协同的各主体中修补和升级存在安全隐患的设备，构建纵深防御体系，进一步完善资源的测绘、管控平台，基于大局观对风险展开智能化处理，以有效增强各主体的网络风险防御能力，助力贯穿线上协同。

2. 提高各主体的技术升级能力，构建能够预判数字政府治理过程中整体协同发展趋向的数字平台。将各主体掌控的海量数据上传到云端，对这些数据加以有效整合并借助足够的资金支持有效运用先进的数字技术加以分析，基于此预判整体协同的发展趋向以及可能出现的风险，构建风险防御方案，有效提升各主体的网络风险防御能力。

3．强化安全意识教育。贯穿线上协同的具体举措需要大量人员具体实施，因此有必要强化对大量人员的安全意识教育以增强各主体的网络风险防御能力，各主体有必要相互借鉴有益的安全意识教育经验，在贯穿线上协同过程中稳步强化对人员的安全教育培训，为线上协同提供良好的安全保障。

结语

数字政府治理过程中，以优化环境与基础、革新制度与机制、强化数字政府治理主体能力、强化数字政府治理过程中客体参与为基础，需要重视强化整体协同，这是我国推进数字政府治理的第五条路径。这条路径由三个部分共同组成：强化部门协同；激活政企协同；贯通线上协同。前两者主要致力于强化实体空间中的整体协同，第三项举措则致力于优化虚拟空间中的整体协同。每个部分分别包含一些具体举措，实施这些举措，能够有效强化数字政府治理过程中的整体协同，助力解决我国数字政府治理过程中的不平衡问题。

第二十章　强化数字政府治理主体能力

强化治理主体能力的具体举措主要是：优化公务员选拔和管理制度——完善数字政府治理人才队伍建设制度，优化公务员管理和惩戒机制；强化治理主体的责任意识、管理能力和信息素养——增强数字政府治理主体的责任意识和管理能力，培育公务员的"信息素养"；避免决策者在数字政府治理过程中"妄为致乱"——强化决策者的循序渐进观念，明晰数字政府治理的目标，数字政府治理过程中广泛吸纳民意。

强化治理主体能力是我国推进数字政府治理的第三条路径，与本书第三编所述数字政府治理过程中问题的第三条成因"主体治理能力有待强化"直接对应。本质上同样与习近平总书记关于网络强国的重要思想的第一大方面（宏观层面）内容，尤其是其中所述"有效优化数字政府治理结构、整合多元主客体合力"对应，也与本书第二编中各章的一些内容对应，如：本章所述"强化治理主体能力"中的"治理主体"，主要是指第二编中重点阐述的、党组织领导下的政府部门、公益部门、私营部门和公众等。且在一定程度上借鉴了第四编中所述日本数字政府治理的亮点"数字政府战略演进与数字政府治理主体情况变化相辅相成"。与《国务院关于加强数字政府建设的指导意见》（2022年6月23日）的第一项基本政策"构建协同高效的政府数字化履职能力体系"密切相关。这条路径由三个部分共同组成：优化公务员选拔和管理制度；强化治理主体的责任意识、管理能力和信息素养；避免决策者在数字政府治理过程中"妄为致乱"。每个部分分别包含一些具体举措，分述如下：

一、优化公务员选拔和管理制度

数字政府治理过程中有效解决不平衡问题尤其是供需不平衡问题，必须基于公务员实施诸多治理政策、治理举措，因此必须优化公务员选拔和管理制度，具体着力于：完善数字政府治理人才队伍建设制度；优化公务员管理和惩戒机制。分述如下：

（一）完善数字政府治理人才队伍建设制度

目前，我国的公务员选拔制度不够完善，表现在极少数地方：选人用人公信度不足；选拔公务员时偶尔会出现重才不重德现象；[1]对新公务员的培训不够，导致部分公务员不具备必要的行政知识。公务员选拔制度的完善有助于我国数字政府治理进程的研究，这一制度的完善主要应该从以下方面入手：一是提高选人用人公信度；二是坚持德才兼备，以德为先的用人标准；三是加强干部能力和素质的培养；四是建议实施公务员轮岗制度。这为数字政府治理过程中有效遏制行政不作为创造条件。[2]

强化对数字政府治理人员的学习、培训和教育，强化这些治理人员的数字治理思维、数字技术技能和信息道德（伦理）等信息素养，培养法治、责任、民主、协作和公平等数字政府治理理念。实施这些举措能够有效提升数字政府治理水平，借助这种治理满足治理客体的诸多诉求，减少数字政府治理过程中的不平衡现象。

（二）优化公务员管理和惩戒机制

一方面，建立推广"一线考察干部"工作法，形成能者上、庸者下、劣者汰的用人导向和科学有效的制度环境，激发服务队伍干事创业的激情。在改革过程中通过数字政府治理平台定期推送学习课程、典型案例、外出学习考察机会等，提高数字治理队伍的专业水平，使这一队伍增强对数字政府治理意义、目的等的认识，提高队伍推进改革、提升数字治理效能的能力。争取党委组织部门的支持，为数字政府治理过程中出现的新增部门或机构提供应有编制，为数字治理队伍稳定性的提高提供保障。

另一方面，推进数字政府治理的过程中，有必要构建完备的公务员惩处机制，严厉惩处在决策过程中肆意妄为的公务员，有效避免行政决策失误的出现。首先，要推进《中华人民共和国公务员法》改革进程，将数字政府治理过程中公务员行政不作为纳入惩戒范围，使行政问责有法可依；其次，要强化数字政府治理过程中问责制度的刚性，严格执法，依法惩处数字政府治理过程中行政不作为的行政主体；再次，要加强公众对数字政府治理过程中公务员行政不作为的问责能力，提高体制外的问责可能性。数字政府治理领域行政问责机制的完善，有助于有效遏制行政不作为。"面对不负责任的公务员，法律时刻提醒：公务员接受了公职就要为公共利益服务，而且承担该义务时不可以偷工减料。"[3]对数字政府治理过程

①　王少泉、董礼胜：《国家治理视域下基层人大选举参与状况研究》，《人大研究》2016年第6期。

②　曹冬英、王少泉：《"五位一体"现代化布局与网络化政府间关系相关性分析》，《中共济南市委党校学报》2013年第4期。

③　曹冬英、王少泉：《行政不作为分析》，《理论观察》2011第6期。

中不称职的公务员进行问责（包括罢免），并规定被问责（或罢免）者不能再次担任公务员，增强公众在数字政府治理相关决策的制定及实施过程中对自身影响力的信心。

二、强化治理主体的责任意识、管理能力和信息素养

此举能够有效强化治理主体的治理能力，[①]助力数字政府治理过程中解决各领域的不平衡问题，具体着力于：增强数字政府治理主体的责任意识和管理能力；培育公务员的"信息素养"[②]。分述如下：

（一）增强数字政府治理主体的责任意识和管理能力

在数字政府治理的过程中，公务员在思想意识、文化和技术等各方面素质的提高也是事关数字政府治理顺利开展的重要因素。在数字时代，随着数字政府治理进程的不断推进，公众的素养和数字技术水平在不断提升，政府服务工作面临着新挑战，公务员的工作方式也相应地有较大的改变，这些变化都要求公务员必须具有较高的管理和数字技术等方面的水平。因此，公务员需要不定期地接受提高自身能力的培训，尤其是数字技术方面的培训，这样政府才能与公众更好地沟通，更好地为公众提供公共服务。

在如何对待政府公务这个问题上，传统的观念正在不断受到数字政府治理的挑战。这既是一种挑战，同时也是公务员提升自身素质以及转变工作方式的一个契机。我国政府要强化公务员的数字政府治理能力及认识，[③]要遏制数字政府治理过程中的行政不作为，有赖于公务员拥有较强的责任意识。

（二）培育公务员的"信息素养"

公务员的信息素养直接关系到我国数字政府治理水平的高低；若未能在整个行政系统内部树立牢固的数字政府治理理念、法治理念、责任理念、民主理念、公平理念、协作理念等，数字政府治理会出现"人亡政息"的状况。因此，为了提升我国数字政府治理水平，需要构建完备的数字政府治理平台，这一目标的实现有赖于公务员"信息素养"的培育，并

---

① Uta, et al. "Tax-funded digital government communication in Austria: Members of the government on Facebook."*European Journal of Communication*, 2019 (35.2):140-164.

② Hagen, Loni, T. M. Harrison, and M. Falling. "Contributions of Data Science to Digital Government Research: Contributions of Data Science to Digital Government Research." (DG. O'21: The 22nd Annual International Conference on Digital Government Research, 2021).

③ 田珺鹤：《美国电子政务的发展对我国的启示》，《金融经济》2011年第14期。

借助制定法律法规等方式保证数字政府治理理念、法治理念、责任理念、民主理念、公平理念、协作理念等能够在公务员系统中存续。[①]

一般而言，行政系统中的公务员以工作年限为划分标准可以分为三大类：初入职者、熟练操作者、将退休者。这三类公务员中，树立前述理念的难度随着工作年限的增加而加大。将新入职者与将退休者进行对比：新入职者一般对网络较为熟悉，易于接受新理念、新事物；将退休者则所储备的知识较为陈旧，接受新理念、新事物的难度较大。因此前述理念的树立应该从新入职者着手。值得注意的是，这一举措的有效实施，有赖于良好的公务员选拔机制的建立。因此，在进行公务员选拔时，必须注意候选者是否对网络较为熟悉，易于接受新理念、新事物。若所选拔者具备这些条件，则较易在新入职者中树立前述理念，为培育公务员的"信息素养"创造有利条件，反之则难度较大。

三、避免决策者"妄为致乱"

"无为而治"理念是《老子》的精髓，这一理念并非指什么都不做，而是指有所为而有所不为、不妄为和尊重自然规律。这一理念对数字政府治理的研究者具有不可忽视的启示作用，尤其是可以警示治理主体必须在无为和妄为之间寻获相对平衡点，具体着力于：强化决策者的循序渐进观念；明晰数字政府治理的目标；数字政府治理过程中广泛吸纳民意。分述如下：

（一）强化决策者的循序渐进观念

数字政府治理研究者在为管理者提供决策建议时应该注意"天下大事必作于细"这一理念，循序渐进，最终实现有效提升政府供给数字公共服务能力这一目标，即想做"大事"，必先从"小事"做起，从细微处入手。在数字政府治理过程中，确实应该有总体战略、整体框架的指导，但也需要对具体的建设步骤及举措加以足够重视。换言之，数字政府治理研究者及管理者应该树立这一理念：只有认真做好"小事"，才能实现"大事"有所为。只有认真践行好整体框架中的每一个具体步骤，才能够完成数字政府治理的总体战略，最终实现有效提升政府供给数字公共服务的能力这一目标。

---

① 曹冬英、王少泉：《广西区推进公共服务均等化进程中的问题及对策分析》，《广西职业技术学院学报》2015年第3期。

（二）明晰数字政府治理的目标

数字政府治理主体参与决策时应该以民意为基础，以提升政府的数字公共服务供给能力为目标。数字政府治理研究者及管理者不能在违背客观规律和事务性质的情况下进行决策，或凭借主观想象发布命令——这种情况下制定的决策大多是错误的。数字政府治理决策的正确与否受多种因素影响，[①]但最关键的因素是：决策是否遵循客观规律及民意。因此，数字政府治理的决策者避免决策失误的最佳途径是以民意为基础，以提升政府的公共服务供给能力为目标，即顺应事物的发展规律，从而制定出符合实际情况及公众愿望的政策，最终实现提升政府的数字公共服务供给能力这一目标。

（三）数字政府在治理过程中广泛吸纳民意

数字政府治理决策者必须保持谦卑的品德，为提升政府数字公共服务供给能力及供给水平而虚心听取、采纳各界的建议及意见，为数字政府治理进程争取最大范围的社会支持，有效规避这一进程中的风险。换言之，决策者在进行决策之前应该"先观民之所欲而后动"，即通过调查研究准确知晓公众的愿望，将公共利益置于自身利益之前，并保持谦卑的品德，虚心听取社会各界对数字政府治理的建议及意见，纠正这一进程中可能出现的错误，减小这一进程中所遇到的阻力，为有效提升政府公共服务供给能力及供给水平创造有利条件。

结语

数字政府治理过程中，优化环境与基础、革新制度与机制的同时，需要注意强化数字政府治理主体能力，这是我国推进数字政府治理的第三条路径，这条路径由三个部分共同组成：优化公务员选拔和管理制度；强化治理主体的责任意识、管理能力和信息素养；避免决策者在数字政府治理过程中"妄为致乱"。每个部分分别包含一些具体举措，实施这些举措，能够有效强化数字政府治理主体能力，助力我国数字政府治理水平的进一步提升。

[①] Hagen, Loni, T. M. Harrison, and M. Falling. "Contributions of Data Science to Digital Government Research: Contributions of Data Science to Digital Government Research." (DG. O'21: The 22nd Annual International Conference on Digital Government Research, 2021).

第二十一章　强化数字政府治理的客体参与

强化数字政府治理过程中客体参与的主要举措是，首先，重点强化公众参与：明晰公众适度参与数字政府治理的重要性；有效推进网民身份转变。其次，关注多元主体的参与和监督：强化私营部门和公益部门的参与；建立健全多方参与的监督机制。再次，加强对参与适度化的研究并加以践行：研究公众参与的平衡理论、公众参与数字政府治理的随机理论、平衡—随机参与理论并有效践行。

强化客体参与是我国推进数字政府治理的第四条路径，与本书第三编中所述数字政府治理过程中问题的第四条成因"客体参与有待优化"直接对应。本质上同样与习近平总书记关于网络强国的重要思想的第一大方面（宏观层面）内容尤其是其中所述"整合多元主客体合力"对应，也与本书第二编中私营部门和公众两章的内容呼应，以及与第三编所述数字政府治理现状、问题及成因等对应。且在一定程度上借鉴了第四编中所述澳大利亚数字政府治理的亮点"发展电子民主，有效提升数字政府治理效能；有效缩小'数字鸿沟'，降低不同群体之间的不平衡程度"。与《国务院关于加强数字政府建设的指导意见》（2022年6月23日）的第一项基本政策"构建协同高效的政府数字化履职能力体系"密切相关。这条路径由三个部分共同组成：重点强化公众参与；关注多元主体的参与和监督；加强对参与适度化的研究并加以践行。每个部分分别包含一些具体举措，分述如下：

一、重点强化公众参与

数字政府治理过程中强化公众参与，能够有效降低不同主体之间的不平衡程度，具体着力于：明晰公众适度参与数字政府治理的重要性；有效推进网民身份转变。分述如下：

（一）明晰公众适度参与数字政府治理的重要性

在数字政府治理过程中，政治冷漠和政治亢奋都会对这种治理造成危害，实现参与适度化是数字政府治理的重要目标。公共行政学创立之后，倡导官僚精神的传统公共行政学对公众参与采取了漠视态度，这种状况一直持续到20世纪60年代。1968年，倡导民主精神的新公共行政学派兴起，同一时期，公民权运动、"伟大社会"法案的施行、越南战争及"水门事件"等对美国社会产生重要影响，这两方面因素在20世纪60、70年代有力地推进了公众参与运动的发展。20世纪70年代以来，部分学者开始探讨一种在数字政府治理环境下融合官僚精神与民主精神的公众参与途径，平衡—随机参与正是基于这些探讨提出的一种政治参与适度化途径。

政治冷漠是指"公民对政治运动和政治问题冷淡而不关心的态度，通常表现为对政治参与疏远和逃避"。①政治冷漠可分为：根据涉及层级的多少分为单层和多层的政治冷漠；根据涉及人数的多少分为个体和集体的政治冷漠；根据其程度分为适度和过度的政治冷漠；根据理性与否分为理性和非理性的政治冷漠；根据自愿与否分为自愿和非自愿的政治冷漠。②

政治亢奋是一种与政治冷漠相对立的状态，是指公众的政治参与度过高，对政治运动和政治问题持过分积极的态度。政治亢奋度是指公众对政治参与的程度。政治亢奋可以分为：根据涉及层级的多少分为单层和多层的政治亢奋；根据涉及人数的多少分为个体和集体的政治亢奋；根据其程度分为适度和过度的政治亢奋；根据理性与否分为理性和非理性的政治亢奋；根据自愿与否分为自愿和非自愿的政治亢奋。③

我国推进数字政府治理进程的过程中必须在政府部门和公众之间实现良性互动，如果只有政府部门的运作，没有公众的积极参与，我国数字政府治理进程将会遇到阻力，所建立的数字政府治理平台也无法充分发挥效能。反之，如果公众积极参与，政府部门却无动于衷，我国数字政府治理进程也难以得到有效推进。近年，我国各级政府部门为了构建先进适用的数字政府治理平台投入了大量人力、物力、财力，取得了一些成效，④大部分地区的公益部门及公众等主体也积极参与这一进程。但一些经济欠发达地区的公众对数字政府治理不甚了解（原因如：为了获取经济利益而对数字政府治理漠不关心；⑤盲目自大而不屑于了解新事物），对充分

---

① 陈丽洁主编：《私企业法律风险管理的创新与实践：用管理的方法解决法律问题（修订版）》，北京：法律出版社，2012，第34页。
② 曹冬英、王少泉：《村民选举中政治冷漠问题的分析》，《理论观察》2012年第1期。
③ 王少泉：《政治参与适度化分析——以两个县的村民选举为例》，《理论导刊》2012年第10期。
④ 王少泉：《新时代我国数字政府治理平台建构分析》，《中共山西省直机关党校学报》2018年第4期。
⑤ Anttiroiko, Ari Veikko, and Mälkiä, Matti. "Encyclopedia of Digital Government." *IGI Publishing*, 2006.

利用数字政府治理平台持冷漠态度，也就无法充分享受政府通过数字政府治理平台供给的数字公共服务，也无法通过数字政府治理平台促使政府提高数字公共服务供给的效率和质量。[①]另外一部分公众则对政府推进数字政府治理进程过分关注，甚至出现政治亢奋。他们试图通过数字政府治理平台获取最大限度的数字公共服务，因此对政府的举措吹毛求疵，动辄通过各类媒体等指摘政府的"失误"，给我国的数字政府治理进程带来不利的影响。由此可见：公众适度参与数字政府治理十分重要。为了消除数字政府治理进程中政治冷漠和政治亢奋带来的消极作用，在数字政府治理过程中，必须采取有效措施实现公众适度地参与这一进程，方能起到保持国家和社会稳定有序的作用。具体可考虑措施如下：增强公众维护公共利益的信念；加强数字政府治理的宣传教育，改变公众关于社会地位的理念；严厉打击参与数字政府治理过程中的不正当行为；加强公众之间矛盾的调解。

（二）有效推进网民身份转变

从宏观上来看，有效推进网民身份转变实际上是要助推大量群众在数字时代的（自身）现代化进程[②]，也就是让这些群众真正从工业时代进入数字时代，由农业角色、工业角色转变为数字角色，在由非网民转变为普通水平网民的基础上，进一步由普通水平网民转变为高水平网民，消除这些群众与高水平网民之间在数字政府治理过程中受益方面的不平衡状态。具体举措有：一方面，革新非网民和普通水平网民的理念，强化这些群众自身条件。使非网民和普通水平网民明晰有效运用网络能够：方便与亲属沟通、联系；方便销售或购买商品，参与发展数字经济；方便获取自己所需的各类信息。明晰这些益处之后，必须采取一些举措强化非网民和普通水平网民转变身份的理念、强化这些群众自身条件，如：有效推进扶贫攻坚工作，改善群众的经济条件，夯实这些群众转变身份的经济基础；采用培训、讲座等方式提升这些群众的文化水平、上网能力；这些群众的亲属和朋友等有必要适时告知其上网方法和技巧等，降低这些群众上网过程中遇到困难的可能性。另一方面，优化上网环境。主要举措是：强化互联网建设，尤其是要适度降低上网费用；在条件成熟的地方提供可以无障碍使用的上网设备；政府实施诸多惠民政策以有效增加群众收入，使非网民

---

① 王少泉：《新时代我国数字政府治理平台建构分析》，《中共山西省直机关党校学报》2018年第4期。

② Joshi, J., et al. "Digital Government Security Infrastructure Design Challenges." *Computer*, 2001 (34.2):66-72.

及普通水平网民能够在优化经济条件的基础上购买或更新上网设备，为身份的转变创造条件。这些举措的实施，有赖于政府部门、公益部门和私营部门等主体的有效参与，这种参与是一种在党委的领导下展开的不平衡参与，政府部门有必要在这一过程中切实把握好大方向，在维护广大人民群众切身利益的基础上助推网民身份转变，助力贵州省数字政府治理过程中不同群众之间的受益程度不平衡问题。

二、关注多元主体的参与和监督

数字政府治理过程中，除公众参与和监督之外，私营部门和公益部门的参与和监督也十分重要，这些主体的有效参与和监督，有助于提升数字政府治理水平、降低不同主体之间的不平衡程度，具体着力于：强化私营部门和公益部门的参与；建立健全多方参与的监督机制。分述如下：

（一）强化私营部门和公益部门的参与

数字政府治理过程中，一些私营部门仅关注牟取私利，忽视了自身所负有的社会责任以及对公共服务供给的监督责任。为了保障我国数字政府治理进程的顺利展开，有必要采取有效措施提高这些私营部门和公益部门的社会责任感及对公共服务供给的关注度、监督能力。这些措施的行为主体可以是政府，也可以是部分公益部门：政府可以通过加强宣传、对认真履行社会责任的私营部门和公益部门进行奖励等措施，促使那些在公共服务供给中处于消极状态的私营部门和公益部门提高对公共服务供给的关注度；那些积极履行社会责任的私营部门和公益部门在这一过程中也能够发挥重要作用，可以通过正面宣传吸纳更多的公众参与到公共服务的供给之中，还可以通过宣传教育增强公众的正义感、判断力，使其能够根据自己的正确判断参与政治，并为其他公益部门树立榜样，促使它们提高对公共服务供给的关注度。具体到私营部门方面来看，有必要加强政企合作基础。在展开数字政府治理的过程中：革新领导者的理念，使政府一方愿意展开政企合作；优化与政企合作相关的法律法规，以有效夯实政企合作的基础；优化政企合作的实体平台和虚拟平台；强化对政企合作全过程的监督，及时、切实地惩戒违法违规的主体。

整体而言，我国数字政府治理过程中有必要采取有效措施提高私营部门和公益部门在公共服务供给中的参与度，其中最为关键的是政府应加强研究、建立或培育鼓励私营部门和公益部门积极参与政府服务外包的市场机制和服务机制，如健全与政府服务外包相关的法律法规，使这一过程有章可循；对积极参与公共服务供给的私营部门和公益部门予以政策倾斜，尽量减少其在提供公共服务过程中可能遇到的困难。

（二）建立健全多方参与的监督机制

地方政府应该通过设立公益部门、新闻媒体与学术界三方共同参与的监督机制，对数字政府治理的决策过程进行跟踪观察[①]，加强公众对数字政府治理中行政决策各参与主体的机构和功能进行有效监管，有效避免数字政府治理中出现行政决策失误。健全数字政府治理的问责渠道；加强对正当问责的公众的保护和鼓励；奖励进行正当问责的公益部门、新闻媒体和学术界。通过这些措施培育良好的数字政府治理的问责文化，强化对政府的监管。

具体而言，在做重大决策前，数字政府治理主体必须深入基层开展调查研究，并通过听证会、服务电话、网站留言、意见箱等方式让公益部门、新闻媒体、群众和私营部门充分发表意见和建议，确保各项决策是治理客体意愿的体现；同时，保障治理客体的监督、知情、投诉以及咨询等权益，依照法规办事、并落实到位；对各级政府部门数字政府治理的信息展开跟踪分析、协同督办、绩效统计、公开监察和评价共享等，实现信息的综合管理；对数字政府治理过程中的政府办事、政民互动、重大决策、部门履责、社会评议和第三方评价等展开全方位、全流程、网络化的综合效能监察，真正实现数字政府治理过程中多元主体的全过程参与。[②]

第一，加大宣传力度。充分发挥政府网站、主流媒体以及新媒体的效用，创新传播方式及传播渠道，让数字政府治理客体（如公益部门、私营部门和公众）逐渐了解、接受网上办事，[③]不断提高数字政府治理的知晓度和采用度。在门户网站、微信、新媒体等媒介上，实时更新关于数字政府治理的相关新闻，逐渐铺开和推广数字政府治理的新方式。第二，简化网上办事操作过程，畅通治理客体参与渠道。就基层政府数字政府治理而言，畅通治理客体参与渠道就是提供更多、更方便、更有效的方式让公众了解数字政府治理的功能和业务，在做重大决策前，数字政府治理主体必须深入基层开展调查研究，并通过听证会、服务电话、网站留言、意见箱等方式让群众和私营部门充分发表意见和建议，确保各项决策是公众意愿的体现。同时，保障治理客体的监督、知情、投诉以及咨询等权益，依

---

① Joshi, J., et al. "Digital Government Security Infrastructure Design Challenges." *Computer*, 2001 (34.2):66-72.

② 王少泉：《德国数字治理镜鉴下的中国国家治理现代化》，《重庆行政》2019年第6期。

③ Fedorowicz, Jane, and Martin A. Dias. "A decade of design in digital government research." *Government Information Quarterly*, 2010 (27.1)：1-8.

照法规办事、并落实到位。第三,完善综合效能监督管理体系。对各级政府部门数字政府治理的运行信息展开跟踪分析、协同督办、绩效统计、公开监察和评价共享等,实现信息的综合管理,对数字政府治理过程中的政府办事、政民互动、重大决策、部门履责、社会评议和第三方评价等展开全方位、全流程、网络化的综合效能监察,真正实现群众全过程参与和监督。[①]

三、加强对参与适度化的研究并加以践行

我国数字政府治理进程的推进与公众的日常生活息息相关,是政府和公众共同的事业,也是一个必须在较长时期内加以重视的、困难重重的系统过程。公益部门及公众等主体有序、适度地参与(在冷漠与亢奋之间寻获动态的相对平衡点)数字政府治理对其深入推进具有重要影响。目前,我国数字政府治理过程中与公众参与相关的理论主要有三种,这些理论及践行举措如下:

(一)公众参与的平衡理论及践行举措

在数字政府治理过程中,实现理性有序的公众参与存在诸多问题与困难:第一,公众在多大程度上能够参与到数字政府治理的过程中。第二,提高公众的数字政府治理的政治参与度、扩大公众参与数字政府治理的规模并不容易。[②]第三,寻求具有广泛代表性的数字政府治理代表、扩大代表的代表性并不容易。第四,在诸多公众参与数字政府治理的方式中如何进行选择?第五,在存在较高数字政府治理政治参与度的情况下,还存在一个重要问题:公众与行政官员之间的信任度不高。第六,行政人员如何有效管理公众参与?数字政府治理进程中的政治参与的狂热支持者忽视了上述问题与困难,导致在数字政府治理的参与过程中出现政治亢奋。政治参与的怀疑者则过分强调了上述问题与困难,导致对数字政府治理的政治冷漠。

在数字政府治理过程中践行公众参与平衡理论以提升我国数字政府治理能力的举措主要有:第一,采用培训等方式使公众和行政人员双方"经历一些无计划、特定的、在职的学习过程",[③]并倡导在数字政府治理平

---

① 王少泉:《德国数字治理镜鉴下的中国国家治理现代化》,《重庆行政》2019年第6期。
② Fedorowicz, Jane, and Martin A. Dias. "A decade of design in digital government research." *Government Information Quarterly*, 2010 (27.1) : 1-8.
③ 〔美〕约翰·克莱顿·托马斯:《公共决策中的公民参与》,孙柏瑛等译,北京:中国人民大学出版社,2010,第21页。

台构建过程中加强公众参与。数字政府治理这一领域学习过程的成功完成能够发挥公众参与的优势，通过这些学习，数字政府治理这一领域公务员能够在明晰公众需求的基础上更快、更经济地供给数字公共服务，且能够提高工作热情；对公众而言，随着政府供给数字公共服务能力及回应性的增强，他们的需求能够更好地得到满足，对政府的满意度也会随之上升。这种类型政府的构建有助于加快我国数字政府治理进程。原因在于：我国数字政府治理进程涉及多个部门、多个管辖区以及整个社会，需要政府部门、私营部门、公益部门和公众的协同配合。公众和行政人员双方参加的数字政府治理这一领域学习过程，能够为解决公众在参与数字政府治理过程中遇到的一些问题创造条件。

第二，制定与数字政府治理相关的政策之前，公务员必须与多方行动者进行磋商和谈判。经历数字政府治理这一领域的学习过程之后，公众和数字政府治理领域公务员还得注意一个问题，即公众参与数字政府治理的行政决策需要时间。制定数字政府治理的政策之前，公务员与多方行动者进行磋商和谈判会使决策的时间大大增加。但是进行与数字政府治理相关的决策之前，公务员必须与多方行动者进行磋商和谈判，综合各方意见及建议，在这一基础上制定符合大多数公众意愿的政策。原因在于：经过这种磋商和谈判后制定的决策，在执行时所遇到的阻力会减小，从而加快执行相关政策的速度。换言之，公众参与数字政府治理的决策过程会耗费时间，但能够减少相关决策在执行过程中所需的时间及阻力，即政策制定过程中耗费了时间，但执行过程中节省时间且消除了很多阻力。

（二）公众参与数字政府治理的随机理论及践行举措

公众参与数字政府治理的平衡理论认为，只有加入数字政府治理中的随机性的变量才能涵盖所有不一致的观点。"随机性观点就是要发现公众参与方式选择随环境变化而变化的优势所在。"[1]随机理论运用于公众参与数字政府治理过程中所要解决的问题主要是：在数字政府治理进程中，公众参与的最合适数量是多少？公众参与数字政府治理的最佳形式是什么？公众参与在何种情况下、如何影响数字政府治理的公共政策？该理论主张：公众参与应该随环境变化而变化。[2]

践行这一理论要求在公众参与数字政府治理过程中，政府部门应该根

① 王少泉、冀梦旺：《当代中国新媒体，城市动员与社会资本相关性分析》，《青海社会科学》2013年第4期。
② 〔美〕约翰·克莱顿·托马斯：《公共决策中的公民参与》，孙柏瑛等译，北京：中国人民大学出版社，2010，第22页。

据数字政府治理的环境变化为公众参与设置最合适的参与程度及最有效的参与形式。如在数字政府治理过程中，公众因自己对数字公共服务的诉求难以得到满足而出现政治亢奋，导致政府部门难以及时处理公众的诉求。政府部门应该增加"输入"渠道并提高数字公共服务供给能力以降低公众的政治亢奋度；公众因同样的原因而出现政治冷漠之时，政府部门应该鼓励公众有序、适度地进行参与，这样才能够准确获知公民的数字公共服务需求，为提升政府服务能力奠定基础；公众采用不合法的方式参与政治时，政府部门应该对这些行为加以惩戒，[①]同时注意通过增强数字公共服务供给等方式舒缓公众的政治亢奋度，并将公众引入合法的参与渠道。这种"权变"的做法能够随数字政府治理环境的变化对数字政府治理参与者的热情加以调整，降低数字政府治理过程中出现政治冷漠或政治亢奋的可能性。[②]

（三）平衡—随机参与理论及践行举措

公众参与的平衡—随机参与理论由平衡理论和随机理论组合而成，这种理论把来自公众参与的现实性的平衡观点与实践性的随机性观点结合起来，是一种实现数字政府治理中参与适度化的途径；一种对数字政府治理的公共管理者而言更具实践操作价值的理论。将平衡—随机参与理论运用于数字政府治理的实践，就能够实现公众参与过程中官僚精神与民主精神的融合，并使数字政府治理过程中可能出现的政治冷漠与政治亢奋之间取得平衡，实现数字政府治理过程中公众参与适度化。

官僚精神反映的是数字政府治理领域公务员执行相关政策时的价值标准。官僚精神最关注的是"效率至上"，官僚精神是在牺牲多元民主的基础上实现的。数字政府治理中公众参与的随机理论实质上倡导的主要是官僚精神，践行这一理论要求政府部门在公众参与数字政府治理之时根据环境变化选择最合适的参与程度、最有效的参与形式，为实现数字政府治理过程中决策、执行的高效率和经济性等创造条件。[③]当然，这种理论还涉及民主精神。民主精神所反映的是我国数字政府治理过程中政治共同体追求的价值标准。这种精神注重的是：数字政府治理的行政权力应该分散于

---

① Pethig, Florian, J. Kroenung, and M. Noeltner. "A stigma power perspective on digital government service avoidance." *Government Information Quarterly*, 2021 (1):101545.
② 王少泉、冀梦晅：《当代中国新媒体、城市动员与社会资本相关性分析》，《青海社会科学》2013年第4期。
③ Pethig, Florian, J. Kroenung, and M. Noeltner. "A stigma power perspective on digital government service avoidance." *Government Information Quarterly*, 2021 (1):101545.

政府官员、行政人员、利益集团和公众之间。因此，政府部门必须根据数字政府治理环境变化选择最合适的参与形式，能够在一定程度上实现公平和正义的最大化。具体而言，必须在设定公众参与数字政府治理的渠道、方式时不仅应该关注参与效率，还应该关注参与中的公平问题。如不仅应该在居民众多的地方强化基础设施建设，还应该关注在人口稀疏地区如何使公众参与数字政府治理的问题。二者同时兼顾能够及时获知并有效解决数字政府治理过程中输入政治系统的公众需求，增强政府服务能力，提高参与者对我国数字政府治理的满意度，有效降低他们的政治冷漠度或政治亢奋度。

结语

数字政府治理过程中，优化环境与基础、革新制度与机制、强化数字政府治理主体能力的同时，需要重视强化数字政府治理过程中客体参与，这是我国推进数字政府治理的第四条路径，这条路径由三个部分共同组成：重点强化公众参与；关注多元主体的参与和监督；加强对参与适度化的研究并加以践行。每个部分分别包含一些具体举措，实施这些举措，能够有效强化数字政府治理过程中客体参与，助力我国数字政府治理水平的进一步提升。

第二十二章　切实兼顾数字政府治理的双重驱动

革新数字政府治理制度与机制的举措主要是，首先，完善规章制度，整合数字政府治理资源及流程：完善规章制度，强化数字政府治理的规范性及安全性；数字政府治理资源及流程的整合。其次，建立健全管理体制与考评机制：全面整合管理体制；优化数字政府治理绩效考评机制。再次，重点优化数字公共服务供给机制：明晰治理过程中的政府定位，提升服务功能；优化数字公共服务的分类供给机制；强化数字公共服务手段的多元化。最后，优化资源分配机制，防止科层制僵化：优化数字政府治理资源的空间分配机制，消除数字鸿沟；数字政府治理过程中防止科层制僵化。

切实兼顾双重驱动，是指切实兼顾技术创新驱动和制度变革驱动，这是我国推进数字政府治理的第五条路径，与本书第三编中所述数字政府治理过程中问题的第五条成因"尚未有效兼顾双重驱动"直接对应。本质上同样与习近平总书记关于网络强国的重要思想的第二大方面（中观层面）内容，尤其是其中所述"在实体空间和虚拟空间中兼顾技术创新驱动与制度变革驱动，因需制宜地实施烈度适中的不平衡政策"对应，也与第三编所述数字政府治理现状、问题及成因等对应。且在一定程度上借鉴了第四编中所述德国数字政府治理的亮点"重视基于创新推进治理进程"。从本书第三编阐述的数字政府治理实例可以看出：诸多地方推进数字政府治理进程时，明显偏向于技术创新驱动。因此"切实兼顾双重驱动"主要在制度变革驱动领域着力，与《国务院关于加强数字政府建设的指导意见》（2022年6月23日）的第三项基本政策"构建科学规范的数字政府建设制度规则体系"相符。这条路径由四个部分共同组成：完善规章制度，整合数字政府治理资源及流程；建立健全管理体制与考评机制；重点优化数字公共服务供给机制；优化资源分配机制，防止科层制僵化。每个部分分别包含一些具体举措，分述如下：

一、完善规章制度，整合数字政府治理资源及流程

实施这些举措的重要目标是解决数字政府治理过程中的供需不平衡问题，具体着力于：完善规章制度，强化数字政府治理的规范性及安全性；整合数字政府治理资源及流程。分述如下：

（一）完善规章制度，强化数字政府治理的规范性及安全性

数字政府治理是一场数字时代的治理，这意味着：产生于工业时代且至今尚在运行的管理体制较难助推数字政府治理快速发展。这种治理要求我国各级政府推进数字政府治理进程时不应仅注重资金的投入、人才的引进、硬件设施的建设等，还应该重视管理体制的建设，构建一种明显具有数字时代特征的管理体制，以完备、高效的管理体制保障网络组织任务的实现。相关管理体制还应进一步优化，才能够切实有效地推进数字政府治理进程，向公众提供其所需的数字公共服务，为提高公众对政府的满意度创造条件。具体着力于：

完善信息化管理体制机制，建立健全信息化管理制度，构建信息化安全管理体系。规范数字政府治理的各项举措，建立健全岗位职责，做到分工明确、责任到人、轮值共管不推诿。工作人员实行考核奖惩制度，由上级组织负责对改革工作的监督和考核，每年年底统一总结考核，对有效推进数字政府治理的组织和个人给予表彰和奖励。对工作不负责、敷衍塞责的组织和个人给予通报批评、限期整改。建立数字政府治理的评估制度，以督导问责严奖惩，将数字政府治理内容列入年度目标考核任务，明确服务内容，细化服务标准。[1]另外，进一步改革不符合数字政府治理理念的各种规定，积极开展电子证照、签章、公文等新事物在数字治理过程中的试点应用，确定这些新事物的法律地位，抓紧对信息数据流动和利用的监管进行立法，保障群众的信息安全，[2]提高对国家、商业、个人隐私和知识产权的保护力度。高度重视政府网站、审批业务系统、公共服务平台等与群众信息安全密切相关的网络系统，加强网络安全监管，特别是部门之间数据信息的采集、更新、共享以及群众信息安全保障，保证网络系统的安全、有效、可靠运行。加强技术保障和监测预警，积极构建网站安全技术防护体系，及时防范和应对意外事故和恶意攻击行为，为数字政府治理

---

[1] 王少泉：《新时代"数字政府"改革的机理及趋向——基于广东的实践》，《地方治理研究》2020年第3期。

[2] Pavlichev A., Garson, G. D.. "The promise of digital government." in *Digital government: Principles and best practices.* IGI Global. 2004.

的有序推进提供良好安全保障。

（二）整合数字政府治理资源及流程

数字政府治理水平的提升还有赖于数字政府治理资源及流程的有效整合。数字政府治理资源无效整合最常见的状况是：第一，多个部门提供相似，甚至相同的数字公共服务；第二，一个部门提供多个领域的数字公共服务，导致该部门的人力物力难以维持数字公共服务的高水平提供，进而导致数字公共服务的供给水平下降；第三，政府未顾及应由政府部门供给的数字公共服务，而将这些服务交由非政府部门供给，非政府部门的人力物力难以维持数字公共服务的高水平提供，导致供给水平下降；第四，政府依然秉持"大政府、小社会"的理念，过多地承担数字公共服务的供给，将可以交由非政府部门供给的数字公共服务也保持在自己的供给范围，导致这些服务的供给质量和效能均较低。这几类情况均会降低数字公共服务的供给水平。有效整合数字政府治理资源是提升这一水平最有效的方法之一，有效整合数字政府治理资源应做到：同一类数字公共服务由同一个政府部门或非政府部门供给；一个政府部门或非政府部门只承担其人力、物力能够支持的数字公共服务供给；[①]合理划分政府部门与非政府部门的职能，将政府部门无力承担的数字公共服务供给交由非政府部门承担，非政府部门则力戒涉足理应由政府部门供给的数字公共服务领域。

当前，我国数字政府治理流程中存在诸多问题。其中学界最为关注的是：同一种数字公共服务的供给，在不同阶段由不同政府部门或非政府部门承担（甚至是二者混合承担）。在不同部门承接同一种数字公共服务供给的不同阶段时，常常会出现数据遗失等情况。因此，为了提升我国的数字政府治理水平，有必要对数字政府治理流程进行有效的整合与重塑。

在数字政府治理过程中，私营部门和政府理论都值得政府领导者和研究人员借鉴。可以充分尊重市场经济规律，市场自身的需求与供给的关系有助于给信息技术提供未来发展方向，同时也有助于充分利用信息技术服务于数字政府治理。随着信息技术的运用和普及，现代智能手机已经被公众广泛使用。只需有无线网络，公众便能运用智能手机无线上网，廉价迅捷，便于公众接触和使用数字政府治理平台。数字政府治理过程离不开各种通信设备运营商的合作。提供移动服务的运营商应该充分挖掘新业务、

---

① Mciver, William J., and A. K. Elmagarmid. "Advances in Digital Government." *Advances in Database Systems*, 2002 (26).

开发新事物，^①将现有的各类单一信息服务平台整合成综合的信息服务体系，用智能的管理方式代替简单的信息传输，为用户提供友好的业务接口、身份安全认证、合理的计费标准等各项服务。^②

二、建立健全管理体制与考评机制

数字政府治理进程的顺利推进离不开一系列健全的相关机制的保障。随着网络和信息技术的迅猛发展，目前国内已有的相关制度机制已远远不能保障我国数字政府治理的顺利发展，催生了数字政府治理过程中的不平衡问题。针对这一问题，我国可以结合国情，参考国外的经验，全方位、多角度地来考虑如何进一步健全相关的制度机制。具体举措是：全面整合管理体制；优化数字政府治理绩效考评机制。分述如下：

（一）全面整合管理体制

第一，健全数字政府治理的管理体系和激励机制。数字政府治理是由其管理体系中的人来推进的，为了加快我国的数字政府治理进程，有必要健全数字政府治理的激励机制，主要可以采取以下措施：将数字政府治理平台供给数字公共服务能力的提升程度与公务员的晋升和奖励挂钩；对积极践行数字政府治理政策的公务员进行奖励；为数字政府治理方面的人才提供较好待遇。除这些措施之外，我国还应该相应地构建完备的惩戒机制，对消极对待数字政府治理的公务员进行惩戒。从激励和惩戒两方面入手，促使公务员能够更加积极地采取有效措施推进我国的数字政府治理进程。第二，建立完备的数字政府治理决策支持系统及多元协商机制。数字政府治理进程的推进须有准确、全面、及时的信息及正确、高效的决策。数字政府治理进程的推进通常涉及多种主体，如数字政府治理主体（包括政府部门和公务员）、数字政府治理客体（包括普通公众、专家学者等），数字政府治理需要多方协商参与。第三，健全数字政府治理的管理和绩效评估机制。对国内外学界有关绩效考核的文献展开分析，我们能够发现国外学界在数字政府治理绩效考核理论方面的研究具有系统性和传承性。我国学界在数字政府治理绩效考核方面的研究才刚刚开始，大多数研究成果是就事论事、各成一家，且没有很好地展开理论总结和系统化分析，缺乏国外学界数字政府治理绩效考核研究的开阔思路，因此国内学界可以充分借鉴国外学界的优秀理论成果。

---

① 王少泉：《我国数字政府治理的现状、问题及推进途径》，《重庆三峡学院学报》2018年第6期。

② 戴伟：《论移动政务背景下政府公共服务能力提升》，《电子技术与软件工程》2013年第3期。

（二）优化数字政府治理绩效考评机制

结合我国各部门发展的实际需要，对数字政府治理的各种研究成果进行分析，传统的电子政务管理模式在解决人浮于事、出勤不出力、目标管理、增收节支等方面虽有一套绩效考核方法，但是绩效考核的结果却不尽如人意。专家学者都比较注重细节的问题，强调当下数字政府治理绩效考核的方法，却忽视了数字政府治理绩效考核长远发展的趋势预测。因此，我国学界在广泛借鉴国外理论的同时，更需要进行消化吸收，从而创造出具有中国特色的数字政府治理绩效考核方法。我国数字政府治理绩效考核可朝着以下几个方面发展：①在数字政府治理绩效考核的基本方法上，更加突出绩效考核的系统性，即数字政府治理绩效考核应独立发展成一个理论体系。②在原有静态绩效考核的基础上，应发展为动态绩效考核，即全面的数字政府治理科学考核机制，针对不同的考核者与被考核者采用相应的考核机制。同时树立以人为本的思想，重视人力资源的培养。③在数字政府治理绩效的不同考核方法中，应使这些方法实现互补。随着我国数字政府治理进程的不断推进，数字政府治理绩效考核也应于此过程中实现互补并最终统一。

三、重点优化数字公共服务供给机制

实施这一举措的直接目标是：在数字政府治理过程中，降低数字公共服务供给与需求之间的不平衡程度。具体着力于：明晰治理过程中的政府定位，提升服务功能；优化数字公共服务的分类供给机制；强化数字公共服务手段的多元化。分述如下：

（一）明晰治理过程中的政府定位，提升服务功能

当前，公共管理改革的一个方向是以公众而非政府为中心，强调通过有效措施增强政府供给公共服务的能力。数字政府治理的主体并非只有政府，还包括非政府部门和私营部门等，治理过程中政府定位不明晰、服务功能薄弱是导致我国数字政府治理过程中存在诸多问题的重要成因之一。一些地方政府因为需要消耗较多的人力、物力而消极抵制数字政府治理，将部分数字公共服务的供给功能交给，甚至强加给非政府部门。在非政府部门供给数字公共服务的过程中，政府部门失于监管，导致政府部门通过数字政府治理平台及非政府部门供给数字公共服务的能力低下，主要表现在服务功能薄弱。公众因为无法获得满意的数字公共服务而对政府的信任度、满意度下降。这一情况若不及时加以改变，势必影响我国政治、经济和社会的健康、稳定发展。因此必须采取有效措施明晰数字政府治理过程

中的政府定位，以提升服务功能。

政府要明晰其在数字政府治理中的定位，必须对数字公共服务进行准确划分，将非基本数字公共服务交由非政府部门供给之后，采取有效措施提供及时、高质量的基本数字公共服务。政府部门在供给基本数字公共服务这一过程中，必须注意加强对数字政府治理流程的整合与重塑。一种数字公共服务只能由一类政府部门供给，力求避免"一种数字公共服务由多种政府部门供给"这种情况的出现。[1]

（二）优化数字公共服务的分类供给机制

目前，我国通过数字政府治理平台提供的公共服务（即与"实体公共服务"相对的"数字公共服务"）包括多方面内容。在探讨如何优化我国的数字政府治理之前，必须对支撑数字政府治理的资源进行分类。这是提升数字政府治理水平、整合数字政府治理资源、整合与重塑数字政府治理流程、促进数字政府治理手段多元化的基础。在数字政府治理系统中，统一的公共服务资源目录体系是实现组织任务（服务资源）的核心管理组件，[2]也是提供数字政府治理资源的导航与搜索定位组件。这一体系首先应该包括数字政府治理过程中提供的公共服务，还应包括我国各级政府目前在数字政府治理过程中尚未提供的公共服务。此外，这一体系应随着社会环境的变化而不断地加以调整。公共服务资源目录体系不健全是我国各级政府推进数字政府治理进程之时面临的重要问题。这一体系的构建有助于我国各级政府推进数字政府治理的过程中对数字政府治理的资源及流程进行整合，由此可以看出构建这一体系具有重要意义。

对支撑数字政府治理的资源进行划分的方法主要有：按照数字公共服务所属的行政组织进行划分、按照数字公共服务所属的地域进行划分、按照数字公共服务的重要性进行划分等。当前，我国各地评估数字公共服务的供给绩效时，通常是将不同地域所提供的数字公共服务进行对比或将不同行政组织所提供的数字公共服务进行对比，将提供重要数字公共服务的绩效进行对比研究较少。还有一种更为重要的划分方法是依照数字公共服务的重要性将其划分为：基本数字公共服务和非基本数字公共服务。进行这一划分是数字政府治理过程中构建统一的公共服务资源目录体系的前提。

---

[1]　王少泉：《数字治理："百年未有之大变局"下中国的重要治理方式》，《新余学院学报》2020年第3期。

[2]　Chen, Yu Che, and T. C. Hsieh. "Big Data for Digital Government: Opportunities, Challenges, and Strategies." *International Journal of Public Administration in the Digital Age*, 2014 (1.1):1-14.

基本数字公共服务是指与我国公众密切相关的、最必要的数字公共服务。基本数字公共服务的主要特征是：动态性；针对紧迫问题；覆盖面广；供给水平相对较高；供给难度相对较低；政府关注度高；具有公共物品的特性；非竞争性和非排他性。与基本数字公共服务的性质相对应，基本数字公共服务均等化主要包括两层含义：在有效供给基本数字公共服务的基础上，有效提升数字公共服务的水平。值得注意的是：我国不同群体（尤其是不同职业群体）对不同基本数字公共服务的需求有一定差异，在通过数字政府治理平台提供数字公共服务之时，需要注意不能"一刀切"，应该注意通过数字政府治理平台针对不同群体提供其所需的数字公共服务。

非基本数字公共服务是指与我国大多数公众相对疏离、公众普遍关注度相对较低的数字公共服务。非基本公共服务的主要特征是：动态性；针对非紧迫问题；覆盖面较窄；供给水平相对较高；政府关注度较低；在一定程度上具有竞争性和排他性。[1]我国政府通过数字政府治理平台供给数字公共服务时，需要采取以下措施处理好与基本数字公共服务和非基本数字公共服务相关的事项。

淡化公众对非基本数字公共服务所持的质疑态度。[2]当前，我国正在努力构建社会主义现代化强国，数字公共服务均等化在这一进程中扮演着重要角色。因此，政府应该借助数字政府治理平台努力提升数字公共服务水平、扩大数字公共服务的覆盖面，淡化或消解仅能够享受基本数字公共服务的公众对那些同时享有两种数字公共服务的公众的不友好态度。扩展基本数字公共服务范围并提高其水平，缩小非基本数字公共服务范围。[3]政府应对具有重要影响性的公益事业进行直接干预，并对基本数字公共服务的供给过程进行严格监管。政府应通过数字政府治理平台对基本数字公共服务供给进行有效的宏观调控。政府在基本数字公共服务供给决策过程中可借助数字政府治理平台发挥主导作用。

（三）强化数字公共服务手段的多元化

在树立数字政府治理理念并对数字公共服务进行分类的基础上，应该致力于提升数字政府治理水平。该方面水平的提升可以划分为纵向和横

---

[1] 娄兆锋、曹冬英：《公共服务导向中基本公共服务与非基本公共服务之研究》，《中国行政管理》2015年第3期。

[2] Savage N. "Making digital government a better government". *Nature*. 2018 (563):S136-S137.

[3] 娄兆锋、曹冬英：《公共服务导向中基本公共服务与非基本公共服务之研究》，《中国行政管理》2015年第3期。

向两大方面。纵向水平的提升是指：数字公共服务的供给部门从内部出发，[①]通过培训及咨询专家等方式提高数字公共服务的供给质量和效能。如某省财政厅通过培训及咨询专家、或直接引进数字公共服务领域的人才，增强了相关数据的更新速度及透明度，有效地提升了数字公共服务的供给质量和效能。横向水平的提升是指：数字公共服务的供给部门从内到外同时着手，在内部增加供给数字公共服务的部门及人员；[②]在外部扩大数字公共服务的覆盖范围，包括覆盖地域和人群两个方面[③]。如某县为了提高数字公共服务水平，在提升纵向水平的同时，有效地从横向提升了数字公共服务供给水平。

数字政府治理手段的多元化可以视为提升我国数字政府治理水平的手段之一。此举必须基于数字公共服务种类的划分而展开[④]。如将数字公共服务划分为基本数字公共服务与非基本数字公共服务，我国政府部门应致力于供给高水平的基本数字公共服务，而将非基本数字公共服务交由非政府部门供给。此举能够有效整合数字政府治理资源、提升我国数字公共服务供给水平，从而更好地体现数字政府治理手段多元化的益处。在将非基本数字公共服务交由非政府部门供给的过程中，我国政府可以借鉴西方国家20世纪80年代以来展开的"新公共管理运动"所取得的一系列成功经验。我国在数字政府治理过程中可以对欧美国家的政府服务外包举措加以借鉴，如将部分数字公共服务的供给承包给非政府部门；政府部门出资向非政府部门购买其能够供给的数字公共服务；政府部门出资帮助非政府部门，使其承担部分数字公共服务的供给功能。在实现数字政府治理手段多元化的过程中，我国政府必须注意私营部门和公益部门通过数字政府治理平台供给数字公共服务过程中面临的困难，有必要通过有效措施协助这两类部门消除这些困难，从而为实现数字政府治理手段多元化创造有利条件。

① 王少泉：《我国数字政府治理的现状、问题及推进途径》，《重庆三峡学院学报》2018年第6期。
② 王少泉：《我国数字政府治理的现状、问题及推进途径》，《重庆三峡学院学报》2018年第6期。
③ Agbozo, Ebenezer. "Applying Apriori Rules Mining in Evaluating Digital Government Services Patronization by a Younger Generation of Users in Russia." *TEM Journal*, 2019 (8.4):1207-1212.
④ Agbozo, Ebenezer. "Applying Apriori Rules Mining in Evaluating Digital Government Services Patronization by a Younger Generation of Users in Russia." *TEM Journal*, 2019 (8.4):1207-1212.

四、优化资源分配机制，防止科层制僵化

实施这一举措的直接目标是：在数字政府治理过程中，降低资源分配需求与资源分配实况之间、科层制需求与实况之间的不平衡程度。具体着力于：优化数字政府治理资源的空间分配机制，消除数字鸿沟；数字政府治理过程中防止科层制僵化。分述如下：

（一）优化数字政府治理资源的空间分配机制，消除数字鸿沟

近年，国内学者撰写大量文献阐述与"公共服务均等化"相关的论题，针对如何促进公共服务均等化提出了大量建议，部分见解颇有可取之处。数字政府治理资源的空间分配不平衡及数字鸿沟的存在，实质上是公共服务非均等化的体现之一。值得注意的是：这种表现为数字鸿沟的数字公共服务非均等化并非只存在于城乡之间，也存在于农村的不同居民之间，为消除这种不平衡性及存在的数字鸿沟，应该从政府、公务员及社会环境三方面入手，而且践行这些举措之时需要注意农村内部也存在数字鸿沟，这些举措主要是：其一，政府层面。确定数字政府治理资源空间分配平衡化的标准，数字公共服务的质量应该由"顾客标准"而非组织和专业的标准来判定。[1]其二，公务员层面。采取有效措施促使公务员树立数字政府治理资源空间分配平衡化理念；制定规章制度促使公务员在其工作中投入足够的时间与"顾客"交流，在数字公共服务供给政策的制定过程中，对"顾客"的意向加以足够重视；严厉惩戒那些抵制或消极对待数字政府治理资源空间分配平衡化的公务员。[2]其三，社会环境层面。增强公益部门、新闻媒体、学术界等对供给数字公共服务的政府部门的监督力度；促进经济发达地区支援经济欠发达地区的社会舆论、文化氛围。

（二）数字政府治理过程中防止科层制僵化

1. 基于奖惩制度、评估制度的改革催生灵动科层制。完善考核奖惩制度，由上级组织负责对数字政府治理情况展开的监督和考核，对有效推进数字政府治理进程的组织和个人给予表彰和奖励，并对工作不负责、敷衍塞责的组织和个人给予通报批评；完善数字政府治理的评估制度，以督导问责严奖惩，将数字政府治理的内容列入年度目标考核任务；进一步改革不符合数字政府治理理念的各种规定，积极开展电子证照、签章、公文等

---

[1] Anttiroiko, Ari Veikko, and Mälkiä, Matti. "Encyclopedia of Digital Government." *IGI Publishing*, 2006.

[2] 曹冬英：《民族地区公共服务信息化协同问题研究——以政府部门为对象》，《广西职业技术学院学报》2015年第2期。

新事物在数字政府治理过程中的应用试点，确定这些新事物的法律地位。

2. 数字政府治理过程中优化多部门、多主体之间的协同机制。进一步厘清数字政府治理各主体的权力、责任和负面清单，优化行政服务流程和管理体系，落实行政权力运行流程图、监督考核制度，实现审批服务统一标准化、各部门政务协同化，[①]推进线上与线下服务相结合的政务服务模式，有效强化网上办事大厅服务的广度、深度和质量，优化政务服务大平台。充分发挥云计算、互联网技术和移动互联网技术等先进技术手段，打破信息孤岛，实现跨部门、跨地区、跨层级的信息汇聚，在数据和资源等领域实现集中共享。[②]

3. 完善数字政府治理平台，优化全面整合机制。完善数字政府治理平台以提升数据共享互动水平，全面部署并改造政务网络服务环境，修改完善数字政府治理平台及系统的功能，利用内网数据库和政务云数据库，[③]全面打通部门信息壁垒，为数据对接提供平台支撑；加强资源整合，鼓励治理过程中得到优化的数字政府治理平台立足自身服务功能、开发特色项目，通过数字政府治理平台定期发布"项目菜单"，为数字政府治理客体参与治理过程提供选择。对各级政府部门数字政府治理的信息展开跟踪分析、协同督办、绩效统计、公开监察和评价共享等，实现信息的综合管理；对数字政府治理过程中政府办事、政民互动、重大决策、部门履责、社会评议和第三方评价等展开全方位、全流程、网络化的综合效能监察，真正实现数字政府治理过程中多元主体的全过程参与。

结语

在优化数字政府治理的环境与基础的同时，需要革新数字政府治理制度与机制，这是我国推进数字政府治理的第二条路径，这条路径由四个部分共同组成：完善规章制度，整合数字政府治理资源及流程；建立健全管理体制与考评机制；重点优化数字公共服务供给机制；优化资源分配机制，防止科层制僵化。每个部分分别包含一些具体举措，稳步实施这些举措有助于显著优化数字政府治理的内核，为我国数字政府治理水平的进一步提高创造条件。

---

① Anttiroiko, Ari Veikko, and Mälkiä, Matti. "Encyclopedia of Digital Government." *IGI Publishing*, 2006.

② 王少泉：《德国数字治理镜鉴下的中国国家治理现代化》，《重庆行政》2019年第6期。

③ Joshi, J., et al. "Digital Government Security Infrastructure Design Challenges." *Computer*, 2001 (34.2):66-72.

第六编

理论创新：数字时代治理『第三波浪潮』理论

从实践层面来看，当前，我国以及极少数西方国家已经出现明显不同于前两波"浪潮"的数字时代治理"第三波浪潮"。在我国，这一"浪潮"基于习近平总书记关于网络强国的重要思想的指导下的数字政府治理催生，其现实背景是：中西方数字政府治理效能的变换；我国公共行政学界通过深化研究增强理论自信。在这种现实背景下，我国具备了构建数字时代治理"第三波浪潮"理论的条件。

从理论层面来看，在运用习近平总书记关于网络强国的重要思想分析我国数字政府治理实践、扬弃数字时代治理理论"第一波浪潮"和"第二波浪潮"观的基础上，基于习近平总书记关于网络强国的重要思想中与数字政府治理直接相关的内容，可以提出数字时代治理"第三波浪潮"理论。"第三波浪潮"理论的内涵与习近平总书记关于网络强国的重要思想中与数字政府治理直接相关的三大方面内容相符，要素呈现了重要思想的诸多具体内容以及我国数字政府治理的现实举措。本编重点阐释数字时代治理"第三波浪潮"理论的缘起、要素与前景等。

第二十三章　数字时代治理"第三波浪潮"理论

21世纪初，西方国家基于对西方国家数字政府治理实践的研究提出数字时代治理"第一波浪潮"和"第二波浪潮"的理念。近年，我国的数字政府治理实践开始催生数字时代治理"第三波浪潮"及其理论。"第三波浪潮"理论与前两波"浪潮"观一样：由重新整合、整体主义和数字化这三大领域组成且核心要义并未出现明显变化；这三大领域各包括诸多要素，这些要素分属"权力结构重塑"和"实现形式设计"两大层面，具有较为明显的普适性及良好前景。

当前，世界主要国家已经全面开启数字政府治理进程，这一进程的理论基础主要有两种：生成于西方国家的数字时代治理理论、生成于我国的习近平总书记关于网络强国的重要思想。数字时代治理包含数字政府、数字经济和数字社会等领域的治理。数字时代治理理论主要以数字政府治理为研究对象，少量内容涉及数字社会，习近平总书记关于网络强国的重要思想则同时关注数字政府、数字经济和数字社会等领域。从宏观视角来看，数字时代治理理论主要基于电子政务时期以及数字政府治理初期的治理经验生成，是大量国家尤其是西方国家数字政府治理的最重要理论基础。除数字时代治理理论之外，一些理论也是数字政府治理的基础，如：电子政务理论、整体性治理理论和公共价值管理理论等。这些理论在"与数字政府治理相关度高低""对数字政府治理的指导力度强弱"等方面，无法与数字时代治理理论相比，可见，尽管都是大量国家尤其是西方国家数字政府治理的理论基础，但不同理论的重要性明显不平衡。

从中观视角来看，以邓利维为代表的一些西方学者针对西方国家数字政府治理实践展开研究，基于以技术驱动为主、制度驱动为辅的数字政府治理提出数字时代治理"第一波浪潮"和"第二波浪潮"的理念，这一理论创新反作用于数字政府治理实践，助推了数字政府治理水平的提升。从近年中西方国家的数字政府治理实践来看，西方国家的治理并未出现明显创新，我国则同时借助技术驱动和制度变革驱动实现了治理效能的较快提升，为催生数字时代治理"第三波浪潮"理论创造了条件。

从现有的研究成果来看，邓利维等西方学者在少量著述中阐释数字时代治理"浪潮"观，[①]国内少数研究者撰文介绍、分析了"浪潮"观，[②]极少数研究者在分析"浪潮"观的基础上述及"第三波浪潮"[③]。可见，这一领域的研究有待进一步展开。基于数字政府治理实践与理论研究两方面考量，有必要在分析数字时代治理"第三波浪潮"理论的背景与成因的基础上，阐述"第三波浪潮"理论的核心要素、普适性与前景等。

一、数字时代治理"第三波浪潮"理论的背景

数字时代治理"第三波浪潮"理论的背景是习近平总书记关于网络强国的重要思想、数字时代治理"浪潮"观，实践背景由多方面内容共同组成。

（一）习近平总书记关于网络强国的重要思想

习近平总书记关于网络强国的重要思想包括诸多内容，与数字政府治理直接相关的内容分属宏观、中观、微观、原则和目标等领域。

1. 三大方面内容。本书第一章已经阐述这一重要思想的十个方面内容；《习近平关于网络强国论述摘编》由9个专题共同组成：加强党对网信工作的集中统一领导；网信事业发展必须贯彻以人民为中心的发展思想；努力把我国建设成为网络强国；坚决打赢网络意识形态斗争；构建网上网下同心圆；维护国家网络安全；加速推动信息领域核心技术突破；发挥信息化对经济发展的驱动引领作用；共同构建网络空间命运共同体。[④]无论从十个方面内容还是从9个专题来看，都能发现：习近平总书记关于网络强国的重要思想的很多内容与数字政府治理直接相关，除原则及归属于微观层面的一些举措之外，其他内容分属于三大方面：①中央根据现实变化稳步优化正确的数字政府治理路线，在有效优化数字政府治理结构、整合多元主客体合力的基础上切实贯彻路线。这是有效推进数字政府治理进程的根本保障，也是数字政府治理的宏观层面内容。②在实体空间和虚拟空间中兼顾技术创新驱动与制度变革驱动，因需制宜地实施烈度适中的

---

① Dunleavy, Patrick, and H. Z. Margetts. "The Second Wave of Digital Era Governance." *Social Science Electronic Publishing*, 2010.
② 王少泉：《数字时代治理理论：背景、内容与简评》，《国外社会科学》2019年第2期。
③ 王少泉：《数字时代治理理论的问题与属性》，《中国社会科学报》，2019-05-22（07）。
④ 中共中央党史和文献研究院编：《习近平关于网络强国论述摘编》，北京：中央文献出版社，2021，目录。

不平衡政策。这是有效推进数字政府治理进程的重要条件，也是数字政府治理的中观层面内容。③将数字政府治理领域的不平衡程度控制在适度范围内，防范或打破数字政府治理领域的"低水平锁定"状态，有效提升治理水平，惠及最广大群体。这是数字政府治理的目标。

习近平总书记关于网络强国的重要思想中与数字政府治理直接相关的内容，与诸多学科或理论中的一些理念相符，表明这一重要思想十分高端，如与天体物理学中的"大过滤器"理论和陨石理论相符，阐释如下：

（1）与"大过滤器"理论相符。美国学者罗宾·汉森（Robin Hanson）把从没有生命的荒芜之地到扩张性的星际文明的演进，大致划分成9个阶段，无论是什么因素、在哪个步骤阻止了第9个阶段的最终实现，它都被称为"大过滤器"。实际上，人类历史发展过程中也存在"大过滤器"，这种"大过滤器"在农业时代、工业时代等大时代来临之时会明显发挥效能，从发展水平的对比来看，经过"大过滤器"筛选出来的国家和地区会快速进入一个新的时代、治理水平会明显高于其他地区，未能通过"大过滤器"筛选的国家和地区则会在较长时间内处于旧时代的治理状态，呈现出落后状态，由此出现明显的不平衡治理状态。

习近平总书记关于网络强国的重要思想中与数字政府治理直接相关的内容包含：在有效优化数字政府治理结构、整合多元主客体合力的基础上切实贯彻路线，借助多元举措将数字政府治理领域的不平衡程度控制在适度范围内，防范或打破数字政府治理领域的"低水平锁定"状态，有效提升治理水平，惠及最广大群体。将这些内容与"大过滤器"理论结合能够发现：当前，数字时代已经全面来临，是否拥有较高甚至极高的治理水平尤其是数字政府治理水平，对一个国家或一个地区能否顺利通过"大过滤器"的筛选具有重要影响，顺利通过筛选的国家和地区与未能通过筛选的国家和地区之间会出现不平衡状态，尤其是在数字政府治理领域会出现明显的不平衡状态。有效提升数字政府治理水平，有助于我国在国际竞争中胜出，与其他国家之间形成对我国有利的不平衡状态。

（2）与陨石理论相符。宇宙学家认为，陨石对地球生命的形成和演化具有重要影响。一些宇宙学家认为，地球上的最初生命，有可能是由陨石带至地球，体积过小的陨石无法携带生命体抵达地球表面——体积过小的陨石会在大气层中燃烧殆尽，即使有少量陨石抵达地球表面，陨石上携带的生命体也极有可能在穿过大气层时因摩擦产生的高温而死亡。因此，陨石必须拥有一定的体积，才有可能将生命体带至地球表面。但是陨石体积过大则会给地球上的生命演化形成明显负面影响，如：恐龙的灭绝极有可能与巨型陨石撞击墨西哥尤卡坦半岛密切相关。可见，陨石确实对地球生命的形成和演化具有重要影响，是否产生影响及这种影响是积极的还是消极的，与陨石体积大小密切相关：陨石体积过小的情况下无法对地球生命的形成和演化产生影响；陨石体积过大会对地球生命的演化产生明显负面影响；陨石体积适度才能够对地球生命的形成和演化主要产生积极影响。换言之，在地球生命形成的演化过程中，撞击地球的陨石体积大小必须相对平衡，体积太小或者太大这两种极端不平衡状态，或无法对地球生命产生和演化产生影响，或会对地球生命演化产生明显负面影响。

习近平总书记关于网络强国的重要思想中与数字政府治理直接相关的内容包含：在实体空间和虚拟空间中兼顾技术创新驱动与制度变革驱动，因需制宜地实施烈度适中的不平衡政策；将数字政府治理领域的不平衡程度控制在适度范围内。将这些内容与陨石理论结合能够发现：治理政策的烈度必须适中，否则剧烈变化容易在数字政府治理过程中引起动荡；数字政府治理过程中必须将不平衡程度控制在适度范围内，兼顾双重驱动，否则严重的不平衡状态将阻滞数字政府治理水平的提升。

2. 三大方面内容的解析。（1）中央根据现实变化稳步优化正确的数字政府治理路线，在有效优化数字治理结构、整合多元主客体合力的基础上切实贯彻路线。西方国家都是两党制或多党制国家，这种政党制度引致一个明显问题：这些国家的数字政府治理政策常因执政党的变换而变更，极难遵照稳定的治理路线一以贯之地推进治理进程。这些西方国家中，德国的情况是最好的，如本书第四编德国一章所述：2005年11月至2021年12月的16年间，默克尔一直担任德国总理，德国基督教民主联盟一直处于执政地位，使得数字政府治理政策具有明显的稳定性。但是德国的数字政府治理水平依然未能得到快速提高，这一情况的重要原因为：德国是复合制国家，联邦政府的政策不一定能够在州和地方政府得到良好执行；德国基督教民主联盟在制定数字政府治理政策过程中受到反对党牵制，通常不会出现大刀阔斧的改革。本书第四编所述西方国家中，日本较为特殊：该国的政党制度虽是多党制，但自民党长期执政，国家结构是单一制，这两种制度为日本稳步、有效地实施数字政府治理政策创造了良好条件，是日本正在催生数字时代治理"第三波浪潮"、数字政府治理水平较高的重要原因。

与西方国家明显不同的是：我国的政党制度是中国共产党领导的多党合作和政治协商制度共产党领导的多党合作制，中央在汇聚多方智慧的基础上，根据现实情况的变化不断优化数字政府治理路线，并不断优化数字政府治理结构，有效整合多元主客体的合力，使治理路线能够得到一以贯之的贯彻执行。从本质上来看，在中国共产党领导下遵照治理路线一以贯之地推进治理进程，是习近平总书记关于网络强国的重要思想中与数字政府治理直接相关的第一大方面内容的直观展现，即：中央根据现实变化稳步优化正确的数字政府治理路线，在有效优化数字治理结构、整合多元主客体合力的基础上切实贯彻路线。

（2）在实体空间和虚拟空间中兼顾技术创新驱动与制度变革驱动，因需制宜地实施烈度适中的非均衡政策。数字政府治理过程中存在两个类别的驱动：技术革新带来的驱动和制度变革带来的驱动，简称为技术驱动和制度驱动。当然，现实的数字政府治理过程中，任何一个国家和地区都不可能完全只借助技术驱动和制度驱动这两者中的一种助推数字政府治理进程，而是采用三种模式中的某一种：以技术驱动为主导、制度驱动为辅助推进数字政府治理进程；以制度驱动为主导、技术驱动为辅助推进数字政府治理进程；在技术驱动与制度驱动这两者中实现动态相对平衡。前两种选择呈现出明显的不平衡治理色彩，第三种选择则明显展现出动态相对平衡色彩，这三种选择类似武侠小说《笑傲江湖》中华山派的剑宗与气宗之分：剑宗重视练剑、短期就能显现优势，数字政府治理过程中技术驱动与此相似；气宗重视练气、长期之后才能显现优势，数字政府治理过程中制度驱动与此相似；极少数侠客倡导剑气并重，数字政府治理过程中针对治理需求实现技术驱动与制度驱动的动态相对平衡与此相似。实例如：西方国家长期以技术驱动为主、制度驱动为辅；我国针对治理需求在数字政府治理过程中实现技术驱动与制度驱动这两者的动态相对平衡。

从理论与实践的结合来看，数字时代治理理论"第一波浪潮"和"第二波浪潮"的理念均明显呈现出技术驱动而非制度变革驱动特征，这种不平衡状态与西方国家的数字政府治理实践密切相关：西方国家开启数字政府治理进程之时，数字技术水平较高，必然倾向于主要借助数字技术助推数字政府治理效能提升；从国家结构形式来看，西方国家大多是复合制国家，较难展开制度变革，少量国家（如法国）是单一制国家，但从政党制度来看是多党制国家，执政党频繁变换不利于展开制度变革。具体而言，西方国家长期以技术驱动为主、制度驱动为辅，并非不愿意针对治理需求在数字政府治理过程中实现技术驱动与制度驱动这两者的动态相对平衡，而是难以做到这一点，如：数字政府治理过程中，德国某些州不愿意执行联邦政府的一些政策，尤其是联邦政府试图在联邦及州这两级政府建立统一管理数字政府治理事务的"数字化部"或"数字化局"，但这一政策意图并未获得各州的有力支持，因此这一目标至今尚未实现。

与西方国家明显不同的是，我国的数字政府治理明显呈现出技术驱动与制度变革驱动动态相对平衡的特征，这种情况主要归因于：我国是单一制的中国共产党领导的多党合作和政治协商制度，能够一以贯之地遵照治理路线推进治理进程，易于展开制度变革，而且开启数字政府治理进程之时数字技术水平低于西方国家，因此数字政府治理过程中呈现出——同时借助技术驱动和制度驱动实现治理效能提升；根据治理需求的不同而适度偏向技术驱动或制度驱动，切实做到因需制宜；这些情况为数字时代治理"第三波浪潮"理论的出现奠定了基础。

从本质上来看，技术驱动与制度驱动的因需制宜，与习近平总书记关于网络强国的重要思想中与数字政府治理直接相关的第二大方面内容相符，即：在实体空间和虚拟空间中兼顾技术创新驱动与制度变革驱动，因需制宜地实施烈度适中的非均衡政策。

（3）将数字政府治理领域的不平衡程度控制在适度范围内，防范或打破数字政府治理领域的"低水平锁定"状态，有效提升治理水平，惠及最广大群体。从数字政府治理呈现的理性色彩来看，生成于西方国家的数字时代治理理论很大程度上，在治理（尤其是虚拟空间的治理）过程中实现了整体性治理理论和公共价值管理理论的核心观点，这意味着这一理论同时关注效率与公平，同时具有工具理性色彩和价值理性色彩。[1]但是这种同时关注效率与公平，并不意味着数字时代治理理论完全实现了效率与公平的相对平衡，从这一理论的"第一波浪潮"和"第二波浪潮"的理念来看，其对效率的关注度依然高于对公平的关注度，即这一理论的工具理性色彩依然比价值理性色彩更为明显。与西方国家相比，我国的数字政府治理更好地实现了工具理性与价值理性的动态相对平衡，是一种截然不同的治理形式。

尽管数字时代治理理论对公平与效率的关注度会随着现实情况的变化而不断调整，[2]但是从调整速度和调整力度的对比来看，西方国家的调整速度慢于我国，调整力度也小于我国，这意味着数字时代治理理论对数字政府治理需求的应激能力或敏感度相对较低。这些情况对基于数字时代治理理论展开数字政府治理实践的国家产生某些负面影响，因此有必要考虑针对数字政府治理需求进一步改进数字时代治理理论。整体而言，当前，

---

[1] 王少泉：《数字时代治理理论：背景、内容与简评》，《国外社会科学》2019年第2期。
[2] 王少泉：《数字时代治理理论：背景、内容与简评》，《国外社会科学》2019年第2期。

世界主要国家的数字政府治理已经取得明显实绩，必须在关注治理效能的同时重视解决公平问题，因此有必要也有条件根据我国这种实现工具理性与价值理性动态相对平衡的数字政府治理实践对数字时代治理理论展开创新。

从本质上来看，工具理性与价值理性的动态相对平衡，与习近平总书记关于网络强国的重要思想中与数字政府治理直接相关的第三大方面内容相符，即：将数字政府治理领域的不平衡程度控制在适度范围内，防范或打破数字政府治理领域的"低水平锁定"状态，有效提升治理水平，惠及最广大群体。

（二）数字时代治理"浪潮"观

本书第二章已阐述数字时代治理的背景及主要内容等。从马克思主义视角来看，列宁曾指出帝国主义是资本主义的最高阶段。资本主义到达最高阶段之后百余年的历史表明：帝国主义阶段之后的资本主义依然在不断修正，尚具有一定的生命力。当前，不能因为近年西方国家问题重重而简单地断言资本主义即将灭亡，在一定时间内，资本主义依然存在通过制度创新延续生命的可能性，基于此助推理论创新也存在可能。

如参照弗朗西斯·福山（Francis Fukuyama）在《历史的终结及最后之人》一书中的观点，历史终结于自由资本主义制度，西方国家已很难有制度创新。但近年这一情况在出现变化：人类由工业时代全面进入数字时代，使得制度创新的可能性变大，目前至少在理论层面，一些研究者已经注意到这种可能性，如福山在《政治秩序与政治衰败》一书中指出创新民主制度以有效应对全球中产阶级的崛起以及西方世界根深蒂固的政治瘫痪。在未来，西方国家依然存在展开制度创新的可能性，也就存在基于制度创新助推理论创新的可能性。数字时代治理理论"浪潮"观的出现，是西方学界依然在展开理论创新的表现。

邓利维在阐释数字时代治理理论的过程中重点分析了"第一波浪潮"和"第二波浪潮"的理念，指出：出现于20世纪末的"第一波浪潮"的重点是整合政府服务，将电子政务时代推进至数字治理1.0时代；出现于2010年前后的"第二波浪潮"重点是借助社会网络、云计算和大数据等有效提升数字政府治理效能，将数字治理1.0时代推进至2.0时代。[①]这些观点基于对主要依靠数字技术而非制度变革助推数字政府治理进程的西方国

---

① Dunleavy, Patrick, and H. Z. Margetts. "The Second Wave of Digital Era Governance." *Social Science Electronic Publishing*, 2010.

家的研究生成。"主要依靠数字技术而非制度变革"的实例如：法德等国家在数字政府治理过程中重视新技术的运用，但对制度变革的重视程度较低，如因为缺乏制度依托，法国至今尚未构建数字化部/局，德国一些州政府对联邦政府的数字政府治理规划阳奉阴违。邓利维的研究触及这些问题，但未基于对这些问题的研究深入分析数字政府治理过程中应该兼顾技术创新驱动和制度变革驱动。整体而言，西方国家主要依靠数字技术而非制度变革催生了数字时代治理的两波"浪潮"及"浪潮"观。从近年西方国家的数字政府治理情况来看，继续主要依靠技术创新驱动已经难以再次催生"浪潮"及其理论。

邓利维在阐释数字时代治理理论"第一波浪潮"和"第二波浪潮"的理念的过程中，①尤其是阐释政府边界演变的过程中，已经涉及从明显不平衡向相对平衡演变的态势，这在一定程度上可以视为"第三波浪潮"理论的先声。这一情况可在倒U型演变模型图中看出：

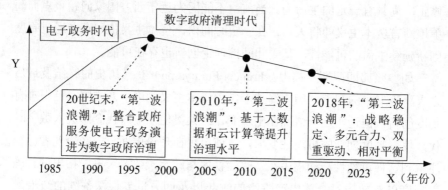

图 23-1　从电子政务到数字政府治理：政府边界倒 U 型演变模型图

注："——"表示政府部门边界。基于 Patrick Dunleavy, Helen Margetts. "The Second Wave of Digital Era Governance." *APSA 2010 Annual Meeting Paper*, 2010. 图1改进而成。

从上图中可以看出：从电子政务向数字政府治理演进的过程中，政府边界呈现出扩张态势，表明政府与公益部门、企业和公众等主体之间的不平衡程度有所上升；进入数字政府治理时期（以开启数字治理1.0时代为标志）之后，政府边界整体上出现收缩态势，表明政府与公益部门、企业

---

① Dunleavy, Patrick, and H. Z. Margetts. "The Second Wave of Digital Era Governance."*Social Science Electronic Publishing*, 2010.

和公众等主体之间的不平衡程度有所下降。①尽管存在这种态势，但邓利维并未预估"第三波浪潮"并提出相应理论，这一情况主要归因于：邓利维关于数字政府治理的论著主要发表、出版于2010年前后，②当时的数字政府治理尚未出现"第三波浪潮"的态势，实际上，时至今日，邓利维以及其他一些西方学者重点关注的西方国家数字政府治理，依然没有完全呈现出"第三波浪潮"的态势。这一态势目前主要呈现于我国的数字政府治理过程中，这也是我国公共行政学者可以着力基于我国数字政府治理实践提出数字时代治理"第三波浪潮"理论的重要原因之一。

实际上，数字时代治理理论"浪潮"观存在不足之处，阻滞了"第三波浪潮"理论在西方学界的出现。西方国家进入电子政务时期的时间点早于我国，因而在电子政务演进为数字政府治理并开启数字经济建设、数字社会治理之后，整体治理水平高于我国，使得数字时代治理理论"浪潮"观基于西方国家而非我国的数字政府治理实践生成。数字时代治理理论"浪潮"观曾引领数字治理理论的研究，但从数字时代治理中数字政府治理这一次级领域来看，"浪潮"观：并未强调数字政府治理过程中执政党的领导作用以及总路线的稳定性；忽视制度变革驱动，明显偏向技术创新驱动；对效率的关注度较高，一定程度上忽视了不平衡问题。这些不足之处导致西方国家近年的数字政府治理效能相对下降，这是以邓利维为代表人物的一些研究者并未预估或提出数字时代治理"第三波浪潮"理论的重要原因：这些研究者主要在研究"依靠技术创新驱动而非兼顾双重驱动的西方国家数字政府治理"的基础上构建数字时代治理理论"浪潮"观，当"依靠技术创新驱动而非兼顾双重驱动"已经难以快速推进数字政府治理进程时，基于对实践的研究难以继续催生理论创新。整体而言，从近年西方国家的数字政府治理情况来看，继续主要依靠技术创新驱动而非双重驱动已经难以产生新浪潮，也就难以在研究新浪潮的基础上形成新理论。

（三）"第三波浪潮"理论的现实背景

基于大历史视角展开分析能够发现：一方面，西方国家在现代化过程中逐渐构建了欧美式现代化道路，诸多理论与这一道路密切相关，如在数字时代催生的数字时代治理理论，西方学界认为欧美式现代化道路及西方理论具有普适性，实际上这一道路及西方理论并不适用于亚非拉绝大部分

① Dunleavy, Patrick, and H. Z. Margetts. "The Second Wave of Digital Era Governance." *Social Science Electronic Publishing*, 2010.

② Dunleavy, Patrick, and H. Z. Margetts. "The Second Wave of Digital Era Governance." *Social Science Electronic Publishing*, 2010.

国家。①另一方面，我国在现代化过程中构建了中国式现代化道路，诸多理论与这一道路密切相关，如在数字时代催生的习近平总书记关于网络强国的重要思想，这一道路及思想等具有普适性。②

1. 中西方数字政府治理效能的变换。在数字政府治理初期，西方国家的数字政府治理效能高于我国，因此数字时代治理理论"第一波浪潮"和"第二波浪潮"的理念基于西方国家而非我国的数字政府治理实践生成。近年，世界主要国家的数字政府治理已经取得明显实绩，数字政府治理水平到达一定高度之后，西方国家长期主要依靠数字技术而非制度变革助推数字政府治理进程的弊端逐渐显现，重要表现是西方国家的数字政府治理效能相对下降。同一时期，我国在数字政府治理过程中针对治理需求实现技术驱动与制度驱动的动态相对平衡的益处不断展现，尤其是在重视数字技术开发及应用的基础上有效展开数字政府治理领域的制度变革，助推数字政府治理效能持续提升，数字政府治理水平在不断超过西方国家（从近年世界各国的数字政府治理水平排名变化对比可以看出），为"第三波浪潮"理论基于我国而非西方国家的数字政府治理实践生成创造了条件。

2. 我国公共行政学界通过深化研究增强理论自信。近年，我国各界对增强理论自信的重视程度日益提升，尤其是在这一宏观环境中取得了公共行政理论本土化的首要成果——习近平总书记关于网络强国的重要思想，有效助推公共行政理论本土化进程。受这些情况影响，我国公共行政学界展开研究的过程中，不宜将数字时代治理理论视为一种神圣、只可由西方学者改进的理论，可以基于我国的数字政府治理实践对数字时代治理理论加以完善。我国与诸多国家尤其是西方国家数字政府治理的最明显差异之一是：我国的数字政府治理更加重视在治理过程中实现效率与公平的调适、动态相对平衡。基于此，可以基于我国的数字政府治理实践催生数字时代治理"第三波浪潮"理论。

二、西方国家难以催生数字时代治理"第三波浪潮"理论的原因

西方学界曾基于对西方国家数字时代治理实践的研究构建数字时代治理"浪潮"观，从当前情况来看，西方国家短期内不太可能出现数字时代治理"第三波浪潮"，也就难以在理论层面催生数字时代治理"第三波

---

① 曹冬英、王少泉：《欧美式现代化：一条非普适的现代化道路》，《天中学刊》2023年第3期。
② 曹冬英、王少泉：《中国式现代化进程中适度化治理的应然逻辑》，《湖北行政学院学报》2022年第6期。

浪潮"理论。这一情况的根本原因是：一般情况下，构建低层次理论所需的条件相对较少，构建高层次理论需要的条件则较多，如：构建民营化理论所需的条件相对较少，但构建民营化理论"升级版本"的新公共管理理论所需的条件则较多。这意味着，仅依靠数字技术革新能够构建数字时代治理两波"浪潮"，进而基于此构建数字时代治理理论"浪潮"观，但难以催生所需条件较多的数字时代治理"第三波浪潮"及其理论。西方学界如果试图继续仅依靠数字技术革新催生数字时代治理"第三波浪潮"及其理论，短期内也难以成功：目前，大数据和云计算等技术的效能尚未完全发挥，数字技术出现革新的可能性较小，因而不具备依靠数字技术革新催生数字时代治理"第三波浪潮"及其理论的可能性。在这种情况下，催生"第三波浪潮"及其理论以助推治理进程，必须从其他方面入手，我国近年的治理实践即实例：数字政府治理过程中遵照较为稳定的总路线、兼顾双重驱动并注意解决不平衡问题，这些治理实践为生成数字时代治理"第三波浪潮"及其理论创造了条件。西方国家的数字政府治理实践与我国这些方面的情况相反，导致其难以催生数字时代治理"第三波浪潮"理论，具体阐释如下：

（一）难以遵照较为稳定的总路线推进数字政府治理进程

首先，西方国家的政党制度大多是两党制或多党制，这两种政党制度使得西方国家政坛稳定性较低，数字政府治理过程中难以生成较为稳定的总路线并一以贯之地加以贯彻执行——某届政府制定的总路线极有可能被在野党抵制甚至在执政党更替之后被否定。其次，西方国家的国家结构多为复合制，联邦政府的权力源于州政府的让渡，因此对下级政府的控制力相对较弱，这意味着联邦政府制定的总路线不一定能够得到州政府和地方政府的贯彻。再次，西方国家的公务员遵循"政治中立"原则，这些公务员只负责执行上级的命令，并不会考虑总路线是否稳定、是否正确，也就不会表态支持正确的总路线，导致正确的总路线被否定时常常不会遇到太大阻力。这些情况使得数字政府治理过程中难以制定并遵照较为稳定的总路线催生"第三波浪潮"，也就难以创造生成数字时代治理"第三波浪潮"理论的条件。

实例如：执政党变更会对数字政府治理路线稳定性产生负面影响，从这一方面来看，西方国家中德国的情况是最好的：2005年11月至2021年12月的16年间，默克尔一直担任德国总理，德国基督教民主联盟一直处于执政地位，使得数字政府治理政策具有明显的稳定性。但是德国的数字政府治理水平依然未能得到快速提高，这一情况的重要原因为：德国基督教民主联盟在制定数字政府治理政策过程中受到反对党牵制，通常不会出现大刀阔斧的改革；德国是复合制国家，联邦政府的政策不一定能够在州和地方政府得到良好执行。

（二）明显偏向技术创新驱动而非兼顾双重驱动

数字政府治理过程中存在两个类别的驱动：技术革新带来的驱动和制度变革带来的驱动，简称为技术驱动和制度驱动。当然，现实的数字政府治理过程中，任何一个国家和地区都不可能完全只借助技术驱动和制度驱动这两者中的一种助推数字政府治理进程，而是采用三种模式中的某一种：以技术驱动为主导、制度驱动为辅助推进数字政府治理进程；以制度驱动为主导、技术驱动为辅助推进数字政府治理进程；在技术驱动与制度驱动这两者中实现动态相对平衡。前两种选择呈现出明显的不平衡治理色彩，第三种选择则明显展现出动态相对平衡色彩。

西方国家通常重点依靠技术创新驱动而非制度变革驱动推进数字政府治理进程：首先，与技术创新驱动相比，制度变革更容易招致在野党反对且见效时间相对较长，即较难在短期内带来明显收益。其次，复合制国家结构形式下，联邦政府制定的制度变革政策极有可能与州和基层政府的利益需求相悖，因而极有可能招致州和基层政府的抵制。再次，对遵循"政治中立"原则的公务员而言，技术创新通常能够提升其开展工作的技能，制度变革则极有可能使其短期内难以适应变革催生的新环境、达到变革催生的新要求，因此公务员支持技术创新而非制度变革的可能性较大。这些情况使得数字政府治理过程中难以兼顾技术创新驱动与制度变革驱动以催生"第三波浪潮"。实例如：数字政府治理过程中，德国某些州不愿意执行联邦政府的一些政策，尤其是联邦政府试图在联邦及州这两级政府建立统一管理数字政府治理事务的"数字化部"或"数字化局"，但这一政策意图并未获得各州的有力支持，因此这一目标至今尚未实现。难以助推在理论层面生成数字时代治理"第三波浪潮"理论。

（三）对效率的关注度较高，一定程度上忽视不平衡问题

从数字政府治理呈现的理性色彩来看，生成于西方国家的数字时代治理理论很大程度上、在治理（尤其是虚拟空间的治理）过程中实现了整体性治理理论和公共价值管理理论的核心观点，意味着这一理论同时关注效率与公平，同时具有工具理性色彩和价值理性色彩。[①]但是同时关注效率与公平，并不意味着数字时代治理理论完全实现了效率与公平的相对平

---

① 王少泉：《数字时代治理理论：背景、内容与简评》，《国外社会科学》2019年第2期。

衡，从数字时代治理理论"浪潮"观来看，其对效率的关注度依然高于对公平的关注度，即这一理论的工具理性色彩依然比价值理性色彩更为明显。

在很多西方国家，两党制或多党制使得执政党为了保住执政地位而非常重视效率，且重点关注人口密集地区的治理效能——人口稀疏地区对选举的影响力相对较小，由此必然在一定程度上忽视不平衡问题。当然，西方国家并非完全忽视不平衡问题，极少数西方国家（如澳大利亚）在数字政府治理过程中注意降低不同地区之间的不平衡程度，但这一属于公平领域的问题并未被西方国家广泛关注，整体而言，西方国家推进数字政府治理过程中对效率的重视程度高于对公平公正的重视程度，呈现出明显的工具理性色彩而非价值理性色彩。这些情况使得数字政府治理过程中难以兼顾效率与公平、有效解决不平衡等问题以催生"第三波浪潮"及其理论。

（四）大数据、云计算等数字技术依然在推进数字政府治理进程

西方国家开启数字政府治理进程之时，数字技术水平较高，必然倾向于主要借助数字技术助推数字政府治理效能提升，这种选择至今依然在影响西方国家的数字政府治理进程。当前，大数据、云计算等数字技术尚未完全发挥其效能，短期内很难出现全新的数字技术。由大数据、云计算等催生的数字时代治理"第二波浪潮"依然推进，尽管推进速度已经慢于"浪潮"出现之初，但数字政府治理领域存在的不平衡等问题尚未到达必须催生"第三波浪潮"才能加以解决的程度，因此催生数字时代治理"第三波浪潮"理论的动力不足。

整体而言，并不强调遵照稳定的总路线稳步推进治理进程，明显偏向于技术创新驱动，不重视控制不平衡问题的烈度以稳步提升治理水平、缺乏革新数字技术动力的西方国家数字政府治理，很难在短期内催生数字时代治理"第三波浪潮"理论。

三、数字时代治理"第三波浪潮"理论的内涵与核心要素

数字时代治理"第三波浪潮"理论的内涵分为3个部分：开头部分宏观层面，中间部分是中观层面，结尾部分是目标；数字时代治理"第三波浪潮"理论的要素包含：重新整合、整体主义、数字化。分述如下：

（一）数字时代治理"第三波浪潮"理论的内涵

数字时代治理"第三波浪潮"理论是习近平总书记关于网络强国的重要思想运用于我国数字政府治理的过程中生成的，实际上是重要思想中直接与数字政府治理相关内容的提炼，部分地吸纳了数字时代治理理论的可

取之处（如命名方式）。数字时代治理"第三波浪潮"理论的内涵是：以实现数字公共服务均等化为重要目标的"整体主义"已经成为"第三波浪潮"的首要内容；数字政府治理过程中存在极化效应和扩散效应，"第三波浪潮"中需强化扩散效应，以有效减少数字政府低地、数字贫民；提升数字政府治理水平、实现数字公共服务均等化需要——在执政党、领导人的正确领导下，有效优化金字塔形治理结构、整合多元主客体的合力，坚持并根据现实变化稳步优化正确的数字政府治理路线，在实体空间和虚拟空间中兼顾技术创新驱动与制度变革驱动，因需制宜地实施烈度适中的非均衡政策，将数字政府治理领域的不平衡程度控制在适度范围内，防范或打破数字政府治理领域的"低水平锁定"状态，有效提升治理水平，惠及最广大群体。①

这一内涵实质上是习近平总书记关于网络强国的重要思想中与数字政府治理直接相关的三大方面内容的呈现。数字时代治理"第三波浪潮"理论的内涵可以分为3个部分：开头部分是宏观层面的内容，中间部分是中观层面的内容，结尾部分是目标。目标即：将数字政府治理领域的不平衡程度控制在适度范围内，防范或打破数字政府治理领域的"低水平锁定"状态，有效提升治理水平，惠及最广大群体。数字时代治理"第三波浪潮"理论出现于现实世界中尚未完全实现这一目标之前，而非完全实现这一目标之后。这种情况在公共行政理论发展过程中并非个例，如：民营化理论出现于民营化运动之前，在民营化运动过程中及之后不断完善；邓利维等学者构建数字时代治理"第一波浪潮"观之时，提出的一些治理目标（如：代理的回归，碎片的整合；结果到结果的服务流程重组）尚未在法国、意大利等国家实现；数字时代治理"第二波浪潮"观于2010年在《数字时代治理第二波浪潮》一文中首次出现，但一些西方国家尤其是西班牙、意大利等国尚未于同年实现"第二波浪潮"观所述"社会保障系统的新一波整合、紧缩驱动的中央政府脱离接触和减少负荷"等目标。可见，治理实践中出现"第一波浪潮"和"第二波浪潮"时，在理论层面催生"第一波浪潮"观和"第二波浪潮"观，但"浪潮"观并非对治理实践的简单总结，而是包含一些预判或期望，基于此反作用于治理实践、助推治理进程。

---

① 王少泉、曹冬英：《数字时代治理第三波浪潮：缘起、理论与前景》，《新余学院学报》2023年第2期。

（二）数字时代治理 "第三波浪潮" 理论的要素

邓利维在研究成果中阐述了数字时代治理理论 "浪潮" 观包含的要素，他认为，纵向上来看要素分属重新整合、整体主义和数字化这三个领域，横向上来看要素分属 "权力结构重塑" 和 "实现形式设计" 两大层面，权力结构重塑层面主要表现为集中、网络为基础和通信获得发展，实现形式设计层面主要表现为权力下放、数据库主导和信息处理获得发展。基于我国数字政府治理生成的数字时代治理 "第三波浪潮" 理论包含的要素，与基于西方国家数字政府治理生成的数字时代治理理论 "浪潮" 观包含的要素存在一些差异。数字时代治理 "第三波浪潮" 理论的核心要素较多，绝大部分是从本书第三编所述我国数字政府治理实例中提炼而出，如表23-1所示：

表 23-1 数字时代治理 "第三波浪潮" 理论的核心要素 [1]

主题	权力结构重塑层面：重视网络、因需制宜的金字塔形治理结构	实现形式设计层面：中央掌控核心权力，其他权力适度下放，重视数据库建设和信息处理
重新整合	建设智能中心，提升分散交付效能；整合政府和国家基础设施；构建单一的税收和福利系统	重视有针对性的交付；中央政府减少接触、降低负荷；在有效联合的基础上实现一次性交付公共服务
整体主义	整合社会保障系统并实现数字化；行政审批系统的整合与数字化；构建单一公众账户，提升支付效率；中央指导下各地因需制宜展开采购、提供公共服务	中央与地方联动供给公共服务；治理客体可以在线评估公共服务供给情况；提升政府透明度、强化公众监督；致力于消除传统及新型 "数字鸿沟"
数字化	精简、整合政府网站；提升数字化覆盖面和水平；优化数据库建设和数据使用	提升政府网站观感与实用性的相对平衡程度；整合并开放公共信息；重视普适计算和零接触技术；整合政府APP

上表展现了数字时代治理 "第三波浪潮" 理论的核心要素。从宏观上来看，"第三波浪潮" 理论与前两波 "浪潮" 观一样：由重新整合、整体主义和数字化这三大领域组成且核心要义并未出现明显变化；这三大领域各包括诸多要素，这些要素分属 "权力结构重塑" 和 "实现形式设计" 两

---

[1] 王少泉、曹冬英：《数字时代治理第三波浪潮：缘起、理论与前景》，《新余学院学报》2023年第2期。

大层面。权力结构重塑层面的内容是：重视网络、因需制宜的勒洛金字塔形治理结构（即本书第二编所述数字政府治理结构）。这种勒洛金字塔形治理结构的顶端是执政党，底端由政府、市场和社会共同组成，其中包含政府部门、公益部门、私营部门和公众等主体（即本书第二编所述数字政府治理结构中的各主体）。实现形式设计层面的内容是：中央掌控核心权力，其他权力适度下放，重视数据库建设和信息处理。其中的重要表现是近年我国稳步推进的"放管服"改革。尽管宏观层面与前两波"浪潮"观并无二致，但必须注意到："第三波浪潮"理论的三大领域组成要素存在一些不同，组成要素如表23-1所示，详述如下：

1. 重新整合。数字时代治理"第三波浪潮"理论中，重新整合包括6个要素：建设智能中心，提升分散交付效能；整合政府和国家基础设施；构建单一的税收和福利系统；重视有针对性的交付；紧缩驱动的中央政府减少接触、降低负荷；在有效联合的基础上实现一次性交付公共服务。

这6个要素中，有3个属于权力结构重塑层面：①建设智能中心，提升分散交付效能。在各级政府构建智能中心，统一负责公共服务的交付，但这种支付并非整齐划一，而是分类别、分领域地进行交付，切实做到因需制宜。如：我国于2006年1月1日正式开通中央人民政府门户网站，基于这一网站统一交付很多公共服务。②整合政府和国家基础设施。对现有以及计划建设的基础设施进行整合，切实夯实数字政府治理基础。③构建单一的税收和福利系统。有效整合现有的税收和福利系统，以单一化为目标，基于此提升征税和供给福利的效能。

这6个要素中，有3个属于实现形式的设计层面：①重视有针对性的交付。针对数字政府治理需求，有针对性地交付公共服务尤其是数字公共服务。如：近年，江西省新余市基于大数据助力中小学新生入学"一次不跑"，这一治理举措具有明显的针对性。②中央政府减少接触、降低负荷。提升中央政府的宏观管理、调控能力，而非直接由中央政府供给公共服务，基于此降低中央政府的负荷。如：近年，山东省致力于构建"政务服务一网通办"总门户，山东省的大量公共服务通过这一网站供给，而非通过中央人民政府门户网站，降低了中央人民政府门户网站的负荷。③在有效联合的基础上实现一次性交付公共服务。在执政党领导下，有效协同政府部门及私营部门等公共服务供给主体，实现公共服务的一次性交付。

2. 整体主义。数字时代治理"第三波浪潮"理论中，整体主义包括8个要素：整合社会保障系统并实现数字化；行政审批系统的整合与数字化；构建单一公众账户，提升支付效率；中央指导下各地因需制宜展开采购、提供公共服务；①中央与地方联动供给公共服务；治理客体可以在线评估公共服务供给情况；提升政府透明度，强化公众监督；致力于消除传统及新型"数字鸿沟"。

这8个要素中，有4个属于权力结构重塑层面：①整合社会保障系统并实现数字化。将已有的社会保障系统进行有效整合，并在这一过程中提升数字化水平。②行政审批系统的整合与数字化。有效整合行政审批系统，在下放部分行政审批权的同时推进数字化进程。我国近年稳步推进的"放管服"改革可以视为实例。③构建单一公众账户，提升支付效率。整合现有的公众账户，实现单一化这一目标，助推支付效率的提升。④中央指导下各地因需制宜展开采购、提供公共服务。在中央政府的指导下，各地的政府采购以及供给公共服务必须做到因需制宜。如：山东省临沂市通过建设临沂"政企直通车"让企业"知政策、懂政策、享政策"，临沂市基于这一举措因需制宜地为企业提供公共服务。

这8个要素中，有4个属于实现形式的设计层面：①中央与地方联动供给公共服务。供给公共服务的过程中，中央政府偏向宏观指导，地方和基层政府则主要负责公共服务的具体供给。②治理客体可以在线评估公共服务供给情况。政府网站中设置评估系统，治理客体能够在其中对公共服务的供给情况进行评估。如：近年，深圳市打造了"免证办"政务服务新模式，市民可以在政府网站中对政务服务的多方面情况进行评估。③提升政府透明度，强化公众监督。及时、准确地公开数字政府治理相关信息，健全公众监督渠道、提升公众监督效能。如：近年，江门市借助房屋交易"云链签"项目提升了政府透明度。④致力于消除传统及新型"数字鸿沟"。扩大网民占比的基础上，减少低水平网民占比。

3. 数字化。数字时代治理"第三波浪潮"理论中，数字化包括7个要素：精简、整合政府网站；提升数字化覆盖面和水平；优化数据库建设和数据使用；提升政府网站观感与实用性的相对平衡程度；整合并开放公共信息；重视普适计算和零接触技术；整合政府APP。

这7个要素中，有3个属于权力结构重塑层面：①精简、整合政府网站。对现有政府网站进行精简、整合，使政府网站总数量明显减少，尤其是注意减少"僵尸网站"的数量。②提升数字化覆盖面和水平。在扩大数字化覆盖面的基础上提升数字化水平。③优化数据库建设和数据使用。有

---

① 王少泉、曹冬英：《非均衡治理视角下的因需制宜：理论、困境与实现途径》，《学习月刊》2022年第9期。

效减少数据库总数量，优化数据使用效率。如：广东省佛山市禅城区基于区块链+数据反哺实现数据赋能政务服务改革，禅城区在这一改革过程中有效减少了数据库的总数量，并提升数据使用效率。

这7个要素中，有4个属于实现形式的设计层面：①提升政府网站观感与实用性的相对平衡程度。这一举措主要着力于提升政府网站的实用性，实现观感与实用性的相对平衡。实例如：贵州省全面推进"全省通办、一次办成"政府服务改革，此项改革使得贵州省政府官网的观感明显变好，同时提升了官网运行效能。②整合并开放公共信息。有效整合公共信息，在此基础上依法依规开放公共信息。实例如：山东省东营市在开展数字乡村（"数字北宋"）建设过程中有效整合了公共信息，并依法依规开放公共信息，使得诸多客体能够及时、全面地获取所需信息。③重视普适计算和零接触技术。基于普适计算的零接触技术提升数字政府治理效能。④整合政府APP。构建囊括大量功能的政府APP，减少政府APP总数量。实例如：山东省威海市在构建"威政通"APP的过程中，有效整合了该市的政府APP。

四、我国生成数字时代治理"第三波浪潮"理论的成因与实例

我国生成数字时代治理"第三波浪潮"理论的成因有：在中国共产党领导下遵照总路线一以贯之地推进治理进程；技术创新与制度变革双重驱动下的因需制宜；工具理性与价值理性的动态相对平衡。数字时代治理"第三波浪潮"理论的实例较多。分述如下：

（一）我国生成数字时代治理"第三波浪潮"理论的成因

1. 在中国共产党领导下遵照总路线一以贯之地推进治理进程。与西方国家明显不同的是：我国的政党制度是中国共产党领导的多党合作和政治协商制度，中央在汇聚多方智慧的基础上，根据现实情况的变化不断优化数字政府治理路线，并不断优化数字政府治理结构，有效整合多元主客体的合力，使治理路线能够得到一以贯之的贯彻执行。实例如：国务院于2022年06月23日发布了《国务院关于加强数字政府建设的指导意见》，其中含有数字政府治理总路线。从本质上来看，在中国共产党领导下遵照治理路线一以贯之地推进治理进程，是习近平总书记关于网络强国的重要思想中与数字政府治理直接相关的第一大方面内容的直观展现。

2. 技术创新与制度变革双重驱动下的因需制宜。与西方国家明显不同的是，我国的数字政府治理明显呈现出技术驱动与制度变革驱动动态相对平衡的特征，这种情况主要归因于：我国是中国共产党领导的多党合作制

国家，能够一以贯之地遵照治理路线推进治理进程，易于展开制度变革，而且开启数字政府治理进程之时数字技术水平低于西方国家，因此数字政府治理过程中呈现出——同时借助技术驱动和制度驱动实现治理效能提升；根据治理需求的不同而适度偏向技术驱动或制度驱动，切实做到因需制宜；这些情况为数字时代治理"第三波浪潮"理论的出现奠定了基础。从本质上来看，技术驱动与制度驱动的因需制宜，与习近平总书记关于网络强国的重要思想中与数字政府治理直接相关的第二大方面内容相符。

3. 工具理性与价值理性的动态相对平衡。与西方国家相比，我国的数字政府治理更好地实现了工具理性与价值理性的动态相对平衡，是一种截然不同的治理形式。除此之外，尽管西方学者构建的数字时代治理理论对公平与效率的关注度会随着现实情况的变化而不断调整，①但是从调整速度和调整力度等的对比来看，西方国家的调整速度慢于、调整力度小于我国，这意味着数字时代治理理论对数字政府治理需求的应激能力或敏感度相对较低。这些情况对基于数字时代治理理论展开数字政府治理实践的国家产生某些负面影响，因此有必要考虑针对数字政府治理需求进一步改进数字时代治理理论。整体而言，当前，世界主要国家的数字政府治理已经取得明显实绩，必须在关注治理效能的同时重视解决公平问题，因此有必要也有条件根据我国这种实现工具理性与价值理性动态相对平衡的数字政府治理实践对数字时代治理理论展开创新。从本质上来看，工具理性与价值理性的动态相对平衡，与习近平总书记关于网络强国的重要思想中与数字政府治理直接相关的第三大方面内容相符。

（二）数字时代治理"第三波浪潮"理论的实例

与西方国家数字政府治理进程明显不同的是：在习近平总书记关于网络强国的重要思想指导下，我国在数字政府治理过程中，针对现实需求实现技术创新驱动和制度变革驱动的动态相对平衡，数字政府治理水平获得稳步提升、不断超过西方国家，这一情况可以在近年世界各国的数字政府治理水平排名变化中看出：东京早稻田大学数字政府研究所与国际CIO学会（IAC）联合发布的《国际数字政府排名评价报告》显示，2017年中国排名为第44名，一年后这一排名已经是第32名。数字政府治理领域的其他一些评价或评估报告也在整体上呈现出我国排名持续上升这一态势。数字政府治理水平不断上升为"第三波浪潮"理论基于我国而非西方国家的数字政府治理实践生成创造了条件。当然，仅仅存在于单个国家的某种现

---

① 王少泉：《数字时代治理理论：背景、内容与简评》，《国外社会科学》2019年第2期。

象不能称为"浪潮",数字时代治理"第一波浪潮"和"第二波浪潮"及"浪潮"观出现于所有西方国家,与此相似,"第三波浪潮"并非仅出现于我国,埃塞俄比亚和卢旺达等国家效仿我国治理经验的过程中,积极吸纳了数字政府治理经验,同时基于技术创新驱动和制度变革驱动推进数字政府治理进程。实际上,某些西方学者已经注意到治理过程中可以吸纳中国经验,如福山的《政治秩序与政治衰败》一书对此已有触及,但并未展开深入分析。一种可以预见的情况是:在未来,即使西方国家实际上已经借鉴我国"同时基于技术创新驱动和制度变革驱动推进建设进程"这一数字政府治理经验,但西方国家的大部分政客及学者也不会承认这一事实,这一情况主要归因于:大航海时代以来,西方国家在国际竞争中居于优势地位,由此催生西方国家的大量政客及学者对其他国家多领域情况甚至经验抱有不屑态度。

五、数字时代治理"第三波浪潮"理论的原则、普适性与前景

数字时代治理"第三波浪潮"理论包含多条原则,这一理论具有明晰普适性,前景极佳。分述如下:

(一)数字时代治理"第三波浪潮"理论的原则

数字时代治理"第三波浪潮"理论的主要原则是:第一,渐变为主、突变为辅。执政党制定数字政府治理的总路线,总路线必须在与治理需求相符的前提下渐进革新,在治理需求出现重大变化的情况下对总路线展开相应的重大变革。遵循总路线展开的数字政府治理,自然也以渐变为主、突变为辅。第二,因需制宜。数字政府治理过程中,必须针对现实建设需求实施与需求相符的建设举措,尤其是确定主要基于技术创新驱动还是制度变革驱动实现数字政府治理水平的提升。第三,"双重驱动"。同时依靠技术创新驱动和制度变革驱动实现数字政府治理进程的推进,虽然在不同地点、不同时间点、不同领域对二者的倚重程度存在差异,而且这种倾向会因为现实需求的变化而变化。但从大范围、长时间来看二者的覆盖面、重要性大致相当,在动态过程中实现了相对平衡,这一点是"第三波浪潮"理论与前两次"浪潮"观的明显区别。第四,适度不平衡。不平衡状态长期存在于数字政府治理过程中,"第三波浪潮"理论中的数字政府治理并非要消除这种不平衡状态,而是要将不平衡状态控制在适度范围内。具体而言,不平衡程度过高会导致诸多问题尤其是公平问题;不平衡程度过低(即平衡程度过高)会导致治理过程中动力不足。不平衡程度过高和过低可以统称为不平衡问题,为了防范或消除这种问题,"第三波浪

潮"理论中的数字政府治理致力于将不平衡程度控制在适度范围内。确定"适度范围"过程中坚持以治理客体的需求为中心，且"适度范围"设定的具体范围必须随着现实需求的变化而变化，不平衡程度则随着"适度范围"、现实需求的变化而变化。①

上述原则本质上与本书绪论中阐释了数字政府治理的原则"法治、公众需求导向、民主、公共服务均等化"相符：法治与民主由执政党领导下的政府主导实现，制定并实施总路线，展现了法治与民主；因需制宜原则和"双重驱动"原则很大程度上呈现了公众需求导向；适度不平衡原则则对应公共服务均等化原则。

（二）三波"浪潮"的异同点及数字时代治理"第三波浪潮"理论普适性

数字时代治理"第三波浪潮"理论的出现，能够有效强化这一公共行政理论的数字时代特征，使之在较长时间内在公共行政领域占据主导地位。更为重要的是：这种演进有助于数字时代治理理论的不断完善，提升这一理论运用于实践之时同时实现效率与公平动态相对平衡的概率。②数字时代治理的三波"浪潮"中，数字政府治理的参与主体种类并未出现变化，但不同主体的参与程度出现明显变化；数字政府治理主要依靠的技术出现革新，数字政府治理效能通常能够实现稳步提升。三波"浪潮"最为重要的异同点是：

1. 数字时代治理"第一波浪潮"和"第二波浪潮"的理念均基于一些西方国家的实践产生、均由西方学者推动，有可能出现的"第三波浪潮"则极有可能主要基于我国的数字政府治理实践产生、由中西方学者共同推动——我国正在全面展开"数字中国"治理进程，能够为数字时代治理理论提供坚实的实践基础；一些中国学者越来越多地参与到数字时代治理理论的研究及实践运用过程中，能够助力数字时代治理理论的发展。③

2. 尽管这三波"浪潮"都关注数字技术及数字政府治理领域的制度和机制等，但"第一波浪潮"和"第二波浪潮"主要是基于数字技术等提升数字政府治理效能并在这一过程中兼顾公平，换言之，在数字技术与体制机制这两大方面中，"第一波浪潮"和"第二波浪潮"呈现出一种偏向数字技术的不平衡状态。"第三波浪潮"在前两波浪潮的基础上，更加重

---

① 王少泉、曹冬英：《数字时代治理第三波浪潮：缘起、理论与前景》，《新余学院学报》2023年第2期。
② 王少泉：《数字时代治理理论的问题与属性》，《中国社会科学报》，2019-05-22（07）。
③ 王少泉：《数字时代治理理论的问题与属性》，《中国社会科学报》，2019-05-22（07）。

视基于制度和机制等提升数字政府治理过程中的公平程度。这种差异导致：与"第一波浪潮"观和"第二波浪潮"观相比，"第三波浪潮"理论更加关注数字技术与体制机制这两大方面的动态相对平衡。

具体而言，三波"浪潮"演进过程中，数字技术和制度机制等也在持续革新，有效助推数字政府治理进程，如：诸多国家有效运用社会网络和云计算等数字技术在"第二波浪潮"中显著提升了数字政府治理水平。基于数字技术及数字政府治理领域的制度和机制等，可以实现效率与公平中的任何一者，如：数字政府治理过程中可以借助数字技术或制度机制等提升效率，也可以同样基于数字技术或制度机制等提升公平程度。"第一波浪潮"和"第二波浪潮"及其理论尽管在一定程度上注意基于数字技术、制度机制等提升公平程度，但主要表现出来的是借助数字技术提升效率。与前两波"浪潮"及其理论明显不同的是："第三波浪潮"及其理论注意：在数字政府治理过程中，针对现实需求，通过数字技术与体制机制等手段实现效率与公平的动态相对平衡是必要的。尤其是"第三波浪潮"理论针对数字政府治理需求确定以下内容：数字政府治理的短期目标是偏向公平还是效率，并在不断实现短期目标的基础上实现长期目标——实现公平与效率的动态相对平衡；主要依靠数字技术以及制度机制变革来满足数字政府治理需求（即实现数字政府治理目标）。除上述差异之外，三波"浪潮"及其理论的差异还存在于普适性和前景方面。

数字时代治理"第一波浪潮"和"第二波浪潮"及其理论均明显呈现出技术驱动而非制度变革驱动特征，"第三波浪潮"及其理论则明显呈现出技术驱动与制度变革驱动动态相对平衡的特征，这两个类别的"浪潮"及其理论的普适性存在一些差异，阐释如下：

1. 数字政府治理初期的途径选择。处于数字政府治理初期的国家和地区，存在两种选择：①可以选择以技术驱动为主导的"浪潮"观，这种选择能够快速提升数字政府治理效能，但公平问题会逐渐凸显，而且长期以数字技术为驱动会导致数字技术"老化"之后数字政府治理的驱动力不足，不利于长期发展。②在数字政府治理过程中实现技术驱动与制度变革驱动动态相对平衡，即采用"第三波浪潮"理论所述举措。这种选择有利有弊：可以有效防范或消除数字政府治理过程中的公平问题，但数字政府治理的效能可能低于技术驱动型两波"浪潮"观所述举措。

2. 数字政府治理取得明显成效之后的途径选择。一些国家和地区在数字政府治理领域取得明显成效之后，面临驱动力不足问题以及公平问题，这些问题很大程度上归因于这些国家和地区长期采用数字时代治理理论"第一波浪潮"和"第二波浪潮"的理念所述举措推进数字政府治理进程。在这种情况下，这些国家和地区可选择的唯一途径是：采用数字时代治理"第三波浪潮"理论所述举措推进数字政府治理进程。

可见，在数字政府治理初期，数字时代治理"第三波浪潮"理论是可选择的指导理论之一，是一种稳健的选择——能够长期保持驱动力而且通常不会催生公平问题；在数字政府治理取得明显成效之后，为了保持驱动力并防范或消除公平问题，必须采用数字时代治理"第三波浪潮"理论所述举措，即"第三波浪潮"理论所述举措成为可选择的唯一途径。①整体而言，数字时代治理"第三波浪潮"理论具有明显的普适性，是数字政府治理过程中的一种重要甚至唯一的可选途径。

（三）数字时代治理"第三波浪潮"理论的前景

西方学者构建的数字时代治理理论"浪潮"观明显呈现出偏向技术驱动而非兼顾双重驱动的特征，数字时代治理"第三波浪潮"理论则兼顾双重驱动并重视：在执政党、领导人的正确领导下积聚多元力量有效革新和贯彻数字政府治理路线；借助非均衡政策将不平衡程度控制在适度范围内，有效提升治理水平、惠及最广大群体。这些差异使得"第三波浪潮"理论普适性明显高于西方学者构建的数字时代治理"浪潮"观，前景更佳。从实践和理论层面来看：

1. 目前，数量众多的国家尚处于数字政府治理初级阶段，而且这些国家大多寻求尽快凸显数字政府治理效能，因此选择"第一波浪潮"观或"第二波浪潮"观所含举措的可能性最大，由此来看，两波"浪潮"观在这些国家的前景极佳。当然，某些国家有可能选择针对治理需求实现技术驱动与制度驱动的动态相对平衡，这种选择在短期内的治理效能有可能偏低，但通常不会引发公平问题，是一种稳健的选择。从不同选择的国家数量来看，前一类国家的数量明显大于后一类国家，意味着：在数字政府治理尚处于初级阶段的国家中，"第一波浪潮"观和"第二波浪潮"观的前景比"第三波浪潮"的理论更好。

在数字政府治理已经取得明显实绩的国家之中，一些已经出现"第一波浪潮"或"第二波浪潮"，有一些国家会受惯性思维影响而继续主要借助数字驱动助推数字政府治理进程，另一些则有可能寻求变革，开始寻求针对治理需求实现技术驱动与制度驱动的动态相对平衡，即选择"第三波

---

① 王少泉、曹冬英：《数字时代治理第三波浪潮：缘起、理论与前景》，《新余学院学报》2023年第2期。

浪潮"理论所含举措，与前一类国家相比，此类国家的数字政府治理前景良好。从不同选择的国家数量来看，前一类国家的数量依然大于后一类国家，意味着：在数字政府治理已经取得明显实绩的国家中，短期内"第一波浪潮"观和"第二波浪潮"观的前景比"第三波浪潮"理论好，但这一情况会随着时间流逝出现明显变化——选择"第三波浪潮"理论所含举措的国家数量会逐渐增多，其前景逐渐优于前两波"浪潮"观。

这种情况实际上归因于：数字政府治理阶段的演进使得各国日益重视贯彻治理路线、兼顾双重驱动、降低不平衡程度。在数字政府治理起步阶段，各国通常十分关注效率，因而采用数字时代治理前两波"浪潮"观的可能性较大。当前，世界上很多国家的数字政府治理已经度过起步阶段，这些国家的执政者和公众日益注意到：一以贯之地贯彻治理路线而非朝令夕改有益于稳步推进数字政府治理进程；推进数字政府治理过程不能仅依靠数字技术，也需要完备的制度体系支撑；数字政府治理过程中必须注意将不平衡程度控制在适度范围内，防止不平衡问题危及治理体系的稳定。这些认识与数字时代治理"第三波浪潮"理论的内涵契合，使得"第三波浪潮"理论成为一种在未来普遍适用于诸多国家和地区的数字政府治理观。

2. 西方国家的矛盾举措削弱西方学者构建的数字时代治理理论"浪潮"观的吸引力，我国的成功提升了数字时代治理"第三波浪潮"理论的吸引力。进入21世纪以来，西方国家的一些政客和大量学者鼓吹数字时代治理理论"浪潮"观具有明显普适性，受这一情况以及西方国家示范效应的影响，一些发展中国家以数字时代治理理论"浪潮"观为基础推进数字政府治理进程，但效果不佳，这一情况的重要原因是：西方国家在打压那些有可能在实现现代化目标之后对其主导地位产生威胁的国家（通常是地区大国）——推进数字政府治理进程是数字时代诸多国家实现现代化目标的重要途径。即：一方面，西方政客和学者鼓吹数字时代治理理论"浪潮"观，另一方面，西方国家打压那些试图在采用数字时代治理理论"浪潮"观推进现代化进程的地区大国。这些矛盾举措，削弱了数字时代治理理论"浪潮"观的吸引力。这种情况下，一些发展中国家开始更加关注我国近几十年的成功，注意到我国的数字政府治理取得了明显成就，提升了这些国家在数字政府治理过程中借鉴我国经验的可能性，为强化数字时代治理"第三波浪潮"理论普适性创造了条件。

3. 数字时代治理"第三波浪潮"理论所述举措包含数字政府治理的常规举措，并非一种全面呈现中国特色的数字政府治理理论。数字时代治理"第三波浪潮"理论的内涵从习近平总书记关于网络强国的重要思想中与数字政府治理直接相关的内容中提炼出来，拥有中国特色但并非全部内涵都呈现中国特色。数字时代治理"第三波浪潮"理论的一些要素也具有中国特色，但大部分要素都能够普遍适用于世界上大部分国家和地区。从政党制度和国家结构形式来看，我国与很多国家存在明显差异，这些差异并不意味着数字时代治理"第三波浪潮"理论没有普适性，如：在两党制或多党制国家，为了提升数字政府治理过程中总路线的稳定性，执政党应该尽力避免实施明显具有党派色彩的措施，并将常规举措以条例甚至法规等形式确定下来；在联邦制国家，为了减少制度变革在州和地方政府的阻力，可以考虑在不变革国家结构形式的前提下，适度扩大联邦政府的权限，为数字政府治理领域的制度变革提供保障。

4. 数字政府治理阶段的演进使得各国日益重视贯彻治理路线、兼顾双重驱动、降低不平衡程度。在数字政府治理起步阶段，各国通常十分关注效率，因而采用西方学者构建的数字时代治理理论"浪潮"观的可能性较大。当前，世界上很多国家的数字政府治理已经度过起步阶段，这些国家的执政者和公众日益注意到：一以贯之地贯彻治理路线而非朝令夕改有益于稳步推进数字政府治理进程；推进数字政府治理过程不能仅依靠数字技术，也需要完备的制度体系支撑；数字政府治理过程中必须注意将不平衡程度控制在适度范围内，防止不平衡问题危及治理体系的稳定。这些认识与数字时代治理"第三波浪潮"理论的内涵相契合，使得"第三波浪潮"理论成为一种在未来普遍适用于诸多国家和地区的数字政府治理理论。

5. 从理论层面来看，一方面，近年来，我国高度重视增强理论自信，在这种大环境中，公共行政学界越来越重视推进公共行政理论的本土化进程，极少数研究者已经开始尝试基于对我国治理实践的研究展开理论创新，为深入研究数字时代治理"第三波浪潮"理论创造了较好环境。另一方面，习近平总书记关于网络强国的重要思想将不断发展完善，这意味着重要思想中与数字政府治理直接相关的内容将不断丰富，与之相关的学术研究会不断深化，含有创新内容的研究成果数量极有可能增多，从而提升数字时代治理"第三波浪潮"理论得到持续完善的可能性，助推"第三波浪潮"演进为治理水平更高、价值理性更为明显的"第四波浪潮"。

结语

21世纪初，西方国家基于对西方国家数字政府治理实践的研究提出数字时代治理"第一波浪潮"观和"第二波浪潮"观。近年，我国基于习近平总书记关于网络强国的重要思想推进数字政府治理进程，理论与实践呈现催生数字时代治理"第三波浪潮"及其理论之势。"第三波浪潮"理论与前两波"浪潮"观存在一些异同点，共同点如：由重新整合、整体主义和数字化这三大领域组成且核心要义并未出现明显变化；这三大领域各包括诸多要素，这些要素分属"权力结构重塑"和"实现形式设计"两大层面。不同的是："第三波浪潮"理论重视执政党针对现实需求的变化制定并更新治理路线，在不断优化治理结构、聚合多元主客体力量的基础上一以贯之地贯彻治理路线；明显呈现出技术驱动与制度驱动的动态相对平衡特征；重视将数字政府治理领域的不平衡程度控制在适度范围内，防范或打破数字政府治理领域的"低水平锁定"状态，有效提升治理水平，惠及最广大群体。从与前两波"浪潮"观的对比中可以看出："第三波浪潮"理论具有较为明显的普适性及良好前景，有望在实践领域助推生成治理水平更高且更加重视公平公正的数字时代治理"第四波浪潮"，在理论层面演进成为价值理性更为明显的数字时代治理"第四波浪潮"理论。

结论与展望

在习近平同志的领导下，福建省于2000年10月启动"数字福建"建设，浙江省和上海市等地随后也开启了数字政府治理进程。党十八大以来，在理论与实践相互作用下，习近平总书记关于网络强国的重要思想得以构建。近年来，在这一重要思想指导下，我国有效推进数字政府治理进程，取得举世瞩目的成就。这一过程中，党组织、政府部门、公益部门、私营部门和公众是最重要主体，在这些主体的合力下，我国数字政府治理的整体水平得到明显提升。但须注意到：从我国31个省市区（港澳台除外）的数字政府治理实况来看，普遍存在表现为多种形态的不平衡问题，这一问题归因于多个方面，在借鉴美英澳德日等西方国家数字政府治理经验的基础上，针对不平衡问题的成因实施系列举措，有助于在数字政府治理过程中将不平衡程度控制在适度范围内。

目前，尽管我国数字政府治理过程中存在不平衡问题，但在取得成绩的基础上构建了明显不同于西方数字政府治理模式的中国数字政府治理模式，我国数字政府治理的世界影响与时代价值在不断增强。我国数字政府治理的世界影响与时代价值是：塑造新理论，为发展中国家推进数字政府治理进程提供全新选择。这两种世界影响与时代价值的成因是：在中国共产党领导下遵照总路线一以贯之地推进治理进程，实现工具理性与价值理性的动态相对平衡，并在技术创新与制度变革双重驱动下实现因需制宜。这些内容，实际上是数字时代治理"第三波浪潮"理论的内涵。从前景来看，我国将进一步增强数字政府治理的世界影响与时代价值。

一、我国数字政府治理世界影响与时代价值的背景

我国数字政府治理世界影响与时代价值的背景是：西方数字政府治理模式吸引力下降；中国数字政府治理模式吸引力上升。分述如下：

（一）西方数字政府治理模式吸引力下降

西方数字政府治理模式曾对亚非拉大量国家具有明显吸引力，但近年这种吸引力呈现出下降态势，这一情况主要归因于：

1. 西方国家的数字政府治理状态不佳。西方国家大多于20世纪90年代初进入电子政务阶段，在2000年前后演进至数字治理阶段，即出现数字

时代治理"第一波浪潮";2010年前后，大数据和云计算等技术被西方国家广泛运用于数字政府治理过程中，数字时代治理"第一波浪潮"演进为"第二波浪潮"。表面来看，西方国家的数字政府治理水平很高，对亚非拉国家具有明显吸引力，实际上：西方国家近年的数字政府治理状态不佳，削弱了对亚非拉国家的吸引力。例如：法国至今尚未构建对数字政府治理进行统一管理的"数字化局"；德国历届政府提出的数字政府治理规划十分详细，但每份规划中的目标都只是部分实现。意大利、葡萄牙、西班牙等国的数字政府治理情况更加糟糕，导致这些国家在一些国际评估机构中的数字政府治理水平排名有所下降，这一情况可以从近年的"早稻田大学世界数字政府排行榜"中看出。

2. 数字政府治理过程中照搬西方模式的亚非拉国家并未取得显著成效。从宏观层面来看，亚非拉大量国家获得独立之后，在现代化过程中照搬欧美式现代化道路但未取得良好成效。这一情况也存在于数字政府治理领域：人类社会进入数字时代之后，亚非拉大量国家照搬西方数字政府治理模式尤其是英美两国的数字政府治理经验，采用西方学界基于西方国家（尤其是英美两国）数字治理实践构建的数字时代治理理论，但并未取得显著成效。从近年的"早稻田大学世界数字政府排行榜"中可以看出：数字政府治理水平排名靠前的国家中，除我国之外都是西方国家；亚非拉国家中，数字政府治理水平排名稳步上升的仅有我国。这种差异源于：我国在习近平总书记关于网络强国的重要思想指导下，基于本国国情构建了中国数字政府治理模式，有效推进数字政府治理进程；我国之外的亚非拉国家在数字政府治理过程中照搬的西方数字政府治理模式，与这些国家的数字政府治理环境不符，导致这些国家难以有效提升数字政府治理水平。

3. 西方国家的矛盾举措削减了西方数字政府治理模式的吸引力。一方面，西方国家尤其西方学界鼓吹西方数字政府治理模式以及基于此生成的数字时代治理理论，认为亚非拉国家在数字政府治理过程中应该采用西方模式、运用数字时代治理理论。另一方面，亚非拉很多国家在数字政府治理过程中确实照搬了西方模式，试图基于此有效推进现代化进程，但某些西方国家对有可能基于此实现现代化目标的地区大国进行打压，以消除这些地区大国对某些西方国家在全球主导地位的威胁。在这种矛盾举措影响下，数字政府治理的西方经验尤其是数字时代治理理论的可信度、普适性被削减，意味着西方数字政府治理模式的吸引力被削减。宏观上来看，西方国家在数字政府治理领域的矛盾举措，只是其在现代化过程中矛盾举措的组成部分之一：西方国家大力鼓吹欧美式现代化道路，但极力打压那些有可能通过照搬欧美式现代化道路实现现代化目标、危及西方国家主导地位的地区大国，欧美式现代化道路的吸引力因而被削减。

（二）中国数字政府治理模式吸引力上升

近年，我国基于本国国情有效推进数字政府治理进程，构建了中国数字政府治理模式，这一模式对亚非拉国家的吸引力在逐渐上升，这一情况主要归因于：1. 我国的数字政府治理情况良好。近年，国内外一些机构发布的各国数字政府水平评估报告显示我国的排名在持续上升。这种情况与西方国家尤其是意大利、葡萄牙甚至德国等国家的数字政府治理情况形成鲜明对比，使得中国数字政府治理模式吸引力明显上升：①当前，人类社会已经全面进入数字时代，数字政府治理是在数字时代实现现代化目标的重要途径，即数字政府治理是致力于实现现代化目标的国家的必然选择。②效仿强者是人类社会演进过程中的常见举措，如此才能够强化自身实力，在必然选择数字政府治理作为实现现代化目标的情况下，诸多国家和地区会向数字政府治理水平高的国家学习经验，由此，数字政府治理情况良好的我国，必然成为某些国家的学习对象，中国数字政府治理模式的吸引力随之上升。

2. 我国致力于构建互联网治理体系，提升了中国数字政府治理模式的吸引力。在习近平总书记关于网络强国的重要思想指导下，我国致力于构建互联网治理体系，这是一个国家级、世界级的宏观举措。习近平总书记在多个场合强调了构建互联网治理体系的必要性，指出我国愿意积极参与构建互联网治理体系，这一过程中必须遵循以下原则：主权平等、不搞霸权主义、充分尊重各国意愿、不干涉他国内政、不危害他国国家安全。[①]在这些重要论述指导下，我国在数字政府治理过程中致力于构建互联网治理体系，提升了中国数字政府治理模式的吸引力。从本质上来看，构建互联网治理体系是构建人类命运共同体的组成部分之一，能够助推中国式现代化进程。

二、我国为亚非拉国家提供数字政府治理指导理论及模式的全新选项

从宏观层面来看，我国数字政府治理塑造了习近平总书记关于网络强国的重要思想；从中观层面来看，我国数字政府治理在数字政府治理领域塑造了数字时代治理"第三波浪潮"理论。这些思想/理论生成之前，基于西方国家数字政府治理实践生成的数字时代治理理论，是亚非拉国家推

---

① 《习近平在第二届世界互联网大会开幕式上的讲话（全文）》，新华网，2015-12-16。

进数字政府治理进程时唯一可选择的理论。习近平总书记关于网络强国的重要思想及其次级理论的出现，改变了这一局面，使亚非拉国家选择数字政府治理指导理论时不再只有一个选项。

我国在习近平总书记关于网络强国的重要思想，基于本国国情构建了中国数字政府治理模式，这一模式生成之前，基于西方国家数字政府治理实践生成的西方数字政府治理模式，是亚非拉国家推进数字政府治理进程时唯一可选择的模式。中国数字政府治理模式的出现，改变了这一局面，使亚非拉国家选择数字政府治理模式时不再只有一个选项。这种变化及实例阐述如下：

（一）亚非拉国家数字政府治理过程中选项的变化

19世纪和20世纪，亚非拉国家推进现代化进程时，倾向于照搬欧美式现代化道路，除我国之外，极少有国家探索与本国国情相符的现代化道路，这一情况归因于：西方国家在现代化过程中取得明显成就；很多西方国家是亚非拉大量国家的前宗主国，对这些亚非拉国家依然具有一定影响力；探索与本国国情相符的现代化道路并非易事。近年，这一情况出现明显变化：我国基于本国国情有效推进现代化进程，构建了中国式现代化道路，亚非拉一些国家开始效仿我国的现代化经验。数字政府治理是亚非拉国家在数字时代实现现代化目标的重要途径，因此上述情况也存在于数字政府治理领域：

与亚非拉绝大部分国家相比，西方国家的数字政府治理起步较早、水平很高；很多西方国家能够借助前宗主国身份对亚非拉诸多国家施加影响；数字政府治理过程中"照搬模式容易、自创模式极难"；中国数字政府治理模式出现之前，可供亚非拉诸多国家借鉴的只有西方数字政府治理模式。受这些因素影响，亚非拉国家推进数字政府治理进程时倾向于照搬西方数字政府治理模式，但这种照搬并未取得预期成效。中国数字政府治理模式的出现为亚非拉国家借鉴他国经验推进数字政府治理进程提供了全新选项：对亚非拉国家而言，此前数字政府治理过程中可采用的模式只有西方模式，现在增加了中国模式这个选项，可以在数字政府治理过程中二选一甚至同时借鉴两者经验。这种变化是前述"西方数字政府治理模式吸引力下降、中国数字政府治理模式吸引力上升"的必然结果。

（二）中国数字政府治理模式能够成为选项的原因

从大历史视角来看，人类社会演进过程中共出现三次大变革：进入原始社会；进入农业社会；进入工业社会。现代化是第三次大变革的重要内容，这种现代化可以按照所属时代不同分为工业时代的现代化、数字时代的现代化两大类别。数字政府治理是数字时代实现现代化目标的重要途径，我国基于此构建的中国数字政府治理模式，能够成为亚非拉诸多国家推进数字政府治理进程时的选项，主要归因于：

1. 中国数字政府治理模式具有明显原创性，丰富了数字政府治理的内涵，充分体现后发优势。西方数字政府治理模式重点关注基于技术创新推进治理进程，并不关注数字政府治理过程中构筑稳定的总路线、消除不平衡等问题。与西方数字政府治理模式明显不同的是，中国数字政府治理模式关注在执政党领导下构建并实施具有明显稳定性的总路线，基于技术创新和制度变革双重驱动推进数字政府治理进程，稳步消除不平衡问题、提升治理水平。这些内容明显丰富了数字政府治理的内涵，能够在数字政府治理实践中有效提升治理水平，因而具有明显的后发优势。亚非拉国家推进数字政府治理进程时，面对"已经暴露出明显不足的西方数字政府治理模式"与"具有明显优势的中国数字政府治理模式"这两个选项，通常会选择后者而非前者。

2. 中国数字政府治理模式关注与世界各国共同构建互联网治理体系、共享数字政府治理成果，是一种共利型的数字政府治理模式，而非西方国家那种自利型的数字政府治理模式。与中国数字政府治理模式相比，西方数字政府治理模式具有明显的自利属性：西方国家推进数字政府治理进程时，重点关注提升本国治理水平，并不关注与其他国家尤其是发展中国家共享数字政府治理成果。这种自利属性，本质上是欧美式现代化模式自利属性在数字政府治理领域的呈现。在推进数字政府治理进程时，我国始终关注与世界各国共筑互联网治理体系，在协同过程中共享数字政府治理成果，表现出明显的共利属性。这意味着：亚非拉其他国家可以与我国共同推进数字政府治理进程，我国当前的数字政府治理水平高于亚非拉其他国家，中国数字政府治理模式也就成为亚非拉国家推进数字政府治理进程时可供借鉴的模式。

3. 中国数字政府治理模式证明了发展中国家能够基于本国国情、独立自主地稳步提升数字政府治理水平。我国与亚非拉诸多国家的历史经历和现实任务相似甚至相同：一方面，近代都遭受过西方国家的侵略、殖民，在现代化过程中属于后发国家；另一方面，都面临着实现现代化这一任务，当前任务即基于数字政府治理实现数字时代的现代化。我国在现代化过程中基于本国国情稳步推进数字政府治理进程，构建了中国数字政府治理模式，向世界各国证明：在数字时代，发展中国家可以切实从本国实际出发，构建符合本国国情的数字政府治理模式，独立自主地稳步提升数字政府治理水平。中国数字政府治理模式拓展了发展中国家推进数字政府治理进程的途径，给既希望快速推进数字政府治理进程，又希望保持自身独立性的国家提供了宝贵经验与全新选择。

（三）亚非拉国家借鉴中国数字政府治理模式的实例

邓利维认为，西方国家的数字政府治理过程中先后出现两次"浪潮"。"浪潮"由一些因素共同催生，而且仅存在于单个国家的某种现象不能称为"浪潮"。近年，埃塞俄比亚、卢旺达、越南等国家在数字政府治理过程中积极吸纳中国经验，逐渐催生数字政府治理"第三波浪潮"。从研究现状来看，目前，国内外学界已经注意到大量亚非拉国家在数字政府治理过程中照搬西方模式但未取得显著成效，却忽视了一个情况：亚非拉一些国家借鉴中国经验推进数字政府治理进程并取得良好成效。这是借鉴中国经验推进现代化进程的重要组成部分。实例如，埃塞俄比亚、卢旺达、越南等国家通过借鉴中国经验有效推进现代化进程，其中一项重要举措是积极吸纳我国的数字政府治理经验，使得这些国家的数字政府治理水平获得有效提升，这一过程中的重要举措是：第一，政党制度是一党制或一党独大制的国家，制定并稳步实施数字政府治理总路线；政党制度是两党制甚至多党制的国家，为了提升数字政府治理过程中总路线的稳定性，执政党尽力避免实施明显具有党派色彩的措施，并将常规举措以条例甚至法规等形式确定下来。实例如：在作为越南唯一政党的越南共产党领导下，越南在数字政府治理过程中借鉴中国经验，制定了数字政府治理总路线并在全国稳步实施，助推数字政府治理水平的稳步提升；在保罗·卡加梅（Paul Kagame）领导下，卢旺达爱国阵线能够在执政过程中保证数字政府治理总路线的稳定性。第二，重视借助数字政府治理将不平衡程度控制在适度范围内。如：卡加梅在卢旺达执政之后，致力于消除胡图族和图西族的仇恨，构建统一国民身份认同并降低两大民族之间的不平衡程度，尤其是借助数字政府治理使胡图族和图西族在治理过程中的受益程度大致平衡，降低了卢旺达再次出现动荡的可能性。

三、我国数字政府治理世界影响与时代价值的前景与启示

我国数字政府治理世界影响与时代价值的前景可以从理论层面和实践层面来看。我国数字政府治理世界影响与时代价值的启示有：在执政党领导下遵照总路线一以贯之地推进数字政府治理进程；在技术创新与制度变革双重驱动下实现因需制宜；有效借助非均衡政策将不平衡程度控制在适度范围内。分述如下：

（一）我国数字政府治理世界影响与时代价值的前景

1. 从理论层面来看，一方面，近年来，我国高度重视增强理论自信，在这种大环境中，我国公共行政学界越来越重视推进公共行政理论的本土化进程，极少数研究者已经开始尝试基于对我国治理实践的研究展开理论创新，为深入研究习近平总书记关于网络强国的重要思想（我国的数字政府治理理论）创造了较好环境；另一方面，习近平总书记关于网络强国的重要思想将随着中国数字政府治理进程的推进而不断发展完善，这意味着重要思想的内容将不断丰富、与之相关的学术研究会不断深化，含有创新内容的研究成果数量极有可能增多，由此可以预判：我国数字政府治理的世界影响与时代价值将进一步增强。

2. 从实践层面来看，一方面，目前，在中国共产党领导下，我国各地在习近平总书记关于网络强国的重要思想指导下遵照总路线一以贯之地推进数字政府治理进程，重视在技术创新与制度变革双重驱动下实现因需制宜，借助非均衡政策将不平衡程度控制在适度范围内。实施这些举措能够稳步提升我国的数字政府治理水平，为提升我国数字政府治理的世界影响与时代价值奠定坚实基础；另一方面，当前，世界上很多国家的数字政府治理已经度过起步阶段，这些国家的执政者和公众日益注意到：一以贯之地贯彻治理路线而非朝令夕改有益于稳步推进数字政府治理进程；推进数字政府治理过程不能仅依靠数字技术，也需要完备的制度体系支撑；数字政府治理过程中必须注意将不平衡程度控制在适度范围内，防止不平衡问题危及治理体系的稳定。这些认识与中国数字政府治理模式的内涵契合，意味着这些国家在数字政府治理过程中借鉴中国经验的可能性较大，我国数字政府治理的世界影响与时代价值拥有良好前景。

（二）我国数字政府治理世界影响与时代价值的启示

最大启示是：数字政府治理过程中必须以本国国情为主、经验借鉴为辅，构建与本国国情相符的数字政府治理模式，而非完全套用其他国家的模式、照搬其他国家的成功经验；在此基础上，能够生成本国模式甚至理论则更好。其他重要启示是以下举措能够为稳步提升数字政府治理水平创造条件：

1. 在执政党领导下遵照总路线一以贯之地推进数字政府治理进程。西方国家多为两党制或多党制，执政党频繁变更导致难以遵照较为稳定的总路线推进数字政府治理进程。与西方国家明显不同的是：我国的政党制度是中国共产党领导的多党合作和政治协商制度，中国共产党在汇聚多方智慧的基础上，根据现实情况的变化不断优化数字政府治理路线并一以贯之地加以推进，为我国稳步推进数字政府治理进程提供了根本保障。数字政府治理过程中，在没有相对稳定的总路线情况下，治理政策必然频繁变更，难以在较长时间内有效实施某项政策以解决治理问题，从而对数字政府治理产生负面影响。可见，在执政党领导下遵照总路线一以贯之地推进数字政府治理进程，是数字政府治理过程中的极佳选择。

2. 在技术创新与制度变革双重驱动下实现因需制宜。西方国家长期重点依靠技术创新（而非制度变革）驱动数字政府治理进程，导致其近年的数字政府治理进程缺乏强大助推力；除此之外，西方国家数字政府治理过程中对因需制宜的关注度相对较低。与西方国家明显不同的是，我国的数字政府治理关注技术创新驱动与制度变革驱动的动态相对平衡，在此基础上实现因需制宜。数字政府治理过程中，单一地依靠技术创新驱动或制度变革驱动，难以长期有效助推数字政府治理进程，因需制宜地以这两种驱动中的某一种为主、另一种为辅，才能够基于这两种驱动带来的持续革新实现数字政府治理水平的稳步提升。

3. 有效借助非均衡政策将不平衡程度控制在适度范围内。与我国相比，西方国家推进数字政府治理进程时对不平衡问题的关注度较低，对其数字政府治理产生一定负面影响：数字政府治理过程中，不平衡程度过高容易引起动荡，严重阻滞数字政府治理进程；不平衡程度过低则较难为数字政府治理提供足够的动力。因此必须借助非均衡政策将不平衡程度控制在适度范围内。非均衡政策是指明显呈现出偏向于某一领域/群体等的政策，实施这种政策能够降低不平衡程度，实例如：提升数字政府治理水平的过程中，重视将数字政府治理成果惠及非网民，降低网民与非网民的不平衡程度，从而降低非网民漠视甚至抵制数字政府治理进程的可能性。

参考文献

中文文献：

[1] 〔法〕托克维尔：《旧制度与大革命》，冯棠译，北京：商务印书馆，1992。

[2] 〔美〕安东尼·唐斯：《官僚制内幕》，郭小聪等译，北京：中国人民大学出版社，2006。

[3] 〔美〕查尔斯·T. 葛德塞尔：《为官僚制正名：一场公共行政的辩论》，张怡译，上海：复旦大学出版社，2007。

[4] 〔美〕戴维·奥斯本、〔美〕特德·盖布勒：《改革政府：企业家精神如何改革着公共部门》，周敦仁等译，上海：上海译文出版社，2021。

[5] 〔美〕E. S. 萨瓦斯：《民营化与公私部门的伙伴关系》，周志忍等译，北京：中国人民大学出版社，2002。

[6] 〔美〕弗里蒙特·E. 卡斯特、〔美〕詹姆斯·E. 罗森茨韦克：《组织与管理——系统方法与权变方法》，李柱流、刘有锦、苏沃涛译，北京：中国社会科学出版社，1985。

[7] 〔美〕斯蒂芬·戈德史密斯、〔美〕威廉·D. 埃格斯：《网络化治理：公共部门的新形态》，孙迎春译，北京：北京大学出版社，2008，第25页。

[8] 〔美〕罗伯特·D. 帕特南：《使民主运转起来：现代意大利的公民传统》，南昌：江西人民出版社，2001。

[9] 〔美〕达尔：《民主理论的前言》，顾昕、朱丹译，北京：生活·读书·新知三联书店，1999。

[10] 〔美〕麦克尔·巴泽雷：《突破官僚制：政府管理的新愿景》，孔宪遂译，北京：中国人民大学出版社，2001。

[11] 〔美〕塞缪尔·P. 亨廷顿：《变化社会中的政治秩序》，王冠华等译，北京：生活·读书·新知三联书店，1989。

［12］〔美〕约翰·克莱顿·托马斯：《公共决策中的公民参与》，孙柏瑛等译，北京：中国人民大学出版社，2010。

［13］陈丽洁主编：《企业法律风险管理的创新与实践：用管理的方法解决法律问题（修订版）》，北京：法律出版社，2012。

［14］邓小平：《邓小平文选（第三卷）》，北京：人民出版社，1993。

［15］胡锦涛：《胡锦涛文选（第二卷）》，北京：人民出版社，2016。

［16］江泽民：《江泽民文选（第一卷）》，北京：人民出版社，2006。

［17］金江军，潘懋编著：《电子政务理论与方法》，北京：中国人民大学出版社，2009。

［18］李军鹏：《公共服务型政府》，北京：北京大学出版社，2004。

［19］李龙主编：《社区警务运行概论》，银川：宁夏人民出版社，2003。

［20］林泽炎主编，林泽炎、王维编著：《执行绩效管理》，北京：中国发展出版社，2008。

［21］陆峰：《数字化转型与治理方法论》，北京：人民邮电出版社，2022。

［22］马颜昕等：《数字政府：变革与法治》，北京：中国人民大学出版社，2021。

［23］沈大风主编：《电子政务发展前沿（2013）》，北京：中国经济出版社，2013。

［24］王立华主编：《电子政务概论》，西安：西安交通大学出版社，2011。

［25］王谦编著：《电子政务发展中的问题与对策》，成都：西南交通大学出版社，2010。

［26］王伟玲：《数字政府：开辟国家治理现代化新境界》，北京：人民邮电出版社，2022。

［27］王益民：《数字政府》，北京：中共中央党校出版社，2020。

［28］习近平：《习近平谈治国理政（第二卷）》，北京：外文出版社，2017。

［29］夏书章主编：《行政成本概论》，广州：中山大学出版社，

2009。

[30] 熊一新、王太元主编：《最新社区警务工作指南》，北京：群众出版社，2003。

[31] 严谨：《数字政府：从数字到智慧的升级路径》，北京：九州出版社，2021。

[32] 燕继荣主编：《服务型政府建设：政府再造七项战略》，北京：中国人民大学出版社，2009。

[33] 杨光斌主编：《政治学导论（第四版）》，北京：中国人民大学出版社，2011。

[34] 曾伟、蒲明强主编：《公共部门电子政务理论与实践》，武汉：中国地质大学出版社，2008。

[35] 张成福、党秀云：《公共管理学（修订版）》，北京：中国人民大学出版社，2007。

[36] 张国庆主编：《公共行政学（第三版）》，北京：北京大学出版社，2007。

[37] 张建锋、肖利华、许诗军：《数智化：数字政府、数字经济与数字社会大融合》，电子工业出版社，2022。

[38] 张建锋：《数字政府2.0：数据智能助力治理现代化》，北京：中信出版社，2019。

[39] 张锐昕主编：《电子政府概论（第二版）》，北京：中国人民大学出版社，2010。

[40] 张锐昕主编：《电子政府与电子政务》，北京：中国人民大学出版社，2011。

[41] 赵新平主编：《新编行政管理学》，济南：黄河出版社，2008。

[42] 中共中央党史和文献研究院编：《习近平关于网络强国论述摘编》，北京：中央文献出版社，2021。

[43] 周桂贤：《数字政府治理的理论解读与实施方法探讨》，北京：中国社会科学出版社，2019。

[44] 竹立家、李军鹏编著：《公共管理学》，北京：经济科学出版社，2012。

[45] 竺乾威：《公共行政理论》，上海：复旦大学出版社，2008。

[46]〔日〕古谷知之：《日本超智能社会的公共管理范式》，《上海质量》2017年第11期。

［47］《第45次〈中国互联网络发展状况统计报告〉发布》，《中国广播》2020年第5期。

［48］《第47次〈中国互联网络发展状况统计报告〉发布》，《新闻世界》2021年第3期。

［49］《习近平：加快推进网络信息技术自主创新朝着建设网络强国目标不懈努力》，《紫光阁》2016年第11期。

［50］《习近平主席在第三届世界互联网大会上的视频讲话全文》，《信息化建设》2016年第12期。

［51］《中央网络安全和信息化领导小组成立：从网络大国迈向网络强国》，《电子政务》2014年第3期。

［52］John Kost：《如何成功实现数字政府的转型？》，《软件和集成电路》2015年第12期。

［53］Theresa A. Pardo、郑磊、包琳达等：《共享研究与实践知识——对"电子治理的未来"国际研讨会及全球数字政府学术共同体建设的评论》，《电子政务》2014年第1期。

［54］敖道恒：《基于网络空间安全保障下"数字政府"政务云建设研究分析》，《网络安全技术与应用》2021年第4期。

［55］半夏：《数字政府转型与智慧城市进化》，《中国质量》2020年第10期。

［56］鲍静、范梓腾、贾开：《数字政府治理形态研究：概念辨析与层次框架》，《电子政务》2020年第11期。

［57］鲍静、贾开：《数字治理体系和治理能力现代化研究：原则、框架与要素》，《政治学研究》2019年第3期。

［58］鲍静、贾开：《习近平新时代信息化建设重要思想研究与阐释》，《中国行政管理》2018年第4期。

［59］邵景均：《以人民为中心加强数字政府建设》，《中国行政管理》2022年第7期。

［60］邵景均：《扎实推进数字政府建设》，《中国行政管理》2020年第10期。

［61］本刊编辑部：《加快数字化发展　推进新时代数字福建建设》，《发展研究》2021年第8期。

［62］本刊首席时政观察员：《用数据说话、用数据决策、用数据管理、用数据创新加快数字化转型打造智能化政府》，《领导决策信息》2019年第4期。

［63］毕马威、杨有韦：《数据大治理》，《大数据时代》2020年第9期。

［64］边哲：《提升数字政府治理水平助推"最多跑一次"改革继续深化》，《政策瞭望》2018年第5期。

［65］卜淼：《国外数字包容政策与实践进展研究——以英国、新加坡、新西兰为例》，《数字图书馆论坛》2022年第7期。

［66］才让东知：《数字政府：基于数据的治理与对数据治理的视角》，《西藏发展论坛》2020年第5期。

［67］蔡聪裕、邓雪：《制度关系差序格局：混合型组织在中国地方数字政府建设中何以可为?——基于广东省W公司的案例分析》，《湖北社会科学》2021年第8期。

［68］蔡德发、李青：《黑龙江省数字政府建设的问题与对策研究》，《商业经济》2020年第12期。

［69］蔡旭东、王丽芬：《数字政府发展基础、趋势与对策》，《通信企业管理》2022年第4期。

［70］曹冬英、王少泉：《"五位一体"现代化布局与网络化政府间关系相关性分析》，《中共济南市委党校学报》2013年第4期。

［71］曹冬英、王少泉：《比较视角下中国式现代化的解析》，《黎明职业大学学报》2023年第1期。

［72］曹冬英、王少泉：《村民选举中政治冷漠问题的分析》，《理论观察》2012年第1期。

［73］曹冬英、王少泉：《广西区推进公共服务均等化进程中的问题及对策分析》，《广西职业技术学院学报》2015年第3期。

［74］曹冬英、王少泉：《经济现代化视角下非网民：影响因素与减少途径》，《社会科学家》2022年第12期。

［75］曹冬英、王少泉：《欧美式现代化：一条非普适的现代化道路》，《天中学刊》2023年第3期。

［76］曹冬英、王少泉：《四川省数字政府治理的问题与优化途径——基于间断—非均衡治理视角》，《重庆三峡学院学报》2023年第1期。

［77］曹冬英、王少泉：《习近平总书记关于数字治理的重要论述研究》，《中共福建省委党校学报》2019年第4期。

［78］曹冬英、王少泉：《新公共管理理论对民营化理论的扬弃》，《重庆科技学院学报（社会科学版）》2015年第3期。

［79］曹冬英、王少泉：《行政不作为分析》，《理论观察》2011年第6期。

［80］曹冬英、王少泉：《中国式现代化进程中适度化治理的应然逻辑》，《湖北行政学院学报》2022年第6期。

［81］曹冬英：《僵化官僚制阻滞数字政府治理的成因及活化途径——基于非均衡治理视角》，《中国治理评论》2023年第1期。

［82］曹冬英：《经济新常态视域下新旧技术"S型曲线"分析》，《重庆三峡学院学报》2018年第3期。

［83］曹冬英：《民族地区公共服务信息化协同问题研究——以政府部门为对象》，《广西职业技术学院学报》2015年第2期。

［84］曹冬英：《深刻理解习近平关于网络强国的重要思想　积极推进数字中国建设》，《海峡通讯》2021年第1期。

［85］曹海军、侯甜甜：《区块链技术如何赋能政府数字化转型：一个新的理论分析框架》，《理论探讨》2021年第6期。

［86］曹惠民：《地方政府数据治理绩效及其提升》，《理论探索》2020年第4期。

［87］曹亮亮：《数字政府升级和重塑的四个路径》，《人民论坛》2019年第23期。

［88］曾百添、王梓铃、练雨铃等：《"数字政府"背景下广东省掌上政务普及现状及发展对策——以"粤省事"小程序广州市使用情况为例》，《青年与社会》2020年第18期。

［89］曾盛聪、董沁昕：《"赋能"与"挤出"双效应下数字治理的"补丁"策略——基于代际发展权的分析框架》，《人文杂志》2022年第6期。

［90］曾于里：《信息越多，你为何越闭塞》，《南风窗》2018年第2期。

［91］曾志敏、薛永业：《以系统化思维构建政府数字治理体系——基于深圳龙华区的实践》，《科技智囊》2022年第7期。

［92］常颖、贾珊：《大数据时代政府流程再造的路径研究》，《机构与行政》2020年第10期。

［93］陈畴镛：《韩国数字政府建设及其启示》，《信息化建设》2018年第6期。

［94］陈畴镛：《聚焦数字化改革的着力点》，《浙江经济》2021年第3期。

［95］陈畴镛：《数字化改革的时代价值与推进机理》，《治理研究》2022年第4期。

［96］陈德全、王力、郑玉妹：《面向数字政府高效运行的治理体系研究》，《信息通信技术与政策》2020年第10期。

［97］陈戈：《数字政府赋能数字经济》，《中国信息界》2021年第6期。

［98］陈桂龙：《数字政府3.0》，《中国建设信息化》2020年第23期。

［99］陈宏、丛凯、苏征：《浅谈基于"数字政府"背景下的电子政务网络安全研究》，《数字通信世界》2020年第8期。

［100］陈慧：《我国电子政务发展的问题与对策研究》，《生产力研究》2011年第12期。

［101］陈佳璇、杨艺星、李志行：《数字政府背景下的我国社区治理现代化实践路径探索》，《中阿科技论坛（中英文）》2022年第7期。

［102］陈蒋辉：《"十四五"时期数字化战略的发展机遇》，《金融博览》2021年第6期。

［103］陈娟：《数字政府建设的内在逻辑与路径构建研究》，《国外社会科学》2021年第2期。

［104］陈玲、段尧清、王冰清：《数字政府建设和政府开放数据的耦合协调性分析》，《情报科学》2020年第1期。

［105］陈骞：《日本启动"超智能社会"建设》，《上海信息化》2016年第10期。

［106］陈睿、刘大椿：《"双循环"新发展格局下政府数字化转型的创新路径研究》，《经济体制改革》2022年第1期。

［107］陈水生：《数字时代平台治理的运作逻辑：以上海"一网统管"为例》，《电子政务》2021年第8期。

［108］陈水生：《新公共管理的终结与数字时代治理的兴起》，《理论导刊》2009年第4期。

［109］陈苏超：《组态视角下数字经济赋能城市经济高质量发展的路径研究》，《产业创新研究》2022年第18期。

［110］陈潭：《党建引领、数据赋能与信息惠民——理解中国数字政府建设的三重界面》，《行政论坛》2022年第5期。

［111］陈万球、欧阳雪倩：《习近平网络治理思想的理论特色》，《长沙理工大学学报（社会科学版）》2016年第2期。

［112］陈伟：《建设数字政府推进网络理政》，《先锋》2017年第2期。

［113］陈小华、潘宇航：《数字政府：演进阶段、整体形态与治理意蕴》，《观察与思考》2021年第1期。

［114］陈笑语、王晓灵：《政府数字化转型：逻辑进路与关键问题》，《新疆社科论坛》2022年第2期。

［115］陈言樑：《基于数字政府建设思路》，《数字技术与应用》2022年第10期。

［116］陈振明：《实现治理数字化和智能化转型》，《国家治理》2020年第3期。

［117］陈子韬、李哲、吴建南：《作为组合式创新的数字政府建设——基于上海"一网通办"的案例分析》，《经济社会体制比较》2022年第2期。

［118］谌贻琴：《深入学习贯彻习近平总书记关于网络强国的重要思想奋力谱写多彩贵州网信事业新篇章》，《当代贵州》2022年第24期。

［119］程乐：《网络空间治理：中国智慧·中国方案·中国路径——习近平总书记关于网络强国的重要思想研究》，《思想理论战线》2022年第2期。

［120］储节旺、张林轩、宫雨晨等：《合肥市政府数据开放平台建设及发展路径研究》，《数字图书馆论坛》2021年第2期。

［121］褚尔康：《数字政府建设顶层设计的底层逻辑体系构筑与运行特征研究》，《领导科学》2021年第24期。

［122］崔树红、刘全力、唐立庭：《数据时代背景下"数字政府"技术架构研究与应用分析》，《信息系统工程》2019年第7期。

［123］戴伟：《论移动政务背景下政府公共服务能力提升》，《电子技术与软件工程》2013年第3期。

［124］戴祥玉、卜凡帅：《地方政府数字化转型的治理信息与创新路径——基于信息赋能的视角》，《电子政务》2020年第5期。

［125］戴长征、鲍静：《数字政府治理——基于社会形态演变进程的考察》，《中国行政管理》2017年第9期。

［126］单斐、孙亮、郭中梅：《数字政府建设研究与思考》，《邮电设计技术》2020年第2期。

［127］邓倩：《新媒体的"信息茧房"现象研究》，《视听》2016年第8期。

［128］邓石军、陈晓霞、张卿：《数字政府建设与产业结构升级：来自中国城市的经验证据》，《中国发展》2022年第4期。

［129］邓崧、巴松竹玛、李晓昀：《府际关系视域下我国数字政府建设创新扩散路径——基于"试验-认可-推广"模型的多案例研究》，《电子政务》2021年第11期。

［130］翟云、程主：《论数字政府的"大问题"：理论辨析、逻辑建构和践行路向》，《党政研究》2022年第1期。

［131］翟云、蒋敏娟、王伟玲：《中国数字化转型的理论阐释与运行机制》，《电子政务》2021年第6期。

［132］翟云：《数字政府替代电子政务了吗？——基于政务信息化与治理现代化的分野》，《中国行政管理》2022年第2期。

［133］翟云：《中国数字政府建设的理论前沿问题》，《行政管理改革》2022年第2期。

［134］丁邡、焦迪：《区块链技术在"数字政府"中的应用》，《中国经贸导刊（中）》2020年第3期。

［135］丁干：《政府数字化转型的若干问题与建议——以临安区为例》，《浙江经济》2019年第8期。

［136］丁晓蔚、王雪莹、胡菡菡：《论"信息茧房"矫治——兼及大数据人工智能2.0和"探索—开发"模式》，《中国地质大学学报（社会科学版）》2018年第1期。

［137］丁元竹：《由电子政府到数字政府的根本性转变》，《人民论坛》2013年第34期。

［138］杜金金、张晓明：《习近平新时代网络强国战略思想的理论内涵和实践进路》，《中学政治教学参考》2021年第28期。

［139］杜坤林：《借鉴淘宝学院模式的企业人才培养路径研究》，《现代营销（学苑版）》2013年第1期。

［140］杜莉娜、车丽萍：《数字政府建设中互联网企业参与现状及问题研究》，《科技和产业》2022年第1期。

［141］段尧清、姚兰、杨少飞：《基于扎根理论的数字政府建设构成要素抽取研究》，《情报科学》2021年第7期。

［142］范海勤、崔雪峰：《我国数字政府建设情况与推进策略研究》，《现代工业经济和信息化》2020年第7期。

［143］范晓东：《网络公共危机管理：政府与数字服务业者之间的合作机制》，《中国社会公共安全研究报告》2015年第1期。

［144］范梓腾：《数字政府建设的议题界定：时空演进与影响因素——基于省级党委机关报的大数据分析》，《中国行政管理》2021年第1期。

［145］冯锋：《大数据时代我国数字政府建设的路径探析》，《山东社会科学》2022年第5期。

［146］冯子妍：《政务新媒体：构建数字政府的重要力量》，《新疆社科论坛》2021年第6期。

［147］傅荣校：《基层数字治理的"智治"逻辑》，《小康》2021年第24期。

［148］高国伟、竺沐雨、段佳琪：《基于数据策展的政府大数据服务规范化体系研究》，《电子政务》2020年第12期。

［149］高杰：《数字经济视阈下政府经济职能研究》，《现代经济信息》2018年第7期。

［150］高杰：《数字时代视域下政府服务转型研究》，《学理论》2018年第8期。

［151］高秦伟：《数字政府背景下行政法治的发展及其课题》，《东方法学》2022年第2期。

［152］高尚省、郭勇、高智伟等：《广东省数字政府网络安全评估体系与实践》，《大数据》2021年第2期。

［153］高天鹏、于婷：《政府数字化转型影响因素分析》，《行政与法》2022年第1期。

［154］高翔：《建立适应数字时代的政府治理新形态》，《探索与争鸣》2021年第4期。

［155］高阳、李晓宇、周卓琪：《数字技术支撑现代社会治理体系的底层逻辑与实现路径》，《行政管理改革》2022年第4期。

［156］高志华、谢标：《数字政府视域下优化政务服务路径研究》，《党政干部学刊》2021年第11期。

［157］戈晶晶：《人民需要的数字政府该如何建》，《中国信息界》2022年第3期。

［158］戈晶晶：《数字政府进入加速期》，《中国信息界》2021年第6期。

［159］葛天任、薄雨欣：《新兴技术能否破解"共同体困境"——数字政府，智慧社区与敏捷治理》，《社会治理》2020年第2期。

［160］龚艺巍、谢诗文、施肖洁：《云技术赋能的政府数字化转型

阶段模型研究——基于浙江省政务改革的分析》，《现代情报》2020年第6期。

[161] 顾平安：《数据治理赋能数字政府建设》，《社会治理》2021年第4期。

[162] 顾荣华：《数字政府背景下地方政府治理效能研究》，《黑龙江人力资源和社会保障》2022年第14期。

[163] 关保英、汪骏良：《基于合作治理的数字法治政府建设》，《福建论坛（人文社会科学版）》2022年第5期。

[164] 管志利：《政府数字化转型的总体性分析及合作治理之道》，《行政与法》2022年第10期。

[165] 郭高晶、胡广伟：《我国数字政府建设绩效的影响因素与生成路径——基于31省案例的模糊集定性比较分析》，《重庆社会科学》2022年第3期。

[166] 郭高晶：《面向公共价值创造的数字政府建设：耦合性分析与实践逻辑》，《广西社会科学》2022年第7期。

[167] 郭广龙：《数字政府与一体化政务服务平台建设研究》，《产业与科技论坛》2021年第24期。

[168] 郭克强、程锋：《深层次推进政务数字化高质量　打造数字化政府》，《通信企业管理》2020年第2期。

[169] 郭蕾、黄郑恺：《中国数字政府建设影响因素的实证研究》，《湖南社会科学》2021年第6期。

[170] 郭真、白喆、郭中梅等：《"十四五"时期数字政府研究与思考》，《邮电设计技术》2022年第5期。

[171] 海群、乌日娜：《日本"i-Japan战略2015"中的电子政务战略》，《办公室业务》2010年第4期。

[172] 韩海生、刘丽波：《u与中国》，《财经界》2006年第8期。

[173] 韩晓丽：《政务云促进数字政府建设的策略研究》，《中国管理信息化》2021年第16期。

[174] 韩啸、汤志伟：《数字政府创造公共价值的驱动因素与作用机制研究》，《电子政务》2022年第2期。

[175] 韩雪莹：《我国地方政府的数字化转型：理论发展与实践逻辑》，《现代商贸工业》2021年第16期。

[176] 韩兆柱、李亚鹏：《数字化治理、网络化治理与网格化管理理论的比较研究》，《学习论坛》2017年第3期。

［177］韩兆柱、马文娟：《数字治理理论研究综述》，《甘肃行政学院学报》2016年第1期。

［178］韩兆柱、赵洁：《数字政府研究的历程、现状和趋势》，《学习论坛》2022年第1期。

［179］郝宗民、张惠萍：《把脉城市温度，助力政银"深情握手"金融科技赋能，加快建构"数字政府"——"我的宁夏"政务移动端构建智慧政务"新生态"》，《中国金融电脑》2020年第11期。

［180］何花：《数字政府建设：发展历程、建设内容与创新路径——基于浙江省数字政府建设的分析》，《攀登》2021年第6期。

［181］何炜、何云：《发达国家数字战略及新媒体在文化教育上的应用》，《现代教育技术》2012年第4期。

［182］何枭吟：《美国数字政府透视》，《边疆经济与文化》2006年第5期。

［183］何枭吟：《数字经济发展趋势及我国的战略抉择》，《现代经济探讨》2013年第3期。

［184］洪伟达：《以数字政府建设推动龙江治理体系和治理能力现代化》，《奋斗》2020年第22期。

［185］洪伟达：《政府数据协同治理存在的问题及应对》，《审计观察》2021年第4期。

［186］后向东：《政策发布数字化转型：机遇、挑战与现实路径》，《中国行政管理》2021年第12期。

［187］胡炳福、王兵：《数字化：促进政府转型与治理现代化》，《中国建设信息化》2020年第18期。

［188］胡金强：《推进数字中国建设问题研究——以淄博为例》，《现代交际》2019年第24期。

［189］胡税根、杨竞楠：《发达国家数字政府建设的探索与经验借鉴》，《探索》2021年第1期。

［190］胡雅南：《建设人民满意的数字化服务型政府》，《中国领导科学》2019年第6期。

［191］胡逸：《数字政府的三个维度》，《中国信息界》2020年第6期。

［192］华阳：《主流电子商务模式对比分析》，《新疆社科论坛》2012年第2期。

［193］桓德铭、王春艳、张欣亮等：《标准化引领地方政府数字

化建设路径研究——以数字山东建设为例》，《中国标准化》2020年第9期。

［194］黄春林、杨乐、黄阳江豪：《数字政府建设框架与治理能力提升》，《通信企业管理》2021年第11期。

［195］黄海阳：《数字政府背景下，统计数字化转型的方向和内容研究》，《统计理论与实践》2021年第9期。

［196］黄恒学、冯向阳：《新技术时代要警惕电子官僚主义》，《国家治理》2020年第3期。

［197］黄璜、谢思娴、姚清等：《数字化赋能治理协同：数字政府建设的"下一步行动"》，《电子政务》2022年第4期。

［198］黄璜：《数字政府：政策、特征与概念》，《治理研究》2020年第3期。

［199］黄璜：《数字政府的概念结构：信息能力、数据流动与知识应用——兼论DIKW模型与IDK原则》，《学海》2018年第4期。

［200］黄璜：《中国"数字政府"的政策演变——兼论"数字政府"与"电子政务"的关系》，《行政论坛》2020年第3期。

［201］黄建伟、陈东强：《数字政府建设中的政务服务》，《行政与法》2022年第2期。

［202］黄建伟、陈玲玲：《国内数字治理研究进展与未来展望》，《理论与改革》2019年第1期。

［203］黄建伟、叶琳：《O2O普惠型数字政府：概念，价值与重心》，《湖南社会科学》2022年第1期。

［204］黄淑惠：《数字党建：党建现代化的分水岭》，《理论观察》2020年第10期。

［205］黄涛：《面向目标　面向顾客　面向问题——澳大利亚电子政务建设模式评述》，《信息化建设》2006年第6期。

［206］黄未、陈加友：《创新行政管理和服务方式　推进数字政府建设》，《贵州社会科学》2019年第11期。

［207］黄文金、张海峰：《数字经济将全面影响政府公共服务》，《中国电信业》2019年第12期。

［208］黄文金、张海峰：《数字经济影响下的数字政府公共服务模式研究》，《中国工程咨询》2020年第1期。

［209］黄钰婷：《基于定性比较的创新数字政府建设组合路径研究》，《技术与创新管理》2021年第5期。

［210］吉喆、王海蕴、律星光：《全力推动"数字政府"建设营造公平透明法治化营商环境》，《财经界》2021年第7期。

［211］纪文成：《检察机关科技强检需求初探》，《科技与企业》2012年第2期。

［212］纪霞：《新时期数字政府信息资源共建共享对策研究》，《商业经济》2013年第20期。

［213］贾海薇、刘志明、张小娟：《大数据时代"数字政府"的系统建构——基于IGR法则的讨论》，《行政论坛》2022年第3期。

［214］贾开、高乐、曾宇航：《数字政府建设与国家治理现代化——2021中国国际大数据产业博览会专业论坛及第五届数字政府治理高峰论坛会议综述》，《中国行政管理》2021年第9期。

［215］江文路、张小劲：《以数字政府突围科层制政府》，《社会科学文摘》2022年第1期。

［216］江文路、张小劲：《以数字政府突围科层制政府——比较视野下的数字政府建设与演化图景》，《经济社会体制比较》2021年第6期。

［217］江小涓：《聚焦突出问题协调推进数字政府建设》，《中国机关后勤》2022年第1期。

［218］江小涓：《以数字政府建设支撑高水平数字中国建设》，《中国行政管理》2020年第11期。

［219］江小涓：《加强顶层设计解决突出问题协调推进数字政府建设与行政体制改革》，《中国行政管理》2021年第12期。

［220］姜德峰：《数字政府内涵体系与推进策略》，《领导决策信息》2019年第5期。

［221］姜尔林：《西方现代官僚制的困境及中国实践的启示》，《毛泽东邓小平理论研究》2018年第6期。

［222］姜景、姜娅新、杜惠：《政策工具视角下的数字政府研究——基于我国45份政策文本的量化分析》，《智库理论与实践》2022年第2期。

［223］姜奇平：《把握数字政府建设的脉动》，《互联网周刊》2020年第23期。

［224］姜奇平：《智慧城市联接数字政府与数字社会》，《互联网周刊》2020年第23期。

［225］蒋敏娟：《地方数字政府建设模式比较——以广东、浙江、

贵州三省为例》，《行政管理改革》2021年第6期。

［226］蒋敏娟：《迈向数据驱动的政府：大数据时代的首席数据官——内涵、价值与推进策略》，《行政管理改革》2022年第5期。

［227］焦佳凌、陶书毅、方云波：《试析数字政府建设视野下的政府治理能力重塑——以全国残疾人两项补贴政策实施为例》，《残疾人研究》2021年第2期。

［228］金成波、王敬文：《数字法治政府的时代图景：治理任务、理念与模式创新》，《电子政务》2022年第8期。

［229］金江军：《美国数字政府战略及启示》，《信息化建设》2012年第8期。

［230］金震宇：《"互联网+"驱动数字政府2.0模式重构》，《中国信息界》2020年第4期。

［231］荆玲玲、邓鸿飞：《论数字政府行政文化对传统政府行政文化的改良——以地摊经济为例》，《边疆经济与文化》2021年第2期。

［232］康伟、姜宝、华小方：《我国数字政府研究热点演化分析——主题、方法与趋势》，《电子产品可靠性与环境试验》2022年第1期。

［233］孔小娜：《电子商务模式下京东商城发展研究》，《企业导报》2012年第21期。

［234］寇佳丽：《数字政府建设不能缺失法治》，《经济》2022年第9期。

［235］匡亚林：《"思维-技术-规则"框架下超越数字政府技术治理路径依赖的优化方略》，《青海社会科学》2021年第2期。

［236］邝菁、陈琪：《高校数字党建工作系统平台的设计与实现》，《经贸实践》2015年第13期。

［237］兰红平：《建立数字政府提升社会服务能力》，《特区实践与理论》2016年第1期。

［238］雷瑞萍：《推进数字政府建设提升政府治理现代化水平》，《行政科学论坛》2020年第10期。

［239］冷涛、周雅颂：《中国官僚制何去何从？——一个政府治理能力现代化的视角》，《黑龙江社会科学》2016年第1期。

［240］黎军：《以"数字政府"建设为抓手，推进政府治理现代化》，《团结》2020年第1期。

［241］李灿强、夏志方、丁邠：《基于人工智能技术的"数字政

府"研究》，《中国经贸导刊（中）》2019年第5期。

［242］李东洪：《加强数字政府建设提升政府治理能力》，《前进》2022年第8期。

［243］李锋：《政治引领与技术赋能：以数字党建推动社会治理现代化》，《贵州社会科学》2022年第7期。

［244］李广乾：《全面开创数字政府建设新局面》，《经济》2022年第9期。

［245］李汉卿、孟子龙：《城市数字治理的生成及其风险防控：以上海市M区"一网统管"为例》，《当代经济管理》2022年第9期。

［246］李欢欢、李齐：《"第三届数字政府治理学术研讨会"在山东师范大学举行》，《中国行政管理》2018年第10期。

［247］李慧龙、于君博：《数字政府治理的回应性陷阱——基于东三省"地方领导留言板"的考察》，《电子政务》2019年第3期。

［248］李军鹏：《面向基本现代化的数字政府建设方略》，《改革》2020年第12期。

［249］李君如：《习近平网络强国战略：具有21世纪马克思主义特质的原创性成果》，《理论视野》2022年第9期。

［250］李旻：《智慧政府数字治理水平与城市可持续发展能力相关性应用》，《数字技术与应用》2022年第3期。

［251］李鸣：《我国电子政务发展综述》，《武汉工程大学学报》2010年第4期。

［252］李倩、林晓梅、马志坚等：《数字经济驱动海南经济高质量发展的作用机制研究》，《中国商论》2021年第20期。

［253］李韶驰、郑佳斯：《政府数字化转型中的个人数字身份运用：机理阐释及优化路径》，《学习与实践》2022年第9期。

［254］李世东、李春洪、张光辉等：《美国电子政务的发展进程基本经验与主要成效》，《林业资源管理》2006年第5期。

［255］李思艺：《迈入技术与信任相融合的数字治理时代：加拿大数字政府建设的启示》，《情报理论与实践》2022年第1期。

［256］李韬、冯贺霞：《数字治理的多维视角，科学内涵与基本要素》，《社会科学文摘》2022年第7期。

［257］李文钊：《数字界面视角下超大城市治理数字化转型原理——以城市大脑为例》，《电子政务》2021年第3期。

［258］李文钊：《双层嵌套治理界面建构：城市治理数字化转型的

方向与路径》，《电子政务》2020年第7期。

［259］李希光：《习近平的互联网治理思维》，《人民论坛》2016年第2期（上）。

［260］李小妹：《技术赋能数字政府构建动态能力的机理与实施效果探析》，《领导科学》2021年第20期。

［261］李垭卓：《浅析数字政府职责体系与运行机制》，《辽宁经济》2018年第4期。

［262］李阳：《标准化视角下数字政府建设的研究》，《电子产品可靠性与环境试验》2020年第2期。

［263］李颖：《网信技术提升政府治理能力效果显著——"数字政府服务与治理能力提升暨新技术新应用与网络安全"专题报告发布》，《中国质量万里行》2022年第1期。

［264］李育晖：《基于关键绩效指标理论的数字化城市评价体系研究》，《中国工程咨询》2021年第1期。

［265］李月、曹海军：《省级政府数字治理影响因素与实施路径——基于30省健康码应用的定性比较分析》，《电子政务》2020年第10期。

［266］李章程、王铭：《英国电子政务建设进程概述》，《档案与建设》2004年第3期。

［267］李哲、石小兵：《推进"数字政府"改革建设的广东探索》，《中国财政》2020年第12期。

［268］梁华：《整体性精准治理的数字政府建设：发展趋势、现实困境与路径优化》，《贵州社会科学》2021年第8期。

［269］梁丽雯：《全球保卫数据隐私之战再升级》，《金融科技时代》2017年第9期。

［270］梁木生：《论"数字政府"运行的法律调控》，《中国行政管理》2002年第4期。

［271］梁思琪：《基层数字政府治理的契机、时代价值与地区经验——基于台州地区的探索与实践》，《智库时代》2020年第10期。

［272］廖福崇：《基于"制度–行为"框架的数字治理能力生成模式研究》，《湖湘论坛》2022年第2期。

［273］廖福崇：《数字治理体系建设：要素、特征与生成机制》，《行政管理改革》2022年第7期。

［274］林崇责：《政府数字化转型之"数"和"术"》，《浙江经

济》2018年第23期。

[275] 林梦瑶、李重照、黄璜：《英国数字政府：战略、工具与治理结构》，《电子政务》2019年第8期。

[276] 林荣全：《数字化时代街头官僚的责任性：分析框架与研究展望》，《电子政务》2021年第10期。

[277] 林维勇：《论习近平网络强国重要论述的核心要义、实施路径和生动实践》，《新疆社科论坛》2021年第5期。

[278] 林塬犇：《美国数字经济发展制度保障述评》，《现代工业经济和信息化》2022年第1期。

[279] 林志明、宋君：《数字治理助推政府治理能力现代化的路径探索》，《大连干部学刊》2022年第8期。

[280] 刘丹：《国内外数字政府研究现状及启示》，《江苏商论》2021年第10期。

[281] 刘道学、董碧晨、卢瑶：《企业码：双循环格局下政府数字化服务企业的新探索》，《电子政务》2021年第2期。

[282] 刘飞、王欣亮：《政府数字化转型与地方治理绩效：治理环境作用下的异质性分析》，《中国行政管理》2021年第11期。

[283] 刘锋：《数字党建助推基层党组织高质量发展的路径探讨》，《领导科学》2022年第3期。

[284] 刘富胜、金宁：《私营中小型企业信息化建设探讨》，《中国科技信息》2006年第9期。

[285] 刘红芹、汤志伟、崔茜等：《中国建设智慧社会的国外经验借鉴》，《电子政务》2019年第4期。

[286] 刘佳晨：《数字政府引领三位一体的数字深圳》，《中国领导科学》2021年第1期。

[287] 刘俊祥、曾森：《中国乡村数字治理的智理属性、顶层设计与探索实践》，《兰州大学学报（社会科学版）》2020年第1期。

[288] 刘珂言、闫建、姜申未：《数字政府建设的重庆实践及启示》，《科技智囊》2022年第5期。

[289] 刘兰华、孙凌云：《公务员行政责任的实现路径分析》，《行政与法》2010年第8期。

[290] 刘密霞、朱锐勋：《数字政府演化进路及其驱动模式分析》，《行政与法》2019年第10期。

[291] 刘密霞：《数字化转型推进国家治理现代化研究——以数字

中国建设为例》，《行政管理改革》2022年第9期。

［292］刘密霞：《推进数字政府建设的思路与对策》，《中国领导科学》2020年第2期。

［293］刘珉旻：《习近平网络强国重要论述的成果共享观研究》，《新经济》2021年第7期。

［294］刘鹏、刘嘉：《非均衡治理模式：治理理论的西方流变及中国语境的本土化》，《中国行政管理》2019年第1期。

［295］刘鹏、詹绍文：《西安市数字政府建设成效评价》，《经营与管理》2021年第10期。

［296］刘祺：《从数智赋能到跨界创新：数字政府的治理逻辑与路径》，《社会科学文摘》2022年第7期。

［297］刘祺：《从数智赋能到跨界创新：数字政府的治理逻辑与路径》，《新视野》2022年第3期。

［298］刘祺：《跨界治理理论与数字政府建设》，《理论与改革》2020年第4期。

［299］刘祺：《省级数字政府改革的内在逻辑与推进路径》，《学习论坛》2022年第3期。

［300］刘淑春：《数字政府战略意蕴，技术构架与路径设计——基于浙江改革的实践与探索》，《中国行政管理》2018年第9期。

［301］刘淑春：《以数字政府建设推进政府治理现代化》，《审计观察》2020年第12期。

［302］刘松：《数字技术助力治理现代化》，《社会治理》2019年第11期。

［303］刘伟：《以数字化改革统领市域治理现代化》，《唯实》2022年第1期。

［304］刘晓红、王旭、王子文：《江苏数字政府建设的现状分析与对策建议》，《现代工业经济和信息化》2020年第11期。

［305］刘筱勤：《科层之弊与国家治理体系的现代化》，《领导科学论坛》2016年第21期。

［306］刘学涛：《数字经济视野下数字政府发展与实践图景》，《南海法学》2022年第2期。

［307］刘义豪、席健评：《我国数字化政府建设现存问题与改善路径》，《公关世界》2022年第15期。

［308］刘银喜、赵淼：《公共价值创造：数字政府治理研究新视

角——理论框架与路径选择，《电子政务》2022年第2期。

[309] 刘银喜、赵淼：《公共价值创造：数字政府治理研究新视角——理论框架与路径选择》，《社会科学文摘》2022年第7期。

[310] 刘昱婷、吴畏：《关于推进"数字政府"建设的若干建议》，《信息通信技术与政策》2018年第7期。

[311] 刘志峰、田欣：《数字政府背景下盲盒营销的信用监管》，《世界经济与政治论坛》2022年第4期。

[312] 娄兆锋、曹冬英：《公共服务导向中基本公共服务与非基本公共服务之研究》，《中国行政管理》2015年第3期。

[313] 娄兆锋、王少泉：《数字治理：单位管理中信息不对称现象的消除之道》，《领导科学》2020年第6期。

[314] 卢向东：《准确把握数字化转型趋势加快推进数字政府建设——从"数字战疫"到数字政府建设的实践与思考》，《中国行政管理》2020年第11期。

[315] 卢晓蕊：《数字政府建设：概念、框架及实践》，《行政科学论坛》2020年第12期。

[316] 鲁金萍、许旭、王蕤：《新技术在数字政府建设中的应用：成效、瓶颈与对策》，《网络安全和信息化》2021年第8期。

[317] 陆留生：《以数字政府建设提升行政效能》，《群众》2019年第21期。

[318] 陆敏行：《发展电子党务　创新执政理念》，《宁波教育学院学报》2013年第3期。

[319] 陆易涵、曹斌：《论政府数字化转型过程中存在的问题》，《互联网周刊》2022年第10期。

[320] 逯峰：《广东"数字政府"的实践与探索》，《行政管理改革》2018年第11期。

[321] 逯峰：《整体政府理念下的"数字政府"》，《中国领导科学》2019年第6期。

[322] 路清琳、满雪：《数字政府治理碎片化问题研究》，《商业文化》2021年第1期。

[323] 栾群：《研发、应用、治理三位一体打造数字经济新优势》，《国家治理》2021年第18期。

[324] 罗岑弘、郑凯：《数字政府治理模式研究——以杭州市下城区为例》，《商业文化》2020年第27期。

［325］罗岑弘：《数字政府公共管理模式创新研究》，《决策探索（下）》2019年第10期。

［326］罗东玲、刘瑛：《加快推进江苏数字政府建设的对策研究》，《江苏科技信息》2019年第26期。

［327］罗建华：《从"三个自信"到"四个自信"：习近平对中国特色社会主义文化的思考与定位》，《求实》2017年第5期。

［328］罗靖之：《数字政府背景下公民参与问题研究》，《中国管理信息化》2020年第15期。

［329］罗兰、范炜烽、金晶：《数字政府建设中数据传播问题与治理策略》，《领导科学》2021年第12期。

［330］罗强强：《地方"数字政府"改革的内在机理与优化路径——基于中国省级"第一梯队"政策文本分析》，《地方治理研究》2021年第1期。

［331］骆婉玲：《数字政府背景下"粤省事"信息服务平台发展现状研究》，《江苏科技信息》2022年第19期。

［332］吕璐、陈翔：《部分国家数字政府建设实践及对我国的启示》，《中国统计》2022年第3期。

［333］吕美璇：《中国数字政府治理困境与解决路径研究》，《改革与开放》2020年第16期。

［334］吕小刚：《数字化转型视角下政务公开的基本问题探析》，《党政干部学刊》2021年第3期。

［335］吕宇蓝：《融媒时代数字政府引领公共服务创新的"苏州路径"——以"苏周到"为例》，《视听界》2021年第4期。

［336］吕志奎、孟庆国：《公共管理转型：协作性公共管理的兴起》，《学术研究》2010年第12期。

［337］马赫、汪雷：《新时代国有企业加强"数字党建"的重要意义及对策建议》，《企业改革与管理》2022年第15期。

［338］马红丽：《王益民：发展网上政务服务，建立数字政府》，《中国信息界》2018年第6期。

［339］马金慧：《数字政府背景下新时代人才发展治理体系构建问题研究》，《大陆桥视野》2021年第10期。

［340］马亮：《数据驱动与以民为本的政府绩效管理——基于北京市"接诉即办"的案例研究》，《新视野》2021年第2期。

［341］马亮：《数字政府建设：文献述评与研究展望》，《党政研

究》2021年第3期。

[342] 马亮：《数字政府如何降低行政负担？》，《行政管理改革》2022年第9期。

[343] 马亮：《网上办事不求人：政府数字化转型与社会关系重塑》，《电子政务》2022年第5期。

[344] 马亮：《政商关系对数字政府建设的影响机制与理论进路》，《党政研究》2022年第3期。

[345] 马文娟：《信息技术变革对官僚组织形态的影响——兼评〈官僚制内幕〉》，《电子政务》2018年第2期。

[346] 马兴瑞：《加快数字化发展》，《智慧中国》2021年第Z1期。

[347] 马颜昕、谢煌凯：《数字政府建设下政企合作责任承担机制研究》，《学习论坛》2022年第2期。

[348] 马颜昕：《数字政府：变革与法治》，《教学与研究》2021年第3期。

[349] 马颜昕、袁强：《多元共治语境下的数字政府政企合作法律路径探索》，《岭南学刊》2020年第5期。

[350] 毛丰付、周玉芳：《什么是好的数字政府——数字政府质量研究述评》，《工信财经科技》2022年第2期。

[351] 孟庆国、关欣：《论电子治理的内涵、价值与绩效实现》，《行政论坛》2015年第4期。

[352] 孟庆国、林彤、乔元波等：《中国地方政府大数据管理机构建设与演变——基于第八次机构改革的对比分析》，《电子政务》2020年第10期。

[353] 孟天广：《数字治理生态：数字政府的理论迭代与模型演化》，《政治学研究》2022年第5期。

[354] 孟天广：《政府数字化转型的要素、机制与路径——兼论"技术赋能"与"技术赋权"的双向驱动》，《治理研究》2021年第1期。

[355] 孟越男、徐长乐：《区域协调性均衡发展理论及我国实践》，《甘肃社会科学》2020年第4期。

[356] 孟子龙：《超大城市数字政府建设的演进路径与变迁逻辑》，《城市问题》2022年第6期。

[357] 明承瀚、徐晓林、张梓妍：《数字政府信息基础设施安全风险的特征研究》，《行政论坛》2022年第3期。

［358］聂爱云、靳云云：《数字政府回应提升政府信任的动力机制研究——以江西省政务服务"好差评"制度为例》，《行政与法》2022年第10期。

［359］欧阳航、杨立华：《数字政府建设如何促进整体性政府实现?——基于网络式互构框架的分析》，《电子政务》2021年第11期。

［360］潘锋：《数字政府亟须完善数据治理体系》，《审计观察》2021年第3期。

［361］潘毅刚：《数字政府建设"十标准"》，《浙江经济》2020年第10期。

［362］潘志安、陶明、邬丹华：《国外数字政府建设经验及对我国的启示与建议》，《科技广场》2019年第3期。

［363］彭帝球：《"数字政府"与政府管理体制的改革路径探索》，《中国市场》2021年第27期。

［364］彭邑：《国内外数字政府建设中大数据应用的经验与启示》，《国土资源导刊》2022年第3期。

［365］齐砚伟、张兆勇、杨春蕾：《政府数据治理服务模式探索》，《信息通信技术与政策》2022年第2期。

［366］祁志伟：《数字政府建设的价值意蕴、治理机制与发展理路》，《理论月刊》2021年第10期。

［367］邱诗懿、冉昊：《数字时代政府治理的变革、挑战与展望》，《团结》2022年第3期。

［368］邱中慧：《美国电子政府建设的借鉴与启示》，《贵阳市委党校学报》2009年第6期。

［369］曲婧：《网络经济中政府与非营利组织关系模式的构建》，《税务与经济》2012年第3期。

［370］屈晓东：《数字政府视角下网上行政审批的特点、困境与突破策略》，《理论导刊》2018年第12期。

［371］冉秋静：《海南数字政府治理创新研究》，《现代交际》2021年第20期。

［372］任海柔、崔逊田：《数字政府面临的困境及应对》，《通信管理与技术》2022年第1期。

［373］任晓刚：《数字经济是实现经济高质量发展的关键》，《科技智囊》2022年第6期。

［374］任晓刚：《数字政府建设进程中的安全风险及其治理策

略》，《求索》2022年第1期。

［375］荣开明：《论"三个自信"的内涵，依据和前景》，《学习与实践》2013年第3期。

［376］阮霁阳：《数字政府建设影响因素研究——基于127份政策文件的大数据分析》，《西南民族大学学报（人文社会科学版）》2022年第4期。

［377］邵晓红、李旭：《"数字政府"背景下领先政府网站的发展趋势》，《通信与信息技术》2020年第4期。

［378］沈费伟、曹子薇：《社会质量视角下数字政府发展的现实困境与优化路径》，《电子政务》2022年第7期。

［379］沈费伟、诸靖文：《数据赋能：数字政府治理的运作机理与创新路径》，《政治学研究》2021年第1期。

［380］沈国麟、李良荣：《政府应善于进行网络理政》，《理论导报》2016年第7期。

［381］石奎、磨玉峰：《跨越数字的鸿沟——基于政府管理视域的城市弱势群体公共危机信息管理机制构建》，《社会科学论坛（学术研究卷）》2007年第2期。

［382］石彦龙：《内蒙古数字政府建设研究》，《信息通信技术与政策》2019年第12期。

［383］史晨、马亮：《互联网企业助推数字政府建设——基于健康码与"浙政钉"的案例研究》，《学习论坛》2020年第8期。

［384］寿志勤、黄学华、郭亚光等：《电子政务服务整体绩效评估转型研究——安徽模式的问题检视与重构》，《电子政务》2019年第10期。

［385］舒洁、石建莹：《深化数字政府建设推动城市治理现代化》，《区域治理》2019年第33期。

［386］司海平、刘梦：《我国数字化转型的南北差距：现状特征与原因探析》，《科学与管理》2022年第5期。

［387］宋建恒：《关于推进"数字政府"建设的几点思考》，《数字通信世界》2018年第12期。

［388］宋君、张国平：《官僚制政府和数字政府：竞争、替代还是融合?》，《理论导刊》2022年第8期。

［389］宋灵恩：《以数字治理助推国家治理现代化》，《信息通信技术与政策》2021年第8期。

［390］宋雪莹：《大数据时代公共管理中信息资源共享问题及对策——数字政府治理中信息孤岛问题研究》，《职业》2019年第15期。

［391］宋昭君：《政府数字化转型内涵和对策研究》，《中国建设信息化》2020年第20期。

［392］苏玉娟：《大数据背景下的乡村数字治理路径》，《三晋基层治理》2020年第1期。

［393］孙弼朝：《论突发公共卫生事件中的数字政府治理》，《新闻传播》2020年第20期。

［394］孙虹：《新时代非公企业发展数字党建：价值，困境及路径》，《未来与发展》2022年第3期。

［395］孙乐、章稷修、邱小建：《数字党建推进党支部标准化规范化建设研究》，《改革与开放》2021年第15期。

［396］孙黎莉、赵霓：《数字政府"一网统管"城运平台建设体系研究》，《电子质量》2021年第12期。

［397］孙亮：《信息时代下的"认知茧房"》，《思想政治工作研究》2010年第4期。

［398］孙林：《数字党建中的数字化困境及其破解路径》，《中国井冈山干部学院学报》2022年第4期。

［399］孙明贵、吴棋：《政府数字化转型赋能营商环境优化的内在逻辑及路径，《中国经贸导刊（中）》2021年第11期。

［400］孙萍、闫亭豫：《我国协同治理理论研究述评》，《理论月刊》2013年第3期。

［401］孙晓立：《十年生聚：中国电子政务初建成》，《中国科技投资》2012年第Z2期。

［402］孙友晋、高乐：《加强数字政府建设推进国家治理现代化——中国行政管理学会2020年会会议综述》，《中国行政管理》2020年第11期。

［403］孙源、章昌平、商容轩等：《数字营商环境：从世界银行评价标准到中国方案》，《学海》2021年第4期。

［404］覃慧：《数字政府建设中的行政程序：变化与回应》，《行政法学研究》2022年第4期。

［405］覃梅、苏涛：《"数字政府"下的行政文化变迁》，《理论月刊》2004年第9期。

［406］谭必勇、刘芮：《数字政府建设的理论逻辑与结构要素——

基于上海市"一网通办"的实践与探索》，《电子政务》2020年第8期。

[407] 谭海波、范梓腾、杜运周：《技术管理能力，注意力分配与地方政府网站建设——一项基于TOE框架的组态分析》，《管理世界》2019年第9期。

[408] 谭俊：《数字政府背景下政务服务数据共享研究》，《现代信息科技》2020年第1期。

[409] 谭溪：《加拿大数字政府治理改革实践及反思》，《中国行政管理》2021年第7期。

[410] 陶明、潘志安、陶波等：《浅谈国内外数字政府建设发展》，《网络安全和信息化》2021年第1期。

[411] 陶勇：《如何打造"数字政府"》，《小康》2018年第24期。

[412] 陶勇：《协同治理推进数字政府建设——〈2018年联合国电子政务调查报告〉解读之六》，《行政管理改革》2019年第6期。

[413] 田刚元、陈富良：《习近平数字经济发展思想的历史逻辑、核心要义及其时代价值》，《理论导刊》2021年第1期。

[414] 田珺鹤：《美国电子政务的发展对我国的启示》，《金融经济》2011年第14期。

[415] 田培杰：《协同治理概念考辨》，《上海大学学报（社会科学版）》2014年第1期。

[416] 田正：《日本数字经济发展动因与趋势分析》，《东北亚学刊》2022年第2期。

[417] 完颜邓邓：《公共数字文化服务中的社会合作研究》，《图书与情报》2016年第3期。

[418] 万相昱、蔡跃洲、张晨：《数字化建设能够提高政府治理水平吗》，《学术研究》2021年第10期。

[419] 汪玉凯：《"十四五"时期数字中国发展趋势分析》，《党政研究》2021年第4期。

[420] 汪玉凯：《5G时代数字政府发展十大趋势》，《中国信息安全》2019年第9期。

[421] 汪玉凯：《数字政府的到来与智慧政务发展新趋势——5G时代政务信息化前瞻》，《人民论坛》2019年第11期。

[422] 汪玉凯：《影响数字政府发展的四因八趋》，《信息化建设》2020年第11期。

[423] 汪玉凯：《中国电子政务的功能定位与政府治理创新》，

《信息化建设》2003年第4期。

[424] 王灿友、姜韩：《基于政策工具与LDA模型的我国省级数字政府建设政策文本分析》，《科学与管理》2022年第1期。

[425] 王晨：《基于公共价值的城市数字治理：理论阐释与实践路径》，《理论学刊》2022年第4期。

[426] 王晨光：《推进"互联网+政务服务"建设积极构建数字政府》，《北方经济》2018年第Z1期。

[427] 王春晖：《加快数字化发展，建设数字中国》，《经营管理者》2021年第5期。

[428] 王芳：《以知识复用促数字政府效能提升》，《人民论坛·学术前沿》2021年第Z1期。

[429] 王广辉、郭文博：《数字政府建设面临的多重风险及其规避策略》，《改革》2022年第3期。

[430] 王皓月、路玉兵：《数字政府背景下地方政府公共服务建设成效、问题及策略研究》，《中国管理信息化》2021年第16期。

[431] 王华梅：《"十四五"加快数字政府建设的路径思考》，《经济师》2021年第7期。

[432] 王华梅：《大数据推动地方政府治理创新研究》，《经济师》2020年第1期。

[433] 王欢明：《"一网通办"撬动城市治理现代化——评〈"一网通办"：新时代的城市治理创新〉》，《中国行政管理》2021年第7期。

[434] 王会君：《基于电子党务对党建工作有效性的提高》，《东方企业文化》2013年第14期。

[435] 王剑侯、汪锦军、李洁等：《以"最多跑一次"改革推动民政数字化转型——浙江"互联网+民政"的创新实践与启示》，《社会政策研究》2018年第4期。

[436] 王婧媛、张佳宁、陈才等：《数字政府建设助推营商环境优化》，《中国信息化》2020年第7期。

[437] 王丽丽、安晖：《关于提高政府数字治理能力的几点建议》，《科技中国》2020年第3期。

[438] 王莉莉：《5G+数字政府为城市赋能》，《中国对外贸易》2019年第8期。

[439] 王莉娜、胡广伟：《我国政府服务数字化治理评估体系的多

维审思》，《中国行政管理》2022年第6期。

[440] 王璐：《论大数据对改善数字政府治理能力的作用及带来的挑战》，《内蒙古科技与经济》2021年第11期。

[441] 王洛忠、闫倩倩、陈宇：《数字治理研究十五年：从概念体系到治理实践——基于CiteSpace的可视化分析》，《电子政务》2018年第4期。

[442] 王孟嘉：《数字政府建设的价值、困境与出路》，《改革》2021年第4期。

[443] 王钦敏：《创新电子政务发展模式加快推动"数字中国"建设——在2018（第十三届）中国电子政务论坛上的讲话》，《行政管理改革》2019年第2期。

[444] 王钦敏：《全面建设数字政府统筹推进数字化发展》，《行政管理改革》2022年第1期。

[445] 王钦敏：《统筹协调共建共享推进数字政府信息化系统建设》，《中国行政管理》2020年第11期。

[446] 王钦敏：《推动数字政府高质量发展不断完善国家行政体系》，《中国行政管理》2021年第12期。

[447] 王蕤、张妮：《西部数字政府建设中政务数据共享问题及对策——以甘肃省兰州市为例》，《开发研究》2021年第1期。

[448] 王少泉、曹冬英：《非均衡治理视角下的因需制宜：理论、困境与实现途径》，《学习月刊》2022年第9期。

[449] 王少泉、曹冬英：《数字时代治理第三波浪潮：缘起、理论与前景》，《新余学院学报》2023年第2期。

[450] 王少泉、曹冬英：《我国数字政府治理的不平衡问题及其解决策略》，《三晋基层治理》2023年第2期。

[451] 王少泉、董礼胜：《非均衡治理：跨谱系的公共行政理论》，《中共福建省委党校（福建行政学院）学报》2023年第2期。

[452] 王少泉、董礼胜：《国家治理视域下基层人大选举参与状况研究》，《人大研究》2016年第6期。

[453] 王少泉、冀梦昈：《当代中国新媒体，城市动员与社会资本相关性分析》，《青海社会科学》2013年第4期。

[454] 王少泉、李墨洋：《习近平的网络强国思想研究——基于公共行政理论本土化视角》，《天中学刊》2022年第1期。

[455] 王少泉：《大数据发展水平的影响因素与我国区域差异化发

展》，《东南学术》2020年第6期。

［456］王少泉：《德国数字治理镜鉴下的中国国家治理现代化》，《重庆行政》2019年第6期。

［457］王少泉：《数字党建：理论渊源与现实推进》，《湖北行政学院学报》2019年第6期。

［458］王少泉：《数字时代政府边界的倒U型演变——基于不平衡治理视角》，《新余学院学报》2021年第4期。

［459］王少泉：《数字时代治理理论：背景、内容与简评》，《国外社会科学》2019年第2期。

［460］王少泉：《数字政府治理"强—弱政府均衡"的生成与优化途径——基于非均衡治理理论》，《中国治理评论》2022年第2期。

［461］王少泉：《数字政府治理中公益部门参与机制分析》，《齐齐哈尔大学学报（哲学社会科学版）》2018年第6期。

［462］王少泉：《数字治理："百年未有之大变局"下中国的重要治理方式》，《新余学院学报》2020年第3期。

［463］王少泉：《私营部门参与数字政府治理的困境及破解之策》，《湖北行政学院学报》2018年第1期。

［464］王少泉：《我国数字政府治理：现实与前景》，《贵州省党校学报》2019年第3期。

［465］王少泉：《我国数字政府治理的现状、问题及推进途径》，《重庆三峡学院学报》2018年第6期。

［466］王少泉：《西方经验在厦门市数字政府治理中的应用分析》，《厦门特区党校学报》2018年第2期。

［467］王少泉：《系统权变视域下数字政府治理结构演进分析》，《中共福建省委党校学报》2018年第1期。

［468］王少泉：《新时代"数字政府"改革的机理及趋向——基于广东的实践》，《地方治理研究》2020年第3期。

［469］王少泉：《新时代我国数字政府治理平台建构分析》，《中共山西省直机关党校学报》2018年第4期。

［470］王少泉：《政治参与适度化分析——以两个县的村民选举为例》，《理论导刊》2012年第10期。

［471］王少泉：《美国数字政府治理经验在我国的应用分析》，《天中学刊》2018年第5期。

［472］王世伟：《习近平的"网络观"述略》，《国家治理》2016

年第3期。

　　[473] 王守文、徐顽强：《非政府组织参与数字政府治理：角色定位与制度安排》，《理论界》2013年第8期。

　　[474] 王涛：《公众对政府门户网站持续信任的形成机制研究》，《安徽农业科学》2011年第6期。

　　[475] 王维佳：《何彦晖"数字中国"背景下的政务传播体系：模式、效果与问题》，《编辑之友》2022年第10期。

　　[476] 王伟玲：《加快实施数字政府战略：现实困境与破解路径》，《电子政务》2019年第12期。

　　[477] 王伟玲：《我国数字政府顶层设计的理念辨析与实践指向》，《行政管理改革》2021年第6期。

　　[478] 王伟玲：《政府数据授权运营：实践动态、价值网络与推进路径》，《电子政务》2022年第10期。

　　[479] 王伟玲：《中国数字政府绩效评估：理论与实践》，《电子政务》2022年第4期。

　　[480] 王伟玲：《中国数字政府形态演进和发展瓶颈》，《行政管理改革》2022年第5期。

　　[481] 王绪、王敏：《技术嵌入与组织吸纳：党的全面领导与数字政府建设的双向塑造——基于A县级市"最多跑一次"改革的分析》，《理论月刊》2022年第6期。

　　[482] 王学军、陈友倩：《数字政府的公共价值创造：路径与研究进路》，《公共管理评论》2022年第3期。

　　[483] 王学军、陈友倩：《数字政府治理绩效生成路径：公共价值视角下的定性比较分析》，《电子政务》2021年第8期。

　　[484] 王雅玲：《数字政府高质量发展的障碍因子及其防治之策》，《特区经济》2021年第11期。

　　[485] 王益民：《数字政府整体架构与评估体系》，《中国领导科学》2020年第1期。

　　[486] 王玉芝：《大数据时代数字政府建设的创新与实践——以新加坡政府为例》，《智能建筑与智慧城市》2021年第11期。

　　[487] 王蕴辉、张浏骅、刘丕群等：《以网络安全指数为抓手，赋能数字政府高质量发展》，《网络安全技术与应用》2022年第9期。

　　[488] 王张华、张轲鑫：《互联网企业参与数字政府建设的动力分析：理论框架与释放路径》，《学习论坛》2022年第3期。

［489］王张华、周梦婷、颜佳华：《互联网企业参与数字政府建设：角色定位与制度安排——基于角色理论的分析》，《电子政务》2021年第11期。

［490］王长征、彭小兵：《从"窗口"到"端口"：地方政务中心的数字治理逻辑——基于S市的动态跟踪调查》，《电子政务》2021年第10期。

［491］王忠国：《行政不作为危害、成因及其治理路径——以重庆打黑除恶专项斗争为例》，《行政论坛》2010年第17期。

［492］韦彬、陈永洲：《什么促进了政府数字治理绩效?——基于复杂因果视角的QCA方法》，《科学与管理》2022年第3期。

［493］韦彬：《电子政务碎片化与整体性治理研究》，《理论月刊》2013年第5期。

［494］魏琪嘉：《推动数字政府建设更好服务经济治理》，《信息安全研究》2022年第7期。

［495］魏曦英：《贯彻习近平总书记网络强国重要思想推进福建数字经济发展》，《产业与科技论坛》2022年第10期。

［496］温树峰：《习近平新时代建设网络强国思想的人民性阐释》，《浙江理工大学学报（社会科学版）》2022年第4期。

［497］文宏：《基层政府数字化转型的趋势与挑战》，《国家治理》2020年第38期。

［498］翁士洪：《数字时代治理理论——西方政府治理的新回应及其启示》，《经济社会体制比较》2019年第4期。

［499］翁雪梅：《数据要素化推动政府数字化转型路径研究》，《轻工科技》2022年第4期。

［500］吴恒、季颖：《习近平关于网络强国战略重要论述的三重意蕴》，《观察与思考》2021年第5期。

［501］吴克昌、闫心瑶：《数字治理驱动与公共服务供给模式变革——基于广东省的实践》，《电子政务》2020年第1期。

［502］吴磊：《政府治理数字化转型的探索与创新——以广东数字政府建设为例》，《学术研究》2020年第11期。

［503］吴琦、任大明、杨敏婕：《常态化疫情防控下我国数字政府建设进展及展望》，《中国国情国力》2021年第12期。

［504］吴沈括、黄诗亮：《美国政府数字化转型的路径框架研究——基于NEW AMERICA智库报告的分析》，《信息安全研究》2021年

第2期。

　　[505] 吴涛、史志高：《浅议媒体爆炸时代的公共危机与对策》，《新闻记者》2013年第4期。

　　[506] 吴韬：《习近平的网络观及其现实意义》，《中共云南省委党校学报》2015年第4期。

　　[507] 吴新星：《以数字化助力高效能基层治理》，《中国报业》2021年第2期。

　　[508] 吴新叶：《电子党务：党内民主的功能平台与利用——一个比较视角的分析》，《政治学研究》2011年第5期。

　　[509] 吴新叶：《算法赋能的场景议题与应用框架——以数字政府建设为对象》，《人文杂志》2022年第6期。

　　[510] 吴志刚、崔雪峰、周亮：《我国数字政府建设现状及发展趋势探析》，《现代工业经济和信息化》2020年第7期。

　　[511] 武媛媛：《我国数字政府的核心要义及实践路径研究》，《数字通信世界》2020年第5期。

　　[512] 习近平：《决胜全面建成小康社会夺取新时代中国特色社会主义伟大胜利——在中国共产党第十九次全国代表大会上的报告》，《理论学习》2017年第12期。

　　[513] 习近平：《习近平致信祝贺首届数字中国建设峰会开幕强调以信息化培育新动能　用新动能推动新发展　以新发展创造新辉煌　习近平致首届数字中国建设峰会的贺信》，《思想政治工作研究》2018年第5期。

　　[514] 习志武、何杰：《以数字政府建设推动政府治理能力现代化》，《中国新通信》2022年第13期。

　　[515] 夏娟、刘佼、秦震宇等：《基于"数源"建设与应用的数字政府治理新生态研究》，《领导科学》2022年第10期。

　　[516] 夏义堃：《试论基层政府数据治理模式的选择：吴中模式的建构与启示》，《电子政务》2019年第2期。

　　[517] 夏义堃：《政府数据治理的维度解析与路径优化》，《电子政务》2020年第7期。

　　[518] 向东：《在数字政府建设中深化政务公开助力推动国家治理体系和治理能力现代化》，《中国行政管理》2020年第11期。

　　[519] 向颖羿：《数字政府的"贵州经验"》，《当代贵州》2020年第1期。

　　[520] 谢秋山、陈世香：《弥补而非打破官僚制：国家治理现代化

背景下的任务型组织再认识》，《甘肃行政学院学报》2018年第5期。

［521］谢思淼、董超：《我国地方数字政府建设存在问题及对策建议》，《财经界》2021年第34期。

［522］忻超：《以"数字治理"推动政务资源共享》，《群众》2019年第7期。

［523］新华社：《习近平：实施国家大数据战略加快建设数字中国》，《中国信息安全》2018年第1期。

［524］新华社：《习近平在网络安全和信息化工作座谈会上的讲话》，《中国信息安全》2016年第5期。

［525］信集：《福建：数字经济成为新动能主引擎》，《信息化建设》2021年第7期。

［526］熊竞、吴金鹏、刘旭：《上海加快打造数字政府提升政府治理能力的战略构想与保障机制》，《科学发展》2022年第9期。

［527］胥茜娅：《浅议我国零售业的电子商务现状》，《现代商业》2012年第20期。

［528］徐恩庆、张琳琳、孙宗哲：《把握数字政府建设的关键使能要素》，《通信世界》2021年第17期。

［529］徐汉明：《习近平"网络强国"重要论述及其时代价值》，《法学》2022年第4期。

［530］徐曼：《大数据技术在社会治理领域的典型应用分析》，《数字技术与应用》2020年第11期。

［531］徐梦周、吕铁：《赋能数字经济发展的数字政府建设：内在逻辑与创新路径》，《学习与探索》2020年第3期。

［532］徐顽强、王守文、段置：《非政府组织参与数字政府治理：契机、价值与模式创新》，《电子政务》2012年第9期。

［533］徐顽强、徐玉婷、兰兰：《数字社会中非政府组织参与政府治理的研究综述》，《电子政务》2012年第9期。

［534］徐顽强、庄杰、李华君：《数字政府治理中非政府组织参与机制研究》，《电子政务》2012年第9期。

［535］徐晓林、明承瀚、陈涛：《数字政府环境下政务服务数据共享研究》，《行政论坛》2018年第1期。

［536］徐玉德、董木欣：《数字政务建设整体性治理模式、架构分析与路径选择》，《财会月刊》2021年第16期。

［537］许峰：《地方政府数字化转型机理阐释——基于政务改革

"浙江经验"的分析》，《电子政务》2020年第10期。

[538] 许开轶、谢程远：《数字政府的技术资本侵蚀问题论析》，《政治学研究》2022年第2期。

[539] 薛朝晖：《日本电子政府发展进程评述》，《高等职业教育（天津职业大学学报）》2005年第5期。

[540] 薛晓源、刘兴华：《数字全球化、数字风险与全球数字治理》，《东北亚论坛》2022年第3期。

[541] 闫德利：《数字英国：打造世界数字之都》，《新经济导刊》2018年第10期。

[542] 杨达、林丽：《"绿色联动"日本数字政府转型的战略透视》，《中国行政管理》2021年第11期。

[543] 杨冬梅、单希政、陈红：《数字政府建设的三重向度》，《行政论坛》2021年第6期。

[544] 杨国栋：《数字政府治理的理论逻辑与实践路径》，《长白学刊》2018年第6期。

[545] 杨国栋：《数字政府治理的实践路径》，《领导科学》2018年第36期。

[546] 杨国栋：《政府数字领导力建构的三重维度》，《领导科学》2021年第11期。

[547] 杨蓉：《2019中国数字政府建设指数报告发布》，《计算机与网络》2019年第24期。

[548] 杨汝洪：《国家治理现代化呼唤数字政府》，《互联网周刊》2022年第11期。

[549] 杨姝琴：《广州建设数字政府和优化营商环境的对策建议》，《探求》2021年第2期。

[550] 杨述明：《数字政府治理：智能社会背景下政府再造的必然选择》，《社会科学动态》2020年第11期。

[551] 杨小云：《智慧城市与数字政府建设的协同发展研究——评〈智慧城市——顶层设计与实践〉》，《现代城市研究》2022年第2期。

[552] 杨信磊：《数字政府建设背景下的数据安全治理体系构建》，《通信世界》2022年第8期。

[553] 杨亚丽：《民营企业社会责任现状分析》，《前沿》2013年第7期。

[554] 杨阳：《政府治理数字化的时代课题探讨》，《理论探索》

2022年第1期。

[555] 姚国章、林萍：《日本电子政务规划部署与电子政务发展》，《电子政务》2009年第12期。

[556] 姚迈新：《构建城市数字化社会治理体系的实践与对策——基于广东省广州市的分析》，《党政干部学刊》2020年第10期。

[557] 姚敏：《江苏政府数字化转型思路探讨》，《中国信息化》2020年第5期。

[558] 姚倩钰、范丽莉：《政府数字治理研究进程与热点分析》，《数字图书馆论坛》2022年第1期。

[559] 姚水琼、齐胤植：《美国数字政府建设的实践研究与经验借鉴》，《治理研究》2019年第6期。

[560] 姚志璟、陈炳：《国际经验对浙江省数字政府建设的启示》，《中国工程咨询》2021年第11期。

[561] 叶战备、王璐、田昊：《政府职责体系建设视角中的数字政府和数据治理》，《中国行政管理》2018年第7期。

[562] 佚名：《安全网络实现高效电子政务——"方正政府信息避风港"在安阳检察院成功实施》，《信息系统工程》2002年第6期。

[563] 《建立网络化的国家——澳大利亚电子政务》，《信息化建设》2002年第12期。

[564] 尹文嘉：《论后新公共管理的缘起》，《广西大学学报（哲学社会科学版）》2013年第1期。

[565] 于朝晖：《CNNIC发布〈第45次中国互联网络发展状况统计报告〉》，《网信军民融合》2020年第5期。

[566] 于江：《数字政府建设中的治理风险及纾解》，《行政与法》2022年第5期。

[567] 于君博：《后真相时代与数字政府治理的祛魅》，《行政论坛》2018年第3期。

[568] 于君博：《数字政府治理助力"放管服"》，《审计观察》2017年第3期。

[569] 余凌云：《数字政府的法治建构》，《社会科学文摘》2022年第7期。

[570] 俞可平：《走向国家治理现代化——论中国改革开放后的国家、市场与社会关系》，《当代世界》2014年第10期。

[571] 俞小蕾：《数字政府建设背景下"互联网+政务服务"相关

政策分析》，《中国工程咨询》2021年第1期。

[572] 袁文艺、毛彦洁：《数字政府与网上政治文化入侵》，《社会主义研究》2003年第2期。

[573] 苑晓杰、王大庆：《党的建设科学化视域下的数字党建》，《党政干部学刊》2011年第4期。

[574] 岳爱武、周欢：《习近平关于网络人才建设重要论述的理论蕴涵及其现实路径研究》，《重庆邮电大学学报（社会科学版）》2021年第5期。

[575] 臧超、徐嘉：《数字化时代推进政府领导力的三重向度》，《领导科学》2020年第20期。

[576] 詹国彬：《英国数字政府转型：价值理念，技术工具与制度保障》，《行政论坛》2021年第6期。

[577] 詹绍文、刘鹏：《数字政府双层一体化治理界面的建构思维与实践研究》，《领导科学》2022年第1期。

[578] 詹雨鑫、沈文金：《社会治理视域下政媒协同新型关系的构建与实践——以广东省江门市数字政府观察团为例》，《传媒》2021年第11期。

[579] 张爱英：《山西省数字乡村建设的发展困境及优化策略》，《经济师》2022年第5期。

[580] 张西勇、段玉恩：《推进政府与社会资本合作（PPP）模式的必要性及路径探析》，《山东社会科学》2017年第9期。

[581] 张斌、杨文：《数字时代我国政务信息资源治理体系优化研究》，《图书情报工作》2020年第11期。

[582] 张晨：《全球数字政府建设现状及非均衡分析》，《数量经济技术经济研究》2022年第3期。

[583] 张成福、谢侃侃：《数字化时代的政府转型与数字政府》，《行政论坛》2020年第6期。

[584] 张冬梅、闫利光：《加速地方政府数字化转型的对策研究》，《北方经贸》2021年第9期。

[585] 张建光、李卫忠：《发挥政府引领作用　推进智慧城市建设——专访美国麻省州立大学国家数字政府研究中心简·芳汀教授》，《中国信息界》2014年第9期。

[586] 张康之：《公共行政研究中的技术主义》，《理论与改革》2008年第2期。

［587］张康之：《论官僚制组织的等级控制及其终结》，《四川大学学报（哲学社会科学版）》2008年第3期。

［588］张垒：《习近平总书记关于网络强国的重要思想发展脉络及其对新闻舆论工作的指导意义》，《中国出版》2021年第11期。

［589］张立：《数字化引领政府治理现代化》，《软件和集成电路》2021年第5期。

［590］张丽、陈宇：《基于公共价值的数字政府绩效评估：理论综述与概念框架》，《电子政务》2021年第7期。

［591］张丽娟：《"澳大利亚技术未来"报告旨在大力发展数字经济》，《科技中国》2019年第3期。

［592］张林轩、储节旺、蔡翔等：《我国地市级政府数据开放发展现状及对策探析——以安徽省为例》，《情报工程》2021年第4期。

［593］张敏：《加快数字政府建设推进政府治理现代化》，《学习月刊》2020年第3期。

［594］张鸣：《从行政主导到制度化协同推进——政府数字化转型推进机制构建的浙江实践与经验》，《治理研究》2020年第3期。

［595］张培勇、王旭、刘晓红：《在数字政府建设中发挥大数据管理部门作用研究——以江苏省为例》，《江苏科技信息》2021年第14期。

［596］张蒲生：《数字政府与政府数字化管理》，《Internet信息世界》2001年第7期。

［597］张权、熊锦：《中国数字政府建设：基于组织与行动者的类型学分析》，《学习论坛》2021年第3期。

［598］张世璟、张严：《数字政府在社会治理现代化中的作用》，《老区建设》2021年第8期。

［599］张世璟、张严：《数字政府在政府治理现代化中的理论内涵》，《领导科学论坛》2021年第3期。

［600］张守美：《高质量推进"十四五"数字政府建设》，《中国信息界》2021年第1期。

［601］张涛：《数据治理的组织法构造：以政府首席数据官制度为视角》，《电子政务》2021年第9期。

［602］张腾、蒋伏心：《数字时代的政府治理现代化：现实困境、转换机制与践行路径》，《当代经济管理》2022年第1期。

［603］张雯：《基于区块链的数字政府治理创新研究》，《数字通信世界》2022年第5期。

[604] 张晓、鲍静：《数字政府即平台：英国政府数字化转型战略研究及其启示》，《中国行政管理》2018年第3期。

[605] 张欣亮、王茜、吕冉等：《省域数字化转型标准体系研究及其构建——以数字山东标准体系为例》，《标准科学》2022年第4期。

[606] 张雪帆、蒋忠楠：《公共行政的数字阴影：数字政府建设中的伦理冲突》，《公共行政评论》2022年第5期。

[607] 张艺馨：《我国数字政府的发展现状分析》，《河南科技》2022年第11期。

[608] 张颖、靖鸣：《网络强国重要论述的理论建构与内涵解读》，《传媒观察》2021年第11期。

[609] 张志飞、许伟：《论习近平关于网络强国战略重要论述的三重维度》，《西安建筑科技大学学报（社会科学版）》2022年第4期。

[610] 章贵桥、陈志斌、徐宗宇：《人工智能发展、政府会计功能拓展与数字政府治理体制的完善》，《中国行政管理》2022年第1期。

[611] 章燕华、王力平：《国外政府数字化转型战略研究及启示》，《电子政务》2020年第11期。

[612] 赵金旭、赵娟、孟天广：《数字政府发展的理论框架与评估体系研究——基于31个省级行政单位和101个大中城市的实证分析》，《中国行政管理》2022年第6期。

[613] 赵娟、孟天广：《数字政府的纵向治理逻辑：分层体系与协同治理》，《学海》2021年第2期。

[614] 赵明：《建设数字政府提升治理效能》，《群众》2021年第6期。

[615] 赵培云、郑淑荣：《信息时代"数字政府"信息如何公开》，《山东图书馆季刊》2003年第2期。

[616] 赵蓉：《移动政务关键成功因素研究》，《上海行政学院学报》2008年第5期。

[617] 赵蜀蓉、匡亚林、王昆莉等：《政府数字资源长期保存：技术风险及其治理》，《中国行政管理》2021年第12期。

[618] 赵玉林、任莹、周悦：《指尖上的形式主义：压力型体制下的基层数字治理——基于30个案例的经验分析》，《电子政务》2020年第3期。

[619] 甄晓宇、薛可莹、宋宣江：《数字乡村发展的文献研究和新疆案例分析》，《农业与技术》2021年第8期。

［620］郑磊、吕文增：《地方政府开放数据的评估框架与发现》，《图书情报工作》2018年第22期。

［621］郑磊：《城市数字化转型的内容、路径与方向》，《探索与争鸣》2021年第4期。

［622］郑磊：《数字治理的效度、温度和尺度》，《治理研究》2021年第2期。

［623］郑语晨：《数字政府建设下基层治理中的"留痕式"形式主义探讨》，《现代商贸工业》2022年第12期。

［624］郑语晨：《政府数字化转型的现状及热点趋势探究——基于2004年～2020年数据可视化分析》，《就业与保障》2021年第2期。

［625］郑跃平、孔楚利、邓羽茜等：《需求导向下的数字政府建设图景：认知、使用和评价》，《电子政务》2022年第6期。

［626］郑跃平、梁灿鑫、连雨璐等：《地方政府部门数字化转型的现状与问题——基于城市层面政务热线的实证研究》，《电子政务》2021年第2期。

［627］中国移动通信集团：《5G数字政府领导驾驶舱，打造"一屏知全域、一键政务通"政务管理新模式》，《中国建设信息化》2021年第7期。

［628］钟春云：《打造协同高效的数字政府》，《当代广西》2018年第20期。

［629］钟田田：《中国电子政务与电子商务的关系分析》，《贵州工业大学学报》2005年第3期。

［630］仲瑜：《关于加快推进政府数字化转型的对策建议》，《智库时代》2019年第2期。

［631］周春晓：《"广东推进数字化发展"专题（2）协同治理：广东"数字政府"改革建设的关键》，《广东经济》2021年第4期。

［632］周静、樊佳琳：《新时代推进政府治理能力现代化路径探析》，《现代商贸工业》2022年第10期。

［633］周立卓、汪传雷：《美国电子政府成功经验及其启示》，《理论观察》2008年第5期。

［634］周丽娟：《无缝化与边界化：数字政府建设的安全悖论与超越》，《求索》2022年第3期。

［635］周丽莎、孔勇平、陆钢：《区块链在数字政府的应用探讨》，《广东通信技术》2018年第10期。

［636］周亮、崔雪峰、王庆蒙：《数字政府助力打赢疫情防控阻击战》，《网络安全和信息化》2020年第3期。

［637］周民：《关于加快推进数字政府建设的若干思考》，《信息安全研究》2020年第11期。

［638］周伟：《数据赋能：数字营商环境建设的理论逻辑与优化路径》，《求实》2022年第4期。

［639］周文彰：《数字政府和国家治理现代化》，《行政管理改革》2020年第2期。

［640］周显信、程金凤：《网络安全：习近平同志互联网思维的战略意蕴》，《毛泽东思想研究》2016年第2期。

［641］周晓琳：《数字政府建设现状与原则》，《中国管理信息化》2021年第14期。

［642］周玄：《论"智慧政务"与"数字政府"的互动关系》，《中国管理信息化》2021年第19期。

［643］周雅颂：《数字政府建设：现状、困境及对策——以"云上贵州"政务数据平台为例》，《云南行政学院学报》2019年第2期。

［644］周毅、李京文：《区域经济发展理论演化及其启示》，《经济学家》2012年第3期。

［645］朱剑平、李少良：《数字政府建设现状及发展研究》，《计算机产品与流通》2020年第10期。

［646］朱玲：《我国数字政府治理的现实困境与突破路径》，《人民论坛》2019年第32期。

［647］朱美宁、石慧荣：《从有界到跨界：数字时代政府组织变革新趋向》，《学海》2022年第3期。

［648］朱锐勋：《政府数字化转型演进趋势与展望》，《云南科技管理》2019年第5期。

［649］朱锐勋：《政府数字化转型与电子政务深化发展面临的挑战与对策》，《行政管理改革》2022年第2期。

［650］竺乾威：《变革中的公共管理——改革开放以来中国公共管理的十大变化》，《江苏行政学院学报》2019年第1期。

［651］竺乾威：《官僚化、去官僚化及其平衡：对西方公共行政改革的一种解读》，《中国行政管理》2010年第4期。

［652］竺乾威：《现代官僚制的重构：中国干部制度改革的回顾与展望》，《江苏行政学院学报》2011年第6期。

［653］宗相伏：《"最多跑一次"背景下金华市政府数字化转型策略研究》，《现代营销（下旬刊）》2020年第10期。

［654］邹国良、仲婕：《我国C2C电子商务模式研究——基于淘宝模式的分析》，《特区经济》2010年第6期。

［655］左小兵：《数字政府成为抗疫中坚力量》，《北京观察》2022年第6期。

［656］李约：《借鉴新加坡美国电子政务的成功经验发展我国的电子政务》，《湖北省行政管理学会2006年年会论文集》，华中师范大学，2007。

［657］马文娟：《数字时代治理理论及其应用研究》，燕山大学，2016。

［658］梅炀：《数字政府背景下济南市政务信息共享问题研究》，山东大学，2020。

［659］《审时度势精心谋划超前布局力争主动　实施国家大数据战略加快建设数字中国》，《光明日报》，2017-12-10（01）。

［660］《天津不动产登记实现全城通办》，《北京日报》，2018-08-03（12）。

［661］蔡晓辉：《网络时代更应关注非网民》，《河北日报》，2018-09-06（07）。

［662］曹冬英：《审视数字时代新旧"数字鸿沟"》，《中国社会科学报》，2020-12-23（A08）。

［663］陈松：《"政务淘宝"来了》，《四川日报》，2018-08-02（01）。

［664］付公宝：《贵州与时俱进加快打造"数字政府"》，《法制生活报》，2016-01-18（01）。

［665］胡锦涛：《坚定不移沿着中国特色社会主义道路前进 为全面建成小康社会而奋斗》，《人民日报》，2012-11-08（01）。

［666］姜建清：《关键点在于解决信息不对称问题》，《第一财经日报》，2019-08-26（A11）。

［667］李娜：《成都：从"网络问政"到"网络理政"》，《工人日报》，2017-03-27（01）。

［668］林大茂：《英国电子政务网站缘何"瘦身"？》，《通信信息报》，2007-11-08（B04）。

［669］庆广：《中国联通电子政务网络首次保障政协会议通信》，

《中国电子报》，2009-03-20（05）。

[670] 王刚、刘亚萍、项磊：《政务快递免费送，群众最多跑一次》，《新安晚报》，2018-08-02（A09）。

[671] 王少泉：《数字时代治理理论的问题与属性》，《中国社会科学报》，2019-05-22（07）。

[672] 王少泉：《推进数字政府治理实现公共服务均等化》，《中国社会科学报》，2020-06-17（A06）。

[673] 王永珍：《"数字福建"升格为国家工程》，《人民日报（海外版）》，2012-10-26（03）。

[674] 习近平：《高举中国特色社会主义伟大旗帜　为全面建设社会主义现代化国家而团结奋斗》，《人民日报》，2022-11-01（01）。

[675] 杨建顺：《构建政府企业协治的互联网监管新格局》，《检察日报》，2015-02-25（07）。

[676] 杨晶晶：《数字治理：广东民族地区高质量发展新途径》，《中国民族报》，2020-01-14（06）。

[677] 张启民、张蜀恒：《红旗飘扬在心中》，《赤峰日报》，2007-06-08（05）。

[678] 张悦辑：《基层上下级"信息不对称"原因何在》，《北京日报》，2019-09-16（13）。

[679] 郑国清：《"U战略"成为业界争抢制高点》，《市场报》，2006-7-10（01）。

[680] 郑世林：《"S型曲线"理论用新动能带动"新经济"》，《天津日报》，2016-05-16（09）。

[681] 中共福建省委：《福建省人民政府"数字福建"建设的重要启示》，《人民日报》，2018-04-20（01）。

[682] 湖南省工业和信息化厅：《湖南省人民政府关于鼓励移动互联网产业发展的意见》，湖南省工业和信息化厅网站，2014-02-20。

[683] 安阳市人民政府：《安阳市在全国首创"互联网+政务+金融+多场景便民应用"服务平台》，河南省人民政府门户网站，2018-09-18。

[684]《中国又一成绩或达全球第一　韩媒：甩我们十几条街》，新浪网，2018-04-10。

[685] 传媒今报：《九寨沟地震，首发消息的竟是机器人记者，540字配4图用时25秒！》，搜狐网，2017-08-09。

［686］《以标准规范为基础引领信息化发展》，电子政务网，2014-05-30。

［687］杜开舟：《"智信经开"政务服务平台即将上线》，重庆经济技术开发区网站，2018-08-15。

［688］《不懂网上购票被迫下跪……时代不该这么快抛弃他们！》，哈尔滨新闻综合频道，2018-10-11。

［689］红星新闻：《农民朋友圈骂人引两省骂战 被骂网友组团跨省寻人》，海报新闻，2017-07-28。

［690］龙丹梅：《江北区建成重庆首个智能党建大数据平台》，重庆日报网，2018-20-11。

［691］《"十三五"智慧南京发展规划》，南京市仙林大学城管理委员会网站，2018-06-26。

［692］数旗智酷：《第15届国际数字政府评估排名发布，中国位列37名》，澎湃新闻网站，2020-10-26。

［693］俞宙明：《新一届德国政府的数字化雄心和遭遇的难题》，澎湃新闻，2018-02-28。

［694］《共同构建和平、安全、开放、合作的网络空间 建立多边、民主、透明的国际互联网治理体系》，人民网，2014-11-20。

［695］生俊东、谭亚廷：《镇平:智慧党建让便民服务更精准》，镇平网，2017-01-04。

［696］王敏明、魏湛：《全国智慧党建管理创新平台亮相四川苍溪》，中国共产党新闻网，2018-01-04。

［697］无锡市人民政府：《我市"互联网+政务服务"全覆盖》，无锡市人民政府门户网站，2018-08-01。

［698］《习近平在第二届世界互联网大会开幕式上的讲话（全文）》，新华网，2015-12-16。

［699］习近平：《关于〈中共中央关于全面深化改革若干重大问题的决定〉的说明》，央视网，2013-11-15。

［700］《习近平：实施国家大数据战略加快建设数字中国》，央广网，2017-12-09。

［701］《吉林梅河口：依托信息化助推大党建积极打造信息化党建平台》，中国共产党新闻网，2017-08-22。

［702］《第42次〈中国互联网络发展状况统计报告〉》，中国互联网络信息中心网站，2018-08-20。

［703］《全国文化信息资源共享工程》，中华人民共和国文化和旅游部网站，2009-10-22。

［704］《CNNIC：2016年国家信息化发展评价报告（附下载）》，中文互联网数据资讯网，2017-01-17。

［705］《重庆建成首个智能党建大数据平台》，重庆市政府网，2018-02-19。

［706］邹正康：《运营商抢滩布局"互联网+"：企业和政府形成合力》，搜狐网，2015-11-04。

英文文献：

［1］Agbozo, Ebenezer. "Applying Apriori Rules Mining in Evaluating Digital Government Services Patronization by a Younger Generation of Users in Russia." *TEM Journal*, 2019 (8.4):1207-1212.

［2］Almeida, Virgilio A. F., D. Doneda, and D. S. A. Jacqueline. "Cyberwarfare and Digital Governance." *IEEE Internet Computing*, 2017 (21.2):68-71.

［3］Aminah, S., and H. Saksono. "Digital Transformation of the Government: A Case Study in Indonesia." *Jurnal Komunikasi: Malaysian Journal of Communication*, 2021.

［4］Anttiroiko, Ari Veikko, and Mälkiä, Matti. "Encyclopedia of Digital Government." *IGI Publishing*, 2006.

［5］*APSA 2010 Annual Meeting Paper*. Washington, America. 2010.

［6］Araujo, Gleycianne Rodrigues, T. J. T. Avila, and B. B. B. Lanza. *Impacts of an articulation group for the development of the Digital Government in the Brazilian Subnational Government*. 2021.

［7］Archer G. "Harnessing crises to spur digital government." *Renal Failure*, 2014 (37):1-7.

［8］Asamoto, Teruo. "Balanced Growth Theory and Unbalanced Growth Theory: The Choice from strategy of Developing countries." *Review of Economics*, 2006 (11):1-19.

［9］Bastick, Zach. "Digital Limits of Government: The Failure of E-Democracy." *Springer International Publishing*, 2017.

［10］Boldyreva, Liudmila B.. "Communication between government and business entities and challenges of creation of 'digital government'."

E-Management, 2020.

［11］Bouguettaya, A., et al. "Service-Centric Framework for a Digital Government Application." *IEEE Transactions on Services Computing*, 2011 (4.1):3-16.

［12］Cargnello, Davide P., and M. Flumian. "Canadian governance in transition: Multilevel governance in the digital era." *Canadian Public Administration*, 2017 (60.4):605-626.

［13］Charalabidis, Yannis, M. Maragoudakis, and E. Loukis. "Opinion Mining and Sentiment Analysis in Policy Formulation Initiatives: The EU-Community Approach." (Ifip 85 International Conference on Electronic Participation, 2017).

［14］Chen, Yu Che, and T. C. Hsieh. "Big Data for Digital Government: Opportunities, Challenges, and Strategies." *International Journal of Public Administration in the Digital Age*, 2014 (1.1):1-14.

［15］Cho, June Suh. "Evolution to Digital Government through Intelligent Government in Korea." *Archives of Business Research*, 2021 (8):98-109.

［16］Chris, Koski, and W. Samuel. "Drawing practical lessons from punctuated equilibrium theory." *Policy & Politics*. 2018 (46.2):293-308.

［17］Clarke, Amanda, E. A. Lindquist, and J. Roy. "Understanding governance in the digital era: An agenda for public administration research in Canada." *Canadian Public Administration*, 2017 (60.4):457-475.

［18］Cordella, Antonio, and N. Tempini. "E-government and organizational change: Reappraising the role of ICT and bureaucracy in public service delivery." *Government Information Quarterly*, 2015 (32.3):279-286.

［19］Cresswell A. M.. "Turning to digital government in a crisis. National Conference on Digital Government Research." (Digital Government Society of North America, 2003).

［20］Danneels, Lieselot, and S. Viaene. "How to move towards digital era governance:the case of VDAB." (Proceeding of the 16th Annual International Conference on Digital Government Research, 2015).

［21］David, Ellerman. "Revisiting Hirschman on Development Assistance and Unbalanced Growth." *Eastern Economic Journal*, 2004 (30.2):311-331.

［22］Dawes, Sharon S, N. Helbig, and M. Cook. *Promoting international digital government research collaboration: an experiment in community building.*

ACM, 2011.

〔23〕 Denhardt, Robert B., and J. V. Denhardt. "The New Public Service: Serving Rather Than Steering." *Public Administration Review*, 2000 (60.6):549-559.

〔24〕 Donahue, John D., and R. J. Zeckhauser. *Public Private Collaboration*. Oxford University Press. 2008.

〔25〕 Donahue, John D. "The Future of Governing: Four Emerging Models", by B. Guy Peters. *American Political Science Association*, 1996 (92.1):236.

〔26〕 Dunleavy, Patrick, and H. Z. Margetts. "The Second Wave of Digital Era Governance." *Social Science Electronic Publishing*, 2010.

〔27〕 Dunleavy, Patrick, and H. Z. Margetts. "The Second Wave of Digital Era Governance." *Social Science Electronic Publishing*, 2010.

〔28〕 Dunleavy, Patrick, et al. *Digital era governance: IT Corporations, the State, and e-Government*. Oxford University Press. 2006.

〔29〕 Dunleavy, Patrick, H. Margetts, and B. J. Tinkler. "New Public Management Is Dead: Long Live Digital-Era Governance." *Journal of Public Administration Research & Theory J Part*, 2006 (16.3):467-494.

〔30〕 Dutil, Patrice, and J. Williams. "Regulation governance in the digital era: A new research agenda." *Canadian Public Administration*, 2017 (60.4):562-580.

〔31〕 Eggers, William D.Goldsmith, Stephen. "Government by Network: The New Public Management Imperative". Boston: Deloitte Research/Ash Institute, Harvard University. 2008.

〔32〕 Elmagarmid, A. K. , and W. J. Mciver. "The ongoing march toward digital government." *Computer*, 2001 (34.2):32-38.

〔33〕 Fadi salem. "open govemance in authoritarian states a framework for assessing digital participation in the age of mass surveillance." *Springer International Publishing*, 2016.

〔34〕 Fedorowicz, Jane, and Martin A. Dias. "A decade of design in digital government research." *Government Information Quarterly*, 2010 (27.1): 1-8.

〔35〕 Floridi, Luciano. "Soft Ethics and the Governance of the Digital." *SSRN Electronic Journal*, 2018 (1).

〔36〕 Fountain J. E.. "Handbook of Science and Technology Convergence".

Springer International Publishing, 2016.

［37］Ghazaleh, Mohamad Abu, and S. Z. Ahmad. "Ajman Digital Government: the way forward to digest digitalization." *Emerald Emerging Markets Case Studies*, 2018 (8.2):1-20.

［38］Gottschalk, Petter. "Maturity levels for interoperability in digital government." *Government Information Quarterly*, 2009 (26.1):75-81.

［39］Green, S.. "A Digital Start-up Project——CARM Tool as an Innovative Approach to Digital Government Transformation." *International journal of computer systems science & engineering*, 2020 (4):35.

［40］Hagen, Loni, T. M. Harrison, and M. Falling. "Contributions of Data Science to Digital Government Research: Contributions of Data Science to Digital Government Research." (DG.O'21: The 22nd Annual International Conference on Digital Government Research, 2021).

［41］Harrison, Teresa M. , and L. F. Luna-Reyes. "Cultivating Trustworthy Artificial Intelligence in Digital Government." *Social Science Computer Review*, 2022 (40.2):494-511.

［42］Hogelund, and J. "Reintegration: public or private responsibility? Consequences of Dutch and Danish policies toward work-disabled persons." *International Journal of Health Services*, 2002 (32.3):467-487.

［43］Holz, Carsten A. . "The unbalanced growth hypothesis and the role of the state: The case of China's state-owned enterprises." *Journal of Development Economics*, 2011 (96.2):220-238.

［44］Jacob, Deden Witarsyah. "Examining Digital Government (DG) Adoption in Indonesia through UTAUT Framework." *International Journal of Advanced Trends in Computer Science and Engineering*, 2019 (8.1.3):115-120.

［45］Janowski, Tomasz. "Digital government evolution: From transformation to contextualization." *Government Information Quarterly*, 2015 (32.3):221-236.

［46］Janowski, Tomasz. "Implementing Sustainable Development Goals with Digital Government——Aspiration-capacity gap." *Government Information Quarterly*, 2016 (33.4):603-613.

［47］Janssen, Marijn, et al. "Trustworthiness of digital government services: deriving a comprehensive theory through interpretive structural modelling." *Public management review*, 2018 (20.5-6):647-671.

［48］Jensen, Paul H. , and R. E. Stonecash. "Incentives and the Efficiency of Public Sector-outsourcing Contracts." *Journal of Economic Surveys*, 2010 (19.5):767-787.

［49］Jimenez-Gomez, Carlos E. . "Following OCDE recommendations on digital government: open innovation and data science: digital government editor's introduction." *ACM SIGCAS Computers and Society*, 2018 (47.4):5-6.

［50］Jones, and Peter. "The futures of Canadian governance: Foresight competencies for public administration in the digital era." *Canadian Public Administration*, 2017 (60.4):657-681.

［51］José Sérgio da Silva Cristóvam, L. B. Saikali , and T. P. D. Sousa. "Digital Government in the Implementation of Public Services for the Realization of Social Rights in Brazil." *Seqüência Estudos Jurídicos e Políticos*, 2020 (84):209-242.

［52］Joshi, J. , et al. "Digital Government Security Infrastructure Design Challenges." *Computer*, 2001 (34.2):66-72.

［53］Jr, Laurence J. O'Toole, and K. J. Meier. "In Defense of Bureaucracy." *Public Management Review*, 2010 (12.3):341-361.

［54］Karen, and Boll. "Deciding on tax evasion——front line discretion and constraints." *Journal of Organizational Ethnography*, 2015 (4.2).

［55］Karscig, Mark P. . "Tracing the Privatization Movement in the U.K. and the U.S.:An Attempt to Address the Question of Industry Productivity." *Eastern Economic Journal*, 1990 (16.4):355-368.

［56］Katsonis, Maria, and A. Botros. "Digital Government: A Primer and Professional Perspectives." *Australian Journal of Public Administration*, 2015 (74.1):42-52.

［57］Kim, Yushim, and J. Zhang. "Digital government and wicked problems." *Government Information Quarterly*, 2016 (33.4):1-7.

［58］Koulizakis, Ioannis, and E. N. Loukis. "A development framework for blockchain technologies in digital government." (ICEGOV 2020: 13th International Conference on Theory and Practice of Electronic Governance, 2020).

［59］Lindquist, Evert A. , and I. Huse. "Accountability and monitoring government in the digital era: Promise, realism and research for digital-era governance." *Canadian Public Administration*, 2017 (60.4):627-656.

〔60〕 Liva, Giovanni , et al. "Exploring digital government transformation: a literature review." (ICEGOV 2020: 13th International Conference on Theory and Practice of Electronic Governance, 2020).

〔61〕 Luís Soares Barbosa. "Digital Governance for Sustainable Development." (Conference on e-Business, e-Services and e-Society Springer, Cham, 2017).

〔62〕 Luna-Reyes, Luis F. , and J. Ramon Gil-Garcia. "Digital government transformation and internet portals: The co-evolution of technology, organizations, and institutions." *Government information quarterly*, 2014 (31-4).

〔63〕 Luna-Reyes, Luis F. , et al. "Creating Public Value through Digital Government: Lessons on Inter-Organizational Collaboration and Information Technologies." (2016 49th Hawaii International Conference on System Sciences (HICSS) IEEE, 2016).

〔64〕 Mackelworth, et al. "Unbalanced governance: The Cres-Losinj special marine reserve, a missed conservation opportunity." *MARINE POLICY*, 2013.

〔65〕 Mciver, William J. , and A. K. Elmagarmid . "Advances in Digital Government." *Advances in Database Systems*, 2002 (26).

〔66〕 Mcloughlin, Ian, R. Wilson, and M. Martin. "Digital Government at Work: A Social Informatics Perspective." *Studies in Community Policy*, 2013 (4):3-12.

〔67〕 Miller C. M.. "Banishing Bureaucracy: The Five Strategies for Reinventing Government by David O-borne and Peter Plastrik". *Political Science Quarterly*, 2013 (113):168-169.

〔68〕 Moore, Mark H.. *3 John James and the Minnesota Department of Revenue : Recognizing Public Value.* 2012.

〔69〕 Munyoka, Willard. "Factors influencing digital government adoption in Zimbabwe." (2019 Open Innovations, 2019).

〔70〕 Ortiz, Isabel, and M. Cummins. "The Age of Austerity: A Review of Public Expenditures and Adjustment Measures in 181 Countries." *Ssrn Electronic Journal*, 2013.

〔71〕 Osborne, D. , and T. Gaebler. "Reinventing government: How the entrepreneurial spirit is transforming government." *Revista De Administrao De Empresas*, 1992 (33.6):59-60.

［72］Paskaleva, and K. Antonova. "Enabling the smart city: The progress of city e-governance in Europe." *International Journal of Innovation & Regional Development*, 2009 (1.4):405-422 (18).

［73］Passarelli, J. Straubhaar, and Aurora Cuevas-Cerveró. "Handbook of Research on Comparative Approaches to the Digital Age Revolution in Europe and the Americas". *IGI Global*, 2016.

［74］Patil, G. P., et al. "Geoinformatics of Hotspot Detection and Prioritization for Digital Governance." *Springer US*, 2008.

［75］Patil, Ganapathi P. , R. Acharya, and S. Phoha. "DIGITAL GOVERNANCE, HOTSPOT DETECTION, AND HOMELAND SECURITY 1." *John Wiley & Sons, Ltd*, 2008.

［76］Paulin, and Alois. "Informating Smart Cities Governance? Let Us First Understand the Atoms!" *Journal of the Knowledge Economy*, 2016 (7).

［77］Pavlichev A., Garson, G. D.. "The promise of digital government." in *Digital government: Principles and best practices*. IGI Global. 2004.

［78］Peters, Hood Guy. "The Middle Aging of New Public Management: Into the Age of Paradox?" *Journal of Public Administration Research and Theory: J-PART*, 2004 (14.3):267-282.

［79］Pethig, Florian, J. Kroenung, and M. Noeltner. "A stigma power perspective on digital government service avoidance." *Government Information Quarterly*, 2021 (1):101545.

［80］Prakash, Sushil, and I. Gunalan. "An empirical framework for digital government assessment." (ICEGOV 2020: 13th International Conference on Theory and Practice of Electronic Governance, 2020).

［81］Proeller Isabella, Kuno Schedler. "The new public management." *VS Verlag für Sozialwissenschaften*. 2007.

［82］Ramakrishnan, Subashini, et al. "A conceptual model of the relationship between organisational intelligence traits and digital government service quality: the role of occupational stress." *International Journal of Quality & Reliability Management*, 2022 (6):39.

［83］Rana, et al. "Emergent digital era governance: Enacting the role of the 'institutional entrepreneur' in transformational change." *Government Information Quarterly*, 2016.

［84］Renée A. Irvin and John Stansbury. "Citizen Participation in

Decision Making: Is It Worth the Effort?" *Public Administration Review*, 2010 (64.1):55-65.

［85］Rhodes, R. A. W. "Public administration : 25 years of analysis and debate." *studies in human society*, 2011.

［86］Rodrigo Sandoval-Almazán, and D. Valle-Cruz. "Social Media in Local Governments in Mexico: A Diffusion Innovation Trend and Lessons." *Springer International Publishing*, 2016.

［87］Ryzhenok, Anna, and R. Shangaraev. "Digital Government: Dynamics of Interaction Between State and Russian Society in the Heat of COVID-19." *Russian Journal of Management*, 2021 (8.4):111-115.

［88］Savage N. "Making digital government a better government." *Nature.* 2018 (563):S136-S137.

［89］Scannell M., Bannister F.. "Shared Services in Irish Local Government." (International Conference on Electronic Government, 2017).

［90］Schneiderman, R. "Car Makers See Opportunities in Infotainment, Driver-Assistance Systems [Special Reports]." *Signal Processing Magazine IEEE*, 2013 (30.1):11-15.

［91］Scholl, Hans Jochen , E. N. Loukis, and J. Bertot. "Introduction to the Minitrack on Digital Government and the Internet of Things (IoT)." (Hawaii International Conference on System Sciences Hawaii International Conference on System Sciences, 2020).

［92］Shahoodh, Gailan, O. Al-Salman, and J. Mustafina. "Towards a Context-Aware Digital Government in Iraq: A Public Sector Employees' Perspective." (2020 13th International Conference on Developments in eSystems Engineering. 2020).

［93］Shleifer, Andrei, M. Boycko, and R. W. Vishny. "A Theory of Privatization." *General Information*, 1996 (106.435):309-19.

［94］Stivers, and C. "The Public Agency as Polis:Active Citizenship in the Administrative State." *Administration & Society*, 1990 (22.1):86-105.

［95］Supinyo, Chatphimuk, et al. "Ten Simple Rules for Digital Government Transformation with Blockchain Smart Contracts." *International Journal of Computer Theory and Engineering*, 2020 (12.5):128-132.

［96］Tangi, Luca, et al. "Digital government transformation: A structural equation modelling analysis of driving and impeding factors." *International*

Journal of Information Management, 2021 (60.1):102356.

［97］Thamjaroenporn, Papoj, and T. Achalakul. "Big Data Analytics Framework for Digital Government." (2020 1st International Conference on Big Data Analytics and Practices, 2020).

［98］Torres, Lourdes, V. Pina, and B. Acerete. "E-government developments on delivering public services among EU cities." *Government Information Quarterly*, 2005 (22.2):217-238.

［99］Turuy, Seh , A. Arief, and I. H. A. Wahab. "Evaluating of Open and One Data in Digital Government Services Implementation: A Literature Study." *IOP Conference Series: Materials Science and Engineering*, 2021 (1125):012043 (6pp).

［100］Uta, et al. "Tax-funded digital government communication in Austria: Members of the government on Facebook." *European Journal of Communication*, 2019 (35.2):140-164.

［101］Vidal, Catalan, and Jordi. "The stagflation crisis and the European automotive industry, 1973-85." *Business history*, 2017.

［102］West, and M. Darrell. "Contents : Digital Government Technology and Public Sector Performance." *Technology & Culture*, 2011 (1.4):37–49.

［103］Williams, Christine B, G. J. J. Gulati, et al.."Predictors of on-line services and e-participation: A cross-national comparison." (Proceeding of the 14th annual in ternational conference on digital government research, 2013).

［104］Williamson, and Ben. "Political computational thinking: policy networks, digital governance and 'learning to code'." *Critical Policy Studies*, 2016 (10.1):1-20.

［105］Wojciech Białożyt. "Digital Era Governance——a new chapter of public management theory and practice." *Mining Software Repositories*, 2017.

［106］Yavwa, Yakomba , and H. Twinomurinzi. *The moderating effect of spirituality on digital government in low-income countries: a case of SMEs in Zambia.* (Proceedings of the 12th Annual Pre-ICIS SIG GlobDev Workshop, 2019 2020).

［107］Zadek, Simon. *The Logic of Collaborative Governance and the Social Contract.* Cambridge: Harvard University. 2006.

日韩文献:

[1] 本田正美.「政府における電子化とプラットフォームとしての政府の実現可能性」.『情報処理学会研究報告. 情報システムと社会環境研究報告』，2014（7）：1-4.

[2] 大谷美咲.「日本における『電子政府（e-Government）』の現状と課題」.『九州共立大学経済学部紀要』，2004：1-14.

[3] 酒井寿紀.「これでいいのか? 日本の電子政府」.『技術総合誌』，2007（6）：85.

[4] 浅野一弘，Kazuhiro A.「日本におけるIT化の現状と課題："真の"電子政府の構築に向けて」.『経済と経営』，2009：1-18.

[5] 森田勝弘.「日本の電子政府政策の歩みと問題提起（電子政府・電子自治体）」.『日本情報経営学会誌』，2014：90-103.

[6] 山口利恵.「2-1日本政府における暗号移行政策（2.暗号政策/方針，暗号世代交代と社会的インパクト）」.『電子情報通信学会誌』，2011（11）：938-943.

[7] 上田正尚.「電子政府の推進に向けた日本経団連の提案（特集IT新戦略の展開）」.『行政&adp』，2006：42.

[8] 湯川鶴章.「技術革命最前線（91）電子政府化進める各国と遅れ目立つ日本」.『世界週報』，2002：83.

[9] 須藤修.「日本に電子政府をどう定着させるか（特集電子政府・自治体のゆくえ）」.『都市問題』，2010：48-56.

[10] 박정훈.「日本의電子政府推進動向에관한檢討」.『공법학연구』，2004：605-651.

后记

我于2008年拜读硕导竺乾威教授的《公共行政理论》一书时首次了解到数字时代治理理论；2014年参与博导董礼胜研究员的国家课题"国家电子政务网络建设与提升服务型政府能力研究"时，深化了对电子政务乃至数字政府治理的了解但未展开相关研究；2018年我与妻子曹冬英开始合力研究数字政府治理；2019年我将数字政府治理的论文整合成书稿，成功申请到国家社科基金后期资助项目；2022年我将修改好的书稿提交评审，并于2023年进入出版环节。

除绪论之外，全书共分为六编（23章），我撰写了绝大部分内容，我的妻子曹冬英、云南师范大学羊武睿同学、云南师范大学田芸翠老师、河池学院简志超老师对本书亦有贡献。与现有研究成果相比，本书最明显的特征是：①明晰我国数字政府治理的理论基础是习近平总书记关于网络强国的重要思想而非数字时代治理理论；②以习近平总书记关于网络强国的重要思想为基础对我国数字政府治理的主体、实践、问题及途径等展开研究，实现定性研究与定量研究的有效结合；③扬弃数字时代治理理论，基于"习近平总书记关于网络强国的重要思想"中关于数字政府治理的内容，构建数字时代治理"第三波浪潮"理论。有效规避现有研究"理论基础不清晰、就事论事、数据堆砌、缺乏理论创新"等问题。

2016年5月17日，习近平总书记在哲学社会科学工作座谈会上的讲话中指出："这是一个需要理论而且一定能够产生理论的时代，这是一个需要思想而且一定能够产生思想的时代。我们不能辜负了这个时代。"构建与中国治理实践相符的公共行政理论并获得学界认可，是正确的、重要的公共行政学本土化路径，能够强化理论自信、助推我国公共行政理论研究的深化，强化新理论在我国的应用效果，助力我国的治理现代化进程。本书第23章阐释了我们构建的数字时代治理"第三波浪潮"理论，述及数字时代治理"第四波浪潮"及其理论，且不论这一理论本身价值如何，"尝试构建新理论"这一行为具有重要价值。

构思、撰写和修改全书过程中，得益于我们夫妻二人的博导董礼胜研究员的悉心指导，这种指导始于2011年我备考董老师的博士之时，这十余年中，董老师一直非常关心我们夫妻二人的学习、工作及生活。作为首位获得国际行政学界"诺贝尔奖"（皮埃尔·德·塞勒奖，2012年度）的中国学者，董老师在学术方面拥有极深造诣。近年，董老师与我们夫妻二人合力构建了公共行政领域的总理论——非均衡治理理论，并基于这一理论发展出多个次级理论（数字时代治理"第三波浪潮"理论是其中之一）。在今后的研究工作中，我们将在董老师的指导下继续前行，不愧对老师对我们的关怀。除董老师的指导、关怀之外，复旦大学竺乾威教授、顾丽梅教授、李春成教授十几年来一直教导、帮助我们，近几年费心指导我们构思、撰写和修改此书；我读本科时的老师、中央民族大学李凤梅副教授在我们撰写全书过程中给予了诸多有价值的指导意见尤其是修改意见并一直教导、帮助我们，在此向几位老师表达深深的敬意、谢意！

中国社会科学院蔡礼强研究员，中央民族大学党秀云教授和高韬芳博士，复旦大学朱春奎教授、牛军钰教授、周帆副教授、陈水生教授，厦门大学李德国教授，中山大学郑跃平副教授，郑州大学李忠汉教授，福建省社科联陈文章副主席，中共福建省委党校程丽香教授、蓝剑平副教授、吴燕霞副教授，福建农林大学陈建平副教授，三亚学院杜振吉教授，重庆三峡学院滕新才教授、马兵教授，中共湖北省委党校叶剑锋教授、李淑芳副教授，首都医科大学李墨洋副教授，广西民族大学胡佳教授，浙江红船干部学院严志兰教授在我们撰写和修改本书的过程中给予了指导和帮助，在此一并表达诚挚的谢意！广东人民出版社的领导和编辑团队为本书的出版付出了大量的心血，在此表示诚挚的感谢！

最后，非常感谢我的妻子曹冬英，2009年2月11日相识以来，我们携手走过风雨。人生与日本公共政策学家药师寺泰藏所述"云与报时钟的争论"中的云相似，充满不确定性。在我人生的起伏过程中，她一直支持、包容我，为家庭和学术付出了很多，尤其是常常与我一起探讨如何进行学术创新，在我陷入思维困境的时候，激发我的创作灵感，在此向她表达深深的谢意！家中两个可爱、懂事的女儿（婉霏、婉如）带给我很多欢乐、安慰，祝愿孩子们健康幸福地成长！

王少泉

2024年1月6日